I0043176

TRAITÉ

DE LA

QUOTITÉ DISPONIBLE

Paris. — Imp. Lacour et Cᵉ, rue Soufflot, 18.

TRAITÉ

DE LA

QUOTITÉ DISPONIBLE

OU

TRAITÉ DES DIVERSES RESTRICTIONS APPORTÉES DANS L'INTÉRÊT

DE LA FAMILLE DU DISPOSANT

AU PRINCIPE DE LA LIBRE DISPOSITION DES BIENS, SUIVANT

LE DROIT ROMAIN, LE DROIT COUTUMIER, LE DROIT

INTERMÉDIAIRE ET LE CODE NAPOLÉON

PAR

PROSPER VERNET

Docteur en droit.

PARIS

A. MARESCQ ET E. DUJARDIN, LIBRAIRES-ÉDITEURS

RUE SOUFFLOT, 17, EN FACE DU PANTHÉON

1855

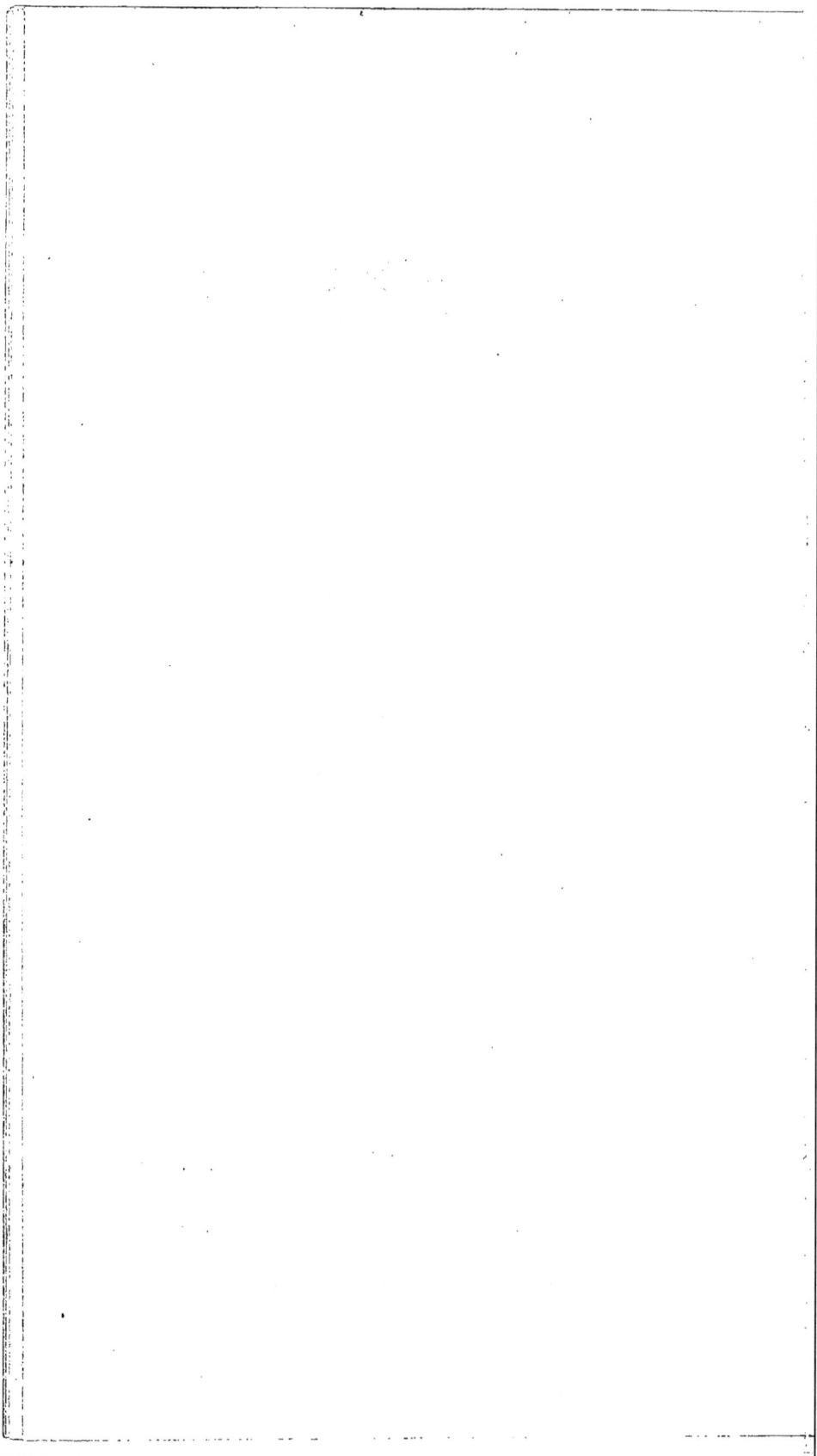

DE LA

QUOTITÉ DISPONIBLE

ou

DES DIVERSES RESTRICTIONS APPORTÉES
DANS L'INTÉRÈT DE LA FAMILLE DU DISPOSANT
AU PRINCIPE DE LA LIBRE DISPOSITION DES BIENS, SUIVANT
LE DROIT ROMAIN, LE DROIT COUTUMIER, LE DROIT
INTERMÉDIAIRE ET LE CODE NAPOLÉON.

INTRODUCTION

Les Romains définissaient la propriété : *jus utendi, fruendi, abutendi*. L'art. 544 du Code Napoléon la définit : « le droit « de jouir et de disposer des choses de la manière la plus « absolue. » Mais les jurisconsultes romains ajoutaient aussitôt : *Quatenus juris ratio patitur,* et les rédacteurs du Code complètent ainsi leur définition : « Pourvu qu'on n'en fasse « pas un usage prohibé par les lois ou par les règlements. » Ainsi, d'après la théorie admise et par le droit romain et par le Code Napoléon, le droit de propriété n'est pas tellement absolu que la loi ne puisse y apporter de restrictions.

Le droit de propriété comprend trois droits élémentaires : 1° le droit d'user, d'employer la chose à un usage qui puisse se renouveler, *jus utendi*; — 2° le droit de percevoir les fruits, *jus fruendi*; — 3° le droit de disposer de la chose, d'en faire un usage définitif qui ne puisse se renouveler, au moins pour le même propriétaire, *jus abutendi*. Le propriétaire qui use de

1

ce dernier droit épuise complétement son pouvoir sur la chose; ce qui a lieu lorsque cette chose est transformée, consommée, détruite, transmise à un autre, ou aliénée (*rem suam alienam facere*). En aliénant, le propriétaire peut rece-voir de celui au profit duquel il aliène, en échange de la chose qu'il donne, une autre chose qui est comme l'équivalent de l'objet aliéné; il peut aussi aliéner dans le seul but de faire une libéralité et par pur sentiment d'affection, sans rien de-mander en retour. Au premier cas l'aliénation est à titre onéreux; au second cas elle est à titre gratuit. Le Code Na-poléon ne reconnaît que deux modes de disposer de ses biens à titre gratuit, la donation entre-vifs et le testament (arti-cle 893). Le droit romain et notre ancienne jurisprudence admettaient un troisième mode de disposition à titre gratuit dont on faisait un fréquent usage : c'était la donation à cause de mort.

Dans la donation entre-vifs, le dépouillement est actuel et irrévocable. Dans le testament et la donation à cause de mort, le dépouillement n'aura lieu qu'au décès du disposant, et jusque-là sa libéralité sera révocable à son gré. Ces deux der-niers modes de disposer différaient l'un de l'autre, en ce que, dans le testament, le consentement du testateur était seul nécessaire de son vivant, et l'acceptation de l'héritier ou lé-gataire n'avait besoin de se produire qu'après le décès du disposant; au contraire, pour la perfection de la donation à cause de mort, on exigeait que, du vivant du donateur, eus-sent été accomplies, et l'offre faite par lui, et l'acceptation du donataire.

C'est au pouvoir de disposer à titre gratuit que des res-trictions nombreuses ont été apportées dans l'intérêt de la famille du disposant, à presque toutes les époques du droit romain et du droit français. Nous rencontrerons même dans certaines de nos coutumes des restrictions apportées dans le même but au pouvoir d'aliéner à titre onéreux. L'étude de ces diverses institutions formera le sujet de cette dissertation.

Avant tout, nous devons nous demander sur quel fondement philosophique et social repose l'idée première de ces restrictions mises à la faculté de donner.

La propriété est le droit de disposer des choses de la manière la plus absolue; mais à côté de ce droit, si absolu qu'il soit, il en existe d'autres qu'il faut également maintenir, dans l'intérêt de la société. Ainsi, avant d'être libéraux envers les étrangers, nous devons remplir les devoirs que la nature nous impose vis-à-vis de notre propre famille. Les liens du sang donnent lieu à un ensemble de devoirs qui constituent pour nous ce que les Romains appelaient *officium pietatis*. C'est surtout à l'égard de nos ascendants et descendants que ce devoir existe. Ce serait y manquer que de distribuer nos biens à des étrangers, tandis que nos plus proches parents sont peut-être dénués de tout moyen d'existence. Il était donc conforme aux prescriptions du droit naturel de décider qu'une partie au moins des biens passerait nécessairement aux enfants, sans que jamais les pères et mères les en pussent dépouiller par leurs libéralités. Par des motifs analogues, il était aussi convenable de réserver aux ascendants une partie de la fortune de leurs descendants, suffisante pour les mettre à l'abri de la misère dans leurs vieux jours. De là, ces limites apportées à la faculté de donner sous le nom de *légitime* ou de *réserve*.

L'obligation morale devient moins forte, quand il s'agit de collatéraux : aussi les dispositions prohibitives sont-elles plus rares en leur faveur. Peu de législations ont consacré leurs droits. Il eût été bon cependant qu'on ne pût pas ainsi faire sortir les biens de la famille, au mépris des liens les plus étroits, et ce serait assurément une loi morale que celle qui comprendrait certains collatéraux au nombre des réservataires. Chez nous, dans l'état actuel de la législation, le frère et la sœur eux-mêmes peuvent être complétement déshérités (art. 916, Code Napoléon). Nous aurons occasion de faire remarquer, dans le courant de cette dissertation, combien l'absence de toute disposition prohibitive à cet égard est non-seulement blâmable en principe, mais encore à combien de

difficultés elle **donne** lieu, pour faire concorder entre elles,
d'une manière satisfaisante, les différentes dispositions du
Code Napoléon.

Telle est la raison des restrictions apportées par la loi à la
libre disposition des biens. Elle se tire de la protection due à
la famille. Elle se présente également chez tous les peuples
et dans tous les temps. Seulement, selon que la constitution
politique favorise plus ou moins le morcellement ou la concentration des fortunes, le législateur tient la main avec plus ou
moins d'énergie au maintien des biens dans la famille, et
veille avec plus ou moins de soin à leur égale répartition entre ses différents membres.

Du reste, ce n'est qu'en suivant la marche historique du
droit qu'il nous sera possible de saisir, à chaque époque, le
caractère prédominant et distinctif des dispositions restrictives qui nous occupent.

PREMIÈRE PARTIE

DROIT ROMAIN

A l'origine, nous rencontrons à Rome deux sortes de testaments : l'un que l'on fait en temps de paix, *calatis comitiis,* l'autre que les citoyens font *in prælium exituri.* A cette époque, le testament rêvet la forme de la loi ; il faut que celui qui veut apporter des modifications aux règles sur les successions *ab intestat* fasse approuver sa volonté par le peuple assemblé à cet effet (1). Ces réunions avaient lieu deux fois par an, ce que nous savions déjà par Théophile, mais par lui seul, et ce qui se trouve confirmé par les Institutes de Gaius : *Quæ comitia bis in anno testamentis faciendis destinata erant* (2). La seconde espèce de testament était appelée *in procinctu. Procinctus,* nous dit Gaius, *est enim expeditus et armatus exercitus* (3). Le citoyen qui est à la guerre, que la mort peut frapper à chaque instant, fera donc approuver sa volonté dernière par le *procinctus.* L'armée ici représentera le peuple et agira

---

(1) *Calatis comitiis.* Le verbe *calare* vient du verbe grec καλεῖν et signifie, comme lui, appeler, assembler, convoquer.

(2) Comm. ii, § 101.

(3) Ibid.

par délégation du pouvoir législatif. A ces deux premières formes de tester vient plus tard s'en ajouter une troisième : c'est le testament *per æs et libram*. Ce troisième mode se présente comme un moyen de tourner frauduleusement les règles du droit. Le chef de famille mancipe son patrimoine tout entier et se crée ainsi, dans le *familiæ emptor*, un successeur universel, une espèce d'héritier, *heredis locum obtinebat* (1), et il lui impose certaines prestations qui ressemblent à des legs. Ce moyen, comme toute fraude faite à la loi, présentait des inconvénients, dont le principal était que le *familiæ emptor* acquérait un droit irrévocable sur le patrimoine du testateur. Enfin, vint la loi des douze Tables qui, passant d'un extrême à l'autre, proclama, pour le *paterfamilias*, le principe de la liberté absolue de disposer à titre gratuit, et lui donna le droit de faire la loi de son hérédité : *Uti legassit super pecunia tutelave suæ rei, ita jus esto* (2). Ce système nouveau entraîna, par conséquent, une modification dans la forme de tester et fit introduire le testament nuncupatif, qui se composa de deux parties distinctes : la mancipation de la *familia*, qui n'avait plus lieu que *propter veteris juris imitationem* (3), et la **nuncupatio**, qui était le véritable testament (4). A cette forme civile de tester le préteur Verrès vint, par son édit, ajouter le testament prétorien. Celui-ci, ne produisant qu'un **bonorum possessor**, co-exista avec le testament nuncupatif, qui produisait un **heres**, jusqu'à la disparition de ces deux testaments remplacés, dans le Bas-Empire, par le *testamentum tripertitum* (5).

Comment de la défense de tester résultant de la nécessité d'obtenir une loi, quand on voulait changer l'ordre ordinaire des successions, passa-t-on au droit absolu de tester, tel qu'il est écrit dans les douze Tables ? Comment le testament *calatis*

---

(1) Gaius, Comm. ii, § 103.
(2) Tabula quinta.
(3) Gaius, Comm. ii, § 103.
(4) Gaius, Comm. ii, § 104.
(5) V. cep. Inst., lib. ii, tit. x, § 14.

comitiis a-t-il pu exister en même temps et dans la même société que le testament *per æs et libram*, par lequel le père de famille disposait arbitrairement de sa *familia ?* On a voulu expliquer ces faits, comme bien d'autres, par l'existence simultanée, antérieurement aux douze Tables, de deux droits privés. L'un, humain et digne d'un peuple civilisé, régissait les patriciens ; l'autre, au contraire, organisant la famille sur des principes d'une dureté barbare, formait le droit privé des plébéiens. Les douze Tables donnèrent au peuple romain l'unité de droit privé. Elles furent une victoire de la plèbe sur le patriciat, et, dit-on, le droit privé des plébéiens l'emporta sur les idées patriciennes. C'est ainsi que se trouve fondée cette organisation de la famille sur un pouvoir de fer accordé au *paterfamilias*, qui a droit de vie et de mort tout aussi bien sur ses fils de famille que sur ses esclaves, en un mot, sur cette puissance paternelle si étrange par son énergie et par sa durée, qui fait dire à Gaius : *Fere enim nulli alii sunt homines qui talem in filios suos habeant potestatem, qualem nos habemus* (1). Ce système ingénieux a été présenté et développé d'une manière remarquable par M. Guérard, dans son *Essai sur l'histoire du droit privé des Romains* (2). Si ce système était vrai, l'introduction du principe de la libre disposition des biens sans aucune entrave s'expliquerait tout naturellement par l'adoption définitive de l'organisation plébéienne de la famille. Il est naturel, en effet, que je puisse priver de mes biens, d'une manière complète, celui que je puis, comme juge domestique, condamner à mort et faire exécuter. *Nec obstat*, nous dit Paul, *quod liceat eos exheredare, quos et occidere licebat* (3).

Mais, quelque ingénieux que puisse paraître le système de M. Guérard, sur la co-existence à Rome de deux droits opposés, l'authenticité n'en est pas suffisamment prouvée, et nous ne pensons pas qu'il faille s'y arrêter. Ainsi, dans la matière

(1) Comm. I, § 55.
(2) V. pages 104, 250, 286, 463.
(3) L. 11, D., De liber. et post. (XXVIII, 2).

spéciale qui nous occupe, et relativement au testament, les faits nous semblent démentir complétement les conjectures du savant historien. D'abord, on ne trouve dans les textes aucune trace de l'idée fondamentale de son système. Le testament *per æs et libram* est moins ancien que le testament *calatis comitiis* et que le testament *in procinctu*. Il est présenté dans les textes comme une fraude faite aux principes du droit alors en vigueur. Le *familiæ emptor*, en effet, n'est pas *heres : heredis locum obtinebat*, nous dit Gaius (1). Cette fraude (car ce n'est pas un véritable testament particulier aux plébéiens) était-elle d'un usage plus fréquent parmi les plébéiens que parmi les patriciens? C'est ce qui est loin d'être prouvé. Gaius, en effet, nous indique le motif qui fit avoir recours à ce détour. Écoutons-le : « Accessit deinde tertium genus « testamenti, quod per æs et libram agitur : qui neque ca- « latis comitiis, neque in procinctu testamentum fecerat, « is, si subita morte urgebatur, amico familiam suam, id « est patrimonium suum, mancipio dabat, eumque rogabat « quid cuique post mortem suam dari vellet. Quod testa- « mentum dicitur per æs et libram, scilicet quia per manci- « pationem peragitur (2). On le voit, le motif indiqué par Gaius n'a rien de particulier aux plébéiens, et cette impossi- bilité de tester en dehors des époques ordinaires de la réunion des comices, lorsque la mort venait vous menacer inopinément, pouvait se présenter pour un patricien. Vinnius indique encore une autre raison de l'introduction du testament *per æs et libram.* Les femmes, dit-il, ne pouvaient tester *calatis comitiis : Nec feminæ, quibus nulla comitiorum communio erat, teste Aulu-Gellio*, lib. v, cap. 19, *ulla ratione testari possent* (3). Inutile d'ajouter qu'elles ne pouvaient tester *in procinctu*. Ce se- cond motif n'a non plus rien de particulier aux plébéiens. Avant la loi des douze Tables, l'expression de la volonté d'un

(1) Comm. ii, § 103.
(2) Comm. ii, § 102.
(3) Ad Inst., De test. ord., § 1, n. 2.

particulier ne suffisait pas pour changer, relativement à son hérédité, l'ordre légal des successions *ab intestat*. Après la loi des douze Tables, au contraire, chaque citoyen pouvait faire, pourvu qu'il fût *paterfamilias*, la loi de son hérédité. C'était là un principe nouveau auquel on sait que les Romains attachaient une grande importance; c'était une victoire sur les anciens principes. Elle profita tout aussi bien aux patriciens qu'aux plébéiens. Ainsi, à la prohibition absolue de disposer par testament, succéda l'entière liberté de disposition, c'est-à-dire une exagération en sens inverse ; c'est ce que porte la loi des douze Tables en termes formels : *Uti legassit super pecunia tutelave suæ rei, ita jus esto* (1). La loi des douze Tables donna donc raison à l'opinion publique qui, par l'introduction du testament *per æs et libram*, avait, en fait, modifié un système trop rigoureux, et elle ne fit sur ce point que régulariser ce que déjà l'usage et les nécessités de la pratique avaient fait admettre.

Mais les prudents sentirent de bonne heure l'exagération du nouveau principe, et pour assurer aux parents en ligne directe, et principalement aux descendants, une partie de l'hérédité du défunt, ils introduisirent deux théories importantes. D'abord, se fondant sur l'idée d'une copropriété de la *familia*, existant entre le père et les enfants soumis à sa puissance, ils exigèrent qu'avant de donner son hérédité à d'autres qu'à ses enfants, le père exhérédât ceuxci. Cette théorie fut modifiée et complétée par le préteur. En second lieu, les prudents supposèrent qu'il fallait être insensé pour exhéréder, sans justes motifs, ses proches, en ne leur laissant rien ; et sous ce prétexte, *hoc colore*, *quasi non sanæ mentis fuerint, quum testamentum ordinarent* (2), ils introduisirent la *querela testamenti inofficiosi*, sorte de pétition d'hérédité accordée à l'enfant ou à l'ascendant qui n'avait pas reçu ce qu'on appela sa quarte légitime, c'est-à-dire le quart de ce

(1) Tabula quinta.
(2) Inst., lib. II, tit. XVIII, pr.; l. 2, D., De inoff. test. (v, 2).

qu'il aurait eu *ab intestat*, soit par institution d'héritier, soit par legs, soit par fidéicommis, soit par donation à cause de mort, même dans le dernier état du droit par certaines donations entre-vifs. Pour compléter ce système, les empereurs étendirent le principe de la plainte d'inofficiosité aux donations entre-vifs et aux constitutions de dot (1). Nous allons étudier successivement les détails de chacune de ces deux théories.

(1) L. 87, § 3, D., De legatis 2⁰ (xxxi); l. 3. C., De inoff. donat. (iii, 29); l. unic. C., De inoff. dot. (iii, 30).

CHAPITRE PREMIER

De la nécessité pour le *paterfamilias* d'insti-tuer ou d'exhéréder ses héritiers siens (1).

La loi des douze Tables avait donc accordé aux citoyens romains le droit de faire la loi de leur hérédité ; ils exerçaient ce droit en faisant leur testament. Le testament d'un *pater-familias* devait nécessairement contenir une institution d'hé-ritier, c'est-à-dire la désignation d'une ou plusieurs personnes chargées de continuer la personne du défunt, de la remplacer dans toutes les relations juridiques. L'institution d'héritier était la base fondamentale du testament, *caput atque funda-mentum totius testamenti*. Point d'institution d'héritier, point de testament.

En second lieu, il était nécessaire à l'existence du testa-ment que les héritiers siens y fussent institués ou exhérédés. Cette règle avait été introduite dans le droit par l'interpréta-tion générale des prudents ; mais on ne connaît pas l'époque précise de son admission définitive. Cicéron nous rapporte

---

(1) Sources : Gaii Institutionum Comm. ii, §§ 123-143, 147-149 ;

        Ulpiani Regularum tit. xxii, §§ 14-23, tit. xxiii, §§ 3 et 6 et tit. xxviii, §§ 2-4 ;

        Pauli Sententiarum lib. iii, tit. iv b, §§ 2-10 ;

        Inst. Just. lib. ii, tit. xiii, et tit. xvii, § 1 ;

        Dig., De liberis et postumis, heredibus instituendis vel exhe-redandis (xxviii, 2) ; De injusto, rupto, irrito facto testa-mento (xxviii, 3) ; De bonorum possessione contra tabulas (xxxvii, 4).

        Cod. Just., De liberis præteritis vel exheredatis (vi, 28) ; De postumis heredibus instituendis vel præteritis (vi, 29) ; De bonorum possessione contra tabulas quam prætor liberis pol-licetur (vi, 12).

un procès qui eut lieu de son temps, à propos de l'espèce suivante. Un citoyen, sur la fausse nouvelle parvenue de l'armée
que son fils était mort, change son testament, en fait un nouveau dans lequel il institue un héritier autre que son fils, sans
exhéréder celui-ci. Le testateur meurt; le fils, de retour, attaque le testament paternel. Cicéron se demande quelle plus
belle question de droit pourra jamais se présenter : « Nempe
« in ea causa, *dit-il*, quæsitum est de jure civili, possetne pa-
« ternorum bonorum exheres esse filius, quem pater testa-
« mento neque heredem, neque exheredem scripsisset nomi-
« natim (1). » Si l'on ajoutait foi à ce passage du grand orateur, on devrait en conclure que, de son temps, le principe
général de notre matière n'était pas à l'abri de toute controverse. Nous croyons cependant le contraire. En effet, nous
rencontrerons, dans le cours de nos investigations, une décision de Caius Aquilius Gallus, collègue de Cicéron dans la
préture, en l'an 687 de la fondation de Rome (65 av. J.-C.),
qui suppose nécessairement qu'à cette époque, et depuis quelque temps déjà, le principe fondamental de la matière était
définitivement admis et à l'abri de toute discussion. Nous éta-
blirons plus tard la vérité de notre assertion. Maintenant,
comment expliquer le passage de Cicéron? Comment se fait-
il qu'il soit tombé dans une pareille erreur? Nous n'avons ren-
contré nulle part de réponse à ces questions.

Paul va nous donner le motif de cette nécessité imposée au
père d'instituer ou d'exhéréder ses enfants : « In suis here-
« dibus evidentius apparet continuationem dominii eo rem
« perducere, ut nulla videatur hereditas fuisse, quasi olim hi
« domini essent, qui etiam vivo patre quodammodo domini exis-
« timantur. Unde etiam filiusfamilias appellatur, sicut pater-
« familias; sola nota hac adjecta, per quam distinguitur ge-
« nitor ab eo qui genitus sit. Itaque post mortem patris non
« hereditatem percipere videntur, sed magis liberam bono-
« rum administrationem consequuntur. Ex hac causa, licet

_____

(1) De oratore, lib. i, n. 38.

« non sint heredes instituti, domini sunt. Nec obstat quod « liceat eos exheredare, quos et occidere licebat (1). » On le voit, les jurisconsultes avaient supposé entre les membres d'une même famille une communauté de biens à la tête de laquelle se trouvait comme administrateur, avec des pouvoirs xcessivement étendus, le *paterfamilias*. Les fils de famille sont en quelque sorte considérés comme copropriétaires des biens de leur père, même de son vivant. Il en résulte que la mort de leur père ne leur fait rien acquérir. *Non hereditatem percipere videntur;* les pouvoirs d'administration de leur père passent seulement dans leurs mains : *sed magis liberam bonorum administrationem consequuntur.* Donc ils sont héritiers, c'est-à-dire propriétaires, selon l'ancienne signification du mot *heres*, dès avant la mort de leur père, et, à plus forte raison, après sa mort, sans qu'il ait été nécessaire de les instituer. D'où naît pour le père la nécessité de les exhéréder avant de pouvoir attribuer l'hérédité à des étrangers. Mais, dira-t-on, s'ils sont vraiment propriétaires, on ne comprend même pas la faculté laissée au père d'exhéréder ses enfants. Le jurisconsulte répond à cette objection : « Nec obstat quod liceat eos « exheredare, quos et occidere licebat. » Le *paterfamilias* est le chef de la famille. Comme tel, il a des pouvoirs excessivement étendus : comme juge domestique et souverain, il pouvait autrefois prononcer même la peine de mort, *quos occidere licebat.* Est-il étonnant, qu'en la même qualité, il puisse prononcer la peine de l'exhérédation? Il faut remarquer, dans le texte que nous venons de citer, l'imparfait *licebat* qu'emploie le jurisconsulte. De son temps, en effet, la peine de mort n'était jamais prononcée contre un fils de famille, sans qu'il eût été entendu par le magistrat auprès duquel le père se portait accusateur (2). Aussi Constantin soumit-il aux peines du parricide le père meurtrier de ses propres enfants (3). Quant

(1) L. 11, D., De liber. et post. (xxviii, 2).
(2) L. 3, C., De patr. pot. (viii, 47).
(3) Inst., lib. iv, tit. xviii, § 6; l. un., C., De his qui par. (ix, 17).

à l'exhérédation, le père put toujours la prononcer ; mais il cessa d'être, à cet égard, un juge souverain ; la *querela testamenti inofficiosi* constitua une sorte d'appel de la décision paternelle (1).

SECTION PREMIÈRE

Des héritiers siens existants au moment de la confection du testament.

« Sui heredes, *nous dit Ulpien*, instituendi sunt vel exhe-
« redandi. Sui autem heredes sunt liberi quos in potestate
« habemus, tam naturales quam adoptivi ; item uxor quæ in
« manu est, et nurus quæ in manu est filii quem in potestate
« habemus (2). »

La nécessité d'instituer ou d'exhéréder ses enfants n'existe qu'à l'égard des enfants qui sont héritiers siens, c'est-à-dire des enfants qui sont sous la puissance du testateur. Sont compris dans cette classe : 1° les enfants nés *ex justis nuptiis* du testateur et de son épouse (*qui igitur ex te et uxore tua nascitur, in tua potestate est*) (3) ; 2° tous les petits-enfants ou descendants ultérieurs, nés d'un descendant mâle, sous la puissance du testateur (« item qui ex filio tuo et uxore ejus nascitur, id est, « nepos tuus et neptis, æque in tua sunt potestate, et pronepos « et proneptis et deinceps cæteri) (4) ; » 3° ceux qui sont entrés dans la famille, par adoption ou adrogation, ainsi que la femme *in manu*. En effet, la femme *in manu filiæ locum obtinebat* (5).

Quant aux enfants de la fille, ils ne sont jamais sous la puissance de l'aïeul dont la mère dépend, parce que les en-

---

(1) L. 23, § 1, et l. 32, pr., D., De inoff. test. (v, 2).
(2) Reg., tit. xxii, § 14.
(3) Inst., lib. i, tit. ix, § 3 ; v. l. 4, D., De his qui sui vel alieni juris sunt (i, 6).
(4) Ibid.
(5) Gaius, Comm. i, § 111.

fants ne peuvent appartenir qu'à la famille de leur père, et jamais à la famille maternelle. Ils furent cependant appelés, en première ligne, à la succession de leur mère, par le séna-tus-consulte Orphitien, porté sous Marc-Aurèle (1). Ce séna-tus-consulte ne faisait aucune distinction entre les diverses espèces d'enfants. Le lien purement naturel qui unit les en-fants à la mère est le même pour tous ; aussi le sénatus-con-sulte proclama, à cet égard, une égalité complète entre tous les enfants, qu'ils fussent nés *ex justis nuptiis*, ou *ex concubi-natu*, ou même qu'ils fussent *vulgo quæsiti* (2).

Plus tard, les constitutions impériales appelèrent en con-cours, soit avec les héritiers siens, soit avec les agnats, les enfants des filles à la succession de leurs aïeul ou aïeule ma-ternels, ainsi qu'à la succession de la mère de leur père et de ses ascendants, mais avec une déduction attribuée selon les circonstances soit aux héritiers siens, soit aux agnats (3). Justinien augmenta, en 528, les droits de ces enfants, en ce sens qu'ils n'eurent plus à souffrir de concours avec les agnats (4), et plus tard la Novelle cxviii, chap. 1, leur accorda des droits égaux à ceux des autres descendants.

Mais, pour empêcher les enfants ou petits-enfants de venir à l'hérédité, la mère et les autres ascendants dont nous ve-nons de nous occuper n'eurent jamais besoin de les exclure ; il leur suffisait de ne point les appeler (5). De là cet axiôme, que le silence gardé par la mère ou par l'aïeul maternel, ou par tout autre ascendant simplement cognat, produit le même effet que l'exhérédation expresse émanée du père ou du grand-père paternel : *Silentium matris tantum facit quantum exhere-datio patris* (6).

---

(1) Inst., lib. III, tit. IV, pr.

(2) Ibid., § 3 ; l. I, § 2, D., ad. S. C. Tert. et Orph. (xxxviii, 17).

(3) L. 9, C., De suis et legit. (VI, 55); l. 4, C. Th., De legit. hered. (V, 1); Inst., lib. III, tit. I, § 15.

(4) L. 12, C., De suis et legit. (VI, 55); Inst., lib. III, tit. I, § 16.

(5) L. 15, C., De inoff. test. (III, 28).

(6) Inst., lib. II, tit. XIII, § 7.

Les enfants nés *ex concubinatu* ou *vulgo quæsiti* étaient *sui juris patresfamilias* dès leur naissance. Lorsque, nés d'un *concubinatus*, ils avaient, par l'effet de la possession d'état, un père certain, ce père n'était point obligé de les instituer ou de les exhéréder, parce qu'ils n'étaient pas sous sa puissance. Entre eux et lui il n'existait aucun lien reconnu par le droit. Ils n'étaient appelés à sa succession d'aucune manière, et n'y venaient pas même en troisième ordre, au moyen de la *bonorum possessio unde cognati* (1). La dette alimentaire elle-même n'existait pas entre les *liberi naturales* et leur père. Cependant, depuis l'introduction de la légitimation, le père devait instituer ou exhéréder les enfants nés *ex concubinatu* qui auraient été légitimés, soit par oblation à la curie, soit par tout autre mode.

Ceux que nous avons sous notre puissance sont appelés héritiers siens, parce que, à cause de cette copropriété de famille qu'admettaient les jurisconsultes, ils sont, pour ainsi dire, héritiers d'eux-mêmes. Telle est l'explication adoptée par Cujas (2) et Pothier (3), sur la foi de Théophile qui, dans sa paraphrase grecque des Institutes, appelle les héritiers siens αυτοκληρονομοι. C'est encore l'opinion suivie par M. Ortolan (4). M. Du Caurroy (5), au contraire, trouve la raison étymologique de cette expression dans la puissance que le père avait sur sa postérité. Selon lui, dans l'expression *heres suus*, le mot *suus* se rapporterait au défunt. Le principal argument de M. Du Caurroy consiste dans cette observation que le *paterfamilias* n'était pas tenu d'instituer ou d'exhéréder son petit-fils, lorsque celui-ci était précédé dans la famille par son père, et que cependant, si, après l'institution

---

(1) Ce n'est que dans le droit des Novelles qu'apparaît un droit de succession *ab intestat*, accordé à l'enfant issu du concubinat sur les biens de son père. V. Nov. xvIII, cap. v, et Nov. LXXXIX, cap. XII.

(2) Not. ad Inst.

(3) Pand. in novum ord., t. x, lib. xxvIII, tit. II, n. I et II.

(4) *Exp. hist. des Instituts*, t. I, pages 617 et 618.

(5) *Institutes de Justinien traduites et expliquées*, t. I, n. 667, note *a*.

d'un héritier externe, le fils exhérédé venait à mourir pendant la délibération de l'*heres scriptus*, le petit-fils devenait héritier sien de son grand-père, dès qu'il était certain que, pour un motif quelconque, l'héritier institué ne recueillerait pas l'hérédité. C'est ce qui est dit textuellement aux Institutes : « Cum autem quæritur an quis suus heres existere « possit, eo tempore quærendum est quo certum est aliquem « sine testamento decessisse, quod accidit et destituto testa- « mento. Hac ratione, si filius exheredatus fuerit et extra- « neus heres institutus, et filio mortuo postea certum fuerit « heredem institutum ex testamento non fieri heredem, aut « quia noluit esse heres, aut quia non potuit, nepos avo suus « heres existat ; quia, quo tempore certum est intestatum de- « cessisse patremfamilias, solus invenitur nepos : et hoc certum « est (1). » On peut donc être héritier sien, sans avoir été, du vivant du défunt, sous sa puissance immédiate ; il suffit d'avoir été sous sa puissance médiate et d'être plus tard appelé à son hérédité, pourvu qu'en supposant le défunt encore vivant, on se fût trouvé sous sa puissance immédiate, lors de l'événement par suite duquel on est appelé à recueillir son hérédité. Si l'héritier sien avait été appelé *suus*, parce qu'il était, pour ainsi dire, héritier de lui-même, si l'idée de copropriété de famille était l'origine de cette expression, le petit-fils n'eût pas dû, dans l'espèce précitée, être appelé *heres suus*, parce qu'il n'avait jamais eu aucun droit de copropriété sur les biens du grand-père ; ou bien s'il était, lui aussi, considéré comme copropriétaire des biens de son grand-père, il eût été rationnel que le grand-père fût tenu de l'instituer ou de l'exhéréder. Dans l'opinion contraire à celle de M. Du Caurroy, on s'appuie sur l'autorité de Théophile et sur cette considération que si l'expression *heres suus* tenait à la puissance du père sur ses descendants, le *paterfamilias* ayant un pouvoir encore plus énergique sur ses esclaves, l'esclave institué héritier par son maître eût dû être aussi *heres suus et necessarius*. Du reste,

(1) Lib. III, tit. I, § 7.

les Institutes elles-mêmes ne nous disent-elles pas : « Sed sui
« quidem heredes ideo appellantur, quia domestici heredes
« sunt, et vivo quoque patre quodammodo domini existi-
« mantur (1). » Quant à l'objection de M. Du Caurroy, elle
peut être facilement réfutée. Le droit des petits-fils ou petites-
filles dans la copropriété de famille n'est pas contestable.
Pour le nier, il faut nier aussi celui des enfants du premier
degré, et ne le regarder que comme une fiction qui s'arrête
à eux. Nous croyons que la loi 11, D., *De liberis et postumis*
(xxviii, 2), citée plus haut, nous montre que les prudents considéraient ce droit comme bien réel, puisque le droit d'exhérédation se conciliait, d'après Paul, avec ce droit de copropriété des enfants, par cette raison qu'elle était regardée
comme une peine prononcée par le père en qualité de juge
domestique : « Nec obstat quod liceat eos exheredare, quos
« et occidere licebat. » Si le *paterfamilias* n'est pas tenu
d'exhéréder le petit-fils, qui est précédé de son père, c'est
que le droit de copropriété du petit-fils ne vient qu'en second
ordre ; le testateur, en enlevant ce droit à celui qui l'a au premier rang, l'enlève par là même à ceux qui viennent dans un
rang subséquent. M. Du Caurroy oppose aussi un texte de
Papinien, dans lequel ce jurisconsulte, sur la même espèce
que nous avons rencontrée dans le § 7 du tit. i du liv. iii des
Institutes, donne la même décision, et pour expliquer pourquoi le petit-fils est ici héritier sien, nous dit : « Cum et ipse
« fuerit in potestate, neque pater eum in hac successione
« prævenerit (2). » M. Du Caurroy appuie son opinion sur ces
mots : *cum et ipse fuerit in potestate*. Nous répondrons qu'évidemment c'est parce que cet enfant a été sous la puissance
du grand-père qu'il est héritier sien ; mais ceci n'empêche
pas l'existence d'une idée intermédiaire qui échappe au savant professeur. Ce petit-fils a été sous la puissance de
son grand-père ; il a donc eu des droits de copropriété en

(1) Lib. ii, tit. xix, § 2.
(2) L. 7, pr., D., Si tab. test. null. (xxxviii, 6).

second ordre sur les biens du défunt. Si le grand-père vivait encore, le père de cet enfant, ne le précédant plus dans la famille, il aurait des droits de copropriété au premier rang sur les biens de l'aïeul. Donc il est *heres suus*, héritier de lui-même ; il recueille des biens qui lui appartenaient déjà. Pour nous résumer, nous dirons qu'il faut, pour être héritier sien, avoir été, du vivant du défunt, sous sa puissance soit immédiate, soit médiate, pourvu qu'au moment où l'hérédité est déférée on ne soit précédé dans la famille par aucun descendant d'un degré supérieur. Mais cela n'empêche pas que l'expression *heres suus* n'ait son origine dans l'idée de copropriété de famille. Maintenant, le *paterfamilias* sera-t-il tenu d'instituer ou exhéréder tous les héritiers siens ? Non. Il ne sera tenu de cette obligation qu'à l'égard de ceux que nul ne précède dans la famille. Aussi, de son vivant, il n'y a que ces derniers que l'on puisse appeler *heredes sui ;* les autres ne le deviendront qu'au moment où l'hérédité leur sera déférée *ab intestat*, ou bien encore au moment où, par la sortie de la famille des descendants qui les précèdent, ils passeront sous la puissance immédiate du *paterfamilias*. Dans ce dernier cas, si le *paterfamilias* a testé, cet événement rompra son testament, s'il n'a pas eu soin d'instituer ou d'exhéréder les descendants, qui aujourd'hui passent sous sa puissance immédiate.

Avant d'aller plus loin, il est nécessaire de bien fixer dès à présent le sens exact de certains adjectifs appliqués par les Romains à des testaments qui ne devaient pas recevoir leur exécution. Nous distinguerons : le *testamentum injustum*, le *testamentum ruptum*, le *testamentum irritum*, le *testamentum inofficiosum*, et le *testamentum destitutum* ou *desertum*. Le *testamentum injustum* manquait de l'une des conditions requises pour son existence ; il était nul *ab initio*. Le *testamentum ruptum* était celui qui, valable à l'origine, devenait nul par suite d'un événement postérieur, *in eodem statu manente testatore* (1). Le testament était au contraire *irritum* lorsque, va-

(1) Inst., lib. II, tit. XVII, § 1.

lable à l'origine, il était postérieurement annulé par un changement d'état survenu dans la personne du testateur (1). On appelait *testamentum inofficiosum* le testament rescindé sur la demande des ascendants ou des descendants exhérédés ou omis. Enfin, lorsque le testament, quoique parfaitement valable, ne recevait pas d'exécution par suite de l'incapacité ou du refus de l'héritier institué, il était dit *destitutum* ou bien encore *desertum*.

« Ex suis heredibus, *dit Ulpien*, filius quidem neque heres
« institutus, neque nominatim exheredatus, non patitur va-
« lere testamentum (2). » Ainsi, lorsqu'un fils de famille avait été prétérit, le testament du père était *injustum,* c'est-à-dire nul *ab initio.* Ce point était certain au temps d'Ulpien et de Paul (3) ; mais il avait autrefois donné lieu à une controverse entre les Sabiniens et les Proculéiens, controverse qui durait encore au temps de Gaius, qui nous en rend compte en ces termes : « Item, qui filium in potestate habet, curare debet ut
« eum vel heredem instituat vel nominatim exheredet : alio-
« quin si eum silentio præterierit, inutiliter testabitur ; adeo
« quidem ut nostri præceptores existiment, etiamsi vivo
« patre filius defunctus sit, neminem heredem ex eo testa-
« mento existere posse, scilicet quia statim ab initio non con-
« stiterit institutio. Sed diversæ scholæ auctores, siquidem
« filius mortis patris tempore vivat, sane impedimento eum
« esse scriptis heredibus, et illum ab intestato heredem fieri
« confitentur : si vero ante mortem patris interceptus sit,
« posse ex testamento hereditatem adiri putant, nullo jam filio
« impedimento ; quia scilicet existimant, non statim ab initio
« inutiliter fieri testamentum filio præterito (4). » La théorie défendue par les Proculéiens était en législation la meilleure. En effet, un testament susceptible d'exécution, par conséquent le testament d'un défunt, est le seul dont le législateur ait à

(1) Inst., lib. ii, tit. xvii, §§ 4 et 5.
(2) Reg., tit. xxii, § 16.
(3) L. 7 et l. 31, D., De lib. et post. (xxviii, 2).
(4) Comm. ii, § 123.

s'occuper; ce qui est écrit dans le testament d'un individu vivant n'a pour lui aucun sens. Aussi, en ce qui touche le contenu d'un testament, doit-on n'avoir pas égard aux rapports existant à l'époque de sa rédaction, bien que le testateur les eût directement sous les yeux, mais seulement aux rapports qui existent à l'époque de la mort. Les Sabiniens avaient donc fait admettre ici une décision qui était une véritable déviation des principes. « Néanmoins, nous dit à cet égard M. de Savigny, le principe que le contenu du testament se juge « exclusivement d'après l'époque de la mort semblait si vrai « et si conforme aux besoins de la pratique, qu'on recourait à « des moyens artificiels. Ainsi, quand un *suus* ou un *postumus* « prétérit mourait avant le testeur, le testament n'en était pas « moins nul ; mais le préteur le maintenait en accordant une « *bonorum possessio secundum tabulas*. On peut expliquer ainsi « la chose. D'après le *jus civile*, la nullité résultant de la prété- « rition était absolue : le préteur la transformait en une nullité « relative qui ne pouvait être invoquée que par l'héritier pré- « térit lui-même, et non par un tiers en faveur duquel elle « n'était pas établie. Suivant la rigueur du *jus civile*, la pré- « térition du *suus* ou du *postumus* constituait une nullité en la « forme : le préteur l'envisageait comme faisant partie du con- « tenu du testament (1). » Ainsi, pour M. de Savigny, nul doute que le testament dans lequel avait été omis un fils de famille, et qui était nul *ex jure civili*, quoique le fils de famille n'existât plus lors de la mort du testateur ou s'abstînt de l'hérédité paternelle, ne fût dans ce cas valable aux yeux du préteur qui accordait aux héritiers institués la *bonorum possessio secundum tabulas*. Telle est aussi la théorie adoptée par Pothier (2) et par M. Du Caurroy (3). Aucun de ces interprètes n'élève de doute sur l'efficacité de cette *bonorum possessio secundum tabulas*, quelles que fussent les circonstances dans lesquelles

---

(1) *Traité de droit romain,* traduction de M. Ch. Guenoux, t. VIII, § CCCXCIII.

(2) Pand. in novum ordinem, t. X, lib. XXVIII, tit. II, n. IV.

(3) Tome I, n. 574.

elle eût été obtenue. Nous ne donnerons pas à cette théorie une pareille extension, et nous pensons que cette *bonorum possessio secundum tabulas* était souvent inefficace, *sine re*. A cet égard, nous n'entrerons, pour le moment, dans aucune discussion. Cette question sera mieux à sa place venant après l'explication de tous les principes élémentaires de la matière (1).

L'omission d'un fils de famille existant au moment de la confection du testament constitue, aux yeux du droit civil, l'absence d'une condition intrinsèque absolument nécessaire à l'existence du testament. Si un fils de famille a été omis, le testament est *injustum*. Il en serait ainsi, alors même qu'il aurait été omis de son consentement : *Jus publicum privatorum pactis mutari non potest* (2). Il en serait encore ainsi alors même qu'il aurait reçu dans le même testament des legs ou des fidéicommis. Nous savons, en effet, qu'avant de donner son hérédité à d'autres, il faut l'enlever expressément à ses enfants. De ce que le testament dans lequel un *filiusfamilias* a été omis est nul *ab initio*, il en résulte qu'un pareil testament laissera subsister le testament que le père de famille avait fait antérieurement (3). — Le citoyen romain fait prisonnier par les ennemis devenait leur esclave *ex jure gentium* et subissait en conséquence la *maxima capitis deminutio*. Il sortait donc de la famille, et son père testait valablement, quoiqu'il ne l'instituât ni ne l'exhérédât. « Dum apud hostes, *dit Paul*, est filius, « pater jure fecit testamentum, et recte eum præteriit : cum « si in potestate esset filius, nihil valiturum esset testamen- « tum (4). » Mais, lorsque le citoyen romain, fait prisonnier par les ennemis, rentrait à Rome, il était supposé n'avoir

_____

(1) Cela est d'autant plus vrai que pour traiter cette question d'une manière complète, il sera nécessaire de la généraliser. En effet, elle se présente non-seulement pour le *testamentum injustum,* ce qui est le cas prévu ici, mais encore pour le *testamentum ruptum* et le *testamentum irritum.*

(2) L. 38, D., De pactis (II, 14).

(3) L. 7, D., De lib. et post. (XXVIII, 2).

(4) L. 31, D., De lib. et post. (XXVIII, 2).

jamais été esclave et n'avoir jamais subi la *maxima capitis deminutio*. Donc, si c'était un fils de famille et qu'il échappât aux ennemis, son retour annihilait *jure postliminii* le testament paternel fait pendant qu'il était prisonnier de guerre, et dans lequel il n'avait été ni institué ni exhérédé. D'un autre côté, le testament que le père avait fait antérieurement à l'époque où son fils était devenu prisonnier de l'ennemi reprenait toute sa force (1).

L'omission d'un descendant autre que le fils laissait subsister le testament, mais donnait aux descendants omis le *jus adcrescendi scriptis heredibus,* le droit d'accroître le nombre des héritiers institués (2). Lorsque les héritiers institués étaient des héritiers siens, les filles omises, ainsi que les descendants du second degré, venaient accroître le nombre des héritiers *in partem virilem*, c'est-à-dire qu'à eux tous ils ajoutaient une tête. Supposons, par exemple, un *paterfamilias* ayant trois fils et quatre filles. Il a institué ses trois fils et omis ses quatre filles : les quatre filles viendront accroître le nombre des héritiers *in partem virilem ;* elles prendront à elles quatre un quart. Si, au contraire, les héritiers institués n'étaient pas du nombre des héritiers siens, les filles, petits-fils ou petites-filles prétérits venaient accroître le nombre des héritiers institués *in partem dimidiam*. Dans l'exemple pris plus haut, si nous supposons que le testateur n'avait que quatre filles, et que, les ayant omises, il avait institué trois personnes qui n'étaient pas au nombre des héritiers siens, les quatre filles seraient venues prendre à elles quatre non pas le quart, mais bien la moitié de l'hérédité (3). Si les héritiers institués étaient, les uns héritiers siens, les autres héritiers externes, les deux règles s'appliquaient encore. Le descendant omis enlevait aux héritiers siens une part virile, et aux héritiers externes la moitié de la portion qui leur était

---

(1) Gaius, Comm. I, § 129; Ulp. Reg., tit. x, § 4; Inst., lib. I, tit. xII, § 5; 1. 6, § 1, in fine, D., De injust. rupt. (xxvIII, 3).

(2) Gaius, Comm. II, § 124; Ulp. Reg., tit. xxII, § 17.

(3) Ibid.

attribuée par le testament. C'est ce que nous apprend Paul.
« Filio et extraneo æquis partibus heredibus institutis, si
« præterita adcrescat, tantum suo avocabit quantum extra-
« neo. Si vero duo sint filii instituti, suis tertiam, extraneis
« dimidiam tollit (1). » Dans la première espèce prévue par
le jurisconsulte, le testateur a institué son fils et un héritier
externe; il a omis sa fille : la fille enlèvera au fils et à l'héritier
externe à chacun la moitié de sa part, et elle sera ainsi plus
favorisée, quoique omise, que le fils institué. Dans la seconde
espèce, le testateur a institué ses deux fils plus un héritier
externe, et il a omis sa fille. Si le testament était totalement
exécuté, les deux fils et l'héritier externe auraient chacun un
tiers de l'hérédité. La fille viendra prendre un tiers des deux
tiers attribués aux deux fils et la moitié du tiers attribué à
l'héritier externe : elle sera donc encore, quoique omise, dans
une situation préférable à celle des fils institués, puisqu'elle
aura de plus qu'eux ce qu'elle enlève à l'héritier externe.

Il en était ainsi d'après le droit civil; mais le préteur
accordait à tous les descendants omis la *bonorum possessio
contra tabulas* pour l'intégralité de leur portion *ab intestat* (2).
L'empereur Antonin-le-Pieux ordonna par un rescrit que
les femmes n'eussent pas plus par la *bonorum possessio contra
tabulas* qu'elles n'auraient eu d'après le droit civil (3). Même
après cet empereur, le préteur continua d'accorder la *bonorum
possessio contra tabulas* et pour l'intégralité de leur portion
ab intestat aux petits-fils et arrière-petits-fils omis.

Ceux qui jouissaient du *jus adcrescendi* venaient à l'hérédité
quasi scripti, et, en conséquence, étaient tenus pour leur part
des legs et des fidéicommis. C'est ce que nous apprend Justinien, qui, parlant de la fille omise, nous dit : « Filia autem
« præterita jus adcrescendi ex jure vetere accipiebat, ut eo-
« dem momento, et testamentum patris quodammodo ex parte

---

(1) Sentent., lib. III, tit. IV b, § 8.
(2) Gaius, Comm. II, § 125.
(3) Gaius, Comm. II, § 126.

« jure adcrescendi everteret, et ipsa quasi scripta legatis
« supponeretur (1). »

La différence que nous venons de voir entre le fils et les
autres enfants soumis à la puissance du même chef avait pour
motif que la puissance paternelle constituait, pour les Romains,
un lien plus fort en ce qui touche le fils qu'à l'égard de tous
autres descendants. Pour faire sortir le fils de la famille, trois
mancipations étaient nécessaires, tandis qu'une seule suffisait lorsqu'il s'agissait de tous autres descendants. De même il
fallait une exhérédation formelle pour exclure les fils de l'hérédité. Elle était aussi nécessaire pour exclure les autres descendants ; mais le fils omis conservait l'hérédité tout entière,
tandis que les filles et les petits-enfants n'en conservaient,
ainsi qu'on vient de le dire, qu'une partie.

Un fils de famille ne pouvait être institué conditionnellement qu'autant qu'il était exhérédé sous la condition contraire. Quant aux autres descendants, ils pouvaient être institués conditionnellement ; mais si la condition venait à défail-
lir, ils profitaient du *jus adcrescendi* (2).

Cependant le fils de famille eût pu être institué sous une
condition purement potestative de sa part, sans qu'il fût dans
ce cas nécessaire de l'exhéréder sous la condition contraire,
parce qu'on ne peut considérer comme omis celui qui aurait
pu être héritier s'il l'eût voulu. Donc, si un *paterfamilias*
avait institué pour héritier son fils sous une condition potestative de la part de ce fils et un héritier externe purement et
simplement, l'héritier externe pouvait faire adition sans attendre l'accomplissement de la condition imposée au fils. Si
un *paterfamilias* avait institué son fils sous condition potestative en lui substituant vulgairement, le substitué aurait recueilli l'hérédité dès qu'il aurait été certain que la condition
ne pourrait plus être accomplie, c'est-à-dire après la mort du
fils, à moins qu'un terme n'eût été ajouté à la condition potes-

(1) L. 4, C., De liberis præt. vel exh. (vi, 28).
(2) L. 6, § 1, D., De hered. inst. (xxviii, 5).

tative, par exemple : *Filius heres esto si Capitolium intra dies triginta ascenderis;* auquel cas le substitué eût été appelé à l'hérédité, si dans les trente jours la condition n'eût pas été accomplie (1). Si le fils institué sous condition potestative n'avait ni cohéritier, ni substitué, il est évident que s'il ne remplissait pas la condition, le testament tombait, puisqu'il ne contenait plus d'institution d'héritier. Mais l'hérédité sera-t-elle déférée dans ce cas *ab intestat* au fils, ou au contraire à ceux qui sont les plus proches parents du défunt à la mort de son fils? Il faut à cet égard faire une distinction qui nous est indiquée par la loi 5, Dig., *De heredibus instituendis* (xxviii, 5) : « Si ejusmodi sit conditio, sub qua filius heres institutus sit, ut « ultimo vitæ ejus tempore certum sit eam existere non posse, « et pendente ea decedat, intestato patri heres erit, velut, si « Alexandriam pervenerit, heres esto. Quod si etiam novis- « simo tempore impleri potest, veluti, si decem Titio dederit, « heres esto; contra puto. » Il fallait donc distinguer entre la condition potestative telle qu'il est au moment de la mort certain qu'elle ne pourra être remplie, et celle qui, pouvant encore être remplie au moment même de la mort, n'est dé- faillie d'une manière certaine qu'après la mort du fils auquel elle a été imposée. Au premier cas, le fils était héritier *ab in- testat* de son père, et transmettait à ses propres héritiers cette hérédité qu'il avait acquise sans qu'il fût besoin d'adition, puisqu'il était héritier nécessaire. Au second cas, l'hérédité ne pouvant être déférée *ab intestat* qu'autant qu'il n'y avait plus lieu d'espérer un héritier testamentaire, et tout espoir n'ayant cessé à cet égard que par la mort du fils, l'hérédité s'était ouverte *ab intestat* au profit des parents les plus pro- ches du défunt au moment de la mort de ce fils.

La distinction entre les deux cas est utile : 1° parce qu'il pourrait arriver que les héritiers du fils ne fussent pas les mêmes personnes qui seraient appelées à l'hérédité du père comme étant ses plus proches parents dans l'ordre des suc-

(1) L. 4, pr. et § 2, et l. 6, pr., D., De hered. inst. (xxviii, 5).

cessions, au moment où il est certain qu'il ne laisse pas d'héritier testamentaire ; 2° parce que, dans le premier cas, les héritiers du fils trouveront dans son hérédité l'hérédité paternelle, à la condition d'exécuter tous les legs et fidéicommis contenus dans le testament du père. On sait, en effet, que celui qui négligeait d'acquérir une hérédité *ex testamento* pour l'acquérir *ab intestat*, afin d'éviter de payer les legs et les fidéicommis, commettait une fraude que le préteur avait déjouée en promettant contre l'héritier action à ceux qui auraient eu un legs ou un fidéicommis à réclamer si l'hérédité eût été recueillie *ab intestat* (1). Notre espèce tombait évidemment sous l'application de cette partie de l'édit. C'est ce que nous dit fort bien Ulpien : « Qui sub conditione institutus heres potuit pa- « rere conditioni, nec paruit, cum conditio talis sit, ut in ar- « bitrio sit heredis instituti, deinde ab intestato possideat « hereditatem, debebit edicto teneri, quia ejusmodi conditio « pro pura debet haberi (2). » Dans le second cas, au contraire, les legs et les fidéicommis ne seront pas dus.

Cette distinction entre les deux espèces de conditions potestatives devra aussi être observée, s'il a été substitué au fils, et elle présentera un intérêt dans le cas où ce serait les enfants de ce fils qui lui auraient été substitués. En effet, si la condition était de telle nature qu'il fût certain, au dernier moment de l'existence du fils, qu'il ne pourra plus la remplir, ses enfants auraient été, de son vivant, appelés comme substitués, et l'auraient rendu lui-même héritier nécessaire : « Patrem suum faciet heredem et quidem necessarium (3). » Ces enfants auraient donc retrouvé cette hérédité dans l'hérédité de leur père, et n'auraient joui que d'un seul bénéfice d'abstention. Si au contraire la condition était telle qu'on ne pût être certain qu'elle était défaillie qu'après le décès du fils, ses enfants seraient appelés, par le décès de leur père, à re-

---

(1) L. 1, pr., D., Si quis omissa causa test., etc. (**xxix**, 4).
(2) Même loi, § 8.
(3) L. 6, § 5, D., De adquirend. vel omitt. hered. (**xxix**, 2).

cueillir simultanément et comme héritiers nécessaires deux
hérédités, et ils jouiraient d'un bénéfice d'abstention distinct
pour chacune de ces hérédités (1).

Si les enfants d'un fils institué sous une condition potestative de nature à être certainement défaillie avant sa mort lui
avaient été substitués, et que le testateur, ayant mis des legs
à la charge de l'héritier au premier degré, ne les eût pas mis
à la charge des héritiers du second degré, si, en outre, le fils
était mort sans avoir accompli la condition, les petits-enfants,
qui auraient acquis l'hérédité pour leur père et l'auraient
rendu *heres necessarius*, ne devraient pas les legs. En effet, la
partie de l'édit *Si quis omissa causa testamenti* était ici inapplicable, ainsi que nous l'apprend Ulpien : « Si proponatur idem
« et institutus et substitutus, et prætermiserit institutio-
« nem : an incidat in edictum quæritur? Et non puto incidere :
« quasi testator hanc ei dederit facultatem, qui eum substi-
« tuit (2). »

La question de savoir si une condition est potestative sera
toujours une question de fait dont la solution dépendra des
circonstances (3).

Si un fils de famille avait été institué héritier par son père
sous une condition impossible ou illicite, l'institution serait
nulle, et par suite le testament serait *injustum* (4). Si, au contraire, pareille condition avait été apposée à l'institution d'un
héritier externe, elle serait considérée comme non écrite (5),
et l'institution n'en serait pas moins valable. Voici la raison
que Cujas (6) donne de cette distinction. Lorsqu'une semblable condition a été mise à l'institution d'un fils de famille, il

(1) L. 28, D., De condit. inst. (xxviii, 7).
(2) L. 1, § 5, D., Si quis omissa causa testamenti (xxix, 4).
(3) L. 4, § 1, D., De hered. inst. (xxviii, 5); l. 83, D., De condit. et de-
monst. (xxxv, 1).
(4) L. 15, D., De condit. inst. (xxviii, 7).
(5) L. 3, D., De condit. et demonstr. (xxxv, 1).
(6) Comm. ad Papiniani quæst., lib. xvi, ad legem 15, D., De condit.
inst. (xxviii, 7).

n'est pas vrai de dire que ce soit une condition potestative.
« Nam, *dit Papinien*, quæ facta lædunt pietatem, existima-
« tionem, verecundiam nostram, et, ut generaliter dicam,
« contra bonos mores fiunt, nec facere nos posse credendum
« est (1); » et, nous le savons, un fils n'est valablement institué que sous condition potestative. Lorsque, au contraire, pareille condition a été ajoutée à l'institution d'un externe, on
n'a pas à examiner si cette condition est potestative de sa
part, puisque cela n'est pas nécessaire lorsqu'il s'agit de l'institution d'un externe. Ce qu'on a à examiner, c'est la question de savoir si pareille condition, qui ne pourra jamais être
remplie, peut être considérée comme une véritable condition,
ou ne doit pas plutôt être regardée comme une erreur qui
s'est glissée dans le testament. Or, la solution qui a prévalu,
c'est que c'était là plutôt une erreur du testateur qu'une véritable condition, et qu'en conséquence elle devait être considérée comme non écrite, et ne pas vicier l'institution. Il est
évident que Cujas n'a fait que développer la raison donnée
par Papinien. Cette raison est-elle bien satisfaisante? Il nous
semble qu'il est permis d'en douter. En effet, il n'y a nécessité d'examiner si la condition apposée à l'institution d'un
fils est potestative que si réellement l'institution de ce fils est
conditionnelle. Or, dans l'espèce, d'après les principes, l'institution est pure, puisque la condition qui y a été ajoutée est
considérée comme non écrite. Quoi qu'il en soit, bonne ou
mauvaise, telle était la décision du droit romain. Si la condition illicite ou impossible avait été apposée à l'institution
d'une fille, d'un petit-fils, etc., elle devrait être considérée
comme non écrite, puisque ici il n'y a pas à se préoccuper de
la question de savoir si la condition est potestative ou casuelle (2).

Les héritiers siens pouvant être institués sous une condition potestative, il est bien évident qu'ils pourront l'être

(1) L. 15, D., De condit. inst. (**xxviii, 7**).
(2) L. 4, pr., et l. 6, § 1, D., De hered. inst. (**xxviii, 5**).

sous la condition *si voluerit*, condition que l'on pourrait appeler la condition potestative par excellence (1). Il n'est pas hors de propos de faire remarquer que les héritiers siens institués sous cette condition ne sont plus des héritiers nécessaires, c'est-à-dire des héritiers *sive velint, sive nolint* (2), mais bien des héritiers externes (3).

Si un héritier sien avait été institué par le père de famille sous toute autre condition potestative, il ne deviendrait pas pour cela héritier externe. Par l'accomplissement de la condition, il deviendrait héritier nécessaire *ex testamento*, et il jouirait du bénéfice d'abstention, à moins qu'il n'eût accompli la condition dans l'intention évidente de renoncer à ce bénéfice (4).

Pour éviter que son testament soit *injustum*, le père de famille doit exhéréder son fils nommément; au contraire, pour enlever à ses autres descendants le *jus adcrescendi,* il suffit qu'il les exhérède *inter cæteros* (5); mais le préteur exige que tous les descendants mâles soient exhérédés *nominatim.* L'exhérédation *inter cæteros* se fait ordinairement ainsi : *Cæteri cæteræque exheredes sunto.* Qu'entendait-on par exhérédation nominative? Les jurisconsultes se sont à cet égard posé diverses questions. « Quid sit, *dit Ulpien*, nominatim exhe-« redari videamus? Nomen, et prænomen, et cognomen ejus « dicendum est. An sufficit vel unum ex his? Et constat suffi-« cere. Nominatim exheredatus filius et ita videtur : Filius. « meus exheres esto, si nec nomen ejus expressum sit, si « modo unicus sit. Nam si plures sunt filii benigna interpreta-« tione potius a plerisque respondetur , nullum exheredatum « esse (6). » Ces diverses décisions ne demandent point d'ex-

(1) L. 86, pr., D., De hered. inst. (xxviii, 5).
(2) Inst., lib. ii, tit. xix, § 2.
(3) L. 86, § 1, D., De hered. inst. (xxviii, 5); V. Inst , lib. ii, tit. xix, § 3.
(4) Cbn., l. 86, § 1, D., De hered. inst. (xxviii, 5) et l. 42, § 3, D., De adquir. vel omitt. hered. (xxix, 2).
(5) Gaius, Comm. ii, § 127; Ulp. Reg., tit. xxii, § 20.
(6) L. 1 et l. 2, D., De lib. et post. (xxviii, 2).

plications. Quelques légères observations seront au contraire
nécessaires pour l'intelligence du texte suivant de Paul :
« Titius testamento heredem instituit, et filium habens sic
« exheredationem posuit : Cæteri omnes filii filiæque meæ
« exheredes sunto. Paulus respondit, filium recte exhereda-
« tum videri. Postea consultus, an videatur exheredatus,
« quem pater putavit decessisse? Respondit filios, et filias
« nominatim exheredatos proponi : de errore autem patris,
« qui intercessisse proponitur, apud judicem agi oportere (1). »
Titius, ayant un fils unique et d'autres descendants, institua
un héritier externe et ajouta : « Cæteri omnes filii filiæque
« meæ exheredes sunto. » Paul décide que le fils est régulièrement exhérédé. Si le testateur eût simplement dit : « Cæ-
« teri exheredes sunto, » cette exhérédation ne se fût adres-
sée qu'aux filles et aux descendants d'un degré inférieur.
L'exhérédation dont il s'agit comprend le fils, et est par conséquent valable à cause des mots *omnes filii*. Consulté ensuite
sur la question de savoir si, dans le même cas, le fils devait
être encore considéré comme ayant été régulièrement exhérédé, en supposant que le père l'eût par erreur cru mort, Paul
répond : « De errore autem patris apud judicem agi oportere, »
afin, dit Cujas (2), que si l'erreur du père est prouvée, le
fils ne soit pas considéré comme compris dans l'exhérédation.

Souvent on exhérédait son fils en termes injurieux, *cum
convicio*, en disant, par exemple, *filius non nominandus*, ou
en l'appelant *latro, gladiator*. Ulpien déclare que les exhérédations ainsi conçues sont parfaitement régulières (3).
D'autres textes nous apprennent, du reste, que peu im-
portent les termes dans lesquels est faite une exhérédation (4). Peu importe aussi le motif pour lequel le père a pro-

(1) L. 25, pr., D., De lib. et post. (xxviii, 2).
(2) Comm. ad Pauli respons., lib. xii, ad hanc legem.
(3) L. 3, pr., D., De lib. et post. (xxviii, 2).
(4) L. 3, C., De liber. præt. (vi, 28), et l. 17, D., De liber. et post.
xxviii, 2).

noncé l'exhérédation (1), sauf, comme nous le vérrons, le droit, pour le descendant exhérédé, d'intenter la *querela testamenti inofficiosi*. Si cependant le motif de l'exhérédation avait été énoncé, et qu'il fût prouvé que le père s'était trompé, que ce motif n'existait pas, le descendant était considéré comme n'ayant pas été exhérédé, et n'avait pas besoin de la *querela testamenti inofficiosi* (2).

Nous avons déjà vu que le fils de famille devait être institué héritier purement et simplement, ou sous condition potestative ; qu'il pouvait aussi être institué conditionnellement, pourvu qu'il eût été exhérédé sous la condition contraire. Pareillement le fils de famille devra être exhérédé purement et simplement (3), à moins qu'il n'ait été institué sous la condition contraire. Il ne doit en effet y avoir aucun cas où il soit possible que le fils soit omis. S'il est institué sous condition, si la condition ne s'accomplit pas, il sera omis ; il en est de même s'il est exhérédé sous condition. Mais s'il est institué sous condition et exhérédé sous la condition contraire, le testament est valable, parce que, quoi qu'il arrive, le fils ne sera jamais omis. En effet, si la condition s'accomplit, il sera institué ; si elle défaille, il sera exhérédé. Le raisonnement inverse nous démontre la validité du testament dans lequel le fils aurait été exhérédé sous condition et institué sous la condition contraire. Toutefois, les testaments dont nous venons de parler ne sont valables qu'autant que la condition s'accomplira ou défaillera du vivant du fils. Autrement il serait soit héritier, soit exhérédé, à une époque où il n'existerait déjà plus, ce qui est inadmissible. C'est ce que nous explique fort clairement Tryphoninus : « Filius a patre, cujus in potestate « est, sub conditione, qua non est in ipsius potestate, heres « institutus, et in defectum conditionis exheredatus, decessit

(1) L. 18, D., De liber. et post. (xxviii, 2), et l. 61, D., De hered. inst. (xxviii, 5).
(2) L. 14, § 2 et l. 15, D., De liber. et post. (xxviii, 2).
(3) L. 3, § 1, D., De liber. et post. (xxviii, 2).

« pendente etiam tunc conditione tam institutionis quam
« exheredationis. Dixi, heredem eum ab intestato mortuum
« esse ; quia, dum vivit, neque ex testamento heres, neque
« exheredatus fuit (1). » Par suite de ce principe, l'exhérédation d'un fils pour après sa mort ne sera d'aucune utilité :
« Testamentum quod hoc modo scribitur : Titius post mortem
« filii mei heres esto, filius exheres esto, nullius momenti
« est, quia filius post mortem suam exheredatus est. Quare
« et contra tabulas paternorum libertorum , hujusmodi filius
« bonorum possessionem accipere poterit (2). » L'espèce proposée par le jurisconsulte est celle-ci : un *paterfamilias* a dit
dans son testament : « Titius post mortem filii mei heres
« esto, filius exheres esto. » L'institution de Titius est conditionnelle ; car « dies incertus conditionem in testamento
« facit (3). » L'exhérédation du fils est conditionnelle aussi ;
car l'exhérédation , comme toutes les autres dispositions contenues dans le testament , dépend de l'adition d'hérédité
que doit faire l'*heres scriptus* et ne peut valoir qu'autant que
cette adition a lieu. Or, d'une part, le fils n'est pas institué sous la condition contraire, et, d'autre part, le testament serait encore *injustum*, si le fils était institué sous la
condition contraire , parce qu'il serait institué ou exhérédé
pour après sa mort. Pour comprendre la fin de ce texte, dans
laquelle le jurisconsulte dit qu'en conséquence le fils pourra
obtenir la *bonorum possessio contra tabulas* d'un affranchi de
son père, il faut savoir que cette *bonorum possessio* n'était pas
accordée au fils exhérédé (4).

Si le fils avait été institué héritier pour partie , il pourrait
lui être régulièrement donné un cohéritier *post mortem filii* (5).
Dans ce cas, si le cohéritier survit au fils, il aura la part que

(1) L. 28, pr., D., De liber. et post. (xxviii, 2).
(2) L. 13, § 2, D., De liber. et post. (xxviii, 2).
(3) L. 75, D., De condit. et demonstr. (xxxv, 1).
(4) L. 20, pr., D., De bon. poss. contra tab. (xxxvii, 4).
(5) L. 28, pr., in fine, D., De liber. et post. (xxviii, 2).

lui attribue le testament; si, au contraire, il ne lui survit pas, le fils aura toute l'hérédité.

Ulpien déclare nulle l'exhérédation conçue en ces termes : « Quisquis mihi heres erit filius exheres esto. » Pour qu'un testament produise son effet, il faut que l'*heres scriptus* ait fait adition en vertu de ce testament. Or, il n'y a pas d'adition possible tant que le fils n'est ni institué ni exhérédé. Il y a donc ici un cercle vicieux qui empêche l'exhérédation d'être régulière (1). D'après Pomponius, il en serait de même, et pour les mêmes motifs, de l'exhérédation ainsi conçue : « Titius « heres esto; et cùm heres erit Titius, filius exheres esto (2) . » Dans ce second cas encore, la rédaction employée par le testateur indique deux époques, celle de l'adition d'abord, celle de l'exhérédation ensuite, de telle sorte que , textuellement, le fils n'est exhérédé que pour après l'adition; et l'adition ne pouvant avoir lieu, d'ailleurs, tant que le fils n'est pas exhérédé, nous sommes conduits au cercle vicieux signalé. Si, au contraire, le testateur avait dit : « Si quis heres existat, filius « exheres esto, » l'exhérédation serait valable (3). On arrive bien, dans ce cas, au même cercle vicieux ; mais il ne ressort pas des expressions mêmes employées par le testateur. C'était une application assez subtile de la règle reçue à Rome : « Expressa nocent, non expressa non nocent (4). » C'est ce que nous apprend Pomponius dans le texte précité : « Quæ- « dam enim in testamentis si exprimantur, effectum nullum « habent : quando si verbis tegantur, eamdem significationem « habeant quam haberent expressa : et momentum aliquod « habebunt. »

Pour que l'exhérédation fût valable, l'enfant devait être exhérédé de toute l'hérédité. Il est bien vrai que l'on avait

---

(1) L. 3, § 2, D., De liber. et post. (xxviii, 2).
(2) L. 68, D., De hered. inst. (xxviii, 5).
(3) Ibidem.
(4) L. 195, D., De R. J. (l, 17); V. 1. 65, § 1, D., De legat. 1º (xxx), et l. 52, D., De condit. et demonstr. (xxxv, 1).

admis la validité de l'institution d'un héritier unique *pro certa re* ou *pro certa parte,* et considéré comme non écrite la mention de la chose ou de la portion pour laquelle cet héritier avait été institué; mais cela avait été admis à cause de la grande faveur dont jouissaient à Rome les institutions d'héritiers : *Benigne accipitur;* les exhérédations, au contraire, étaient vues d'un œil défavorable : *exheredationes autem non essent adjuvandæ* (1). De ce principe, il résulte que si un testament contenait divers ordres ou degrés d'héritiers appelés les uns à défaut des autres, le fils devait être exhérédé *a toto gradu heredum.* La question de savoir si cette condition avait été remplie, ou si, au contraire, le fils avait été omis par rapport à quelque degré d'héritier, tenait à l'interprétation du testament, et était par conséquent une pure question de fait (2). Du reste, cette condition d'une exhérédation s'appliquant à tous les degrés n'était pas nécessaire pour l'existence du testament. Seulement il n'y aura de valables que les institutions comprises dans les degrés desquels le fils aura été exclu ; les autres seront considérées comme non avenues. Si donc un père avait omis son fils au premier degré et l'avait exhérédé au second, c'est par le second degré que le testament commencerait, le premier étant considéré comme non avenu (3). Si nous supposons qu'un père de famille a institué au premier degré un héritier externe, en omettant, quant à ce degré, son fils qu'il a institué au second degré, l'institution de l'externe sera nulle, et, comme substitué, le fils recueillera l'hérédité *ex testamento* (4), et non *ab intestat,* ce qu'il est important de savoir, puisqu'il en résulte que les legs et les fidéicommis seront dus, et que s'il a été, par ce testament, donné à ce fils, en le supposant impubère, soit un tuteur, soit un substitué pupillaire,

(1) L. 19, D., De liber. et post. (xxviii, 2).

(2) L. 3, §§ 2, 3, 4 et 5, D., De liber. et post. (xxviii, 2), et l. 1, C., De liberis præt. (vi, 28).

(3) L. 3, § 6, D., De liber. et post. (xxviii, 2).

(4) L. 75, D., De hered. inst. (xxviii, 5), et l. 43, § 2, D., De vulg. et pupill. subst. (xxviii, 6).

ils auront été donnés régulièrement. Réciproquement, si un fils a été exclu du degré des institués et omis à celui des substitués, la substitution sera nulle, quoique le fils soit mort pendant que les institués délibéraient ou même du vivant du testateur (1).

Ce qui vient d'être dit de l'exhérédation ne s'applique pas à l'institution d'un fils; cette institution valide tous les degrés qui la suivent. Si donc le fils avait été institué au premier degré, et qu'il lui eût été substitué; si le fils s'abstenait de l'hérédité parternelle ou ne la recueillait pas pour tout autre motif, le substitué pourrait faire adition en vertu du testament, quoique le fils eût été omis au second degré (2). Si le fils avait été omis au premier degré, institué au second, et qu'il lui eût été substitué, le testament commencerait au second degré, et si le fils s'abstenait ou, pour quelque motif que ce soit, ne recueillait pas l'hérédité paternelle, elle serait dévolue à l'héritier du troisième degré.

Les règles qui précèdent sur l'exhérédation des fils de famille s'appliquaient aussi, sauf deux exceptions que nous avons signalées, à l'exhérédation des filles et des descendants d'un degré inférieur. Ainsi, la fille et les descendants d'un degré inférieur sont considérés comme omis, lorsqu'ils sont exhérédés pour après leur mort; mais nous savons déjà que le résultat de cette omission se bornera à empêcher l'exécution totale du testament par suite du *jus adcrescendi*, qui appartient dans ces cas aux descendants omis. De même, les descendants dont nous nous occupons devront avoir été exhérédés *a toto gradu heredum;* sinon ils jouiront du *jus adcrescendi* dans les degrés pour lesquels ils auront été omis.

Par exception à tous les principes déjà étudiés, le militaire qui teste à la guerre est dispensé d'exhéréder les enfants déjà nés ou conçus dont il connaît l'existence (*non ignorans an habeat liberos*). Son silence à leur égard vaut exhérédation

(1) L. 8, D., De liber. et post. (xxviii, 2).
(2) L. 14, § 1, D., De liber. et post. (xxviii, 2).

nominative (1). Cela tient à ce que la nécessité d'instituer ou d'exhéréder les héritiers siens était considérée comme faisant partie des formalités des testaments, formalités dont les militaires en campagne étaient dispensés. Mais lorsque le testateur militaire avait ignoré l'existence d'enfants nés ou conçus, on ne tirait de son silence à cet égard aucune présomption contraire à l'affection paternelle, et l'existence ou la survenance d'héritiers auxquels le testateur n'avait point pensé annulait ou rompait, selon les cas, le testament militaire (2). Il faut remarquer que le testament qu'un militaire avait fait à la guerre n'était valable qu'autant qu'il y mourait ou qu'il décédait dans l'année de son retour (3). — Auguste avait, par un édit, enlevé aux *patresfamilias* le droit d'exhéréder leurs fils militaires. Paul nous apprend que cet édit a été abrogé, sans nous indiquer l'époque de cette abrogation (*jam sublato edicto divi Augusti*). Du temps de ce jurisconsulte, on pouvait donc exhéréder tout aussi bien les militaires que les *pagani* (4).

SECTION II

Des posthumes et quasi-posthumes.

Le mot *posthume* comprend, *lato sensu*, tous les descendants qui surviennent après la confection du testament, lors même qu'ils naissent pendant la vie du testateur (5). Au contraire, le mot *posthume* pris *stricto sensu* ne s'applique qu'aux enfants

(1) Inst., lib. II, tit. XIII, § 6.
(2) L. 7, l. 33, § 2, et l. 36, § 2, D., De test. milit. (XXIX, 1).
(3) V. Inst, lib. II, tit. XI.
(4) L. 26, D., De liber. et post. (XXVIII, 2).
(5) L. 12, pr., D., De injusto, rupto, etc. (XXVIII, 3), et l. 8, D., De liber. et post. (XXVIII, 2). *Postumus* n'a pas d'autre sens que *posterior* et *postremus*, et c'est à tort que l'on écrit *posthumus*. V. Cujas, *Obs.*, lib. III, cap. 4.

nés après la mort du chef de la famille (1). Pour le moment, nous ne nous occuperons que de ces derniers. Leurs droits dans la famille se déterminent d'après l'époque de leur conception. Ainsi, quoique né après la mort du testateur, le posthume antérieurement conçu est héritier sien (2), en ce sens qu'il a sur les biens de la famille les mêmes droits que s'il était né avant la confection du testament. Son existence dans la famille, au moment de la confection du testament, en aurait amené la nullité, s'il y eût été omis ; sa naissance subséquente occasionne la rupture d'un pareil testament. Ainsi, la survenance possible de posthumes n'empêche pas le père de tester valablement : son testament vaut à l'origine ; mais ensuite il est rompu par l'agnation, c'est-à-dire par l'arrivée dans la famille d'un héritier sien (3). De là, il résulte que le testament ainsi rompu n'en aura pas moins annihilé le testament qui lui était antérieur (4), tandis que le testament dans lequel le fils de famille vivant est omis, n'ayant aucune existence, laisse subsister le testament antérieur. Il en résulte encore que si la femme *ex qua postumus vel postuma sperabatur* fait une fausse couche, *abortum fecerit* (5), le testament reste valable ; tandis que le prédécès d'un fils omis, lorsqu'il était déjà né lors de la confection du testament, ne répare pas, du moins aux yeux du droit civil, le vice primitif du testament paternel.

---

(1) L. 3, § 1, D., De injusto, rupto, etc. (xxviii, 3) ; l. 16, § 5, D., De testam. tut. (xxvi, 2) ; l. 164, pr., D., De V. S. (l, 16).

(2) Ulp. Reg., tit. xxii, § 15.

(3) Ulp. Reg., tit. xxii, § 18 ; Inst., lib. ii, tit. xiii, § 1 ; l. 3, § 3, D., De injust. rupt. (xxviii, 3).

(4) Gaius, Comm. ii, § 144 ; Inst., lib. ii, tit. xvii, § 2.

(5) Inst., lib. ii, tit. xiii, § 1 ; l. 2 et l. 3, C., De post. hered. inst. vel exher. (vi, 29) ; l. 129, D., De V. S. (l, 16) ; l. 12, pr. et § 1, D., De liber. et post. (xxviii, 2). — Il est ici question d'un enfant mort-né ; le testament eût été rompu par la naissance d'un posthume héritier sien, quoique cet enfant ne fût pas né viable, pourvu qu'il eût vécu, ne fût-ce que quelques instants. Les Romains n'admettaient pas, à l'égard des enfants nés vivants et non viables, la théorie que renferment les articles 725 et 906 du Code Nap.

La naissance d'un posthume de l'un ou de l'autre sexe, et quel que soit son degré, entraîne la rupture du testament pour le tout (1), tandis que l'omission d'une fille ou d'un petit-fils déjà nés n'empêche pas le testament de conserver un effet partiel.

La rupture du testament par suite de la naissance d'un posthume, ou tout au moins par suite de la naissance d'un fils du testateur (en supposant que ce principe n'ait été d'abord admis que pour le fils, et plus tard pour les autres descendants), était déjà hors de toute controverse du temps de Cicéron. C'est ainsi que le grand orateur nous le présente : « Attamen « quæ causæ sunt ejusmodi ut de earum jure dubium esse non « possit, omnino in judicium vocari non solent. Nam quis eo « testamento, quod paterfamilias ante fecit, quam ei filius « natus esset, hereditatem petit ? Nemo ; quia constat, agna- « scendo rumpi testamentum. Ergo in hoc genere juris judicia « nulla sunt (2). » L'admission de ce principe a été nécessai- rement précédée par celle du principe de la nécessité de l'in- stitution ou de l'exhérédation des descendants vivants lors de la confection du testament, soit pour en assurer la validité, soit pour en assurer l'exécution complète, selon le degré et le sexe des descendants. C'est donc à tort que Cicéron pré- sente (3) ce dernier principe comme encore douteux de son temps.

On évite la nullité du testament en instituant ou exhéré- dant le fils qu'on a sous sa puissance ; pareillement il faut

(V. aussi art. 314). Ils leur accordaient la capacité de droit pleine et entière tout comme à ceux qui étaient nés vivants et viables. La seule différence entre ces deux classes d'enfants consistait en ce que les enfants non viables ne comptaient pas, quoique nés vivants, lorsqu'il s'agissait de savoir si leur mère avait ou non le *jus liberorum* (V. Pauli Sent., lib. IV. tit. IX, §§ 1 et 5). Ce point important a été parfaitement mis en lumière par M. de Savigny, *Traité de Droit romain*, traduction de M. Ch. Guenoux, tome II, appendice III.

(1) In eo par omnium conditio est (Inst., lib. II, tit. XIII, § 1). V. l. 1, C., De post. hered. inst. vel exher. (VI, 29).

(2) De oratore, lib. I, n. 57.

(3) Ibid., lib. I, n. 38.

instituer ou exhéréder les posthumes pour éviter la rupture
du testament, que produirait leur entrée dans la famille du
testateur. Il fut longtemps impossible de prendre cette précaution, parce que aucune disposition testamentaire ne pouvait concerner les personnes incertaines au nombre desquelles
se trouvaient les enfants à naître, ce qui s'opposait à leur institution, et parce qu'il était impossible d'enlever le titre
d'héritier à ceux qui ne l'avaient point encore, ce qui s'opposait à leur exhérédation. La survenance d'un posthume entraînait donc une rupture inévitable du testament, soit que ce
posthume naquît avant, soit qu'il naquît après la mort du testateur. Dans le premier cas, le testament pouvait être re-
commencé ; dans le second, au contraire, la rupture était
irréparable. Ne pouvant remédier aux effets de cette rupture, les prudents cherchèrent à la prévenir : ils admirent
une fiction qui considérait comme déjà nés, non-seulement
à la mort du testateur, mais même lors de la confection du
testament, les descendants qui viendraient prendre après le
décès du testateur le titre et les droits d'héritiers siens. On
les nomma posthumes siens, par opposition à ceux qui, s'ils
étaient nés du vivant du testateur, ne seraient pas nés sous
sa puissance. Ces derniers furent appelés posthumes externes.
Leur institution, inutile à la stabilité du testament, resta prohibée, du moins par le droit civil (1) ; mais on autorisa toute
sorte de dispositions en faveur des posthumes siens, que l'on
put instituer ou exhéréder, et auxquels on put laisser un legs,
un fidéicommis, ou donner un tuteur, le tout en vertu de la
fiction qui les considère *pro jam natis* (2).

Comme un posthume ne peut pas être institué à moins qu'il
ne soit héritier sien, et que les femmes ne peuvent pas avoir
d'héritiers siens, il n'y a donc que les mâles qui puissent instituer des posthumes (3). On s'est même demandé si le *spado*

(1) Cpr. Inst., lib. II, tit. XX, § 28, et Inst., lib. III, tit. IX, pr. V. Gaius,
Comm. II, §§ 242 et 247.
(2) Gaius, Comm. I, § 117; Inst , lib. I, tit. XIII, § 4.
(3) L. 4, D., De liber. et post. (XXVIII, 2).

pouvait instituer des posthumes, question qui a été résolue
affirmativement ; ce qui devait être, puisqu'à Rome on admettait le mariage du *spado* (1). On a admis la décision contraire, en ce qui touche le castrat, qui ne pouvait se marier (2). Il n'est pas inutile de savoir si une personne peut ou
non instituer un posthume ; car, si on suppose qu'il n'y ait
pas d'autre héritier institué que le posthume, si ce posthume
a été institué par une personne à qui pareille institution était
permise, et qu'il ne lui naisse pas de posthume, le testament,
valable à l'origine, sera *destitutum ;* d'où il suit que ce testament annule un testament antérieur. Si, au contraire, on suppose que ce posthume a été institué par une personne qui ne
le pouvait pas instituer, par exemple par un castrat, le testament aura été nul *ab initio,* et n'aura par conséquent pas annulé le testament antérieur.

On pouvait instituer des posthumes d'une manière indéter-
minée, et c'était le plus sûr. En effet, il aurait pu arriver que
celui qui avait institué héritier le posthume qui lui naîtrait de
son épouse actuelle convolât à de nouvelles noces après la
dissolution de son mariage actuel, de telle sorte que son testament fût rompu par la naissance d'un posthume issu d'une
nouvelle épouse (3).

On pouvait aussi instituer un posthume déterminé, c'est-
à-dire le posthume qui naîtra de telle femme, dont il n'était
pas du reste nécessaire que l'on fût le mari (4). Il fallait cependant qu'il fût honnêtement possible d'espérer épouser un
jour la femme désignée comme mère du posthume. C'est pourquoi Paul déclare nulle, comme contraire aux bonnes mœurs,
l'institution du posthume à naître de l'épouse d'autrui (5).
Mais tout empêchement au mariage du testateur avec la
femme désignée comme la mère du posthume institué, ne

(1) L. 6, pr., D., De liber. et post. (XXVIII, 2).
(2) L. 6, § 1, D., De liber. et post. (XXVIII, 2).
(3) L. 5 et l. 28, § 2, D., De liber. et post. (XXVIII, 2).
(4) L. 1 et l. 27, D., De liber. et post. (XXVIII, 2).
(5) L. 9, § 1, D., De liber. et post. (XXVIII, 2)

viciait pas l'institution de ce posthume. Ainsi, je pouvais instituer l'enfant à naître de moi et d'une *ancilla*, ou de moi et
de la mineure de vingt-cinq ans dont mon père avait été le
tuteur (1). De même encore, j'aurais pu instituer le posthume
à naître de moi et de ma sœur adoptive, parce qu'il n'y avait
entre nous qu'un lien de parenté civile qui pouvait être rompu
par l'émancipation de l'un ou de l'autre, et, ce lien rompu, il y
aurait eu entre nous *connubium* (2). Il fallait donc, pour que
je ne pusse instituer le posthume à naître de moi et de telle
femme, non-seulement qu'il y eût empêchement à mon mariage avec cette femme, mais encore qu'il fût déshonnête de
désirer ce mariage.

On avait d'abord douté qu'on pût instituer héritier le posthume qui, s'il eût été déjà né lors de la confection du testament, eût été précédé dans la famille par un enfant vivant à
cette époque ; mais le célèbre jurisconsulte Caius Aquilius
Gallus, l'introducteur de la stipulation Aquilienne, le collègue de Cicéron dans la préture, fit, par sa grande autorité,
admettre la validité de pareilles institutions (3). Scœvola nous
l'apprend : « Gallus sic posse institui postumos nepotes in-
« duxit : Si filius meus, vivo me, morietur, tunc si quis mihi
« ex eo nepos, sive quæ neptis, post mortem meam in decem
« mensibus proximis, quibus filius meus moneretur, natus
« nata erit, heredes sunto (4). » Les jurisconsultes étendirent
la décision d'Aquilius Gallus aux arrière-petit-fils et aux descendants d'un degré encore plus éloigné ; de telle sorte qu'on
admit que le testateur pourrait dire : « Si me vivo nepos de-

(1) L. 28, § 3, D., De liber. et post. (xxviii, 2).

(2) L. 9, § 4, D., De liber. et post. (xxviii, 2). V. Gaius, Comm. i, §61;
Pauli Sent., lib. ii, tit. xix, § 4; Inst., lib. i, tit. x, § 2.

(3) Ce qui prouve évidemment que du temps de Cicéron la nécessité pour le
testateur d'instituer ou d'exhéréder ses descendants était depuis longtemps
admise, ainsi que la rupture du testament par la survenance d'un posthume, et
la possibilité d'éviter cette rupture par l'institution ou l'exhérédation anticipée
du posthume.

(4) L. 29, pr., D., De liber. et post. (xxviii, 2).

« cedat, tunc qui ex eo pronepos, etc. (1). » De même, s'il
teste du vivant de son fils, son petit-fils étant déjà mort, laissant une épouse enceinte, il pourra dire : « Si me vivo filius
« decedat, tunc qui pronepos, etc. (2). » De même encore, si
au moment de la confection du testament le fils et le petit-
fils vivent tous deux, le testateur pourra instituer son arrière-
petit-fils, pour le cas du prédécès et du fils et du petit-fils (3).
Dans ce cas, l'institution de l'arrière-petit-fils aurait produit
son effet, alors même que le petit-fils serait décédé avant le
fils et serait né après la confection du testament (4). Si nous
supposons le petit-fils omis décédé avant le fils, l'institution de
l'arrière-petit-fils vaudra comme s'il était né du fils lui-même,
et non du petit-fils (5). Enfin, par extension de la décision
d'Aquilius Gallus, les jurisconsultes avaient admis que l'institution du petit-fils serait valable alors même qu'elle aurait
été faite purement et simplement, c'est-à-dire sans qu'elle
eût été faite pour le cas du prédécès du fils du vivant du testateur (6). On avait en outre admis, d'une manière générale,
que, dans tous les cas où il pouvait naître un héritier sien, il
pourrait être valablement institué. Ainsi, on avait admis l'institution du petit-fils pour le cas où, du vivant du testateur,
le fils sortirait d'une manière quelconque de la famille, par
exemple, par émancipation, ou bien encore par la perte de la
liberté ou des droits de cité. Lorsque le petit-fils avait été
institué purement et simplement, et même lorsqu'il l'avait
été seulement pour le cas de la mort du fils du vivant du testateur, les jurisconsultes avaient admis qu'il serait considéré
comme ayant été institué pour tous les cas possibles de sortie

(1) L. 29, § 2, D., De lib. et post.
(2) Même loi, § 3.
(3) Même loi, § 4.
(4) Même loi, § 8.
(5) Même loi, § 9. Dans ce texte il faut, d'après Cujas, lire *nepos omittetur*,
au lieu de *pronepos omittetur*; ce qui conduit au sens que nous avons adopté.
(6) Même loi, § 1.

du fils de la famille (1). Si un *paterfamilias* testait ayant un fils prisonnier de guerre chez l'ennemi, il pouvait instituer héritier le fils à naître de la femme de son fils, pour le cas où il viendrait à naître après sa mort et avant le décès du fils chez l'ennemi (2). Dans tous les cas, le testateur devait avoir soin d'instituer son fils, au moins pour partie. Il l'aurait en vain exhérédé; car, dans toutes ces espèces, le petit-fils est institué sous la condition *si vivo testatore filius moriatur*. Or, l'exhérédation, comme toutes les autres parties du testament, ne peut produire son effet qu'autant qu'il est fait adition d'hérédité en vertu de ce testament. Donc l'exhérédation du fils aurait eu lieu pour après sa mort, et nous savons déjà que pareille exhérédation est nulle; d'où il suit que le testament aurait été *injustum* (3). Il n'était pas nécessaire d'avoir recours à cette précaution lorsque le fils était prisonnier de guerre, pouvu toutefois qu'il mourût chez l'ennemi. Ce n'était pas non plus nécessaire, en ce qui touche le petit-fils ou l'arrière-petit-fils, lorsque le testateur instituait leur enfant à naître après sa mort, en supposant que le fils ou petit-fils vînt à mourir du vivant du testateur (4). Nous savons, en effet, que l'omission du petit-fils ou de l'arrière-petit-fils ne viciait nullement le testament, mais donnait seulement aux descendants omis le *jus adcrescendi scriptis heredibus*, dont ils ne pouvaient profiter qu'à la condition d'exister encore au moment du décès du testateur.

Le jurisconsulte Julien nous rapporte une singulière espèce : « Si ita scriptum sit : Si filius mihi natus fuerit, ex « besse heres esto ; ex reliqua parte uxor mea heres esto; « si vero filia mihi nata fuerit, ex triente heres esto; ex reli-« qua parte uxor heres esto; et filius et filia nati essent, di-« cendum est assem distribuendum esse in septem partes, ut

(1) L. 29, § 5, D., De lib. et post. (XXVIII, 2).
(2) Même loi, § 6.
(3) L. 13, § 2, D., De liber. et post. (XXVIII, 2).
(4) L. 29, § 10, D., De liber. et post. (XXVIII, 2).

« ex his filius quatuor, uxor duas, filia unam partem habeat.
« Ita enim, secundum voluntatem testantis, filius altero tanto
« amplius habebit quam uxor ; item uxor altero tanto amplius
« quam filia. Licet enim subtili juris regulæ conveniebat rup-
« tum fieri testamentum, attamen, quum utroque nato tes-
« tator voluerit uxorem aliquid habere ; ideo ad hujusmodi
« sententiam humanitate suggerente decursum est. Quod
« etiam Juventio Celso apertissime placuit (1). » Le testateur
avait prévu deux cas, le cas où il lui naîtrait un fils, et le cas
où il lui naîtrait une fille ; mais il n'avait pas prévu le cas où
il lui naîtrait deux posthumes jumeaux. On aurait donc pu
dire *subtili jure* que les deux jumeaux qui lui étaient nés
n'avaient été ni institués ni exhérédés, et que, par suite
de leur prétérition, le testament était rompu. Mais les jurisconsultes n'eurent point égard à cette subtilité ; ils préférèrent
suivre d'aussi près que possible la volonté du testateur, et,
comme on vient de le voir, imaginèrent un moyen ingénieux
de résoudre la difficulté. L'hérédité sera divisée en sept portions : le fils en prendra quatre, la femme deux, la fille une,
de telle sorte que le rapport de la part du fils à celle de sa
mère, ainsi que le rapport de la part de la fille à celle de sa
mère, sera celui que le testateur avait fixé. Il est probable
d'après ce texte que, s'il était né à ce testateur deux fils, on
aurait divisé l'hérédité en cinq parties : chaque fils en aurait
pris deux, et la femme une ; et que, s'il lui était né deux filles,
on aurait divisé l'hérédité en quatre parties : deux portions
auraient été attribuées à la femme, et une à chaque fille.

Il faut remarquer qu'un posthume ne rompra par sa naissance le testament de son ascendant, qu'autant qu'à l'époque
du décès de celui-ci il ne serait précédé par personne dans la
famille. Ainsi, un testateur a exhérédé son fils et institué un
héritier externe ; il meurt, son fils vivant encore ; ce fils a un
enfant : la naissance de ce petit-fils ne rompra pas le testament du grand-père. Nous savons déjà que, dans cette hypo-

(1) L. 13, pr., D., De liber. et post. (xxviii, 2).

thèse, si le fils venait à mourir, et qu'après son décès l'*heres scriptus* répudiât l'hérédité ou ne pût la recueillir pour un motif quelconque, le petit-fils serait héritier sien *ab intestat* de son grand-père. Il n'en était cependant ainsi que dans le cas où le petit-fils était déjà conçu à la mort de son aïeul. Si, au contraire, il n'eût été conçu qu'après cette mort, il ne recueillerait l'hérédité à aucun titre, *quia nullo jure cognationis patrem sui patris tetigit* (1). Le préteur ne lui accorderait même pas la *bonorum possessio unde cognati* (2).

Si, au moment de la mort du grand-père, le petit-fils était conçu et le fils prisonnier chez l'ennemi, l'omission du petit-fils romprait le testament du grand-père (3). Il en serait ainsi, que ce petit-fils eût été conçu à Rome ou chez l'ennemi, à cause du *jus postliminii* (4). Le retour du fils ferait considérer cette rupture comme non avenue, et le testament serait *injustum* ou valable, selon que le fils y aurait été ou non omis. Si même le testament du grand-père avait été fait avant que le fils tombât au pouvoir des ennemis et qu'il l'eût omis, le testament serait *injustum*, que le fils revînt ou mourût chez l'ennemi.

Les posthumes de l'un ou de l'autre sexe doivent être institués purement et simplement. Parmi les héritiers siens déjà nés à l'époque de la confection du testament, il n'y a que le fils, avons-nous vu, qui ne puisse pas être institué conditionnellement, à moins qu'il n'ait été exhérédé sous la condition contraire. L'omission du fils était la seule qui rendît le testament *injustum*; celle des autres descendants ne leur donnait que le *jus adcrescendi scriptis heredibus*: aussi pouvaient-ils être institués conditionnellement. Si la condition s'accomplissait, ils venaient à l'hérédité en vertu du testa-

(1) Inst., lib. III, tit. I, § 8.

(2) Inst., ibid; l. 6, pr. D., De injust. rupt. (XXVIII, 3); l. 6 et l. 7, D., De suis et legit. hered. (XXXVIII, 16).

(3) L. 9, § 2, D., De lib. et post. (XXVIII, 2); l. 6, § 1, D., De injust. rupt. (XXVIII, 3).

(4) L. 6, § 2, D., De injust. rupt. (XXVIII, 3).

ment ; si elle défaillait, ils jouissaient de leur *jus adcrescendi ;* mais l'omission des posthumes de tout sexe et de tout degré entraînait la rupture du testament. Il suit de là que les posthumes doivent suivre, quels que soient leur sexe et leur degré, les principes applicables parmi les enfants vivants au moment de la confection du testament aux fils de famille seuls. Cependant, si un posthume avait été institué conditionnellement, et qu'avant sa naissance la condition se fût accomplie, se trouvant ainsi institué lors de sa naissance, il ne romprait pas le testament paternel (1).

Le fils posthume devait être exhérédé *nominatim ;* la fille et les autres posthumes du sexe féminin pouvaient être exhérédés *inter cæteros*, pourvu cependant qu'on leur eût légué à chacune d'elles un objet quelconque, *ne viderentur præteritæ esse per oblivionem* (2). En ce point, la condition des filles ou petites-filles posthumes était plus avantageuse que celle des enfants déjà nés, à qui il n'était pas nécessaire de faire des legs en les exhérédant même *inter cæteros*. Cet avantage avait été accordé aux posthumes du sexe féminin exhérédés *inter cæteros*, parce qu'une pareille exhérédation frappe en masse une postérité que le testateur n'a point sous les yeux, et qu'elle peut atteindre des enfants auxquels il n'a pas même pensé. Quant aux petits-fils et arrière-petits-fils posthumes, devait-on les exhéréder *nominatim ?* Suffisait-il, au contraire, de les exhéréder *inter cæteros cum adjectione legati ?* Ulpien présente cette question comme controversée de son temps : « Nepotes « et pronepotes, cæterique masculi postumi, præter filium, vel « nominatim, vel inter cæteros cum adjectione legati sunt exhe- « redandi ; sed tutius est tamen nominatim eos exheredari, « et id observatur magis (3). » Ailleurs, le même jurisconsulte nous donne comme certaine la nécessité de l'exhérédation no-

(1) L. 22 et l. 24, D., De lib. et post. (xxviii, 2).
(2) Inst., lib. ii, tit. xii, § 1; Ulp. Reg., tit. xxii, § 21.
(3) Ulp. Reg., tit. xxii, § 22.

minative des posthumes mâles, quel que fût leur degré (1), et
c'est là en effet l'opinion qui a prévalu (2).

Mais comment désigner par leur nom des posthumes qui ne
sont pas encore nés? Cela doit s'entendre d'une désignation
nominale de la classe des posthumes, et non pas d'une désignation individuelle : *Quicumque mihi genitus fuerit, exheres
esto*(3); ou bien : *Quicumque mihi nascetur postumus, exheres esto;
—venter exheres esto,* ou autres expressions semblables. Si on
ne voulait frapper d'exhérédation que quelques-uns d'entre
eux, il faudrait les désigner, par exemple, par l'indication de
la mère : *Qui ex Seia nasceretur*, ou de toute autre manière.(4).

Le posthume, comme le fils déjà né, doit être exhérédé *a
toto heredum gradu*. S'il y a plusieurs ordres ou degrés d'héritiers, et que le posthume exhérédé au premier degré ait été
omis pour les suivants, ces derniers degrés seront rompus (5);
mais le premier degré par rapport auquel il a été exhérédé
restera valable (6). Si deux héritiers externes ont été institués
et qu'à leur égard le posthume ait été exhérédé, tandis qu'il
était prétérit à l'égard des substitués, l'un des deux institués
au premier degré faisant défaut, son cohéritier ne recueillera
pas l'hérédité, qui sera recueillie *ab intestat* par le posthume(7).
En effet, l'institué défaillant fait place à un substitué par rapport auquel le posthume a été omis. Donc le testament est
rompu pour partie; d'où il suit qu'il doit l'être pour le tout,
en vertu du principe que nul ne peut mourir partie *testat* et
partie *intestat*. Tant qu'il y a lieu de craindre qu'un testament
soit par la suite rompu, l'hérédité ne peut être déférée *ex
testamento*. Il suit de là que, dans notre espèce, les deux in-

(1) L. 3, pr., D., De injust. rupt. (xxviii, 3).
(2) Inst. lib. ii, tit. xiii, § 1.
(3) Ibid.
(4) L. 3, § 5, D., De injust. rupt. (xxviii, 3); V. l. 14, eod tit.
(5) L. 14, pr., D., De lib. et post. (xxviii, 2).
(6) L. 3, § 6, D., De injust. rupt. (xxviii, 3).
(7) L. 19, pr., D., De injust. rupt. (xxviii, 2).

stitués au premier degré ne pourront faire adition l'un sans l'autre. Ils devront à cet égard s'entendre et faire adition simultanément (1).

Mais *quid* si les deux institués au premier degré, degré auquel le posthume a été exhérédé, ont été réciproquement substitués l'un à l'autre, et que, le posthume ayant été omis quant à la substitution, l'un des deux fasse défaut? Il faudra distinguer. Si l'héritier non défaillant n'est pas au nombre des personnes auxquelles les lois Julia et Pappia Poppœa ont réservé le *jus vindicandi caduca*, cet héritier, pour écarter soit l'*œrarium*, soit le *fiscus* (2), aura besoin de s'appuyer sur la substitution par rapport à laquelle le posthume est omis; et comme il ne le peut à cause de cette omission, le posthume, comme dans l'espèce précédente, et pour les mêmes motifs, recueillera toute l'hérédité *ab intestat*. Si, au contraire, le *jus vindicandi caduca* appartenait à l'héritier non défaillant, il recueillerait toute l'hérédité *ex testamento* (3), non en vertu de la substitution, mais par droit d'accroissement. On a cherché à expliquer ce résultat d'une autre manière; on a dit : La substitution étant réciproque entre les institués, et le posthume ayant été exhérédé à l'égard de ces institués; il l'a été tacitement et par voie de conséquence à l'égard de la substitution qui les concerne. Dans ce système, la substitution réciproque des deux institués serait toujours valable, de telle sorte que, dans le cas ou l'héritier non défaillant aurait le *jus vindicandi caduca*, il aurait toute l'hérédité, tandis que, dans le cas contraire, il en aurait la moitié, et l'*œrarium* ou le *fiscus* l'autre moitié (4). Cette explication n'est pas admissible, parce que les principes du droit ne se contentaient pas d'une exhérédation tacite, mais, au contraire, exigeaient une exhé-

---

(1) L. 19, § 2, D., De injust. rupt. (**xxviii**, 3).

(2) Selon que l'on se place avant ou après Antonin Caracalla, qui réunit l'*œrarium* au *fiscus*.

(3) L. 19, § 1, D., De injust. rupt. (**xxviii**, 3). Ce texte a été remanié par Tribonien, qui a voulu le mettre en rapport avec l'abrogation des lois caducaires.

(4) Gaius, Comm. **ii**, § 286.

rédation expresse et nominative. Ceux qui adoptent ce système opposent à notre explication que la substitution avait le
pas sur le droit d'accroissement; d'où il suit que la portion
du défaillant devait d'abord être déférée au non-défaillant
jure substitutionis, mais que, cette substitution étant rompue,
tout le testament devait l'être par les mêmes motifs que dans
l'espèce où le substitué est un autre que l'un des institués :
ce qui devrait amener tous ceux qui n'admettent pas l'exhérédation tacite sur laquelle ils se fondent à attribuer toujours
l'hérédité au posthume. Il faut répondre que la substitution n'a
le pas sur le droit d'accroissement que dans le cas où la partie
pour laquelle le testateur a fait la substitution est déférée en
entier ou en partie à un autre que celui qui aurait le droit de
la réclamer en vertu du droit d'accroissement ; mais que,
lorsque la substitution a lieu pour le tout au profit de celui-là
même qui recueillerait la partie à laquelle il a été substitué
par droit d'accroissement, le droit d'accroissement est, dans
ce cas, préférable à la substitution. En effet, cette substitution a été faite dans l'intérêt de l'institué, et on ne voit pas
bien pourquoi on le forcerait à en argumenter, quand, au lieu
de lui être utile, elle doit lui être nuisible. Je ne puis, dira-
t-il, user de mon droit d'accroissement qu'à l'égard d'une
part caduque. Or, s'il y a un substitué, il n'y a pas de part
caduque tant qu'il n'a pas répudié; d'où il suit que la substitution, dans ce cas, est préférable au droit d'accroissement.
Mais si je suis moi-même le substitué, il dépend de moi de
rendre ou non la part caduque. Dans cette espèce, que me
parlez-vous de substitution? Je me garde bien d'en argumenter, puisqu'elle est nulle, et je me contente du bénéfice de
l'institution faite à mon profit, avec le droit d'accroissement
qui en est une partie intégrante (1).

Nous venons de voir que l'institution au premier degré par
rapport à laquelle le posthume a été exhérédé est valable,

(1) Sic Pothier, Pand. in novum ord., t. x, lib. xxviii, tit. ii, n. xxxix,
not. 2. — Il est évident que tout ce que nous venons de dire serait applicable

quoique les degrés suivants par rapport auxquels il a été omis soient rompus. Dans le cas contraire, s'il a été omis au premier degré et exhérédé pour les suivants, le testament sera rompu en entier. La raison de cette différence entre les deux cas est que, lorsque la survenance du posthume rompt les substitutions, qui ne peuvent pas produire d'effet tant que l'hérédité est déférée à des institués, le posthume ne peut arriver à l'hérédité, puisque le premier degré est valable; mais lorsque la survenance du posthume rompt le premier degré, le posthume se fait place et forme ainsi un obstacle invincible pour tous les degrés subséquents.

Nous avons vu que si un fils, déjà né lors de la confection du testament, a été omis au premier degré et exhérédé pour les degrés suivants, ces derniers sont cependant valables. La raison de cette différence entre les effets de l'omission au premier degré du fils déjà né et celle du posthume est que, dans le cas du fils déjà né, le premier degré ayant été nul *ab initio*, le testament a commencé nécessairement par le degré suivant, tandis que, dans le cas du posthume, le premier degré, par rapport auquel il a été omis, a été primitivement valable, et a formé pour ainsi dire la substance du testament. En rompant ce premier degré, le posthume s'est donc fait place par sa survenance (car cette rupture ne peut avoir lieu qu'à son profit); d'où il suit que les degrés suivants ne pourront produire aucun effet. Si nous supposons que le premier degré, par rapport auquel le posthume a été omis, était une institution conditionnelle, et que le posthume soit né alors qu'il était certain que la condition ne pourrait plus s'accomplir, les degrés suivants seront valables; car alors, au moment de la naissance du posthume, il n'y a plus de premier degré qu'il puisse rompre, et dès lors il est dans un cas à peu près semblable à celui du fils déjà né. Il en sera de même si le posthume vient au monde après la mort de tous les insti-

au cas où le non-défaillant aurait été substitué à son cohéritier sans que celui-ci lui fût substitué.

tués au premier degré (1). Lorsque le degré auquel le posthume a été omis n'est pas le premier, c'est-à-dire lorsqu'il
est précédé et suivi par des degrés par rapport auxquels le
posthume est exhérédé, tous ceux qui le précèdent sont valables et tous ceux qui le suivent sont rompus par suite de sa
rupture (2).

L'institution et l'exhérédation des posthumes siens, nés
après le décès du testateur, avaient été permises par un motif de nécessité qui ne s'appliquait point aux héritiers siens
nés depuis la confection du testament, mais avant la mort du
testateur. Celui-ci, en effet, pouvait recommencer le testament rompu par leur agnation. Cependant, pour éviter cette
rupture, il fut aussi permis de les instituer ou de les exhéréder. Quant aux posthumes nés après la mort du testateur, la
permission vint *ex jure civili*, c'est-à-dire du droit civil résultant de l'usage et de l'interprétation générale des prudents,
tandis que, pour les héritiers siens, nés depuis la confection
du testament et avant la mort du testateur, la permission fut
donnée par la loi Junia Velleia, qui pourvut ainsi à ce que
leur naissance ne rompît pas inévitablement le testament :
« Voluit vivis nobis natos similiter non rumpere testamen-
« tum (3). » De sorte qu'Ulpien résume en ces termes le droit
à l'égard des posthumes : « Eos qui in utero sunt, si nati sui
« heredes futuri sunt, possumus instituere heredes, si quidem
« post mortem nostram nascantur, ex jure civili ; si vero vi-
« ventibus nobis, ex lege Julia (4). » La loi Junia Velleia,
qu'Ulpien appelle mal à propos Julia, a été portée, sur la fin
du règne d'Auguste, l'an de Rome 763 (11 de Jésus-Christ),
sous le consulat de Julius Silanus et de Caius Velleius. Elle
n'avait pas, du reste, trait seulement aux héritiers siens nés
entre la confection du testament et la mort du testateur. Elle

(1) L. 5, D., De injust. rupt. (xxviii, 3).
(2) L. 12, pr., D., De liber. et post. (xxviii, 2), v° itaque.
(3) L. 29, § 11, D., De liber. et post. (xxviii, 2). V., l. 3, § 1, D., De injust. rupt. (xxviii, 3), v° sed et hi.
(4) Ulp. Reg., tit. xxii, § 19.

avait deux chefs : le premier seul était consacré aux descendants dont nous venons de parler, et que les interprètes ont appelés posthumes velléiens. Ce chef permettait de les instituer ou de les exhéréder par avance, bien que cela fût contraire aux règles du droit commun. Une partie du texte de ce chef de la loi Junia Velleia nous a été conservée : « Qui « testamentum faciet, is omnis virilis sexus qui ei suus heres « futurus erit... (*probablement il pourra l'instituer ou l'exhéré-* « *der*) etiamsi parente vivo nascatur (1). »

Celui qui naît héritier sien après le testament, et du vivant du testateur, est considéré comme institué, soit que le testateur ait expressément institué celui qui naîtrait de son vivant, soit qu'il ait institué l'enfant quelconque qui pourrait lui naître ; mais il en est autrement s'il a expressément institué celui qui naîtrait après sa mort. On peut dire réciproquement la même chose du posthume proprement dit : il est regardé comme institué lorsque le testateur a expressément institué celui qui naîtrait après sa mort, ou bien encore lorsqu'il a institué en général l'enfant qui lui surviendrait ; mais il n'est pas considéré comme institué lorsque le testateur a expressément institué celui qui naîtrait de son vivant (2).

Les règles sur l'institution et l'exhérédation des posthumes proprement dits seront applicables à l'institution et à l'exhérédation des posthumes velléiens. Ainsi, et pour ne citer qu'un exemple, si un posthume velléien a été omis au premier degré, mais a été substitué à l'héritier du premier degré, s'il naît après la mort de l'institué auquel il a été substitué, il ne rompra pas le testament par son agnation, et recueillera l'hérédité *ex testamento* ; si, au contraire, il naissait du vivant de l'institué au premier degré, il romprait le testament et ne pourrait recueillir l'hérédité que *ab intestat* (3).

Le second chef de la loi Junia Velleia était relatif aux pe-

---

(1) L. 29, § 12, D., De liber. et post. (xxviii, 2).
(2) L. 10, D., De liber. et post. (xxviii, 2).
(3) L. 26, D., De vulg. et pupill. subst. (xxviii, 6).

tits-enfants, qui deviennent héritiers siens de leur aïeul en prenant la place de leur père, lorsque celui-ci décède ou sort de la famille, entre l'époque de la confection du testament et la mort du testateur. Ils se trouvent alors *postumorum loco :* aussi les interprètes les ont-ils appelés quasi-posthumes. Cela s'entend non-seulement des petits-fils, mais encore des arrière-petits-fils et autres descendants parvenus au premier degré de la famille. Il faut cependant remarquer que, pour éviter la rupture du testament, il fallait instituer ou exhéréder et le petit-fils et l'arrière-petit-fils; car il eût pu arriver que le fils mourût avant le petit-fils, auquel cas, si le petit-fils avait été omis, quoique l'arrière-petit-fils eût été institué ou exhérédé et existât seul au décès du testateur, le testament n'en eût pas moins été rompu (1).

Le jurisconsulte Scœvola nous a conservé en partie les termes de ce second chef de la loi Junia Velleia : « Si quis ex suis « heredibus esse desierit, liberi ejus, etc., in locum suorum « sui heredes succedunto (2). » Le jurisconsulte espagnol Antoine Augustin, qui fut, à la fin du xvie siècle, archevêque de Tarragone, a complété (3) ce second chef de notre loi, et la version qu'il propose est très probablement la vraie. La voici : « Si quis ex suis heredibus suus heres esse desierit, « liberi, ejus et cæteri in locum suorum sui heredes succe- « dunto; nec ob eam rem, si instituti aut nominatim exhere- « dati ad similitudinem postumorum sunt, minus ratum esto « testamentum. »

On le voit, pour l'application de ce second chef de la loi Junia Velleia, peu importait que l'on vînt prendre le titre et les droits d'héritier sien en remplaçant une personne morte, ou bien en remplaçant une personne sortie de la famille de toute autre manière (4). Scœvola nous apprend que ce fut par argument tiré de la Junia Velleia que les jurisconsultes déci-

(1) L. 29, § 13, D., De liber. et post. (xxviii, 2).
(2) Même loi, § 14.
(3) Dans ses *Emendationes et opiniones juris civilis.*
(4) Voir aussi à cet égard l. 6, § 4, D., De injust. rupt. (xxviii, 3).

dèrent que la formule d'Aquilius Gallus pourrait s'appliquer, non-seulement au cas de mort du vivant du testateur de celui qui précédait le posthume dans la famille du testateur, mais encore au cas où il serait sorti de la famille de toute autre manière (1).

Un testateur a un fils et un petit-fils *ex eo filio;* il omet son petit-fils : voyons quels seraient les effets de la captivité du fils chez les ennemis. Si le fils était déjà prisonnier de guerre au moment de la confection du testament, le petit-fils aurait, d'après le droit civil, le *jus adcrescendi scriptis heredibus,* et, d'après le droit prétorien, la *bonorum possessio contra tabulas* pour l'intégralité de sa portion *ab intestat.* Si, au contraire, le fils n'a été fait prisonnier par les ennemis que postérieurement à la confection du testament, le petit-fils omis, passant sous la puissance du testateur, rompra le testament (2). Il est bien entendu que le retour du fils produirait, dans les deux cas que nous venons d'examiner, et par suite du *jus postliminii,* les effets que nous avons déjà signalés dans d'autres circonstances semblables. Comme nous venons de le voir tout à l'heure, le second chef de la loi Junia Velleia donnait au grand-père le moyen d'éviter dans notre cas la rupture de son testament.

Dans les principes du droit primitif, et avant les innovations introduites par les prudents à l'égard des posthumes proprement dits et des posthumes aquiliens, et par la loi Junia Velleia à l'égard des posthumes velléiens et des quasi-posthumes, aucune exhérédation ne pouvait atteindre les personnes qui n'existaient pas à l'époque de la confection du testament, ni même les petits-enfants dont le père se trouvait sous la puissance de l'aïeul testateur; mais on a toujours pu instituer ces derniers. Il serait rationnel d'en conclure qu'ils ne rompaient pas *quasi agnascendo* le testament dans lequel ils étaient institués, et que, dès lors, le second

---

(1) L. 29, §§ 5, 6 et 13, D., De liber. et post. (xxviii, 2).
(2) L. 9, § 2, D., De liber. et post. (xxviii, 2).

chef de la loi Junia Velleia n'est intervenu que pour permettre de prévenir la rupture du testament par leur exhérédation. Mais il résulte des Institutes de Gaius, découvertes seulement en 1816, et publiées pour la première fois en 1821, que l'institution de ces enfants déjà nés à l'époque de la confection du testament, et qui plus tard prenaient la place de ceux qui les précédaient dans la famille, ne s'opposait pas à la rupture du testament par leur quasi-agnation (1). Il faut donc rejeter l'opinion des anciens interprètes, et dire que le second chef de la loi Junia Velleia eut pour effet de permettre d'éviter la rupture du testament par cette quasi-agnation, soit à l'aide d'une institution, soit à l'aide d'une exhérédation. Il le faut d'autant plus que cette nouvelle opinion n'est contredite en rien par les textes du Digeste qui traitent la question (2), et qu'elle peut en outre s'appuyer sur un texte de Scœvola que nous allons commenter. Voici l'espèce traitée par le jurisconsulte : Ayant un fils prisonnier de guerre chez l'ennemi, j'institue son fils. Si mon fils vient à mourir de mon vivant, nulle difficulté ; mais s'il meurt après moi et chez l'ennemi, la quasi-agnation de mon petit-fils ne devra-t-elle pas rompre mon testament? Le second chef de la loi Junia Velleia, pourrait-on dire, ne s'appliquait qu'à ceux qui, déjà nés à l'époque de la confection du testament, remplacent, du vivant du testateur, un enfant du premier degré, et non à ceux au profit desquels ce remplacement n'a lieu qu'après la mort du testateur. Mais le jurisconsulte répond, d'une part, que le second chef de la loi Junia Velleia *nihil addidit quo significaret tempus*, et, en second lieu, que, dès que le fils est mort chez l'ennemi, il est sorti de la puissance du testateur du jour où il a été fait prisonnier. Le testament ne sera donc pas rompu (3). On le voit, le jurisconsulte suppose, dans ce texte, le petit-fils institué, et cependant il n'évite

(1) Comm. II, §§ 140, 141 et 142.
(2) L. 13, et l. 6, § 3, D., De injust. rupt. (xxviii, 3).
(3) L. 29, § 14, D., De liber. et post. (xxviii, 2).

la rupture du testament qu'en faisant intervenir le second chef de la loi Junia Velleia.

Un testateur ayant un fils a institué ou exhérédé un fils non encore né de ce fils, et de son vivant son fils sort de la famille après la naissance du petit-fils institué ou exhérédé : l'institution ou l'exhérédation de ce petit-fils empêchera-t-elle la rupture du testament? En vertu de quels principes cette institution ou cette exhérédation pourrait-elle être utile? En vertu de l'interprétation des prudents? Non, car pour en profiter, il faut être né après la mort du testateur. En vertu du premier chef de la loi Junia Velleia? Non, car pour cela il faudrait que le petit-fils fût né du vivant du testateur et avec les droits d'héritier sien. En vertu du second chef de la loi Junia Velleia? Pas davantage, car ce second chef ne s'applique qu'à ceux qui étaient déjà nés lors de la confection du testament. Scœvola nous apprend que le jurisconsulte Julien avait fait admettre, en se fondant sur l'esprit des deux chefs combinés de la loi Junia Velleia *duobus quasi capitibus legis commixtis*, l'utilité de cette institution ou de cette exhérédation et, par conséquent, la non-rupture du testament (1). Aussi les interprètes ont-ils appelé posthumes juliens ceux qui se trouvaient dans le cas particulier que nous venons d'examiner. — Scœvola se demande ensuite si, dans l'espèce précitée, le petit-fils institué, ayant été émancipé par le grand-père du vivant de son père, pourrait faire adition d'hérédité *ex testamento*. Il répond que l'affirmative est l'opinion qu'il faut suivre de préférence (2). C'était donc là une question controversée. Cela se conçoit sans peine; car, pour la négative, on pourra dire que, par suite de l'émancipation, cet enfant ne sera jamais héritier sien, et que, dès lors, c'est un posthume externe qui a été institué. Du reste, si ce petit-fils n'est pas *heres ex testamento*, il sera du moins *bonorum possessor* en vertu de ce même testament, puisque nous savons déjà que, quoique aux yeux du droit ci-

---

(1) L. 29, § 14, D., De liber. et post. (**xxviii**, 2).
(2) L. 29, § 16, D., De liber. et post. (**xxviii**, 2).

vil l'institution d'un posthume externe fût nulle, cependant le préteur lui accordait la *bonorum possessio secundum tabulas* (1).

On distingue encore plusieurs classes de quasi-posthumes. Tels sont, entre autres, les petits-enfants qui, à la mort de l'aïeul, retombent sous la puissance du fils, deviennent ses héritiers siens, et rompent le testament que leur père, encore fils de famille, aurait fait sur un pécule castrans ou quasi-castrans. Cette rupture pourra être évitée, soit par une institution, soit par une exhérédation de ces enfants. Les jurisconsultes romains ont étendu à ce cas le second chef de la loi Junia Velleia, parce que la rupture eût été ici inévitable et qu'elle eût été causée par l'ordre naturel des choses et sans qu'il y eût rien à reprocher au testateur (2).

On compte encore, parmi les quasi-posthumes, les étrangers que le testateur adopte après la confection du testament. L'agnation d'un enfant adoptif rompt, comme l'agnation d'un enfant naturel, le testament du père de famille. On peut dire que, dans ce cas, le testateur rompt lui-même et volontairement son testament. Aussi on n'appliquait pas ici la loi Junia Velleia; les termes et l'esprit de cette loi s'y opposaient. Il suit de là que ni l'institution ni l'exhérédation de l'adopté n'empêchaient la rupture du testament. C'est ce que Gaius nous apprend : « Si qui post factum testamentum adop- « taverit sibi filium, aut per populum, eum qui sui juris est, « aut per prætorem, eum qui in potestate parentis fuerit, « omnimodo testamentum ejus rumpitur quasi adgnatione sui « heredis. — Nec prodest, sive hæc, sive ille qui adoptatus « est, in eo testamento sit institutus institutave; nam de « exheredatione ejus supervacuum videtur quærere cum tes- « tamenti faciendi tempore suorum heredum numero non fue- « rit (3). » Postérieurement à Gaius, les principes de cette

(1) Inst., lib. III, tit. IX, pr.
(2) L. 28, § 1, D., De liber. et post. (XXVIII, 2); l. 33, § 3, D., De testam. milit. (XXIX, 1).
(3) Comm. II, §§ 138 et 140.

matière furent modifiés par l'interprétation générale des prudents, et l'on admit que l'héritier institué pourrait être adopté par le testateur sans que son testament fût rompu (1). On alla même plus loin : on décida que, lorsque, postérieurement au testament, le testateur adopterait une personne *loco nepotis,* le testament ne serait pas rompu lors de la sortie de la famille du fils du testateur, qui servait de père au petit-fils adoptif, pourvu que ce petit-fils adoptif fût institué dans ce testament (2). L'exhérédation de l'adopté resta toujours inutile, et n'empêcha pas la rupture du testament dans lequel l'adopté avait été exhérédé antérieurement à l'adoption (3). Une exception fut admise pour le cas de l'enfant émancipé, rentrant par adrogation dans la famille de son père (4). Les modifications apportées aux principes primitifs nous expliquent pourquoi Justinien, en transportant dans ses Institutes un texte précité de Gaius (5), l'a modifié par la suppression du mot *omnimodo,* qui indiquait une rupture inévitable (6). A l'agnation des enfants adoptifs, il faut assimiler, dans le nouveau droit, celle des enfants nés *ex concubinatu,* qui, offerts à la curie ou légitimés par mariage subséquent, acquièrent le titre et les droits d'héritiers siens (7). — Il faut également y assimiler, à l'époque classique du droit romain, l'agnation de la femme *quæ in manum mariti conveniebat,* puisque *filiæ locum obtinebat* (8). — A cette même époque, un fils ne pouvait pas être émancipé sans rompre le testament de son père en retombant sous la puissance paternelle, après la manumission qui suivait la première et la seconde mancipation ; et d'après

(1) L. 18, D., De injust. rupt. (xxviii, 3).

(2) L. 23, § 1, D., De liber. et post. (xxviii, 2).

(3) L. 8, § 8, D., De bon. poss. contr. tab. (xxxvii, 4).

(4) L. 23, pr., D., De liber. et post. (xxviii, 2); l. 8, § 7, D., De bon. poss. cont. tab. (xxxvii, 4).

(5) Comm. ii, § 138.

(6) Inst., lib. ii, tit. xvii, § 1.

(7) Inst., lib. iii, tit. i, § 2. V. Inst., lib. i, tit. x, § 13.

(8) Gaius, Comm. i, § 111, et Comm. ii, § 139.

ce que nous apprend Gaius (1), de son temps ce résultat avait lieu, soit que le fils eût été institué, soit qu'il eût été exhérédé dans le testament. La fille, le petit-fils, la petite-fille, etc., sortant de la puissance de leur père par une seule mancipation, ce résultat ne pouvait se présenter que pour le fils (2). Il est probable que, dès le temps de Papinien, ce résultat n'avait plus lieu pour le fils, lorsqu'il avait été soit institué, soit même exhérédé, dans le testament paternel (3).

Lorsque le père d'un enfant né du mariage contracté par un citoyen romain avec une pérégrine ou une Latine, qui avait été épousée comme une citoyenne romaine, usait du bénéfice accordé par le sénatus-consulte, et prouvait que le mariage avait été fait de bonne foi, l'enfant passant sous sa puissance, le testament qu'il avait fait antérieurement était rompu, alors même que cet enfant avait été institué ou exhérédé (4). Il en était de même dans les autres cas où le sénatus-consulte accordait semblable bénéfice (5). La rigueur du principe avait cependant souffert un tempérament. Dans le droit primitif, lorsque la bonne foi des époux était prouvée, que ce fût avant ou après la mort du testateur, le testament était rompu nonobstant institution ou exhérédation de l'enfant. Sur la proposition d'Adrien, un nouveau sénatus-consulte décida que, si la preuve était faite avant la mort du père, le testament serait dans tous les cas rompu (6); que si, au contraire, la preuve n'était faite qu'après sa mort, le testament ne serait rompu que lorsque le fils aurait été omis; si, au contraire, il avait été institué ou exhérédé, le testament

(1) Comm. ii, § 141.
(2) L. 8, § 1, D., De injust. rupt. (xxviii, 3).
(3) Arg. des lois 23, D., De liber. et post. (xxviii, 2), 18, D., De injust. rupt. (xxviii, 3), et 8, § 7, D., De bon. poss. contr. tab. (xxxvii, 4).
(4) Gaius, Comm. ii, § 142.
(5) V. Gaius, Comm. i, §§ 65-72.
(6) Il est probable que, dès le temps de Scœvola, même dans ce cas, le testament n'eût pas été rompu si le fils y eût été institué. Arg. de la loi 18, D., De injust. rupt. (xxviii, 3).

serait valable, « ne scilicet, *dit Gaius*, diligenter facta testa-
« menta rescinderentur eo tempore quo renovari non pos-
« sent (1). »

SECTION III

De la théorie prétorienne sur la nécessité d'instituer ou d'exhé-
réder les descendants.

Les enfants qui ne sont pas sous la puissance du *paterfamilias* au moment de sa mort, n'étant unis à lui par aucun lien de
parenté civile, d'agnation, ne sont point ses héritiers siens.
Le droit civil les écarte de la succession paternelle ; mais le
préteur les admet à la succession *ab intestat* de leur père en
leur donnant la *bonorum possessio unde liberi*, à l'aide de laquelle ils viennent au premier rang en concours avec les enfants restés sous la puissance du chef de famille, et à l'exclusion des agnats, lorsque le défunt ne laisse pas d'autres descendants qu'eux (2). De plus, le préteur, afin de les protéger
plus efficacement, et pour sanctionner les principes qu'il a
admis en matière de succession *ab intestat,* leur promet, lorsqu'ils ont été omis dans le testament paternel, la *bonorum
possessio contra tabulas* (3). Il l'accorde aussi aux véritables
héritiers siens omis qui ont intérêt à la demander pour se
procurer l'interdit *quorum bonorum* (4). Nous avons déjà vu
qu'en ce qui touche la fille, le petit-fils, la petite-fille, etc., la
protection prétorienne allait au-delà des effets du *jus adcrescendi* accordé par le droit civil à ces descendants lorsqu'ils
étaient omis, pourvu qu'ils fussent au nombre des héritiers
siens (5). Nous avons vu aussi que l'empereur Antonin-le-

---

(1) Comm. ii, § 143.
(2) Inst., lib. iii, tit. 1, § 9.
(3) Gaius, Comm. ii, § 135; Ulp. Reg., tit. xxii, § 23, et tit. xxviii, § 2;
Inst., lib. ii, tit. xiii, § 3.
(4) Gaius, Comm. iii, § 34.
(5) Gaius, Comm. ii, § 125.

Pieux ordonna par un rescrit que, parmi les descendants omis, les femmes, qu'elles fussent ou qu'elles ne fussent pas sous la puissance du testateur, n'eussent pas plus, à l'aide de la *bonorum possessio contra tabulas*, que ce qu'elles auraient obtenu *ex jure civili;* mais les petits-fils et arrière-petits-fils continuèrent de recevoir la *bonorum possessio contra tabulas* pour l'intégralité de leur portion *ab intestat* (1). Le préteur impose donc au *paterfamilias*, qui fait son testament, la nécessité d'instituer les *justi liberi* qui sont hors de sa puissance, ou de les exhéréder, c'est-à-dire de les repousser de l'espèce d'hérédité prétorienne à laquelle ils sont appelés. Plus rigoureux que le droit civil, il exige que tous les descendants mâles soient exhérédés *nominatim*, et les femmes, soit *nominatim*, soit *inter cæteros*. Ainsi le préteur eût accordé la *bonorum possessio contra tabulas* au petit-fils exhérédé *inter cæteros*, que le droit civil laissait au contraire sans autre ressource que la *querela testamenti inofficiosi*.

Nous avons dit que le préteur avait promis la *bonorum possessio contra tabulas* à tous les enfants omis. Le préteur se sert des *bonorum possessiones* tantôt pour confirmer et faire exécuter le droit civil, tantôt pour le corriger (2). Le préteur, en accordant la *bonorum possessio contra tabulas* à un *filiusfamilias* omis, ne faisait qu'agir en exécution du droit civil; au contraire, c'est *emendandi veteris juris gratia* qu'il agit en accordant la *bonorum possessio contra tabulas* aux petits-fils et arrière-petits-fils omis, pour une part de la succession plus forte que celle que leur aurait procurée le *jus adcrescendi*, ou en l'accordant aux petits-fils exhérédés *inter cæteros*, ou bien encore en l'accordant aux enfants sortis de la puissance du testateur. Ce n'est que sous ce dernier rapport que nous examinerons la théorie prétorienne. Nous avons en effet déjà exposé longuement ce qui a trait aux véritables héritiers siens.

(1) Gaius, Comm. ii, § 126.
(2) Inst., lib. ii, tit. ix, pr. et § 1.

Le préteur assimile aux héritiers siens les enfants sortis de la famille du testateur par émancipation ou de toute autre manière (1), pourvu cependant qu'ils jouissent des droits civils; car ceux que la grande ou la moyenne *capitis deminutio* a privés du titre de citoyens ne peuvent succéder qu'après l'avoir recouvré (2). C'est donc à tort que, dans ses Institutes (3), Justinien ne parle que des enfants émancipés; ce qui est beaucoup trop restreint, car peu importe la manière dont l'enfant est sorti de la famille. Pomponius nous dit : « Capitis deminutio per edictum nulli obstat (4). » On peut donc poser en principe général que le préteur admet indistinctement comme héritiers siens ceux qui sont véritablement tels, et tous ceux à qui le droit civil ne dénie cette qualité que par suite d'une *capitis deminutio*, petite, moyenne ou grande, soufferte par eux ou par un de leurs ascendants, pourvu, toutefois, ainsi que nous l'avons déjà fait observer, que les descendants dont il s'agit jouissent des droits civils.

Il suit de là qu'il peut arriver que le préteur accorde la *bonorum possessio contra tabulas* à des enfants qui n'ont jamais été sous la puissance du testateur. Ainsi, les petits-enfants que l'aïeul a conservés sous sa puissance, lorsque leur père en est sorti, et réciproquement ceux que l'aïeul a mis hors de sa famille en y retenant leur père, ne sont pas, à proprement parler, sortis de la puissance de ce dernier, puisqu'ils n'y ont jamais été soumis; cependant, ils sont toujours ses enfants, et, s'ils sont omis dans le testament paternel, le préteur leur accordera la *bonorum possessio contra tabulas*, de même que, *ab intestat*, il leur accorderait la *bonorum possessio unde liberi* (5). Ainsi, encore, l'émancipation du père ne

(1) L. 1, § 6, D., De bon. poss. contr. tab. (xxxvii, 4).
(2) L. 1, § 9 et l. 2, D., De bon. poss. contr. tab. (xxxvii, 4).
(3) Lib. ii, tit. xiii, § 3, et lib. iii, tit. i, § 9 et 12.
(4) L. 5, § 1, D., Si tab. test. nullæ ext. (xxxviii, 6).
(5) L. 6, § 2, l. 7 et l. 21, pr., D., De bon. poss. contr. tab. (xxxvii, 4);
l. 5, § 1, D., Si tab. test. nullæ ext. (xxxviii, 6).

préjudicie pas aux enfants qu'il a eus *ex justis nuptiis*, et dont la conception est postérieure à son émancipation; le droit honoraire les admet à la succession de l'aïeul, comme les y admettrait le droit civil, si leur père n'avait pas subi une *capitis deminutio;* et s'ils ont été omis dans le testament de l'aïeul, le préteur leur accordera la *bonorum possessio contra tabulas* (1). Une difficulté s'élevait en ce qui touche l'enfant né du fils émancipé et de la femme qu'il aurait épousée contre la volonté de son père. La raison qui aurait pu faire décider que la *bonorum possessio contra tabulas* ne devait pas lui être accordée, était que le préteur rescinde, pour accorder cette *bonorum possessio contra tabulas*, l'émancipation qui empẹchait cet enfant de venir à la succession de son aïeul; mais en supposant rescindée l'émancipation du père de ce petit-fils, ce petit-fils, par une autre raison, ne pourra être admis à la possession des biens de l'aïeul, parce qu'elle n'est accordée qu'aux enfants nés *ex justis nuptiis*. Or, l'émancipation du fils étant rescindée, il s'ensuit que le mariage qu'il a contracté sans le consentement de l'aïeul, son père, doit être considéré comme nul, et que, par conséquent, le petit-fils dont il s'agit n'est pas né *ex justis nuptiis*. Ulpien répond à cette argumentation que la fiction introduite en faveur des enfants ne doit pas être tournée contre eux, et il accorde la *bonorum possessio contra tabulas :* « Non enim, *dit-il*, per rescissionem is qui « filius justus est efficietur non filius; quum rescissio quo « magis admittantur, non quominus adhibeatur. » Le jurisconsulte maintient sa décision même dans le cas où le fils émancipé aurait épousé une femme tellement infâme que le déshonneur en rejaillit sur la personne du père, puisque celui-ci n'avait qu'à exhéréder le petit-fils fruit d'un tel mariage. La *querela testamenti inofficiosi* eût bien encore eté ouverte à ce petit-fils; mais, pour la décision de ce procès, on aurait tenu compte de la conduite du petit-fils et de celle de

(1) L. 3, pr., et l. 6, pr., D., De bon. poss. cont. tab. (xxxvii, 4); l. 5, § 1, D., Si tab. test. nullæ ext. (xxxviii, 6).

son père (1). Il faut remarquer que le préteur n'accordait pas, en ce qui touche les biens de l'aïeul, la *bonorum possessio,* soit *unde liberi,* soit *contra-tabulas,* à celui que l'émancipé avait adopté après son émancipation. En effet, le préteur n'a qu'un seul but : faire respecter les liens du sang. Or, ici, il n'y a aucun lien de parenté naturelle entre l'aïeul et le fils adoptif de son fils (2), à tel point qu'on refuse à ce dernier même la *bonorum possessio unde cognati* (3).

Il est bien entendu que le préteur n'accorde aux petits-enfants ou descendants d'un degré ultérieur, soit la *bonorum possessio unde liberi,* soit la *bonorum possessio contra tabulas,* qu'autant que nul ne les précède dans la famille naturelle du testateur (4). L'application de ce principe conduirait à ce résultat que les petits-enfants qui, restés sous la puissance de l'aïeul, auraient pris dans la famille la place de leur père émancipé, devraient néanmoins être exclus par leur père. Il devrait en être ainsi, puisqu'on considère l'émancipation comme non avenue. Mais, par une disposition ajoutée à l'édit par Salvius Julianus, les petits-fils restés sous la puissance de l'aïeul furent admis à partager par moitié, avec leur père émancipé, la part qui lui revenait en entier d'après les anciens édits (5). Cette décision fut aussi appliquée au cas où le fils émancipé aurait donné en adoption à son père l'enfant qu'il aurait eu postérieurement à l'émancipation (6). Il est bien entendu qu'il n'en était ainsi qu'autant que les enfants de l'émancipé étaient encore sous la puissance de son père, lors de la mort de ce dernier ; dans le cas contraire, c'est-à-

---

(1) L. 3, § 5, D., De bon. poss. contr. tab. (xxxvii, 4).

(2) L. 21, § 2, D., De bon. poss. contr. tab. (xxxvii, 4).

(3) Inst., lib. iii, tit. i, § 8.

(4) L. 1, § 8; l. 3, § 1 et 2, et l. 4, § 1, D., De bon. poss. contr. tab. (xxxvii, 4); l. 5, § 1, D., Si tab. test. null. ext. (xxxviii, 6).

(5) L. 1, pr., D., De conjung cum emancip. lib. ejus (xxxvii, 8); l. 1, § 7, l. 3, § 3 et l. 6, § 3, D., De bon. poss. contr. tab. (xxxvii, 4); l. 5, pr., D., Si tab. test. null. ext. (xxxviii, 6).

(6) L. 3, § 4, D., De bon. poss. contr. tab. (xxxvii, 4).

dire s'ils avaient été eux-mêmes émancipés, leur père les excluait (1).

Pour qu'un enfant omis ait droit à la *bonorum possessio contra tabulas*, il faut qu'il ait existé au moment du décès de son ascendant un testament, laissé par cet ascendant, et que ce testament soit tel qu'on eût pu, en se fondant sur lui, faire adition d'hérédité ou demander la *bonorum psssessio contra tabulas*, quoique ni l'un ni l'autre n'aient eu lieu. Si, au contraire, tous les institués et tous les substitués étaient morts avant le testateur, ou si l'héritier institué n'avait pas la faction passive de testament, par exemple, si c'était un pérégrin, les enfants obtiendraient non pas la *bonorum possessio contra tabulas*, mais bien la *bonorum possessio unde liberi* (2). Nous verrons tout à l'heure combien il est important de bien distinguer ces deux cas.

En principe général, un enfant ne peut demander la *bonorum possessio contra tabulas* qu'autant qu'il est omis (3). L'enfant institué sous condition, soit potestative, soit casuelle, ne peut demander la *bonorum possessio contra tabulas*. Si la condition sous laquelle il a été institué est casuelle et qu'elle défaille, il pourra demander la *bonorum possessio contra tabulas* (4). Si cependant, dans ce dernier cas, il s'agissait d'un fils encore sous la puissance de son père lors de la confection du testament, ce testament serait nul *ab initio*, et le fils dont il s'agit serait héritier *ab intestat* et obtiendrait la *bonorum possessio unde liberi* (5), à moins qu'il n'eût été exhérédé sous la condition contraire. Le fils émancipé, institué sous condition casuelle, pourra, *pendente conditione*, obtenir la *bonorum*

(1) L. 6, § 1, D., De bon. poss. cont. tab. (xxxvii, 4) ; l. 5, § 1, D., Si tab. test. null. ext. (xxxviii, 6).
(2) L. 4, pr. et l. 19, D., De bon. poss. cont. tab. (xxxvii, 4).
(3) L. 3, § 11, D., De bon. poss. contr. tab. (xxxvii, 4).
(4) Même loi, § 12.
(5) S'il avait été émancipé entre l'époque de la confection du testament et celle de la mort de son père, il obtiendrait simplement la *bonorum possessio unde liberi*.

possessio secundum tabulas (1). En effet, la *bonorum possessio secundum tabulas* est toujours accordée à l'héritier institué sous condition (2), pourvu qu'il fournisse certaines satisdations (3) dont l'étude ne rentre pas dans notre sujet. Si l'enfant émancipé institué sous condition casuelle, usant de ce droit, a, *pendente conditione*, demandé et obtenu la *bonorum possessio secundum tabulas*, et que plus tard la condition défaille, le préteur le protégera contre ceux qui lui demanderaient l'hérédité *in tantum quantum ferret, si contra tabulas bonorum possessionem accepisset* (4). On donnerait même la *bonorum possessio secundum tabulas* au fils qui était sous la puissance du testateur lors de la confection du testament, et qui aurait été institué sous condition casuelle sans être exhérédé sous la condition contraire; mais il n'en serait pas moins, quoi qu'il arrivât, traité comme ayant recueilli l'hérédité *ab intestat*, et comme il n'aurait donné aucune satisdation, et que, du reste, il serait héritier *ex jure civili*, il n'y aurait besoin pour cela d'aucun remède prétorien (5).

Les enfants institués pour une portion quelconque ne peuvent demander la *bonorum possessio contra tabulas*; mais lorsque ce droit s'ouvre pour un enfant omis, soit que ce dernier demande, soit qu'il ne demande pas la *bonorum possessio contra tabulas*, les enfants institués pourront la demander, et obtenir ainsi, par suite de l'omission d'un autre, plus qu'ils n'auraient obtenu en vertu de leur institution (6). Si l'enfant omis était un posthume sien, et qu'un fils sous la puissance

(1) L. 3, § 13, D., De bon. poss. contr. tab. (XXXVII, 4).
(2) L. 23, pr., D., De hered. inst. (XXVIII, 5).
(3) L. 8, pr., D., De stipulat. prætor. (XLVI, 5); l. 12 et l. 13, D., Qui satisd. cog. (II, 8); Pauli Sent., lib. v, tit. VIII, § 1.
(4) L. 3, § 13, D., De bon. poss. contr. tab. (XXXVII, 4).
(5) L. 2, § 1, D., De bon. poss. secund. tab. (XXXVII, 11). — Il en serait de même s'il avait été émancipé entre l'époque de la confection du testament et celle de la mort de son père; seulement il ne serait pas *heres ex jure civili*, il ne serait que *bonorum possessor*.
(6) L. 3, § 11, l. 8, § 14 et l. 10, § 6, D., De bon. poss. contr. tab. (XXXVII, 4); l. 25, § 1, D., De legat. præst. contr. tab. (XXXVII, 5).

du testateur eût été institué héritier, il pourra, en attendant la naissance du posthume, demander la *bonorum possessio contra tabulas*. S'il ne la demandait pas, et qu'il vînt à mourir avant la naissance du posthume, comme il aurait été certain, dès le moment de sa mort, que le testament ne produirait pas d'héritier, il serait mort héritier *ab intestat* de son père, et comme, étant héritier nécessaire, il n'avait pas besoin de faire adition pour acquérir l'hérédité, il l'aurait transmise à ses propres héritiers (1). Si, dans cette même espèce, l'héritier institué était, au contraire, un fils émancipé, on lui accorderait aussi la *bonorum possessio contra tabulas*, et ce serait d'autant plus utile que, si on avait suivi la rigidité des principes, on serait arrivé à une iniquité; car il n'eût pu demander ni la *bonorum possessio secundum tabulas*, ni la *bonorum possessio contra tabulas*, tant que le posthume ne serait pas né, ou qu'il n'y aurait pas eu avortement; il n'aurait pas pu non plus, jusque-là, faire adition d'hérédité : de telle sorte que, s'il était mort dans cet intervalle, il n'eût transmis à ses héritiers aucun droit sur l'hérédité de son père (2). On alla même plus loin, et, par exception au droit commun, le préteur conserva aux héritiers de ce fils émancipé, pour le cas où il serait mort dans l'intervalle dont nous venons de parler, et sans demander la *bonorum possessio contra tabulas*, le droit de demander, selon les circonstances, soit la *bonorum possessio secundum tabulas*, soit la *bonorum possessio contra tabulas* (3).

Les enfants, avons-nous dit, ne peuvent demander la *bonorum possessio contra tabulas*, du moins en principe général, qu'autant qu'ils ont été omis. Comme première application de ce principe, nous avons examiné le cas où ils auraient été institués; voyons maintenant le cas où ils ont été exhérédés. L'enfant exhérédé n'a jamais droit à la *bonorum possessio*

(1) L. 16, D., De liber. et post. (xxviii, 2).
(2) L. 4, § 3, D., De bon. poss. contr. tab. (xxxvii, 4).
(3) L. 5, D., De bon. poss. contr. tab. (xxxvii, 4).

contra tabulas, et alors même que d'autres enfants y auraient droit, il n'en resterait pas moins exclu de cette *bonorum possessio* et de l'hérédité, ce qui le distingue de l'enfant institué; il ne lui restera d'espoir que dans la *querela testamenti inofficiosi* (1). Il est bien entendu qu'une exhérédation quelconque ne suffira pas pour écarter un enfant de la *bonorum possessio contra tabulas*. Une exhérédation régulièrement faite, selon les principes prétoriens exposés plus haut, aura seule cet effet (2).

L'exhérédation exclut celui auquel elle s'applique de la *bonorum possessio contra tabulas*, mais laisse entiers ses droits, soit à l'hérédité *ab intestat ex jure civili*, soit à la *bonorum possessio unde liberi*. C'est pourquoi, si un testateur avait exhérédé son fils émancipé et omis un autre fils qu'il avait sous sa puissance, il mourrait *ab intestat*, parce que l'omission d'un fils *heres suus* enlève toute espèce de valeur au testament; d'où il suit que l'émancipé et le fils en puissance viendraient concurremment à la succession paternelle, l'un *ex jure civili*, et l'autre *ex jure honorario* par la *bonorum possessio unde liberi* (3). Examinons maintenant l'espèce inverse. Le fils que le testateur avait sous sa puissance a été exhérédé et l'émancipé a été prétérit. Si l'héritier institué fait adition d'hérédité, le fils resté sous la puissance du testateur sera complétement exclu, et l'émancipé obtiendra l'hérédité tout entière à l'aide de la *bonorum possessio contra tabulas*. Si, au contraire, l'héritier institué répudie l'hérédité (ce qu'il sera très porté à faire, puisqu'il n'a aucun intérêt à faire adition), le fils resté sous la puissance du père viendra *ab intestat* comme *heres suus*, et l'émancipé aura encore la moitié de l'hérédité, parce que le préteur lui accordera la *bonorum possessio unde liberi*. L'héritier institué décidera donc, par sa conduite, du sort de l'hérédité, et il pourrait même se faire qu'on le payât, soit pour qu'il fît adition, soit pour qu'il répudiât l'hérédité.

(1) L. 8, pr., et l. 10, § 5, D., De bon. poss. contr. tab. (**xxxvii, 4**).

(2) L. 8, § 2, D., De bon. poss. contr. tab. (**xxxvii, 4**). **V.** même loi, §§ 1, 3, 4 et 5, et la loi 18, pr., eod. tit.

(3) L. 32, D., De liber. et post. (**xxviii, 2**).

Dans le cas de répudiation, le préteur vient au secours de l'émancipé en lui accordant la *bonorum possessio unde liberi*. Dans le cas contraire, y aura-t-il quelque protection pour le fils resté sous la puissance du testateur? Il a été exhérédé; c'est à lui de prouver qu'il l'a été sans justes motifs; mais il serait inique de lui enlever le droit d'attaquer un testament qui, quoique infirmé par le préteur, subsiste quant à l'exhérédation dont il a été frappé. Ces motifs avaient fait admettre le fils resté sous la puissance du testateur et exhérédé par lui à intenter la *querela testamenti inofficiosi*, contre son frère émancipé et omis dans le testament paternel, qui, à l'aide de la *bonorum possessio contra tabulas*, aurait eu toute l'hérédité (1).

Il arrivait quelquefois qu'un père exhérédait un de ses enfants pour mieux pourvoir aux intérêts de cet enfant (2). De même il eût pu arriver qu'un père eût omis un de ses enfants dans le même but. En voici un exemple que nous fournit Pomponius. Un fils émancipé par son père, lequel avait gardé sous sa puissance son petit-fils issu de ce fils, craint que son père, sous la puissance duquel son fils est resté, ne dissipe les biens qu'il laisserait à cet enfant. Pour parer à cet inconvénient, il omet son fils et institue un héritier externe, qu'il charge, par fidéicommis, de remettre son hérédité à son fils, lorsque ce fils sera sorti de la puissance de son aïeul (3). Dans ce cas et autres semblables, le préteur n'accordait pas la *bonorum possessio contra tabulas*.

Les enfants ne sont pas admis, quoique omis dans le testament de leur ascendant naturel, à demander la *bonorum possessio contra tabulas*, lorsque, par suite d'une adoption, ils se trouvent dans une autre famille. Tant que dure l'adoption, ils sont dans la famille adoptive, et ont, d'après le droit civil et d'après l'édit du préteur, les mêmes droits que les enfants

(1) L. 20, pr., D., De bon. poss. cont. tab. (xxxvii, 4).
(2) L. 18, D., De liber. et post. (xxviii, 2).
(3) L. 16, D., De bon. poss. contr. tab. (xxxvii, 4).

nés dans cette famille *ex justis nuptiis* (1). Réciproquement
aussi, comme on n'appartient pas à deux familles différentes
en même temps, le droit civil et le droit prétorien s'accordent
pour considérer les enfants adoptifs comme étrangers au père
naturel (2). L'adoption une fois dissoute, ils redeviennent totalement étrangers à la famille adoptive (3); mais le préteur
les admet à la succession du père naturel, soit par la *bonorum
possessio contra tabulas*, soit par la *bonorum possessio unde liberi*, pourvu toutefois qu'ils soient sortis de la famille adoptive avant son décès (4). Il faut remarquer que l'on exige,
non pas qu'ils soient devenus *sui juris*, mais bien qu'ils soient
sortis, non-seulement de la puissance, mais aussi de la famille de l'adoptant, sans être entrés dans une autre famille
adoptive; ce qui ne peut arriver que par leur émancipation,
tandis que les enfants peuvent devenir *sui juris* sans sortir
de la famille; ce qui arrive par la mort, la grande ou la
moyenne *capitis deminutio* de leur père, ou lorsqu'ils sont élevés eux-mêmes à de certaines dignités (5). Aussi la mort de
l'adoptant ne rend-elle pas à l'adopté le droit de succéder à
son père naturel : *Utrum pater adoptivus vivit an defunctus est,
nihil interest* (6). La seule chose à examiner, c'est si l'adopté
est encore dans la famille de l'adoptant (7). Ce n'est pas la
capitis deminutio en elle-même qui empêche les adoptés de

(1) Inst., lib. II, tit. XIII, § 4; l. 1 pr., D., De bon. poss. contr. tab.
(XXXVII, 4); l. 1, § 6, D., Si tab. test. null. ext. (XXXVIII, 6).

(2) Inst., lib. II, tit. XIII, § 4, et lib. III, tit I, § 12; l. 3, § 6, D., De
bon. poss. cont. tab. (XXVIII, 4). Cependant le préteur appelle ces enfants à
la succession de leur père naturel en troisième ordre par la *bonorum possessio
unde cognati.* V. Gaius, Comm. III, § 31; Inst., lib. III, tit. I, § 13, et
tit. V, § 3.

(3) Inst., lib. III, tit. I, § 10; l. 8, § 12, D., De bon. poss. cont. tab.
(XXXVII, 4).

(4) Inst., lib. III, tit. I, § 10; l. 6, § 4, D., De bon. poss. contr. tab.
(XXXVII, 4).

(5) Gaius, Comm. III, § 114.

(6) L. 9, D., De bon. poss. contr. tab. (XXXVII, 4).

(7) V. l. 1, D., Si tab. test. null. ext (XXXVIII, 6).

succéder à leur père naturel (1); c'est la position qu'ils occupent dans une autre famille au décès de leur père. Aussi les enfants de l'émancipé ne sont pas censés changer de famille, lorsqu'ils passent par adoption de la puissance du père émancipé sous celle de l'aïeul émancipateur, et réciproquement. En effet, le préteur, qui considère l'émancipation comme non avenue, doit considérer le père et l'aïeul parternel comme formant toujours une seule et même famille (2).

Il résulte des principes que nous venons de voir que le petit-fils émancipé par son aïeul adoptif doit être admis, s'il est omis dans le testament de son aïeul naturel qui vient de mourir depuis son émancipation, à demander la *bonorum possessio contra tabulas*. Mais il en est autrement d'après les principes stricts de l'édit, si ce n'est point son aïeul adoptif, mais son père naturel qui, étant toujours resté dans la famille adoptive, l'a émancipé; car le préteur n'ayant point égard aux émancipations faites par les parents naturels, le petit-fils, nonobstant l'émancipation, est encore censé appartenir à la famille de son père, et par conséquent à la famille adoptive dans laquelle est resté son père. Mais Africain nous apprend qu'on venait à son secours au moyen d'une possession de biens décrétale : c'est ainsi qu'on appelait les possessions de biens accordées *suadente æquitate,* contrairement aux principes stricts de l'édit (3). — Un père émancipe son fils, puis se donne en adrogation et meurt dans sa famille adoptive, laissant un testament dans lequel son fils émancipé avant l'adrogation est omis. Cet enfant obtiendra-t-il la *bonorum possessio contra tabulas?* Non, d'après les principes stricts de l'édit, et telle était, en effet, l'opinion de Julien, à laquelle Ulpien, qui la rapporte, déclare préférer l'opinion contraire de Marcellus (4), qu'il s'approprie du reste dans un autre texte (5).

---

(1) V. l. 5, § 1, D., Si tab. test. null. ext. (xxxviii, 6).

(2) L. 3, §§ 7 et 8, et l. 21, § 1, D., De bon. poss. cont. tab. (xxxvii, 4).

(3) L. 14, § 1, D., De bon. poss. cont. tab. (xxxvii, 4).

(4) L. 17, D., De bon. poss. cont. tab. (xxxvii, 4).

(5) L. 3, § 9, D., De bon. poss. cont. tab. (xxxvii, 4).

Cette dernière opinion avait en effet prévalu, ainsi que nous l'apprend Africain ; mais, bien entendu, la possession de biens était encore, dans ce cas, décrétale (1).

Tout ce que nous venons de dire touchant les enfants adoptifs qui se trouvent dans la famille adoptive, au moment du décès de leur ascendant naturel, recevait une exception. En effet, l'enfant adoptif, institué héritier par son ascendant naturel, obtenait la *bonorum possessio contra tabulas*, lorsque quelque autre descendant y avait droit (2). Ce droit n'était accordé à l'enfant adoptif qu'autant qu'il était institué : donc, s'il eût été institué conditionnellement, il n'aurait joui de cet avantage qu'autant que la condition sous laquelle il avait été institué se serait accomplie (3). Il fallait aussi, bien entendu, qu'il eût été institué au degré contre lequel pouvait être demandée la *bonorum possessio contra tabulas* (4). Il n'eût pas suffi qu'une personne sous sa puissance, et devant par conséquent acquérir pour lui l'hérédité, eût été instituée ; il était absolument nécessaire que ce fût lui-même (5). S'il s'agissait d'un petit-fils à propos duquel se présenterait l'espèce que nous venons de traiter, c'est-à-dire d'un petit-fils qui, ayant été donné en adoption par son aïeul naturel, et se trouvant encore dans la famille adoptive au moment du décès de cet aïeul naturel, aurait été institué par lui, il ne pourrait obtenir la *bonorum possessio contra tabulas*, à laquelle donnerait lieu l'omission d'un autre descendant, qu'autant qu'il ne serait pas, au moment de la mort du grand-père, précédé par son père, resté sous la puissance du défunt ou émancipé, peu importe ; alors même que son père viendrait à mourir avant d'avoir obtenu la *bonorum possessio contra tabulas*, il n'y aurait encore aucun

---

(1) L. 14, § 1, D., De bon. poss. cont. tab. (xxxvii, 4), v° item si.

(2) L. 8, § 11, et l. 10, pr., et § 1, D., De bon. poss. contr. tab. (xxxvii, 4).

(3) L. 11, pr., D., De bon. poss. cont. tab. (xxxvii, 4).

(4) L. 8, § 13, D., De bon. poss. contr. tab. (xxxvii, 4).

(5) L. 8, § 11, D., De bon. poss. cont. tab. (xxxvii, 4). v° sed si

droit (1). Bien plus, si un aïeul avait institué son petit-fils, issu
d'un fils donné par lui en adoption, la *bonorum possessio contra
tabulas* serait refusée à ce petit-fils s'il se trouvait encore *in
aliena familia* à cause de l'existence de son père, et alors même
que ce dernier serait encore au décès du grand-père dans la famille adoptive; mais ce petit-fils serait protégé par cette autre
partie de l'édit en vertu de laquelle le descendant qui obtient
la *bonorum possessio contra tabulas* est tenu d'exécuter les libéralités contenues dans le testament, même sous forme d'institution d'héritier, en faveur des ascendants et des descendants du testateur, ainsi que de sa femme ou de sa bru, pourvu
que les dispositions au profit de ces dernières aient eu lieu
dotis nomine (2). Mais cette partie de l'édit ne procurait jamais à celui au profit duquel on l'invoquait plus que la part
virile qu'il aurait obtenue par la *bonorum possessio contra tabulas* (3), et l'avantage qui en résultait ne pouvait être cumulé
avec cette *bonorum possessio* (4). — Le petit-fils donné en
adoption et institué héritier est donc exclu par son père de
la *bonorum possessio contra tabulas*, à laquelle donne ouverture
l'omission d'un autre descendant; mais il n'en est pas de même

(1) L. 13, § 1, D., De bon. poss. cont. tab. (xxxvii, 4).

(2) Cette obligation n'est pas imposée à celui qui eût pu recueillir la succession *ab intestat* et sans le secours de la *bonorum possessio contra tabulas*, tel
que le fils resté sous la puissance du testateur et omis. V. l. 15 et l. 16, D.,
De legat. præst. contr. tab. (xxxvii, 5). — Mais tous les legs, tous les fidéicommis, etc.; sans exception, étaient dus par celui qui eût pu demander et obtenir la *bonorum possessio secundum tabulas*, ou recueillir *ex jure civili* l'hérédité
ex testamento, lorsqu'il avait demandé la *bonorum possessio contra tabulas* à laquelle l'omission d'un autre descendant avait donné ouverture, et que, par suite
de la négligence du descendant omis à demander la *bonorum possessio contra
tabulas*, il recueillait la succession tout entière. V. l. 17, D., De injust. rupt.
(xxviii, 3); l. 14, pr., et l. 15, § 1; D., De legat. præst. contr. tab.
(xxxvii, 5).

(3) Cbn., l. 25, §§ 1 et 2, D., De legat. præst. cont. tab (xxxvii, 5), et
l. 5, §§ 6 et 7, l. 6, l. 7 et l. 8, § 1, D., eod. tit.

(4) L. 18, § 1, D., De bon. poss. cont. tab. (xxxvii, 4); l. 5, §§ 2 et 4,
et l. 22, D., De legat. præst. cont. tab. (xxxvii, 5).

du fils donné en adoption et institué héritier, si, par suite de l'omission d'un autre descendant, il y a lieu à la *bonorum possessio contra tabulas* : il n'est pas exclu par ses fils; cependant s'ils sont restés sous la puissance du testateur, il concourt avec eux et ne reçoit que la moitié de ce qu'il aurait reçu si ce concours n'eût pas eu lieu (1).

Les enfants qui ont approuvé le testament de leur père ne sont pas admis à la *bonorum possessio contra tabulas* à laquelle il serait donné ouverture, soit par leur omission, soit par l'omission d'autres enfants. Ainsi, ne pourrait pas demander la *bonorum possessio contra tabulas* l'enfant émancipé omis qui aurait reçu ce qui lui était légué, soit des héritiers institués, soit de ceux qui auraient obtenu la *bonorum possessio contra tabulas* (2). Ainsi encore, la *bonorum possessio contra tabulas* serait refusée à l'émancipé institué qui, ayant un frère émancipé prétérit, aurait fait adition d'hérédité *ex testamento*. Mais le préteur le protégerait en lui assurant la portion pour laquelle il a été institué héritier, pourvu cependant qu'elle ne fût pas plus forte que celle qu'il aurait eue s'il eût demandé la *bonorum possessio contra tabulas* (3). Mais devra-t-il les legs à tous les légataires, ou seulement aux personnes privilégiées ? Ici il faut distinguer : s'il reçoit moins que la portion pour laquelle il avait été institué, il ne devra les legs qu'aux personnes privilégiées ; si, au contraire, il reçoit toute la portion pour laquelle il avait été institué, il devra, sauf rétention de la quarte Falcidie, tous les legs qui auraient été mis à sa charge (4). De même encore, on refuserait la *bonorum possessio contra tabulas* à celui qui aurait ordonné à son esclave, institué

(1) L. 13, § 2, D., De bon. poss. cont. tab. (XXXVII, 4).

(2) Cela pouvait avoir lieu, puisque les descendants étaient, comme nous l'avons déjà vu, au nombre des personnes privilégiées auxquelles les libéralités faites par le défunt étaient conservées par le préteur, qui obligeait celui qui avait obtenu la *bonorum possessio contra tabulas* à les exécuter. V. l. 1, pr., D., De legat. præst. cont. tab. (XXXVII, 5).

(3) L. 14, pr., D., De bon. poss. cont. tab. (XXXVII, 4).

(4) Ibidem; l. 5, § 8 ; l. 15, § 1, et l. 16, D., De leg. præst. cont. tab. (XXXVII, 5).

héritier, de faire adition (1), ou qui aurait accepté le legs fait à une personne sous sa puissance (2). — Un fils émancipé était débiteur de son père; le père l'a omis dans son testament, mais lui a légué la libération de son obligation, laquelle subsiste encore cependant aux yeux du droit civil (3). L'héritier du père poursuivant le fils, celui-ci aura le choix entre l'exception de dol accordée à tout débiteur, légataire de sa libération, et l'exception *si non contra tabulas bonorum possessio dari potest*. S'il choisit l'exception de dol, il aura approuvé le testament paternel, et par conséquent ne pourra plus demander la *bonorum possessio contra tabulas* (4). — On ne peut être censé avoir approuvé le testament paternel par suite de faits qui ne sont pas volontaires, par exemple, lorqu'on a fait adition d'hérédité par l'ordre de celui sous la puissance duquel on se trouvait. Voici l'espèce que nous propose Ulpien à cet égard. Un fils donné en adoption avait été institué dans le testament de son père naturel, qui avait passé sous silence d'autres enfants; le père adoptif avait obligé ce fils adoptif à faire adition de l'hérédité de son père naturel, puis il l'avait émancipé. Ulpien décide que cet enfant pourra demander la *bonorum possessio contra tabulas*, et que l'acquisition qu'il va faire d'une partie des biens de son père naturel ne profitera pas à son père adoptif, malgré l'adition que le père adoptif lui a fait faire avant de l'émanciper, mais lui profitera personnellement (5).

Il est bon de remarquer que le préteur appelle les enfants dans le même ordre et pour les mêmes parts à la *bonorum possessio contra tabulas* et à la *bonorum possessio unde liberi* (6).

Pour finir ce sujet, il nous reste à dire quelques mots tou-

(1) L. 3, § 15, D., De bon. poss. cont. tab. (xxxvii, 4).
(2) L. 3, § 16, D., De bon. poss. contr. tab. (xxxvii, 4).
(3) Inst., lib. ii, tit. xx, § 13.
(4) L. 17, D., De bon. poss. contr. tab. (xxxvii, 4).
(5) L. 10, §§ 2 et 3, D., De bon. poss. cont. tab. (xxxvii, 4).
(6) L. 1, §§ 1, 4 et 5; l. 10, § 4; l. 11, § 1; l. 12, pr., et l. 13, § 3, D., De bon. poss. cont. tab. (xxxvii, 4).

chant les effets de la *bonorum possessio contra tabulas* accordée par le préteur. Le descendant qui la reçoit n'est pas *heres*, mais le préteur le constitue *loco heredis;* de telle sorte qu'il lui procurera tous les avantages qui seraient résultés de la qualité d'héritier (1). Il ne faut pas confondre la *bonorum possessio contra tabulas* avec la *bonorum possessio unde liberi.* Quoique dans le cas où la *bonorum possessio contra tabulas* est accordée le préteur rescinde le testament, les enfants ne recueillent pas cependant la succession complétement *ab intestat.* Ainsi la *bonorum possessio contra tabulas* laisse subsister la substitution pupillaire contenue dans le testament (2), et nous avons déjà vu que ceux qui obtiennent cette *bonorum possessio* sont tenus d'exécuter toutes les dispositions faites par le défunt, même par voie d'institution d'héritier, au profit de certaines personnes privilégiées. Cette obligation, imposée à ceux qui ont la *bonorum possessio contra tabulas,* fait l'objet d'un titre entier du Digeste (3). Les détails de cette théorie ont déjà été exposés en partie *supra.* Nous n'entrerons pas dans d'autres détails plus approfondis, parce que ce sujet ne se rattache qu'incidemment à notre matière, qui est déjà très étendue par elle-même.

La *bonorum possessio contra tabulas* et la *bonorum possessio unde liberi* avaient un effet commun qui demande quelques explications. Dans l'une et dans l'autre, l'émancipation étant considérée comme non avenue, l'émancipé concourt avec les héritiers siens, leur enlève une partie des biens paternels, et par conséquent une partie des biens que ces mêmes héritiers siens ont acquis au père commun, tandis que l'émancipé a postérieurement à l'émancipation acquis certains biens dont l'acquisition eût profité à son père, s'il fût resté sous sa puis-

(1) L. 13, pr., D., De bon. poss. cont. tab. (xxxvii, 4); l. 15, § 4, D., De legat. præst. cont. tab. (xxxvii, 5]. V. Gaius, Comm. iii, § 32, et Comm. iv, § 34 ; Ulp. Reg., tit. xxviii, § 12; Inst., lib. iii, tit. ix, § 2.

(2) L. 126, pr., D., De legatis, 1º (xxx); l. 5, pr., D., De legat. præst. contr. tab. [xxxvii, 5]; l. 34, § 2, De vulg. et pupill. subst. (xxviii, 6].

(3) Livre xxxvii, tit. v.

sance. Aussi l'édit du préteur veut-il que les émancipés appelés à recueillir la succession de leur père, soit par la *bonorum possessio contra tabulas*, soit par la *bonorum possessio unde liberi*, apportent à la masse héréditaire les biens qu'ils auraient acquis à leur père, si l'émancipation n'avait pas eu lieu. Cet apport était appelé *collatio bonorum*. Lorsque l'enfant émancipé venait en concours avec ses propres enfants restés sous la puissance du défunt, et partageait avec eux la part afférente à sa branche, son concours ne préjudiciait pas à ses frères ou sœurs ; en conséquence il devait la *collatio bonorum*, non à ses frères et sœurs, mais bien à ses enfants (1). Un titre entier du Digeste est consacré à la *collatio bonorum*. Ce titre ne fait pas partie de notre matière ; aussi n'entrerons-nous pas à ce sujet dans de plus longues considérations (2).

SECTION IV

Des innovations de Justinien.

Nous n'avons jusqu'ici exposé que le droit antérieur à Justinien. Cet empereur apporta de nombreuses modifications aux théories que nous venons d'étudier. Il accorda aux enfants une plus grande protection. Il supprima, par une constitution (3), quatre différences qui existaient précédemment :

(1) L. 1, pr., D., De conj. cum emancip. lib. ejus (xxxvii, 8) ; l. 5, pr., D., Si tab. test. null. ext. (xxxviii, 6).

(2) C'est le titre vi du livre xxxvii. — Par suite de l'introduction des pécules castrans, quasi-castrans, et surtout du pécule adventice, par suite surtout de l'extension qu'avait fini par prendre ce dernier, cette théorie finit par subir une transformation complète. De l'idée primitive d'un *apport* à faire par les enfants émancipés, on arriva à celle d'un *rapport* à effectuer par les enfants avantagés. V. M. Ducaurroy, t. ii, n. 827 et le *Cours de Droit civil français* de Zachariæ, traduit et annoté par MM. Aubry et Rau, tome iv, § 626 bis.

(3) L. 4, C., De liber. præt. (vi, 28).

1° entre le fils, dont l'omission annulait le testament, et les filles ou petits-enfants qui, en cas d'omission, avaient simplement le droit de concourir pour une portion avec les institués ; 2° entre le fils qui ne pouvait être institué sous condition casuelle ou mixte, qu'autant qu'il était exhérédé sous la condition contraire, et les autres descendants qui étaient valablement institués sous condition, quoiqu'ils ne fussent pas exhérédés sous la condition contraire ; 3° entre le fils, qui devait être exhérédé *nominatim*, et les filles ou petits-enfants, qu'on pouvait exhéréder *inter cæteros ;* 4° entre les posthumes mâles et les posthumes du sexe féminin relativement au même objet. Justinien exige, à peine de nullité, qu'ils soient tous exhérédés *nominatim :* tous, c'est-à-dire tous ceux qui devaient être institués ou exhérédés conformément aux règles, soit du droit civil, soit du droit prétorien, que nous venons d'exposer.

D'après les anciens principes, l'adopté ou l'adrogé qui sortait de la famille adoptive, après le décès de son père naturel, perdait deux successions, savoir : celle du père naturel, à cause de l'adoption qui subsistait encore lors de son décès, et celle de l'adoptant, puisque l'adoption ne subsistait plus lors du décès de celui-ci, et que les liens de parenté purement civils créés par l'adoption s'éteignaient avec elle. Les anciens jurisconsultes avaient inutilement cherché les moyens d'éviter ce résultat. Justinien tranche la difficulté en décidant que le fils ou la fille qui seront donnés en adoption par le père naturel à un étranger, c'est-à-dire à toute autre personne qu'un ascendant, resteront sous la puissance et dans la famille du père naturel, et y conserveront tous leurs droits (1). Mais cette adoption, qu'on a appelée imparfaite, lorsqu'elle n'aura pas été dissoute par l'émancipation, conférera à l'adopté les droits d'héritier sien, *etiam sui heredis jus* (2), sur la succession de l'adoptant, qui n'a cependant point la puissance

(1) Inst, lib. i, tit. xi, § 2; l. 10, pr., C., De adopt. (viii, 48).
(2) Inst., ibid., et lib. iii, tit. i, § 14: l. 10, § 1, C., De adopt. (viii, 48).

paternelle ; ce qui forme dans le droit justinianéen une singularité fort remarquable. L'adopté succédera donc à l'adoptant, comme s'il était *suus heres*, par rapport à lui, mais *ab intestat* seulement ; car il ne pourrait recourir contre le testament de l'adoptant, ni à la *bonorum possessio contra tabulas*, ni à la *querela testamenti inofficiosi* (1). Si Justinien déroge aux anciens effets de l'adoption, s'il maintient dans leur famille primitive les enfants adoptés par un étranger, c'est uniquement pour leur conserver l'hérédité paternelle. Ce motif ne s'applique point aux petits-enfants dont le père est encore avec eux sous la puissance de leur aïeul ; aussi l'adoption conserve-t-elle à leur égard son plein et entier effet. Ils passent dans la famille et sous la puissance de l'adoptant, même étranger (2). L'adrogation conserve également son effet, parce que l'adrogé s'est placé lui-même dans une famille étrangère (3). L'adoption d'un enfant du premier degré, ou d'un petit-enfant non précédé dans la famille par son père, conservera pleinement ses anciens effets, si l'adoptant est l'un des ascendants naturels de l'adopté. Cela se comprend, puisque le résultat inique que Justinien veut éviter par ses innovations ne se présentait pas dans ce cas (4). Il résulte de là que tout ce que nous avons dit des enfants adoptifs, en ce qui touche la nécessité de les instituer ou de les exhéréder, ne devra s'entendre sous Justinien que de ceux qui passent sous la puissance de l'adoptant. Quant aux autres, puisqu'ils restent dans leur famille naturelle, leur père naturel sera tenu de les instituer ou de les exhéréder (5).

Remarquons, en finissant, que quoique Justinien exige à peine de nullité l'exhérédation nominative de tous les héritiers siens, déjà nés ou posthumes, il conserve néanmoins les prin-

---

(1) Inst., lib. III, tit. I, § 14 ; l. 10, § 2, C., De adopt. (VIII, 48).
(2) L. 10, § 4, C., De adopt. (VIII, 48).
(3) Même loi, § 5, et Inst., lib. III, tit. I, § 14.
(4) V. ce que nous avons dit plus haut à cet égard, et l. 3, §§ 7 et 8, et l. 21, § 1, D., De bon. poss. cont. tab. (XXXVII, 4).
(5) Inst., lib. II, tit. XIII, § 5, in fine.

cipes particuliers au testament militaire que nous avons exposés *supra*.

SECTION V

Des effets produits jure prætorio *par les testaments nuls*
jure civili.

Nous n'avons fait qu'indiquer une grave question sur la solution de laquelle nous sommes en désaccord avec les interprètes les plus justement estimés : nous devons la résoudre
avant de terminer ce sujet. On sait que, d'après le droit civil, le testament dans lequel un *paterfamilias* avait omis son
fils de famille était nul *ab initio*. Sur ce point, Gaius nous a
appris que, d'après les Sabiniens, dont l'opinion l'avait emporté, le testament restait nul, quoique le fils de famille fût
mort ou fût sorti de la famille avant le décès de son père (1).
On sait aussi qu'après la confection d'un testament, la naissance d'un posthume, qui n'y avait été ni institué ni exhérédé, rompait ce testament, lui enlevait toute vigueur. Si ce
posthume venait à mourir ou à sortir de la famille du vivant
du testateur, *ex jure civili* la rupture n'en subsistait pas
moins. Nous n'avons pas à nous occuper des cas dans lesquels
un testament devenait *irritum*. Cependant, pour bien discuter
là question actuelle, il faut savoir que, lorsque celui dont le
testament était devenu *irritum* redevenait *sui juris*, ou bien
lorsque, après avoir cessé de l'être, il redevenait *civis romanus* et *sui juris*, le testament ne reprenait pas, aux yeux du
droit civil, sa force primitive. Nous avons à examiner quels
effets le préteur faisait produire au testament qui avait
été *ab initio injustum*, au testament qui, valable d'abord,
était devenu *ruptum* ou *irritum*, lorsque la cause de la non-

(1) Comm. ii, § 123.

validité originelle ou survenue *ex post facto* n'existait plus au décès du testateur, ou lorsque celui au profit duquel le droit civil avait introduit l'inexistence ou la rupture du testament ne voulait pas en profiter. Pothier (1), M. de Savigny (2) et M. Ducaurroy (3) pensent que, dans tous les cas où peut se présenter cette question, le préteur accordait à l'*heres scriptus* la *bonorum possessio secundum tabulas*. Nous pensons qu'il en était en effet ainsi; mais les interprètes que nous venons de citer pensent que cette *bonorum possessio* était toujours efficace. Nous pensons au contraire qu'elle était très souvent *sine re;* mais il faut, à cet égard, distinguer différentes époques dans le droit romain. Des modifications à la théorie primitive que nous expose Gaius avaient été introduites au temps d'Ulpien. Enfin, sous Justinien, nous ne retrouvons plus les mêmes principes, et sous cet empereur, la théorie des interprètes cités était vraie de tout point. Au temps de Gaius, d'abord, dans les divers cas qui nous occupent, la *bonorum possessio secundum tabulas* était accordée, pourvu, bien entendu, que le testament fût prétorien. Ce jurisconsulte nous l'apprend lui-même en ces termes : « Non « tamen per omnia inutilia sunt ea testamenta, quæ vel ab « initio non jure facta sunt, vel jure facta postea irrita facta « aut rupta sunt · nam si septem testium signis signata sint « testamenta, potest scriptus heres secundum tabulas bono- « rum possessionem petere, si modo defunctus testator et « civis romanus et suæ potestatis mortis tempore fuerit; « nam si ideo irritum fit testamentum, quod postea civitatem « vel etiam libertatem testator amisit, aut is in adoptionem « se dedit, et mortis tempore in adoptivi patris potestate « fuit, non potest scriptus heres secundum tabulas bonorum

(1) Pand. in novum ordinem, tom. x, ad tit. De lib. et post. (xxviii, 2), n. iv et liv.

(2) *Traité de droit romain,* trad. de M. Ch. Guenoux, tom. viii, § cccxciii, page 446, texte et note (i) et tom. ii, § lxvii, n. iv, page 86, note (na).

(3) Tom. 1, n. 574, 643 et 644.

« possessionem petere (1). » Mais dans le paragraphe suivant, qui n'est cité par aucun des interprètes que nous combattons, et qui semble leur être complétement inconnu, Gaius
nous apprend que la *bonorum possessio* qui était accordée était
inefficace, *sine re*, toutes les fois qu'il existait des personnes
à qui l'hérédité était dévolue par le droit civil. Voici ce passage important : « Secundum tabulas testamenti, quæ aut
« statim ab initio non jure factæ sint, aut jure factæ postea
« ruptæ vel irritæ erunt, bonorum possessionem accipiunt, si
« modo possunt hereditatem obtinere, et habebunt bonorum
« possessionem cum re; si vero ab iis avocari hereditas po-
« test, habebunt bonorum possessionem sine re (2). » Puis le
jurisconsulte se rend encore plus intelligible en nous donnant des exemples. Ainsi, un fils en puissance a été omis
dans un testament qui, à cause de cette omission, étant complétement nul, a laissé subsister dans toute sa force un testament antérieur. L'héritier institué dans le second testament recevra, si le fils omis est mort lors du décès du
testateur, la *bonorum possessio secundum tabulas*. Elle lui procurera l'interdit *quorum bonorum;* mais l'héritier institué dans
le premier testament intentera contre lui l'*hereditatis petitio,*
dans laquelle il sera victorieux, et il lui enlèvera ainsi l'hérédité, de telle sorte que la *bonorum possessio* sera *sine re,*
c'est-à-dire complétement inefficace (3). Il en serait de même

(1) Comm. II, § 147.
(2) Comm. II, § 148.
(3) V. Gaius, Comm. III, §§ 35-38. — Il est bien entendu que l'on suppose ici que le premier testament était nuncupatif et le second prétorien. Si le
premier testament eût été prétorien, l'héritier institué dans le second testament
(pourvu toujours que ce second testament fût prétorien) eût eu une *bonorum
possessio secundum tabulas cum re,* parce que les deux héritiers n'étant appelés
que par le droit prétorien, et le second testament existant *jure prætorio* et
ayant par conséquent amené *jure prætorio* la rupture du premier, le second
institué doit être préféré au premier. Il en serait ainsi alors même qu'il existerait un agnat, parce que cet agnat ne pourrait se prévaloir de la nullité du
second testament qu'à la condition que cette nullité produirait ses conséquences juridiques de telle sorte qu'il se retrouverait en présence du premier tes-

si, au lieu de supposer un testament antérieur, nous supposions l'existence d'agnats du défunt. « Nam si quis, *dit Gaius*,
« heres jure civili institutus sit vel ex primo vel ex poste-
« riore testamento, vel ab intestato jure legitimo heres sit,
« is potest ab eis hereditatem avocare : si vero nemo sit
« alius jure civili heres, ipsi retinere hereditatem possunt...
« judicium adversus eos habent (1). » Ainsi le préteur appel-
lera d'abord ceux à qui l'hérédité est dévolue *ex jure civili,*
et les préférera à l'héritier institué dans le testament dont
nous nous occupons. Mais ce testament peut cependant, dans
certains cas, recevoir son exécution. Cela a lieu lorsque l'héritier institué est en même temps la personne à qui l'hérédité appartient *ab intestat ex jure civili*, et lorsque personne
n'a droit à l'hérédité d'après le droit civil. Le préteur, n'étant
plus, dans ces deux cas, arrêté par la nécessité de violer le
droit civil, accordera une *bonorum possessio cum re*, et préférera l'héritier institué aux cognats du défunt, qui n'ont d'autres droits à l'hérédité que ceux qu'ils tiennent du droit prétorien. En ce sens, il est vrai de dire que les testaments dont
nous parlons, nuls aux yeux du droit civil, ne le sont pas aux
yeux du préteur. Nos adversaires citent à l'appui de leur
système la loi 2, pr., D., *De bonorum possessionibus secundum
tabulas* (xxxvii, 11), les lois 12, pr., et 17, D., *De injusto
rupto, etc.* (xxviii, 3), et le paragraphe 6, tit. xvii, livre ii des
Institutes. Examinons ces divers textes. Voici d'abord la
loi 2, pr., D., *De bonorum possessionibus secundum tabulas :*
« Æquissimum ordinem prætor secutus est. Voluit enim
« primo ad liberos bonorum possessionem contra tabulas per-
« tinere, mox, si inde non sit occupata, judicium defuncti
« sequendum. Expectandi igitur liberi erunt, quamdiu bono-
« rum possessionem petere possunt : quod si tempus fuerit

tament produisant un *bonorum possessor* qui lui serait préférable. Or, le *bonorum possessor* produit par le second testament lui dira : « Si vincentem te vin-
« cam, a fortiori te vincam. »

(1) Comm. ii, § 149.

« finitum, aut ante decesserint, vel repudiaverint vel jus pe-
« tendæ bonorum possessionis amiserint : tunc revertitur
« bonorum possessio ad scriptos. » Ce texte est loin de suffire pour établir la doctrine que nous combattons. Il n'y est
en effet question que du droit prétorien, et non du droit civil. Le préteur accorde en premier lieu la *bonorum possessio
contra tabulas* aux héritiers siens et à ceux auxquels le droit
civil ne dénie ce titre qu'à cause d'une *capitis deminutio* soufferte par eux ou par un de leurs ascendants ; puis, si les enfants omis ne demandent pas ou ne peuvent pas demander la
bonorum possessio contra tabulas, il accordera aux héritiers institués la *bonorum possessio secundum tabulas*. Voilà tout ce
que dit le jurisconsulte. Deux cas peuvent se présenter : l'enfant omis est un fils de famille *heres suus,* ou bien, c'est tout
autre descendant dont l'omission laisse, aux yeux du droit
civil, subsister le testament. Dans le premier cas, le préteur
n'accordera, si l'enfant omis est prédécédé, la *bonorum possessio secundum tabulas cum re* à l'héritier institué, qu'autant
qu'il ne se trouvera pas d'autres personnes auxquelles l'hérédité serait dévolue *ex jure civili,* ou que l'héritier institué
sera lui-même l'héritier légitime. Dans le second cas, le testament est valable aux yeux du droit civil; le préteur le rescinde dans l'intérêt des descendants omis, qui peuvent demander la *bonorum possessio contra tabulas:* c'est là un droit
purement personnel, réservé aux descendants omis existants
lors de l'ouverture de la succession, et pourvu qu'ils veuil-
lent s'en prévaloir. S'ils n'existent pas, ou s'ils ne veulent pas
demander la *bonorum possessio contra tabulas,* le préteur ne
fera qu'observer fidèlement le droit civil en faisant exécuter
un testament valable aux yeux de ce droit. Ulpien ne prévoit
que ce second cas dans le texte précité; ce qui le prouve
surtout, c'est que ce texte est tiré de son livre XLI, *Ad edictum.*
Voici maintenant la loi 17, D., *De injusto, rupto, etc. :* « Filio
« præterito, qui fuit in patris potestate, neque libertates
« competunt, neque legata præstantur, si præteritus fratribus
« partem hereditatis avocavit. Quod si bonis se patris absti-

« nuit, licet subtilitas juris refragari videtur, attamen volun-
« tas testaroris ex bono et æquo tuebitur. » L'espèce prévue
par Papinien est celle-ci. Un *paterfamilias* a omis un de ses
fils en puissance et a institué d'autres fils également sous sa
puissance. Si le fils omis demande la *bonorum possessio contra
tabulas,* ou si, se contentant d'être héritier *ex jure civili,* il
s'immisce dans les biens paternels, il viendra en concours
avec ses frères, auxquels il enlèvera une partie de l'hérédité,
laquelle sera dévolue *ab intestat;* de telle sorte que les legs et
les fidéicommis ne seront pas dus, et que les esclaves affranchis par le testament n'acquerront pas la liberté. Si, au contraire, le fils omis profite du bénéfice d'abstention, ses frères,
recueillant l'hérédité tout entière, seront tenus des legs et des
fidéicommis; ce qui tient à ce qu'ils pouvaient demander soit
la *bonorum possessio secundum tabulas,* laquelle eût été *cum re,*
puisqu'ils sont précisément les héritiers légitimes; soit la *bonorum possessio contra tabulas* (1). Ils tombent donc sous l'application de la partie de l'édit qui oblige ceux qui ont négligé
l'hérédité testamentaire, pour la recueillir *ab intestat,* à exécuter les dispositions contenues dans le testament qu'ils ont
volontairement négligé (2). Ceci est parfaitement d'accord avec
tous les principes, et ne signifie nullement que le préteur, agissant contrairement au droit civil, fît toujours exécuter le testament, nul aux yeux de ce droit, lorsque le fils dans l'intérêt
duquel cette nullité avait été introduite ne voulait pas ou ne
pouvait pas en profiter. Aussi Cujas (3) se garde-t-il bien de
tirer de notre texte de pareilles conséquences. Papinien donne
sa décision sur l'espèce qui lui était proposée. Il est bon de
remarquer que, dans cette espèce, les héritiers institués n'a-
vaient d'autre intérêt à venir *ab intestat,* au lieu d'arriver *ex
testamento,* que celui d'éviter de payer les legs. D'où il suit
que, s'ils y avaient eu un autre intérêt, la fraude que le pré-

(1) L. 10, § 6, D., De bon. poss. cont. tab. (xxxvii, 4).
(2) L. 1, pr., D., Si quis omissa causa testam. (xxix, 4).
(3) Comm. ad Papiniani resp. lib. v, Ad hanc legem 17; De injusto
rupto, etc. (xxviii, 3).

teur veut atteindre n'existant plus, ils n'eussent pas été tenus des legs, à moins que ce ne fussent des enfants sortis de la famille; encore n'eussent-ils été tenus que des dispositions faites au profit des personnes privilégiées dont il a été parlé plus haut. Nous arrivons à la loi 12, pr., D., *eod. tit.* Ce texte n'a pas été bien compris par nos adversaires, puisqu'ils l'invoquent en leur faveur, quoiqu'il contienne nettement leur condamnation, tout en nous montrant que, postérieurement aux textes de Gaius cités *supra*, un léger changement s'est introduit dans le droit. Voici ce texte important : « Pos- « tumus præteritus, vivo testatore natus decessit : licet ju- « ris scrupulositate, nimiaque subtilitate testamentum rup- « tum videatur, attamen si signatum fuerit testamentum, « bonorum possessionem secundum tabulas accipere heres « scriptus potest, remque obtinebit, ut et divus Hadrianus « et imperator noster rescripserunt. Idcircoque legatarii et « fideicommissarii habebunt ea quæ sibi relicta sint, securi. « Idem et circa injustum et irritum testamentum erit dicen- « dum, si bonorum possessio data fuerit ei, qui rem ab intes- « tato auferre possit. » Un posthume Velléien omis était mort du vivant du testateur : l'*heres scriptus*, nous dit le juriscon- sulte, recevra la *bonorum possessio secundum tabulas ; remque obtinebit,* ajoute-t-il. Cette *bonorum possessio* sera donc *cum re.* Il en est ainsi parce que des constitutions impériales l'ont décidé. Ces constitutions émanaient d'Adrien qui, antérieur aux Institutes de Gaius, devait se borner à dire ce que Gaius lui-même nous dit, et de l'empereur régnant au moment où Ulpien écrit (1), lequel avait décidé que la *bonorum possessio* accordée à l'*heres scriptus* serait toujours efficace, dans le cas où le testament aurait été rompu et où celui au profit du- quel cette rupture aurait eu lieu n'existerait plus lors du décès du testateur ou ne voudrait pas recueillir l'hérédité. Mais ce ne fut admis que pour ce cas particulier. Le testa-

(1) Ce jurisconsulte a vécu sous Septime Sévère, Antonin Caracalla, Ma- crin, Héliogabale et Alexandre Sévère.

ment *injustum* et le testament *irritum* restent à cet égard sous
l'empire des anciens principes. La suite du texte nous le
prouve. C'est pourquoi, dit le jurisconsulte, les legs et les
fidéicommis seront dus. Il en sera de même, ajoute-t-il, dans
le cas d'un testament *injustum* ou *irritum*, si la *bonorum possessio* a été donnée à celui qui avait droit à l'hérédité *ab intestat*. Or, quel est le cas dans lequel il doit être hors de doute
que les legs seront dus ? N'est-ce pas le cas dans lequel la
bonorum possessio secundum tabulas aurait été accordée à une
personne qui ne pouvait avoir d'autres droits à l'hérédité
que ceux qu'elle puisait dans le testament ? Et pourquoi
le jurisconsulte dit-il au contraire que les legs ne seront dus
que lorsque l'*heres scriptus* sera en même temps l'*heres legitimus* ? C'est parce que, dans le cas contraire, ou bien il existera
des personnes à qui l'hérédité sera dévolue *ex jure civili*, ce
qui rendra la *bonorum possessio secundum tabulas* inefficace, et
dès lors l'obligation d'exécuter les legs ne pourra se comprendre pour une personne qui n'a qu'une *bonorum possessio sine
re ;* ou bien il n'existera personne à qui l'hérédité appartienne
ex jure civili, et alors il est par trop clair que les legs seront
dus. Dans le cas que prévoit le jurisconsulte, la question mé-
ritait au contraire d'être résolue ; car il y a lieu de faire application de la partie de l'édit en vertu de laquelle le préteur
oblige à l'exécution des legs celui qui recueille *ab intestat* l'hérédité qu'il aurait pu recevoir *ex testamento*, de telle sorte que
sur ce point notre texte pose le même principe que Papinien
dans le dernier texte expliqué. Voilà, ce nous semble, l'explication bien nette du texte que l'on nous opposait. Vinnius
donne aussi cette explication ; seulement il va trop loin dans
les conséquences qu'il tire de ces mots : *si bonorum possessio
data fuerit ei, qui rem ab intestato auferre possit*. D'après lui,
il en résulterait que le préteur préférait à l'héritier institué
dans ce testament imparfait même les *cognats*, de telle sorte
que la *bonorum possessio secundum tabulas* n'aurait été accordée que pour éviter que l'hérédité appartînt au fisc comme
vacante. Voici les paroles du célèbre interprète hollandais :

« Sed et prætorem existimo proximos prælaturum ex edictis
« unde legitimi et unde cognati, quapropter rarissime et uno
« duntaxat casu sit, ut extranei bonorum possessionem cum
« re consequantur, si videlicet proximi ab intestato suo jure
« uti nolint, quæ causa est, quod in hac disputatione conditio
« additur in fin. pr. D. l. Postumus 12, *De injust. rup. test.*,
« si bonorum possessio data fuerit ei, qui rem ab intestato
« auferre possit (1). » Le préteur accorde à l'héritier institué
la *bonorum possessio secundum tabulas:* il considère donc le testament comme existant, quoiqu'il soit nul aux yeux du droit
civil. Seulement il ne le fera exécuter qu'autant qu'il n'y aura
personne à qui l'hérédité soit dévolue *ex jure civili*, qu'autant
qu'il ne faudra pas violer le droit civil. Mais dès que le droit
civil n'oppose plus d'obstacle, on ne voit pas trop pourquoi le
préteur ne préférerait pas l'héritier institué à ceux qu'il appelle *ab intestat* à l'hérédité. L'héritier institué est appelé en
vertu du droit prétorien ; eux aussi ne sont appelés qu'en
vertu de ce droit. Et puisque le préteur considère le testament comme existant *jure prætorio*, pourquoi ne préférerait-il
pas ceux qu'il appelle *ex testamento* à ceux qu'il appelle *ab intestat?* Est-ce que le préteur, dans les dévolutions qu'il faisait
des hérédités, ne suivait pas lui aussi la règle que les successions sont d'abord dévolues *ex testamento?* Pourquoi dans ce
cas particulier eût-il violé cette règle? Au reste, Vinnius n'eût
sans doute pas commis cette erreur s'il eût connu les textes
précités des Institutes de Gaius. En effet, pour que la *bonorum
possessio* soit *sine re*, Gaius suppose constamment l'existence
d'un *heres*, non d'un simple *bonorum possessor*, et il termine en
ces termes : « Si vero nemo sit alius jure civili heres, ipsi
« retinere hereditatem possunt. » Quoi qu'il en soit, on voit
que la loi 12, pr., D., *De injusto,* etc., prouve ce que nous avons
avancé; seulement, et par exception introduite dans le droit
au temps d'Ulpien, nos adversaires auront raison en ce qui
touche le *testamentum ruptum.* Notre théorie peut du reste

(1) Comm., ad Inst., ad § 1, lib. ii, tit. xiii, n. 7.

être corroborée par un passage des *Règles* d'Ulpien (1) écrit antérieurement à la constitution impériale qui avait changé le droit en ce qui touche le *testamentum ruptum*. Ulpien dit dans ce texte que lorsqu'un testament valable à l'origine a été rompu ou est devenu *irritum*, le préteur accorde la *bonorum possessio secundum tabulas* lorsque la cause de l'invalidité du testament n'existe plus ; mais il ajoute : « Quam bonorum possessionem « cum re, id est, cum effectu habet, si nemo alius jure heres « sit. » Si nous arrivons maintenant au temps de Justinien, nous serons d'accord avec les illustres interprètes que nous combattions tout à l'heure. Sous cet empereur, le testament primitivement *injustum*, ou devenu postérieurement à sa confection *ruptum* ou *irritum*, sera considéré comme valable et par conséquent exécuté, si la cause de son invalidité a cessé lors du décès du testateur, ou si le descendant qui devait profiter de l'invalidité du testament ne le veut pas ; ce qui ressemble fort à la théorie prétorienne en ce qui touche les enfants sortis de la famille du testateur. Cela résulte évidemment de ce que, dans ses Institutes, Justinien rapporte (2) le paragraphe 147 du Commentaire II de Gaius, sans le faire suivre des paragraphes 148 et 149. Mais, nous le répétons, il était bien loin d'en être ainsi au temps de Gaius et au temps d'Ulpien.

Nous remarquerons en finissant qu'au temps classique le préteur n'accordait la *bonorum possessio secundum tabulas*, en vertu d'un de ces testaments imparfaits dont nous venons de nous occuper, qu'autant que ce testament avait été fait dans la forme prétorienne ; ce qui résulte d'une foule de textes. Le préteur accorde bien la *bonorum possessio secundum tabulas*, en exécution d'un testament *nuncupatif* ; mais il faut pour cela qu'il soit parfaitement régulier et qu'il ne soit devenu ni *ruptum* ni *irritum* ; mais si on lui demande une faveur spéciale, il ne l'accorde qu'autant que le testateur a suivi les formes prétoriennes.

(1) Tit. XXIII, § 6.
(2) Lib. II, tit. XVII, § 6.

CHAPITRE II

De la *querela testamenti inofficiosi* (1).

——

SECTION PREMIÈRE

*De l'origine et de la nature de cette action. — Des règles de
compétence et de procédure qui lui étaient applicables.*

La loi des Douze Tables, en reconnaissant le testament
comme seule loi de l'hérédité (2), avait introduit un principe
nouveau dont les prudents sentirent de bonne heure l'exagération, sans doute parce que l'abus de cette trop grande
liberté laissée au *paterfamilias* ne tarda pas à en démontrer
le danger. Les prudents cherchèrent à un pareil état de
choses un remède qui vînt tempérer la rigueur du principe
nouveau. Ils commencèrent par l'introduction de la théorie

(1) Sources : Pauli Sententiarum lib. IV, tit. V, De inofficiosi querela ;
        Cod. Grég., De inofficioso testamento (II, 3) ;
        Cod. Théod., De inofficioso testamento (II, 19) ;
        Fragmenta Vaticana, §§ 270, 271, 280, 281, 282 ;
        Inst. Just., lib. II, tit. XVIII, De inofficioso testamento ;
        Dig., De inofficioso testamento (V, 2) ;
        Cod. Just., De inofficioso testamento (III, 28) ; De inofficiosis
           donationibus (III, 29) ; De inofficiosis dotibus (III, 30).
(2) Inst., lib. II, tit. XXII, pr.

que nous venons d'étudier. Imaginant au profit des héritiers siens un droit de copropriété sur la *familia* du père, ils exigèrent que celui-ci, pour les dépouiller, prononçât contre eux, dans son testament et comme juge domestique, une exhérédation formelle. A l'origine, ce juge fut souverain, et l'effet des innovations des prudents se trouvait par là excessivement restreint; ils avaient simplement soumis les ascendants paternels à la nécessité de remplir une formalité. Dans ce travail d'innovation, ils avaient été aidés par le préteur qui, ne tenant nul compte des effets d'une *capitis deminutio*, étendit le léger bienfait des prudents à ceux qui en eussent profité, en supposant qu'eux ou un de leurs ascendants n'eussent pas été *capite minuti*. Mais, nous le répétons, l'exhérédation resta entre les mains du père une simple formalité à remplir, et lui constitua encore un pouvoir exorbitant. D'autre part, à défaut d'enfants, les ascendants n'étaient nullement protégés. Il en était de même des frères et sœurs, et il en eût été ainsi des descendants par rapport à leurs ascendants maternels, lorsqu'ils eurent été appelés à leur hérédité par le sénatus-consulte Orphitien, et par les constitutions impériales dont nous avons parlé plus haut, puisque la nécessité d'instituer ou d'exhéréder n'était imposée qu'aux ascendants paternels, qui seuls avaient des héritiers siens. Dans tous les cas dont nous venons de parler, une simple omission suffisait donc pour priver de l'hérédité du défunt ses parents les plus proches. Tels furent les motifs de l'introduction de la *querela testamenti inofficiosi*. On appelait *inofficiosum* ce qui n'était pas conforme aux devoirs que nous imposent les liens du sang, devoirs que les Romains appelaient *officia pietatis*. Ainsi le testament *inofficiosum* est un testament régulier, ne blessant aucune des règles du droit, mais contraire aux sentiments de la nature : *Recte quidem fecerit testamentum, non autem ex officio pietatis* (1). Les enfants et, à défaut d'enfants, les ascendants, puis enfin les frères et sœurs, furent donc ad-

(1) Inst., lib. II, tit. XVIII, pr.

mis à discuter le mérite de leur exclusion (1), à prétendre qu'ils avaient été exhérédés ou omis *inique*. Ce droit leur fut-il accordé par une loi expresse? Cujas l'a prétendu en se fondant sur l'inscription de la loi 4, D., *De inoff. test.* (v, 2), qui est ainsi conçue : « Gaius, lib. sing. ad legem Glitiam. » Quelle était cette loi Glitia à laquelle Gaius avait consacré un commentaire? Il n'en est parlé nulle part; d'où la conséquence pour Cujas que cette loi avait introduit la *querela testamenti inofficiosi* (2). Nous croyons, au contraire, avec la généralité des interprètes, que la *querela testamenti inofficiosi* a été introduite par l'interprétation générale des prudents. Ce qui le prouve, c'est que pour introduire l'action des enfants ou autres parents contre le testament inofficieux, il a fallu la colorer d'un prétexte : on a supposé qu'une exhérédation ou une omission imméritée ne pouvait provenir d'un esprit sain; on a prétendu qu'elle devait avoir été dictée par une passion aveugle voisine de la démence, et, sur ce prétexte, *hoc colore,* on a permis de rescinder un testament, qui, s'il eût réellement émané d'un fou, eût été nul *ab initio* (3). Une loi n'eût pas eu besoin de prendre ces détours.

Nous ne savons pas l'époque précise de l'introduction de la *querela testamenti inofficiosi;* elle remonte au temps de la République : il en est fait mention dans une des harangues de Cicéron contre Verrès (4), et Valère-Maxime, qui écrivait sous Tibère, nous en donne des exemples empruntés au temps de Pompée et au règne d'Auguste (5).

Quelle était la nature de la *querela testamenti inofficiosi?* L'opinion la plus répandue est celle que Vinnius exprime en ces termes : « Quamobrem si quis a me petat ut quid sit que-
« rela inofficiosi testamenti, obiter definiam, dicam esse spe-

---

(1) L. 22, § 1, D., De inoff. test. (v, 2).

(2) Obs., lib. ii, cap. xxi.

(3) Inst., lib. ii, tit. xviii, pr.; l. 2 et 5, D., De inoff. test. (v, 2); Pauli Sent., lib. iv, tit. v, § 1.

(4) In Verrem, i, 42.

(5) Dictorum factorumque memorabilium, lib. vii, cap. vii.

« ciem petitionis hereditatis, qua et testamentum rescindi
« postulatur, et simul vindicatur hereditas tanquam ab in-
« testato delata (1). » Ainsi donc, d'après le célèbre interprète hollandais, la *querela testamenti inofficiosi* n'est qu'un
cas particulier de la pétition d'hérédité. Le demandeur se
prétend omis ou exhéredé *sine causa ;* il demande, pour ce motif, la rescision du testament, et, par voie de conséquence,
il revendique l'hérédité comme lui étant dévolue *ab intestat.*
Cette définition de l'action qui nous occupe doit paraître
inattaquable à tout homme qui a étudié les textes de la matière. En effet, Ulpien appelle textuellement le fait d'intenter la plainte d'inofficiosité *hereditatem petere* (2). Scœvola appelle notre action *hereditatis petitio* (3). Paul nous a transmis ce
membre de phrase plus significatif encore : « Evicta hereditate
« per inofficiosi querelam ab eo, qui heres institutus (4). » Ainsi,
la restitution des biens héréditaires à l'héritier du sang, qui
en avait été privé par le défunt, était donc pour Paul la conséquence immédiate de la *querela testamenti inofficiosi.* Nous
pouvons encore citer d'autres textes. Ainsi Ulpien, que nous
avons vu tout à l'heure appliquer l'expression *hereditatem petere* à celui qui intente la plainte d'inofficiosité, dit ailleurs,
en parlant de la même personne, *facultates vindicat* (5). Ainsi
encore, dans un texte de Tryphoninus, que nous avons déjà
étudié, on lit : « Sed ad hereditatis petitionem admittendus
« est ex causa inofficiosi querelæ contra emancipatum mo-
« vendæ (6). » Enfin, les empereurs Septime-Sévère et An-
tonin-Caracalla disent aussi de celui qui intente la plainte
d'inofficiosité, qu'il revendique l'hérédité, *hereditatem vindicat* (7). Nous ajouterons que pour pouvoir intenter la *querela*

(1) Select. juris quæst., lib. i, cap. xix.
(2) L. 8, § 8, D., De inoff. test. (v, 2).
(3) L. 20, D., De inoff. test. (v, 2).
(4) L. 21, § 2, D., De inoff. test. (v, 2).
(5) L. 27, § 3, D., De inoff. test. (v, 2).
(6) L. 20, pr., in fine, D., De bon. poss. contr. tab. (xxxvii, 4).
(7) L. 3, C., De petit. hered. (iii, 31).

testamenti inofficiosi, celui qui n'est appelé à la succession *ab intestat* que par le préteur, par exemple, un fils émancipé, doit préalablement demander la *bonorum possessio* (1). Pourquoi en est-il ainsi ? Parce que intenter la *querela testamenti inofficiosi,* c'est revendiquer l'hérédité. Or, je ne puis la revendiquer qu'autant qu'elle m'appartiendrait en supposant l'absence du testament. Dans le cas particulier, je n'y aurai droit que d'après le droit prétorien, et lorsqu'il en est ainsi, il faut demander la *bonorum possessio.* En effet, une *bonorum possessio* n'appartient qu'à ceux qui la demandent. Ceci achève de prouver que la définition de Vinnius est parfaitement exacte. Cependant cette opinion est loin d'avoir été toujours admise par la généralité des interprètes. Au temps même de Vinnius, l'opinion généralement reçue dans l'école hollandaise était que la *querela testamenti inofficiosi* était une action préparatoire à la pétition d'hérédité. Vinnius nous l'apprend lui-même : « Communis vero interpretum nostrorum schola exis-
« timat querelam esse judicium præparatorium, quo aditus
« patefiat ad judicium universale seu petitionem hereditatis,
« sicut actio ad exhibendum præparatoria est rei vindicatio-
« nis ; atque ita duo hic esse judicia, quorum alterum, scilicet
« querela, præcedat ; alterum, petitio hereditatis, sequatur,
« quod verum non est : siquidem esse titulus inofficiosi causa
« est, ex qua vindicatur hereditas, l. 3, |C., **De petit. hered.**,
« neque duo hic judicia sunt, sed unum, quo et testamentum
« impugnatur, et simul petitur hereditas (2). » On présentait à l'appui de ce second système deux arguments spécieux, qui ne sont au fond qu'une seule et unique pétition de principe. 1° L'*hereditatis petitio* est donnée contre ceux qui, n'ayant aucun droit à la succession, possèdent soit une chose, soit un droit héréditaire, *pro herede* ou *pro possessore* (3), et non contre ceux qui sont réellement héritiers ou *loco heredum.* Il est vrai

(1) L. 2, C., De inoff. test. (III, 28).
(2) Select. juris quæst., lib. I, cap. XIX.
(3) L. 9, D., De hered. pet. (V, 3).

que celui qui intente la *querela testamenti inofficiosi* attaque soit le véritable héritier, soit un *bonorum possessor*, selon que le testament est nuncupatif ou prétorien ; mais il conteste la validité même du testament sur lequel s'appuie son adversaire et, par conséquent, prétend comme dans toute pétition d'hérédité avoir droit à cette hérédité, tandis que son adversaire n'y en aurait aucun. Vous possédez *pro herede*, dit-il ; mais c'est en vertu d'un testament inofficieux, qui doit être rescindé. J'ai donc droit à l'hérédité, et vous n'y en avez aucun (1). 2° Pour pouvoir intenter l'*hereditatis petitio*, il faut être *heres* ou du moins *bonorum possessor*, cas dans lequel on avait une action utile appelée *possessoria hereditatis petitio* (2). Or, celui qui intente la plainte d'inofficiosité n'est ni *heres* ni *bonorum possessor :* il ne l'est pas *ex testamento*, c'est évident ; il ne l'est pas non plus *ab intestat*, puisqu'il existe un testament (3). Donc la *querela testamenti inofficiosi* ne saurait être une petition d'hérédité. On le voit, ce second argument n'est qu'une seconde face du premier et la même réponse le réfute. Il faut donc s'en tenir au sentiment de Vinnius et considérer sa définition comme parfaitement exacte.

Il est bon cependant de remarquer que la *querela testamenti inofficiosi* recevra certains principes particuliers absolument inapplicables à la pétition d'hérédité ordinaire. Cela tient à ce que celui qui intente cette action prétend que le testateur a porté sans motif une atteinte à son honneur (4), et poursuit par conséquent deux buts : la revendication d'une hérédité *ab intestat*, et la réparation publique et solennelle de son honneur, compromis par le testament. En effet, si un testament passe sous silence les héritiers naturels du défunt, ou s'il les exhérède, on peut croire que les héritiers ont mérité ce traitement par une conduite répréhensible. Aussi la *querela tes-*

---

(1) V. l. 1, C., De inoff. test. (III, 28).

(2) L. 1, 2 et 3, D., De hered. pet. (v, 3); l. 1 et 2, D., De poss. hered. pet. (v, 5).

(3) L. 29, D., De adquir. vel omitt. hered. (XXIX, 2).

(4) L. 4, l. 8, pr., l. 22, pr. et § 1, D., De inoff. test. (v, 2).

tamenti inofficiosi emprunte-t-elle à l'*actio injuriarum* certains principes particuliers à cette action. Ainsi, si un *filiusfamilias* est oublié dans le testament de sa mère ou de son aïeul maternel, cet oubli est pour lui une injure personnelle, quoique la plainte doive avoir pour résultat de transférer la succession au père. Aussi ce dernier ne peut-il intenter cette action contre la volonté du fils, ni la continuer après sa mort (1). Le fils, au contraire, peut former sa plainte, quand même son père, nommé dans le testament, ne voudrait pas l'attaquer, c'est-à-dire contre la volonté du père (2). Mais le père ne peut être contraint d'accepter l'hérédité, et alors la succession *ab intestat,* une fois définitivement ouverte, est dévolue à d'autres qu'au plaignant ; ce qui arrive dans d'autres circonstances (3). Néanmoins le fils a atteint son but, car son honneur a reçu publiquement satisfaction. D'après tout ce qui vient d'être dit, il est infiniment probable que le *filiusfamilias* conservait après son émancipation ou après avoir été donné en adoption la *querela testamenti inofficiosi* qu'il avait contre le testament de sa mère ou de son aïeul maternel. La *querela testamenti inofficiosi* emprunte plusieurs autres principes à l'*actio injuriarum.* C'est ainsi, 1° qu'elle ne passe aux héritiers qu'autant que la personne déshéritée ou omise décède après avoir formé ou du moins manifesté l'intention de former sa

---

(1) L. 8, pr., D., De inoff. test. (v, 2). — Ici le droit du fils, exclu *sine causa,* d'empêcher le père d'intenter la *querela testamenti inofficiosi,* est semblable à celui de la fille dans le cas de l'action *rei uxoriæ,* par rapport aux réclamations que le père voudrait exercer contre le mari ou contre ses héritiers. V. Ulp., Reg., tit. vi, § 6 ; frag. vatic, § 269 ; l. 3 et l. 22, § 1, D., Solut. matrim. quemad. dos pet. (xxiv, 3). Ces deux exceptions aux règles ordinaires n'ont pas été introduites pour le même motif. Dans notre cas, l'exception signalée est le résultat de la personnalité de l'injure reçue par le fils. Dans le second cas, l'exception vient de ce que « reipublicæ interest mulieres « dotes salvas habere, propter quas nubere possunt. » L. 2, D., De jure dot. (xxiii, 3).

(2) L. 22, pr., et § 1, D., De inoff. test. (v, 2).

(3) L. 6, § 1, D., De inoff. test. (v. 2).

7

plainte, intention dans laquelle elle doit avoir persévéré jusqu'à sa mort (1); 2° qu'elle s'éteint lorsqu'un délai suffisant fait présumer une renonciation tacite ; 3° qu'elle s'éteint aussi par toute approbation, même indirecte, donnée à la décision du défunt par celui qui avait le droit de l'attaquer ; 4° qu'elle n'est pas considérée comme étant *in bonis* de celui à qui elle appartient, de telle sorte que celui qui y renonce ne diminue pas son patrimoine. Cette renonciation ne pourrait donner lieu, ni à l'action Paulienne, ni à l'action Favienne, ni à l'action Calvisienne (2). Nous mentionnons simplement ici ces principes, que nous développerons plus tard. Il nous suffit pour le moment de bien montrer le double but que veut atteindre celui qui intente la *querela testamenti inofficiosi*, et les emprunts que notre théorie fait à celle de l'*actio injuriarum*. Pour nous résumer, nous dirons que la *querela testamenti inofficiosi* est une espèce particulière de pétition d'hérédité par laquelle on revendique une hérédité en demandant la rescision d'un testament qui la déférait à d'autres, et par laquelle on demande aussi réparation publique d'une injure imméritée ; ce qui fait appliquer à cette action plusieurs principes particuliers aux actions *vindictam spirantes* (3).

Comme toutes les pétitions d'hérédité, la *querela testamenti inofficiosi* était de la compétence des centumvirs (4). Le tribunal centumviral, dont la création remonte à une époque inconnue, mais fort ancienne, exista jusqu'à l'abolition de l'*ordo judiciorum* sous Dioclétien, et conserva jusqu'alors le droit de juger toutes

---

(1) L. 6, § 2; l. 7 et l. 15, § 1, D., De inoff. test. (v, 2) ; l. 5, C., De inoff. test. (III, 28).

(2) L. 1, §§ 7 et 8, D., Si quid in fraud. pat. fact. sit (xxxviii, 5).

(3) V. M. de Savigny, *Traité de droit romain*, traduction de M. Charles Guenoux, tome II, § LXXIII, G.

(4) Valer. Maxim., Dictorum factorumque memorabilium, lib. vii, cap. vii et viii; Plin., Epist. v, 21; vi, 33; Cicero, De oratore, 1, 38 ; Pauli, Sent., lib. v, tit. xvi, § 2; l. 10, pr., l. 13, l. 15, § 2, et l. 17, pr., D., De inoff. test. (v, 2); l. 76, pr., D., De legat. 2° (xxxi); l. 12, C., De pet. hered. (III, 31); l. 4, C., De lib. præt. vel. exh. (vi, 28).

les questions d'hérédité. « Magnitudo et auctoritas centumvira-
« lis judicii non patiebatur per alios tramites viam hereditatis
« petitionis infringi (1). » Si l'on en croyait ce texte, la compétence des centumvirs aurait été exclusive. Il n'en était cependant pas ainsi; les parties avaient le choix de se faire renvoyer,
soit devant l'*unus judex*, soit devant les centumvirs. Gaius le
donne à entendre (2); mais cela résulte plus clairement de
deux textes d'Ulpien et d'un texte de Paul, dans lesquels ces
jurisconsultes supposent une *querela testamenti inofficiosi* portée devant l'*unus judex* (3), et du passage suivant de Pline-le-
Jeune : « Post hoc ille cum cæteris subscripsit centumvirale
« judicium, mecum non subscripsit (4). » Le nom de *centum-
viri* n'eut jamais qu'une exactitude approximative. Au temps
de Festus, les juges composant le tribunal centumviral étaient
au nombre de cent cinq : « Et licet quinque amplius, quam
« centum, fuerint; tamen, quo facilius nominarentur, cen-
« tumviri sunt dicti (5). » Au temps de Pline-le-Jeune, les
membres du tribunal centumviral étaient au nombre de cent
quatre-vingts (6). Ce tribunal était divisé tantôt en deux, tantôt en quatre sections, nommées *consilia* ou *tribunalia* (7).
Les membres de chaque section délibéraient séparément;
mais la cause n'était plaidée qu'une seule fois, en présence de tous les juges. Le jugement était, en définitive,
rendu conformément à l'opinion qui avait prévalu dans le plus
grand nombre de sections. Dans l'origine, le tribunal des
centumvirs était présidé et dirigé par les ex-questeurs. Auguste en transféra la présidence et la direction aux *decem-*

(1) L. 12, C., De pet. hered. (III, 31).
(2) Comm. IV, §§ 31 et 95.
(3) L. 14, pr., D., De appell. et relat. (XLIX, 1); l. 8, § 16, D., De inoff.
test. (V, 2); l. 17, § 1, D., eod. tit.
(4) Plin., Epist., V, 1.
(5) Festus, vᵒ centumviralia.
(6) Plin., Epist., VI, 33.
(7) Quint., Inst. orat., V, 2, 1; XI, 1, 78; XII, 5, 6; Plin., Epist. I,
18; IV, 24; VI, 33.

viri litibus judicandis (1), sur lesquels nous avons très peu de documents. Au temps de Pline, nous trouvons ce tribunal présidé par un préteur, mais en présence des décemvirs (2). Nous tenons de Pline presque tous les détails qui précèdent. Il plaida lui-même devant les centumvirs, et il nous raconte qu'il fut chargé de défendre les intérêts d'une femme de haute naissance exhérédée par son père, et qui avait intenté la *querela testamenti inofficiosi* contre les héritiers institués :

« … Femina splendide nata, nupta prætorio viro, exheredata « ab octogenario patre, intra undecim dies, quam ille nover- « cam ei, amore captus, induxerat, quadruplici judicio bona « paterna repetebat. Sedebant judices centum et octoginta : « tot enim quatuor consiliis conscribuntur; ingens utrinque « advocatio, et numerosa subsellia; præterea densa circum- « stantium corona latissimum judicium multiplici circulo am- « bibat. Ad hoc, stipatum tribunal, atque etiam ex superiore « basilicæ parte, qua feminæ, qua viri et audiendi, quod erat « difficile, et, quod facile, visendi studio imminebant. Ma- « gna exspectatio patrum, magna filiarum, magna etiam no- « vercarum. Sequutus est varius eventus : nam duobus con- « siliis vicimus, totidem victi sumus. Notabilis prorsus res et « mira : eadem in causa, iisdem judicibus, iisdem advocatis, « eodem tempore tanta diversitas accidit casu quidem; sed « non ut casus videretur. Victa est noverca, ipsa heres ex « parte sexta. Victus Suberinus.... (3). » Il résulte de ce texte que, pour juger les plaintes d'inofficiosité, le tribunal centumviral était divisé en quatre sections. Quel était le ré- sultat du procès lorsque deux sections avaient voté pour la rescision du testament et les deux autres sections contre cette rescision? Si nous en croyons Pline, le testament était rescindé. En effet, après avoir dit: « Sequutus est varius even- « tus; nam duobus consiliis vicimus, totidem victi sumus, » il dit

(1) Suet., Aug., 36.
(2) Plin., Epist. v, 21.
(3) Plin., Epist. vi, 33.

plus bas : « Victa est noverca, etc. » Sa cliente gagna donc
son procès. Marcellus donne nne décision contraire. D'après
lui, le partage entraînait une décision favorable au testament.
« Si pars judicantium, *dit-il,* de inofficioso testamento contra
« testamentum, pars secundum id sententiam dederit, quod
« interdum fieri solet, humanius erit sequi ejus partis sen-
« tentiam, quæ secundum testamentum spectavit, nisi aperte
« judices inique secundum scriptum heredem pronuntiasse ap-
« parebit (1). » Pline raconte ce qui est arrivé dans le procès
qu'il a plaidé. Il n'a pas l'intention de poser une règle de droit.
Marcellus, au contraire, parle en jurisconsulte. Il nous semble
qu'on peut, à l'aide de cette observation concilier les deux
textes. Le partage était favorable au testament ; seulement,
dans le cas où il était clair que la décision des juges était inique, le testament était rescindé. Voilà ce que nous dit Marcellus. Il faut en conclure qu'en cas de partage, les magistrats
chargés de présider et de diriger le tribunal centumviral pouvaient, quoique en principe le partage fût favorable au testament, faire prévaloir l'opinion contraire, et prononcer la rescision. C'est sans doute ce qui arriva dans l'espèce racontée par
Pline ; il a omis de faire mention de cette circonstance parce
qu'il était inutile de le faire pour les personnes qui vivaient de
son temps. — Avant de comparaître devant les centumvirs,
les parties devaient remplir devant le préteur les solennités
de l'une des actions de la loi, *l'actio sacramenti;* et il continua
d'en être ainsi, même après que la procédure formulaire eut
remplacé celle des actions de la loi (2).

Plusieurs textes nous présentent les décisions rendues en
matière de *querela testamenti inofficiosi* comme susceptibles
d'appel (3). On sait que l'appel ne s'introduisit à Rome que
sous Auguste, et probablement par la loi *Julia judiciaria.* Il est

(1) L. 10, pr., D., De inoff. test. (v, 2).

(2) Cicero, De oratore, I, 38 ; Val. Max. Dictorum factorumque memorabilium, lib. VII, cap. VII, ex. 5 ; Gaius, Comm. IV, § 31 et 95.

(3) L. 29, pr., D., De inoff. test. (v, 2); l. 5, § 1, et l. 14, pr., D., De
appell. et relat. (XLIX, 1).

probable que l'appel des décisions rendues par le tribunal centumviral était porté devant l'empereur, centre suprême de la justice pour tout l'empire. Lorsqu'au contraire la sentence avait été rendue par un *judex*, l'appel était, suivant les principes ordinaires, porté devant le magistrat qui avait délivré la formule (1).

Les textes ne nous ont transmis rien de particulier sur les règles de la compétence en matière de *querela testamenti inofficiosi*, après l'abolition de l'*ordo judiciorum*.

SECTION II

Quels testaments pouvaient être attaqués par la querela testamenti inofficiosi? — *A qui appartenait-elle et contre qui devait-elle être intentée?*

Les testaments des militaires ne pouvaient être attaqués par la plainte d'inofficiosité, à tel point que même un militaire n'aurait pu diriger cette action contre le testament d'un autre militaire (2). Nous avons déjà dit que le testament fait dans les formes privilégiées, particulières aux militaires, n'était valable qu'autant que le testateur mourait à l'armée, ou dans l'année qui suivait son retour. Il suit de là que la *querela testamenti inofficiosi* ne pourra être intentée contre le testament de celui qui, ayant cessé d'être militaire, sera mort dans l'année de son retour de l'armée (3). Le testament fait, dans les formes ordinaires, par un fils de famille vétéran sur son pécule castrans, ne pouvait non plus être attaqué par la *querela testamenti inofficiosi* (4). Justinien accorda en 531 aux

---

(1) L. 1 et l. 3, D., Quis a quo appell. (XLIX, 3).
(2) L. 27, § 2, D., De inoff. test. (v, 2); l. 9, C., De inoff. test. (III, 28).
(3) L. 8, § 4, D., De inoff. test. (v, 2).
(4) L. 24, C., De inoff. test. (III, 28).

fils de famille le droit de tester sur leur pécule, quasi-castrans, et leur accorda en même temps, par imitation de ce qui avait lieu pour le pécule castrans, l'immunité de la *querela testamenti inofficiosi* (1). Le testament d'un *paterfamilias* vétéran aurait pu être attaqué par la *querela testamenti inofficiosi*, alors même qu'il n'aurait eu d'autres biens que ceux qu'il avait acquis à l'armée (2). En effet, on ne pouvait dire que celui qui était *sui juris* avait un pécule castrans, et ce n'est que par rapport à ce pécule que les vétérans n'avaient pas à craindre que leurs volontés dernières fussent attaquées comme inofficieuses.

La substitution pupillaire, ou testament fait par un *paterfamilias*, pour le cas où son fils impubère mourrait avant d'avoir pu tester lui-même, ne pouvait être attaquée par la *querela testamenti inofficiosi;* mais le testament que le père avait fait pour lui-même, et dont la substitution pupillaire était *pars* et *sequela,* pouvait être attaqué par la plainte d'inofficiosité, d'après les règles ordinaires; en sorte que si le testament paternel était rescindé, la substitution pupillaire l'était aussi (3), à moins que le testament paternel ne fût rescindé que pour partie (4), auquel cas la substitution pupillaire restait valable pour le tout (5).

Ceux qui attaquent un testament comme inofficieux prétendent succéder au défunt de la même manière que s'il n'avait pas laissé de testament. La *querela testamenti inofficiosi* ne peut donc appartenir qu'aux personnes appelées à l'hérédité ou à la *bonorum possessio*, et dans l'ordre où elles sont appelées; car autrement elles n'auraient aucun intérêt à contester à l'institué une succession qu'elles ne devraient pas recueillir

---

(1) Inst., lib. II, tit. XI, § 6; 1, 12, C., Qui test. fac. poss. (VI, 22); 1. 37, § 1, C., De inoff. test. (III, 28).

(2) L. 8, § 3, D., De inoff. test. (V, 2).

(3) Inst., lib. II, tit. XVI, § 5.

(4) Ce qui arrivait assez souvent, ainsi que nous le verrons plus bas.

(5) L. 8, § 5, D., De inoff. test. (V, 2).

à sa place (1). Ainsi la plainte d'inofficiosité appartiendra d'abord à tous les descendants appelés à la succession du défunt, soit par la loi des douze Tables, soit par le préteur, soit par le sénatus-consulte Orphitien, soit par les constitutions impériales (2). Avant le S.-C. Orphitien, il pouvait se faire que les enfants nés *ex justis nuptiis* eussent la plainte d'inofficiosité contre le testament de leur mère, alors que les enfants *naturales* ou *spurii* ne l'avaient pas. Il en était ainsi, lorsque leur mère *in manum mariti convenerat;* car alors elle était devenue leur sœur agnate (3), de telle sorte qu'ils étaient appelés à sa succession au premier rang, tandis que les enfants *naturales* ou *spurii* n'y étaient appelés qu'au second rang par la possession de biens *unde cognati.* Avant le S.-C. Orphitien, lorsque la mère n'était pas tombée *in manu mariti,* et lorsqu'elle n'avait pas d'agnats, et depuis le S.-C. Orphitien, dans tous les cas, la plainte d'inofficiosité contre le testament maternel appartenait sans distinction à tous les enfants *justi, naturales* ou *spurii* (4). La plainte d'inofficiosité appartenait aux posthumes tout comme aux enfants nés du vivant du testateur (5). Cette décision ne souffrait aucune difficulté en ce qui touche les posthumes héritiers siens; mais quant aux posthumes qui voudraient attaquer le testament des ascendants simplement cognats, Ulpien (6) se pro-

---

(1) L. 14 et l. 31, pr., D., De inoff. test. (v, 2).

(2) L. 5 et l. 29, § 1, D., De inoff. test. (v, 2); l. 7, C., De inoff. test. (III, 28).

(3) Gaius, Comm. I, § 111.

(4) L. 29, § 1, D., De inoff. test. (v, 2). V. cep. L. 5, C., ad S. C. Orph., (VI, 57).

(5) L. 6, pr., D., De inoff. test. (v, 2).

(6) *Ibid.* Quels étaient les posthumes simplement cognats dont Ulpien voulait parler? De son temps il est assez difficile de faire une espèce dans laquelle son texte reçoive une application. Il faut supposer un testateur mort sans héritiers siens, ni descendants assimilés par le préteur aux héritiers siens ni agnats, et laissant au moment de son décès l'épouse du fils prédécédé de sa fille aussi prédécédée, épouse que nous supposerons enceinte. L'enfant qu'elle

pose une objection à laquelle il ne s'arrête pas. Comment, dit-il, pourrait-on imputer à quelqu'un de n'avoir pas institué héritier un posthume externe, puisque le droit civil défend une semblable institution? Le posthume reprocherait donc ici à son ascendant de n'être pas mort *ab intestat*. Mais ce serait refuser à cet ascendant la faction de testament, ce qui n'est pas possible. Le jurisconsulte répond lui-même à cette objection : l'institution du posthume eût été valable aux yeux du droit prétorien, le posthume institué eût été, avant sa naissance, envoyé en possession en vertu de la partie de l'édit *De ventre in possessionem mittendo* (1), et après sa naissance, il aurait obtenu la *bonorum possessio secundum tabulas* (2). Quant aux enfants adoptifs, il faudra, sous Justinien, tenir compte de la distinction qu'il a établie entre eux; en conséquence, la plainte contre le testament de l'adoptant n'appartiendra pas aux fils de famille adoptés par un étranger, quoiqu'ils lui succèdent *ab intestat*. Ulpien nous dit : « Quoniam « femina nullum adoptare filium (sine jussu principis) potest :

porte sera à sa naissance le cognat le plus proche de son bisaïeul, et comme tel aurait droit de recueillir ses biens à l'aide de la *bonorum possessio unde cognati*, s'il n'existait un testament; il aura donc la *querela testamenti inofficiosi*, s'il a été omis dans ce testament. La difficulté prévue par le jurisconsulte se serait présentée, toujours en supposant l'absence d'héritiers siens ou descendants assimilés par le préteur aux héritiers siens et d'agnats, si le défunt avait laissé comme plus proche cognat un enfant simplement conçu d'un fils prédécédé qu'il avait donné en adoption, en supposant que ce petit-fils dût naître *in aliena familia*, c'est-à-dire sous la puissance de l'ascendant adoptif, cas dans lequel le préteur ne rescindait pas en faveur des enfants donnés en adoption ou de leurs descendants la *minima capitis deminutio*. Le président Antoine Favre, dans ses *Rationalia in Pandectarum libros ad hanc legem*, ajoute aux cas que nous venons de citer, et en supposant toujours l'absence de personnes préférables, le cas où le testateur, ayant institué une personne vile, laisserait un frère utérin posthume; mais c'est là une erreur du célèbre interprète, car, ainsi que nous le verrons tout à l'heure, les frères utérins n'avaient dans aucun cas la plainte d'inofficiosité, qui ne leur fut accordée que par les Novelles. Au temps d'Ulpien cette plainte n'appartenait qu'aux frères agnats.

(1) L. 6, D., De ventre in poss. mitt. (xxxviii, 9).
(2) Cbn., Inst., lib. ii, tit. **xx**, § 28, et lib. iii, tit. ix, pr.

« nec de inofficioso testamento ejus quam quis sibi matrem
« adoptivam falso esse existimabat, agere potest (1). » Les
mots, *sine jussu principis*, ont été évidemment interpolés dans
ce texte ; car cette espèce d'adoption accordée à une femme
par permission spéciale du prince n'a été introduite que sous
Dioclétien (2). Faut-il conclure de cette interpolation qu'a-
près l'introduction de cette nouvelle espèce d'adoption, l'enfant adoptif d'une femme pût attaquer par la plainte d'inofficiosité le testament dans lequel sa mère adoptive l'avait
omis ? Pothier adopte la négative : « Quia talis adoptio tri-
« buit tantum jus succedendi ab intestato ; non est autem
« vera adoptio (3). » Nous préférons le sentiment contraire
professé par M. Ducauroy (4), parce que la constitution de
Dioclétien et Maximien ne dit pas que cette adoption ne procurera à l'enfant adoptif que des droits de succession *ab intestat;* au contraire, les empereurs y disent : « Et eum perinde
« atque ex te progenitum, ad vicem naturalis legitimique filii
« habere permittimus. » Il y a donc assimilation complète
entre cet enfant adoptif et un enfant naturel. Donc il avait la
querela testamenti inofficiosi. D'ailleurs cela ne résulte-t-il pas
a contrario du texte interpolé d'Ulpien que nous venons de
citer ?

A défaut d'enfants, la plainte d'inofficiosité était accordée
aux ascendants (5), pourvu qu'ils fussent appelés à la succession *ab intestat.* Il est bien entendu qu'il faut supposer un
descendant sorti de la puissance du *paterfamilias*, ou bien, par
rapport à la mère, un descendant né *ex concubinatu* ou *vulgo
quæsitus*, en un mot, un descendant *sui juris;* car autrement il
n'eût pu tester, si ce n'est sur ses biens castrans, et nous savons déjà que les testaments que les fils de famille faisaient

---

(1) L. 29, § 3, D., De inoff. test. (v, 3).
(2) L. 5, C., De adopt. (viii, 48).
(3) Pandect. in novum ord., tom. iii, ad tit. De inoff. test. (v, 2), n. v
not. 2.
(4) Tome i, n. 184.
(5) L. 15, pr., D., De inoff. test. (v, 2).

par rapport à leurs biens castrans étaient à l'abri de la plainte d'inofficiosité. Nous ne passerons pas en revue les divers cas dans lesquels les ascendants étaient appelés à la succession *ab intestat* de leurs descendants prédécédés. Ce sujet fait partie d'une théorie que nous n'avons pas à étudier. Nous signalerons seulement les cas qui présentent quelque intérêt pour notre matière. Les prudents avaient fait sortir l'émancipation de ces mots de la loi des douze Tables : ***Quum pater filium ter venumduit, filius a patre liber esto***. Aussi l'émancipation d'un fils avait-elle lieu par trois mancipations successives suivies de trois affranchissements. Chacune de ces mancipations avait pour résultat de placer l'enfant *in mancipio* de celui auquel il avait été mancipé ; il était par rapport à lui *loco servi*. Après les deux premiers affranchissements, l'enfant retombait *in patria potestate*. Après le troisième, il devenait *sui juris*. Il avait été *loco servi* : il était donc *loco liberti*, et l'ami auquel il avait été mancipé et qui l'avait affranchi, étant considéré comme son patron, avait en conséquence sur lui des droits de tutelle, s'il était impubère, et venait au second rang à sa succession *ab intestat* après les héritiers siens. Les membres de la famille dont cet enfant était sorti par son émancipation ne venaient à sa succession qu'au troisième rang pour la possession des biens *unde cognati*. Mais le préteur avait introduit une possession de biens appelée *unde decem personæ*, par laquelle il appelait les dix cognats les plus proches de l'émancipé, de préférence au *manumissor extraneus*. Les mêmes conséquences se produisaient lors de l'émancipation d'une fille, d'un petit-fils ou d'une petite-fille, etc.; mais ici il suffisait d'une seule mancipation suivie d'un affranchissement, pour que la puissance paternelle fût dissoute. Au temps classique, l'ascendant émancipateur, afin d'acquérir les droits de tutelle et de succession *ab intestat* qui appartenaient au *manumissor extraneus*, mancipait son fils pour la troisième fois, à la condition qu'il lui serait remancipé. Cette clause était appelée clause de fiducie. Le père avait l'enfant qui lui avait été ainsi remancipé non pas *in patria potestate*, mais *in mancipio*, et, l'affranchissant lui-même, il en devenait le patron. Cette clause de fiducie était aussi ajoutée, et dans le même but, à la seule mancipation nécessaire pour émanciper les autres descendants (1). D'autre part, il faut savoir que le préteur accordait au patron omis dans le testament de son affranchi la *bonorum possessio contra tabulas*, mais pour la moitié seulement de l'hérédité (2). Justinien conserva au patron le bénéfice de cette *bonorum possessio contra tabulas*, mais seulement pour le cas où l'affranchi laisserait plus de cent sols d'or, et en la réduisant au tiers (3). Il résulte de ce que nous venons de dire que l'ascendant émancipateur, omis dans le testament de l'émancipé, pouvait, lorsque l'émancipation avait eu lieu *contracta fiducia*, obtenir la *bonorum possessio contra tabulas* pour la moitié de l'hérédité avant Justinien, et pour le tiers sous cet empereur (4). Cette moitié ou ce tiers ne portait pas sur les biens acquis *in castris, quorum liberam testamenti factionem habet emancipatus* (5). Nous rencontrerons plus tard un principe d'après lequel il semblerait, à première vue, que l'ascendant émancipateur, qui avait droit à la *bonorum possessio contra tabulas*, devait être exclu de la *querela testamenti inofficiosi*. En effet, cette action n'est pas accordée à ceux qui ont un autre moyen de se procurer le quart de la portion qu'ils auraient eue *ab intestat* (6). Or, dans notre espèce, l'ascendant émancipateur peut, à l'aide de la *bonorum possessio contra tabulas*, se procurer plus du quart de l'hérédité. Il aura néanmoins la *querela testamenti inofficiosi*, parce qu'il faut distinguer les droits qu'il a en qualité d'ascen-

---

(1) Gaius, Comm. I, § 132, et dans l'*Institutionum epitomes*, faisant partie du *Breviarium Alarici*, lib. I, tit. VI, § 4 ; Inst., lib. I, tit. XII, § 6.

(2) Gaius, Comm. III, § 41 ; Ulp. Reg., tit. XXII, § 1 ; Inst., lib. III, tit. VII, § 1.

(3) Inst., lib. III, tit. VII, § 3.

(4) L. 1, pr., et § 1, D., Si a parent. quis manum. (XXXVII, 12).

(5) L. 29, § 3, D., De test. mil. (XXIX, 1).

(6) Inst. lib. II, tit. XVIII, § 2 ; l. 23, pr., et l. 8, § 15, D., De inoff. test. (V, 2).

dant, des droits qu'il a en qualité de patron. Ulpien nous
dit à cet égard : « Patrem autem accepta contra tabulas bo-
« norum possessione, et jus antiquum quod et sine manumis-
« sione habebat posse sibi defendere Julianus scripsit. Nec
« enim ei nocere debet, quod jura patronatus habebat, quum
« sit et pater (1). » Il résulte de ce texte que la *querela testamenti inofficiosi* avait été introduite par l'interprétation des
prudents, avant l'époque où le préteur accorda pour la première fois la *bonorum possessio contra tabulas* aux patrons
omis dans le testament de leurs affranchis. Voilà pourquoi le
droit d'intenter la plainte d'inofficiosité est ici appelé *jus
antiquum*. L'introduction postérieure d'un avantage accordé par le préteur aux patrons, et dont l'ascendant émancipateur profite en cette qualité, ne devait donc pas lui nuire
et diminuer les droits qu'il avait en qualité d'ascendant. Ce
que nous venons de dire était nécessaire à l'explication d'un
texte de Papinien assez difficile. Voici ce texte : « Contra
« tabulas filii possessionem jure manumissionis pater accepit,
« et bonorum possessionem adeptus est, postea filia defuncti,
« quam ipse exheredaverat, quæstionem inofficiosi testamenti
« recte pertulit : possessio, quam pater accepit, ad irritum
« recidit, nam priore judicio de jure patris, non de jure tes-
« tamenti quæsitum est, et ideo universam hereditatem filiæ
« cum fructibus restitui necesse est (2). » L'espèce prévue
par le jurisconsulte est la suivante. Un enfant émancipé
contracta fiducia meurt laissant un testament dans lequel il a
exhérédé sa fille et omis l'ascendant émancipateur. Ce dernier demande et obtient la *bonorum possessio contra tabulas*
pour la portion de l'hérédité déterminée par l'édit du préteur. La fille intentera tant contre son grand-père que contre
l'héritier institué la *querela testamenti inofficiosi*. On ne pourra
lui opposer l'examen auquel s'est livré le préteur avant d'accorder la *bonorum possessio contra tabulas*, parce que, dit Pa-

(1) L. 1, § 6, D., Si a parent. qui, manum. (xxxvii, 12).
(2) L. 16, § 1, D., De inoff. test. (v, 2).

pinien, le préteur s'est borné à examiner si le père du défunt se trouvait dans les conditions voulues pour être assimilé à un patron, et n'a pas examiné la question de savoir si le testament du défunt avait ou n'avait pas violé à l'égard de sa fille l'*officium pietatis*. En conséquence, si la fille a été exhérédée sans motifs, le testament sera rescindé, et la *bonorum possessio contra tabulas*, qui avait été accordée à l'ascendant émancipateur, deviendra *sine re*. L'hérédité entière devra être restituée à la fille avec les fruits consommés ou perçus depuis la *litis contestatio*, et aussi avec les fruits consommés antérieurement à la *litis contestatio* ; mais si les possesseurs de l'hérédité étaient de bonne foi, ces derniers fruits, ainsi que les choses héréditaires qui auraient été consommées avant la *litis contestatio*, ne seront dus que *quatenus locupletiores facti sunt possessores* (1). — Si un enfant, après avoir été donné en adoption, était sorti de la puissance de son père adoptif, et qu'il eût testé en omettant son père naturel, celui-ci aurait eu contre son testament la *querela testamenti inofficiosi* (2), toujours à la condition qu'il fût appelé à la succession *ab intestat*. Le contraire arrivait fréquemment, car le père naturel n'était appelé à la succession du fils qu'il avait donné en adoption qu'en troisième ordre et par la possession de biens *unde cognati*. En effet, lorsque le fils donné en adoption était devenu *sui juris* par suite de son élévation à certaines dignités (3), ou par la mort ou la grande ou moyenne *capitis deminutio* de l'adoptant, on préférait au père naturel les agnats de ce fils, agnats qu'il avait trouvés dans sa nouvelle famille; et lorsque ce fils avait été émancipé par l'adoptant avec clause de fiducie, on préférait au père naturel l'adoptant émancipateur venant en qualité de patron ; mais si l'émancipation avait

(1) L. 20, § 6, D., De hered. pet. (v, 3), V. Cujas, Comm. ad Pap. Quæst., lib. v, ad legem 14, D., De inoff. test. (v, 2), et Comm. ad Pap. Resp., lib. ii, ad legem 16, D., eod. tit.

(2) L. 30, pr., D., De inoff. test. (v, 2); Valer. Max., Dictorum factorumque memorabilium, lib. vii, cap. vii, ex. 5.

(3) Gaius, Comm. iii, § 114

eu lieu sans clause de fiducie, le père naturel était préféré *au manumissor extraneus*, grâce à la possession de biens *unde decem personæ* (1). — Quant à la mère, elle pouvait aussi attaquer par la *querela testamenti inofficiosi* le testament dans lequel elle avait été omise par l'un de ses enfants, pourvu, bien entendu, qu'elle fût appelée à la succession *ab intestat*, ce qui avait lieu en vertu du sénatus-consulte Tertullien, aux conditions fixées et dans les cas prévus par ce sénatus-consulte, lequel, du reste, avait été modifié en certains points par des constitutions des empereurs du Bas-Empire (2). Voici quelques applications de ce principe. Si un testateur avait institué sa sœur agnate et omis sa mère, celle-ci aurait contre sa fille la plainte d'inofficiosité; mais elle ne devrait revendiquer qu'une moitié de l'hérédité, puisque, aux termes du sénatus-consulte Tertullien, la mère et la sœur agnate sont appelées en concours (3). La mère n'aurait même pas la plainte d'inofficiosité contre sa fille, s'il existait un frère agnat du testateur; car dans ce cas, en supposant l'existence d'un testament, l'hérédité serait dévolue *ab intestat*, non à la mère, mais bien au frère et à la sœur agnats. A plus forte raison, la mère n'aurait pas la plainte d'inofficiosité contre le frère agnat, s'il était l'héritier institué (4). Les autres ascendants simplement cognats jouissaient aussi du droit d'intenter la plainte d'inofficiosité; mais il faut remarquer qu'ils n'étaient appelés à la succession qu'au troisième rang par la possession de biens *unde cognati*.

A défaut d'enfants et d'ascendants, la plainte d'inofficiosité n'était jamais accordée à d'autres collatéraux que les

(1) Mêmes observations doivent être faites en ce qui touche l'enfant émancipé ou donné en adoption, considéré par rapport à ceux de ses enfants qu'il a laissés sous la puissance de son père, lorsqu'il en est sorti.

(2) Voyez M. Ducauroy, tome II, n. 847 à 858, et M. Ortolan, tome II, sur le tit. III du livre III des Institutes.

(3) L. 17, C., De inoff. test. (III, 28).

(4) Inst., lib. III, tit. III, § 3; Ulp., Reg., tit. XXVI, § 8; l. 2, § 15, 18 et 19, D., Ad S.-C. Tertull. et Orphit. (XXXVIII, 17).

frères et sœurs (1). On ne l'accordait même parmi ces derniers qu'aux agnats mâles du défunt (2), quoique les sœurs
consanguines fussent appelées à l'hérédité de leur frère, et
quoique Anastase eût, en 498, conservé les droits d'agnation
aux frères et sœurs émancipés, auxquels il permettait, en conséquence, de venir à l'hérédité fraternelle, mais seulement
pour les trois quarts de ce qu'ils auraient eu s'ils étaient restés dans la famille. Justinien, en excluant toujours les frères
et sœurs utérins, quoiqu'il leur eût accordé les droits d'agnation en 528 (3), donne la plainte d'inofficiosité à tous les frères
et sœurs consanguins, sans distinguer s'ils sont ou ne sont
plus agnats, *durante agnatione vel non* (4). Les frères et sœurs
auxquels on accorde la plainte d'inofficiosité n'ont pas d'une
manière absolue le droit de l'intenter. Ils se plaignent moins
de l'exclusion qui les frappe que de la préférence accordée
à des institués peu honorables. Si l'héritier institué était une
personne *integræ existimationis*, les frères et sœurs du testateur ne pourraient pas intenter la plainte d'inofficiosité; mais
ils le peuvent dès que l'*existimatio* de l'institué a subi la plus
légère des altérations. C'est précisément à l'occasion de la
plainte d'inofficiosité accordée aux frères et sœurs que Constantin précise nettement les trois degrés d'altération de
l'*existimatio* : « Si scripti heredes infamiæ, vel turpitudinis,
« vel levis notæ macula adspergantur (5). » Le Digeste nous
offre un titre spécial : *De his qui notantur infamia* (III, 2), où

(1) Inst., lib. II. tit. XVIII, § 1; l. 1, D., De inoff. test. (V, 2); l. 21,
C., De inoff. test. (III, 28).
(2) L. 1, C. Th., De inoff. test. (II, 19).
(3) L. 7, C., Ad S.-C. Tertull. (VI, 56).
(4) Ces mots ont été interpolés par Justinien (l. 27, C., De inoff. test.
(III, 28) dans une constitution de Constantin qui forme la loi 1, C. Th. De
inoff. test. (II, 19). De même Constantin ne parlait que des frères; ce qui est
dit des sœurs a été interpolé par Justinien. Cpr. le texte primitif de la constitution de Constantin tel qu'il est rapporté dans le Code Théodosien avec le texte
que donne Justinien.
(5) L. 1, C. Th., De inoff. test. (II, 19) et l. 27, C. Just., De inoff. test.
(III, 28).

le texte de l'édit du préteur, énumérant les cas d'infamie, nous est conservé (1). Il faut ajouter aux personnes énumérées dans l'édit celui dont les biens avaient été vendus en masse par les créanciers pour cause d'insolvabilité (2) ; mais non le débiteur malheureux et de bonne foi qui, usant du bénéfice de la loi Julia, aurait fait cession de biens. La turpitude avait lieu dans les cas où, quoique la loi ni le préteur ne prononçassent l'infamie, l'opinion publique, plus susceptible, imprimait à l'*existimatio* une tache. La *levis nota* frappait les enfants de ceux qui se livraient à l'art théâtral et les affranchis (3). Voilà donc une différence importante entre les frères et sœurs, qui ne peuvent intenter la plainte d'inofficiosité que contre les institués, qui ne sont pas *integræ existimationis*, et les parents en ligne directe, qui peuvent agir contre tout institué, sans même en excepter l'empereur (4). Cette distinction a-t-elle été introduite par la constitution de Constantin que nous venons de citer ? ou bien était-elle déjà admise au temps classique ? Il en est question dans deux textes du Digeste ; l'un, tiré d'Ulpien, forme la loi 24, *De inoff. test.* (v, 2), et l'autre, tiré de Paul, forme la loi 31, § 1, *eod. tit.* M. Ducaurroy pense que ces textes ont été interpolés (5). Il décide donc que cette distinction a été introduite par Constantin. Pothier, au contraire, pense que Constantin n'a fait que confirmer en ce point le droit reçu avant lui et que les textes cités n'ont pas été interpolés (6). Cette question res-

(1) L. 1.

(2) Gaius, Comm. II, § 154; Inst., lib. I, tit. VI, § 1.

(3) V. M. Ortolan, tome I, page 457, et *Généralisation du droit romain,* n. 17.

(4) Paul. Sent., lib. IV, tit. v, § 3; l. 8, § 2, D., De inoff. test. (v, 2). — Certains empereurs avaient même l'habitude de refuser toute succession qui leur était déférée en tout ou en partie par le testament d'une personne laissant des enfants. V. Sueton., August., 66; Spartianus, Hadrian. vita, 18.

(5) Tom. I, n. 649, note (b).

(6) Pandect. in novum ord., tome III, ad tit. De inoff. test. (v, 2), n. IX, note (5).

8

tera toujours obscure à cause de l'absence des documents
nécessaires pour la résoudre.

Nous avons déjà dit que la plainte d'inofficiosité était accordée à ceux dont nous venons de parler, seulement dans le cas
où ils seraient appelés à la succession du testateur, s'il était
mort *intestat*. Mais si le premier en ordre ne peut ou ne veut
intenter la plainte d'inofficiosité, ou si l'ayant intentée il a
succombé comme ayant mérité l'exhérédation, le droit d'intenter cette action passera-t-il à celui qui le suivrait dans
l'ordre des successions *ab intestat* ? Paul nous apprend que
cette question avait été controversée parmi les jurisconsultes,
mais que l'affirmative l'avait emporté : « Si is qui admittitur
« ad accusationem nolit, aut non possit accusare, an sequens
« admittatur, videndum est? Et placuit posse : ut fiat succes-
« sioni locus (1). » Papinien fait une application de ce principe
dans le texte suivant : « Pater filium emancipavit et nepotem
« ex eo retinuit : emancipatus, suscepto postea filio, duobus
« exheredatis, patre præterito, vita decessit. In quæstione de
« inofficioso testamento, præcedente causa filiorum, patris
« intentio adhuc pendet : quod si contra filios judicetur, pater
« ad querelam vocatur, et suam intentionem implere po-
« test (2). » On oppose à ces textes si formels la loi 34, C.,
De inoff. test: (III, 28). Nous avons vu que, le fils ayant été
exhérédé, et le petit-fils issu de ce fils omis, et un héritier
externe institué, si le fils mourait après son père, mourût-il
avant l'adition d'hérédité, la prétérition du petit-fils n'amenait pas la rupture du testament (3). Si, dans cette même
espèce, le fils est mort sans avoir intenté, ou du moins manifesté l'intention d'intenter la plainte d'inofficiosité, Justinien,
dans le texte que l'on oppose, déclare que le petit-fils est,
d'après le droit antérieur à sa constitution, privé de tout secours : *Omne adjutorium nepotem dereliquit.* Justinien trouve

(1) L. 31, pr., D., De inoff. test. (v, 2).
(2) L. 14, D., De inoff. test. (v, 2).
(3) L. 9, § 2, D., De liber. et post. (xxviii, 2).

ce résultat inhumain, et décide que le fils transmettra la plainte d'inofficiosité au petit-fils, alors même qu'il serait décédé sans avoir intenté ou manifesté l'intention d'intenter la plainte d'inofficiosité. Il semblerait résulter de là que Justinien, par cette constitution, changea le droit antérieur, qui n'admettait pas que, celui auquel appartenait en premier lieu la plainte d'inofficiosité ne pouvant ou ne voulant pas l'intenter, ou y succombant, le droit de l'intenter passât à ceux qui le suivaient dans l'ordre des successions *ab intestat;* ce qui formerait une véritable antinomie entre cette constitution et les textes précités de Paul et de Papinien. On a proposé divers moyens de concilier ces textes opposés. Vinnius (1) et Pothier (2) pensent que, dans la constitution de Justinien, il ne s'agit que de la transmission de la plainte d'inofficiosité personnelle au fils, mais non de la plainte d'inofficiosité personnelle au petit-fils, qu'il pouvait intenter même avant la constitution de Justinien, lorsque son père était mort sans avoir intenté ou manifesté l'intention d'intenter l'action qui lui était personnelle. Dans ce système, après la constitution de Justinien, le petit-fils eût toujours le choix entre l'action que son père lui avait transmise et celle qui lui était personnelle, selon qu'il lui était plus facile de prouver l'absence de motifs d'exhérédation, à l'égard de l'un ou à l'égard de l'autre. Ce système a ceci de singulier, qu'il en résulte que Justinien, par sa constitution, n'est réellement venu au secours que des petits-fils qui avaient été ingrats envers leur grand-père, mais dont le père aurait été exhérédé *inique.* Ce système doit cependant être adopté, parce qu'il est d'accord avec les textes du Code lui-même. La constitution de Justinien nous montre, en effet, que cet empereur a en vue seulement la plainte d'inofficiosité personnelle au fils, puisque, dans l'action dont elle s'occupe, c'est sur l'appréciation

---

(1) Select. juris quæst., lib. I, cap. XX.

(2) Pand. in novum ord., tome III, ad tit. De inoff. test. (V, 2), n. X, note (4).

de la conduite du fils que portera le débat. Dans une autre constitution, Justinien nous dit que le fils transmettra la plainte d'inofficiosité à sa postérité dans tous les cas et à d'autres héritiers, seulement lorsqu'il l'aura intentée ou manifesté l'intention de l'intenter (1). Ce texte vient encore prouver que Justinien ne s'occupait que de la plainte d'inofficiosité personnelle au fils. Donc, en ce qui touche la plainte d'inofficiosité personnelle au petit-fils, la question est réglée au Digeste par les textes précités de Paul et de Papinien. Schulting concilie autrement les textes opposés (2) ; mais sa conciliation est purement divinatoire, n'étant basée sur aucun texte. Il pense que, dans le droit du Digeste, la plainte d'inofficiosité pouvait être intentée lorsque la première personne à qui elle appartenait ne l'avait pas intentée, ou y avait succombé, par celui auquel elle appartenait à sa place, pourvu qu'il appartînt à un autre ordre d'héritiers ; de telle sorte que le fils ne l'ayant pas intentée, ou y ayant succombé, elle n'aurait pas appartenu au petit-fils, tandis qu'elle aurait pu être intentée par un ascendant.

En principe général, c'est contre l'héritier institué que doit être intentée la plainte d'inofficiosité. Le contraire arrivait cependant quelquefois. Ainsi, si nous supposons un fils en puissance exhérédé par son père, qui a omis un fils émancipé, l'héritier institué ayant fait adition, le fils émancipé omis aura la totalité de l'hérédité à l'aide de la *bonorum possessio contra tabulas*, et le fils resté sous la puissance du testateur et exhérédé par lui aura contre son frère la plainte d'inofficiosité, par laquelle il ne revendiquera, bien entendu, que la moitié de l'hérédité (3). Ainsi encore, un fils émancipé ayant exhérédé sa fille, et omis son père, et le père qui l'avait émancipé *contracta fiducia*, ayant obtenu pour partie la *bonorum possessio contra tabulas*, la fille exhérédée aura la

(1) L. 36, § 2, in fine, De inoff. test. (III, 28).
(2) Thés. cont. decad. 15, Th. 9 et 10.
(3) L. 20, pr., D., De bon. poss. cont. tab. (XXXVII, 4).

plainte d'inofficiosité tant contre son grand-père que contre l'héritier institué (1). De même encore, si l'héritier institué avait été chargé par fidéicommis de remettre l'hérédité en tout ou en partie, la plainte d'inofficiosité pourrait être intentée, soit contre le fidéicommissaire seul, soit contre lui et l'héritier institué, selon les cas (2). Il pouvait même arriver que la plainte d'inofficiosité fût dirigée contre le fisc, ce qui avait lieu lorsque l'une des portions héréditaires lui était attribuée comme caduque, en vertu des lois Julia et Papia Poppœa. Dans ce cas, la cause était portée devant le *procurator Cæsaris* de la province (3). Le principe en cette matière serait exactement exprimé comme il suit : La plainte d'inofficiosité est accordée contre les héritiers institués, et contre tous ceux qui, par suite du testament attaqué, ont reçu à un titre quelconque tout ou partie de l'hérédité.

La plainte d'inofficiosité n'est dirigée ni contre les légataires, ni contre les fidéicommissaires à titre particulier, ils ne sont donc pas parties dans l'instance ; mais comme si le testament est jugé inofficieux, il sera rescindé, et que par suite les legs et les fidéicommis à titre particulier disparaîtront, les légataires et les fidéicommissaires à titre particulier, à cause de l'intérêt qu'ils ont au maintien du testament, sont admis à intervenir au procès, pour soutenir que les dernières volontés du défunt doivent être maintenues. Antonin-le-Pieux leur accorda même le droit de former appel de la sentence, si elle était contraire au testament. (4).

(1) L. 16, § 1, D., De inoff. test. (v, 2).
(2) L. 1, C., De inoff. test. (iii, 28).
(3) L. 10, C., De inoff. test. (iii, 28).
(4) L. 29, pr., D., De inoff. test. (v, 2); l. 16, D., De jure codicil. (xxix, 7); l. 14, pr., D., De appel. et relat. (xlix, 1).

SECTION III

Quelles étaient les conditions requises pour l'admissibilité de la
querela testamenti inofficiosi? — De la quarte légitime et de
sa détermination.

La fiction sur laquelle est basée la plainte d'inofficiosité
montre suffisamment que cette action est une voie extraordinaire (*ultimum auxilium*). Aussi, n'est-elle accordée qu'à défaut de tout autre moyen pour obtenir tout ou partie de
l'hérédité (1). Ainsi, par exemple, celui qui a été adrogé étant
impubère, et qui ensuite est exhérédé par l'adrogeant, n'a
point la plainte d'inofficiosité (2), parce qu'on lui accorde la
quarte Antonine (3) qu'il demande par l'action *familiæ ercis-*
cundæ utilis (4). Un fils omis dans le testament paternel peut
demander la *bonorum possessio contra tabulas*, et même, lorsqu'il est *filiusfamilias*, invoquer la nullité du testament.
Aussi la plainte d'inofficiosité ne lui est-elle accordée que
lorsqu'il a été exhérédé (5) ; mais il suffit d'avoir été omis
dans le testament maternel ou dans celui de tout autre ascendant simplement cognat pour pouvoir l'attaquer comme inofficieux, parce que dans ce cas non-seulement le testament
est valable, mais encore le préteur n'accorde pas la *bonorum*
possessio contra tabulas (6).

La plainte d'inofficiosité n'était pas une action de droit

(1) Inst., lib. II, tit. XVIII, § 2.
(2) L. 8, § 15, D., De inoff. test. (v, 2).
(3) Inst., lib. I, tit. XI, § 3.
(4) L. 2, § 1, D., Fam. ercisc. (x, 2).
(5) L. 23, pr., D., De inoff. test. (v, 2).
(6) Inst., lib. II, tit. XIII, § 7; l. 15, C., De inoff. test. (III, 28). — On
trouve une autre application du principe que nous venons d'exposer dans la
loi 12, pr., D., De inoff. test. (v, 2), v° quinetiam.

strict; le tribunal centumviral, l'*unus judex*, le *procurator Cæsaris*, etc., en un mot toutes les juridictions qui, suivant les circonstances et les différentes époques du droit, connurent de cette action, jouirent d'une grande latitude d'appréciation. Cela se comprend aisément; le testament n'était pas attaqué pour un vice absolu, caractérisé et défini par la loi. On demandait la rescision du testament comme contraire aux devoirs que nous imposent les liens du sang, sous ce prétexte que les dispositions contraires à ces devoirs dénotaient une volonté irréfléchie et déraisonnable. Il s'agissait donc de savoir si le proche exhérédé ou omis avait mérité par sa conduite une semblable punition. *Totum de meritis filii agitur*, nous dit Tryphonius (1). Les causes ligitimes d'exhérédation ou d'omission n'étaient pas fixées; elles étaient laissées à l'appréciation des juges. On peut voir, au Code, diverses constitutions qui donnent une idée de la gravité que, d'après la manière habituelle de juger les plaintes d'inofficiosité, devaient réunir les actes d'inconduite ou d'ingratitude reprochés au demandeur pour être considérés comme causes légitimes d'exhérédation ou d'omission (2). — Pour faire repousser la plainte d'inofficiosité fallait-il nécessairement des actes d'inconduite ou d'ingratitude personnels au demandeur? ou bien pouvait-on lui opposer la conduite répréhensible de son père ? En ce qui touche l'époque classique du droit romain, il est impossible de répondre catégoriquement à cette question, parce que dans cette matière l'appréciation des juges était souveraine. Cependant l'opinion qui paraît avoir été généralement admise par les prudents, consistait à permettre d'opposer au fils les actes d'inconduite du père, mais non cependant avec la même force qu'ils auraient eue étant opposés au père lui-même. En effet, on faisait une espèce de compensation de la bonne conduite de l'un et de la mauvaise conduite

---

(1) L. 22, § 1, D., De inoff. test. (v, 2).
(2) LL. 11, 18, 19, 20, 23 et 28, v° si tamen, C., De inoff. test. (III, 28);
l. 55 et 56, C., De episcop. et cleric. (I, 3).

de l'autre. C'est ce que nous apprend Ulpien en ces termes :
« Nec enim minus in hoc nepote is, qui de inofficioso co-
« gniturus est, merita nepotis, quam patris ejus delicta
« perpendet (1). » Paul avait pensé qu'une mère pouvait
omettre son fils encore en bas âge, à cause de la mauvaise
conduite de son père sous la puissance duquel il se trouvait.
Justinien rapporte cette décision de Paul, il la déclare inique,
et, à ce propos, il établit en principe que le juge désormais,
pour décider qu'une personne a mérité l'exhérédation ou
l'omission dont elle a été frappée, devra se fonder sur des
faits d'inconduite personnels à cette personne (2). — Mais
quel est celui à qui est imposée l'obligation de prouver que
l'exhérédation ou l'omission est méritée ou non méritée?
C'est à celui qui attaque le testament à prouver qu'il s'est
toujours conduit de manière à ne pas mériter une si grave
punition, car il est demandeur, et c'est au demandeur que le
fardeau de la preuve est imposé en principe général (3).
Constantin exonéra de cette règle les ascendants, et, dans ce
cas particulier, imposa le fardeau de la preuve aux héritiers
institués (4). — Lorsqu'une personne a été omise par erreur
on lui accorde la plainte d'inofficiosité. C'est ce que nous dit
Ulpien : « Ex testamento matris qui existimans periisse filium,
« alium heredem instituit, de inofficioso queri potest (5). » On
eût pu douter que la plainte d'inofficiosité fût recevable dans
ce cas, parce que la testatrice n'avait pas manqué à l'*officium pietatis* ; mais cette action était admise comme le seul
moyen d'éviter un résultat inique. Elle n'était cependant
accordée dans ce cas que lorsque les héritiers institués
étaient externes. Si, au contraire, les héritiers institués
étaient les autres enfants de la testatrice, on venait au se-

(1) L. 3, § 5, D., De bon. poss. contr. tab. (xxxvii, 4).
(2) L. 33, § 1, C., De inoff. test. (iii, 28).
(3) Inst., lib. ii, tit. xx, § 4; l. 21, D., De probat. et præsumpt. (xxii, 3).
(4) L. 28, C., De inoff. test. (iii, 28).
(5) L. 27, § 4, D., De inoff. test. (v, 2).

cours de l'enfant omis en le faisant concourir pour sa part virile avec les enfants institués. C'est ce que les empereurs Septime Sévère et Antonin Caracalla avaient décidé dans l'espèce d'une mère qui, après avoir institué pour héritiers ses deux fils, était morte peu de temps après la naissance d'un troisième enfant, et avant d'avoir pu refaire son testament (1). Comme on le voit, c'était là un emprunt fait par les empereurs à la théorie du *jus adcrescendi*, admise par le droit civil au profit des filles, petits-fils, petites-filles et descendants d'un degré ultérieur, omis dans le testament du père sous la puissance duquel ils se trouvaient.

Nous avons vu que la question posée par la plainte d'inofficiosité consistait à savoir si le testament attaqué était ou non conforme à l'*officium pietatis*, et que la solution de cette question était laissée à l'appréciation souveraine des juges. La conduite du plaignant envers le testateur n'était pas le seul élément de la décision. D'autres questions étaient à examiner. Ainsi, par exemple, si les enfants, ascendants ou frères ou sœurs, futurs héritiers *ab intestat* du défunt, avaient été institués par lui dans son testament pour une portion quelconque, si petite qu'elle fût, il n'y avait plus à leur égard omission ni exhérédation : en pareil cas, le testateur avait-il bien rempli les devoirs que lui imposaient les liens du sang? Le testament devait-il être maintenu ou rescindé comme inofficieux? En sens inverse, si le défunt, sans instituer ceux à qui appartenait la plainte d'inofficiosité pour héritiers, leur avait néanmoins laissé une partie de ses biens par legs ou autrement, pouvait-on encore dire que le testateur avait violé l'*officium pietatis*, et son testament devait-il être encore considéré comme inofficieux? Souvent l'intérêt même des enfants ne demandait-il pas qu'ils fussent exhérédés et qu'ils ne reçussent qu'indirectement les biens de leurs ascendants (2)? Cela étant, quelle portion de biens faudrait-il que

---

(1) L. 3, C., De inoff. test. (III, 28). V. Paul. Sent., lib. IV, tit. V, § 2.
(2) L. 18, D., De liber. et post. (XXVIII, 2); l. 16, D., De bon. poss. cont.tab. (XXXVII, 4).

le testateur eût laissée, soit par institution, soit par legs ou autrement à ses enfants, ascendants ou frères et sœurs, futurs héritiers *ab intestat*, pour que le testament ne pût être considéré comme inofficieux ? A l'origine il ne dut y avoir sur toutes ces questions aucune règle formelle : c'était aux centumvirs à juger si les libéralités du testateur à l'égard des plaignants étaient ou n'étaient pas suffisantes pour satisfaire à l'*officium pietatis*, mais il n'y avait aucune part positivement fixée. Dans les dernières années de la République (1), fut porté, sous le nom de *lex Falcidia*, un plébiscite, qui ordonna que tout héritier institué ne pourrait jamais être grevé de legs au-delà des trois quarts de sa part héréditaire, de telle sorte qu'il lui en restât toujours un quart (2). Ce fut très probablement par extension donnée à la loi Falcidie que les prudents fixèrent au quart des biens du testateur la portion qu'il devait avoir laissée aux héritiers du sang, pour que ceux-ci n'eussent plus le droit de faire annuler le testament comme inofficieux. C'est à tort que Cujas a pensé que cette quarte avait été introduite par Marc-Aurèle (3). Le contraire résulte évidemment du passage suivant de Pline-le-Jeune, qui écrivait sous Trajan : " Sufficere tibi debet si exheredatus a matre " quartam partem ex hereditate ejus accipias (4). " Justinien appelle cette quarte la quarte Falcidie (5) ; mais dans la plupart des textes elle est appelée *portio legitima* : d'où les commentateurs l'ont appelée la quarte ligitime, et même plus simplement la légitime. Cette quarte, laissée à d'autres titres que celui d'héritier, suffisait pour écarter la plainte d'inofficiosité (6) ; mais en sens inverse, l'héritier institué pouvait attaquer comme inofficieux le testament lorsqu'il ne recevait

(1) 714 de la fondation de Rome, 38 av. J.-C.

(2) Ce principe fut étendu aux fidéicommis par le S.-C. Pégasien, porté sous le règne de Vespasien, en l'an 829 de Rome, 77 de J.-C.

(3) Obs., lib. III, cap. VIII.

(4) Epist. v, 1.

(5) L. 31, C., De inoff. test. (III, 28), adde Fragm. Vatic., § 281.

(6) L. 8, § 6, et l. 25, pr., D., De inoff. test. (v, 2).

pas la quarte légitime (1). Il faut remarquer à cet égard que la plainte d'inofficiosité ne pouvait appartenir à celui qui était héritier pour le tout (2). C'est ce que nous dit fort judicieusement Paul : « Filius ex asse heres institutus inofficiosum « dicere non potest ; nec interest exhausta necne sit here- « ditas, cum apud eum quarta aut legis Falcidiæ aut senatus- « consulti Pegasiani beneficio sit remansura (3). » Ainsi, quoique l'action tendît à la rescision du testament tout entier, le demandeur se plaignait bien moins de n'être pas institué que de n'avoir pas le quart de la portion des biens du testateur qu'il eût eue *ab intestat.* En effet, pour exclure la plainte des personnes qui pouvaient attaquer le testament comme inofficieux, il suffisait, quel que fût leur nombre, de leur laisser le quart de toute l'hérédité (4) ; en sorte que chacune d'elles obtint le quart de la portion héréditaire qu'elle aurait eue *ab intestat* (5).

Pour déterminer la quarte légitime, le calcul s'opère d'après les mêmes règles que pour déterminer la quarte Falcidie, et d'après les textes, ces règles, d'abord admises pour la quarte Falcidie, ont été ensuite étendues par analogie à la fixation de la quarte légitime (6), ce qui rend très probable l'explication historique de l'introduction de la quarte légitime que nous avons donnée tout à l'heure. Pour déterminer la quarte légitime, il faut considérer le patrimoine du défunt tel qu'il était au moment de sa mort : *mortis tempore inspicitur* (7). On doit faire déduction des frais funéraires, des dettes

(1) L. 2, C. Gr., De inoff. test. (ii, 3).

(2) Ce principe recevait cependant exception dans un cas, qui devait se présenter très rarement, et que nous verrons tout à l'heure.

(3) Sent., lib. iv, tit. v, § 5. V. aussi l. 8, § 9, D., De inoff. test. (v, 2).

(4) Inst., lib. ii, tit xviii, § 6.

(5) L. 2, C. Gr., De inoff. test. (ii, 3), l. 8, § 8, D., De inoff. test. (v, 2).

(6) L. 8, § 9, D., De inoff. test. (v, 2) ; l. 2, C., De donat. caus. mort. (viii, 57).

(7) L. 6, C., De inoff. test. (iii, 28).

et des affranchissements testamentaires (1). Les esclaves
affranchis par le testament ne sont donc pas compris dans la
masse sur laquelle se calcule la quarte légitime. Ce principe
donnait lieu à quelques difficultés. En effet, si nous supposons que le patrimoine d'une personne ne comprenne que des
esclaves, il pourra violer impunément tous les devoirs que lui
imposent les liens du sang. Il a un fils, par exemple, il l'institue héritier et par le même testament affranchit tous ses
esclaves. Avant Justinien, pour arriver à ce résultat, il faudrait supposer une personne n'ayant qu'un ou deux esclaves
pour tout patrimoine, parce que d'après la loi Fusia Caninia,
portée sous Auguste en l'an 761 de la fondation de Rome
(9 de J.-C.), on ne pouvait affranchir par testament qu'un
certain nombre d'esclaves proportionnel au nombre que l'on
en avait (2). Celui-là seul qui n'avait qu'un ou deux esclaves
pouvait affranchir tous ceux qui étaient soumis à sa puissance
dominicale (3). Justinien abrogea la loi Fusia Caninia (4), d'où il
suit que la difficulté qui nous occupe put se présenter plus souvent. Si le fils institué héritier était sous la puissance de son
père, la situation était sans remède, puisque d'une part ce
fils était *heres necessarius ex testamento*, et que dès lors les
esclaves affranchis arrivaient nécessairement à la liberté, et
puisque, d'autre part, la plainte d'inofficiosité n'était pas
possible. Si, au contraire, nous supposons que l'héritier institué est un fils qui ne se trouve plus sous la puissance de
son père, ou bien encore un ascendant, il répudiera l'hérédité
testamentaire, et s'il a un substitué, on lui permettra d'intenter entre lui la plainte d'inofficiosité; et si le testament est
rescindé, les esclaves affranchis n'acquerront pas la liberté,
et formeront l'hérédité que l'héritier institué recueillera *ab
intestat;* s'il n'a pas de substitué il recueillera l'hérédité *ab in-*

(1) Paul. Sent., lib. iv, tit. v, § 6 ; l. 8, § 9, D., De inoff. test. (v, 2).
(2) Gaius, Comm. i, §§ 42-46 ; Ulp. Reg., tit. i, § 24 ; Paul. Sent., lib. iv,
tit. xiv, § 4.
(3) Gaius, Comm. i, § 43 ; Ulp. et Paul., ibidem.
(4) Inst., lib. i, tit. vii ; l. unic., C., De lege Fus. Can. toll. (vii, 3).

testat sans avoir à craindre l'application de l'édit *Si quis omissa causa testamenti* (1).

Nous venons de voir quelles sont les déductions que l'on fait subir au patrimoine du défunt afin de former la masse sur laquelle se calcule la quarte légitime. Toutes les choses formant l'objet de legs et autres libéralités testamentaires restent comprises dans cette masse, car elles sont encore dans le patrimoine du défunt au moment de sa mort. On y comprendra même, et pour le même motif, les biens qui auraient été l'objet de donations à cause de mort (2). Ce sera sur la masse ainsi formée, en en prenant le quart, qu'on déterminera la valeur de la portion légitime. Les biens que le défunt avait de son vivant donnés entre-vifs n'entraient pas dans la masse sur laquelle se calculait la portion légitime, car ces biens n'étaient plus dans le patrimoine du défunt au moment de sa mort. Il en résultait que pour éviter la plainte d'inofficiosité on consumait tout ou presque tout son patrimoine en donations, de telle sorte qu'on ne laissait rien ou à peu près rien aux légitimaires en les supposant même héritiers soit *ex testamento,* soit *ab intestat.* La loi Cincia, portée l'an 550 de Rome (202 avant J.-C.), ne permettait de faire des donations dont l'objet dépassât un certain taux, aujourd'hui inconnu, qu'à certaines personnes, dont on trouvera l'énumération dans les §§ 298-309 des fragments de droit romain découverts dans la bibliothèque du Vatican en 1823. Cette loi est mise par Ulpien (3) au nombre des lois qui manquent de sanction, lois qu'il appelle imparfaites. En effet, la donation contraire aux dispositions de la loi Cincia n'était pas nulle, même pour l'excédant; lorsque le donataire agissait contre le donateur, il pouvait être repoussé par une exception, mais toutes les fois que la donation avait été exécutée de manière

(1) L. 8, § 9, D., De inoff. test. (v, 2), v° cum igitur. Il est évident que, dans ce texte, Tribonien a retranché entre *servos* et *tantum* le mot *duos,* afin de mettre ce texte en harmonie avec l'abrogation de la loi *Fusia Caninia.*

(2) L. 2, C., De donat. caus. mort. (viii, 57).

(3) Reg., De legibus et moribus, § 1.

à ce que le donataire n'eût pas besoin d'agir contre le donateur, la donation produisait tous ses effets, et la loi Cincia se
trouvait ainsi éludée (1), sauf un seul cas dans lequel on accordait au donateur la *condictio indebiti* pour répéter les
choses promises *donationis causa*, et qu'il avait payées quoiqu'il fût protégé par l'exception de la loi Cincia (2). On voit
par là que la loi Cincia était un faible remède à l'abus que permettait la lacune que nous venons de signaler dans la théorie
de la plainte d'inofficiosité, puisque d'une part le défunt pouvait facilement consumer son patrimoine tout entier en donations faites aux personnes que la loi Cincia exceptait de sa
prohibition, ou en nombreuses donations faites à des personnes
non exceptées, en faisant en sorte qu'aucune d'elles ne dépassât les limites de la loi Cincia, et puisque d'autre part les
donations faites *ultra modum legis Cinciæ* à des personnes
non exceptées étaient la plupart du temps à l'abri de toute
attaque par suite du défaut de sanction que signale Ulpien (3).
Cette observation acquiert plus de force lorsqu'on remarque
que l'exception tirée de la loi Cincia, ainsi que la *condictio
indebiti* dans le cas particulier où elle était accordée, n'appartenait aux héritiers du donateur qu'autant que ce dernier
avait avant son décès manifesté l'intention de révoquer la donation (4). Aussi l'empereur Alexandre Sévère permit par un
rescrit, qui est rapporté au Digeste (5), d'attaquer comme
inofficieuses les donations entre-vifs par lesquelles le défunt
aurait diminué son patrimoine de manière à ne pas laisser
lors de son décès le quart de tous les biens qu'il avait eus.
Dans ce cas on formait pour le calcul de la quarte légitime
une masse fictive composée des biens existant au jour du dé-

[1] Frag. Vatic., §§ 266 ª, 311 et 313; l. 5, § 2, D., De doli mal. et
met. (XLIV, 4); l. 24, D., De donat. (XXXIX, 5).

(2) Frag. Vatic., § 266 ª; l. 21, § 1, D., De donat. (XXXIX, 5). V. M. Ducaurroy, tom. II, n. 1339.

(3) Reg., De legibus et moribus, § 1.

(4) Frag. Vatic., § 266 ª.

(5) L. 87, § 3, D., De legat. 2° (XXXI).

cès, auxquels on faisait subir les déductions dont il a été question *supra*, et des biens donnés entre-vifs. Un titre entier du Code (iii, 29) est consacré à la plainte d'inofficiosité par laquelle on attaque les donations entre-vifs, et il en est question dans les *Fragmenta Vaticana* (1). Cette action était utile aux légitimaires dans tous les cas où ils n'avaient ni exception ni *condictio indebiti* en vertu de la loi Cincia, ce qui avait lieu 1° lorsque le donataire, à cause de l'exécution complète de la donation, n'avait pas besoin d'agir et qu'on ne se trouvait pas dans le cas particulier où on accordait la *condictio indebiti*; 2° lorsque les donations avaient été faites en faveur de personnes que la loi Cincia exceptait de sa prohibition (2); 3° lorsque le défunt était mort sans avoir manifesté l'intention de révoquer (3); 4° lorsque de nombreuses donations avaient été faites à des personnes non exceptées, mais de telle sorte qu'aucune d'elles ne dépassât le taux de la loi Cincia, quoique réunies elles attaquassent la légitime. L'empereur Alexandre Sévère n'avait permis d'intenter la plainte d'inofficiosité contre des donations excessives que dans le cas où le donateur serait mort laissant un testament, et cela probablement parce que cette action était introduite comme développement de la *querela testamenti inofficiosi*. Quelques années après, en 258, les empereurs Valérien et Gallien étendirent le droit d'intenter cette action aux légitimaires héritiers *ab intestat* du donateur (4). En 286, les empereurs Dioclétien et Maximien accordèrent au donateur lui-même le droit d'obtenir du magistrat, lorsqu'il ne serait pas suffisamment protégé par la loi Cincia, la *restitutio in integrum* contre toute donation qui serait énorme comparativement à son patrimoine (5). Le droit de demander cette *restitutio in integrum*

---

(1) §§ 270, 271, 280, 281, 282.

(2) L. 87, § 3, D., De legat. 2° (xxxi), l. i, C., De inoff. donat. (iii, 29).

(3) V. M. de Buchholtz, *Comm. sur les* Fragmenta Vaticana, sur le § 271, pages 225 et 226.

(4) L. 3, C., De inoff. donat. (iii, 29).

(5) L. 4, C., De inoff. donat. (iii, 29); Fràg. Vat., § 282.

ob improbabilem donationis enormitatem (1) était transmise aux héritiers, qui n'avaient contre les donataires la plainte d'inofficiosité que lorsqu'il n'y avait pas lieu de leur accorder cette *restitutio in integrum* (2). La *restitutio in integrum* était, comme la plainte d'inofficiosité, un dernier remède que l'on n'accordait qu'à défaut d'autre moyen d'arriver au but qu'on se proposait (3); mais comme le fait remarquer M. de Buchholtz (4), ce caractère était beaucoup plus saillant dans la plainte d'inofficiosité, à laquelle on préférait la *restitutio in integrum*, considérée comme un remède plus ordinaire. La *querela inofficiosæ donationis* différait de la *querela testamenti inofficiosi* en un seul point, qui consistait en ce que le testament inofficieux était toujours rescindé en entier, tandis que les donations inofficieuses étaient simplement réduites de manière à compléter la quarte (5). Sur tous les autres points les deux actions suivaient complétement les mêmes principes (6). Le rescrit d'Alexandre Sévère ne s'appliquait pas aux donations *dotis nomine;* l'empereur Constance, dernier fils de Constantin-le-Grand, permit, en 358, d'attaquer comme inofficieuses les constitutions de dot (7).

Si l'héritier du sang avait reçu du défunt certaines libéralités, devait-on les considérer comme un avantage indépendant de la légitime, ou, au contraire, les faire entrer dans la masse pour le calcul de la quarte et les imputer comme à-compte reçu par le légitimaire sur la portion légitime? Il n'y avait aucun doute à l'égard des dispositions testamentaires : le légitimaire devait donc imputer sur la

(1) L. 4, C., De inoff. donat. (III, 29); Frag. Vat., § 282.
(2) L. 4, in fine, C., De inoff. donat. (III, 29).
(3) L. 1, § 1, D., De dolo malo (IV, 3); l. 16, pr., D., De minor. xxv annis (IV, 4); Inst., lib. II, tit. XVIII, § 2; l. 8, § 15, et l. 23, pr., D., De inoff. test. (V, 2).
(4) Sur le § 282, pages 241 et 242.
(5) V. tout le titre *De inofficiosis donationibus* au Code (III, 29).
(6) LL. 4, 6 et 9, C., De inoff. donat. (III, 29); frag. Vatic., § 282.
(7) L. unic., C., De inoff. dot. (III, 30).

quarte qui lui était due tout ce qu'il recevait comme héritier, comme légataire ou comme fidéicommissaire ; il en était de même des donations à cause de mort (1). En effet, dans tous les cas, il s'agissait de biens qui faisaient encore partie du patrimoine du défunt au moment de son décès, et la règle générale était que ces biens entraient dans la masse pour le calcul de la légitime, quelle que fût la personne qui en avait été gratifiée. Quant aux donations entre-vifs reçues par l'héritier du sang du vivant du testateur, elles étaient considérées comme un avantage indépendant de la légitime, et leur imputation n'avait pas lieu conformément à la règle générale, à moins cependant que l'héritier donataire n'attaquât lui-même d'autres donations comme inofficieuses, puisque dans ce cas tous biens donnés entre-vifs étaient fictivement rapportés à la masse. Ulpien décidait que l'imputation des biens donnés entre-vifs aux légitimaires devait avoir lieu lorsque la donation avait été faite sous cette condition, *hac contemplatione ut in quartam habeatur* (2). Papinien (3) et Paul (4) décidaient, au contraire, qu'on ne pouvait opposer au donataire ni les conditions de la donation entre-vifs par lui acceptées, ni les renonciations qu'il aurait faites d'avance à toute plainte contre le testament, par le motif que ces renonciations, consenties pendant la vie du donateur, ne le sont souvent que par crainte, pour ne pas le mécontenter et pour éviter qu'il ne prenne un parti plus sévère. Justinien adopte cette dernière décision, en sorte que les biens donnés entre-vifs à un légitimaire ne s'imputeront sur la légitime en vertu d'une transaction qu'autant que cette transaction serait intervenue après le décès du donateur, et aurait, par conséquent, eu lieu avec ses héritiers institués (5). Quelques modifications furent ap-

---

(1) Inst., lib. ii, tit. xviii, § 6; l. 8, § 6, D., De inoff. test. (v, 2).
(2) L. 25, pr., D., De inoff. test. (v, 2).
(3) L. 16, D., De suis et leg. hered. (xxxviii, 16).
(4) Sent., lib. iv, tit. v, § 8.
(5) L. 35, § 1 et 2, C., De inoff. test. (iii, 28).

portées dans le Bas-Empire au principe de la non-imputation des biens donnés entre-vifs au légitimaire sur sa quarte légitime. L'empereur Zénon ordonna l'imputation des biens constitués en dot ou compris dans des donations *ante nuptias* (1). Justinien voulut qu'on imputât sur la quarte le prix des charges militaires achetées par le légitimaire avec les deniers fournis par le défunt, lorsque ces charges pouvaient être revendues, ou transmises aux héritiers de celui qui en était revêtu, dans le cas où il mourrait les occupant encore. Il en excepta les charges des *silentiarii*, ou chambellans de l'empereur, qui étaient considérées comme des charges militaires (2).

Il faut remarquer qu'il fallait pour que la plainte d'inofficiosité fût refusée à un légitimaire, que la quarte lui eût été laissée purement et simplement et sans aucune espèce de délai ou de charge qui vînt en diminuer la valeur. Cependant la plainte d'inofficiosité était refusée au légitimaire à qui la quarte avait été laissée sous une condition évidemment apposée dans son intérêt (3). On refusait aussi la plainte d'inofficiosité au légitimaire qui, ayant reçu une partie plus forte que la quarte à la charge de restituer cette portion après un certain temps, aurait pu se reconstituer une valeur égale à la quarte qui lui était due avec les fruits de ce qu'il avait reçu de plus de cette quarte (4). Il en était de même lorsque le fidéicommis, dont un légitimaire héritier était grevé, était compensé par un fidéicommis réciproque imposé en sa faveur à d'autres héritiers (5). Enfin, il est évident qu'un fils impubère ne pouvait pas se prétendre lésé dans sa quarte parce que son père lui avait substitué pupillairement; une plainte d'inofficiosité n'aurait pu se baser sur un pareil motif, car le

---

(1) L. 29, C., De inoff. test. (III, 28).
(2) L. 30, § 2, C., De inoff. test. (III, 28).
(3) L. 25, C., De inoff. test. (III, 28).
(4) L. 8, § 11, D., De inoff. test. (v, 2).
(5) L. 12, C., De inoff test. (III, 28).

père n'avait fait que pourvoir à ce que son fils ne mourût pas intestat (1).

Ainsi donc, la quarte légitime devait au temps classique être laissée tout entière à ceux qui y avaient droit. Une légitime incomplète n'empêchait pas la plainte d'inofficiosité et par suite la rescision totale du testament (2). Constantin modifia ces principes ; il ordonna que désormais les testateurs disposeraient en pleine sécurité, lorsqu'ils ordonneraient expressément que la légitime, en cas d'insuffisance, serait complétée *boni viri arbitratu* (3). Justinien demande encore plus de respect pour la mémoire du testateur et, par conséquent, pour ses dernières volontés. Il veut que l'on considère comme sous-entendu dans le testament l'ordre de compléter la quarte en cas d'insuffisance, de telle sorte qu'une portion quelconque de l'hérédité, ou même le plus petit legs ou fidéicommis laissé au légitimaire, suffise dorénavant pour lui enlever le droit d'intenter la plainte d'inofficiosité, et le remplacer par le droit de demander le complément de la quarte légitime (4). Ce complément se demande par une action personnelle (*condictio ex lege*), perpétuelle, transmissible aux héritiers, et donnée d'après la volonté expresse ou tacite du défunt, pour assurer la stabilité de son testament. Cette action diffère donc à tous égards de la plainte d'inofficiosité, qui est une action réelle, de courte durée, non transmissible aux héritiers, et par suite de laquelle le testament est rescindé en entier. Justinien veut aussi que les héritiers institués par le défunt ne puissent se défendre contre la *condictio ex lege*, par le reproche d'ingratitude envers le testateur adressé aux légitimaires, qu'autant que le testateur aurait lui-même énoncé ce reproche : « Nam « si nullam eorum quasi ingratorum fecerit mentionem, non

___

(1) L. 8, § 7, D., De inoff. test. (v, 2); l. 26, C., De inoff. test. (iii, 28).

(2) L. 2, C. Gr., De inoff. test. (ii, 3).

(3) L. 4, C. Th., De inoff. test. (ii, 19).

(4) L. 30, pr., et l. 34 in fine, C., De inoff. test. (iii, 28).

« licebit ejus heredibus ingratos eos nominare, et hujusmodi
« quæstionem introducere (1). » — On pourrait croire d'après
ce qui précède que l'action en complément du quart était inconnue au temps classique et qu'elle fut introduite par Constantin : ce serait une erreur. Mais, dira-t-on, dans quel cas
en faisait-on usage avant ce prince? Le légitimaire qui, sans
avoir reçu la quarte, en avait reçu une portion, avait le choix
entre la plainte d'inofficiosité et l'action en complément du
quart (2).

Un légitimaire exhérédé ou omis a reçu du testateur par
legs une chose, un fonds, par exemple, équivalant à la quarte
ou la dépassant; il a été mis en possession par l'héritier.
Quelque temps après, un tiers revendique ce fonds et le légitimaire est évincé. Le légitimaire n'a donc pas reçu le quart
de ce qu'il aurait eu *ab intestat :* aura-t-il la *querela testamenti
inofficiosi?* Pour résoudre cette question, il faut d'abord se
rappeler que primitivement les Romains reconnaissaient
quatre espèces de legs (3), et que le legs *per damnationem* était
le seul par lequel il fût permis au testateur de léguer la chose
d'autrui (4); l'héritier, dans le cas d'un pareil legs, était tenu
soit d'acheter la chose pour en transférer la propriété au légataire, soit d'en payer l'estimation à ce légataire, s'il ne
pouvait se la procurer (5). Quant au legs de la chose d'autrui
per vindicationem, sinendi modo, ou *per præceptionem,* il était
nul dans le principe. Mais, sous Néron, un sénatus-consulte
célèbre, qui prit le nom de cet empereur, avait décidé qu'aucun legs ne devrait être considéré comme nul *verborum
vitio* (6); il en résulta que, quand la chose d'autrui avait été

(1) L. 30, pr., in fine, C., De inoff. test. (III, 28).
(2) Paul. Sent., lib. IV, tit. V, § 7.
(3) Gaius, Comm. II, §§ 192, 193, 201, 209, 216; Ulp. Reg., tit. XXIV, §§ 2-6; Inst., lib. II, tit. XX, § 2.
(4) Gaius, Comm. II, §§ 196, 202, 210, 211, 220, 222; Ulp. Reg., tit. XXIV, §§ 7, 8, 10, 11 a.
(5) Gaius, Comm. II, § 202.
(6) Gaius, Comm. II, § 218.

léguée autrement que *per damnationem,* le legs devait être
considéré comme fait dans cette forme, nommée par les jurisconsultes *optimum jus legandi,* et regardé comme valable (1).
Peu importait donc désormais, en ce qui touche la validité du
legs de la chose d'autrui, la forme employée par le testateur.
Toutefois, il fallait distinguer, pour la validité d'un semblable
legs, si le testateur avait su qu'il léguait la chose d'autrui ou
avait cru léguer sa propre chose. Dans le premier cas, le legs
devait recevoir son exécution ; dans le second, il était nul :
« Nam, *nous dit Papinien,* succursum est heredibus ne coge-
« rentur redimere, quod testator suum existimans reliquit :
« sunt enim magis in legandis suis rebus quam in alienis
« comparandis et onerandis heredibus faciliores volunta-
« tes (2). » Il paraît certain que la question de la validité du
legs de la chose d'autrui, que le testateur avait cru sienne,
n'avait pas été résolue négativement sans contestation. Papinien, dans le texte que nous venons de citer, donne pour origine à cette solution une décision de Neratius Priscus, jurisconsulte qui vivait sous Trajan et sous Adrien, confirmée par
une constitution impériale qui, d'après les Institutes, émana
d'Antonin-le-Pieux, successeur d'Adrien (3). En 228 de
Jésus-Christ, Alexandre Sévère apporta à cette théorie
une modification par une constitution ainsi conçue : « Cum
« alienam rem quis reliquerit, si quidem sciens : tam ex le-
« gato, quam ex fideicommisso ab eo qui legatum seu fidei-
« commissum meruit, peti potest. Quod si suum esse puta-
« vit : non aliter valet relictum, nisi proximæ personæ, vel
« uxori, vel alii tali personæ datum sit, cui legaturus esset, et
« si scisset rem alienam esse (4). » Ainsi, d'après cette cons-
stitution, la présomption que le testateur n'aurait pas voulu

(1) Gaius, Comm. ii, §§ 197, 212, 220, 222; Ulp. Reg., tit. xxiv,
§ 11 ᵇ.
(2) L. 67, § 8, D., De legat. 2º (xxxi). V. Inst., lib. ii, tit. xx, § 4.
(3) Inst., lib. ii, tit. xx, § 4.
(4) L. 10, C., De legatis (vi, 37).

imposer à son héritier la rigoureuse obligation d'acheter la chose pour la prester, et qu'il ne l'eût pas léguée s'il eût su qu'elle appartînt à autrui, était combattue victorieusement par une autre présomption tirée de la proximité des rapports de parenté ou d'alliance du testateur avec le légataire. Revenons maintenant à notre question. Plaçons-nous d'abord avant le sénatus-consulte Néronien. Dans le cas où la chose d'autrui avait été léguée à un légitimaire autrement que *per damnationem*, le legs était nul : si le testateur avait su qu'il léguait la chose d'autrui, il n'avait pas pu ignorer qu'il employait une forme vicieuse et que son legs ne produirait aucun effet ; dès lors il avait manqué à l'*officium pietatis*, et il y avait lieu à la *querela testamenti inofficiosi;* si, au contraire, il avait cru léguer sa propre chose, le legs n'en était pas moins nul, mais le testateur n'avait pas manqué à l'*officium pietatis*. Cette observation ne doit pas toutefois nous empêcher de décider que dans ce cas on eût aussi accordé au légitimaire la *querela testamenti inofficiosi*. En effet, nous avons vu Ulpien l'accorder à un fils que sa mère avait omis dans son testament, parce que sur de faux bruits elle le croyait décédé (1). Dans ce cas, la testatrice n'avait pas non plus violé les devoirs que lui imposaient les liens du sang : mais en rescindant son testament on suivait la volonté qu'elle eût dû avoir, si elle n'eût pas été induite en erreur. D'autre part, prêter à la mère d'autres intentions, c'était lui supposer des dispositions inofficieuses dont il eût fallu prononcer la rescision. Le cas qui nous occupe n'est-il pas semblable à celui qu'Ulpien a traité ? Si le legs de la chose d'autrui en faveur du légitimaire avait été fait *per damnationem*, et que le testateur eût su qu'il léguait la chose d'autrui, nulle difficulté, puisque le legs était valable dans ce cas. S'il avait cru léguer sa propre chose, le legs était-il valable ou non ? C'était là un point controversé. Décidait-on qu'il était valable, pas de difficulté ; décidait-on qu'il était nul, on accordait dans ce cas la plainte d'inofficio-

(1) L. 27, § 4, D., De inoff. test. (v, 2).

sité. Après le sénatus-consulte Néronien, toute difficulté de forme a disparu, et tout legs de la chose d'autrui devra être considéré comme fait *per damnationem ;* ce qui nous conduira aux résultats que nous venons d'indiquer. Après la constitution d'Antonin-le-Pieux, le legs de la chose d'autrui en faveur d'un légitimaire, fait par un testateur qui croyait léguer sa propre chose, sera nul, il y aura, par conséquent, lieu à la plainte d'inofficiosité, et cela sans controverse possible. A partir de l'année 228, c'est-à-dire après la constitution d'Alexandre Sévère, le legs de la chose d'autrui en faveur d'un légitimaire sera toujours valable, que le testateur ait su qu'il léguait la chose d'autrui ou qu'il ait cru léguer sa propre chose, puisque le légitimaire est une *proxima persona, cui legaturus esset etsi scisset rem alienam esse.* Dès lors plus de difficulté, puisque le légitimaire a sa quarte. La constitution d'Alexandre Sévère n'était plus suivie du temps de Justinien. En effet, cet empereur, dans une constitution datée de 531, commence par rappeler la constitution par laquelle il a décidé en 528 que si le légitimaire avait reçu quelque chose du testateur, il aurait l'action en complément du quart et non la plainte d'inofficiosité : « Scimus antea constitutionem re-« latam fuisse, qua cautum est : si pater minorem debita por-« tione filio suo reliquisset, omnimodo, et si non adjiciatur, « viri boni arbitratu repleri filio, attamen ipso jure inesse « eamdem repletionem (1). » Puis l'empereur, supposant une éviction, nous dit : « *Quærebatur itaque,* en conséquence de mon « innovation, on se demandait s'il y avait dans ce cas lieu à la « plainte d'inofficiosité ou à l'action en complément du quart, » et il se décide pour cette dernière. Il est évident que si, comme nous le dit Alexandre Sévère, le legs de la chose d'autrui fait au légitimaire est valable dans tous les cas, il y a lieu aux actions accordées aux légataires pour faire exécuter les legs, et qu'il ne peut être ici question dans aucun cas ni de plainte d'inofficiosité ni d'action en complément du quart. C'est donc

(1) L. 36, pr., D., De inoff. test. (III, 28). V. l. 30, pr., C., eod. tit.

une inadvertance de Tribonien et de ses collaborateurs qui est la cause probable de l'insertion de la constitution d'Alexandre Sévère dans le Code de Justinien. Puisque Justinien se demande s'il y a lieu à la plainte d'inofficiosité ou à l'action en complément du quart, nous avons eu raison de décider que l'on donnait, au temps classique, la plainte d'inofficiosité au légataire qui avait par legs reçu du défunt la chose d'autrui que celui-ci croyait sienne. L'argument *a simili* que nous avons tiré d'un texte d'Ulpien était donc fondé. — Si l'*heres scriptus* soutenait que la chose léguée appartenait au défunt et que la revendication du tiers avait mal à propos triomphé, le légitimaire ne pouvait lui opposer la sentence intervenue entre lui et le tiers revendiquant (*res inter alios judicata tertiis nec nocere, nec prodesse potest*). La question restait donc entière entre l'*heres scriptus* et le légitimaire, et c'était à ce dernier à prouver qu'on lui avait légué la chose d'autrui (1). S'il ne parvenait pas à faire cette preuve, il ne lui était rien dû, et il supportait les conséquences fâcheuses de l'erreur du juge de l'action en revendication. Dans le cas contraire, restait la question de savoir si le testateur avait su ou ignoré qu'il léguait la chose d'autrui. Sous l'empire de la constitution d'Alexandre Sévère, l'examen de cette question n'était d'aucune utilité, puisque, le legs étant valable dans les deux cas, dans les deux cas l'héritier devait au légitimaire ou l'estimation de la chose léguée ou cette chose elle-même, s'il pouvait se la procurer. Mais cet examen était utile soit avant cette constitution, soit après qu'elle eut cessé d'être suivie, pour savoir s'il y avait lieu à la plainte d'inofficiosité ou simplement à l'*actio ex testamento*. Après les innovations de Justinien, cet examen était encore utile pour savoir si le légitimaire devait demander la quarte, ou bien la chose ou son estimation. Avant Justinien, le légitimaire avait toujours intérêt à soutenir que le testateur avait cru lui léguer sa

(1) L. 21, D., De probat. et præsumpt. (xxii, 3); Inst. lib. ii, tit. xx, § 4.

propre chose, puisque cela entraînait à son profit la rescision du testament. Après Justinien, il avait, au contraire, intérêt à soutenir que le testateur savait qu'il lui léguait la chose d'autrui, puisque alors c'était la chose ou son estimation qui lui était due, tandis que dans le cas contraire on lui eût dû la quarte. Or, puisque nous avons supposé que la valeur de la chose léguée égalait ou surpassait la quarte, en supposant cette chose dans l'hérédité, elle sera supérieure au quart de l'hérédité diminuée de cette chose. Dans l'un comme dans l'autre cas, le fardeau de la preuve incombait au demandeur, c'est-à-dire au légitimaire (1). — Dans l'espèce que nous venons de traiter, que faudrait-il décider si, au lieu de supposer une éviction soufferte, nous supposions simplement la crainte d'une éviction? Dans le cas où le testateur aurait sciemment légué la chose d'autrui, il n'y a pas de difficulté; le légitimaire, comme tout autre légataire, aurait pu exiger qu'on le rendît immédiatement propriétaire, ou qu'on lui payât l'estimation. Mais dans le cas où le testateur avait cru léguer sa propre chose, il est évident que, au moins depuis Antonin-le-Pieux, l'héritier n'était tenu envers le légataire d'aucune garantie touchant l'éviction de la chose léguée (2). Mais *quid* si le légataire était un légitimaire et que le legs lui eût été fait pour le remplir de sa quarte? Pouvait-il (bien entendu à la charge de prouver que la chose léguée n'appartenait pas au testateur et que ce dernier avait cru lui léguer sa propre chose) dire : « Vous ne pouvez me transférer que la possession de la chose, et non m'en transférer la propriété ; je n'ai donc pas ma quarte, » et intenter en conséquence soit la *querela testamenti inofficiosi* avant Justinien, soit l'action en complément du quart après cet empereur? Ou bien aurait-on pu lui dire : « Recevez toujours la possession de la chose, votre droit

(1) L. 21, D., De probat. et præsumpt. (xxii, 3) ; Inst., lib. ii, tit. xx, § 4.

(2) L. 77, § 8, D., De legat. 2° (xxxi).

naîtra lorsqu'il y aura éviction. » Cette dernière solution était probablement suivie (1) ; mais il est impossible de l'affirmer, parce qu'aucun texte ne traite cette question.

Un testateur a légué à un légitimaire exhérédé ou omis une chose dont la valeur égale la quarte, mais son testament contient d'autres legs. L'ensemble de ces legs dépasse les trois quarts de l'hérédité : il y a donc lieu à l'application de la loi Falcidie. L'héritier pourra-t-il faire subir une déduction au légitimaire ? Au temps classique, il avait le choix de faire subir cette réduction au légitimaire ou d'y renoncer. S'il l'exigeait, il s'exposait à la *querela testamenti inofficiosi*, et à perdre, par conséquent, en entier le bénéfice de l'institution. Il avait donc à délibérer. Si le légitimaire avait démérité du défunt, l'héritier exerçait la rétention ; si le légitimaire s'était toujours bien conduit, l'héritier n'exerçait pas de rétention, « ne, dum totam Falcidiam accipere heres nititur, « etiam totum commodum hereditatis amittat (2) ». Si la question de savoir si le légitimaire avait à se reprocher des faits d'inconduite envers le défunt assez graves pour lui enlever la plainte d'inofficiosité au cas où il n'aurait pas reçu sa quarte était douteuse, il eût été prudent pour l'héritier de transiger. Au temps de Justinien, la loi Falcidie ne sera jamais opposable au légitimaire que lorsqu'elle n'attaquera pas sa quarte ; car si cette quarte n'est pas entière, elle doit être complétée, sans qu'on puisse opposer au légitimaire le reproche d'ingratitude envers le testateur (3). Opérer la réduction, ce serait donc lui enlever ce qu'on serait obligé de lui rendre immédiatement. Il en serait cependant autrement dans le cas particulier où le testateur aurait dit que la quarte ne devrait pas être complétée, attendu l'inconduite du légitimaire, mais sauf, bien entendu, la discussion de la vérité de

---

(1) Argument *a contrario* de la l. 36, pr., C., De inoff. test. (III, 28].

(2) L. 36, pr., C., De inoff. test. (III, 28].

(3) L. 30, pr., in fine, C., De inoff. test. (III, 28].

l'assertion du défunt (1). — Par qui devait être supportée la part contributoire du légitimaire dans les déductions auxquelles donnait lieu l'application de la loi Falcidie, dans les cas où le légitimaire évitait d'y contribuer ? Au temps classique, l'héritier, en n'opérant pas de réduction sur la chose léguée au légitimaire, avait évité la rescision du testament, et par suite avait fait tant l'affaire des légataires autres que le légitimaire que la sienne propre. En conséquence, cette part contributoire du légitimaire devait être supportée, proportionnellement à l'intérêt qu'ils avaient au maintien du testament, tant par l'héritier que par les autres légataires. Il en eût été de même dans le cas de transaction entre l'héritier et le légitimaire pour la portion de la déduction à opérer sur le légitimaire dont l'héritier aurait fait abandon. Dans l'un comme dans l'autre cas, les légataires auraient été admis à prétendre que l'héritier avait eu tort de ne pas opérer la déduction sur le légitimaire, parce que ce dernier avait démérité du défunt, ou que l'on aurait pu transiger à de meilleures conditions. Au temps de Justinien, cet empereur s'étant borné à dire que la Falcidie ne serait pas opposable au légitimaire de manière à le réduire au-dessous de sa quarte (2), il en résulte que l'héritier n'a plus de choix, et qu'en n'opérant pas de déduction il n'a fait qu'obéir à la constitution de l'empereur, et que dès lors, aucune exception à la loi Falcidie n'ayant été introduite pour ce cas, il doit avoir sa quarte Falcidie entière, ce qui fera supporter en entier par les autres légataires la portion contributoire du légitimaire.

Justinien ordonna que la quarte fût fournie et complétée avec les biens mêmes du défunt, *ex ipsa substantia patris,* et non en une somme d'argent, et qu'on ne fît pas entrer dans le calcul les biens que le fils avait acquis *aliunde,* par exemple, par voie de substitution ou par suite d'un droit d'accroissement en matière d'usufruit (3). — Il voulut aussi que toute

(1) Cbn. les deux textes précités.
(2) L. 36, pr., C., De inoff. test. (iii, 28).
(3) Ibidem.

condition, tout délai ou toute charge diminuant la quarte, ne donnassent pas lieu à la plainte d'inofficiosité, mais fussent considérés comme des dispositions non écrites (1). Il alla plus loin et décida que si quelqu'un avait institué un héritier autre que le légitimaire, en lui ordonnant de restituer l'hérédité au légitimaire après un certain délai, ou à sa mort, ou sous quelque condition, la quarte devait toujours être fournie au légitimaire sans avoir égard à la condition ou au terme, ou sans attendre la mort de l'héritier, et le reste de l'hérédité lui être rendu après le délai fixé, ou après l'accomplissement de la condition, ou après la mort de l'héritier, selon ce qui aurait été ordonné par le testateur (2). Au temps classique, dans le cas de la restitution ordonnée conditionnellement, il y aurait eu lieu à la plainte d'inofficiosité (3), et dans le cas où elle aurait été ordonnée à terme, les dispositions du testateur auraient été à l'abri de toute attaque et auraient dû être exécutées (4). Il résulte des principes que nous venons d'étudier qu'au temps classique, le testament en vertu duquel le légitimaire aurait eu soit la nue-propriété, soit l'usufruit de toute l'hérédité, aurait été inattaquable, et qu'au contraire sous Justinien, le légitimaire aurait reçu dans les deux cas la pleine propriété du quart de l'hérédité et la nue-propriété, dans un cas, ou l'usufruit, dans l'autre, des trois autres quarts.

Justinien infligea une peine à l'héritier qui, poursuivi par le légitimaire, n'aurait pas payé la quarte avant la sentence. Il voulut que cet héritier fût condamné à payer non-seulement ce que le testateur avait ordonné, mais encore le tiers en sus (5).

Mentionnons, pour ne rien omettre des innovations de Justinien dans notre matière, une disposition législative

(1) L. 32, C., De inoff. test. (III, 28).
(2) L. 36, § 1, C., De inoff. test. (III, 28).
(3) L. 25, C., De inoff. test. (III, 28).
(4) Arg. de la l. 8, § 11, D., De inoff. test. (V, 2).
(5) L. 33, pr., C., De inoff. test. (III, 28).

spéciale aux fils orthodoxes de parents hérétiques, juifs ou
samaritains. Ils devaient, lorsqu'ils n'avaient aucune faute
à se reprocher envers leurs parents, recevoir tout ce qu'ils
auraient reçu *ab intestat*, et dans le cas contraire ils avaient
néanmoins droit à la légitime ordinaire (1).

Nous avons déjà dit que la plainte d'inofficiosité n'était
accordée qu'à ceux qui auraient été appelés à la succession
du testateur s'il était mort intestat (2). Il suit de là que
celui qui n'y serait appelé que par le droit prétorien, par
exemple, un fils émancipé, devrait, avant d'intenter la plainte
d'inofficiosité, demander au préteur la *bonorum possessio*. En
effet, la plainte d'inofficiosité est une pétition d'hérédité ;
celui qui l'intente prétend que l'hérédité lui appartient. S'il
ne peut le prétendre qu'en vertu du droit prétorien, il faut
qu'il ait préalablement demandé la *bonorum possessio ;* car une
bonorum possessio n'appartient qu'à ceux qui l'ont demandée.
Mais si les héritiers institués ont demandé la *bonorum possessio* avant le légitimaire, le préteur l'accordera-t-il aussi à
ce dernier? Oui, mais alors il lui accordera une *bonorum possessio* d'une nature particulière, n'ayant d'autre but que de
lui permettre d'intenter la plainte d'inofficiosité, et ne donnant aucun droit à l'interdit *quorum bonorum ;* de telle sorte
que les héritiers institués continueront, *pendente lite,* de posséder l'hérédité (3). — Lorsque le testament avait été en première instance rescindé sur la plainte d'un fils du testateur,
et que ce fils se trouvait dans la misère, il devait lui être
fourni pendant l'instance sur l'appel des aliments proportion-
nés à l'importance de la partie de l'hérédité à laquelle il devait
avoir droit s'il l'emportait aussi en appel. Cela résulte d'un
texte d'Ulpien (4), qui le décide ainsi dans une espèce qu'il

(1) L. 13, § 1 et 2, C., De hæret. et manich. et samarit. (I, 5).
(2) L. 14 et l. 31, pr., D., De inoff. test. (v, 2).
(3) L. 2, C., De inoff. test. (III, 28). — Dans cette circonstance la *querela
testamenti inofficiosi* sera un des rares cas dans lesquels se présentait la *possessoria hereditatis petitio.*
(4) L. 27, § 3, D., De inoff. test. (v, 2).

raconte et dans laquelle le demandeur était un pupille ; de telle sorte que ce texte laisse indécise la question de savoir si cette décision s'appliquait aussi dans le cas où il s'agissait d'un fils pubère. Ce texte prouve en outre que les héritiers institués conservaient la possession de l'hérédité pendant l'instance sur l'appel, même lorsqu'ils avaient succombé devant les premiers juges. — Le descendant impubère et exhérédé auquel on aurait contesté sa qualité de descendant ne recevait pas la *bonorum possessio Carboniana*, et le procès sur son état n'était pas différé jusqu'à sa puberté (1). En effet, l'*edictum Carbonianum* ne s'appliquait que lorsqu'on contestait l'état d'un impubère qui, en lui supposant la qualité de descendant, aurait été soit *heres*, soit *bonorum possessor*, et qui en outre n'aurait pas eu droit à l'hérédité en supposant qu'il ne fût pas au nombre des descendants (2). — Si les légitimaires s'étaient emparés des biens héréditaires et que les héritiers institués eussent laissé passer le délai à l'expiration duquel ils ne pouvaient plus demander la *bonorum possessio* (3), ces derniers, ne pouvant déposséder les légitimaires à l'aide de l'interdit *quorum bonorum*, auraient été obligés d'intenter l'*hereditatis petitio*, à laquelle les légitimaires auraient répondu en demandant la rescision du testament pour cause d'inofficiosité (4). Dans ce cas donc la *querela testamenti inofficiosi* se présentait à l'état d'exception. Il pouvait même arriver que la plainte d'inofficiosité se présentât à l'état de réplique. Paul nous dit : « Qui inofficiosum dicere [*non*] potest, hereditatem petere non prohibetur (5). » Cujas préfère la leçon des éditions qui suppriment le *non* que nous avons mis entre deux crochets. Avec ce mot le texte est en effet complétement inexplicable. En le supprimant, ce texte

(1) L. 20, D., De inoff. test. (v, 2). V. l. 1, pr., D., De Carb. edict. (XXXVII, 10).
(2) L. 1., §§ 3 et 8, et l. 11, D., De Carb. edict. (XXXVII, 10).
(3) Inst., lib. III, tit. IX, § 9.
(4) L. 8, § 13, D., De inoff. test. (v, 2).
(5) Sent., lib. IV, tit. v, § 4.

signifie qu'au lieu d'intenter la *querela testamenti inofficiosi*, le légitimaire peut intenter la pétition d'hérédité ordinaire. Son adversaire lui répondra en se basant sur le testament, et il répliquera en demandant la rescision de ce testament comme inofficieux (1).

SECTION IV

Des effets d'une sentence annulant en tout ou en partie un testament pour cause d'inofficiosité.

Examinons maintenant quels étaient les effets d'une sentence prononçant qu'un testament était inofficieux. Ulpien répond à cette question en ces termes. « Si ex causa de inofficiosi « cognoverit judex, et pronunciaverit contra testamentum, nec « fuerit provocatum, ipso jure rescissum est, et suus heres erit, « secundum quem judicatum est; et bonorum possessor, si hoc « se contendit : et libertates ipso jure non valent, nec legata « debentur : sed soluta repetuntur aut ab eo qui solvit, aut ab « eo qui obtinuit : et hæc utili actione repetuntur. Fere autem, « si ante controversiam motam soluta sunt, qui obtinuit repe- « tit : et ita Divus Hadrianus et Divus Pius rescripserunt (2). » Ulpien examine ici le cas dans lequel le légitimaire ayant revendiqué par la plainte d'inofficiosité toute l'hérédité, le testament aurait été rescindé en entier. Le résultat de cette sentence sera de remettre les choses au même état que si le défunt était mort intestat; « nam intestatum patremfamiliam « facit, » dit ailleurs le même jurisconsulte (3). En conséquence, le légitimaire sera soit *heres*, soit *bonorum possessor*, suivant les circonstances. En conséquence encore, les affranchisse-

(1) V. Cujas sur le texte de Paul précité, et Vinnius, *Select. juris quæst.*, lib. I, cap. xix, in fine.

(2) L. 8, § 16, D., De inoff. test. (v, 2).

(3) L. 6, § 1, D., De inoff. test. (v, 2).

ments testamentaires seront annulés, et les legs ne seront pas dus. Mais *quid*, s'ils ont été payés? Le jurisconsulte répond : « Sed soluta repetuntur aut ab eo qui solvit, aut ab « eo qui obtinuit. » Ils seront donc répétés soit par l'*heres scriptus*, soit par le légitimaire qui a obtenu gain de cause. Il nous reste à savoir dans quel cas ils seront répétés par l'un, dans quel cas ils seront répétés par l'autre. On applique ici les principes qui régissent l'*hereditatis petitio*, puisque la plainte d'inofficiosité est, ainsi que nous l'avons vu, une espèce particulière de pétition d'hérédité. Un sénatus-consulte porté au temps d'Adrien, et que les interprètes désignent quelquefois sous le nom de sénatus-consulte Juventien, du nom de *Publius Juventius Celsus*, l'un des consuls qui furent chargés par l'empereur d'en porter la proposition au sénat, avait décidé que les possesseurs de bonne foi d'une hérédité ne seraient tenus des choses héréditaires que jusqu'à concurrence de ce dont ils seraient devenus plus riches, *usque eo duntaxat quo locupletiores ex ea re facti essent*, tandis que les possesseurs de mauvaise foi seraient tenus pour le tout de restituer les choses héréditaires qu'ils posséderaient ou qu'ils auraient cessé de posséder par leur dol (1). Ces principes, sainement appliqués, avaient conduit les jurisconsultes à décider que, si une chose héréditaire avait été aliénée, de telle sorte que le possesseur n'eût reçu comme équivalent qu'une action personnelle contre un tiers, il ne devait être tenu, dans le cas où il serait de bonne foi, que de transporter cette action au véritable héritier (ce qui, d'après les principes du droit romain, se faisait en constituant celui à qui on voulait transporter une action *procurator 'in rem suam*), tandis qu'il devait rendre la valeur de la chose elle-même s'il était de mauvaise foi (2). Il faut encore savoir que les possesseurs de bonne foi étaient assimilés aux possesseurs de mauvaise

(1) Ce sénatus-consulte est rapporté au Digeste, l. 20, § 6, De hered. pet. (v, 3).

(2) L. 18, pr., D., De hered. pet. (v, 3); l. 61, D., De adm. et peric. tut. (xxvi, 7).

foi à partir de la première interpellation qui leur avait été faite, *quo primum scierit quisque eam a se peti* (1). Appliquons ces principes au cas qui nous occupe. Si l'*heres scriptus* était possesseur de bonne foi et qu'il eût payé des legs avec des choses héréditaires *ante motam controversiam*, il ne devrait au légitimaire victorieux que la *condictio indebiti* qu'il aurait contre les légataires, et il la lui transporterait en le constituant *procurator in rem suam*. Ulpien nous apprend même que, sans qu'il fût besoin de cette formalité, on aurait, en exécution d'un rescrit de l'empereur Adrien, accordé au légitimaire une *condictio indebiti utilis* (2). Dans les mêmes circonstances, si l'*heres scriptus* avait payé des legs *de suo*, avec des choses prises dans son patrimoine, il devrait lui en être tenu compte, pourvu qu'il cédât au légitimaire la *condictio indebiti* en le constituant *procurator in rem suam* (3). Cette cession d'action cessa dans ce cas, comme dans le précédent, d'être nécessaire après le rescrit d'Adrien qui accordait au légitimaire la *condictio indebiti utilis*. Si, au contraire, l'*heres scriptus* avait payé des legs *post motam controversiam*, il devrait la valeur des choses héréditaires payées aux légataires ; en sorte que ce serait lui qui les répéterait par la *condictio indebiti*, et s'il avait payé des legs *de suo*, il n'aurait droit à aucune déduction. Il en serait de même dans le cas où il aurait payé des legs *ante motam controversiam*, s'il était possesseur de mauvaise foi. Il est bon de remarquer qu'il arrivait rarement que le défendeur à une plainte d'inofficiosité pût être considéré comme possesseur de mauvaise foi de l'hérédité. En effet, il possédait en vertu du testament, et le choix dont il avait été l'objet de la part du testateur lui imposait le devoir de défendre sa mémoire et ses dispositions, le *judicium defuncti* à l'égard de ses proches. Il n'était sans doute considéré comme

---

(1) L. 20, § 6, in fine, D., De hered. pet. (v, 3). V. aussi même loi, § 11, et l. 25, § 7, D., eod. tit.

(2) L. 8, § 16, D., De inoff. test. (v, 2), et l. 2, § 1, D., De condict. indeb. (xii, 6). V. aussi ll. 3, 4 et 5, D., eod. tit.

(3) L. 31, pr., D., De hered. pet. (v, 3).

10

possesseur de mauvaise foi que lorsque l'iniquité de la décision du défunt était de toute évidence. On pourrait s'étonner des décisions que nous venons d'emprunter à Ulpien et se demander pourquoi, lorsque l'*heres scriptus* avait donné en paiement à un légataire une chose héréditaire, le légitimaire avait besoin qu'on lui cédât la *condictio indebiti* ou qu'on lui donnât une *condictio indebiti utilis ;* pourquoi il n'avait pas contre le légataire la *rei vindicatio* ou la Publicienne, puisque le testament étant rescindé, le légitimaire était censé avoir été toujours héritier, et l'*heres scriptus* n'avoir jamais eu aucun droit sur les choses héréditaires. En raisonnant ainsi, on partirait d'une idée fausse : la rescision du testament n'avait point d'effet rétroactif; le légitimaire devenait héritier *ab intestat* du défunt et continuait sa personne seulement du jour de la sentence. L'*heres scriptus* avait continué cette personne depuis le jour de l'adition jusqu'au jour de la sentence, et, sauf l'obligation qui lui incombait de restituer les choses héréditaires au légitimaire, obligation plus ou moins étendue selon qu'il avait possédé de bonne ou de mauvaise foi, tous les actes qu'il avait faits étaient respectés. Il avait donc transmis la propriété au légataire auquel il avait donné en paiement une chose héréditaire, de même qu'il l'aurait transmise à un acheteur, à un donataire, etc.; de telle sorte qu'il ne pouvait résulter de ce paiement le droit pour le légitimaire d'intenter la *rei vindicatio* contre le légataire. En un mot, toutes les aliénations faites par l'*heres scriptus* avant la sentence étaient respectées. S'il avait aliéné une chose héréditaire étant possesseur de bonne foi et *ante motam controversiam*, il n'était tenu de rendre au légitimaire que l'équivalent qu'il avait reçu, par exemple, en cas de vente, le prix ; encore fallait-il dans ce cas examiner s'il n'avait pas perdu, donné ou dépensé *lautius vivendo* ce prix. En effet, il n'était tenu que *quatenus locupletior factus erat,* et il était considéré comme étant devenu plus riche seulement lorsqu'il avait conservé dans son patrimoine ce qu'il avait reçu *ex causa hereditaria* (1).

_____

(1) L. 23, pr., D., De hered. pet. (v, 3).

Si, au contraire, l'aliénation avait eu lieu *post motam contro-versiam* ou même *ante motam controversiam*, par un *heres scrip-tus* possesseur de mauvaise foi, la valeur de la chose aliénée était toujours due au légitimaire. De ce principe que l'*heres scriptus* avait continué la personne du défunt jusqu'à la sen-tence, il résultait qu'il avait été le propriétaire des esclaves héréditaires, et que tout ce que ces esclaves avaient acquis lui appartenait ; mais il était tenu de le comprendre dans la restitution de l'hérédité, à moins qu'il ne fût question de choses acquises par les esclaves *ex re heredis scripti* (1), c'est-à-dire en donnant pour équivalent des choses prises dans le patrimoine de l'*heres scriptus*. Si par ces esclaves il avait acquis des droits de créance, il devait céder au légitimaire les actions qui en résultaient en le constituant *procurator in rem suam*. S'il avait acquis par l'un de ces esclaves un droit d'usufruit, on était, à cause de l'impossibilité de transporter ce droit d'une tête sur une autre, obligé d'avoir recours à des moyens détournés : l'*heres scriptus* louait ou vendait *nummo uno* l'utilité de ce droit d'usufruit, la *perceptio fructuum*, au légitimaire ; de telle sorte qu'il ne conservait que le droit d'u-sufruit dépouillé de toute utilité, laquelle appartenait tout entière au légitimaire (2). Il résultait encore de ce principe que les débiteurs héréditaires qui avaient payé avant la sen-tence, entre les mains de l'*heres scriptus*, étaient libérés sans qu'il fût nécessaire de rechercher si les choses payées étaient parvenues au légitimaire (3), et aussi que le légitimaire n'a-vait pas besoin de l'exception de dol pour se défendre contre l'action des créanciers héréditaires qui auraient reçu, avant la sentence, leur paiement de l'*heres scriptus* (4). Il résultait du même principe que jusqu'à la sentence l'*heres scriptus*

(1) L. 32 et l. 33, pr., D., De hered. pet. (v, 3).

(2) L. 66, D., De jure dotium (xxiii, 3); Gaius, Comm. ii, § 30 ; Inst., lib. ii, tit. iv, § 2.

(3) V. l. 25, § 17, in fine, l. 31, § 5, D., De hered. pet. (v, 3), et l. 34, § 9, D., De solut. et liberat. (xlvi, 3).

(4) L. 31, pr., in fine, D., De hered. pet. (v, 3).

pouvait exercer toutes les actions héréditaires soit réelles, soit personnelles, sans qu'on pût lui opposer l'exception *si modo præjudicium hereditati non fiat,* et qu'il ne pouvait pas l'opposer aux créanciers héréditaires qui auraient agi contre lui (1). En sens inverse, le légitimaire ne pouvait, jusqu'à la sentence, exercer aucune action héréditaire, ni être poursuivi par les créanciers du défunt.

L'effet de la sentence qui prononce qu'un testament est inofficieux étant la rescision de ce testament et l'ouverture de la succession *ab intestat,* qu'arrivera-t-il si celui qui a intenté la plainte d'inofficiosité et a obtenu gain de cause n'est pas en ordre utile pour succéder *ab intestat?* Mais d'abord, dira-t-on, comment a-t-il pu gagner le procès? Ce cas devait arriver rarement; mais il pouvait se présenter. Il suffit de supposer, pour qu'il en soit ainsi, que l'*heres scriptus* n'a pas opposé au demandeur ce moyen de défense : le juge n'a pu y suppléer et, par suite, le demandeur a obtenu gain de cause ; *nemo enim eum repellit et casu obtinuerit.* Dans ce cas, sa victoire profitera à ceux qui avaient droit de recueillir l'hérédité *ab intestat* (2). L'*heres scriptus* sera tenu de restituer l'hérédité au demandeur, entre les mains duquel les véritables héritiers *ab intestat* la revendiqueront par l'*hereditatis petitio.* Il est bien entendu que nous considérerons le demandeur comme étant en ordre utile pour succéder *ab intestat,* lorsque ceux qui le précédaient auront renoncé à la plainte d'inofficiosité, ou l'auront intentée et y auront succombé (3).

De ce principe que la sentence qui déclare un testament inofficieux en entraîne la rescision, et donne ouverture à la succession *ab intestat,* il résultait encore que, nonobstant la confusion qui avait eu lieu par suite de l'adition d'hérédité, l'*heres scriptus* redevenait, selon les cas, soit créancier, soit

(1) V. Gaius, Comm. IV, § 133; l. 5, § 2, et l. 49, D., De hered. pet. (V, 3).

(2) L. 6, § 1, D., De inoff. test. (V, 2).

(3) L. 14 et l. 31, pr., D., De inoff. test. (V, 2).

débiteur du défunt, dont la personne était aujourd'hui continuée par le légitimaire victorieux, et il pouvait à cet égard y avoir entre eux lieu à compensation (1).

Nous avons déjà vu qu'il résultait également de ce principe que les affranchissements testamentaires et les legs devaient être considérés comme non avenus. Il faut en dire autant des fidéicommis (auxquels on devra appliquer tout ce que nous avons dit *supra* en ce qui concerne les legs), des nominations de tuteur et des substitutions pupillaires. Les affranchissements et les legs ne se trouveraient même pas validés par une clause codicillaire, et ne seraient pas dans ce cas dus à titre de fidéicommis imposés à l'héritier ou au *bonorum possessor ab intestat,* parce que si le testament a été rescindé, il l'a été comme émanant d'un fou ; d'où il suit que toutes les volontés dernières du défunt doivent être annulées, puisqu'elles sont toutes entachées du même vice (2). Il est bien entendu que cela ne s'applique qu'aux volontés dernières, et non aux dispositions entre-vifs qui auraient été faites par le défunt (3).

Le principe que les legs et les affranchissements testamentaires étaient annulés par la sentence qui déclarait le testament inofficieux recevait deux exceptions. Nous avons vu qu'on accordait la *querela testamenti inofficiosi* au militaire que sa mère avait, par erreur et parce qu'elle le croyait mort, omis dans son testament (4). L'empereur Adrien ordonna que dans ce cas le testament ne fût rescindé que quant à l'institution d'héritier, les affranchissements testamentaires, les legs et les fidéicommis devant être exécutés (5). La seconde exception avait été introduite par un rescrit de Marc-Aurèle et Œlius-Verus, *divorum fratrum epistola,* et avait lieu dans le cas où le testament avait été déclaré inof-

(1) L. 21, § 2, D., De inoff. test. (v, 2).
(2) L. 13, D., De inoff. test. (v, 2); 1. 36, D., De legat. 3º (xxxii).
(3) L. 11, D., De inoff. test. (v, 2).
(4) L. 27, § 4, D., De inoff. test. (v, 2).
(5) L. 28, D., De inoff. test. (v, 2).

ficieux sans que l'*heres scriptus* en eût pris la défense, c'est-à-dire dans le cas d'une sentence rendue par défaut contre lui (1). Dans ces deux cas exceptionnels, les légataires et fidéicommissaires avaient contre le légitimaire victorieux l'action qu'ils auraient eue contre l'*heres scriptus*, si le testament n'eût pas été rescindé. — La faveur due à la liberté avait même fait introduire des exceptions particulières aux affranchissements testamentaires. Ainsi, les affranchissements fidéicommissaires restaient valables malgré la rescision du testament; mais les esclaves objets de cette libéralité devaient payer au légitimaire victorieux vingt pièces d'or, prix ordinaire d'un esclave (2). Ainsi encore, lorsque par exception la plainte d'inofficiosité était permise *ex magna et justa causa*, quoique éteinte par le laps de temps, les libertés résultant du testament, même directement, étaient maintenues, toujours à la condition du paiement de vingt pièces d'or à effectuer par l'affranchi (3). — Si l'*heres scriptus*, pour accomplir la condition sous laquelle il avait été institué, avait affranchi un de ses esclaves, les principes s'opposant à la révocation d'un affranchissement, l'esclave ainsi affranchi resterait libre, quoique plus tard l'*heres scriptus* fût privé de l'hérédité par suite d'une plainte d'inofficiosité intentée contre lui; mais dans ce cas encore il serait dû par l'affranchi vingt pièces d'or à son ancien maître (4).

Si deux légitimaires ont été exhérédés ou omis et n'ont point reçu la quarte légitime, chacun d'eux aura la *querela testamenti inofficiosi* et pourra revendiquer l'hérédité tout entière. Nous les supposons appelés tous deux et au premier rang à la succession *ab intestat,* ou bien encore précédés par des personnes qui auraient perdu le droit d'intenter la *que-*

---

(1) L. 17, § 1, et l. 18, D., De inoff. test. (v, 2); l. 14, § 1, D., De appellat. et relat. (xlix, 1).

(2) L. 9, D., De inoff. test. (v, 2).

(3) L. 8, § 17, D., De inoff. test. (v, 2). V. l. 4, C., De inoff. test. (iii, 28).

(4) L. 26, D., De inoff. test. (v, 2).

rela testamenti inofficiosi ou qui, l'ayant intentée, y auraient succombé. Si l'un d'eux, ayant intenté la plainte d'inofficiosité, a fait prononcer la rescision du testament, sa victoire profitera aussi à l'autre, qui sera admis à concourir avec lui ; l'*heres scriptus* sera tenu de remettre à celui qui a plaidé contre lui et obtenu sentence la totalité de l'hérédité, et le légitimaire qui n'a pas agi pourra intenter contre celui qui est son cohéritier *ab intestat* l'*hereditatis petitio,* par laquelle il revendiquera entre ses mains la moitié de l'hérédité. Le légitimaire victorieux n'aurait pas ce concours à subir si l'autre légitimaire avait intenté la plainte d'inofficiosité et y avait succombé, ou bien encore s'il avait laissé écouler le délai dans lequel elle devait être intentée, ou si enfin il y avait renoncé (1). Mais ce concours aurait lieu dans le cas où l'un des deux aurait reçu, par institution d'héritier, legs, fidéicommis ou donation à cause de mort, sa quarte légitime, et où le testament aurait été rescindé sur la plainte de l'autre. On ne considérerait pas comme ayant renoncé à la succession *ab intestat* le légitimaire qui, institué héritier pour partie, aurait fait adition d'hérédité *ex testamento* (2), ou aurait accepté la libéralité testamentaire qui était destinée à le remplir de sa quarte. Si cette libéralité était inférieure à la quarte et qu'il l'eût acceptée, il aurait ainsi renoncé à la plainte d'inofficiosité et ne concourrait pas *ab intestat* avec l'autre légitimaire, qui aurait ainsi toute l'hérédité. Dans le cas où les deux légitimaires auraient été exhérédés ou omis, et où aucun d'eux n'aurait reçu la quarte légitime, le légitimaire victorieux ne pourrait pas, pour conserver l'hérédité tout entière, prétendre que son cohéritier avait démérité du défunt et, par conséquent, encouru l'exhérédation ou l'omission dont il avait été frappé. Mais, comme nous venons de le dire, la part de ce cohéritier lui accroît lorsque celui-ci a perdu le droit d'intenter la plainte d'inofficiosité, ou lorsque, l'ayant intentée, il y a suc-

---

(1) L. 16, pr.; l. 17, pr., et l. 23, § 2, D., De inoff. test. (v, 2).
(2) L. 19, D., De inoff. test. (v, 2).

combé. On opposerait en vain la loi 8, § 8, D., *De inoff. test.* (v, 2). En effet, dans l'espèce prévue par ce texte, il s'agit de savoir si un fils exhérédé a reçu sa quarte légitime, c'est-à-dire le quart de ce qu'il aurait reçu *ab intestat*, et, par suite, s'il peut intenter la plainte d'inofficiosité. Pour savoir s'il a reçu cette quarte, le jurisconsulte tient compte de l'existence d'un autre fils, quoiqu'il soit exhérédé et qu'il ait succombé dans une attaque qu'il a dirigée contre le testament paternel qu'il prétendait être inofficieux à son égard, ou bien quoiqu'il ait renoncé à la plainte d'inofficiosité. Le *paterfamilias* n'avait violé les devoirs que lui imposaient les liens du sang à l'égard d'aucun de ses deux fils ; l'un avait mérité l'exhérédation, l'autre avait reçu le quart de ce qu'il aurait eu *ab intestat*. La mauvaise conduite du premier eût été sans influence sur ce que son frère aurait dû recueillir, si le père commun était mort sans testament ; malgré cette mauvaise conduite, chacun de ces enfants eût eu dans ce cas la moitié de l'hérédité, et c'est dès lors le quart de la moitié, et non le quart du tout qui forme la quarte légitime de l'enfant qui n'a pas été ingrat. En effet, si la mauvaise conduite de son frère ne modifie pas sa portion *ab intestat,* elle ne peut en modifier une part aliquote qui sert à décider s'il a ou n'a pas la plainte d'inofficiosité, selon qu'il l'a ou ne l'a pas reçue. Quand, au contraire, chacun des deux légitimaires a le droit d'attaquer le testament, ou que ce droit appartient à l'un d'eux, l'autre ayant reçu sa quarte, il s'ensuit que, le testament étant rescindé, il y a dévolution de l'hérédité *ab intestat;* et une fois l'hérédité ouverte *ab intestat* il y a entre les deux légitimaires lieu au droit d'accroissement suivant les règles ordinaires. S'il existait un seul légitimaire et que, n'ayant pas reçu sa quarte légitime, il eût le droit d'intenter la plainte d'inofficiosité, il pourrait par cette action revendiquer toute l'hérédité. Il doit donc en être de même lorsque la perte de l'action ou la perte du procès sur l'action intentée fait disparaître de la scène le cohéritier *ab intestat*. En résumé, s'agit-il du calcul de la quarte pour savoir si la plainte d'inofficiosité appartient ou non à un légitimaire, il faut dans tous les cas et sans exception compter tous ceux qui seraient venus avec lui à la succession *ab intestat*. S'agit-il, au contraire, cette première question étant résolue affirmativement, de savoir à qui reviendra l'hérédité après la rescision du testament, il faut dans ce cas faire concourir avec le légitimaire victorieux ceux de ses cohéritiers *ab intestat* qui, ayant reçu leur quarte, n'ont jamais eu la plainte d'inofficiosité, et ceux qui auraient encore le droit de l'intenter, et décider que la part de ceux qui, ayant eu ce droit, l'ont perdu, accroît tout entière à ceux dont nous venons de parler (1).

La plainte d'inofficiosité pouvait-elle conduire à une rescision partielle du testament attaqué? Ulpien nous apprend que cela arrivait fréquemment et nous cite l'exemple suivant. Le défunt avait un frère; il l'a omis et a institué deux héritiers, l'un *integræ existimationis*, l'autre *turpis persona* : le frère ne pourra obtenir la rescision du testament que contre ce dernier. Il aura donc une partie de l'hérédité qu'il recevra *ab intestat*, tandis que l'autre portion sera conservée *ex testamento* par l'*heres scriptus integræ existimationis* (2). « Nec « absurdum videtur, *dit Papinien*, pro parte intestatum vi- « deri (3). » Cujas développe ainsi l'idée contenue dans cette phrase de Papinien : « Absurdum autem non est, testatum « ex post facto pro parte intestatum fieri. Aliud est esse, « aliud videri, aliud decedere pro parte intestatum ab initio, « aliud postea decessisse videri. Et rursus aliud est videri, « aliud esse. Qui fit intestatus, videtur esse, nec tamen fuit « ab initio. Et certe in l. 6, § pen., et l. *qui repudiantis,* h. t., « eum, qui egit querela et obtinuit, patremfamilias facere in- « testatum; obtinet, ut fiat intestatus, non etiam, ut deces-

(1) *Sic* Cujas, ıv^e vol. des Œuvres posthumes, ı^{re} part., Comm. in tit. ıı, De inoff. test., lib. **v**, D., ad legem 8, § 8; Vinnius, *Select. juris quæst.*, lib. ı, cap. **xxı**; Pothier, Pand. in novum ord., tom. ııı, ad tit. De inoff. test. (**v**, 2), n^{os} **xvııı** et **xxxıv**, note (5).

(2) L. 24, D., De inoff. test. (**v**, 2).

(3) L. 15, § 2, D., De inoff. test. (**v**, 2).

« serit. Et absurdum non est, testatorem habuisse partem
« mentis sanam, aliam insanam, ut simuletur quis furoris
« pro una parte, non autem pro altera parte (1). » Nous avons
vu que lorsque, deux héritiers ayant été institués et des
substitués leur ayant été donnés, un posthume avait été exhérédé par rapport aux institués et omis par rapport aux substitués, si l'un des héritiers faisait défaut, le posthume rompant
par sa naissance la partie du testament en vertu de laquelle
le substitué était appelé à la place de l'institué défaillant, le
testament était rompu pour le tout, et l'hérédité appartenait
dans ce cas tout entière *ab intestat* au posthume, pour éviter
que le testateur ne fût mort partie *testat* et partie *intestat* (2).
Comment concilier cette décision avec celle que nous venons
de rapporter ? La différence entre ces deux décisions vient de
ce que la rupture est concomitante avec le décès, tandis que
la rescision du testament pour cause d'inofficiosité a lieu *ex
post facto*, et, comme Cujas vient de nous l'expliquer, la règle
que nul ne peut mourir partie *testat*, partie *intestat*, ne s'appliquait pas lorsque cette dévolution insolite de l'hérédité avait
lieu *ex post facto*.

Papinien nous rapporte un autre cas dans lequel la plainte
d'inofficiosité amenait la rescision partielle du testament attaqué. Il suppose qu'un fils exhérédé, ayant intenté son
action contre deux héritiers institués, a gagné son procès
contre l'un et succombé à l'égard de l'autre (3). Ce cas ne
se présentait-il que par suite de l'erreur de l'un des juges,
ou pouvait-il arriver dans d'autres circonstances ? Par exemple, si nous supposons un fils exhérédé par un testateur qui
a institué pour héritier son autre fils et un étranger, le fils
exhérédé devra-t-il revendiquer l'hérédité tout entière, sauf
à la recueillir *ab intestat* en concours avec son frère ? ou

(1) Comm. ad Papiniani Quæst., lib. xiv, ad hanc legem 15, § 2, D., De
inoff. test. (v, 2). V. aussi Pothier, Pand. in novum ord. tom. iii, ad tit. De
inoff. test. (v, 2), n. xxxix, notes (3) et (4).

(2) L. 19, pr., D., De injust. rupt., etc. (xxviii, 3).

(3) L. 15, § 2, D., De inoff. test. (v, 2).

bien devra-t-il intenter son action seulement contre l'héritier externe, pour lui demander la moitié qu'il a recueillie (1), de telle sorte qu'on arrive à faire que l'un des fils ait la moitié de l'hérédité paternelle *ab intestat*, et son frère l'autre moitié *ex testamento?* Cujas se prononce pour cette dernière opinion, que Paul admet, mais avec une certaine hésitation, dans le seul texte qui traite la question (2).

Cette hésitation nous prouve qu'il y avait eu sur ce point controverse entre les jurisconsultes. Cujas est tellement d'avis que l'opinion de Paul avait prévalu que, pour l'explication de l'espèce proposée par Papinien, il suppose que le fils exhérédé a gagné son procès contre l'un des institués et l'a perdu contre l'autre, parce que l'un des deux institués était son frère, lequel devait conserver *ex testamento* la portion pour laquelle il avait été institué (3). De même Cujas admet que, lorsque de deux fils l'un a été exhérédé et l'autre institué pour le tout, le fils exhérédé n'amènera par la plainte d'inofficiosité intentée victorieusement qu'une rescision partielle du testament paternel, de telle sorte que l'un des fils aura la moitié de l'hérédité *ab intestat*, tandis que l'autre recueillera l'autre moitié *ex testamento* (4).

Bien plus, Cujas fait remarquer que, par suite d'une plainte d'inofficiosité victorieuse, il peut non-seulement arriver, comme nous venons de le voir, qu'une partie de l'hérédité soit dévolue *ab intestat* et l'autre *ex testamento*, mais encore qu'un seul et même individu soit tout à la fois et par rapport à l'hérédité de la même personne héritier *ab intestat* et héritier testamentaire : « Proinde, *dit-il*, querela testamenti inoffi- « ciosi non hoc tantum efficit, ut unus sit heres ex testa- « mento, alter ab intestato, sed etiam efficit, ut unus idem-

(1) V. l. 1, § 3, D., Si pars hered. pet. (v, 4).
(2) L. 19, D., De inoff. test. (v, 2).
(3) Comm. ad Papiniani quæst., lib. xiv, ad legem 15, § 2, D., De inoff. test. (v, 2).
(4) Ibid. et iv⁰ vol. des Œuvres posthumes, 1ʳᵉ partie, Comm. in tit. ii, De inoff. test., lib. v, D., ad legem 16.

« que homo partim heres sit ex testamento, partim ab
« intestato (1). » Tel est en effet le résultat auquel conduit
une espèce prévue par Paul (2). Voici cette espèce. Une mère
avait institué un étranger pour les trois quarts, l'une de ses
filles pour un quart; elle avait passé sous silence sa seconde
fille. Celle-ci ne peut, par la plainte d'inofficiosité, agir que
contre l'héritier externe, et elle ne peut revendiquer entre
ses mains que ce qu'elle aurait eu si sa mère était morte
sans testament, c'est-à-dire la moitié de l'hérédité. Elle recueillera cette moitié *ab intestat*. Sa sœur conservera *ex testamento* le quart qu'elle a déjà, et puisque l'hérédité est pour
les trois quarts ouverte *ab intestat*, elle revendiquera le dernier quart entre les mains de l'héritier externe; de telle sorte
que, appelée à la moitié de l'hérédité, elle en recueillera un
quart *ex testamento* et l'autre quart *ab intestat*.

Dans le cas où une personne qui ne serait point en ordre utile pour succéder *ab intestat* aurait néanmoins intenté
victorieusement la plainte d'inofficiosité contre l'un des deux
institués qui aurait négligé de lui opposer ce moyen de défense, le testament subsistant partiellement, la victoire du
demandeur lui profiterait, et non à ceux qui lui sont préférables *ab intestat* (3). Nous avons vu qu'il en serait autrement
dans le cas où cette personne qui n'était pas en ordre utile
ab intestat aurait, par suite de la négligence de l'*heres scriptus*, obtenu la rescision totale du testament (4).

Voyons maintenant quels étaient les effets de la rescision
partielle d'un testament. Dans les cas où elle se présentait, le
légitimaire victorieux pouvait, pour une part proportionnelle
à la partie de l'hérédité qu'il avait obtenue, exercer toutes
les actions héréditaires tant réelles que personnelles, et être

(1) V. les deux passages précités *in fine*.
(2) L. 19, D., De inoff. test. (v, 2).
(3) L. 25, § 1, D., De inoff. test. (v, 2).
(4) L. 6, § 1, D., De inoff. test. (v, 2). V. Cujas, iv⁰ vol. des Œuvres
posthumes, Comm. in tit. ii, De inoff. test., lib. v, D., ad legem 6, pr., et
§ 1.

poursuivi par les créanciers du défunt. La division de l'hérédité entre lui et ceux qui conservaient une portion de l'hérédité *ex testamento* s'opérait soit à l'amiable, soit à l'aide de l'action *familiæ erciscundæ* qu'il intentait contre ses cohéritiers ou que ceux-ci intentaient contre lui (1). En ce qui touche les legs et les fidéicommis, ils n'étaient dus que pour les parts afférentes aux héritiers testamentaires qui étaient seuls soumis à l'action des légataires et des fidéicommissaires; pour la part afférente au légitimaire victorieux, ils étaient considérés comme non avenus (2). Il suit de là que si le testament contenait un legs *per præceptionem* en faveur de l'un des héritiers institués, ce legs ne produisait aucun effet à l'égard du légitimaire; mais le juge de l'action *familiæ erciscundæ* aurait dû en tenir compte à l'égard des autres cohéritiers. Qu'arrivait-il donc lorsque la chose léguée était indivisible, par exemple, lorsque le testateur avait légué *per damnationem* une servitude réelle? Si le légitimaire consentait à la constitution de la servitude, le légataire pouvait exiger cette constitution, à la charge de payer au légitimaire la part de la valeur estimative de la servitude correspondante à la part de l'hérédité recueillie *ab intestat.* Si, au contraire, le légitimaire ne consentait pas à la constitution de la servitude, le légataire pouvait, il est vrai, *intendere dare sibi oportere servitudinem;* mais il n'obtenait que la part de la valeur estimative de la servitude correspondante à la part de l'hérédité recueillie *ex testamento* (3). Quant aux affranchissements testamentaires, la liberté étant indivisible, ils étaient maintenus (4); mais les esclaves ainsi affranchis devaient payer au légitimaire une partie du prix ordinaire d'un esclave correspondante à la portion de l'hérédité recueillie *ab intestat* (5).

(1) L. 15, § 2, D., De inoff. test. (v, 2).

(2) L. 13, C., De inoff. test. (III, 28].

(3) L. 76, pr., D., De legat. 2º (xxxI)

(4) Ibidem; l. 13, C., De inoff. test. (III, 28); l. 6, D., De dot. collat. (xxxvII, 7).

(5) L. 29, pr., D., De except. rei jud. (xLIV, 2].

Nous savons déjà que les substitutions pupillaires contenues dans un testament qui n'était rescindé que partiellement étaient maintenues (1). On suivait probablement les mêmes principes en ce qui touche les nominations de tuteur (2).

SECTION V

Quels étaient les modes d'extinction de la querela testamenti inofficiosi? *Des peines encourues par le demandeur qui succombait dans cette action.*

Comment une personne ayant le droit d'attaquer un testament par la *querela inofficiosi testamenti* pourra-t-elle perdre ce droit? Quels sont les modes d'extinction de cette action? Le premier qui se présente à l'esprit est la transaction intervenue entre le légitimaire à qui cette action appartiendrait et l'*heres scriptus*. Voyons donc quels étaient les effets d'une semblable transaction. Il serait trop long d'entrer ici dans tous les détails de la théorie des contrats : nous ne ferons que rappeler ce qui sera nécessaire à l'intelligence des principes que nous avons à exposer. La transaction n'était pas à Rome au nombre des contrats nommés : c'était un *nudum pactum ;* il ne pouvait en résulter une action, mais elle donnait naissance à l'exception *pacti conventi*. Si cependant, au consentement des parties, on avait ajouté la forme de la demande et de la réponse, il y aurait eu stipulation, et par suite elle eût produit une action. De même, si la décision qui avait été adoptée par les parties sur un point litigieux avait été

---

(1) L. 8, § 5, D., De inoff. test. (v, 2).
(2) *Sic* Cujas, Comm. ad Papiniani quæst. lib. xiv, ad legem 15, § 2, D., De inoff. test. (v, 2).

confirmée par une dation ou par un fait exécuté par l'une des parties, la transaction eût été comptée au nombre des contrats innomés. Appliquons ces principes à notre matière. Un héritier institué a transigé avec un parent du défunt auquel appartenait la *querela testamenti inofficiosi*. Moyennant l'abandon que ce dernier a fait de son action, l'*heres scriptus* lui a abandonné une partie de l'hérédité, ou bien lui a payé une certaine somme, ou bien lui a transféré la propriété d'une chose quelconque. Si le légitimaire, nonobstant cette transaction, intente la *querela testamenti inofficiosi*, l'*heres scriptus* le repoussera par l'exception *pacti conventi*, ou, s'il le préfère, il plaidera, et, qu'il gagne ou qu'il perde son procès, il redemandera ce qu'il a donné pour obtenir *liberationem controversiæ:* il le redemandera par la *condictio ob rem dati re non secuta*, puisqu'il a transféré la propriété *ob causam futuram quæ secuta non est*. Si les parties avaient éteint l'action par la stipulation aquilienne suivie d'acceptilation, la situation serait la même ; mais si l'*heres scriptus* ne voulait pas plaider, il n'aurait pas besoin d'opposer l'exception *pacti conventi*, l'action du légitimaire étant éteinte *ipso jure* (1). Si les parties avaient ajouté à la transaction et par voie de stipulation une clause pénale (2), si l'*heres scriptus* n'opposait pas l'exception *pacti conventi* et préférait plaider, il pourrait demander tout à la fois par la *condictio ob rem dati re non secuta* ce qu'il a donné, et par la *condictio certi* le montant de la clause pénale (3). Si la clause pénale avait été stipulée *rato manente pacto*, la clause pénale pourrait être demandée par l'*heres scriptus*, alors même qu'il aurait opposé l'exception *pacti conventi* (4). Si l'*heres scriptus* avait fait abandon de toute l'hérédité au légitimaire à la condition que celui-ci lui donnerait soit une somme, soit une chose quelconque, il aurait, pour forcer son adversaire à

(1) V. Inst., lib. III, tit. XXIX, § 2, et l. 18, § 1, D., De acceptilat. (XLVI, 4).

(2) V. l. 15, D., De transact. (II, 15).

(3) L. 40, C., De transact. (II, 4).

(4) L. 16, D., De transact. (II, 15); l. 17, C., eod. tit. (II, 4).

l'exécution de ses obligations, soit l'*actio ex stipulatu*, s'il y avait eu stipulation, soit l'action *præscriptis verbis*, dans le cas contraire (1). Si le légitimaire avait fait abandon de son action à la condition que l'*heres scriptus* lui donnerait une somme ou une chose quelconque et garderait l'hérédité, il aurait, pour forcer l'*heres scriptus* à exécuter ses obligations, l'*actio ex stipulatu*, s'il y avait eu stipulation ; sinon il faudrait distinguer. Si la plainte d'inofficiosité était éteinte soit par stipulation aquilienne suivie d'acceptilation, soit par le laps de temps, l'obligation du légitimaire de ne pas intenter la plainte d'inofficiosité serait complétement exécutée, et dès lors il aurait l'action *præscriptis verbis* (2) ; si, au contraire, le droit d'intenter la plainte d'inofficiosité subsistait encore, il n'y aurait aucun moyen de faire exécuter la transaction : aussi le légitimaire intenterait-il la plainte d'inofficiosité. C'est pourquoi Ulpien nous dit : « Si, instituta de inofficioso testamento « accusatione, de lite pacto transactum est, nec fides ab « herede transactioni præstatur, inofficiosi causam integram « esse placuit (3). » Si toutefois dans ce dernier cas l'*heres scriptus* contre lequel la plainte d'inofficiosité aurait été dirigée opposait à son adversaire l'exception *pacti conventi*, celui-ci lui répondrait par la *replicatio doli*, et l'obligerait ainsi à l'exécution de la transaction (4). — La transaction avait entre les parties la même autorité que la chose jugée : « Non « minorem auctoritatem transactionum, » nous disent les empereurs Dioclétien et Maximien, « quam rerum judicatarum « esse, recta ratione placuit (5). » Mais quelle que fût l'autorité d'une transaction, elle n'était opposable qu'à ceux qui y avaient été parties. En conséquence, la transaction intervenue entre un héritier institué, et un parent du défunt qui

(1) L. 33, C., De transact. (II, 4).
(2) L. 6 et l. 33, C., De transact. (II, 4).
(3) L. 27, pr., D., De inoff. test. (V, 2).
(4) L. 28, C., De transact. (II, 4).
(5) L. 20, C., De transact. (II, 4). — Il en est de même chez nous (art. 2052, al. 1er, C. N.).

avait le droit d'intenter la *querela testamenti inofficiosi*, n'était pas opposable aux légataires, aux fidéicommissaires et aux esclaves affranchis par le testament. C'est ce que nous apprend Ulpien (1), et le jurisconsulte Scœvola nous a conservé un rescrit de Marc-Aurèle et Œlius-Verus, dans lequel ces empereurs exposent nettement cette conséquence des principes. Voici ce rescrit : « Privatis pactionibus non dubium esse, « non lædi jus cæterorum : quare transactione, quæ inter « heredem, et matrem defuncti facta est, neque testamentum « rescissum videri posse, neque manumissis, vel legatariis « actiones sunt ademptæ. Quare quidquid ex testamento « petunt, scriptum heredem convenire debent : qui in trans- « actione hereditatis, aut cavit sibi pro oneribus heredi- « tatis, aut si non cavit, non debet negligentiam suam ad alie- « nam injuriam referre (2). » Le droit des légataires, des fidéicommissaires et des affranchis prend sa source dans le testament, et fût tombé avec lui si une sentence en eût prononcé la rescision. Mais cette rescision du testament par suite de la *querela testamenti inofficiosi* leur eût offert des garanties qui leur sont enlevées. Indépendamment de la présence de la justice, ils auraient eu, ainsi que nous l'avons déjà dit, le droit d'intervenir dans l'instance pour soutenir la validité des dernières volontés du défunt, et ils auraient même pu interjeter appel de la sentence qui leur eût été défavorable (3). Le testament n'est pas exécuté par suite d'une transaction. La transaction ne leur est pas opposable, et comme en aucun cas ils ne peuvent avoir d'action contre l'*heres legitimus*, puisque la nature même de leur droit s'y oppose, il faut bien qu'ils aient action contre l'*heres scriptus*, qui, s'il n'a pas pris ses garanties, ne peut imputer qu'à lui seul la négligence qu'il a commise. Les créanciers héréditaires, au contraire,

(1) L. 29, § 2, D., De inoff. test. (v, 2).
(2) L. 3, pr., D., De transact. (ii, 15).
(3) L. 29, pr., D., De inoff. test. (v, 2); l. 14, pr., D., De appell. et relat. (xlix, 1).

avaient un droit tel qu'ils auraient pu agir tout aussi bien contre l'*heres legitimus* que contre l'*heres scriptus*. L'*heres legitimus* serait-il ou ne serait-il pas sorti victorieux de la *querela testamenti inofficiosi?* Quel est dès lors en droit le véritable héritier? quel est le débiteur des créanciers héréditaires? contre qui doivent-ils intenter leur action? L'existence d'une transaction rend ces questions insolubles : aussi, *propter incertum successionis*, on accordera à ces créanciers des actions utiles et contre l'*heres scriptus* et contre l'*heres legitimus*, pour la portion de l'hérédité que la transaction attribue à chacun d'eux; de telle sorte que si l'*heres legitimus* a obtenu par la transaction la totalité de l'hérédité sous l'obligation de payer une certaine somme à l'*heres scriptus*, les créanciers ne pourront poursuivre que l'*heres legitimus* par des actions utiles (1). Les textes ne nous apprennent rien relativement à l'exercice des actions héréditaires tant personnelles que réelles; mais le motif qui avait fait décider que les créanciers auraient des actions utiles tant contre l'*heres scriptus* que contre l'*heres legitimus*, au prorata de la portion de l'hérédité attribuée à chacun d'eux par la transaction, ou bien des actions utiles, pour le tout, contre celui d'entre eux qui aurait effectivement la totalité de l'hérédité, avait dû aussi faire admettre que les actions héréditaires à l'état d'actions utiles appartiendraient à l'*heres scriptus* et à l'*heres legitimus*, dans la proportion de la part de l'hérédité qu'ils avaient en vertu de la transaction, ou pour le tout à celui d'entre eux qui aurait toute l'hérédité.

Voyons les autres modes d'extinction de l'action qui nous occupe. « Si quis, *nous dit Ulpien*, post rem inofficiosi ordi-« natam, litem dereliquerit, postea non audietur (2). » Ainsi donc l'action est perdue quand, après l'avoir intentée, on l'abandonne *inter moras litis*. Ce désistement n'empêcherait ce-

(1) L. 14, D., De transact. (ii, 15). V. Struve, Immo D. Gothofredi, tome i, page 49, édition Pinel-Grandchamp, Paris, 1821.
(2) L. 8, § 1, D., De inoff. test. (v, 2).

pendant pas de reprendre les poursuites s'il avait été le résultat d'un dol pratiqué par l'*heres scriptus* (1).

Le droit d'intenter la plainte d'inofficiosité est perdu lorsque celui à qui ce droit appartenait a, d'une manière quelconque, donné son approbation au testament. Est considéré comme ayant donné cette approbation celui qui a reçu une chose ou une somme qui lui avait été léguée dans le testament qu'il pouvait faire déclarer inofficieux (2). Il en serait de même de celui qui aurait reçu, soit de l'héritier, soit d'un légataire, soit d'un *statuliber*, ce que le testateur avait ordonné à ce dernier de donner au légitimaire comme condition apposée à l'institution ou au legs (3). La perte de l'action serait encourue par le légitimaire qui aurait accepté un legs, alors même que ce legs aurait été fait à une personne sous sa puissance et non à lui directement (4). Il suffirait même que celui à qui appartient la plainte d'inofficiosité eût commencé à demander ce qui lui était laissé par le testament pour qu'il eût perdu le droit de l'attaquer (5). Si cependant le legs dont le légitimaire aurait demandé l'exécution avait été revoqué par un codicille dont il ne connaissait pas l'existence lorsqu'il avait intenté son action, il pourrait encore intenter la plainte d'inofficiosité. En effet, il a approuvé les volontés dernières du défunt, parce qu'il se trouvait satisfait par le legs qui lui avait été fait ; ce legs disparaissant, il serait inique de laisser subsister les effets d'une approbation du testament qui n'a été donnée qu'à cause de ce legs (6). Si le légitimaire était devenu héritier d'une personne au profit de laquelle le testament qu'il a le droit d'attaquer contenait un legs, et qu'en sa qualité d'héritier du légataire il eût reçu ou demandé la chose léguée, aurait-il perdu le droit d'intenter la plainte d'inoffi-

(1) L. 21, pr., et § 1, D., De inoff. test. (v, 2) ; l. 27, pr., eod. tit.
(2) L. 5, pr., D., De his quæ ut indign. aufer. (xxxiv, 9).
(3) L. 8, § 10, D., De inoff. test. (v, 2).
(4) L. 12, pr., C., De inoff. test. (iii, 28).
(5) Même loi, § 1.
(6) Même loi, § 2.

ciosité ? Paul, tout en se décidant pour la négative, nous dit :
« Tutius tamen fecerit, si se abstinuerit a petitione legati (1). »
C'est ici une question d'intention, et quoique le legs ne lui ait
pas été laissé directement, il n'en est pas moins vrai que le
légitimaire a approuvé le testament en en demandant autant
qu'il était en lui l'exécution. Nous sommes donc très portés
à croire que dans ce cas le droit d'intenter la plainte d'inofficiosité eût été perdu. Comment n'en eût-il pas été ainsi,
puisqu'on allait jusqu'à décider que le légitimaire qui, comme
avocat, aurait prêté son ministère à une personne demandant l'exécution d'un legs, ne pouvait plus intenter la plainte
d'inofficiosité. Il en eût été de même de tout légitimaire qui,
agissant *procuratorio nomine*, aurait demandé l'exécution d'un
legs au profit d'autrui (2). Remarquons cependant que le légitimaire qui, comme tuteur, demandait l'exécution d'un legs
fait à son pupille, conservait néanmoins le droit d'intenter
la plainte d'inofficiosité, parce qu'il n'avait fait que remplir
les devoirs de sa charge (3). Il était encore d'autres faits desquels il résultait approbation du testament par celui auquel
appartenait le droit d'intenter la plainte d'inofficiosité, et par
suite desquels par conséquent ce droit était perdu pour lui.
Tel était le contrat de vente, soit de l'hérédité, soit d'une
partie de l'hérédité, soit même d'une chose héréditaire, intervenu entre le légitimaire et l'*heres scriptus*, ou encore un
contrat de louage d'une chose héréditaire intervenu entre les
mêmes personnes, ou bien le paiement fait par le légitimaire
à l'*heres scriptus* de ce qu'il devait au défunt (4). Ainsi encore,
si nous supposons qu'un légitimaire était institué héritier
pour une part moindre que la quarte, et qu'il ait payé à un
créancier héréditaire une partie de ce que lui devait le défunt correspondante à la part pour laquelle il était institué, il

(1) L. 32, § 1, D., De inoff. test. (v, 2).
(2) L. 32, pr., D., De inoff. test. (v, 2).
(3) Inst., lib. II, tit. XVIII, § 4 ; l. 10, § 1, D., De inoff. test. (v, 2).
(4) L. 23, § 1, D., De inoff. test. (v, 2).

aura aussi approuvé le testament et perdu le droit d'intenter la plainte d'inofficiosité (1). Si celui à qui la plainte d'inofficiosité appartenait était devenu l'héritier de l'une des personnes instituées dans le testament qu'il avait le droit d'attaquer, il conserverait ce droit, malgré l'adition qu'il aurait faite de l'hérédité de cet héritier institué, et alors même qu'il aurait trouvé une partie de l'hérédité en litige dans l'hérédité qu'il a acquise, celui auquel il succède ayant déjà fait adition (2). Il en eût été autrement si, l'un des héritiers institués étant mort après avoir fait adition et ayant légué une chose héréditaire au légitimaire, celui-ci avait accepté ce legs (3). Le testament eût pu être approuvé par celui qui avait le droit de l'attaquer d'une manière encore plus expresse, c'est-à-dire par un écrit émané de lui et qui pouvait même se trouver sur le testament lui-même (4). Un semblable écrit n'eût cependant fait perdre le droit d'intenter la plainte d'inofficiosité, qu'autant qu'il aurait été fait après la mort du testateur. C'était là néanmoins une opinion défendue, ainsi que nous l'avons déjà vu, par Papinien (5) et Paul (6), et définitivement adoptée par Justinien (7), contrairement à l'avis d'Ulpien (8). Il est bien entendu que le légitimaire qui aurait tiré indirectement profit du testament, sans qu'on eût aucun fait volontaire de sa part à articuler, eût conservé le droit d'intenter la plainte d'inofficiosité. Ainsi, par exemple, le légitimaire était codébiteur solidaire (*correus promittendi*) du défunt, avec une autre personne à laquelle le défunt a légué sa libération. Les deux codébiteurs étaient associés de telle sorte que le légataire de libération a pu exiger de l'hé-

(1) L. 8, § 1, C., De inoff. test. (III, 28).
(2) L. 31, § 2, D., De inoff. test. (v, 2).
(3) Même loi, § 3.
(4) L. 31, § 4, D., De inoff. test. (v, 2).
(5) L. 16, D., De suis et legit. hered. (XXXVIII, 16).
(6) Sent., lib. IV, tit. v, § 8.
(7) L. 35, §§ 1 et 2, C., De inoff. test. (III, 28).
(8) L 25, pr., D., De inoff. test. (v, 2).

ritier institué qu'il lui fît acceptilation (1), ce qui a amené la
libération de son codébiteur le légitimaire. Dans ce cas, malgré le profit qu'il a retiré du testament, le légitimaire ne
pourrait être considéré comme ayant approuvé ce testament,
et conserverait dès lors le droit de l'attaquer (2).

La *querela testamenti inofficiosi* devait, à peine de déchéance,
être intentée dans un certain délai. A l'origine, ce délai était
de deux ans, ainsi que nous l'apprend Pline-le-Jeune, qui
écrivait sous Trajan (3). Plus tard et sans qu'on puisse préci-
ser l'époque de ce changement, ce délai fut porté à cinq
ans (4). Au temps classique, les jurisconsultes n'étaient pas
d'accord sur le point de départ de ce délai. En effet, Justinien nous apprend que Modestin le faisait courir du jour de
la mort du testateur, contrairement à l'opinion d'Ulpien, qui
ne le faisait courir que du jour de l'adition d'hérédité faite
par l'*heres scriptus*. Cette dernière opinion était préférable.
Tant que l'*heres scriptus* n'a pas fait adition, il peut arriver
que l'hérédité s'ouvre *ab intestat destituto testamento* (5), et
que dès lors la plainte dinofficiosité devienne complétement
inutile. D'autre part, celui à qui la plainte d'inofficiosité appartient ne pouvait l'intenter, faute d'adversaire, avant que
l'*heres scriptus* eût fait adition. Aussi Justinien adopte-t-il la
décision d'Ulpien. En outre, il ordonne que l'*heres scriptus*
sera tenu, dans les six mois du décès du testateur, si lui et le
légitimaire habitent la même province, et dans le cas contraire, dans l'année de ce décès, de déclarer s'il entend ou non
faire adition d'hérédité (6). Ce délai de cinq ans ne courait
pas pendant la durée d'un autre procès, dans lequel la validité
du testament était mise en question, intenté par celui à qui

(1) L. 3, § 3, D., De liberat. legat. (xxxiv, 3).
(2) L. 12, § 3, D., De inoff. test. (v, 2).
(3) Epist. v, 1.
(4) L. 8, § 17 et l. 9, D., De inoff. test. (v, 2); l. 5, C. Th., eod. tit
(11, 19).
(5) Inst., lib. 111, tit. 1, § 7.
(6) L. 36, § 2, C., De inoff. test. (111, 28).

appartenait la plainte d'inofficiosité, qui se serait ainsi réservé cette action comme un moyen subsidiaire d'arriver à l'hérédité (1). Nous avons déjà vu qu'il était quelquefois permis d'intenter la plainte d'inofficiosité après le délai de cinq ans, *ex magna et justa causa*, et que dans ce cas, si le testament était rescindé, les affranchissements testamentaires seraient maintenus à la charge par les affranchis de payer vingt pièces d'or, prix ordinaire d'un esclave, au légitimaire victorieux (2).

Le droit d'intenter la querelle d'inofficiosité était encore perdu par la mort de celui à qui ce droit appartenait. En principe, la *querela testamenti inofficiosi* était intransmissible ; cependant elle était transmise aux héritiers de celui à qui elle appartenait, lorsqu'il était mort après avoir intenté l'action (3) ou après avoir manifesté l'intention de l'intenter (4), pourvu toutefois qu'il eût persévéré dans cette intention jusqu'à sa mort (5). Il est bien entendu qu'il n'est ici question que de la plainte d'inofficiosité personnelle au légitimaire défunt ; car, s'il était mort sans l'avoir intentée ou sans avoir manifesté l'intention de l'intenter, les autres parents du défunt venant après lui dans l'ordre des successions *ab intestat* et à un degré tel que la plainte d'inofficiosité leur fût accordée pourraient intenter cette action de leur chef et non du chef du défunt (6). Par exception, le fils qui avait droit d'attaquer par la plainte d'inofficiosité le testament de son père, et qui venait à mourir sans l'avoir attaqué ou manifesté l'intention de l'attaquer, transmettait, par suite d'une innovation de Justinien, l'action qui lui était personnelle à ses descendants, mais ne l'eût pas transmise à tous autres

(1) L. 16, C., De inoff. test. (III, 28).
(2) L. 8, § 17, D., De inoff. test. (V, 2).
(3) L. 139, pr., D., De R. J. (L., 17).
(4) L. 5, C., De inoff. test. (III, 28); l. 6, § 2 et l. 7, D., eod. tit. (V, 2). V. M. Bonjean, *Traité des actions*, tome I, § 243.
(5) L. 15, § 1, D., De inoff. test. (V, 2).
(6) L. 14 et l. 31, pr., De inoff. test. (V, 2).

héritiers (1). Nous avons déjà établi ces diverses propositions.

Remarquons en finissant que celui qui succombait dans la plainte d'inofficiosité qu'il avait intentée perdait le bénéfice de toute disposition à son profit contenue dans le testament, et que tout l'avantage qu'il aurait pu retirer de ces dispositions était attribué au fisc. Cette pénalité n'était cependant appliquée à celui qui avait intenté à tort la plainte d'inofficiosité qu'autant qu'il avait persisté dans sa demande jusqu'à la sentence (2). Elle n'était appliquée ni aux mineurs de vingt-cinq ans (3), ni à celui qui, en attaquant le testament, avait rempli un devoir forcé (4), ni à celui qui n'avait fait que continuer à soutenir le procès intenté par une personne à qui il avait succédé à titre universel (5).

SECTION VI

De la querela testamenti inofficiosi *dans le droit des Novelles.*

D'importantes modifications ont été apportées par les Novelles de Justinien aux différentes théories que nous venons d'exposer. En premier lieu, la quotité de la légitime a été augmentée en faveur des enfants. Elle est du tiers lorsque le testateur laisse quatre enfants ou en laisse un nombre inférieur ; elle est de la moitié si le testateur laisse plus de quatre enfants (6). On a remarqué à cet égard que lorsque le

(1) L. 34 et l. 36, § 2, C., De inoff. test. (III, 28).
(2) L. 8, § 14, D., De inoff. test. (v, 2).
(3) L. 5, § 9, D., De his quæ ut indign. aufer. (XXXIV, 9).
(4) Inst., lib. II, tit. XVIII, § 5; l. 22, § 5 et l. 30, § 1, D., De inoff. test. (v, 2); l. 22, D., De his quæ indign. aufer. (XXXIV, 9).
(5) L. 22, §§ 2 et 3, D., De inoff. test. (v, 2).
(6) Nov. XVIII, cap. I.

testateur laissait cinq enfants, chacun d'eux avait une légitime plus forte que s'ils n'eussent été que quatre. En effet, s'il y a cinq enfants, chacun d'eux a droit au cinquième de la moitié, c'est-à-dire à un dixième de la totalité des biens du père, tandis que s'ils n'étaient que quatre, ils n'auraient chacun droit qu'à un quart du tiers, c'est-à-dire à un douzième. S'il existait six enfants, ils auraient une légitime égale à celle qu'ils auraient s'ils n'étaient que quatre. On pense généralement que cette augmentation de légitime profita aux ascendants et même aux frères et sœurs, pourvu bien entendu qu'on eût préféré à ces derniers des personnes qui n'étaient pas *integræ existimationis* (1). On se fonde pour le décider ainsi sur la dernière phrase de la Novelle précitée : « Hoc obser- « vando in omnibus personis in quibus ab initio antiquæ « quartæ ratio de inofficioso lege decreta est. » Par exception, la légitime des fils ou petit-fils décurions et des filles, ou petites-filles de décurions, fut portée aux trois quarts de leur portion *ab intestat* (2). Justinien alla plus loin et décida que la légitime ainsi fixée ne pourrait plus être laissée aux descendants par legs, fidéicommis ou donations à cause de mort : il voulut que tout descendant exhérédé ou omis sans juste motif eût la plainte d'inofficiosité (3). Du reste, le descendant eût pu n'être institué que pour un objet particulier (4), et alors son droit se fût borné à demander en cas d'insuffisance le complément de sa légitime par la *condictio ex lege* (5). En second lieu, les cas légitimes d'exhérédation ou d'omission, auparavant laissés à l'appréciation souveraine de juge, furent limités à un certain nombre de cas spécialement déterminés. Ces causes légitimes d'exhérédation ou

---

(1) Sic Cujas, iv⁰ vol. des Œuvres posthumes, in tit. ii, De inoff. test., lib. v, D., passim ; Vinnius, Comm. ad Inst. in tit. xviii, lib. ii ; Pothier, Pand. in nov. ord., tom. iii, ad tit. De inoff. test. (v, 2), n° xxiii, note (1).

(2) Nov. xviii, cap. ii.

(3) Nov. cxv, cap. iii, pr.

(4) L. 13, C., De hered. inst. (vi, 24).

(5) Nov. cxv, cap. v, pr.

d'omission étaient au nombre de quatorze pour les descendants (1), de sept pour les ascendants (2) et de trois pour les frères et sœurs (3). Les quatorze causes légitimes d'exhérédation ou d'omission d'un descendant ont été renfermées dans les vers latins suivants, destinés dans nos anciennes écoles à servir de moyen mnémotechnique aux étudiants :

> Bis septem ex causis exheres filius esto ;
> Si patrem feriat ; si maledicat ei ;
> Carcere conclusum si negligat ; aut furiosum ;
> Criminis accuset ; vel paret insidias ;
> Si dederit damnum grave ; si nec ab hoste redemit ;
> Testarive vetet ; se societque malis ;
> Si mimos sequitur ; vicietve cubile paternum ;
> Non orthodoxus ; filia, si meretrix.

Quelques-unes de ces causes demandent quelques explications. Ainsi, le fait d'avoir porté une accusation contre son père ou autre ascendant cessait d'être une cause légitime d'exhérédation ou d'omission, lorsque le crime qui faisait l'objet de cette accusation était un crime de lèse-majesté ou un crime contre la sûreté publique, *adversus principem sive rempublicam*. — Le juste motif d'exhérédation ou d'omission qui dans les vers précités est ainsi rendu : *carcere conclusum si negligat,* ne s'appliquait qu'aux descendants mâles (4), et avait lieu lorsque, leur ascendant étant en prison pour dettes, ils avaient refusé de lui servir de caution. Cette cause légitime d'exhérédation ou d'omission n'existait du reste qu'autant qu'il était prouvé que le descendant mâle auquel on l'opposait était, à l'époque où l'ascendant lui avait demandé sa fidéjussion, solvable pour la somme demandée. — Le fait d'avoir empêché l'un de ses ascendants de tester était

---

(1) Nov. cxv, cap. iii.
(2) Nov. cxv, cap. iv.
(3) Nov. xxii, cap. xlvii.
(4) C'était là une application du S.-C. Velléien, qui défendait aux femmes de s'obliger pour autrui (*intercedere*).

une cause légitime d'exhérédation ou d'omission ; mais la disposition légale qui prononçait cette cause légitime d'exhérédation ou d'omission n'atteignait son but qu'autant que l'ascendant, mort après avoir recouvré sa liberté, avait exhérédé ou omis le descendant ingrat. Si, après avoir recouvré sa liberté, l'ascendant était mort sans testament, il aurait été considéré comme ayant pardonné, et le descendant ingrat aurait été néanmoins appelé à recueillir *ab intestat* tout ou partie de son hérédité. Si, au contraire, l'ascendant était mort *intestat* parce qu'il n'avait pas recouvré sa liberté, Justinien décide, et c'était admis avant lui (1), que le descendant qui a empêché le défunt de tester sera exclu de l'hérédité comme indigne, et que ce qu'il devait recueillir sera attribué soit à ceux qui prouveraient que le défunt était dans l'intention de les instituer héritiers ou de leur laisser certaines sommes ou certaines choses par legs ou fidéicommis, soit aux cohéritiers *ab intestat* du descendant ingrat, soit enfin à ceux qui étaient appelés en second ordre à recueillir l'hérédité *ab intestat*. — Le fait d'avoir embrassé la profession de baladin ou de bateleur ne formait une cause légitime d'exhérédation ou d'omission que lorsque le descendant avait agi ainsi *præter voluntatem parentum*. Cette cause légitime d'exhérédation ou d'omission n'eût pas même existé si l'ascendant avait exercé aussi cette profession. — On pouvait exhéréder ou omettre la fille ou la petite-fille qui vivait dans la débauche ou qui s'était mariée sans le consentement de ses parents, pourvu toutefois que les parents de cette fille n'eussent pas négligé de lui chercher un mari sortable, et eussent offert de lui constituer une dot en rapport avec leur fortune. Dans le cas contraire, la fille arrivée à l'âge de vingt-cinq ans pouvait, sans que cela constituât contre elle une cause légitime d'exhérédation ou d'omission, se livrer au libertinage ou se marier à sa guise. Le fait, de la part d'une fille ou petite-fille, de vivre en concubinage avec un esclave, *in servi contubernium se dare*,

---

(1) L. 2, C., Si quis aliq. test. prohib. (VI, 34).

constituait toujours contre elle une cause légitime d'exhérédation ou d'omission. — L'ascendant atteint d'aliénation men-
tale qui n'avait pas reçu de ses descendants les secours et les
soins convenables pouvait, après sa guérison, exhéréder
ou omettre ceux de ses descendants qui l'avaient ainsi
abandonné. Si quelque étranger, voyant un pauvre fou
abandonné de tous ses parents ou même de ceux que, dans un
testament fait avant la folie, il a institués héritiers, veut le soigner par charité, Justinien lui permet de faire une interpellation par écrit à ceux qui sont appelés *ab intestat,* ou par le
testament déjà fait, à l'hérédité de ce malheureux insensé,
pour qu'ils se hâtent d'en prendre soin. Si, après cette interpellation, les héritiers refusent d'y adhérer, et qu'il soit
démontré que l'étranger a reçu le fou dans sa maison, qu'il
l'a entretenu à ses frais, et qu'il a pris soin de lui jusqu'à la
fin de ses jours, Justinien ordonne que, quoique n'appartenant pas à la famille du fou, celui qui l'a ainsi soigné recueille
son hérédité au lieu et place de ses héritiers *ab intestat*, s'il
n'a pas laissé de testament, et de ses héritiers institués, s'il
en a laissé un, ces héritiers *ab intestat ou ex testamento*, suivant les cas, étant écartés de la succession de celui qu'ils ont
abandonné dans sa folie comme indignes de la recueillir. Dans
le cas où le fou aurait laissé un testament, l'institution seule
sera annulée; mais les autres dispositions du testament
conserveront leur force. — Tout ce que nous venons de dire
du cas de folie s'applique également au cas de captivité chez
l'ennemi, lorsque les enfants et autres héritiers *ab intestat* ou
les héritiers institués, qui savaient l'être, ont négligé de racheter le prisonnier de guerre. Si ce prisonnier meurt chez
l'ennemi, ses biens, enlevés à ses héritiers indignes de les
recueillir, sont adjugés à l'église de la ville dans laquelle il
est né, un inventaire authentique est dressé, et ils doivent
être employés entièrement au rachat des captifs. La pénalité
qui nous occupe n'est pas appliquée aux héritiers qui n'ont
l'as accompli leur dix-huitième année. Si, en pareil cas, un
mineur de vingt-cinq ans n'a pas l'argent nécessaire pour

racheter le captif, il lui est permis, s'il est âgé de dix-huit ans, d'empurunter et d'hypothéquer à cet effet les biens meubles ou immeubles appartenant soit à lui-même, soit à celui qui est en captivité. Tous les contrats faits dans ce but seront considérés comme émanés de personnes *sui juris* ou majeures de vingt-cinq ans ; et le prisonnier de guerre, de retour, demeurera obligé à l'exécution de ces contrats comme s'il les eût lui-même consentis.

Les sept causes pour lesquelles on pouvait légitimement omettre un ascendant étaient les suivantes : 1° si l'ascendant avait porté une accusation capitale contre le testateur, à moins que l'objet de cette accusation ne fût un crime de lèse-majesté ; 2° s'il a tenté de donner la mort par le poison ou autrement au testateur, à sa femme, à son père ou à sa mère ; 3° s'il a eu des liaisons criminelles avec la femme du testateur ; 4° s'il a empêché ou voulu empêcher son descendant de tester ; 5° si, le testateur étant prisonnier de guerre, il a pu le racheter et ne l'a pas fait ; 6° si, le testateur étant devenu fou, il ne lui a pas donné les soins nécessaires (1) ; 7° si l'ascendant est hérétique.

Les trois causes pour lesquelles les frères et sœurs sont privés de la plainte d'inofficiosité, quoiqu'on leur ait préféré des personnes qui ne sont pas *integræ existimationis*, sont : 1° l'attentat contre la vie de leur frère ou sœur ; 2° une accusation criminelle portée contre le testateur ; 3° la tentative faite pour lui enlever ses biens. Il faut ajouter à ces trois causes le cas où un frère aurait abandonné son frère fou, alors qu'il avait les moyens de le soigner, et celui où, pouvant le racheter de chez l'ennemi, il ne l'aurait pas fait (2).

Les motifs d'ingratitude doivent être exprimés dans le testament, et les héritiers institués doivent en prouver la vérité.

---

(1) Pour les trois dernières causes légitimes d'omission des ascendants, mêmes observations qu'en ce qui touche les descendants.

(2) Nov. cxv, cap. iii, §§ 12 et 13. — Sur ces deux causes, mêmes observations que pour les descendants et les ascendants.

Lorsque l'existence du motif indiqué n'est pas prouvée, ou que dans le testament aucune des causes légitimes que nous venons de parcourir n'a été indiquée par le testateur, le légitimaire exhérédé ou omis a la plainte d'inofficiosité, à l'aide de laquelle il obtient la rescision du testament, non pour la totalité, comme par le passé, mais seulement quant à l'institution d'héritier, les legs et autres dispositions de ce genre conservant leur validité (1).

Certains auteurs ont prétendu que les conditions de la Novelle cxv étaient exigées à peine de nullité. Nous pensons, au contraire, que leur inobservation facilite seulement la plainte d'inofficiosité aux personnes exhérédées ou omises, sans les dispenser d'agir dans le délai et dans les formes prescrites, faute de quoi le testament subsisterait avec tous ses effets. Telle était l'opinion de Cujas (2) : elle a été suivie par Vinnius (3) Pérèze (4), Voët (5), Pothier (6) et M. Ducauroy. Ce dernier défend cette opinion par un argument sans réplique que nous lui emprunterons : « Voici le raison- « nement qui me détermine. La mère ne déshérite pas : « n'ayant jamais d'héritiers siens, elle ne peut ôter à ses « enfants une qualité qu'ils n'ont point. Pour les écarter de « la succession maternelle, il suffit de ne pas les y appeler. « Leur omission n'étant qu'un défaut d'institution, je ne « vois pas comment le silence de la testatrice pourrait avoir « été soumis à des formes quelconques. En effet, l'exhéréda- « tion, les formes qui la régissent, la nullité que procure le « droit civil, et la *possessio contra tabulas* que donne le droit « prétorien, sont exclusivement relatives au testament pater- « nel. S'il en était ainsi de la Novelle cxv, on pourrait admet-

(1) Nov. cxv, cap. iii, § 14 et cap. iv, § 9.
(2) ive vol. des Œuvres posthumes, Comm. in tit. ii, De inoff. test., lib. v, D., passim.
(3) Comm. ad Iust., lib. ii, tit. xviii, pr., n° 3.
(4) Ad Cod., lib. iv, tit. xxx, n° xiii.
(5) Ad Pand., lib. v, tit. ii, n° xxiii.
(6) Pand. in nov. ord., tom. iii, ad tit. De inoff. test. (v, 2), n° xxiii.

« tre qu'elle fixe à peine de nullité les formes de l'exhé-
« rédation ; mais la Novelle ne parle pas seulement des
« ascendants paternels ; elle s'occupe aussi de la mère qui
« omet ses enfants, et des enfants qui omettent leurs ascen-
« dants. Il est donc certain qu'on a voulu régler un point
« commun aux testaments paternel et maternel, un point
« commun au père qui exhérède, ainsi qu'à la mère et à tous
« les autres testateurs qui peuvent omettre : or, ce point
« commun, je ne puis l'apercevoir que dans la plainte d'inof-
« ficiosité (1). »

On a prétendu aussi qu'il résultait de la Novelle cxv, *caput* iii, que l'omission d'un héritier sien ne viciait plus que les
institutions d'héritier et laissait subsister les autres dispositions testamentaires. L'argument que nous venons d'emprunter au savant professeur réfute également cette seconde
erreur, que repoussent Cujas (2), Vinnius (3) et Pothier (4).

Nous avons vu que Justinien accorda, en 531, aux fils de
famille, le droit de tester sur leur pécule quasi-castrans, et
leur accorda, en même temps, par imitation de ce qui avait
lieu pour le pécule castrans, l'immunité de la *querela testamenti inofficiosi* (5). Les Novelles contiennent à cet égard
une modification en ce qui touche les prêtres, diacres, sous-
diacres et autres clercs, qui seront dorénavant tenus de conserver sur leur pécule quasi-castrans la légitime à leurs
enfants et à leurs ascendants (6).

---

(1) Tom. i, nº 661.

(2) ive vol. des Œuvres posthumes, Comm. in tit. ii, De inoff. test., D.,
passim.

(3) Select. juris quæst., lib. ii, cap. xx.

(4) Pand. in nov. ord., tom. x, ad tit. De liber. et post. (xxviii, 2),
nº iv, note (3).

(5) Inst., lib. ii, tit xi, § 6 ; l. 12, C., Qui test. fac. poss. (vi, 22) ; l. 37,
§ i, C., De inoff. test. (iii, 28).

(6) Nov. cxxiii, cap. xix.

DEUXIÈME PARTIE

DROIT FRANÇAIS

CHAPITRE PREMIER

Droit antérieur à la Révolution de 1789.

Avant la révolution de 1789, la France était divisée, en ce qui touche le droit privé, en deux parties distinctes : les pays de droit écrit et les pays de coutume. Dans les pays de droit écrit, c'est-à-dire dans les provinces du Midi, on suivait le droit romain, auquel la jurisprudence ou des lettres-patentes émanées du pouvoir souverain avaient conféré l'autorité d'un droit positif. On suivait dans ces provinces la législation romaine dans l'état où elle se trouvait au moment de la chute de la puissance romaine dans les Gaules, c'est-à-dire le droit romain tel qu'il nous est présenté par le Code Théodosien. Mais lorsqu'au xiie siècle l'étude du droit romain eut repris faveur en Europe, surtout en Italie et en France, le dernier état de la législation justinianéenne, c'est-à-dire, le droit des Novelles, qui était alors universellement enseigné dans les universités, l'emporta assez généralement dans les tribunaux et fut substitué au

12

droit de Théodose. La première partie de notre travail contient donc l'exposition des principes suivis dans la matière qui nous occupe aux diverses époques de notre histoire, dans les pays de droit écrit. Nous aurons cependant à constater plus d'une fois dans cette seconde partie des modifications apportées aux principes du droit des Novelles, soit par les ordonnances de nos rois, qui avaient force de lois tant dans les pays de droit écrit que dans les pays de coutume, soit par la jurisprudence des parlements des pays de droit écrit, soit enfin par certaines coutumes particulières, reçues dans certains de ces pays et qui venaient y modifier les principes des Novelles, base de la législation. Nous aurons aussi à examiner certaines questions controversées auxquelles donnaient naissance les Novelles, et que nous avons cru devoir réserver pour ce moment. Mais les principes généraux suivis dans les pays de droit écrit ayant déjà été exposés, ces divers points ne seront pas expliqués à part; nous en traiterons seulement à l'occasion du droit coutumier. Nous mettrons ainsi mieux en relief la jurisprudence des pays de droit écrit et celle des pays de coutume, en les comparant entre elles.

Quant aux pays coutumiers, nous y rencontrons trois institutions : la réserve coutumière, la légitime et le douaire. Ces institutions avaient un but commun : la protection de la famille du disposant contre ses libéralités excessives, mais différaient entre elles par leur origine, par les principes qui les régissaient et par les résultats mêmes qu'elles voulaient atteindre en apportant des restrictions, dans l'intérêt des familles, à la libre disposition des biens.

La coutume de Normandie nous fournira une quatrième institution, ayant le même but que les précédentes, mais régie par des principes particuliers et sans analogie avec ceux des autres coutumes : c'était le tiers coutumier de Normandie.

Nous allons traiter successivement de ces quatre institutions.

SECTION PREMIÈRE

Des réserves coutumières.

Les réserves coutumières doivent leur origine au zèle de nos coutumes pour la conservation des biens immeubles dans les familles. Elles ne s'appliquaient dans la plupart des coutumes qu'aux propres, tant féodaux que roturiers. Dans là plupart des coutumes, et notamment dans celle de Paris (art. 280) et celle d'Orléans (art. 292), la réserve coutumière était des quatre cinquièmes des propres : aussi lui avait-on donné le nom de *réserve des quatre quints des propres*. Elle formait une partie intégrante de la succession *ab intestat*, de telle sorte qu'on ne pouvait y prétendre qu'à la condition de se porter héritier. Elle existait au profit de tous les parents appelés à la succession *ab intestat*, fussent-ils même des collatéraux éloignés. Elle ne s'opposait dans la plupart des coutumes, et notamment dans les deux que nous venons de citer, qu'aux libéralités testamentaires excessives, et ne contrariait en rien la validité des donations de propres faites entre-vifs. La conservation des propres dans la famille n'était protégée contre les excès de libéralité faits du vivant du testateur que par le principe de l'irrévocabilité des donations entre-vifs. Celui qui avait tant d'affection pour un ami qu'il préférait cet ami à lui-même, en se dépouillant à son profit par acte entre-vifs, pouvait le préférer à ses héritiers et dépouiller ceux-ci des biens provenant de ses ancêtres. Au contraire, par testament on ne pouvait disposer au profit d'un étranger que de ses acquêts et du cinquième de ses propres. On voit par là quelle fut l'origine de la règle de l'irrévocabilité des donations entre-vifs, qu'on exprimait autrefois par ce brocard devenu classique : Donner et retenir ne vaut. Cette règle se retrouve dans le Code Napoléon (art. 943 et suiv.). Mais la quotité disponible étant aujourd'hui la même, soit qu'on dispose de ses biens par donation entre-vifs, soit qu'on en dispose par testament, le motif de cette règle n'existe plus : *Cessante causa duravit effectus !*

Il faut observer que c'était aux héritiers du côté et ligne d'où les propres provenaient au défunt que les coutumes en réservaient les quatre quints. S'il ne se trouvait aucun héritier de cette ligne, ceux qui, à défaut de la ligne, succédaient aux propres en provenant, n'avaient aucun droit à la réserve coutumière, et dans ce cas les propres de la ligne défaillante étaient aussi disponibles que des acquêts.

Les coutumes réservaient aux héritiers les quatre quints, non de chaque héritage propre, mais du total des propres. Néanmoins, lorsqu'il y avait différents héritiers aux propres de différentes lignes, on considérait qu'il y avait autant de successions différentes de la même personne qu'il y avait de lignes auxquelles les propres faisaient retour. En conséquence, les héritiers des propres de chaque ligne, devaient avoir les quatre quints des propres de leur ligne, et n'auraient pas été tenus d'exécuter pour le tout le legs d'un héritage propre leur revenant *ab intestat*, quoique cette libéralité testamentaire n'excédât pas le quint de tous les propres, si elle excédait le quint des propres de leur ligne (1).

Pothier nous apprend que de son temps la jurisprudence n'était pas bien constante sur la question de savoir si, lorsque le testateur avait légué ses propres en nature, l'héritier qui voulait en retenir les quatre quints était obligé d'abandonner au légataire tous les biens disponibles. Dumoulin et Pothier tenaient l'affirmative. On trouvera dans ces deux célèbres jurisconsultes la discussion approfondie de cette question (2). Pothier termine ainsi : « Quoique notre opinion

(1) Dumoulin, sur l'art. 93 de la cout. de Paris ; Pothier, Introd. au titre XVI de la cout. d'Orléans, nº 54, et Traité des testaments, chap. IV, § III.

(2) Dumoulin, sur l'art. 93 de la cout. de Paris, et note sur la cout. de Montargis ; Pothier, introd. au tit. XVI de la cout. d'Orléans, nº 55, et Traité des testaments, chap. IV, § V.

« me paraisse très bien établie, néanmoins, comme il y a va-
« riété de sentiments et même d'arrêts, il est à propos, pour
« lever toute difficulté, lorsqu'un testateur veut léguer à
« quelqu'un un héritage propre qui excède le quint de ses
« propres, qu'il le lègue avec cette alternative : Je lègue à un
« tel un tel héritage, ou tous les biens dont je puis dispo-
« ser, au cas que mon héritier voulût le retenir. » Certains
auteurs, tout en admettant le sentiment de Dumoulin et de
Pothier, y apportaient un tempérament. Ils décidaient que
l'héritier, pour pouvoir retenir les quatre quints des propres
légués en nature, devait abandonner les biens disponibles,
seulement jusqu'à concurrence de la valeur de ce qu'il retenait dans les propres légués, et non pas absolument tous les
biens disponibles.

Lorsqu'un testateur laissait des propres situés dans des
pays régis par différentes coutumes, comme il s'agissait d'un
statut réel et que chaque coutume déférait, indépendamment
des autres coutumes, les biens situés sur son territoire, l'héritier pouvait retenir les quatre quints des héritages propres
légués qui se trouvaient sous l'empire d'une coutume admettant cette réserve, quoique ces héritages légués n'excédassent pas le cinquième de ceux que le testateur avait dans les
différentes coutumes. Mais, d'après ce que nous venons de
voir, il était, dans l'opinion des jurisconsultes les plus illustres, tenu, pour les retenir, d'abandonner tous les biens disponibles, quelle que fût leur situation (1).

Lorsque l'héritier de la ligne à laquelle revenait *ab intestat*
le propre légué n'avait pas succédé à d'autres biens, parce
qu'il y avait des héritiers aux meubles et acquêts et aux
propres des autres lignes, le légataire ne pouvait pas demander aux autres héritiers l'estimation des quatre quints qui
avaient été retranchés de son legs : **Quia**, dit Dumoulin,

_____

(1) Dumoulin, sur la cout. d'Auvergne, note sur le chap. XII, art. 41 ;
Pothier, introd. au tit. XVI de la cout. d'Orléans, nº 55, et Traité des testaments, chap. IV, § V.

'egatum est de certo corpore (1). En effet, les legs de corps
certains n'étaient une charge que des seuls héritiers qui
y succédaient; de telle sorte que le légataire d'un corps
certain ne pouvait jamais rien demander aux héritiers qui
n'avaient succédé qu'à d'autres espèces de biens. Au contraire, les legs des sommes d'argent ou de choses indéterminées étaient une charge de toute la succession et de tous
les différents héritiers, en sorte que tous les héritiers aux
propres en étaient tenus pour une part de la valeur des
propres auxquels ils succédaient, comparée à la valeur totale
de la succession. Ils n'en étaient, bien entendu, tenus que
jusqu'à concurrence du quint disponible; de telle sorte que,
s'il ne suffisait point à payer la totalité de leur portion contributoire, le surplus retombait à la charge des autres héritiers.

Lorsque l'héritier, pour retenir les quatre quints des propres, abandonnait aux légataires les biens disponibles, il
devait comprendre, dans cet abandon, les sommes qu'il devait
au testateur, puisqu'il succédait à des biens déterminés et
non à l'ensemble du patrimoine.

Les dettes de la succession étant une charge de tous les
biens, disponibles ou réservés, elles devaient être supportées,
proportionnellement aux biens qu'ils recevaient, par l'héritier réservataire et par les légataires auxquels il faisait
abandon des biens disponibles. Or, l'héritier, seul continua-
teur de la personne du défunt, pouvant être poursuivi pour
la totalité des dettes, pouvait déduire sur les biens disponibles abandonnés aux légataires une valeur suffisante pour
acquitter la portion des dettes afférente aux biens abandonnés. On comprenait dans le passif ce qui était dû par le
testateur à l'héritier, par le même motif qui faisait comprendre dans l'actif les sommes dues par l'héritier au défunt.
Si les dettes étaient conditionnelles ou contestées, l'héritier

(1) Sur l'art. 93 de la cout. de Paris. V. Pothier, introd. au tit. XVI de
a cout. d'Orléans, n° 56, et Traité des testaments, chap. IV, § V.

ne retenait rien; mais les légataires lui donnaient caution de lui payer la part qu'ils devaient en supporter, dans le cas où la condition se serait accomplie, ou dans le cas où les dettes contestées seraient jugées exister. Les légataires devaient aussi donner caution à l'héritier de lui payer, jusqu'à concurrence de ce qu'ils recevaient, leur part dans les dettes qui pourraient être découvertes par la suite et qu'on ne connaissait pas lors de l'abandon.

On déduisait donc d'abord des biens disponibles la part des dettes qui leur étaient afférentes; puis on payait les légataires de corps certains de préférence à tous autres; puis les autres légataires particuliers étaient payés et, en cas d'insuffisance, subissaient une diminution proportionnelle, à moins que le testateur n'eût ordonné qu'on payât certains légataires de préférence aux autres. Les légataires universels ou à titre universel ne tiraient avantage de leurs legs qu'autant que tous les autres légataires avaient été payés, et qu'il restait un reliquat.

SECTION II

De la légitime.

§ 1er

De l'origine de la légitime. — Était-elle reçue partout ?

C'est à tort que l'on a présenté la légitime comme étant d'origine coutumière; la plupart des anciennes coutumes ne font aucune mention de cette institution (1). Elles réservent pour la plupart les quatre quints des propres aux parents de la ligne, et cela fait, elles permettent de disposer par testa-

(1) Il en est autrement dans la cout. de Bourgogne (1459), chap. VII, art. 3 et 7, dans celles de Chartres (1508), art. 88 et 91, de Dreux (1508), art. 76 et 81, et d'Orléans (1509), art. 216.

ment du cinquième restant des propres et de tous les autres biens, et par donation entre-vifs de la totalité des biens, sans distinction entre les propres et les acquêts, les immeubles et les meubles. Or, les quatre quints des propres (au moins lorsqu'ils étaient féodaux, ce qui arrivait le plus souvent) étant à peu près absorbés par le droit d'aînesse, qui était anciennement des deux tiers, et même dans certaines coutumes des quatre quints, il ne restait à peu près rien aux puînés ; et encore n'était-ce pas à titre de légitime, mais comme hoirs du lignage, qu'ils y avaient droit. Les collatéraux avaient la même réserve des quatre quints. Elle était même plus avantageuse pour eux, puisqu'elle n'était pas diminuée par le droit d'aînesse. Cependant, dès avant cette époque, les jurisconsultes coutumiers reconnaissaient aux enfants aîné et puînés, des droits même sur les acquêts et les meubles. Le *Grand Coutumier de France* (1) paraît fixer la légitime à la moitié des biens de l'ascendant ; mais il n'invoque pas à l'appui de cette fixation les principes du droit coutumier. Dumoulin, qui écrit avant la réformation des coutumes, établit avec force que la légitime est due de droit naturel, que la loi positive ne fait que la régler, que le père ne peut la restreindre ; et il invoque l'autorité du droit romain. Aussi, lorsqu'il s'agit de régler la quotité de la légitime, il applique les dispositions de la Novelle XVIII. On peut conclure de là, ce nous semble, que la légitime fut introduite dans nos coutumes par les jurisconsultes, dont l'autorité la fit écrire dans le texte même des coutumes lors de leur réformation (2). Mais la légitime n'est pas d'origine coutumière, puisque les jurisconsultes des pays de coutume l'avaient empruntée au droit romain. On trouve même la trace de cette origine dans les textes des coutumes antérieures à la réformation qui, par exception, parlaient de la légitime. Elle y est qualifiée de *due de droit naturel*. La coutume de Bourgogne est remarquable à cet

(1) Edition de 1537.
(2) Cout. de Paris (1580), art. 298 ; nouv. cout. d'Orléans (1583), art. 274.

égard. Elle indique expressément le droit romain comme la source de notre institution. Ecoutons cette coutume : « Au « cas que, par ladite disposition ou partage, fût moins laissé « aux enfants que la légitime, qui par *droit écrit* leur appar- « tient : c'est à savoir le tiers de ce que chacun d'eux eût « reçu *ab intestat*, s'il y a quatre enfants ou moins ; ou la moi- « tié, s'il y a plus grand nombre, ladite légitime sera suppléée « par les autres, chacun pour sa contingente part et portion, « et par ratte (1). » On le voit, la coutume de Bourgogne in- diquait nettement dans cet article la source où elle puisait, et fixait la quotité de la légitime comme elle l'était par la Novelle xviii (2).

Il est vrai que malgré son origine romaine la légitime, en se naturalisant dans les pays de droit coutumier, dut subir d'importantes modifications ; mais l'existence incontestable de ces modifications ne doit pas faire nier une origine si bien établie. On a essayé de réfuter notre opinion en confondant la légitime et les réserves coutumières ; mais leur confusion n'est possible que pour celui qui ignore les règles élémentai- res de notre ancien droit (3). Les réserves coutumières et la légitime ne différaient pas que par leur origine, elles diffé- raient encore par leur but, leurs principes, les personnes en faveur desquelles chacune d'elles était établie, les biens sur lesquels elles portaient, et leur quotité. Les coutumes n'a- vaient songé qu'à l'aîné et à la conservation des héritages dans les familles : le droit romain avait, au contraire, réglé les droits de tous les enfants et des autres proches parents, en cher- chant à leur assurer les aliments qui leur étaient dus, sans s'occuper de la nature des biens. Aussi les deux institutions, voulant arriver à un but différent, suivent-elles des routes différentes : les réserves coutumières sont établies au profit

(1) Chap. vii, art. 7.

(2) Revue de droit français et étranger, tom. ii, année 1845, article de M. Ginoulhiac, page 443.

(3) V. Merlin, Répertoire de jurisprudence, tom. ix, v° Légitime, section iii, § iii, nᵒˢ iii, iv, v et vi.

de tous les héritiers *ab intestat*, la légitime au contraire n'est établie qu'au profit des enfants, et quelquefois des ascendants et des frères et sœurs. Les réserves coutumières ne s'appliquent en général qu'aux immeubles propres; la légitime porte sur tous les biens. La réserve coutumière était généralement fixée aux quatre quints des propres; la légitime est en général de la moitié de la portion qu'auraient eue *ab intestat* ceux auxquels elle appartient. Enfin, nous aurons l'occasion de voir dans la suite de cette dissertation que ces deux institutions différaient encore par des principes importants.

La légitime était admise textuellement par la plupart des coutumes réformées (1). La jurisprudence et la doctrine l'étendirent aux coutumes, qui étaient muettes sur ce point. Quelques coutumes seules contenaient des textes qui semblaient contraires à l'existence d'une légitime. Néanmoins la jurisprudence avait fini par admettre la légitime, même dans ces coutumes. C'étaient les coutumes du Boulonnais, d'Amiens, du Ponthieu, d'Artois, et un assez grand nombre de coutumes du Hainaut.

§ 2

De la nature de la légitime.

En droit romain, la légitime était une quote part des biens, et non une quote part de l'hérédité. Il ne peut s'élever aucun doute à cet égard. En effet, nous avons vu qu'il était permis de laisser la légitime à ceux qui y avaient droit à titre de legs, de fidéicommis ou de donation à cause de mort (2). Nous avons vu que dans le Bas-Empire des constitutions impériales avaient ordonné d'imputer sur la légitime certaines libéralités entre-vifs reçues par le légitimaire (3). Or, comment

---

(1) On trouvera l'énumération complète des textes des diverses coutumes ayant trait à la légitime dans le Répertoire de jurisprudence de Merlin, vo Légitime, sect. i, no ii.

(2) L. 8, § 6, et l. 25, pr., D., De inoff. test. (v, 2).

(3) L. 29 et l. 30, § 2, C., De inoff. test. (iii, 28).

pourrait-on regarder comme une quote part de l'hérédité des biens dont le légitimaire pouvait être redevable à la qualité de légataire, de fidéicommissaire, ou de donataire? Il est vrai qu'au temps classique celui qui n'a pas reçu la quarte légitime n'a point d'action pour la demander et doit attaquer le testament comme inofficieux, comme émané d'un esprit qui n'était pas sain ; et, pour atteindre ce but, il doit intenter la *querela testamenti inofficiosi*, espèce particulière de pétition d'hérédité. Mais cela n'a lieu que lorsqu'il n'a pas reçu sa légitime et peut être regardé comme une punition infligée au défunt, qui a violé l'*officium pietatis* en exhérédant ou omettant sans justes motifs le légitimaire, sans lui laisser le quart de ce qu'il aurait eu *ab intestat*. En quoi cela pourrait-il influer sur la nature de la légitime ? Par la plainte d'inofficiosité que demande le légitimaire ? Est-ce sa légitime ? Non. Il demande la rescision du testament et, par suite, l'hérédité tout entière. La nature de la *querela testamenti inofficiosi* n'influe donc en rien sur la nature de la légitime. Quand au contraire on se borne à demander le supplément de la légitime à laquelle on avait droit, a-t-on recours à une action qui suppose nécessairement la qualité d'héritier ? Nullement, on agit par la *condictio ex lege*. Ainsi, déjà au temps classique, le légitimaire exhérédé ou omis qui a reçu par legs, fidéicommis, ou donation à cause de mort, des libéralités qui ne le remplissent pas de sa quarte, négligeant la plainte d'inofficiosité, peut préférer se borner à demander par la *condictio ex lege* le supplément de sa légitime (1). Ainsi encore, ce n'est certainement pas à titre d'héritier qu'un légitimaire recevait les biens que lui procuraient soit la *querela inofficiosæ donationis*, soit la *querela inofficiosæ dotis*. En effet, rien dans les textes ne nous indique qu'il fût nécessaire, pour pouvoir intenter ces actions, de faire préalablement addition d'hérédité. Ainsi encore, et par suite d'une innovation introduite par Constantin, le légitimaire qui, par legs, fidéicommis ou donation à cause de mort, avait reçu des biens insuffisants,

(1) Pauli Sent., lib. iv, tit. v, § 7.

était privé de la plainte d'inofficiosité et ne pouvait intenter que la *condictio ex lege*, lorsque le testateur avait pris soin d'ordonner que la légitime serait complétée *boni viri arbitratu* (1). Justinien alla même plus loin et n'accorda la plainte d'inofficiosité qu'à ceux qui n'auraient rien reçu, voulant que l'on considérât l'ordre de compléter la quarte comme sousentendu ; de telle sorte que ceux qui avaient reçu une légitime incomplète n'eurent plus d'autre action que la *condictio ex lege* (2). On nous oppose que d'après la Novelle cxv, c. III, la légitime doit toujours être laissée par voie d'institution d'héritier. La Novelle, dit-on, a changé le droit, et désormais les légitimaires seront nécessairement héritiers. Cette objection est sans fondement. En effet, la Novelle n'exige pas que l'institution soit à titre universel, elle se contente d'une institution *pro certa re* (3). Or, déjà antérieurement à cette Novelle, l'héritier institué *pro certa re* était considéré comme un simple légataire (4). Cela est si vrai que la Novelle prend soin d'enlever la plainte d'inofficiosité au légitimaire institué héritier pour une chose particulière insuffisante, ne lui réservant que la *condictio ex lege* : « Cæterum, « si qui heredes fuerint nominati, etiam si certis rebus jussi « fuerint esse contenti, hoc casu testamentum quidem nulla- « tenus solvi præcipimus : quidquid autem minus legitima « portione eis relictum est, hoc secundum nostras alias leges « ab heredibus impleri. » Aussi le plus grand nombre des jurisconsultes des pays de droit écrit admettaient-ils que la légitime était une portion des biens et non de l'hérédité, et qu'en conséquence on pouvait la demander quoique ayant renoncé à la succession (5). Cependant quelques auteurs tiraient

---

(1) L. 4, C. Th., De inoff. test. (II, 19).

(2) L. 30, pr., et l. 34, in fine, C., De inoff. test. (III, 28).

(3) Cap. v, pr.

(4) L. 13, C., De hered. inst. (VI, 24).

(5) *Sic* Dumoulin, Consil. 35, n° 16 ; Despeisses, Des successions testamentaires et *ab intestat*, partie I, sect. I ; Furgole, Traité des testaments, tom. IV, chap. X, section II ; Julien, Statuts de Provence, tom. I, page 490.

de la Novelle cxv le système opposé (1), qui, ainsi que nous l'avons déjà démontré, ne saurait en découler. Du reste, c'était une question fort controversée que de savoir si la Novelle cxv était reçue dans les pays de droit écrit. La jurisprudence de la plupart des parlements de ces pays appliquait les dispositions de cette Novelle, lorsque intervint l'ordonnance du mois d'août 1735 sur les testaments, qui confirma textuellement la Novelle. Il résulte des termes mêmes de cette ordonnance, comme de ceux de la Novelle elle-même, que la légitime peut être laissée par voie d'institution *pro certa re*, et qu'en cas d'insuffisance des biens pour lesquels le légitimaire avait été institué, il avait seulement une action en complément de sa légitime, ce qui exclut évidemment l'idée de la nécessité d'être héritier pour demander la légitime. Voici les termes de l'ordonnance :

« Art. 50. Dans les pays où l'institution d'héritier est nécessaire pour la validité du testament, ceux qui ont droit de légitime seront institués héritiers, au moins en ce que le testateur leur donnera, et l'institution sera faite en les appelant par leur nom, ou en les désignant de telle manière que chacun d'eux y soit compris ; ce qui aura lieu, même à l'égard des enfants qui ne seraient pas nés au temps du testament, et qui seraient nés ou conçus au temps de la mort du testateur.

« Art. 51. Quelque modique que soit l'effet ou la somme pour lesquels ceux qui ont droit de légitime auront été institués héritiers, le vice de la prétérition ne pourra être opposé contre le testament, encore que le testateur eût disposé de ses biens en faveur d'un étranger.

« Art. 52. Ceux à qui il aura été laissé moins que leur légitime à titre d'institution pourront former leur demande en supplément de légitime ; ce qui aura lieu dans les pays mêmes dans lesquels ladite demande n'a pas été admise

---

(1) *Sic* Rousseau de Lacombe, Jurisprudence civile, v\[is] Légitime et Renonciation.

« jusqu'à présent ou a été prohibée dans certains cas (1). »

Quant aux pays de coutume, la question que nous venons d'examiner y fut toujours très controversée. Examinons d'abord les textes. Les coutumes de Chartres et de Montargis exigent textuellement que l'on soit héritier pour prétendre à la légitime. La première porte, art. 28 : « Pourvu que les « enfants *héritiers* dudit testateur ne soient privés et fraudés « de leur légitime. » La seconde dit pareillement, titre xi, art. 10 : « Et si la donation est immense et excessive, les en- « fants *héritiers* du testateur la peuvent quereller, selon la « disposition du droit. » Au contraire, en Normandie et en Bourgogne, on admettait le principe contraire (2). En effet, la coutume de Bourgogne porte, chap. vii, art. 2 : « L'on ne « peut exhéréder ses vrais héritiers que l'on ne leur délaisse « leur légitime, qu'est par coutume réputée la tierce partie « des biens du trépassé, sans charges de légats, frais funé- « raux et des donations faites en dernière volonté, sinon « pour aucunes des causes d'exhérédation déclarées en droit. » La coutume de Normandie va encore plus loin : elle n'accorde aux enfants le tiers coutumier qui leur tient lieu de légitime (art. 399 et 404) que sous la condition qu'ils aient tous renoncé à la succession (art. 401 et 404). Cette singularité dans la coutume de Normandie venait de ce que ce tiers coutumier servait tout à la fois de légitime et de douaire, ou, pour parler plus exactement, qu'il n'était qu'un douaire tenant lieu de

---

(1) On trouvera cette ordonnance dans le Recueil des anciennes lois françaises de MM. Isambert, Decrusy et Taillandier, tom. xxi.

(2) On pourrait peut-être ajouter à ces deux coutumes celles du Berry (tit. xix, art. 33 et 34), du Nivernais (chap. xxxiii, art. 24) et de Senlis (art. 161). Mais ces divers textes n'introduisent pas catégoriquement le principe ; ils en font application à un cas particulier. On pourrait donc prétendre, d'une part, que ces textes supposent le principe, et, d'autre part, on pourrait soutenir aussi qu'ils supposent le principe contraire à l'aide de l'argument : *Exceptio firmat regulam in casibus non exceptis.* Ce qui nous porterait vers la seconde de ses opinions, c'est que Guy Coquille, *sur la coutume du Nivernais,* tit. *Des donations,* art. 7, admet nettement qu'il faut être héritier pour avoir droit à la légitime.

légitime. Or, nous verrons plus tard, en parlant du douaire,
que les qualités de douairier et d'héritier étaient incompa-
tibles. Il est vrai que le tiers coutumier existait aussi sur les
biens de la mère (art. 404), ce qui est incompatible avec l'idée
de douaire; mais il était calqué sur le tiers coutumier paternel
et suivait les mêmes principes. En un mot, la coutume de
Normandie avait admis un système particulier et sans analogie
avec celui des autres coutumes. Nous aurons l'occasion de revenir sur ce sujet. Pour le moment, il nous suffit de l'avoir
indiqué. Ainsi, voilà quatre coutumes dont le texte ne laisse
pas de place à la controverse. Que fallait-il donc décider à
l'égard des coutumes muettes sur ce point? Il est difficile de
démêler quelle était à cet égard l'opinion de Dumoulin. Le
commentateur le plus célèbre des coutumes, celui que l'on
s'est plu à surnommer l'oracle du droit français, le jurisconsulte pour lequel Pothier professe une si grande vénération,
écrivait, il faut le dire, en un latin barbare et dans un style
fastidieux et obscur, quelquefois même incompréhensible. En
ce qui touche notre question, Dumoulin nous dit, sur l'art. 125
de l'ancienne coutume de Paris : « Apud nos non habet legi-
« timam nisi qui heres est. » Mais il s'exprime ainsi dans le
conseil 35, n° 18 : « Quando alio universaliter instituto et in-
« deunte, filius particulariter institutus non potest esse heres
« universalis, etiamsi velit : vel si possit, mavult verecunde
« obsequi : vel quando nihil reliqui superest in hereditate,
« veluti quando omnia donationibus inter vivos exhauserat, et
« nihil reliqui fecerat, saltem quod ad legitimam sufficeret,
« quia tunc filius (et idem de quovis ex liberis qui alius voca-
« retur ab intestato) non tenetur gerere pro herede, nec tes-
« tamentum impugnare, etiamsi possit : sed mavult judicio
« parentis obsequi verecundia a jure approbata exheredatus
« sit, unde potest condictione de inofficiosis donationibus pe-
« tere legitimam vel ejus supplementum. » Ici, Dumoulin admet que, pour réclamer sa légitime, il n'est pas nécessaire
d'être héritier. Y a-t-il possibilité de concilier les deux passages cités du célèbre jurisconsulte? On a proposé à cet

égard deux conciliations. La première consiste à dire que Dumoulin ne parle, dans son conseil 35, que du cas où le père a
épuisé tous ses biens par des donations entre-vifs, et que,
pour ce cas, Dumoulin faisait exception à son principe (1).
La seconde consiste, au contraire, à admettre que Dumoulin
ne s'est jamais départi de son principe fondamental, qu'il en
a bravement accepté toutes les conséquences, et que si, dans
son conseil 35, il admet qu'on peut réclamer la légitime sans
être héritier, c'est qu'il raisonne d'après les principes du
droit romain et en vue de la jurisprudence des pays de droit
écrit (2). Le passage précité du conseil 35 de Dumoulin nous
semble devoir faire admettre cette dernière interprétation.
S'il faut être héritier pour réclamer la légitime, il est de toute
évidence qu'il faut décider que le légitimaire est saisi de sa
légitime. Dumoulin, sur l'art. 3 du titre xviii de la coutume
du Berry, nous dit : « In Gallia filius non tenetur venire per
« actionem supplementi, sed est saisitus de sua legitima. »
Ce serait là une nouvelle raison de penser que Dumoulin admettait qu'en pays de coutume on n'avait droit à la légitime
qu'autant qu'on était héritier. Mais, malheureusement, on
n'est pas très certain de l'exactitude de cette note. Dans le
Nouveau Coutumier général, elle se trouve suivie de l'observation suivante : « Il y a de l'erreur en cette annotation, qui
« est pareil aux autres éditions, et lequel ne se peut réfor-
« mer si on ne voyait l'original de feu M. Charles Du Mo-
« lin (3). » En supposant même l'exactitude de cette note,
Merlin prétend qu'il n'en résulterait pas la preuve que Dumoulin admît que l'on ne pouvait prétendre à la légitime sans

(1) Revue de droit français et étranger, tom. i, année 1844, article de
M. Lagrange, page 112.
(2) Revue de droit français et étranger, tom. iii, année 1846, art. de M. Ginoulhiac, page 380.
(3) Nouveau coutumier général, édition de 1724, avec les notes de MM. Tous-
saint-Chauvelin, Julien Brodeau et J. M. Ricard, avocats au parlement,
jointes aux anciennes annotations de MM. Ch. Du Molin, François Rageau, et
Gabriel-Michel de La Roche-Maillet, tom. iii, pages 965 et 966.

être héritier, parce que, dit-il, le douaire, quoique incompatible avec la qualité d'héritier, saisit en plusieurs coutumes (1). Il est facile de répondre à Merlin qu'il se base sur une disposition exceptionnelle de certaines coutumes, dont on ne saurait, par conséquent, tirer argument dans une question où il s'agit des principes reçus dans la généralité des coutumes. Finalement donc, nous pensons que l'opinion de Dumoulin était que, dans les pays de coutume, la légitime devait être considérée comme une partie de l'hérédité, et ne pouvait être demandée que par ceux qui avaient la qualité d'héritiers (2). Ce qui nous détermine surtout à accepter ce sentiment, c'est que nous retrouvons cette opinion professée par un grand nombre d'autres jurisconsultes coutumiers, et que la plupart d'entre eux professaient un grand respect pour les opinions de Dumoulin et cherchaient à s'y conformer de leur mieux (3). Quant à la jurisprudence, elle avait admis ce système, mais après beaucoup d'hésitations. C'est ainsi que, le 3 décembre 1642, il fut rendu par le parlement de Paris deux arrêts : l'un, devenu célèbre sous le nom d'arrêt de Saint-Vaast, décidait que, pour prétendre à la légitime, il fallait être héritier ; l'autre, intervenu entre les enfants et les héritiers d'un sieur Vaulte, notaire, jugeait, au

(1) Répertoire de jurisprudence, v° Légitime, sect. II, § 1, n° 1.

(2) Mais la question est fortement controversable. Aussi Berroyer, dans ses notes sur les arrêts de Bardet, liv. III, 37, et Merlin, Répertoire de jurisprudence, v° Légitime, sect. II, § 1, n° II, rangent Dumoulin parmi les partisans de l'opinion adverse.

(3) Dans ce sens Bourjon, Droit commun de la France, chap. x, n° 7 ; Guy-Coquille, sur la cout. du Nivernais, tit. Des donations, art. 7 ; Lebrun, Des successions, liv. II, chap. III, sect. I, et son commentateur Espiard ; Ricard, Des donations, IIIe partie, chap. VIII, sect. V, n° 978 ; Domat, Traité des lois civiles, liv. III, tit. III, sect. I ; Pothier, Introd. au tit. xv de la cout. d'Orléans, n°s 76 et 77 ; Ferrière, Dictionnaire de pratique, v° Légitime.— Guillaume de la Champagne, dans son Traité de la légitime et de la représentation, passim, Pallu, sur les art. 252 et 309 de la cout. de Tourraine, et Merlin, Répertoire de jurisprudence, v° Légitime, sect. II, § 1, n°s II et III, défendent l'opinion adverse.

contraire, que la seule qualité d'enfant suffisait, et qu'il n'é-
tait point nécessaire de se dire héritier pour obtenir sa légitime (1).

Voici les conséquences qui, pour les jurisconsultes coutumiers, découlèrent nécessairement de ce point de départ, de
ce principe fondamental que, pour prétendre à la légitime, il
faut être héritier : le légitimaire est saisi de plein droit de sa
légitime, en sorte que les intérêts et les fruits des sommes ou
des héritages qui la forment lui sont dus dès l'instant du décès. C'est ce que Pothier nous dit fort clairement : « L'enfant
« est censé saisi de plein droit de sa légitime dès l'instant du
« décès de son père ou autre ascendant qui la lui doit. En consé-
« quence, les donations soit d'héritage, soit de sommes d'ar-
« gent, qui se trouveront, par la supputation, y avoir donné
« atteinte, sont, dès ce temps, censées de plein droit annulées,
« jusqu'à la concurrence de ce qu'elles y donnent atteinte ; et
« les fruits des héritages, et les intérêts des sommes qu'on
« doit retrancher desdites donations pour former la légitime
« sont dus dès ce temps au légitimaire (2). » Il résulte encore
de ce principe que le légitimaire avait droit, en cas de libéralités excessives, non pas seulement à la valeur de la légitime, mais aux corps héréditaires eux-mêmes, et qu'il pouvait
les revendiquer entre les mains des tiers détenteurs, sans
être obligé auparavant de discuter le donataire qui les leur
avait transmis, « parce qu'il y a, dit Lebrun, un droit réel
« sur l'héritage qui lui appartient pour partie, la légitime
« étant *quota hereditatis*, et la part se faisant au légitimaire
« par voie de partage et par jet de lots, ni plus ni moins, à
« proportion que s'il était héritier (3). »

Nous avons vu que les réserves coutumières ne donnaient

(1) V. Merlin, *ubi supra.*

(2) Introd. au tit. xv de la cout. d'Orléans, no 71. *Sic* Guy-Coquille, sur
la cout. de Nivernais, tit. Des donations, art. 7 ; Ricard, Traité des donations,
IIIe partie, chap. VIII, sect. XIII, n° 1163 ; Lebrun, Traité des successions,
liv. II, chap. III, sect. VIII.

(3) Traité des successions, liv. II, chap. III, sect. VIII. V. Pothier, Traité

pas à ceux en faveur desquels elles avaient été introduites le droit d'attaquer et de faire réduire les donations entre-vifs. Il en était autrement de la légitime, ainsi qu'on a dû le pressentir d'après ce qui précède. On ne pouvait entamer la légitime par aucune sorte de libéralités, et le légitimaire pouvait, pour parfaire sa légitime, faire opérer, et, ainsi que nous l'avons vu, par voie d'action réelle, un retranchement sur les biens donnés entre-vifs. Or, le système des jurisconsultes coutumiers sur la nature de la légitime va ici conduire à un inconvénient qui se présentera toutes les fois que le défunt, après avoir fait des donations, aura contracté des dettes considérables, et ne laissera rien ou presque rien dans sa succession. Le légitimaire, ne pouvant demander sa légitime qu'en qualité d'héritier, se trouvera en conséquence soumis aux actions des créanciers héréditaires, qui pourront exiger de lui le paiement des dettes de la succession. Ce n'est donc pas à lui que profitera, en définitive, le retranchement des donations excessives introduit en sa faveur : il profitera en réalité aux créanciers héréditaires, fussent-ils même postérieurs aux donations sur lesquelles porte la réduction; de telle sorte que, dans ce cas, ils profiteront du retour dans la succession de leur débiteur de biens qu'ils n'ont jamais dû considérer comme le gage de leurs créances. Nous avons pensé qu'à cet égard Dumoulin avait bravement accepté les conséquences de son système, mais il n'en fut pas ainsi des autres jurisconsultes qui l'avaient adopté. Guy-Coquille, frappé de la position désavantageuse du légitimaire, veut qu'il puisse, en ce cas, se dire héritier quant à la légitime seulement [1].

« Un inconvénient si notable, dit Ricard, mérite bien qu'on « cherche un remède à ce mal, pour tirer de pauvres enfants « de deux extrémités qui les empêchent de recouvrer cette « dernière table du naufrage, ne pouvant pas, d'un côté, de-

des donations entre-vifs, sect. III, art. v, §§ v et vi, et Introd. au tit. xv de la cout. d'Orléans, nos 90 à 95.

[1] Sur la cout. de Nivernais, tit. Des donations, art. 7.

« mander leur légitime sans prendre la qualité d'héritiers, et
« ne pouvant pas, d'un autre, se dire héritiers qu'ils ne se
« rendent incontinent sujets aux dettes ; en quoi il se décou-
« vre une injustice que tous ceux qui aiment l'équité voudraient
« bien surmonter, puisque les créanciers qui veulent charger
« les enfants de leurs dettes, s'ils se disent héritiers, les em-
« pêchent, par leur rigueur, de jouir d'un bien dont la priva-
« tion, dans la personne des enfants, n'apporte aucun profit
« aux créanciers, et ainsi ils font un grand dommage dont ils
« ne ressentent aucun bien ; de sorte qu'il n'y a qu'un tiers,
« savoir est le donataire, qui, regardant cette contestation
« sans y être engagé, en retient seul l'utilité au préjudice
« des enfants (1). » Pour parer à cet inconvénient, Guy-Coquille fait brèche aux principes. Ricard y voit du danger;
« car, dit-il, combien qu'une injustice manifeste mérite bien
« qu'on retranche quelque peu des maximes générales, il faut
« néanmoins se servir de ce privilége le moins que l'on peut,
« parce que ces passe droit ont coutume d'entraîner avec eux
« quantité d'inconvénients que l'on n'avait pas prévus. »
Mais il faut cependant un remède à l'inconvénient signalé.
Ricard propose le sien en ces termes : « Je dis donc qu'un
« enfant qui, d'un côté, a dessein de retrancher, par le béné-
« fice de la légitime, les donations entre-vifs qui ont été
« faites par son père, et qui, d'autre part, appréhende d'être
« tenu des dettes en prenant la qualité d'héritier, auxquelles
« les biens contenus en la donation ne sont pas sujets, doit
« accepter la succession par bénéfice d'inventaire, ce qui re-
« met les choses dans la règle. Par ce moyen, il n'y a point
« de difficulté, qu'il aura droit d'exercer la légitime de la
« même sorte que s'il s'était porté héritier purement et sim-
« plement; et lorsqu'il aura joui du privilége que lui a donné
« sa qualité, il pourra renoncer à son bénéfice d'inventaire et
« à la succession, et en ce faisant, il reprendra franchement
« et quittement le retranchement qu'il a fait faire des dona-

(1) Traité des donations, IIIᵉ partie, chap. VIII, sect. V, nᵒ 981.

« tions entre-vifs, en vertu de sa légitime, de la même façon
« que par le moyen de cette renonciation au bénéfice d'inven-
« taire, il emporte en d'autres occasions le douaire et les
« avantages qui lui avaient été faits par son père : les créan-
« ciers, au moyen du bénéfice d'inventaire, n'ayant droit que
« sur les biens de la succession, et non sur la personne de l'hé-
« ritier et sur les biens particuliers, qui n'étaient pas obligés à
« leurs dettes. Les donataires qui ont souffert le retranche-
« ment ne pourront apporter aussi aucun empêchement, puis-
« qu'ils n'ont pas droit de révoquer ce qui a été une fois fait
« légitimement, et que les enfants ont acquis à juste titre (1). »
Lebrun distingue entre le cas où il y a des biens existants
dans la succession et celui où il n'y en a pas, et n'admet le
système de Ricard que pour ce dernier cas (2). On ne peut
s'empêcher de remarquer l'inconséquence que contient le
système de Ricard. Si le légitimaire a besoin de se dire héritier pour faire opérer un retranchement sur les biens donnés
entre-vifs, c'est donc *jure hereditario* que le légitimaire recevra les biens retranchés, et non *jure proprio*. Il les a fait rentrer dans la succession : il serait donc logique qu'il fût tenu
d'en faire abandon aux créanciers jusqu'à concurrence de ce
qui leur est dû. Le bénéfice d'inventaire lui procure l'avantage de n'être tenu des dettes de la succession que jusqu'à
concurrence de l'émolument que lui procure sa qualité d'héritier; mais nonobstant le bénéfice d'inventaire, il en est tenu
jusqu'à concurrence de cet émolument tout entier. Or, c'est
en qualité d'héritier, et seulement en cette qualité, qu'il a pu
faire opérer un retranchement sur les biens donnés entre-vifs.
Donc les biens ainsi retranchés font partie de l'émolument
héréditaire et doivent être compris dans l'abandon que fait
l'héritier bénéficiaire. Cette inconséquence, dont n'ont pas

_____

(1) *Ubi supra*, nos 983 et 984. — Nous verrons que c'est l'opinion de Ricard qui a été adoptée par les rédacteurs du Code Napoléon et formulée par
eux dans l'art. 921. Du moins nous essaierons de le prouver.

(2) Traité des successions, liv. II, chap. III, sect. II.

manqué de tirer parti les jurisconsultes des pays de droit
écrit, et les autres partisans du principe que la qualité d'héritier n'est pas nécessaire pour réclamer la légitime (1), se
justifie par la faveur due à la légitime (2), et par cette considération que, si le système de Ricard viole un principe, ce
n'est qu'à l'encontre des créanciers demandant à être payés
sur des biens qui n'ont jamais été leur gage, et pour conserver à la légitime son but en évitant d'en attribuer le profit à
d'autres personnes que celles en faveur desquelles elle avait
été introduite. Pothier adopte l'opinion de Ricard, et, pour
la défendre, il présente un argument plus convaincant que
ceux que nous venons de produire. Il fait remarquer que le
défunt n'aurait pas pu porter la moindre atteinte aux donations qu'il avait faites, et que, dès lors, quoique le droit de les
faire réduire fût, pour le légitimaire, attaché à la qualité d'héritier, le légitimaire ne pouvait être considéré comme le tenant du défunt, mais, au contraire, qu'on devait dire qu'il le
tenait de la loi, qui avait bien pu, en le lui accordant, exiger
que, pour en user, il acceptât la succession sous bénéfice
d'inventaire. Voici ce passage important de Pothier : « On
« peut dire que ces choses retranchées ne sont pas de la suc-
« cession, puisque le donateur s'en était dessaisi de son vi-
« vant; qu'encore bien que le droit, qu'a l'héritier, d'obtenir
« ce retranchement, fût attaché à sa qualité d'héritier, néan-
« moins ce n'est pas un droit qu'il tienne du défunt et auquel
« il ait succédé au défunt, puisque le défunt ne l'a jamais eu;
« il ne le tient donc pas du défunt ni de la succession, mais
« de la loi. Ces choses retranchées ne font donc pas partie
« de la succession (3). »

Certaines coutumes étendaient les réserves coutumières
aux donations entre-vifs. On peut les diviser en deux classes :

(1) Berroyer, Notes sur les arrêts de Bardet, liv. III, 37 ; Roussilhe, les
Institutions au droit de légitime, n° 86 ; Merlin, Répertoire de jurisprudence,
v° Légitime, sect. II, § 1, n° II.
(2) V. Argou, Institutions au droit français, liv. II, chap. XX.
(3) Traité des donations entre-vifs, sect. III, art. VI, § III, *in fine.*

les unes ne frappaient d'indisponibilité que la totalité ou une
partie de certains biens ; les autres assujétissaient à la réserve
coutumière les biens quelconques, soit en tout, soit en partie.
Dans celles de la première classe, l'existence d'une réserve
coutumière étendue aux donations entre-vifs n'excluait pas la
légitime, parce que cette réserve coutumière ne portait que
sur une certaine classe de biens, que le défunt aurait pu ne pas
avoir des biens de cette classe, et que, dès lors, il aurait pu
arriver que ceux à qui la légitime était accordée n'eussent rien
à prétendre. Ici, la réserve coutumière se rapprochait de la
légitime, puisqu'elle permettait de faire opérer un retranchement sur les donations entre-vifs. Aussi, Pothier nous dit-il :
« Cette portion des propres, dont les coutumes défendent de
« disposer, est une espèce de légitime qu'elles accordent aux
« héritiers du donateur de la ligne d'où les propres procèdent.
« On appelle cette légitime coutumière, à la différence de celle
« dont nous avons parlé à l'article précédent, qui se nomme
« légitime de droit (1). » Ces deux légitimes, existant l'une à
côté de l'autre dans les coutumes dont nous nous occupons,
différaient par leur origine, ainsi que l'indique la terminologie
même qu'adopte Pothier ; par leur but, les biens auxquels
elles s'appliquaient et les personnes en faveur desquelles elles
étaient établies. Il y avait sous ces rapports, entre les deux
légitimes, la même différence qu'entre la légitime ordinaire et
une réserve coutumière quelconque. Elles différaient encore
en ce que les enfants, quoiqu'ils ne pussent demander leur légitime de droit sans se porter héritiers, pouvaient néanmoins,
quoique renonçants, la retenir par voie d'exception sur les
biens qui leur avaient été donnés (2), tandis que la légitime
coutumière ne pouvait s'exercer ni par voie d'action, ni par
voie de rétention, que l'on ne fût héritier (3). Ces deux légitimes étaient indépendantes l'une de l'autre, mais ne pou-

(1) Traité des donations entre-vifs, sect. III, art. VI.
(2) Nous développerons *infra* cette exception au principe que pour prétendre
à la légitime il faut être héritier.
(3) V. Pothier, *ubi supra*, § 1.

vaient se cumuler. Dans les coutumes de la seconde classe, c'est-à-dire dans celles où la réserve coutumière porte sur tous les biens indistinctement et est étendue aux donations entre-vifs, on ne saurait comprendre, à côté de la réserve coutumière, l'existence d'une légitime : la réserve coutumière en tiendra lieu ; ce sera, pour ainsi dire, une légitime profitant à tous les héritiers indistinctement. On avait, dans ces coutumes, veillé plus rigoureusement à la conservation des biens dans les familles, et, par là, on avait rendu inutile l'existence de la légitime. Il en était autrement en Normandie : la réserve des enfants y était de toute leur portion héréditaire, sauf le tiers des meubles dont le père et la mère pouvaient disposer à leur gré. Néanmoins, cette réserve ne tenait pas lieu de légitime. Nous avons, en effet, vu que le tiers coutumier de Normandie tenait lieu de douaire et de légitime en ce qui touche les biens du père, de légitime seulement en ce qui touche les biens de la mère ; que ce tiers coutumier suivait les principes applicables au douaire, qu'on ne pouvait le réclamer qu'à la condition de renoncer à la succession. Si donc le père ou la mère laissait une succession embarrassée, les enfants y renonçaient et avaient le tiers coutumier, auquel leur ascendant n'avait pu porter aucune atteinte ni par aliénation gratuite, ni par aliénation à titre onéreux, ni par constitution d'hypothèques (art. 399 et 404). Si, au contraire, le père ou la mère laissait une succession en bon état, les enfants l'acceptaient et jouissaient de la réserve si considérable que leur accordait la coutume. Nous le répétons, la coutume de Normandie avait, pour la protection des enfants, introduit un système qui lui était propre et qui ne ressemblait en rien au système général des coutumes. — Dans les coutumes où les réserves coutumières atteignaient les donations entre-vifs, l'héritier ne pouvant prétendre à la réserve qu'à la condition d'accepter la succession, si nous supposons que le défunt a fait, de son vivant, de nombreuses donations, et qu'il laisse, à son décès, beaucoup plus de dettes que de biens, l'inconvénient signalé plus haut, en ce qui touche la légitime, se présentera ici. Pothier étend à ce cas le remède proposé par Ricard (1).

§ 3.

Quelles personnes avaient droit à la légitime?

La première condition pour pouvoir prétendre à la légitime consistait à être appelé à la succession *ab intestat*. Nous rencontrerons cependant quelques exceptions à ce principe. Mais tous ceux qui étaient appelés à la, succession *ab intestat* n'avaient pas par cela même une légitime à prétendre. Voyons donc quelles étaient, parmi les personnes appelées à la succession *ab intestat*, celles qui avaient droit à la légitime.

Les enfants tenaient sans contredit le premier rang dans l'ordre des légitimaires. On entendait, à cet égard, par enfants, non-seulement les posthumes, mais encore les petits-enfants. Ainsi les premiers avaient droit de légitime sur les biens de leur père, quoiqu'il fût décédé avant leur naissance ; et les seconds, sur ceux de leur aïeul, lorsque leur père était mort avant lui. Il y avait cependant certaines coutumes où les petits-enfants n'avaient point de légitime à prétendre lorsqu'ils concouraient avec des enfants du premier degré : c'étaient celles qui excluaient la représentation en ligne directe (2). La légitime dépendait, comme nous venons de le dire, de la successibilité. Or, dans ces coutumes, les petits-enfants ne succédaient point *ab intestat*, quand ils avaient des oncles ou des tantes vivants. Ils ne pouvaient donc pas prétendre à la légitime. Par application du même principe, l'incapacité des religieux profès de recueillir aucune succession emportait nécessairement l'incapacité de prétendre une légitime sur les biens de leurs père, mère ou autres parents. On exceptait, cependant, les chevaliers de Malte, qui pouvaient

(1) *Ubi supra*, § III, *in fine*.

(2) Boulonnais, art. 75; Ponthieu, art. 8 ; gouvernance de Douai, chap. II, art. 15, etc.

exiger qu'on leur payât de modiques pensions tant qu'ils n'avaient pas de commanderie. Ils pouvaient même exiger, lorsqu'ils avaient été faits prisonniers par les Turcs, que leurs frères et sœurs les rachetassent. Écoutons à cet égard Brodeau : « Au cas de captivité, les chevaliers de Malte, n'é- « tant jamais rachetés aux dépens de l'ordre, ont, en faveur « de la liberté, le droit de légitime sur les biens de la succes- « sion de leurs père et mère, quand bien même ils auraient « fait les vœux avant leur décès ; comme il a été jugé par « l'arrêt du chevalier Vinceguerre (1). » En Franche-Comté, les religieux succédaient à la propriété des meubles et à l'u- sufruit des immeubles : aussi avaient-ils une légitime (2). Par application du même principe, la fille dotée qui, par son con- trat de mariage, avait renoncé à la succession de son père, ou qui était exclue, par la coutume où étaient situés les biens de son père, de la succession, en conséquence, de la dot qu'elle avait reçue, ne pouvait demander sa légitime. Il eût pu arriver que le père eût des biens situés dans différentes coutumes, et que les unes prononçassent l'exclusion de la fille dotée de la succession paternelle, tandis que les autres ne la prononçaient pas : dans ce cas, la fille eût eu droit de prétendre la légitime sur les biens situés dans les coutumes par lesquelles elle n'était pas exclue. Dans ce cas, devait- elle précompter, sur la légitime qu'elle demandait, la dot qu'elle avait reçue ? Elle était censée avoir reçu cette dot en avancement du droit qu'elle avait de succéder à tous les biens de son père, quelque part qu'ils fussent. Par conséquent, elle précomptait sur sa légitime une portion de sa dot, propor- tionnelle à la part que les biens dont elle n'était pas exclue formaient du total des biens du défunt. Au reste, la fille n'é- tait exclue du droit de succéder et, par suite, du droit de demander sa légitime, que lorsqu'elle avait effectivement

(1) Sur Louet, lettre C, no 8.
(2) Boguet, sur la cout. de Franche-Comté, tit. I, art. 17. Il cite dans ce sens un arrêt du parlement de Dôle, du 25 février 1573.

reçu la dot qui lui avait été constituée. Si donc un père avait promis une dot exigible après sa mort, la fille n'était pas exclue de la succession, y eût-elle renoncé (1). Si la dot était exigible lors du décès du père, et que le gendre ne s'en fût pas fait payer, comme il avait eu le droit d'exiger ce paiement, et que les intérêts de la dot avaient couru à son profit, la fille était considérée comme dotée, et, en conséquence, exclue de la succession et du droit de demander sa légitime (2). La coutume de Berry (tit. xix, art. 34) et la coutume de Nivernais (chap. xxii, art. 24) réservaient aux filles dotées et ayant renoncé à la succession de leur père ou mère une action en supplément de légitime, pour le cas où la dot qui leur avait été constituée était inférieure à leur portion légitimaire. En sens inverse, cette exclusion des filles dotées de la succession et du droit de demander la légitime était reçue dans certains pays de droit écrit. C'est ainsi que la coutume de Toulouse porte : « Si aliquis pater maritaverit vel dotaverit filiam suam « vel filias suas, illa filia seu filiæ maritatæ ab ipso patre et « dotatæ, non possunt, ipso patre mortuo, de bonis dicti pa- « tris aliquid petere (3). » Nous lisons aussi dans la coutume de Bordeaux, art. 67 : « Si le père a baillé dot à sa fille, et « au contrat de mariage, elle renonce aux biens paternels « avec serment, soit majeure ou mineure, ne pourra venir à « la succession de son père, ne demander supplément de légi-

---

(1) En Normandie les filles mariées étaient totalement exclues de la succession de leurs père et mère, ne leur eût-on rien donné ni promis : « Et si « riens ne lui fut promis lors de son mariage, rien n'aura, » dit l'art. 250 de cette coutume. Elles eussent été admises à la succession si elles y eussent été réservées par leur contrat de mariage ou rappelées par leur ascendant. V. dans le *Répertoire de jurisprudence* de Merlin l'article *Réserve à succession*, dû à la plume de M. Ducaurroy. Les filles non mariées lors du décès de leur père étaient également exclues de la succession, mais pouvaient demander mariage advenant. V. art. 249, 251 et 262 de la cout. de Normandie, et Basnage sur ces articles. — La coutume d'Auvergne (chap. xii, art. 25 et 26) contenait des dispositions à peu près semblables.

(2) V. Pothier, Traité des donations entre-vifs, sect. iii, art. v, § 1.

(3) Part. iii, tit. i, art. 5.

« time, sinon que le père en ordonnât autrement. » Dans les coutumes d'exclusion des filles dotées de la succession du constituant de la dot, et quoique certaines de ces coutumes prononçassent l'exclusion de la fille, « ne lui eût-on donné qu'un chapel de roses (1), » la jurisprudence accordait néanmoins aux filles dotées une action en supplément de légitime, lorsque, par suite de la modicité de ce qu'elles avaient reçu, eu égard à la fortune du constituant lors de leur mariage, il existait une grande différence entre leur dot et leur légitime. Que devait-on décider dans les pays où les filles n'étaient pas exclues, par ce seul fait que leur ascendant leur avait constitué une dot, mais étaient exclues lorsqu'elles avaient renoncé par leur contrat de mariage? Le parlement de Toulouse distinguait la renonciation à l'hérédité ou à tous les droits successifs de la renonciation à la légitime nommément. Il jugeait que la première ne comprenait pas le supplément de légitime, et que, par conséquent, elle n'empêchait pas d'en former la demande pendant trente ans à compter du jour de la mort du père ; et à l'égard de la seconde, il admettait les enfants qui l'avaient faite à s'en faire relever dans les dix ans par lettres de rescision (2). Le parlement de Bordeaux avait d'abord suivi la même jurisprudence (3) ; mais en dernier lieu ses arrêts déclaraient constamment non recevables les filles qui demandaient des suppléments de légitime après avoir renoncé par contrat de mariage (4). Le parlement de Grenoble jugeait de même. Telle était aussi la

(1) Touraine, art. 284; Anjou, art. 241; Maine, art. 258; Lodunois, chap. XXVII, art. 26.

(2) Boutaric, sur l'art. 35 de l'ordonnance de 1731 ; Journal du palais de Toulouse, tom. I, page 299. Le parlement de Toulouse basait sa jurisprudence sur la loi 35, § 1, C., *De inoff. test.* (III, 28). La coutume de Sens admettait textuellement (art. 267) le remède des lettres de rescision.

(3) Dumoulin, sur le conseil 180 de Décius ; arrêt du 2 septembre 1589, rapporté par Automne sur l'*Inchiridion* d'Imbert.

(4) C'est ce qu'atteste un acte de notoriété des avocats de cette cour du 26 juin 1731, rapporté par Salviati, *jurisprudence du parlement de Bordeaux*, page 323.

jurisprudence du parlement de Paris. Il devait en être ainsi ; car dans les pays de coutume, renoncer à la succession, c'était nécessairement renoncer à la légitime, qu'on ne pouvait avoir qu'en qualité d'héritier ; et en outre, puisqu'on attribuait à la renonciation légale, qu'admettaient les coutumes d'exclusion, la vertu d'exclure la fille mariée de toute demande en légitime, à plus forte raison devait-on donner le même effet à une renonciation contractuelle. Si cependant la fille mariée avait, eu égard aux biens que le père avait lors de son mariage, souffert une lésion énorme, de telle sorte que le père l'eût plutôt exhérédée que dotée, on l'admettait à demander un supplément de légitime (1). Les petits-enfants pouvaient-ils exiger une légitime sur les biens de leur aïeul auxquels leur mère avait renoncé ? Ils le pouvaient sans difficulté, lorsqu'ils venaient de leur chef et sans le secours de la représentation, c'est-à-dire lorsqu'ils n'avaient ni oncles, ni tantes, ni cousins germains pour concurrents. Mais dans le cas contraire, ils n'avaient rien à prétendre, parce qu'il était de principe qu'un représentant ne pouvait jamais avoir plus de droit que le représenté. Le principe que pour pouvoir prétendre à la légitime, il faut être appelé à la succession *ab intestat*, rayait du nombre des légitimaires les enfants étrangers, morts civilement, indignes de succéder, ou justement exhérédés (2).

Dans le dernier état du droit romain, les enfants naturels avaient *ab intestat* droit à deux onces (un sixième) de la succession de leur père, lorsque celui-ci ne laissait ni femme ni enfants légitimes (3) ; mais ils n'avaient aucun droit de légitime à prétendre. Il en était autrement à l'égard de la mère : le sénatus-consulte Orphitien appelait à la succession de leur mère, et au premier rang, tous les enfants, *justi*, *naturales* ou

(1) V. Merlin, Répertoire de jurisprudence, v° Légitime, sect. v, § III, art. I et art. II, n°ˢ I et II.

(2) Nous verrons *infra* quelles étaient les justes causes d'exhérédation.

(3) Nov. LXXXIX, cap. XII, § 4.

spurii, peu importe. Aussi la *querela testamenti inofficiosi* était-elle accordée au *filius naturalis* ou *spurius* contre le testament maternel, lorsqu'il y avait été omis sans justes motifs, à moins qu'il ne lui eût été laissé sa quarte légitime (1). Les enfants naturels profitèrent, en ce qui touche la succession maternelle, de l'augmentation de légitime introduite par la Novelle xviii, chap. i, et on leur appliqua les nouvelles dispositions de la Novelle cxv. Si cependant la mère était une femme de qualité, et qu'elle eût des enfants légitimes, ses enfants naturels ne pouvaient lui succéder ni *ex testamento*, ni *ab intestat*, et conséquemment il ne leur était point dû de légitime. Cette exception avait été établie par Justinien (2). Tel était le droit que l'on suivait dans les pays de droit écrit. — Le droit commun des pays de coutume était à cet égard bien différent : il n'admettait les enfants naturels ou, comme disent nos anciens auteurs, les bâtards, à succéder ni à leur mère, ni à leur père. Le seul droit qu'on leur accordait dans l'hérédité de l'un ou de l'autre consistait à pouvoir demander de simples aliments. Quelques coutumes, cependant, se rapprochant du droit romain, les déclaraient habiles à succéder à leur mère (3). De là naissait naturellement la question de savoir si, dans ces coutumes, les bâtards avaient le droit de demander une légitime, quand la succession *ab intestat* était épuisée par les dispositions entre-vifs ou testamentaires de leur mère.

« L'affirmative pourrait faire difficulté, dit Lebrun, confor-
« mément à ce qui a été dit ci-dessus pour le droit écrit, que,
« quoique la Novelle lxxxix, chap. xii, § 4, appelle les bâ-
« tards pour deux onces à la succession de leur père, qui n'a
« laissé ni femme ni enfants légitimes, néanmoins ils n'a-
« vaient point de légitime, parce qu'ils n'étaient pas appelés

---

(1) L. 29, § 1, D., De inoff. test. (v, 2).
(2) L. 5, C., ad S. C. Orph. (vi, 57).
(3) Valenciennes, art. 15 ; Lessines, tit. ix, art. 2 ; Hau, art. 6 ; Waterloos dans la châtellenie de Lille, tit. Des successions, art. 28 ; Gand, rubr. 26, art. 11 ; Bourbourg, rubr. 10, art. 13 ; Bergues, rubr. 19, art. 28 ; Hondschote, rubr. 16, art. 5 ; Cassel, art. 308 ; Bailleul, rubr. 8, art. 26.

« à la succession par le droit commun, mais par un droit
« exorbitant et dans un cas particulier; car on peut dire de
« même que le droit commun du royaume les exclut de toute
« succession; et la coutume de Valenciennes (ainsi que les
« autres cités) étant exorbitante en ce point, il semble
« qu'il y a lieu de soutenir que les enfants naturels n'y ont
« point de légitime, d'autant plus que le droit de légitime né
« s'accorde pas si aisément dans nos coutumes que dans le
« droit, les ascendants en étant exclus. D'ailleurs, plusieurs
« sont appelés à la succession, qui ne sont pas pour cela ap-
« pelés à la légitime, qui est chez nous un droit plus borné
« quant aux personnes. Il faut dire cependant que les en-
« fants naturels ont droit de légitime, dans ces coutumes,
« sur les biens de leur mère, parce qu'elles sont bien diffé-
« rentes du droit civil, lequel n'appelle les enfants naturels
« (à la succession de leur père) qu'en un cas particulier, c'est-
« à-dire au cas qu'il n'y ait ni femme ni enfants légitimes; et,
« par cette limitation, il confirme la règle, qui est que les en-
« fants naturels sont exclus de la succession; d'où il suit qu'ils
« le sont aussi de la légitime; au lieu que la coutume de Va-
« lenciennes (art. 121) dit expressément qu'*en succession na-*
« *turelle, il n'y a nuls bâtards, tellement que les bâtards naturel-*
« *lement tant succèdent à leur mère, aussi bien qu'autres enfants*
« *procréés en léal mariage.* Ainsi cette coutume (1) fait un droit
« commun de la succession des bâtards à l'égard des biens
« maternels, et elle n'attache pas ce droit de succéder à cer-
« taines conditions et à certaines espèces particulières, comme
« fait la Novelle LXXXIX; d'où il suit que les enfants naturels
« y doivent avoir une légitime sur les biens de leur mère (2). »

Les enfants naturels légitimés par mariage subséquent
avaient droit de légitime tant dans la succession du père que

---

(1) Il faut dire la même chose des autres coutumes citées, à l'exception de
celle de Han, qui restreint la successibilité des bâtards au cas où il n'y a point
d'enfants légitimes.

(2) Traité des successions, liv. II. chap. III, sect. II.

dans celle de la mère, lors même qu'il y avait des enfants
d'un mariage intermédiaire, entre la naissance des enfants
naturels et leur légitimation, c'est-à-dire le mariage subséquent (1). Le père, en épousant la mère de ses enfants naturels, ne pouvait pas préjudicier à cette légitime par son contrat de mariage, en stipulant, au profit des enfants du mariage
précédent, que les légitimés n'auraient qu'une certaine part
dans sa succession ou n'y prendraient qu'une certaine somme
pour tous droits (2). Il n'en était pas de même à l'égard de la
légitimation par lettres du prince. En effet, celle-ci était toujours conditionnelle, et ne pouvait avoir lieu que du consentement des héritiers présomptifs, qui pouvaient y apporter
telle limitation que bon leur semblait, par exemple que le lé-
gitimé n'aurait qu'une certaine somme pour sa légitime.

Les parlements des pays de coutume, par une jurisprudence demeurée constante pendant plusieurs siècles, refu-
saient de reconnaître aux ascendants une légitime sur la succession de leurs descendants. Merlin, qui combat cette jurisprudence, reconnaît lui-même « qu'elle est trop bien affer-
« mie pour qu'il y ait lieu d'en espérer la réformation. »
Nous allons emprunter à l'illustre magistrat la raison principale sur laquelle était basée cette jurisprudence, et la réfu-
tation qu'il en présente : « Comme les ascendants ne peuvent
« succéder, dans les pays coutumiers, qu'aux meubles et ac-
« quêts de leurs enfants, s'ils pouvaient prendre une légi-
« time, ce ne serait que sur ces deux espèces de biens. Or, il
« y aurait en cela deux inconvénients. D'abord, ne serait-ce
« pas une injustice d'ôter à un enfant la libre disposition de
« ses acquêts, c'est-à-dire du fruit de ses travaux et de son
« industrie ? En second lieu, obliger un fils de laisser une lé-
« gitime à son père, c'est lui interdire le commerce de la plus
« grande partie de ses biens, puisqu'il est déjà obligé, au

(1) *Sic* arrêt du 9 août 1639 rapporté par Brodeau sur Louet, lettre L, nº 7,
arrêt 3 ; Lebrun, *ubi supra*.
(2) *Sic* Brodeau et Lebrun, *ubi supra*.

« moins dans plusieurs coutumes, de laisser à ses collatéraux
« les quatre quints de ses propres. Le premier de ces incon-
« vénients, il est vrai, peut aussi se rencontrer dans la légi-
« time des enfants d'un père qui ne possède que des meubles
« et acquêts; mais le second ne peut guère y avoir lieu, car
« il est rare que les quatre quints des propres ne suffisent
« pas pour remplir la légitime. Il n'est pas plus difficile de ré-
« pondre à cette objection qu'aux autres. On ne gêne pas la
« liberté du commerce en interdisant les dispositions à titre
« gratuit, et surtout par testament. Or, l'obligation qu'on
« imposerait aux enfants de laisser une légitime à leur père
« et à leur mère, dans leurs meubles et acquêts, ne leur ôte-
« rait pas la faculté de disposer de la totalité de ces biens à
« titre onéreux, et même elle ne porterait pas la moindre at-
« teinte à la disponibilité des propres par donation entre-
« vifs. Ainsi, tout l'inconvénient de cette obligation, c'est
« qu'un fils ne pourrait pas donner entre-vifs tous ses meu-
« bles et acquêts, et qu'au lit de la mort, il se trouverait ré-
« duit à ne pouvoir disposer que de peu de chose, parce que,
« d'un côté, la réserve coutumière l'empêcherait de toucher
« aux quatre quints de ses propres, et que, de l'autre, la lé-
« gitime de son père affecterait une partie de ses meubles et
« acquêts. Eh! le grand mal, quand on ne pourrait pas ôter
« à des héritiers des biens que la nature et la loi leur défè-
« rent. Quoi qu'il en soit, il paraît que ce prétendu inconvé-
« nient est, de toutes les raisons que nous venons de passer
« en revue, celle qui frappe le plus nos auteurs; et Lebrun con-
« vient, malgré les arrêts cités, qu'il faudrait donner une légi-
« time aux pères et aux mères dans les coutumes où il ne peut
« avoir lieu, c'est-à-dire où les pères et les mères sont les seuls
« héritiers *ab intestat* de leurs enfants, comme Lille, Douai,
« Tournay, etc. (1). » Dans les pays de droit écrit, au contraire, la légitime des ascendants était partout admise (2), à

(1) Répertoire de jurisprudence, vo Légitime, sect. III, § II, no VI.
(2) V. Bordeaux, art. 57 et 64: Acqs, tit. II, art. 25; Bueil, chap. I,
art. 6.

14

tel point que, quoique la coutume de Toulouse prononçât au profit du plus proche parent paternel l'exclusion de la mère de la succession *ab intestat* de son fils, le parlement de cette ville lui adjugeait néanmoins une légitime sur les biens de ce dernier. Quelques coutumes faisaient exception à la règle générale qu'avait établie la jurisprudence, et se rapprochaient en cela des principes reçus dans les pays de droit écrit. Ainsi, Lebrun, que nous avons vu admettre la légitime des ascendants dans les coutumes de Douai, Tournay et autres coutumes flamandes, admettait encore cette légitime dans la coutume de Bourbonnais. Voici ce qu'il dit à cet égard : « C'est aussi une question fort agitée de savoir si on doit « donner une légitime aux ascendants dans la coutume de « Bourbonnais ; et la raison de douter est que cette coutume, « n'ayant point de disposition précise pour cette légitime, il « semble que l'on se doit rapprocher à cet égard du droit « commun du royaume ; mais, d'un autre côté, cette coutume, « en l'article 314, appelle les ascendants *in viriles* avec les « frères germains ; ainsi, elle se conforme au droit, et c'est « sur ce fondement, et parce qu'il y a bien d'autres rapports « de cette coutume au droit (dont il y a même quelques vestiges dans le procès-verbal), que plusieurs estiment, que la « légitime des ascendants a lieu dans cette coutume. Ce qu'il « faut limiter au regard des donations entre-vifs, car, comme « on ne peut disposer par testament dans cette coutume, ar- « ticle 291, que de la quatrième partie de son bien, le père « trouve toujours sa légitime dans cette réserve (1). » La jurisprudence avait aussi admis la légitime des ascendants dans la coutume de Vermandois. Pour la coutume de Bourgogne, la question ne souffrait pas de difficulté : l'existence d'une légitime au profit des ascendants y était incontestable, parce que cette coutume soumettait expressément au droit écrit les cas échappés à sa prévoyance (2). Elle était généra-

---

(1) Traité des successions, livre ɪ, chap. v, sect. vɪɪɪ.
(2) *Sic* arrêt du parlement de Paris du 12 août 1721, rapporté par Rous-

lement admise dans la coutume d'Orléans. L'art. 277 de cette coutume était ainsi conçu : « Si ladite donation est immense et « excessive, les enfants et autres descendants en droite ligne « desdits donateurs la peuvent quéreller, et faire réduire à la « légitime telle que dessus : et les héritiers collatéraux, en cas « qu'il n'y ait enfants ou autres descendants en droite ligne « desdits donateurs, la peuvent aussi quéreller, selon la dis- « position du droit. » Pothier présente en note, sur cet ar- ticle, la raison de décider en faveur de la légitime des as- cendants, qu'il admet sans contestation : « Suivant la loi 27, « Cod., *De inoff. test.*, les frères et sœurs germains ou con- « sanguins peuvent attaquer les donations faites à leur pré- « judice à des personnes infâmes, *quæ infamiæ, vel turpitudi-* « *nis, vel levis notæ macula aspergantur ;* et, en ce cas, ils ne « les font pas seulement réduire, mais annuler en entier. « Cette action qui est accordée aux frères et sœurs, à cause « de l'injure que leur fait le donateur, en leur préférant, dans « la succession de ses biens, de telles personnes, doit, à plus « forte raison, être accordée aux ascendants. » Au reste, dans tous les pays où la légitime des ascendants était ad- mise, il n'y avait que les plus proches qui pussent y préten- dre, parce que, dans l'ordre des ascendants, il n'y avait ja- mais de représentation. Ce que nous avons dit plus haut des enfants étrangers, morts civilement, etc., s'appliquait égale- ment aux ascendants.

Les frères et sœurs nés du même père que le défunt avaient, en droit romain, le droit d'exiger une légitime lorsque celui- ci avait institué une personne qui n'était pas *integræ existi- mationis*. Dans les pays de droit écrit on suivait à cet égard le droit romain. Ainsi, dans ces pays, les frères et sœurs germains ou consanguins avaient droit, lorsqu'ils avaient été omis par leur frère ou leur sœur et que l'héritier institué n'était pas *integræ existimationis*, de faire annuler le testa-

seau de Lacombe fils, dans ses arrêts et règlements notables du parlement de Paris, chap. LIII.

ment pour le tout (1), et, lorsqu'ils avaient été institués *pro certa re*, ils avaient la *condictio ex lege* pour demander un supplément de légitime à l'institué à titre universel dont l'honorabilité aurait souffert quelque atteinte. Tel était en effet le dernier état du droit romain après les innovations de la Novelle cxv. Nous avons, dans la première partie de notre dissertation, longuement développé les principes du droit romain à cet égard. Nous y renvoyons : cependant nous devons dire un mot d'une question controversée, intéressante dans notre ancien droit pour les pays de droit écrit, et à laquelle avait donné naissance une innovation de Justinien sur la matière des successions *ab intestat*. Cet empereur appelait par la Novelle cxviii, cap. iii, et par la Novelle cxxvii, cap. ii, les enfants des frères germains à la succession *ab intestat* de leurs oncles, concurremment avec les frères vivants, et leur accordait la même part que leur père eût eue s'il eût survécu au défunt. Tous les auteurs sont d'accord pour décider que ces neveux qui, venant de leur chef, n'auraient point eu la *querela testamenti inofficiosi*, ne pouvaient non plus l'exercer lorsqu'ils venaient par représentation de leur père (2). Mais au moins les neveux ne pouvaient-ils pas profiter de la rescision du testament inofficieux obtenue par leurs oncles en concours desquels ils étaient appelés à la succession *ab intestat?* Une question semblable naissait de cette même Novelle cxviii, cap. iii, en ce qui touche le père et la mère. En effet, aux termes de la Novelle, les frères germains concouraient avec leur père et leur mère dans la succession *ab intestat* de leur frère décédé. Or, les ascendants dont nous venons de parler avaient seuls, en ce cas, un droit absolu à la plainte d'inofficiosité, tandis que celui des frères était subordonné à la qualité des héritiers institués; en sorte qu'ils étaient privés de toute action lorsque leur frère avait disposé

(1) C'est même ce qui résulte de l'art. 50 de l'ordonnance de 1735, cité *supra.*

(2) L. 1, D., De inoff. test. (v, 2).

en faveur de personnes d'une honnêteté irréprochable. Que devait-on en conséquence décider dans le cas où, une personne honorable ayant été instituée, le père du défunt aurait obtenu la rescision du testament? Cette rescision devait-elle ou non profiter aux frères germains? Les principes que nous avons exposés dans notre première partie, chap. II, sur les effets d'une sentence prononçant l'inofficiosité d'un testament doivent nous servir à décider nos deux questions. Si le légitimaire omis est victorieux dans la plainte d'inofficiosité, la sentence intervenue *intestatum patremfamilias facit*, suivant l'expression d'Ulpien (1). Le testament est émané d'une personne qui n'était pas saine d'esprit; cette personne est considérée comme morte sans testament; dès lors c'est la loi seule qui fait dévolution de son hérédité, qui doit appartenir à tous ceux qui y sont appelés *ab intestat*. Pour qu'il en fût autrement il faudrait, ce nous semble, qu'il y eût à cet égard une exception formelle dans les textes mêmes qui règlent les successions *ab intestat*. Nous croyons donc que les neveux, venant par représentation de leur père, auraient pu dire à leurs oncles victorieux dans la plainte d'inofficiosité : Vous devez nous faire part de l'hérédité que vous a restituée l'héritier institué. A quel titre la recueillez-vous? *Ab intestat*, puisque vous avez fait vous-mêmes rescinder le testament qu'avait laissé le défunt; or, *ab intestat*, nous devons concourir avec vous. Notre vocation *ab intestat* ne souffre aucune exception, il n'y en a aucune d'écrite dans la Novelle, il n'y en a pas davantage dans les textes du Digeste ou du Code. Dans notre seconde espèce, les frères germains du défunt pouvaient dire la même chose aux ascendants en concours desquels ils étaient appelés *ab intestat*. Nous ferons cependant une exception pour le cas où le testateur aurait institué une personne vile et une personne honorable. Dans ce cas, si les frères du défunt attaquent le testament, ils ne peuvent le faire rescinder que pour partie. Or, le testament subsistera

---

(1) L. 6, § 1, D., De inoff. test. (v, 2).

pour l'autre partie, et nous avons vu que cela suffisait pour écarter de la portion recueillie *ab intestat* tous autres que les légitimaires victorieux (1). Nous devons convenir cependant que les anciens auteurs sont unanimes pour repousser notre décision (2). — Quant aux pays de coutume, on convenait généralement que la légitime des frères y était reçue (3) ; c'est ce qu'atteste Lebrun (4). Elle y était reçue sous les mêmes conditions qu'en droit romain. Mais aux pays coutumiers devait-on, lorsqu'une personne infâme avait été instituée légataire universel au préjudice des frères du défunt, se borner à adjuger une légitime à ceux-ci, ou devait-on, au contraire, infirmer l'institution tout entière? Le premier parti semble tout d'abord le plus conforme aux principes coutumiers. Quelles que fussent les dispositions du défunt, les héritiers du sang étaient toujours saisis et les légataires devaient leur demander la délivrance, de telle sorte que la querelle d'inofficiosité, que l'on ne pouvait intenter qu'à la condition de se porter héritier au moins bénéficiaire, se bornait à faire réduire les libéralités excessives faites par le défunt. Elle se bornait à cela au profit des enfants; pourquoi dès lors eût-elle produit un effet plus avantageux au profit des collatéraux? Cependant on décidait le contraire; on admettait que l'institution d'une personne infâme devait être annulée pour le tout sur la poursuite des frères du défunt. Quelle était donc la raison de cette dérogation apparente aux principes coutumiers? Nous la trouvons dans Lebrun : « C'est parce que nous avons « même des exemples, dans notre droit, où la querelle fait « infirmer tout le testament, comme lorsqu'un père a déshé- « rité son fils injustement. *Maligne contra sanguinem suum in-*

---

(1) L. 25, § 1, D., De inoff. test. (v, 2).

(2) V. par exemple Voët, ad Pand., ad tit. De inoff. test. (v, 2); Lebrun, Traité des successions, liv. II, chap. III, sect. II ; Merlin, Répertoire de jurisprudence ; v° Légitime, sect. III, § III, n° XII. Ces deux derniers citent cependant dans notre sens Mynsingère, sur les Instituts, tit. De inoff. test.

(3) V. à cet égard Orléans, art. 277, Audenarde, rubr. VIII, art. 1.

(4) Traité des successions, liv. II, chap. III, sect. II.

« *ferens judicium* (1). » La décision que nous examinons tient donc à ce principe que toutes les fois que le testateur paraissait avoir été animé par des sentiments injustes, soit à exhéréder, soit à passer sous silence ceux à qui il devait une légitime, la querelle d'inofficiosité reprenait son ancienne nature, et faisait rescinder toute la disposition (2). — Les frères pouvaient-ils faire rescinder comme inofficieuses les donations faites par le défunt au profit de personnes infâmes ? Voici la réponse de Lebrun à cette question : « La troisième condi-
« tion, que la loi *Fratres*, C., *De inoff. testam.*, présuppose, est
« que la querelle d'inofficiosité s'intente contre un testament ;
« car il n'y a point de texte précis dans le droit qui admette
« les collatéraux à se plaindre des donations entre-vifs, par
« lesquels leur parent a épuisé tous ses biens ; néanmoins, les
« docteurs qui ont vu que la querelle d'inofficiosité avait été
« établie contre les donations entre-vifs, à l'instar de celle
« qui avait été reçue contre les testaments en la loi 1, C., *De*
« *inoff. donat.*, ont passé aisément que les frères auraient
« cette même plainte contre les unes et les autres (3). » — Il est bien entendu que les frères et sœurs n'avaient la querelle d'inofficiosité que quand ils avaient d'ailleurs toutes les qualités requises pour succéder *ab intestat*.

§ 4.

Des diverses espèces d'exhérédation et de leurs effets.

Les parents dont nous venons de parler pouvaient être privés de leur légitime par l'exhérédation prononcée par le défunt, pourvu que cette exhérédation fût basée sur un juste motif. Les coutumes et les ordonnances des rois étant muet-

(1) Traité des successions, liv. II, chap. III, sect. II.
(2) V. Merlin, Répertoire de jurisprudence, v° Légitime, sect. III, § III, n° XIII. Cet auteur ajoute un argument tiré des termes de l'art. 277 de la cout. d'Orléans.
(3) *Ubi supra*.

tes sur la question de savoir quelles étaient les causes légitimes d'exhérédation, une jurisprudence constante avait à cet égard admis, même dans les pays de coutume, l'application de la Novelle cxv, cap. iii, en faisant subir aux dispositions de la Novelle quelques légères modifications que l'on trouvera dans Pothier (1). Les ordonnances royales avaient ajouté une autre cause d'exhérédation contre les enfants qui se mariaient sans le consentement de leurs père et mère, avant l'âge de vingt-cinq ans pour les filles et celui de trente ans pour les garçons. Après cet âge, ils pouvaient se marier malgré leurs père et mère, pourvu qu'ils eussent requis leur consentement par des sommations respectueuses faites en présence d'un notaire qui leur en eût donné acte ; faute de quoi ils étaient pareillement sujets à la peine de l'exhérédation (2). Les autres principes introduits en matière d'exhérédation par la Novelle que nous venons de citer étaient également reçus. Notre droit coutumier ne différait du droit romain à cet égard que quant à la forme de l'exhérédation et de sa révocation. En droit romain l'exhérédation ne pouvait être prononcée que par un testament, et ne pouvait être révoquée que par un second testament. Dans notre ancien droit coutumier, elle pouvait se faire non-seulement par testament, mais encore par tout autre acte, pourvu qu'il fût authentique (3) ; mais cet acte devait contenir, ainsi que l'exigeait la Novelle, l'expression de la cause pour laquelle l'exhérédation était prononcée. Pour la révocation d'une exhérédation aucune forme n'était exigée. Il n'était pas même nécessaire qu'elle fût écrite. Il suffisait que l'exhérédé pût prouver que le défunt lui avait donné des marques de réconciliation, ou avait reçu de lui quelque service signalé (4).

(1) Traité des successions, chap. i, sect. ii, art. iv, § 1, quest. 1re.

(2) Ordonnance de Henri II, de 1556 ; ordonnance de Blois, art. 41 ; déclaration de 1639.

(3) Ricard, Traité des donations, iiie partie, chap. viii, sect. iv, no 971 et ibid., no 942 ; Pothier, ubi supra, quest. 6e.

(4) Pothier, ubi supra, quest. 6e.

Le légitimaire qui n'avait pas été régulièrement exhérédé avait droit à sa légitime franche et quitte de toute charge, même de substitution au profit de ses enfants. Néanmoins, lorsque le fils était prodigue, le père pouvait le réduire à l'usufruit de sa portion héréditaire, pourvu qu'il disposât de la nue-propriété au profit des enfants de ce fils, ou bien encore il pouvait laisser à ce fils sa portion héréditaire en le grevant de substitution au profit de ses enfants. C'était là un principe admis comme incontestable par la jurisprudence. Les dispositions de cette nature avaient reçu le nom d'exhérédations officieuses, et on donnait pour base à cette jurisprudence un texte célèbre du jurisconsulte Tryphoninus (1). Ricard nous l'apprend en ces termes : « Nous avons pourtant reçu la disposition de la loi pénultième, D., *De curatorib. furios.* « Nous permettons aux pères de faire les arbitres dans leurs « familles, et qu'un père et une mère pour le mauvais ménage « de leur fils, dont on croit facilement leur jugement en cette « rencontre, puissent ordonner qu'il se contentera de l'usu- « fruit de la portion qui lui doit appartenir en leurs biens : « pourvu qu'ils disposent de la propriété au profit des enfants « de leurs fils. Contre cette disposition, on n'écoute pas le « fils qui implore le secours de la loi, et demande la légitime. « Je l'ai vu juger ainsi par arrêt donné en l'audience de la « grand'chambre, le 9 avril 1647 (2). »

Lorsqu'il n'y avait eu ni exhérédation ordinaire, ni exhérédation officieuse, le droit du légitimaire étant plein et entier, il est évident que ses créanciers avaient le droit de demander sa légitime en son nom. S'il y avait frauduleusement renoncé, ses créanciers eussent été, contrairement aux principes du droit romain (3), admis à faire annuler cette renonciation, mais seulement dans leur intérêt, et à accepter au

---

(1) L. 16, § 2, D., De curat. fur. (xxvii, 10).

(2) Traité des donations, iiie partie, chap. viii, sect. 10, n° 1139.

(3) « Non fraudantur creditores, cum quid non adquiritur a debitore, sed « cum quid de bonis diminuitur (l. 134, pr. D., *De R. J.*). »

nom du légitimaire. Mais que décider dans le cas d'exhérédation officieuse ? Les créanciers pouvaient-ils, nonobstant
les dispositions du grand-père, obtenir contre les petits-enfants distraction à leur profit de la légitime de leur père ?
Ricard (1), Lebrun (2) et Argou nous présentent la jurisprudence de leur temps comme constante dans le sens de l'affirmative ; Ricard et Lebrun ne font à cet égard aucune observation, mais Argou blâme énergiquement cette jurisprudence :
« Parmi nous, dit-il, par un usage très abusif, lorsque le fils
« est déshérité, ou que ses biens sont substitués pour cause
« de dissipation , on laisse la légitime franche et libre à ses
« créanciers, comme s'ils méritaient quelque faveur, et s'ils
« n'étaient pas au contraire coupables de la corruption de ce
« malheureux dont ils ont fomenté les débauches en lui prê-
« tant trop facilement de l'argent. Les Romains avaient plus
« soin de leurs esclaves que nous n'en avons de nos enfants. Ils
« punissaient les corrupteurs de leurs esclaves, et nous ré-
« compensons ceux des enfants de famille, jusqu'à donner
« atteinte à la sage disposition des pères, pour payer les
« créanciers de ce qu'ils ont prêté, ou avec malice, ou du moins
« avec beaucoup d'imprudence : car, tant qu'un père est
« vivant, nul ne peut mieux connaître que lui les besoins de
« sa famille ; et ceux qui prêtent à ses enfants, sans son consen-
« tement, n'en sauraient jamais donner de cause raison-
« nable (3). » Plus tard la jurisprudence se prononça, au contraire, pour la négative, et lors de la révolution elle était
constante en ce sens depuis plus d'un siècle. Aussi le président
Espiard, commentateur de Lebrun, met-il en note : « On
« n'admet plus au parlement de Paris les créanciers, en ce
« cas, à demander la légitime du substitué, » et il cite deux
arrêts rendus dans ce sens. Cette nouvelle jurisprudence nous
paraît bien plus d'accord avec les principes. En supposant

(1) *Ubi supra*, no 1140.
(2) Traité des successions, liv. II, chap. III, sect. II.
(3) Institut. au droit français, liv. II, chap. XX.

admise l'exhérédation officieuse, sur la valeur de laquelle nous nous réservons de nous expliquer, lorsque nous examinerons ce que les rédacteurs du Code Napoléon ont emprunté à l'ancienne jurisprudence et ce qu'ils n'ont pas voulu lui prendre, les raisons et la valeur de leurs décisions à cet égard, en supposant, disons-nous, l'exhérédation officieuse admise (et ce point était incontesté), il fallait, sous peine de l'annihiler, de l'empêcher de produire les effets qu'on en attendait, refuser aux créanciers du fils ainsi exhérédé le droit de demander à leur profit contre les petits-enfants la distraction de la légitime. On voulait accorder au père qui avait ménagé avec soin le patrimoine qui lui avait été transmis par ses ancêtres, et qui l'avait peut-être augmenté par son travail et son économie, le droit d'assurer la transmission de ce patrimoine à ses petits-enfants, en le défendant contre la dissipation de son fils, tout en défendant ce fils lui-même contre les effets de sa prodigalité en lui assurant des aliments insaisissables. La loi romaine, qui sert de base à toute cette théorie, nous indique elle-même le double but de l'exhérédation officieuse : « Potuit tamen pater et alias providere nepotibus « suis, si eos jussisset heredes esse, et exheredasset filium, « eique quod sufficeret alimentorum nomine ab eis certum le- « gasset, addita causa necessitateque judicii sui. » Ce double but, le père l'atteignait-il si on accordait aux créanciers le droit que nous leur refusons ? Le leur accorder n'était-ce pas donner au père un droit qu'on lui retirait immédiatement ? D'ailleurs, les créanciers ne sauraient avoir plus de droits que leurs débiteurs : or, l'enfant prodigue ne pouvait pas se plaindre de l'exhérédation officieuse prononcée par son père, donc ses créanciers ne devaient pas le pouvoir. Ce dernier argument est si juste que Ricard et Lebrun, tout en constatant sans observations la jurisprudence constante de leur temps dans le sens favorable aux créanciers, font remarquer qu'il en résulte (et c'est pour eux une singularité) que les créanciers du fils ont en ce point plus de droits que leur débiteur. Nous nous contenterons de citer à cet égard les paroles de

Lebrun : « Et ce qui est de remarquable, nous avons donné
« en ce cas plus de droit au créancier, qu'au fils même ;
« car quand il ne s'agit que de son intérêt, et que sa prodiga-
« lité est avérée, on ne l'admet pas personnellement à deman-
« der sa légitime ; mais on y admet ses créanciers (1). » Il
semble même que Lebrun ne partage pas l'avis adopté par
la jurisprudence qu'il constate. En effet, il la restreint
autant qu'il le peut, comme on a coutume de le faire pour une
exception aux vrais principes. Si nous supposons qu'un père
n'ait dans son patrimoine que des propres, et que n'ayant
disposé d'aucun d'eux, il frappe son fils d'exhérédation officieuse, la réserve coutumière des quatre quints des propres
suffira et au-delà à parfaire la légitime. Dans cette espèce,
Lebrun refuse aux créanciers du fils le droit de demander
contre les petits-fils la distraction à leur profit des biens réservés. Voici comment il s'exprime à cet égard : « En sup-
« posant qu'un père qui n'a qu'un fils unique, qui est dans la
« dissipation et la débauche, laisse tout son bien par son
« testament à ses petits-fils, l'usufruit réservé à son fils, ou
« qu'il institue son fils et lui substitue ses petits-fils, il est
« certain qu'il ne fait rien contre l'intention de la coutume,
« qui a établi la réduction des donations testamentaires au
« quint des propres en faveur de la famille ; et si le testateur
« ne laisse que des propres, il y a lieu de soutenir que les
« créanciers du fils n'en pourront pas demander les quatre
« quints, de crainte qu'une coutume établie en faveur de la
« conservation des propres et du maintien des familles n'ait
« des suites et des effets directement contraires ; ce qui arri-
« verait dans l'espèce dont il s'agit, où l'on suppose que tout
« le bien du père , ou la meilleure partie, consiste en pro-
« pres : en effet, ces articles de notre jurisprudence n'ayant
« qu'un même objet et une même fin, qui est la conservation
« du bien des familles, il est juste de faire en sorte que dans
« une espèce singulière, où ils paraissent opposés, celui-là

(1) *Ubi supra* ; V. aussi Ricard, *ubi supra.*

« prévaille, lequel maintient cette fin commune, c'est-à-dire
« qui établit la conservation des propres : aussi cette réduc-
« tion au quint des propres ne s'accorde point, en ce cas, au
« fils prodigue, et il n'a pas même d'action pour demander
« sa légitime, parce que la substitution qui lui est faite est une
« substitution exemplaire, ce qui montre que tous les droits les
« plus favorables cessent quand il s'agit de l'exécution de cette
« loi pénultième ff., *De curat. fur.* Que si l'on a fait exception
« en faveur des créanciers de ce fils, il s'en faut tenir aux ter-
« mes des arrêts qui ont établi cette exception, et qui ne leur
« ont jamais adjugé que la moitié de la portion légitime de
« leur débiteur, c'est-à-dire la légitime dans les coutumes
« qui en établissent une (1). »

§ 5.

De la quotité de la légitime.

Avant la réformation des coutumes, la légitime que les
jurisconsultes coutumiers avaient fait admettre, en se fondant sur l'autorité du droit romain, était fixée, d'après les
principes de la Novelle xviii, cap. i, au tiers des biens du
défunt lorsqu'il y avait quatre enfants au plus, et à la moitié
lorsqu'ils étaient en plus grand nombre. C'est là la quotité établie par les quelques coutumes qui, avant la réformation, parlaient de la légitime ; c'est la quotité admise
par Dumoulin, et Bouteiller écrivait dans sa *Somme ru-
rale* que, sur ce point, la Novelle xviii formait le droit
commun de la France. Un inconvénient que nous avons
déjà signalé, et qui consistait en ce que la légitime de chaque
enfant était plus forte lorsqu'ils étaient cinq que lorsqu'ils
étaient quatre, détermina les rédacteurs de la coutume de
Paris à fixer indistinctement la quotité de la légitime à la
moitié de la portion *ab intestat* de chaque légitimaire. Voici

(1) *Ubi supra ; sic* Bacquet, Traité des droits de justice, chap. xxi, nos 355
et suiv.

les termes de cette coutume, art. 298 : « La légitime est la
« moitié de telle part et portion que chacun enfant eust eu en
« la succession desdits père et mère, ayeul ou ayeule, ou
« autres ascendants, si lesdits père et mère, ou autres ascen-
« dants, n'eussent disposé par donations entre-vifs, ou dernière
« volonté ; sur le tout déduit les debtes et frais funéraux. »
Les coutumes d'Orléans (art. 274), de Calais (art. 85), du
bailliage de Saint-Omer (art. 27), de la châtellenie d'Aire
(art. 37), renfermaient absolument la même disposition et
presque dans les mêmes termes. L'article 49 de la coutume
de Chauny portait également que « la légitime est la moitié
de ce qu'eût pu succéder ledit enfant *ab intestat.* » D'autres
coutumes, guidées par le même esprit, avaient adopté des
quotités toutes différentes, mais pareillement fixes et indépendantes du nombre des légitimaires : les unes diminuaient
la quotité fixée par la Novelle xviii, les autres l'augmentaient.
Quelques-unes avaient conservé intacts les principes de la
Novelle (1). Ainsi en mettant de côté un petit nombre de coutumes qui avaient admis pour la légitime une quotité qui leur
était spéciale, les coutumes pouvaient être divisées en deux
classes : les unes admettaient les principes de la coutume de
Paris, les autres, à l'exemple des pays de droit écrit, suivaient la Novelle xviii. En ce qui touche les coutumes
muettes sur ce point la jurisprudence eut donc à décider si
on leur appliquerait le droit romain, ou si au contraire on y
adapterait les principes nouveaux de la coutume de Paris.
On convenait assez généralement que le premier parti devait
prévaloir dans toutes les coutumes qui renvoyaient au droit
romain la décision des cas omis ou imprévus. C'est ainsi que
le décide Lebrun pour les coutumes de Bourbonnais, d'Auvergne et de Berry, « qui fraient presque toujours avec le droit
« romain (2) ». On donnait la même décision en ce qui touche

(1) Bourgogne, chap. vii, art. 7 ; Orchies, chap. ii, art. 1 ; Melun,
art. 232 ; Reims, art. 233 ; Vermandois, art. 52.
(2) Traité des successions, liv. ii, chap. iii, sect. iii.

la coutume de la Marche, et le parlement de Flandre réglait
là quotité de la légitime selon le droit romain dans les coutumes de Tournay, de la châtellenie de Lille et de la gouvernance de Douai. Mais la question fut longtemps controversée
en ce qui touche les coutumes où le droit romain ne servait
que de raison écrite. Guy-Coquille (1) et Ricard (2) pen-
saient que dans ces coutumes on devait appliquer la Novelle XVIII et non l'art. 298 de la coutume de Paris. Ces deux
célèbres jurisconsultes étaient même si pénétrés de cet avis,
qu'ils faisaient des vœux pour qu'une loi nouvelle vînt réfor-
mer cette matière. Le principal argument des partisans du
droit romain consistait à dire que la légitime était d'origine
romaine, que la plupart de nos coutumes avaient été rédi-
gées avant la réformation de celle de Paris ; qu'ainsi les rédacteurs des coutumes sur lesquelles se présentait la difficulté n'avaient pu penser qu'à la quotité fixée par le droit
romain, et non à une innovation introduite postérieurement
dans la coutume de Paris lors de sa réformation. On répondait à cet argument par les inconvénients qui résultaient du
système de la Novelle. En effet, indépendamment de celui
que nous avons signalé, il s'en présentait encore un autre
consistant en ce que cinq enfants d'un fils unique prédécédé
avaient dans la succession de l'aïeul une légitime de moitié,
tandis que leur père n'aurait eu qu'un tiers (3). Bien plus, si
ces cinq petits-enfants étaient venus en concours, soit avec
un oncle, soit avec des cousins germains, comme ils seraient
venus par représentation de leur père, et non de leur chef,
et qu'ils auraient partagé par souches et non par têtes, la
légitime de tous les héritiers eût été réduite au tiers. Il résultait de là que dix petits enfants, issus de deux fils prédécédés avaient une légitime du tiers seulement, tandis que

(1) Sur la cout. du Nivernais, tit. Des donat., art. 7.

(2) Traité des donat., IIIᵉ partie, chap. VIII, sect. VI, nᵒˢ 1013 à 1017.

(3) V. Dumoulin sur le conseil 36 du liv. VII d'Alexandre, et Lebrun,
Traité des successions, liv. I, chap. IV, sect. VI, distinct. I.

cinq petits-enfants issus du même père et venant seuls à la succession de l'aïeul avaient une légitime de moitié (1). Ricard répond « qu'une plus grande équité ne suffit pas pour « former une nouvelle décision, lorsqu'il y a déjà une loi éta- « blie au contraire (2). » La jurisprudence avait d'abord adopté l'avis de Guy-Coquille et de Ricard; mais en 1661, la question s'étant présentée de nouveau au parlement de Paris pour la coutume de Troyes, elle y fut discutée avec tout le soin qu'exigeait son importance; la chambre à laquelle la cause avait été renvoyée demanda l'avis de toutes les chambres et de l'ordre des avocats. Ces avis recueillis, il fut jugé, par arrêt du 30 juillet 1661, que la légitime qu'il s'agissait de liquider serait réglée par l'article 298 de la coutume de Paris. Si l'on en croit Ricard, cet arrêt laissait la question entière, et voici pourquoi : « Mais j'ai appris de messieurs de « la chambre, qui avaient assisté au jugement du procès, que « l'avis ayant été demandé aux autres chambres, la pluralité « des suffrages avait été à suivre le droit écrit, et que l'arrêt « n'avait été fondé que sur ce que le dernier commentateur « de la coutume de Troyes rendait témoignage sur l'article 95, « question II, nombre 9, que la portion de légitime établie « par la coutume de Paris était suivie au bailliage de Troyes « par un commun usage, après plusieurs jugements confirmés « par arrêts, dont il ne cotte néanmoins aucun (3). » La question s'étant représentée peu de temps après, il fut nettement décidé, par un arrêt célèbre en date du 10 mars 1672, qu'il fallait adapter aux coutumes muettes l'article 298 de celle de Paris. Cette nouvelle jurisprudence fut suivie jusqu'à la révolution de 1789. Quoique définitivement décidée par la jurisprudence, la question continua néanmoins d'être discutée par les auteurs; c'est ce qui fait dire à Pothier : « C'est une question qui n'est pas bien décidée si, dans les

(1) Lebrun, Traité des successions, liv. II, chap. III, sect. III.
(2) *Ubi supra*, nº 1016.
(3) *Ubi supra*, nº 1017.

« coutumes qui ne s'expliquent pas, elle (la quotité de la lé-
« gitime) doit être réglée suivant la Novelle, ou suivant la
« coutume de Paris. J'aimerais à croire qu'on doit plutôt,
« dans cette espèce, suivre la coutume de Paris, qui, conte-
« nant les usages de la capitale, doit plutôt suppléer au si-
« lence des autres coutumes que les lois romaines, qui ne
« sont qu'adoptives (1). » — Sur la question de la quotité de
la légitime dans notre ancien droit, il nous reste à faire une
observation touchant la légitime de la mère dans les pays
de droit écrit. D'après les principes du droit romain (2), il
pouvait arriver souvent que la mère reçût *ab intestat* toute
l'hérédité de son fils ou de sa fille. Il en résultait que, contrairement à l'esprit général de notre ancien droit, les immeubles propres qui étaient provenus au fils ou à la fille de la
ligne paternelle passaient dans une autre famille. Le roi
Charles IX voulut remédier à cet inconvénient, et par un
édit, donné à Saint-Maur au mois de mai 1567, et connu vulgairement sous le nom d'édit des mères, il réduisit le droit
de la mère dans la succession de son fils ou de sa fille aux
meubles et acquêts et à l'usufruit de la moitié des propres (3). La légitime de la mère était donc, en pays de droit
écrit, du tiers en propriété des meubles et acquêts, et du
sixième des propres en usufruit, ou, en d'autres termes, du
tiers de la portion *ab intestat* que lui avait attribuée l'édit de
Charles IX. C'est ce qui résulte évidemment de la combinaison de cet édit avec la Novelle xviii, chap. i. Cependant
lorsque le fils avait institué un étranger *ex asse* pour tous ses
biens tant meubles et acquêts que propres, le motif sur lequel était basé l'édit des mères n'existant plus, la mère avai
droit à sa légitime réglée d'après les principes purs du droit

(1) Traité des donations entre-vifs, sect. 3, art. v.
(2) Nov. cxviii, cap. ii.
(3) Cet édit ne fut cependant pas observé dans tous les pays de droit écrit
par suite de la résistance de certains parlements. V. Lebrun, Traité des successions, liv. i, chap. v, sect. viii.

15

romain, c'est-à-dire, quand elle venait seule à la succession, au tiers de tous les biens en pleine propriété (1).

§ 6.

De la liquidation de la légitime.

La quotité de la légitime nous étant connue, il est indispensable d'exposer les règles qui régissaient sa liquidation. Nous avons donc à déterminer comment se formait la masse des biens sur lesquels se calculait la légitime, et d'après quelles règles ce calcul avait lieu. Trois questions principales embrassent ce sujet : 1° quelles personnes devait-on compter pour la supputation de la légitime? 2° quels biens devait-on faire entrer dans la composition de la masse dont la légitime devait être distraite; ou, en d'autres termes, quelles étaient les libéralités soumises au retranchement pour parfaire la légitime? 3° quelles imputations le légitimaire était-il tenu de souffrir? Examinons successivement chacune de ces trois questions, qui ont du reste une très grande connexité.

I

Quelles personnes devait-on compter pour la supputation de la légitime?

Une observation préliminaire est nécessaire. La légitime était individuellement attribuée à chaque légitimaire; elle ne formait pas une masse qui dût nécessairement se trouver dans la succession *ab intestat* au profit de ceux-là seuls qui prendraient part à cette succession. Il pouvait arriver, en effet, qu'une personne fût comptée pour la supputation de la légitime et ne vînt pas à la succession. Celui qui devait fournir la légitime était, sous l'empire de l'article 298 de la coutume de Paris, toujours intéressé à ce qu'on comptât le plus grand

(1) *Sic* Lebrun, *ubi supra;* arrêt du 28 nov. 1579, rapporté par René Chopin, sur la cout. d'Anjou, liv. III, chap. III, tit. II, n° 5.

nombre possible de légitimaires. Prenons un exemple : un père qui laisse cinq enfants et un légataire universel a donné entre-vifs à l'un de ses fils un immeuble valant 40,000 livres; il laisse à son décès, toutes dettes payées, 80,000 livres, et le fils donataire renonce à la succession. Si on ne le comprenait pas dans la supputation de la légitime, chacun de ses frères aurait droit à la moitié de sa portion *ab intestat*, c'est-à-dire à un huitième. Or, la légitime se calculant sur la totalité des biens existants et des biens donnés entre-vifs, les légitimaires ayant à eux tous droit à une moitié, et le légataire universel devant être réduit avant l'enfant donataire, les légitimaires prendraient 60,000 livres, et le légataire universel n'en aurait que 20,000. Si, au contraire, le donataire renonçant était compté, chacun des héritiers légitimaires n'aurait droit qu'à un dixième, et à eux tous ils ne prendraient que 48,000 livres; le légataire universel en aurait 32,000. Quant au donataire renonçant, il a reçu sa légitime et au-delà. Lebrun présente en ces termes la même observation : « La première question de cette matière est de savoir « si ceux qui ne prennent point de part font part pour la sup- « putation de la légitime ; mais avant de proposer les espèces « de cette question , il est bon d'avertir que c'est l'avantage « de ceux qui doivent fournir la légitime qu'il se trouve quel- « qu'un qui fasse part, sans prendre part, et qu'au contraire, « c'est l'avantage des légitimaires qu'il n'y ait personne qui, « ne prenant point de part, ne fasse point de part, et n'entre « point en ligne de compte pour la supputation de la légi- « time n'étant pas due parmi nous, en gros, à tous les en- « fants, mais en détail à chaque enfant particulier : tant plus « il y a d'enfants qui font part, tant moins il appartient à « chacun des légitimaires. Que si ceux qui font part ne pren- « nent point de part, il est visible que cela tourne nécessaire- « ment au profit de ceux qui fournissent la légitime (1). » A l'époque où écrivait Dumoulin, comme nous l'avons dit pré-

---

(1) Traité des successions, liv. 1, chap. III, sect. VI.

cédemment, on appliquait la Novelle xviii, d'après laquelle la quotité de la légitime variait avec le nombre des enfants. D'un autre côté, le même système était encore suivi après la réformation des coutumes par quelques-unes d'entre elles, et le fut toujours dans les pays de droit écrit. Dans ce système, l'observation que nous venons d'emprunter à Lebrun n'était pas toujours vraie. La légitime y était aussi attribuée individuellement à chaque légitimaire. Si nous supposons quatre enfants dont un est donataire et renonçant, le légataire universel aura intérêt à ce qu'on compte le renonçant, parce qu'ici la totalité de la légitime n'est pas augmentée, et que, dès lors, plus on comptera de légitimaires, plus la portion de chacun sera petite. Mais si nous supposons un enfant de plus, le légataire universel sera au contraire intéressé à ce qu'on ne compte pas le donataire renonçant, parce que, si on le comptait, la légitime ne serait plus du tiers de la portion *ab intestat* de chacun, mais bien au contraire de la moitié. Ainsi, selon le système du droit romain, lorsqu'on fait entrer quelqu'un dans une supputation de légitime, cela a pour résultat, tantôt d'augmenter la portion des autres légitimaires, tantôt de la diminuer. Ricard, plus exact en ce point que Lebrun, expose nettement cette différence entre le système romain et le système de la coutume de Paris. Écoutons-le : « Et de fait, ceux qui soutiennent l'opinion « contraire, et que les enfants qui ne prennent point de part « ne laissent pas de servir de nombre, s'abusent grossière- « ment en leurs prétentions, lorsqu'ils soutiennent cet avis « pour faire l'avantage des enfants. La démonstration de « cette vérité résulte de ce que les enfants ne prennent pas « la portion qui est destinée pour leur légitime, en masse, « pour la distribuer après entre ceux qui doivent actuelle- « ment y prendre part; mais chaque enfant en particulier « doit être content, lorsqu'il a la portion qui lui est déférée « par la loi; et celui sur qui la légitime se doit prendre en « est tenu à forfait envers chaque particulier. De sorte que « si, aux termes de la coutume de Paris, il y avait cinq en-

« fants qui fissent nombre, chaque particulier d'entre eux
« doit être satisfait, pourvu qu'il ait un dixième des biens du
« défunt : l'article 298 ci-dessus transcrit y est exprès. De
« même, par la disposition du droit écrit, s'il y a quatre en-
« fants, la querelle de chacun en particulier cesse, pourvu qu'il
« ait un douzième des biens du défunt. Le paragraphe *Quo-*
« *niam*, que je viens de citer, le décide de la sorte, aux termes
« du droit ancien, et dit que si un aïeul a laissé trois petits-en-
« fants d'un fils et d'un autre, que chacun des trois doit être
« content d'une demi-once, et celui qui est unique en sa bran-
« che, d'une once et demie : *Proinde, si sint ex duobus filiis*
« *nepotes, ex uno plures, puta tres, ex uno unus; unicum ses-*
« *cuncia, unum ex illis semiuncia, querela excludit.* Cela se
« collige encore assez des termes de la Novelle xviii. Il n'y
« a qu'un cas qui est aux termes de la nouvelle disposition
« du droit écrit, auquel il serait avantageux aux enfants d'ad-
« mettre pour faire nombre ceux qui ne doivent pas prendre
« part, savoir, lorsqu'ils se trouvent quatre qui participent
« actuellement à la légitime; car, en introduisant un cin-
« quième pour faire nombre, leur légitime sera prise sur la
« moitié des biens du défunt, au lieu qu'elle n'eût été comptée
« que sur le tiers s'ils n'eussent été que quatre; de sorte
« que, par ce moyen, la part de chacun en particulier, qui
« n'eût été que d'une once ou d'un douzième, sera d'une
« once et d'un cinquième d'once; mais, dans tous les autres
« cas, ils souffriraient une perte notable, attendu que leurs
« frères, qui seraient comptés pour faire nombre; ne servi-
« raient qu'à faire diminuer les portions de chaque parti-
« culier (1). » On dit communément des personnes qui entrent dans la supputation qu'elles font part. Merlin fait
remarquer, avec raison, que cette expression n'est exacte
qu'au point de vue de la coutume de Paris et autres semblables, parce qu'elle ne convient qu'à ceux dont l'existence

(1) Traité des donat. entre-vifs, iiie partie, chap. viii, sect. vii, nos 1061
et 1062.

fait diminuer la légitime; l'expression de faire nombre est, au contraire, juste dans tous les systèmes, parce qu'elle s'applique aussi bien à l'augmentation qu'à la diminution (1).

Ces observations faites, voyons quelles sont les personnes qui faisaient nombre et quelles sont celles qui ne le faisaient pas. Dans la première classe, on plaçait évidemment tous ceux qui, ayant droit à la légitime, la prenaient effectivement, ou se portaient héritiers. Cependant il arrivait quelquefois qu'ils étaient comptés d'une manière différente les uns des autres : c'est ce qui arrivait dans le cas où des petits-enfants concouraient avec leurs oncles ou leurs tantes dans la succession d'un aïeul; car alors ils ne faisaient tous ensemble qu'une tête, tandis que chacun des oncles et des tantes faisait nombre à part.

Il pouvait arriver qu'une personne refusât d'exercer un droit de succession ou de légitime, quoiqu'il fût ouvert en sa faveur : dans ce cas, faisait-elle nombre? Il faut distinguer et sous-distinguer. Lorsque la renonciation était tout à la fois gratuite, pure et simple, celui qui l'avait faite n'était point compté dans la supputation de la légitime. Lorsque la renonciation était à la vérité gratuite, mais *en faveur,* il fallait distinguer si elle avait été faite au profit de tous les héritiers, ou d'un d'entre eux. Dans le premier cas, le renonçant ne faisait pas nombre; « car, dit Lebrun, si quelqu'un « renonce à la succession de son père, au profit de ses frères « et sœurs, avec clause de cession et de transport, il semble « qu'il ne fait que s'abstenir de la succession, et que sa ces- « sion n'est en effet qu'une renonciation pure et simple, parce « qu'elle n'a que le même effet, ses frères et sœurs profitant « également de sa renonciation, et l'un d'entre eux n'étant « pas plus favorisé que l'autre (2). » Si, au contraire, la re- nonciatien avait été faite en faveur d'un seul, ou même de plusieurs cohéritiers, elle emportait acceptation, parce

(1) Répertoire de jurisprud., v⁰ Légitime, sect. VIII, § I, n⁰ II.
(2) Traité des success., liv. III, chap. VIII, sect. II.

qu'elle avait tout l'effet d'une cession, et que dès lors l'héritier avait fait acte de maître sur sa portion héréditaire. Il n'était donc pas douteux que, dans ce cas, il ne dût être compté pour la supputation de la légitime. On comptait aussi celui qui avait renoncé, en recevant le prix de sa renonciation, soit qu'il eût renoncé au profit de tous ses cohéritiers, soit qu'il eût renoncé au profit de quelques-uns d'entre eux.

Nous avons maintenant à nous demander si l'enfant qui avait reçu une donation entre-vifs de son père ou de sa mère devait être compté pour la supputation de la légitime, dans le cas où il renonçait pour s'en tenir au don qui lui avait été fait. Et d'abord, pouvait-il renoncer sans être tenu de rapporter à la masse de la succession ce qu'il avait reçu? Il fallait à cet égard distinguer entre les diverses espèces de coutumes. On peut sous ce point de vue en distinguer trois classes. La première comprenait les coutumes dites d'égalité parfaite. Dans ces coutumes, la qualité de successible, c'est-à-dire d'héritier même renonçant, était, tant en ligne collatérale qu'en ligne directe, regardée comme incompatible, non-seulement avec celle de légataire, mais encore avec celle de donataire. On pouvait, sous l'empire de ces coutumes, disposer en faveur d'étrangers ou de parents non successibles; mais on ne pouvait changer la distribution que la loi faisait des biens de la succession entre les héritiers *ab intestat*. Tout don fait à un héritier présomptif était réputé fait en avancement d'hoirie; l'héritier donataire détenait par conséquent *per anticipationem* (1) une portion des biens héréditaires, et n'aurait dès lors pu les conserver qu'à la condition de ne pas abdiquer sa qualité d'héritier. D'autre part, s'il acceptait la succession, il était tenu de rapporter à la masse ce qu'il avait reçu, et devait pour sa part supporter les charges héréditaires, même les dettes postérieures à la donation qui lui avait été faite (2). Pour mieux faire com-

(1) V. Dumoulin, sur l'art. 17 de l'anc. cout. de Paris.

(2) Bourjon, Droit commun de la France, tit. xvii, iie partie, chap. iv, sect. i, no i; Lebrun, Traité des succes., liv. iii, chap. iv, sect. ii.

prendre ce système, nous citerons sur ce point l'article 346 de la coutume du Maine : « Si le père ou autre roturier donne « à auçuns de ses enfants ou héritiers présomptifs, soit en « advencement de son droit successif ou autrement; et « après sa mort ledit enfant ou héritier veuille renoncer à « sa succession, il y sera reçu avant qu'autrement se porter « héritier, en rendant à l'ordonnance de justice tout ce que « son dit père, mère ou autre parent lui a donné. Et faudra « qu'il rapporte à la raison de la valeur en quoi estaient les- « dites choses données au temps d'iceluy don : toutefois tel « donataire ne sera tenu rendre les fruits des choses don- « nées (1). » Dans ce système, il est évident que, si l'enfant donataire renonce, il ne saurait être compté dans la sup- putation de la légitime, puisque, nonobstant sa renoncia- tion, il doit rapporter à la masse de la succession ce qu'il a reçu.

Il paraîtrait que le système des coutumes d'égalité parfaite était celui qui était le plus conforme aux principes de l'an- cien droit coutumier. C'est ce que Pothier nous apprend : « La disposition de nos coutumes sur ce point n'est donc pas « fondée dans la nature même des choses; elle n'est pas fon- « dée non plus sur aucune raison d'égalité naturelle, car ce « n'est point une chose contraire à l'équité naturelle que, « lorsqu'un de nos héritiers présomptifs nous a été plus at- « taché que les autres, nous a rendu plus de services, nous « puissions lui témoigner l'affection que nous avons pour lui, « par quelque présent qu'il puisse prendre, malgré sa part, « dans notre succession. Cette disposition a pour seul fon- « dement l'inclination de notre droit français à conserver « l'égalité entre les héritiers, comme un moyen de conserver « la paix et la concorde dans les familles, et d'en exclure les « jalousies auxquelles donneraient lieu les avantages que « l'on ferait à l'un des héritiers par dessus les autres. Il était

(1) Mêmes dispositions se retrouvent dans les cout. d'Anjou (art. 234), de Touraine (art. 304, 309), de Lodunois (chap. XXI, art. 7 et 12), du Perche (art. 125 et 126) et de Châlons (art. 7).

« d'autant plus important de maintenir cette égalité à l'égard
« d'hommes guerriers et féroces, tels qu'étaient nos ancêtres,
« plus susceptibles que d'autres de jalousie, et toujours
« prêts à en venir aux mains et aux meurtres, pour les moin-
« dres sujets. Les coutumes d'égalité, qui ne permettent pas
« à l'un des héritiers présomptifs de conserver l'avantage
« qui lui est fait, même en renonçant à la succession du défunt
« qui le lui a fait, sont celles qui paraissent avoir le mieux
« conservé l'esprit de notre ancien droit sur ce point (1). »
« Cette nécessité d'une égalité absolue entre tous les héritiers, et les entraves que ce principe mettait à la libre disposition d'une partie de la fortune du père en faveur de l'un
des enfants, furent généralement blâmées par les jurisconsultes coutumiers qui écrivirent avant la réformation des
coutumes. Aussi certaines coutumes, quoique classées dans
les coutumes d'égalité parfaite, permirent au renonçant,
qu'elles obligeaient au rapport de ce qu'il avait reçu, de retenir la part qu'il aurait eue s'il se fût porté héritier (2).

Dans les coutumes de la seconde classe, on s'était servi
d'une subtilité pour admettre l'enfant donataire à renoncer
sans rapporter. Pothier nous expose cette subtilité en ces
termes : « Nos coutumes, en permettant à l'héritier pré-
« somptif de conserver les avantages qui lui sont faits, en
« renonçant à la succession, paraissent avoir abandonné en
« cela l'esprit de notre droit ancien, et en avoir seulement
« retenu la lettre, par cette subtilité que la loi, défendant les
« avantages aux héritiers, celui qui renonçait à la succession,
« n'étant point héritier au moyen de sa renonciation, ne se
« trouvait plus compris dans la prohibition de la loi (3). » Il
est bien entendu, et cela résulte du passage même de Pothier
que nous venons de citer, que si l'enfant donataire acceptait,

(1) Traité des success., chap. IV, art. III, § II.
(2) Clermont en Argonne (chap. VII, art. 4) ; Bar (art. 238) ; Vitry
(art. 73) ; Poitou (art. 218) ; Angoumois (art. 49, 51 et 115).
(3) *Ubi supra.*

il était tenu de rapporter, et que le père n'aurait pu l'en dispenser. Les coutumes de cette classe étaient les plus nombreuses, et on comptait parmi elles celles de Paris et d'Orléans. Il est clair que, dans ce système, le légitimaire qui renonçait pour s'en tenir au don qui lui avait été fait entre-vifs devait être compté pour la supputation de la légitime. Aussi Lebrun nous dit-il : « Lorsque l'enfant qui fait part « naturellement, c'est-à-dire à qui par nature il est dû sa « part dans la succession ou dans la légitime, renonce en se « tenant à une donation, il est vrai de dire, en ce cas, qu'il « a sa portion légitimaire, puisqu'il en a la valeur, et qu'il « est donataire en avancement d'hoirie ; ce qui ne se peut « trouver ni dans la personne de l'enfant qui renonce sans « avoir jamais rien reçu, ni dans la personne d'un étranger : « ainsi, il est très juste que cet enfant donataire qui renonce « *aliquo accepto* fasse part dans la supputation. Bien loin que « les autres enfants aient droit de se plaindre de ce que cela « diminue leur légitime ; il faut, au contraire, qu'ils consi- « dèrent que leurs droits diminuent naturellement, à propor- « tion de ce qui a été donné à leur frère, puisqu'il aurait « partagé avec eux *ab intestat* (1). »

Il naissait des principes que nous venons de poser la question de savoir si l'enfant donataire renonçant, poursuivi en réduction par ses frères ou sœurs, pouvait retenir la portion qu'il aurait eue dans la légitime s'il s'était porté héritier, et que le donataire eût été étranger (2). Aucun de nos anciens auteurs ne conteste ce droit au fils renonçant. Sa renoncia- tion le rend étranger à la succession ; et comme la coutume ne prescrit l'égalité dans le partage qu'entre les héritiers, et non entre les enfants, rien ne s'oppose à ce que, retenant les biens disponibles et sa part dans la légitime, il ait ainsi

(1) Traité des success., liv. II, chap. VIII, sect. VI ; *sic* Ricard, Traité des donat. entre-vifs, IIIe partie, chap. VIII, sect. VII, n° 1063.

(2) Il est évident que cette question ne pouvait se présenter dans les cou- tumes d'égalité.

une plus forte part que les légitimaires acceptant la succession. Voici comment Ricard s'exprime à ce sujet, après avoir établi que, pour demander la légitime, le fils doit se porter héritier : « Cette résolution doit être limitée, lorsque les « enfants demandent leur légitime contre leur frère donataire « entre-vifs ou testamentaire de leur père commun ; car, « comme il est en possession, en vertu d'un juste titre, de la « part qu'il a droit de prétendre en la légitime, il a droit de « la retenir par exception, sans qu'il soit tenu de changer de « qualité pour cet effet ; de sorte qu'il retiendra sa part en la « légitime en qualité d'enfant. Après que la légitime aura été « levée pour tous les enfants en général, le surplus lui de-« meurera comme étranger en vertu de sa donation ; et nous « usons de ce droit sans contredit (1). » — « Il est bien vrai, « dit aussi Lebrun, que l'enfant donataire, contre lequel son « frère demande sa légitime, a droit de retenir la sienne « propre, quoiqu'il ait renoncé à la succession ; mais c'est « par la voie de l'exception, comme étant déjà saisi des biens « en vertu d'un autre titre (2). » Pothier, qui clôt la série des jurisconsultes coutumiers, disait aussi : « Tous convien-« nent que s'il est nécessaire d'être héritier pour demander « la légitime par voie d'action, il n'est pas nécessaire de « l'être pour la retenir par voie d'exception (3). » Nous avons déjà dit que la légitime n'était pas attribuée en masse aux légitimaires, mais que la part de chacun lui était attribuée individuellement. Il résultait de là que le don en avancement d'hoirie était imputé d'abord sur la légitime du renonçant, et puis sur la portion disponible. Le légitimaire était compté pour la supputation de la légitime, et ce qu'il avait reçu représentant sa part dans la légitime, cette part devait être distraite et ne pouvait pas accroître aux autres. Le père

---

(1) Traité des donat. entre-vifs, IIIᵉ partie, chap. VIII, sect. V, nᵒ 979.

(2) Traité des success., liv. II, chap. III, sect. I ; V. dans le même sens Argou, Institut. au droit français, liv. II, chap. XIII.

(3) Traité des donat., sect. III, art. V, § 1.

qui avait épuisé en faveur d'un ses enfants la quotité disponible pouvait donc disposer encore au profit d'un étranger d'une part égale à la légitime de l'enfant donataire, sans léser la légitime de ses autres enfants. Aussi Ricard, en parlant des enfants donataires, dit-il « que, par ce moyen, leur « part est absorbée en la personne du père qui est en leurs « droits par la considération de ce qu'il leur a donné (1). » Le légitimaire renonçant n'était donc considéré ni comme étranger, puisque la quotité disponible s'augmentait à cause de lui de sa part dans la légitime; ni comme héritier, puisqu'il renonçait, tout en retenant une partie des biens indisponibles, c'est-à-dire une portion de la succession. Ce résultat ne s'explique que par le mélange du droit romain et du droit coutumier, dont se composait la théorie de la légitime. C'est, en effet, au droit romain qu'on avait emprunté le droit de rétention du légitimaire renonçant, et Ricard, en l'établissant, s'appuie sur la phrase suivante de la Novelle XCII : « Licet autem ei, qui largitatem meruit, abstinere ab here- « ditate : dummodo suppleat ex donatione, si opus sit, cæte- « rorum portionem. » Ce résultat se comprenait fort bien dans le système du droit romain. Nous avons, en effet, établi que la légitime n'y était point une portion de l'hérédité, et qu'on pouvait la demander sans être héritier : dès lors rien ne s'opposait à ce qu'on la retînt, même en renonçant.

L'enfant donataire entre-vifs se procurait donc en renonçant une position plus favorable que celle des autres enfants. Si telle avait été l'intention du père commun, il n'y avait rien à dire; l'esprit du vieux droit coutumier était bien lésé à l'aide d'une subtilité; mais on se montrait ainsi plus favorable au principe de la libre disposition des biens, et à l'aide de cette échappatoire, on permettait au père de récompenser celui de ses enfants qui l'avait mérité par sa conduite. Mais

(1) Traité des donat. entre-vifs, III⁰ partie, chap. VIII, sect. VII, n⁰ 1064. V. aussi Lebrun, Traité des success., liv. II, chap. III, sect. VI.

n'aurait-il pas pu arriver que le père n'eût pas eu l'intention de briser l'égalité entre ses enfants, qu'il n'eût voulu faire d'autre avantage au donataire que celui d'une jouissance immédiate, et qu'il eût entendu que les biens donnés seraient nécessairement rapportés à la succession, afin d'égaliser les parts ? Dans ce cas, le système que nous venons d'exposer conduisait à une iniquité, et violait ouvertement la volonté du père de famille. L'ancienne coutume de Paris (art. 159) décidait que toute donation de l'ascendant au descendant serait réputée faite en avancement d'hoirie. Cet article avait pour but de dispenser le descendant donataire du paiement des droits de relief au seigneur féodal. Quoique en présence de ce texte, Dumoulin tenta de remédier à l'iniquité que nous venons de signaler. Il distinguait deux sortes de donations faites en avancement d'hoirie, savoir, celles qui n'étaient telles qu'en vertu de la présomption légale, et celles qui avaient été faites expressément en avancement d'hoirie et à charge de rapport. Si la donation était seulement présumée en avancement d'hoirie, l'enfant donataire devait être dispensé de payer le relief au seigneur, et de plus, il pouvait prendre part à la succession de son père en rapportant ce qu'il avait reçu (1). Mais la donation conservait, sous tous les autres rapports, son caractère de donation entre-vifs. En conséquence, elle était irrévocable (2), et le donataire pouvait la retenir comme une donation simple en renonçant à la succession (3). Dans ce cas, il devait le relief au seigneur, parce que, puisqu'il renonçait, il ne pouvait plus retenir les biens donnés qu'à titre de don ordinaire, comme s'il avait été fait à un étranger. Toutefois, nonobstant sa renonciation, il pouvait retenir sur les biens donnés sa part dans la légitime, outre la quotité disponible (4). Le père avait-il, au contraire,

---

(1) Sur l'anc. cout. de Paris, art. 17, n° 1 et art. 159, n° 1.
(2) Sur l'anc. cout. de Paris, art. 159, n° 7.
(3) Sur l'anc. cout. de Paris, art. 17, n° 4.
(4) Sur l'anc. cout. de Paris, art. 124, n° 6 ; De donationibus in contractu matrimonii factis, n° 19, et conseil 59, n° 8.

donné à son fils expressément *tanquam heredi futuro, hac contemplatione quod speratur heres*, c'était là la vraie donation en avancement d'hoirie, telle que l'entendait Dumoulin (1). Il est bien entendu que, sous le rapport du relief, la donation avec clause expresse d'avancement d'hoirie en était *a fortiori* dispensée, comme le donation simple présumée en avancement d'hoirie par la coutume (2). Mais voici ce qui les différenciait l'une de l'autre, ce qui était entre elles, selon Dumoulin, *magna differentia* : la donation faite expressément en avancement d'hoirie pouvait être révoquée par le père dans son testament, pourvu que, par cette révocation, il n'atteignît pas la légitime, qui devait rester entière entre les mains du donataire (3). En outre, dans ce même cas, le donataire ne pouvait retenir les biens donnés en renonçant à la succession du donateur : il fallait qu'il acceptât et rapportât, ou rendît purement et simplement tout ce qu'il avait reçu, sans en excepter même sa légitime (4). Ainsi donc, d'après Dumoulin, malgré leur nom commun, il y avait en réalité entre les deux espèces de donations en avancement d'hoirie présumée et expresse toute la différence qui existe entre le don par préciput, sauf l'obligation de renoncer et la décharge du relief, et le don en avancement d'hoirie. C'est ainsi que le grand jurisconsulte avait mis sa théorie d'accord avec l'équité et la volonté du père de famille. Malheureusement sa doctrine ne fit pas fortune. Adoptée d'abord par un arrêt de 1596, elle fut quelque temps après définitivement rejetée. Il n'en pouvait être autrement après la réformation de la coutume

(1) Sur l'anc. cout. de Paris, art. 17, n° 1, et art. 159, *procemium*.
(2) *Ibidem*.
(3) Sur l'anc. cout. de Paris, art. 159, n° 5.
(4) Sur l'anc. cout. de Paris, art. 17, n° 4. Cette distinction admise par Dumoulin entre les deux espèces de donations en avancement d'hoirie a été parfaitement mise en lumière dans une dissertation de M. Ginoulhiac, insérée dans la *Revue du droit français et étranger*, tom. III, année 1845, page 443. On trouvera dans cette dissertation tous les textes de Dumoulin que nous avons cités en note. Le désir d'éviter au lecteur tant de latin fort peu élégant nous a seul empêché de les citer *in extenso*.

de Paris. En effet, l'article 278 de la nouvelle coutume de Paris reproduisait l'article 159 de l'ancienne, et, de plus, l'article 307, ajouté lors de la réformation, disait, sans distinguer comme l'avait fait Dumoulin : « Néanmoins, « ou celui auquel on aurait donné se voudrait tenir à son « don, faire le peut, en s'abstenant de l'hérédité; la légitime « réservée aux autres enfants. » La coutume d'Orléans, réformée en 1583, trois ans après celle de Paris, résume dans un seul article (273) tout ce qui est relatif aux donations faites par le père à l'un de ses enfants : « Sont telles donations « censées et réputées en avancement d'hoirie et succession, « pour raison desquelles donations ne sont dus aucuns pro- « fits de fief, ou censuel, ou autres droits seigneuriaux, par « fils ou filles et autres descendants en ligne droite, mariés « ou à marier, auxquels lesdictes choses seront données. Et « lesquels enfants et autres descendants pourront revenir et « retourner auxdictes successions de leur père ou mère, ayeul « ou ayeule, en rapportant ce qui leur a été donné ou moins « prenant. Et se pourront iceux donataires se tenir à la do- « nation qui leur aura été faite en renonçant auxdictes succes- « sions; pour ce que père ou mère, ayeul ou ayeule et autres « ascendants ne peuvent avancer l'un de leurs enfants plus « que l'autre venants à leurs successions. »

Dans les coutumes de la seconde classe, dont nous venons d'examiner la théorie en ce qui touche l'enfant donataire entre-vifs, admettait-on aussi l'enfant légataire, dans le cas où il renonçait à la succession, à réclamer à titre de legs sa part dans la légitime, outre la quotité disponible? Nous avons vu, en ce qui touche l'enfant donataire, que ce droit lui était accordé, parce qu'il possédait déjà les biens donnés, et qu'il les avait reçus en avancement d'hoirie. La situation était tout autre en ce qui touche l'enfant légataire : d'une part, un legs ne pouvait jamais être considéré comme fait en avancement d'hoirie; d'autre part, pour profiter d'un legs, il fallait nécessairement renoncer à la succession, et, par conséquent, au droit de réclamer la légitime par voie d'action. Or, un légataire ne possédant pas les choses léguées, et devant demander la délivrance aux héritiers saisis, un legs ne pouvait être demandé que par voie d'action ; donc il ne pouvait comprendre que la quotité disponible. Il était donc conforme aux principes de ne pas compter pour la supputation de la légitime l'enfant légataire renonçant, de le considérer comme un étranger et de ne l'admettre à recevoir que ce qui eût pu être légué à un étranger. Telle était, en effet, l'opinion de Dumoulin : « Et vult (consuetudo) quod per testamentum non potest fieri « conditio unius melior altero. Ita quod legatur uni here- « dum, si ille se gerat pro herede, legatum extinguitur; sed, « si malit se abstinere ab hereditate, legatum validum est, in « quantum consuetudo permittit extraneo legari (1). » Cette décision de Dumoulin ne fut pas admise par ses successeurs. Ils admirent que l'enfant légataire était saisi de plein droit de son legs, parce que, dans ce cas, la disposition de l'homme imitait la disposition de la loi, et dès lors on appliqua à l'enfant légataire et renonçant, pour profiter du legs, les mêmes principes qu'à l'enfant légataire entre-vifs et renonçant (2).

Les coutumes de la troisième classe étaient en petit nombre; elles étaient appelées coutumes de préciput. Elles avaient emprunté les principes du droit romain ; l'obligation du rapport y était admise dans la ligne directe descendante, mais elle cessait non-seulement par la renonciation du successible à la succession, mais encore par une dispense émanée de l'auteur de la disposition. L'incompatibilité entre les qualités de légataire et d'héritier, rejetée par le droit romain (3), n'était pas admise dans la plupart d'entre elles. Dans le système de ces coutumes et dans celui de la No-

---

(1) Sur l'art. 121 de l'anc. cout. de Paris.

(2) Traité des donat. entre-vifs, III⁵ partie, chap. VIII, sect. V, n° 979. Ce passage a été cité *supra in extenso*. Lebrun, Traité des success., liv. II, ch. III, sect. VI.

(3) L. 39, § 1, D., Fam. ercisc. (X, 2) ; l. 1, § 19, D., eod. tit.; ll. 4, 10 et 16, C., eod. tit. (III, 36).

velle XVIII , chap. VI , qui réglait la matière pour les pays de droit écrit, un légitimaire pouvait être avantagé alors même qu'il acceptait la succession, et il faisait nombre pour la supputation de la légitime lorsqu'il renonçait *aliquo accepto*.

On comptait aussi pour la supputation de la légitime les filles qui , par contrat de mariage , avaient renoncé à la succession paternelle ou maternelle ; mais , sauf ce cas , toute renonciation à la légitime faite du vivant du *de cujus* était nulle. On comptait la fille renonçante par contrat de mariage, parce que la dot qu'elle avait reçue lui tenait lieu de sa légitime. Dans les coutumes qui excluaient de la succession, et par suite de la légitime, la fille, même lorsqu'elle avait été mariée sans dot, cette fille faisait cependant nombre pour la supputation de la légitime, parce que, disait-on, il en coûte toujours quelque chose au père pour marier sa fille. Ce point était incontesté, et quelques coutumes s'en expliquaient formellement : « Et combien que ladite fille ainsi mariée ne « prenne aucune part et portion ès-dites successions, si fait- « elle nombre et part avec les autres enfants pour la cotte « et computation de la légitime (1). » Dans la coutume de Normandie, la fille mariée faisait part au profit de ses frères (art. 257). Les coutumes de Bretagne (art. 558), d'Anjou (art. 248), du Maine (art. 266) contenaient la disposition suivante : « La portion de la fille mariée par père noble, à moin- « dre part qu'il ne lui appartient par la coutume, accroît et « appartient à l'aîné, à la charge des dettes à raison de ladite « portion. »

Les enfants exhérédés devaient-ils être comptés pour la supputation de la légitime? Dans les pays de coutume, il n'y avait pas sur ce point de difficulté : l'exhérédé n'était pas compté. Il fallait être héritier pour réclamer la légitime ; l'enfant justement exhérédé avait perdu cette qualité, et, de plus , son exclusion de la succession n'avait rien coûté au

(1) Auvergne, chap. XII, art. 32 ; la Marche , art. 245 ; Bourbonnais, art. 310.

père. Tous les principes voulaient donc qu'il ne fît pas nombre au préjudice de ses frères et sœurs. Si cependant il avait avant son exhérédation reçu une donation entre-vifs du défunt, et que le père ne l'eût pas révoquée, il devait être compté. « J'estime, dit Lebrun, que, dans ce cas, il fera « part, parce qu'il a été avantagé en avancement d'hoirie et « a eu une espèce de légitime, et cela à l'exemple de tout « autre enfant qui renonce, en se tenant à une donation : « aussi, cette donation faite au profit de l'exhérédé augmen- « tera la masse des biens sur laquelle on doit fixer la légi- « time (1). » Dans les pays de droit écrit, la question de savoir si l'exhérédé devait être compté était fort controversée. Les jurisconsultes de ces pays étaient à cet égard fort divisés sur l'interprétation des textes du droit romain. Nous avons, dans notre première partie, chapitre II, adopté l'affirmative, en nous fondant principalement sur la loi 8, § 8, D., *De inoff. test.* (v, 2). Nous y renvoyons nos lecteurs.

On ne comptait les morts civilement ni dans les pays de coutume, ni dans les pays de droit écrit. De même on ne comptait pas les religieux profès, les chevaliers de Malte et les filles religieuses, si ce n'est en Franche-Comté, où les religieux, ayant conservé une partie de leur capacité de succéder, avaient conservé un droit de légitime. Mais n'aurait-on pas dû compter le fils religieux ou la fille religieuse lorsqu'ils avaient reçu une dot lors de leur entrée dans le cloître? Dumoulin professe l'affirmative, ou tout au moins veut-il qu'on les compte lorsque cela doit élever la légitime du tiers à la moitié (2); mais cette opinion ne fut pas admise. Dumoulin la fondait sur une assimilation du religieux ou de la religieuse à la fille dotée et renonçante. On répondait que la fille dotée était exclue de la succession à raison de la dot qu'elle avait reçue, tandis que le religieux ou la religieuse étaient exclus comme morts civilement, et alors même qu'ils

(1) Traité des success., liv. II, chap. III, sect. VI.
(2) Sur la cout. d'Auvergne, chap. XII, art. 14.

n'avaient rien reçu. On répondait encore qu'une constitution de dot pour entrer en religion n'était pas une donation faite au religieux, mais un contrat à titre onéreux passé avec le monastère, tandis que lorsqu'on donnait soit à une fille qui se mariait, soit à un enfant qu'on déshéritait après, c'était avec eux qu'on traitait, et c'est à eux-mêmes qu'on faisait la donation, en conséquence de laquelle on les faisait entrer dans la supputation de la légitime. Par exception, les coutumes de Bretagne (art. 558), d'Anjou (art. 248) et du Maine (art. 266) comptaient les fils ou filles qui étaient entrés en religion et attribuaient leur part au fils aîné. Toutefois, ces coutumes n'appliquaient cette disposition qu'aux successions nobles.

Ceux qui avaient laissé prescrire le droit de demander leur légitime faisaient nombre pour régler celle des autres. En effet, la prescription équivaut à un paiement effectif. Or, le légitimaire qui avait reçu sa part dans la légitime eût fait nombre sans contestation. Il devait donc en être de même de celui qui avait laissé prescrire le droit de la demander.

Il pouvait arriver que la succession d'une personne fût dévolue tout à la fois à des héritiers légitimaires et à des héritiers qui n'avaient aucun droit de légitime. Dans ce cas, la légitime portait-elle seulement sur les biens déférés *ab intestat* aux légitimaires, ou, au contraire, devait-elle être calculée sur la totalité de l'hérédité? On ne peut résoudre cette question qu'en examinant les différentes espèces dans lesquelles elle se présentait. Examinons-les successivement. Dans les pays de droit écrit, aux termes de la Novelle cxii, chap. v, la femme pauvre, veuve d'un homme riche, avait droit de prendre un quart dans la succession de son mari, s'il n'y avait que trois héritiers, ou un moins grand nombre, et une part virile lorsque les héritiers étaient au nombre de plus de trois. Supposons donc qu'un homme riche eût laissé en mourant une femme pauvre et des enfants : dans ce cas, quelle eût été la légitime des enfants? Dans le cas où ils étaient quatre, leur mère faisait-elle une tête à l'effet d'élever la légitime à la moitié de leur part *ab intestat*, comme s'ils avaient été cinq? Et en quelque nombre qu'ils fussent, fallait-il estimer leur tiers ou leur moitié, relativement à ce qu'ils eussent pris si leur mère n'eût pas succédé, ou ne devait-on faire entrer dans le calcul que ce qui leur serait resté, déduction faite de la portion de leur mère, si le père n'en avait pas disposé? Pour résoudre cette question, il faut remarquer que, lorsque la femme pauvre venait en concours avec des enfants, sa part ne lui était attribuée qu'en usufruit : « Ita quippe, *dit la No-* « *velle*, ut solum usum in talibus rebus mulier habeat, do- « minium autem illis filiis servatur, quos ipsis nuptiis ha- « buerit. » Il suit de là que le concours de la femme pauvre avec les enfants ne diminuait pas les portions de ceux-ci; les légitimaires exerçaient leur droit de propriété sur toute la masse de la succession, comme si la femme n'y fût pas intervenue : celle-ci ne devait donc être considérée ni pour augmenter ni pour diminuer leur légitime. On pourrait objecter qu'en la retranchant ainsi dans la supputation, on chargeait d'usufruit une partie des biens compris dans la légitime des enfants; mais la défense de grever un légitimaire ne s'entendait que des charges imposées par la volonté de l'homme, et elle était sans effet par rapport aux charges qui provenaient de la loi. C'est ainsi que, dans les pays de droit écrit, un père ne laissait pas, malgré cette défense, d'avoir l'usufruit des biens que ses enfants non émancipés avaient pris à titre de légitime dans la succession de leur mère. Pourquoi donc une mère n'aurait-elle pas pu également exercer sur une partie de la légitime de ses enfants un droit d'usufruit qu'elle tenait de la loi? D'ailleurs, cet usufruit assurait la subsistance de la veuve et profitait ainsi indirectement à ses enfants, en les déchargeant de l'obligation alimentaire, dont ils eussent été tenus envers leur mère, quoique réduits à leur légitime (1).

(1) *Sic* Merlin, Répertoire de jurisprudence, v° *Légitime*, sect. VIII, § 1,

Voici la seconde espèce dans laquelle la question proposée pouvait se présenter. Un testateur, qui n'a point d'enfants, laisse un ascendant et des frères germains ; il a institué soit un de ceux-ci, soit un étranger de réputation irréprochable, et réduit l'ascendant à sa légitime. Quelle est cette légitime ? Sera-t-elle le tiers de tous les biens du défunt, ou seulement le tiers de la portion que l'ascendant aurait eue *ab intestat ?* Cette question ne pouvait se présenter que dans les pays de droit écrit, parce que les coutumes rejetaient généralement la légitime des ascendants, et que, dans celles où elle était exceptionnellement admise, il n'y avait jamais concours *ab intestat* des frères germains et des ascendants. Cette question avait divisé les interprètes du droit romain. Les uns n'accordaient à l'ascendant que le tiers de ce qu'il aurait eu *ab intestat* (1) ; d'autres lui accordaient, au contraire, le tiers de toute l'hérédité (2). Cette seconde opinion se comprend fort bien, dès que l'on sait que la presque unanimité des interprètes admettait que lorsque l'ascendant avait obtenu la rescision du testament comme inofficieux, il conservait l'hérédité tout entière. Il était dès lors naturel de fixer la légitime qu'il était nécessaire de lui laisser, pour lui enlever la plainte d'inofficiosité, au tiers de ce que cette plainte lui eût procuré s'il eût pu l'exercer. Enfin, une opinion mitoyenne distinguait le cas où le défunt avait institué un de ses frères du cas où il avait institué un étranger, et accordait à l'ascendant le tiers de sa portion *ab intestat* dans le premier cas, et le tiers de toute l'hérédité dans le second (3). Cette troi-

n° xviii. Cet auteur est le seul, à notre connaissance du moins, qui ait traité la question.

(1) Barthole, sur la loi 14, D., De inoff. test. (v, 2) ; le président Favre, De erroribus pragmaticorum, décade xv, cap. iv.

(2) Balde et Paul de Castro, sur la loi 34, D., De legat. 1º (xxx) ; Despeisses, De la légitime, sect. ii, nº 3. Henrys admet la première opinion, tom. i, liv. vi, quæst. xxvi, et professe la seconde, tom. ii, liv. vi, quest. xii.

(3) Voët, ad Pand. ad tit. De inoff. test. (v, 2), nº xlvii ; Lebrun, Traité des success., liv. ii, chap. iii, sect. iii.

sième opinion était admise par une jurisprudence constante des parlements de Paris, Dijon et Toulouse, lorsque l'ordonnance de 1735 sur les testaments vint admettre définitivement la première opinion. Voici les termes de l'article 61 de cette ordonnance : « La quotité de la légitime des ascendants « dans les lieux où elle leur est due sur les biens de leurs en- « fants ou descendants qui n'ont point laissé d'enfants, et « qui ont fait un testament, sera réglée eu égard au total des- « dits biens, et non sur le pied de la portion qui aurait ap- « partenu auxdits ascendants, s'ils eussent recueilli lesdits « biens *ab intestat*, concurremment avec les frères germains « du défunt : ce qui aura lieu, soit que ledit défunt ait in- « stitué héritiers ses frères ou sœurs, ou qu'il ait institué « des étrangers. » La même difficulté se présentait dans le cas où un défunt, ayant institué une personne infâme, laissait des frères germains ou consanguins, et des neveux venant avec eux à la succession *ab intestat* par représentation de leur père. La même division d'opinions que pour l'espèce précédente s'étant présentée sur celle-ci, nous ne pourrions que répéter ce que nous venons de dire à cet égard. Il est évident qu'après l'ordonnance de 1735, la difficulté devait être résolue de la même manière dans les deux espèces.

II

Quels biens devait-on faire entrer dans la composition de la masse dont la légitime devait être distraite ?

Cette question revient à se demander quelles étaient les libéralités soumises au retranchement pour parfaire la légitime. Nous avons vu que, dans la plupart des coutumes, les réserves coutumières ne gênaient que la liberté de disposer par testament, et ne s'opposaient nullement aux libéralités faites entre-vifs. Il en était autrement de la légitime; pour la parfaire on réduisait non-seulement les dispositions testamentaires, mais aussi, en cas d'insuffisance des biens compris dans ces dispositions, on attaquait les donations entre-vifs. Aussi, pour savoir quel était le *quantum* de la légitime, était-il nécessaire de former la masse des biens sur lesquels elle devait être prise. On composait cette masse de tous les biens existants au décès du donateur ou testateur; on en déduisait les dettes, et lorsque celles-ci étaient plus élevées que la valeur des biens compris dans l'hérédité, on considérait le défunt comme n'ayant rien laissé. On réunissait ensuite fictivement à la masse des biens existants au jour du décès tous ceux qui avaient été l'objet de libéralités entre-vifs, et on calculait sur la masse ainsi formée, et eu égard au nombre des légitimaires que l'on devait comprendre dans la supputation, quel était le *quantum* de la légitime de chacun. Nous aurons donc à voir si certains biens compris dans des dispositions soit testamentaires, soit entre-vifs, ne devaient pas être compris dans la masse, et échapper ainsi au retranchement, ou si, au contraire, ils y étaient soumis; nous aurons ensuite à examiner à quelle époque il fallait considérer la valeur des biens donnés entre-vifs lorsqu'on les comprenait dans la masse dont nous venons de parler; enfin, nous devrons nous demander dans quel ordre s'opérait le retranchement lorsque les libéralités avaient été excessives.

Pour répondre à la première de ces questions, passons en revue les diverses espèces de libéralités sur la réductibilité desquelles il s'était élevé des doutes. Les legs pieux étaient-ils réductibles! Certains auteurs présentaient comme raison de douter que l'empereur Justinien avait décidé qu'ils ne seraient pas sujets au retranchement pour parfaire la quarte Falcidie (1), et que la légitime est souvent appelée Falcidie dans les textes du droit romain. Cet argument était bien faible; car autre chose est la quarte Falcidie, qui n'avait pour but que d'assurer au défunt un héritier testamentaire chez un peuple où on tenait à ne pas mourir *intestat*, autre chose la légitime ayant un but plus élevé, celui d'assurer des

---

(1) L. 49, § 3, C., De episcopis et clericis (ı, 3).

aliments aux plus proches parents du défunt, de sanctionner les devoirs que nous imposent les liens du sang. Il est vrai que primitivement la quarte légitime avait, chez les Romains, emprunté sa quotité à la Falcidie (1); mais comme institution elle était plus ancienne que cette dernière, et il n'y a aucun argument d'analogie à tirer de l'une à l'autre. On comprend fort bien que les legs pieux eussent été dispensés par Justinien du retranchement pour parfaire la Falcidie, institution toute romaine, et qui perdait chaque jour de sa faveur dans le Bas-Empire; mais on ne comprendrait pas qu'il en fût ainsi de la légitime, dont Justinien augmenta au contraire la quotité, et dont la cause était très favorable à ses yeux. Aussi l'opinion adverse était-elle admise par la généralité de nos anciens auteurs, et par une jurisprudence constante de nos parlements. « Nos cours souveraines avaient considéré, » suivant l'expression énergique de Ricard, que les premiers « et les plus favorables pauvres étaient les enfants du dé- « funt (2). » La coutume d'Ypres contenait même à cet égard une disposition expresse, rub. IX, art. 2 : « On ne peut « donner par testament, non pas même *ad pias causas*, plus « que, etc. »

Mais au moins les legs, faits par forme de restitution de vol ou d'usure, ne devaient-ils pas être dispensés du retranchement pour parfaire la légitime? Lebrun distinguait si le vol ou l'usure était prouvé ou non. Au premier cas, il considérait les légataires dont nous nous occupons comme de véritables créanciers, et décidait, en conséquence, que les biens qui leur avaient été légués à titre de restitution, ne devaient pas être compris dans la masse héréditaire. Au second cas, au contraire, il regardait cette prétendue restitution de vol ou d'usure comme un prétexte inventé pour frauder les légitimaires, et

(1) V. le développement de ce point d'histoire du droit romain dans notre première partie, chap. II.

(2) Traité des donat. entre-vifs, IIIᵉ partie, chap. VIII, sect. VIII, nº 1092. *Sic* Lebrun, Traité des success., liv. II, chap. III, sect. VII; et Pothier, Traité des donat. entre-vifs, sect. III, tit. V, § II.

dès lors il soumettait les dispositions de cette nature à la règle commune du retranchement. Pothier adopte sur ce point l'opinion si rationnelle de Lebrun (1). Ces deux auteurs donnent une décision semblable en ce qui touche les legs rémunératoires. Si les services étaient prouvés et de nature à fonder une action en justice, il n'y avait pas lieu au retranchement, ou du moins il ne devait porter que sur ce qui excédait la valeur des services; dans le cas contraire, le retranchement s'exerçait sur le tout.

Nous venons de voir les cas douteux en matière de dispositions testamentaires : examinons ceux qui se présentaient en matière de donations entre-vifs. Dans certaines coutumes de préciput, non-seulement on admettait que le défunt pouvait dispenser l'héritier donataire acceptant de rapporter à la masse héréditaire ce qu'il aurait reçu entre-vifs, mais encore que cette dispense de rapport était sous-entendue, et que toute donation formait de plein droit un préciput au profit du donataire. Telle était la coutume de la châtellenie de Lille, qui portait, tit. II, art. 66 : « Donations entre-vifs ne se rapportent en succession, ainsi les ont les donataires hors part. » Dans ces coutumes, les donations ainsi dispensées de rapport étaient-elles néanmoins soumises au retranchement pour parfaire la légitime? L'affirmative ne souffrait pas de difficultés. Les étrangers ne rapportaient jamais à la succession les donations qui leur avaient été faites, et, cependant, ils étaient tenus de souffrir un retranchement sur ce qu'ils avaient reçu, lorsque cela était nécessaire pour remplir de leur légitime ceux qui y avaient droit (2).

Les donations faites avant que le légitimaire fût au monde étaient-elles sujettes au retranchement de la légitime? La raison de douter était que l'obligation que contracte le père envers ses enfants de leur assurer des aliments, n'existait

(1) Introd. au tit. XV de la cout. d'Orléans, n° 72.
(2) Dumoulin sur l'art. 19 de la cout. de Lille et sur l'art. 10 du ch. XXVII de la cout. du Nivernais; Lebrun, *ubi supra*.

pas au moment où la donation avait été faite, parce que toute obligation suppose une personne existante envers qui le débiteur s'oblige ; néanmoins, on décidait que ces donations étaient soumises au retranchement, parce que la nature nous oblige à conserver nos biens non-seulement aux enfants que nous avons déjà, mais encore à ceux que nous aurons par la suite ; et comment n'en eût-il pas été ainsi, puisque, faites par une personne qui n'avait point d'enfants, elles étaient, par la survenance postérieure d'enfants au donateur, révoquées de plein droit? A *fortiori*, les donations faites par un donateur ayant des enfants et échappant ainsi à la révocation pour cause de survenance (ce qui était le seul cas dans lequel se présentât notre question), devaient-elles être soumises au retranchement pour parfaire la légitime des enfants nés postérieurement à ces donations (1).

Mais s'il en était ainsi dans la thèse générale, devait-on dire la même chose des avantages que le père et la mère se seraient faits par le contrat de mariage et qui, d'après les principes, échappaient toujours à la révocation pour cause de survenance d'enfants? Il fallait distinguer si ces avantages ne dépassaient pas les bornes ordinaires des conventions matrimoniales, ou s'ils les excédaient. Dans le premier cas, ils échappaient au retranchement, tandis que, dans le second cas, ils y étaient soumis. Mais le point de démarcation était délicat et laissé à l'appréciation des magistrats (2). Il n'y avait aucun doute en ce qui concernait les donations, nettement caractérisées, contenues dans le contrat de mariage (3) : elles étaient reductibles, alors même qu'elles étaient mutuelles (4).

Les constitutions de dot étaient soumises au retranche-

---

(1) L. 5, C., De inoff. donat. (III, 29) ; Lebrun, *ubi supra ;* Pothier, Traité des donations entre-vifs, sect. III, art. v, § II.

(2) V. Pothier, *ubi supra*.

(3) V. coutumes de la Marche, art. 289, et de Saint-Quentin, art. 14.

(4) V. coutume de la Marche, art. 290.

ment de la légitime; quelques auteurs avaient mis en question si cette règle devait s'appliquer aux dots constituées en deniers. La raison de douter était que les dots mobilières s'emploient le plus souvent en achats de choses nécessaires aux nouveaux ménages, que quelquefois même elles se consomment en dépenses inutiles ; de sorte qu'il n'en reste souvent rien à la fille lors du décès des père et mère qui l'ont dotée. Ces raisons étaient frivoles, et l'ordonnance de 1731, art. 35, soumet sans distinction toutes les constitutions de dot au retranchement de la légitime. — La renonciation de la fille par son contrat de mariage à la succession de son père et de sa mère qui l'avaient dotée la mettait-elle à l'abri des poursuites de ses frères et de ses sœurs demandant le complément de leur légitime? Ricard soutenait l'affirmative :
« Il n'est pas juste, dit-il, que, ne pouvant gagner, elle puisse
« perdre : c'est un hasard qu'elle a pris, qui était attaché à
« l'incertitude de la fortune, et qui eût été à son désavantage
« si son père eût augmenté de biens, comme dans l'événement
« il lui est utile, eu égard à la décadence des biens de son
« père (1). » Lebrun, Argou, Ferrière, le premier président de Lamoignon et Bretonnier étaient, au contraire, de l'avis du retranchement (2). « La raison en est, dit le président
« Espiard, qu'il n'y a rien de comparable à la légitime : au-
« trement, un père, en donnant une dot très considérable à
« sa fille, pourrait, en la faisant renoncer à sa succession,
« donner atteinte à la légitime des autres enfants. » Ce dernier sentiment fut suivi par l'ordonnance de 1731, art. 35.
— Les dots des filles étaient-elles sujettes au retranchement de la légitime du vivant de leur mari? La raison de douter

(1) Traité des donat. entre-vifs, IIIe partie, chap. VIII, sect. IX, nº 1119. Sic Duplessis, Traité des succes., chap. III, sect. Ire, page 205.
(2) Lebrun, Traité des success., liv. II, chap. III, sect. VII ; Argou, Inst. au droit français, liv. III, chap. XVII ; Ferrière, sur l'art. 298 de la cout. de Paris, glose 4, nº 3 ; De Lamoignon, Arrêtés, De la légitime, art. 10, rapporté dans Auzanet sur l'art. 298 de la cout. de Paris ; Bretonnier, Décisions alphabétiques, vº Renonciation.

était que la constitution de dot formait bien une donation faite par le père ou la mère à la fille dotée, mais que le gendre recevait la jouissance des biens compris dans cette dot à titre onéreux, *ad sustinenda onera matrimonii* (1), et que dès lors les autres enfants ne pouvaient, pour raison de leur légitime, attaquer l'usufruit du gendre. Cet avis fut repoussé par l'ordonnance de 1731, art. 35. La raison que l'on donnait dans le sens de l'ordonnance était que, quoique le mari eût reçu la jouissance de ces biens à titre onéreux, il la tenait néanmoins de sa femme, laquelle avait reçu ces biens à titre gratuit, et que, dès lors, il ne pouvait avoir cette jouissance que sous les mêmes charges auxquelles était soumise la donation faite à sa femme (2). Voilà donc trois questions douteuses résolues définitivement par l'art. 35 de l'ordonnance de 1731. Il est dès lors utile de mettre cet article sous les yeux du lecteur : « La dot, même celle qui aura été fournie en deniers, sera « sujette au retranchement pour la légitime; ce qui aura « lieu soit que la légitime soit demandée pendant la vie du « mari, ou qu'elle ne le soit qu'après sa mort, et quand il « aurait joui de la dot pendant plus de trente ans, ou quand « même la fille dotée aurait renoncé à la succession par son « contrat de mariage ou autrement, ou qu'elle en serait ex-« clue de droit, suivant la disposition des lois, coutumes et « usages. » — Cet article ne décidait pas la question de savoir si les intérêts d'une dot promise et non acquittée du vivant du père ou de la mère étaient soumis au retranchement aussi bien que le capital. Par exemple, un père marie sa fille, lui promet une dot de 20,000 livres, et s'oblige à en payer annuellement les intérêts. Il meurt n'ayant pas encore acquitté cette dot, et le gendre réclame non-seulement le capital de la dot de sa femme, mais encore les intérêts de ce capital pendant un temps plus ou moins long. Les autres

(1) V. L. 25, § 1, D., Quæ in fraudem cred. (XLII, 8).
(2) Pothier, Traité des donat. entre-vifs, sect. III, art. V, § II, et Introd. au tit. XV de la cout. d'Orléans, n° 73.

enfants auraient-ils été fondés, dans notre ancienne jurisprudence, à faire porter le retranchement pour leur légitime, non-seulement sur le capital de la dot de leur sœur, mais encore sur les intérêts qui en étaient dus? N'eût-il pas pu se faire, dans un système où les intérêts n'étaient soumis qu'à la prescription de trente ans, qu'un père, pour éluder les effets du retranchement, et après avoir régulièrement payé les intérêts de la dot par lui promise, rendît à son gendre les quittances constatant ces paiements? Cependant Lebrun décidait que hors le cas de fraude (et la fraude ne se présume pas), le retranchement ne devait s'opérer que sur le capital. Il en donne plusieurs bonnes raisons, voici la principale. Serait-il raisonnable d'admettre que l'inexécution d'une donation fît monter la légitime plus haut qu'elle ne l'aurait été si la donation eût été exécutée? Or, dans ce dernier cas, le capital eût été seul assujéti au retranchement: donc, dans le premier, le retranchement ne doit porter que sur le capital, et non sur les intérêts qui en sont dus. Lebrun ajoute : « Cette décision « ne doit avoir lieu qu'en cas qu'il n'y ait aucune fraude ; car « s'il y avait de fortes présomptions que le père, ayant payé « les intérêts de la dot promise, eût rendu ses quittances au « donataire ; ou si la somme donnée était si excessive, eu « égard aux biens du donateur, qu'il y eût apparence que le « donateur eût porté sa donation à un tel excès dans le des- « sein que, dans les seuls intérêts, il y eût une donation « considérable qui fût exempte de la légitime : en l'un et « l'autre cas, la légitime des autres frères se prendrait sur « les intérêts ; mais *citra fraudem* les intérêts ne sont point « sujets à la légitime. Cependant il peut arriver un cas par- « ticulier où, quoiqu'il n'y ait pas de fraude, on serait peut- « être obligé de donner une espèce de légitime de grâce à « prendre sur pareils intérêts ; comme si un père et une « mère, n'ayant alors que deux enfants et 20,000 livres de « biens, marient leur fille à laquelle ils promettent 10,000 li- « vres ; que le gendre, sans laisser prescrire son action de « dot, soit vingt ans sans toucher les 10,000 livres, et que

« cependant le père et la mère, ayant cinq ou six autres en-
« fants, n'augmentent point leur fortune : en sorte qu'ils
« meurent avec les mêmes 20,000 livres qu'ils avaient lors-
« qu'ils ont marié leur fille ; car, en ce cas, si on donne au
« gendre 10,000 livres qui lui sont dues pour les seuls inté-
« rêts, et 5,000 livres pour la moitié de 10,000 livres qui lui
« ont été promises, laissant les autres enfants, il s'ensuivra
« que les sept autres enfants n'auront que 5,000 livres pen-
« dant que le gendre aura 15,000 livres ; car on pourrait in-
« cliner en cette espèce à quelque tempérament sans consé-
« quence pour tout autre cas (1). »

La déclaration de franc et quitte faite par le père ou la
mère dans le contrat de mariage de l'un de ses enfants nui-
sait-elle à la légitime de ses autres enfants ? Par exemple,
un père mariant son fils avait déclaré tous ses biens francs et
quittes. Cette clause donnait incontestablement à la bru le
droit de se pourvoir contre son beau-père pour lui faire supporter toutes les dettes hypothécaires dont son mari était
débiteur avant le contrat de mariage. En pareil cas, si l'action
de la bru portait atteinte à la légitime des autres enfants,
ceux-ci auraient-ils pu en faire réduire l'effet ? Non, car si le
cautionnement auquel s'analysait cette clause de franc et
quitte était un avantage purement gratuit pour le fils, c'était,
au contraire, un contrat à titre onéreux vis-à-vis de la bru.
Si le père avait cautionné son fils envers un étranger, les
autres enfants n'eussent certainement pas été fondés à soutenir que leur légitime était préférable aux droits du créancier : pourquoi en aurait-il été autrement lorsque le créancier
était leur belle-sœur (2) ?

La dot de religion était-elle soumise au retranchement de
la légitime ? Nous trouvons à cet égard dans Pothier deux
décisions opposées (3). La généralité des auteurs admettait

(1) *Ubi supra.*
(2) *Sic* Lebrun, *ubi supra.* V. cependant les observations du prés. Espiard.
(3) Affirm., Introd. au tit. xv de la cout. d'Orléans, no 73 ; négat., Traité
des donations entre-vifs, sect. iii, art. v, § ii.

la négative sur le fondement que cette dot était donnée au couvent à titre onéreux, c'est-à-dire à la charge de recevoir et de nourrir le religieux ou la religieuse pour qui elle était constituée (1). Cette décision se comprend aisément quand on se rappelle que les enfants entrés en religion ne faisaient pas nombre pour la supputation de la légitime. Au contraire, la donation faite à un fils pour lui servir de titre clérical était comme les autres soumise au retranchement. Aucun des deux motifs que nous venons de donner en ce qui touche les dots de religion ne s'appliquait à ce cas (2).

Les donations déguisées sous la forme d'un contrat à titre onéreux, par exemple, sous la forme d'une vente portant mensongèrement quittance du prix, étaient sans nul doute soumises au retranchement de la légitime. *Quid* si le défunt avait vendu une chose pour un prix inférieur à sa valeur? Il fallait, dans ce cas, distinguer si le défunt avait vendu pour ce prix, ayant bien débattu les conditions du contrat et cherché à obtenir de sa chose le plus qu'il pourrait, ou si, au contraire, il avait vendu pour ce prix *donationis causa*, dans le but évident de faire donation de la plus-value (3). Dans ce dernier cas, la plus-value était soumise au retranchement, et l'on présumait facilement qu'une semblable vente avait été faite *donationis causa* lorsque l'acheteur était l'un des enfants du vendeur, à cause de l'affection plus grande qu'un père a malheureusement trop souvent pour l'un de ses enfants, ce qui le porte à faire des actes frauduleux pour briser l'égalité entre ses héritiers directs (4).

Nous venons de parcourir diverses décisions sur des cas où la question de savoir s'il y avait lieu ou non à retranchement était douteuse; par là nous nous trouvons avoir indiqué tout à la fois quelles étaient les libéralités soumises au re-

---

(1) Lebrun, *ubi supra*, et les observations du prés. Espiard.

(2) Pothier, Introd. au tit. xv de la cout. d'Orléans, no 73, et Merlin, Répert. de jurispr., vo Légitime, sect. viii, § ii, art. i, quest. 1, no xii.

(3) V. l. 5, § 5, D., De donat. inter. vir. et uxor. (xxiv, 1).

(4) Lebrun, *ubi supra* ; Cujas, Consult. 60 ; Merlin, *ubi supra*. no xiii.

tranchement et quels étaient les biens qui devaient entrer dans la masse pour la supputation de la légitime. En effet, tous les biens qui étaient sujets au retranchement devaient entrer dans la masse pour la supputation de la légitime. Il n'était pas nécessaire pour cela qu'ils souffrissent un retranchement actuel, il suffisait qu'ils pussent le souffrir subsidiairement. Ainsi, quoique les biens donnés entre-vifs ne dussent contribuer à la légitime qu'en cas d'insuffisance des biens compris dans l'hérédité, et que les donataires ne dussent souffrir de réduction qu'après les légataires, néanmoins on comprenait fictivement ces biens dans la masse formée pour opérer la liquidation de la légitime. Sans cela, il eût été impossible de fixer le *quantum* de la légitime, et de savoir s'il y avait lieu d'inquiéter les donataires. En sens inverse, il est évident que les biens qui ne devaient, dans aucun cas, contribuer à la légitime, ne devaient pas entrer dans la masse dont nous nous occupons. Pour rendre ce principe plus intelligible, appliquons-le à une espèce. Un père, ayant donné entre-vifs des biens d'une valeur de 40,000 livres, laisse 10,000 livres toutes dettes payées, et un testament contenant des legs pour une somme de 80,000 livres. Dans cette espèce, la masse pour la liquidation de la légitime eût été de 140,000 livres, et dès lors la légitime des enfants eût été fixée à 70,000 livres. On le voit, les 40,000 livres de biens donnés entre-vifs ne devaient pas souffrir de retranchement, mais leur addition aux biens existants servait à faire supporter par les légataires une réduction de 50,000 livres, au lieu de 30,000 livres.

Il est bon de remarquer que l'on devait faire entrer dans la masse les biens dont le défunt n'était pas propriétaire, mais qu'il avait *in causa usucapiendi*. En effet, la possession emporte toujours une présomption légale de propriété qui subsiste jusqu'à ce que le contraire soit prouvé. De deux choses l'une, ou la prescription s'accomplissait, et il était de principe que la prescription accomplie rétroagissait au jour du commencement de la possession, et que le prescrivant était censé avoir toujours été propriétaire (1), de telle sorte qu'il était, dans ce cas, prouvé que l'on avait eu raison de comprendre les biens en cours de prescription dans la masse; ou bien une éviction était soufferte, par conséquent, la présomption légale résultant de la possession reconnue fausse, et dès lors il devenait nécessaire de refaire les calculs en ne comprenant plus dans la masse les biens sur lesquels l'éviction avait porté, ce qui donnait lieu à des actions récursoires, qui étaient régies par les principes reçus en matière de garantie, et dont l'existence éventuelle donnait naissance à l'hypothèque privilégiée des copartageants (2).

On devait former la masse pour la supputation de la légitime de manière à ce qu'elle représentât exactement le patrimoine du défunt tel qu'il eût été s'il n'eût disposé d'aucun bien. Il suivait de là que l'on devait faire entrer les biens donnés entre-vifs dans cette masse, sans avoir égard à la valeur qu'ils avaient au moment de la donation, et les y comprendre, au contraire, pour la valeur qu'ils avaient lors du décès (3). Il en résultait encore, d'après Pothier, " que la " part qui s'était trouvée devoir être retranchée sur les legs " ou sur les donations faites par le défunt devait toujours " rester la même, quelque augmentation ou quelque diminu- " tion qu'il survînt depuis le décès sur les biens que le défunt " avait laissés dans sa succession, et sur lesquels la légitime " devait être prise avant que les legs et donations pussent " être entamés ; en sorte que ce fût le légitimaire qui pro- " fitât de cette augmentation et qui supportât cette diminu- " tion..... mais seulement pour la part qui devait être re- " tranchée pour fournir sa légitime des biens qui avaient " augmenté ou diminué de valeur (4). " Beaucoup d'anciens

(1) V. l. 16, D., De fundo dotali (xxiii, 5); l. 13, pr., D., De mort. causa donat. (xxxix, 6); C. N., art. 1402.

(2) Pothier, Traité des donat. entre-vifs, sect. iii, art. v, § vi, et Introd. au tit. xv de la cout. d'Orléans, nᵒˢ 94 et 95.

(3) Pothier, Introd. au tit. xv de la cout. d'Orléans, nᵒ 84.

(4) Ibidem.

17

auteurs avaient voulu distinguer entre les augmentations ou diminutions extrinsèques, c'est-à-dire causées seulement par la variation qui arrive dans le prix des choses, et les augmentations ou diminutions intrinsèques, telles que l'augmentation provenant d'une alluvion, ou la diminution qu'aurait causée un incendie ou tout autre cas fortuit. Pothier, d'accord avec le dernier état de la jurisprudence des parlements, rejette cette distinction. Il faut remarquer que, quoique la valeur des biens donnés entre-vifs fût considérée eu égard au temps du décès, on ne tenait cependant aucun compte des augmentations provenues des impenses faites par les donataires, ni des dégradations par eux commises ; de telle sorte que les biens étaient compris dans la masse pour la valeur qu'ils auraient eue lors du décès, abstraction faite de ces impenses ou dégradations.

Nous avons déjà eu l'occasion de dire souvent que, lorsque l'ensemble des libéralités faites par le défunt attaquait la légitime, le retranchement ne portait sur les donations entre-vifs qu'après l'épuisement complet des libéralités testamentaires (1). Ce premier principe étant posé, dans quel ordre le retranchement des legs s'opérait-il, et, en cas d'insuffisance, dans quel ordre s'opérait le retranchement des donations entre-vifs ?

En ce qui touche les legs, le retranchement portait d'abord sur les legs universels ou à titre universel, sans aucune distinction entre ceux qui avaient été faits dans des testaments de date différente, parce que tous les testaments ont en même temps leur effet à l'époque du décès. Si le retranchement opéré sur les legs universels ou à titre universel ne suffisait pas, on le faisait alors porter sur les legs à titre particulier et sur les donations à cause de mort, et on ne faisait ici encore aucune distinction en ce qui touche la date des testaments ou des donations à cause de mort. Cette préférence, accordée aux légataires ou donataires particuliers sur les

(1) Ordonnance de 1731, art. 34.

légataires universels ou à titre universel, avait sa raison dans la volonté présumée du défunt, qui, disait-on, n'avait eu l'intention de gratifier les légataires universels ou à titre universel que déduction faite de toutes les charges héréditaires; de telle sorte que le défunt était censé ne leur avoir légué, selon l'expression de nos anciens auteurs, que le *résidu* de ses biens disponibles restant après le paiement des legs à titre particulier et des donations à cause de mort. Cependant, comme la volonté du défunt était ici souveraine, la décision précédente basée sur cette volonté, interprétée par voie de présomption, cessait d'être appliquée lorsqu'il résultait clairement soit des circonstances, soit du texte même du testament, que tout autre avait été la volonté du défunt. En conséquence, on réduisait toujours en dernier lieu la libéralité à cause de mort que le défunt avait déclaré vouloir être exécutée de préférence à toutes autres. Il faut remarquer que, si les biens laissés aux légitimaires pour acquitter la légitime étaient grevés de quelques charges ou conditions, la réduction commençait par l'annulation de ces charges ou conditions, avant même que l'on portât la main sur les dispositions universelles (1). La coutume d'Auvergne (art. 47, chap. xii) contenait sur la contribution des légataires à la légitime coutumière qu'elle admettait une disposition assez singulière : elle ordonnait que le légataire universel prît les trois quarts du quart disponible, et que l'autre quart fût distribué au marc le franc entre les légataires particuliers.

Nous voilà donc arrivés à la célèbre question de la contribution des donations à la légitime. Tous les donataires entre-vifs du défunt devaient-ils y contribuer proportionnellement à ce qu'ils avaient reçu, ou, au contraire, fallait-il que les légitimaires commençassent par la dernière donation, de sorte que les premières ne fussent attaquées qu'autant que celles qui leur étaient postérieures en date n'auraient point

(1) Ricard, Traité des donat. entre-vifs, iiie partie, chap. viii, sect. ix, nos 1107-1112; Lebrun, Traité des success., liv. ii. chap. iii, sect. viii.

suffi à parfaire la légitime ? Cette question tut très vivement
débattue. Au premier abord cependant elle ne semble pas
présenter de difficulté. Il est évident, en effet, que le défunt
n'a manqué aux devoirs que lui imposaient les liens du sang
qu'au moment où il a fait celle des donations qui la première
a attaqué la légitime ; de telle sorte que l'ordre successif du
retranchement paraît être d'une équité incontestable. Bien
plus, le système opposé eût violé le principe de l'irrévocabilité des donations entre-vifs. En effet, si tous les donataires
devaient contribuer à parfaire la légitime proportionnellement
à ce qu'ils ont reçu, le donateur qui aurait disposé de tous les
biens disponibles pourrait, en faisant une nouvelle donation,
révoquer ainsi pour partie les donations qu'il a faites antérieurement (1). Comment comprendre dès lors les discussions
qu'a soulevées notre question parmi nos anciens auteurs et
la fluctuation de jurisprudence qu'elle a produite pendant un
certain temps ? Il est hors de doute pour nous que, si la question
ne s'était présentée que pour des donations faites à des étrangers, elle n'eût soulevé aucune espèce de controverse ; mais
il pouvait arriver, et en fait il arrivait souvent, que parmi
les donataires se trouvaient plusieurs enfants du donateur
ayant renoncé à la succession pour s'en tenir aux dons qui
leur avaient été faits. Or, le système du retranchement des
donations par ordre successif établissait nécessairement une
inégalité entre ces enfants, favorisait ceux qui avaient reçu
des donations le plus anciennement et tournait au préjudice
de ceux qui avaient reçu les libéralités les plus récentes.
Prenons un exemple. Un père ayant huit enfants laisse une
succession embarrassée ; quatre enfants donataires entre-vifs
renoncent à sa succession ; quatre autres, qui n'ont rien reçu,
acceptent la succession sous bénéfice d'inventaire. Il ne se
trouve rien dans la succession paternelle ; dès lors les enfants héritiers demandent leur légitime aux enfants donataires. Supposons que chacune des quatre donations, faites

(1) Ricard, *ubi supra*, n° 1115.

en des temps différents, fût d'une valeur de 40,000 livres. Dans ce cas, la légitime eût été de 80,000 livres, ce qui eût porté la part dans cette légitime des quatre enfants héritiers à 40,000 livres. Voici les effets qu'aurait produits le retranchement par ordre successif : l'enfant qui avait reçu la libéralité la plus récente n'eût pu retenir que sa part dans la légitime, et eût ainsi rendu 30,000 livres. Celui qui avait reçu l'avant-dernière libéralité eût restitué 10,000 livres et en eût conservé 30,000; les autres n'auraient souffert aucun retranchement. Le retranchement simultané, au contraire, eût fait porter un retranchement de 10,000 livres sur chacun des enfants donataires, et eût ainsi conservé l'égalité entre eux. Aussi n'est-on pas étonné de trouver Dumoulin au nombre des défenseurs de ce dernier système. Les motifs que le grand jurisconsulte avait mis en avant pour soutenir sa distinction entre la donation en avancement d'hoirie expresse et la donation en avancement d'hoirie tacite servaient de base à cette théorie. Le père, disait-on, n'a nullement manifesté l'intention de créer une inégalité semblable entre ses enfants donataires. L'opinion de Dumoulin fut adoptée par un arrêt du parlement de Paris en date de 1675, arrêt devenu célèbre sous le nom d'arrêt des Faverolles. Cet arrêt, qui n'est pas le seul dans ce sens, fut rendu sur les conclusions conformes de l'avocat général Lamoignon fils, ce qui n'a pas peu contribué à le faire remarquer. Mais, dans le courant de la même année, la chambre des requêtes rendit un arrêt contraire, et en 1688, sur les conclusions de l'avocat général Talon, on admit de nouveau, et ce fut depuis une jurisprudence constante, le retranchement par ordre successif. Ricard et Lebrun partageaient cette dernière opinion. Aux raisons que nous avons déjà exposées, Lebrun en ajoute deux pour répondre à l'argument tiré de l'égalité. Il fait remarquer en premier lieu que souvent les légitimaires ont bien moins que les enfants donataires, et que, dès lors, on peut bien se passer d'une égalité absolue entre ces derniers. Ainsi, dans l'espèce que nous avons prise pour exemple, le retran-

chement simultané arrive bien à laisser à chaque enfant donataire une somme égale de 30,000 livres; mais il n'empêche
pas les légitimaires de n'avoir que le tiers de cette somme.
« D'autant plus, ajoute Lebrun (et c'est là son second ar-
« gument), que la donation n'est pas un titre d'égalité, mais
« bien la succession, suivant l'art. 303 de la coutume de
« Paris, qui ne prescrit l'égalité entre les enfants que quand
« ils viennent à la succession (1). » La théorie défendue par
Ricard et Lebrun, nettement adoptée par les coutumes d'Anjou (art. 235), du Maine (art. 347) et de Normandie (art. 401),
et par une jurisprudence constante depuis 1688, fut confirmée par l'art. 34 de l'ordonnance de 1731.

Le système du retranchement successif présentait cependant une conséquence fâcheuse : lorsque le dernier donataire
était insolvable, et que la dernière donation était seule
inofficieuse, les légitimaires étaient réduits à la mendicité.
Mais Lebrun n'hésite pas à donner, dans ce cas, aux légitimaires, action contre le donataire venant en second ordre (2).
La faveur de la légitime ne demandait pas moins, et tant
qu'il existe entre les mains des donataires des biens qu'ils
ont reçus à titre gratuit du défunt, il est conforme aux
principes de leur préférer les légitimaires. Cependant Pothier n'admet cette opinion qu'avec un tempérament. Il
veut que l'on considère les sommes données à l'insolvable
comme dissipées par le défunt lui-même, et qu'en conséquence, ces sommes ne viennent pas augmenter la masse
pour la supputation de la légitime, ce qui diminue le *quantum* de cette dernière, et par suite fait supporter pour une
petite portion l'insolvabilité du donataire le plus récent
par le légitimaire (3). Nous croyons qu'il faut s'en tenir rigoureusement à l'opinion de Lebrun, et que le tempérament
proposé par Pothier ne doit pas être admis. En effet, pour-

(1) *Ubi supra.*
(2) *Ubi supra.*
(3) Traité des donat. entre-vifs, sect. iii, art. v, § v, et Introd. au tit. xv
de la cout. d'Orléans, n° 83.

quoi un bien donné entre-vifs entre-t-il dans la masse pour la supputation de la légitime? C'est parce que le père ne devait pas répandre ses libéralités, soit sur des étrangers, soit sur quelques-uns de ses enfants, sans s'occuper des autres : or, cette raison n'a pas moins de force quand le dernier donataire est insolvable que lorsqu'il est solvable. Dans un cas comme dans l'autre, il est toujours vrai de dire que le père a eu tort de prodiguer ses biens en donations superflues, alors qu'il ne laissait pas de légitime à quelques-uns de ses enfants.

Lorsqu'il s'élevait des doutes sur l'antériorité ou postériorité de plusieurs donations entre elles, la règle était à cet égard très simple : chaque donation devait prendre son rang suivant l'époque à laquelle elle avait été revêtue de toutes les formes qui étaient nécessaires à son existence, c'est-à-dire suivant l'époque à laquelle elle avait été passée devant notaires, acceptée, expressément et, dans quelques coutumes, suivie de dessaisissement. Peu importait, d'ailleurs, le moment où elle avait été insinuée, l'insinuation pouvant être faite jusqu'au dernier moment de la vie du donataire, et même quelquefois après sa mort, sans que la donation en fût moins parfaite que si cette formalité eût été remplie au moment de la confection de l'acte de donation.

Quelques difficultés touchant les donations faites par contrat de mariage furent résolues par l'ordonnance de 1731. Lorsque la donation ainsi faite ne comprenait que des biens présents, on suivait les règles ordinaires, et elle était réduite à sa date, à moins que le donateur n'eût expressément chargé le donataire de parfaire la légitime. Cette clause, qui eût été nulle et eût annulé une donation ordinaire comme contraire à la règle : donner et retenir ne vaut, était valable dans les donations faites en faveur du mariage, auxquelles cette règle ne s'appliquait pas. Si la donation était de la totalité des biens présents et à venir, le donataire universel était assimilé à un légataire universel et comme tel souffrait le premier le retranchement. Si le donateur de tous les biens présents et à venir s'était réservé la disposition d'une chose déterminée ou d'une somme à prendre sur ses biens et qu'il en eût effectivement disposé par testament, le donataire universel n'en eût pas moins subi le retranchement le premier ; car, autrement, c'eût été en vain que le donateur se serait réservé le droit de disposer d'une somme ou d'une chose déterminée, puisque le retranchement pour parfaire la légitime aurait nécessairement annihilé la libéralité qu'il avait voulu pouvoir faire nonobstant la donation universelle. L'art. 17 de l'ordonnance permettait à tous les donataires de biens présents et à venir de s'en tenir aux biens qui existaient au temps de la donation et de renoncer aux biens acquis dans l'intervalle de cette donation à la mort du donateur. Si le donataire usait de cette faculté, la légitime devait être prise, aux termes de l'art. 37, sur les biens postérieurement acquis et, en cas d'insuffisance, sur les biens qui appartenaient au donateur à l'époque de la donation. Fallait-il excepter de cette disposition le cas où le donataire de tous les biens présents et à venir avait été chargé expressément de parfaire la légitime ? On adoptait généralement la négative, sur ce motif que c'était par la seule considération des biens à venir que le donateur avait obligé le donataire à parfaire la légitime. Lorsque la donation des biens présents et à venir n'en comprenait pas la totalité, mais seulement une quote part, elle était, aux termes de l'art. 36 de l'ordonnance, traitée comme une donation de biens présents, et en conséquence réduite à sa date, à moins que le donataire n'eût été expressément chargé par le donateur de parfaire la légitime. Le donataire d'une partie des biens présents et à venir, à qui cette charge avait été imposée, renonçait-il aux biens acquis après la donation, pour s'en tenir à ceux qui appartenaient au donateur lors de la libéralité, cette charge devait être considérée comme non avenue ; on appliquait le droit commun et la donation était réduite à sa date (1).

(1) Voir, pour de plus amples détails, Merlin, Répert. de jurisprudence, v° Légitime, section VIII, § 11, art. I, quest. I, n°ˢ XXV à XXIX.

Dans les coutumes où les réserves coutumières ne s'appliquaient qu'aux propres, mais étaient par exception étendues
aux donations entre-vifs, toute donation de propres dépassant la quotité dont on pouvait disposer était pour le surplus
révoquée lors du décès, et ce surplus faisait partie intégrante
de la succession *ab intestat*. Or, les légitimaires ne pouvaient
dans ces coutumes réclamer leur légitime qu'autant que la
réserve coutumière ne suffisait pas à la parfaire. Il suit de là
que, dans ces coutumes, il pouvait arriver, ainsi que le font
observer Ricard et Lebrun, que certaines donations fussent
réduites avant les libéralités testamentaires (1). C'est ce que
nous montre la coutume de Senlis, art. 219 : « Un testateur
« peut, par testament et ordonnance de dernière volonté,
« donner à quelque personne que ce soit ses meubles, acquêts
« et conquêts, soit qu'il y ait enfants ou non, pour en jouir à
« toujours, réservée toutefois la légitime aux enfants, *si à ce*
« *l'héritage propre ne peut fournir.* »

III

Quelles imputations le légitimaire était-il tenu de souffrir ?

Nous nous sommes demandé si en droit romain l'héritier
du sang ayant reçu du défunt certaines libéralités, on devait
les considérer comme un avantage indépendant de la légitime,
ou, au contraire, les faire entrer dans la masse pour le calcul
de la quarte et les imputer comme à-compte reçu par le
légitimaire sur la portion légitime ? Il n'y avait aucun doute
à l'égard des dispositions testamentaires et des donations à
cause de mort (2), et le principe était à cet égard le même dans
notre ancienne jurisprudence. Quant aux donations entre-
vifs reçues par le légitimaire, le principe général des Romains
était contraire à l'imputation, quoique ce principe eût subi
d'assez notables exceptions dans le Bas-Empire. La théorie

(1) Ricard, *ubi supra* ; Lebrun, *ubi supra*.
(2) Inst., liv, II. tit. XVIII, § 6 ; l. 8, § 6, D., De inoff. test. (v, 2).

du droit romain à ses diverses époques sur ce point particulier a été longuement exposée *supra :* nous y renvoyons le
lecteur (1). En pays coutumier, le principe général était tout
opposé : toute donation entre-vifs était sujette à imputation,
ce qui était la conséquence du principe que toute donation
entre-vifs faite par l'ascendant au descendant était considérée comme avancement d'hoirie. On tenait pour maxime
que tout ce qui était sujet à rapport était soumis à l'imputation et, réciproquement, que tout ce qui était exempt de rapport échappait à l'imputation, comme, par exemple, les frais
de noce (2). Les parlements des pays de droit écrit avaient,
contrairement au droit romain, admis les mêmes principes
qu'en pays de coutume (3). L'imputation dont il vient d'être
parlé pouvait être exigée, soit par les autres légitimaires,
soit même par un légataire ou donataire étranger poursuivi
en réduction.

Il eût pu arriver qu'un père eût : 1° institué un légataire
universel en le grevant de substitution fidéicommissaire au
profit de son fils ; 2° légué la nue-propriété de tous ses biens à
son fils et l'usufruit à un étranger, ou bien encore 3° légué à
son fils l'usufruit seulement de ses biens ou tous ses biens en
pleine propriété, mais à charge de restitution. Que devait-on
en pareil cas décider dans notre ancienne jurisprudence ?
Pour répondre à cette question il est nécessaire de rappeler en quelques mots comment on la résolvait en droit romain. De tout temps, il avait été admis que, pour que la
plainte d'inofficiosité fût refusée à un légitimaire, il fallait que
la quarte lui eût été laissée purement et simplement et sans
aucune espèce de délai ou de charges qui vînt en diminuer la
valeur. Cependant, on refusait au temps classique la plainte

---

(1) 1re partie, chap. II, sect. III.

(2) Ricard, Traité des donat. entre-vifs. IIIe partie, chap. III, sect. II,
nos 1144 et suiv. ; Argou, Inst. au dr. franç., liv. II, chap. XIII ; Ferrière sur
la cout. de Paris, art. 298, gl. 2, § 2, nos 15 et 16 ; le président Espiard,
Observ. sur Lebrun, Traité des success., liv. II, chap. III, sect. IX.

(3) Espiard, *ubi supra*.

d'inofficiosité au légitimaire qui, **ayant reçu une** portion plus forte que la quarte, à la charge de restituer cette portion après un certain temps, aurait pu se reconstituer une valeur égale à la quarte qui lui était due avec les fruits qu'il avait reçus de plus que cette quarte. Il était donc permis au temps classique à un testateur de compenser, de quelque manière que ce fût, ce qu'il retranchait de la légitime, et lorsqu'il l'avait fait dans une juste proportion, il évitait la plainte d'inofficiosité. Justinien changea sur ce point les principes. Il décide notre question de la manière suivante. Dans la première espèce, il veut que le fils conserve l'expectative de la substitution et son droit à la légitime entière (1) ; dans la seconde espèce, il accorde au fils la pleine propriété de sa légitime et la nue-propriété du surplus des biens du père (2) ; dans la troisième espèce, il lui donne la pleine propriété de sa légitime et l'usufruit du surplus des biens du père, ou bien la propriété libre de sa légitime et la propriété grevée de fideicommis du surplus(3).
— Dans notre ancienne jurisprudence, Lebrun présentait un autre système : dans les trois cas qui nous occupent, il admettait les adversaires du fils à lui déférer l'option entre l'exécution complète des dispositions du défunt ou sa légitime sans autre avantage (4). Il cite à l'appui de son opinion deux arrêts du parlement de Paris, des 24 juillet 1584 et 12 mars 1680 (5). Il paraît néanmoins certain que, les coutumes étant muettes sur ce point, la jurisprudence avait à cet égard adopté les décisions de Justinien. Merlin cite quinze arrêts dans ce sens (6). Bien plus, une jurisprudence constante regardait comme non avenue la substitution réciproque dont plusieurs légitimaires seraient, quant à leur légitime, grevés en faveur les uns des autres. Les parlements n'avaient aucun

---

(1) L. 36, pr., C., De inoff. test. (III, 28).
(2) L. 32 et l. 36, § 1, C., De inoff. test. (III, 28).
(3) *Ibidem.*
(4) Nous retrouverons ce système de Lebrun dans l'art. 917 du C. Nap.
(5) Traité des success., liv. II, chap. III, sect. IV et sect. IX.
(6) Répert. de jurisp., v° Légitime, sect. VIII, § III, art. I, n° IX.

égard à la décision contraire contenue dans une constitution de l'empereur Alexandre Sévère (1), qu'ils considéraient avec raison comme abrogée par Justinien (2).

Ne devait-on pas cependant excepter des décisions que nous venons de donner le cas où le père avait déclaré que, faute par son fils de se conformer entièrement à sa disposition, il le réduisait à sa légitime ? N'aurait-on pas dû en ce cas respecter la volonté du testateur et admettre la validité de l'option qu'il avait offerte à son fils ? Le président Espiard se prononçait pour la négative, parce que, disait-il, ce que la loi a surtout en vue, en créant la légitime, c'est d'assurer la subsistance des enfants ; or, si on donne aux enfants la faculté de choisir entre l'usufruit de tous les biens et la moitié de ces mêmes biens à titre de légitime, il est à craindre qu'ils ne se décident pour l'usufruit, qui leur présente des avantage simmédiats et plus brillants, qu'ils sacrifient ainsi à un intérêt présent et égoïste leur propre avenir et celui de leurs enfants ; ce qui serait contraire à l'esprit de l'institution de la légitime (3). Pour l'affirmative, qui nous semble plus rationnelle, on pouvait dire que la légitime n'était nullement attaquée par les dispositions du père, qu'en donnant à son fils l'alternative le père n'avait fait que disposer de l'excédant de ses biens sur la légitime, pour le cas où le fils préférerait sa légitime à l'exécution de ses dispositions. Or, si le père pouvait valablement disposer de l'excédant de ses biens sur la légitime purement et simplement, *a fortiori*, pouvait-il en disposer conditionnellement sous une alternative offerte à son fils. Quant à l'argument du président Espiard, il n'est pas concluant. En effet, la légitime n'a pas été introduite pour défendre le fils contre lui-même, mais bien au contraire, et seulement pour le défendre contre les libéralités excessives de son père.

(1) L. 12, C., De inoff. test. (III, 28).
(2) L. 32 et l. 36. pr., C., De inoff. test. (III, 28).
(3) Sur Lebrun, Traité des success., liv. II, chap. III, sect. IV.

Lorsqu'un fils avait été grevé d'une substitution universelle, ses héritiers ou autres ayant-cause, lorsqu'ils demandaient après sa mort la distraction de la légitime, n'étaient
pas tenus d'y imputer les fruits de la quotité disponible. Cela
résulte nettement de tout ce que nous venons de dire. La
loi 32, C., *De inoff. test.* (III, 28), était reçue dans notre ancienne jurisprudence. Justinien décidait par cette constitution
que les légitimaires devaient avoir leur légitime non-seulement franche et quitte de toute charge, mais encore exempte
de tout délai. Or, il est évident que c'eût été apporter des
délais à la légitime que d'obliger les légitimaires à y imputer
les fruits dont il s'agit, puisque ces fruits, n'échéant que peu
à peu, n'auraient pu remplir la légitime qu'un certain temps
après la mort du testateur (1). Il est bien entendu que rien
n'empêchait le père de grever de substitution, non-seulement
ses biens libres, mais encore les fruits qui en auraient été
recueillis (2).

Il s'élevait, touchant l'imputation ou la non-imputation de
certaines libéralités, des difficultés sur lesquelles nos anciens
auteurs et notre ancienne jurisprudence ne présentent pas
une doctrine homogène. La plupart du temps même, les parlements se décidaient plutôt par des motifs de fait que par
des raisons de droit. Ces difficultés se présentaient en ce qui
touche la transmission des offices, les frais d'études, les
livres, le titre clérical, les bagues et bijoux, les frais de doc-
torat et de réception d'avocat, etc. Sur tous ces points,
nous renvoyons à Lebrun (3) qui, de tous les jurisconsultes
coutumiers, est celui qui traite le plus *in extenso* cette
matière.

Ce que l'enfant d'un premier lit avait fait retrancher, en
vertu de l'édit des secondes noces, d'une donation faite à un
second mari ou à une seconde femme, ne s'imputait pas sur la

___

(1) V. 1. 6, C., ad S.-C. Trebellianum (VI, 49); dans les pays de droit écrit,
ce point formait difficulté en ce qui touche les ascendants.

(2) Merlin, Répert. de jurisp., v° Légitime, sect. VIII, § III, art. I, n° XII.

(3) Traité des success., liv. II, chap. III, sect. IX.

légitime, parce que cet enfant ne tenait les biens ainsi retranchés ni de la libéralité du défunt ni des dispositions légales sur la légitime. Il aurait pu même arriver que si les legs et les donations postérieures n'avaient pas suffi à parfaire la légitime, la donation faite au second conjoint souffrît, outre le retranchement ordonné par l'édit des secondes noces, le retranchement de ce qui manquait à la légitime ; mais ce qui aurait été ainsi retranché aurait dû s'imputer sur la légitime et diminuer d'autant le retranchement à la charge des donataires antérieurs (1).

L'appelé à une substitution, lors de l'ouverture de cette substitution, est censé recevoir les biens directement du disposant, *non a gravato, sed a gravante*. Il suivait de là que les biens donnés à un père par un étranger pour restituer au fils ne s'imputaient pas sur la légitime de ce dernier. On suivait cette règle même dans le cas où c'était l'aïeul qui avait donné au fils à la charge de restituer au petit-fils, lorsque le fils donataire était unique. Si, au contraire, l'aïeul avait plusieurs enfants, il fallait distinguer. On suivait la décision que nous venons de donner lorsque le fils donataire, à la charge de restituer au petit-fils, avait renoncé à la succession de son père pour éviter de rapporter des libéralités qu'il en avait personnellement reçues ; mais s'il y avait renoncé pour éviter le rapport de ce que son père lui avait donné avec charge de restitution au petit-fils (2), cela le constituait, en quelque sorte, donateur de son fils, qui était alors tenu d'imputer sur sa légitime les biens substitués. Il y était également tenu lorsque son père donataire avait accepté la succession de son aïeul, et cela à cause du rapport auquel son père avait été obligé. Toutes ces décisions s'appliquaient aux donations faites directement par l'aïeul au petit-fils, lorsqu'il était question de

---

(1) Lebrun, *ubi supra* ; Pothier, Traité des donat. entre-vifs, sect. VIII, art. V, § IV, et Introd. au tit. XV de la cout. d'Orléans, nº 80.

(2) L'art. 366 de la cout. de Paris obligeait le fils au rapport de ce qui avait été donné par le père à l'un de ses enfants. — L'art. 847, C. Nap., a adopté la décision contraire.

savoir s'il devait les imputer sur la légitime qui lui était due par son père (1).

Le fils, étant obligé de rapporter à la succession de son père ce que celui-ci avait donné à ses enfants, était-il par voie de conséquence tenu de l'imputer sur sa légitime? Par exception au principe général que nous avons énoncé *supra,* on répondait négativement à notre question. En effet, le principe du rapport par le fils de ce qui avait été donné à ses enfants avait pour but de maintenir l'égalité entre les branches cohéritières. Or, ce motif ne se présentait point en matière d'imputation sur la légitime. Il ne se présentait même pas lorsque le fils poursuivait en retranchement ses frères et sœurs légataires ou donataires (en supposant les donations qui leur avaient été faites postérieures en date à celles dont avaient été gratifiés les petits-fils); car si les frères contre qui avait lieu la poursuite se prétendaient lésés en fournissant la légitime sans pouvoir opposer l'imputation, on pouvait leur répondre qu'ils n'avaient qu'à renoncer à leurs legs ou donations et à se soumettre eux-mêmes au rapport de ce qu'ils avaient reçu en acceptant la succession *ab intestat ,* auquel cas leur frère n'aurait pu venir avec eux sans rapporter ce qui avait été donné à ses enfants; que, dès lors, s'ils avaient opté pour la conservation de leurs legs ou donations , c'est qu'ils trouvaient encore leur avantage à fournir la légitime , sans pouvoir opposer l'imputation (2). Du reste, imputer sur la légitime d'un fils ce qui avait été donné à ses enfants, n'eût-ce pas été étendre hors du cas de prodigalité les dispositions de la loi 16, § 2, D., *De curat. fur.* , etc. (xxvii, 10)? C'eût été même aller plus loin ; car lorsque le fils était prodigue, son père n'avait pas pour cela le droit de donner à ses petits-fils au préjudice de leur père ; il n'avait que le droit de grever celui-ci de substitution au profit de ses enfants ou de le réduire à un usufruit.

(1) Lebrun, *ubi supra.*
(2) *Ibid.*

Si nous supposons, au contraire, le petit-fils venant par représentation de son père à la succession de son aïeul avec des oncles ou tantes, ou avec d'autres petits-enfants de souche différente, il est de toute évidence que, s'il avait précédemment accepté la succession de son père, il était tenu d'imputer sur sa légitime ce que son père avait reçu de son aïeul ; s'il avait renoncé, il devait en être de même dans l'opinion générale (1). Lebrun était d'un avis opposé (2), et le soutenait plutôt par des arguments d'humanité que par des raisons juridiques ; car n'est-il pas évident que celui qui venait à une succession par représentation de son père, ne pouvant, d'après les principes, recevoir ni plus ni moins que ce qu'aurait reçu le représenté, devait être soumis aux mêmes imputations que celui-ci ? Or, le représenté eût été sans nul doute tenu d'imputer sur sa légitime ce qu'il avait reçu de son père ; donc son fils qui le représentait devait être aussi tenu de faire cette imputation. Il est bien entendu que les petits-fils, venant de leur chef et sans le secours de la représentation à la succession du grand-père, et poursuivant des étrangers légataires ou donataires en retranchement pour parfaire leur légitime, ne devaient pas être tenus d'imputer ce qui avait été donné à leur père, soit qu'ils eussent accepté la succession de celui-ci, soit qu'ils y eussent renoncé.

§ 7.

A quel moment pouvait-on demander la légitime? — De la nature de l'action en retranchement. — Par quelles fins de non-recevoir pouvait-on la repousser?

La légitime ne pouvait être demandée qu'au moment de l'ouverture de la succession sur laquelle elle devait être prise. Il est vrai que certains auteurs soutenaient qu'un père dissipateur pouvait être forcé par ses enfants de leur assurer

(1) Dumoulin, Conseil 35, n° 26.
(2) *Ubi supra.*

de son vivant leur légitime ; mais cette opinion avait été rejetée avec raison par la jurisprudence des parlements. Les enfants d'un dissipateur avaient un moyen légal d'arrêter les désordres de leur père, puisqu'ils pouvaient le faire interdire. Provoquer cette interdiction ne présentait rien de blâmable, puisque les enfants pouvaient avoir pour but principal en agissant ainsi d'assurer la subsistance de leur père pour ses vieux jours. Une demande en paiement anticipé de la légitime, au contraire, aurait été odieuse; elle n'aurait eu d'autre but que l'avantage des enfants et aurait décelé la crainte dont ils étaient agités, que leur père ne vécût trop longtemps et ne dissipât les biens sur lesquels ils espéraient prendre leur légitime. Aussi, un certain Guy Rousseau ayant intenté une action en paiement anticipé de légitime contre son père, le parlement de Paris, par arrêt du 23 octobre 1583, rapporté dans le recueil *Rerum judicatarum* d'Anne Robert, ne se borna pas à déclarer son action non recevable, mais encore lui enjoignit d'en demander pardon à son père.

Nous avons vu que les jurisconsultes coutumiers admettaient que, pour prétendre à la légitime, il fallait être héritier; de ce principe, avons-nous dit, découlaient les conséquences suivantes : 1° le légitimaire avait droit, en cas de libéralités excessives, non pas seulement à la valeur de la légitime, mais aux corps héréditaires eux-mêmes, et il pouvait les revendiquer entre les mains des tiers détenteurs, sans être obligé de discuter préalablement les donataires qui les leur avaient transmis (1); 2° le légitimaire, en sa qualité d'héritier, était saisi de plein droit de sa légitime, en sorte que les intérêts et les fruits des sommes ou des héritages qui la formaient lui étaient dus dès l'instant du décès (2). Il résultait encore

---

(1) Lebrun, Traité des success., liv. II, chap. III, sect. VIII ; Pothier, Traité des donat. entre-vifs, sect. III, art. V et VI ; Introd. au tit. XV de la cout. d'Orléans, nos 90 et 95.

(2) Guy Coquille, sur la cout. du Nivernais, tit. des donat., art. 7 ; Ricard, Traité des donat., IIIe partie, chap. VIII, sect. XIII, n° 1163 ; Lebrun, *ubi supra* ; Pothier, Introd. au tit. XV de la cout. d'Orléans, n° 71.

18

de ce principe que le retranchement faisait passer entre les mains du légitimaire les biens retranchés, francs et quittes de tous droits réels consentis par le donataire ou nés de son chef; « car, dit Pothier, le droit du donataire dans cette « portion retranchée se résolvant en vertu d'une cause an- « cienne et inhérente au titre de la donation, tous les droits « qu'il a imposés doivent se résoudre pareillement, n'ayant « pas pu accorder plus de droits qu'il n'en avait lui-même ; « et c'est le cas de la règle de droit : *Soluto jure dantis, sol-* « *vitur jus accipientis* (1). »

L'action en retranchement pouvait être intentée non-seu- lement par les légitimaires, mais encore par tous leurs ayant- cause, c'est-à-dire par leurs héritiers ou successeurs à titre universel et par leurs créanciers.

Cette action pouvait être repoussée victorieusement par certaines fins de non-recevoir. Ainsi, le légitimaire était non recevable dans cette demande, lorsque, depuis le décès de ceux sur les biens desquels la légitime était due, il y avait renoncé soit expressément, soit tacitement en approuvant le legs ou la donation qu'il savait y donner atteinte. Si néan- moins un légitimaire avait renoncé en fraude de ses créan- ciers à l'action en retranchement, ceux-ci étaient recevables, nonobstant cette renonciation, à exercer l'action en retran- chement jusqu'à concurrence de ce qui leur était dû.

La prescription de trente ans, qui mettait fin à toutes les actions, éteignait aussi la demande en retranchement, et aux termes de l'art. 38 de l'ordonnance de 1731, ce délai com- mençait à courir du jour du décès de celui sur les biens duquel la légitime était prétendue. Nous avons vu, en effet, que l'action n'était ouverte que de ce jour, et cette disposi- tion de l'ordonnance sur le point de départ de la prescription est un nouvel argument en faveur de ceux qui n'admettaient pas pour les légitimaires d'action avant le décès du débiteur de la légitime. Il est bien entendu que si, au moment du

(1) Traité des donat. entre-vifs, sect. III, art. V, § VI.

décès, les légitimaires étaient mineurs ou interdits, la prescription était suspendue pendant la minorité ou l'interdiction.

C'était une question fort agitée que celle de savoir si l'enfant qui s'était mis en possession sans faire inventaire des biens de la succession de son père était recevable dans la demande en retranchement de la légitime. Pour la négative, on disait que l'enfant, en ne faisant pas d'inventaire, s'était mis par son fait dans l'impossibilité de constater la valeur des biens existants lors du décès, et avait par là rendu impossibles les calculs nécessaires à la preuve du bien fondé de sa demande. On ajoutait que Justinien avait prononcé contre l'héritier qui avait manqué de faire inventaire la déchéance de la Falcidie, et l'avait même astreint au paiement des legs *ultra vires successionis*. Nonobstant ces raisons, l'affirmative avait prévalu. On admettait que l'enfant pouvait, même en ce cas, être recevable à demander sa légitime, et qu'à défaut d'inventaire, on constaterait autant qu'il serait possible les forces de la succession par des enquêtes de commune renommée. On disait dans ce sens que la décision de la Novelle en matière de Falcidie était une disposition pénale que l'on ne pouvait étendre à la légitime, institution infiniment plus favorable ; que, d'ailleurs, c'eût été une peine beaucoup trop forte prononcée contre l'imprudence d'un légitimaire, qui peut-être ignorait, lorsqu'il s'était mis en possession des biens héréditaires, les donations que son père avait faites (1).

§ 8.

De la légitime dans ses rapports avec le droit d'aînesse et le droit de maîneté.

La plupart de nos coutumes admettaient un droit d'aînesse

(1) Sic Ricard, Traité des donat. entre-vifs, III⁰ partie, chap. VIII, sect. V, nᵒˢ 993 à 1001; Pothier, Traité des donations entre-vifs, sect. III, art. V, § VII; et introd. au tit. XV de la cout. d'Orléans, nᵒ 98.

au profit de l'aîné des enfants mâles sur les biens féodaux de la succession de leur père ou mère. Nous ne nous occuperons pas des dispositions particulières des diverses coutumes sur ce point ; nous nous bornerons à l'examen des dispositions que contenaient à cet égard les coutumes de Paris et d'Orléans, dispositions que l'on retrouve dans la plupart des autres coutumes avec de très légères modifications.

Sous l'empire de ces deux coutumes, voici en quoi consistait le droit d'aînesse. Il se composait de deux droits distincts que les jurisconsultes coutumiers appelaient, l'un, le *préciput d'aînesse,* l'autre, *la portion avantageuse.* Le préciput d'aînesse donnait à l'aîné un château ou manoir principal à son choix et le jardin attenant, pourvu qu'il n'eût pas plus d'un arpent, primitivement mesuré par le vol d'un chapon ; s'il contenait davantage, le préciput ne comprenait pas au-delà de cette mesure. De plus, dans le partage des biens féodaux qui restaient après le prélèvement du préciput, l'aîné avait droit à une part plus considérable que les autres enfants : c'est cette part que l'on appelait portion avantageuse. S'il n'y avait que deux enfants, l'aîné prenait les deux tiers, le puîné l'autre tiers ; s'il y avait plus de deux enfants et quel qu'en fût le nombre, l'aîné avait droit à la moitié et l'autre moitié se partageait entre les autres enfants. Les autres biens, non féodaux, se partageaient par portions égales. Quant aux dettes, l'aîné, malgré les avantages qui lui étaient accordés, n'en supportait que sa part virile (1).

Dans certaines coutumes du nord de la France, le droit d'aînesse était remplacé par un droit de maîneté accordé au plus jeune des enfants. Ces coutumes présentaient sur l'étendue de ce droit des dispositions d'une grande diversité. C'est dans la coutume de Valenciennes que ce droit avait le plus d'étendue (2).

_____

(1) Pour de plus amples détails, V. cout. de Paris, art. 13 et suiv. ; cout. d'Orléans, art. 89 et suiv.

(2) V. cette cont., chap. ix.

Le droit d'aînesse donnait naissance en matière de légitime à une foule de questions dont la plupart étaient vivement controversées. Nous allons les examiner, et ce que nous dirons touchant le droit d'aînesse pourra servir à résoudre les questions semblables auxquelles donnait naissance le droit de maîneté.

I

Les biens compris dans les avantages accordés par la coutume à l'aîné étaient-ils soumis à la légitime des puînés?

Cette question se présentait :

A. lorsqu'il y avait d'autres biens dans la succession;

B. lorsqu'il n'y avait pas dans la succession d'autres biens que ceux compris dans les avantages attribués à l'aîné, de telle sorte que les puînés se trouvaient n'avoir rien à réclamer.

A. La légitime étant une portion de la succession *ab intestat,* tous les auteurs convenaient que les puînés ne pouvaient pas prendre leur légitime sur le préciput et la portion avantageuse de l'aîné, lorsqu'il se trouvait d'autres biens dans la succession. Mais, cette disposition ne devait-elle pas être bornée aux biens que le défunt avait acquis par succession ou donation, et n'en devait-on pas excepter ceux qu'il avait acquis à titre onéreux? Certains auteurs tenaient l'affirmative ; ils se fondaient sur le principe que toute donation est sujette à la légitime et sur ce que le père qui achetait un manoir féodal faisait par là volontairement un avantage à l'aîné, avantage dès lors réductible. Bien plus, disaient-ils, il pourrait arriver qu'un père achetât un manoir féodal, situé dans le ressort de la coutume de Paris, et un manoir roturier, situé dans le ressort de la coutume de Valenciennes ; de telle sorte que l'un fût soumis au droit d'aînesse et l'autre au droit de maîneté, ce qui constituerait un double avantage au profit de l'aîné et du dernier né, au grand préjudice des autres enfants. Décider autrement, disaient ces auteurs, ne serait-ce pas donner au père de famille le droit d'avantager indirectement et d'une manière considérable certains de ses enfants au préjudice des autres ?

Cette opinion était combattue par la plupart des jurisconsultes et principalement par Voët (1). Il est vrai, dit Voët, que le défunt a diminué son hérédité mobilière en achetant un fief ; mais cette diminution ne peut faire opérer un retranchement ni sur le fief même, ni sur les deniers qui en ont formé le prix : point sur le fief, parce que le légitimaire puîné ne pourrait y rien prétendre *ab intestat ;* point sur le prix, parce que non-seulement il n'existe plus dans le patrimoine du défunt, mais encore parce qu'il en est sorti à titre onéreux et qu'il n'y est pas représenté par le fief, la subrogation de la chose au prix n'ayant jamais lieu de plein droit. En vain objecte-t-on que le père a avantagé par cet achat celui de ses enfants à qui le préciput doit appartenir après sa mort. Il faut répondre, suivant Voët, qu'il ne peut point y avoir de donation dans cette espèce, parce qu'au moment de l'acquisition faite par le père, il est encore incertain qui sera l'aîné lors de son décès, et, par conséquent, à qui le fief acheté appartiendra hors part. Il nous semble qu'il eût été plus exact de répondre que le père n'achetait pas pour avantager même celui de ses enfants qui se trouverait l'aîné à sa mort, mais uniquement pour se procurer un héritage qui était à sa bienséance ; que son intérêt était son seul mobile en cela, et que s'il en résultait un avantage pour l'aîné, c'était l'effet d'une circonstance toute fortuite dont celui-ci devait profiter ; mais qu'il n'y avait pas là une donation sujette au retranchement, parce que la légitime ne pouvait affecter que les avantages qui étaient, suivant l'expression de Lebrun, le résultat d'une libéralité *propensée*. Il faut néanmoins remarquer que, dans certaines coutumes de la Flandre flamande, les fiefs acquêts n'étaient attribués aux aînés qu'à la charge de rapporter à l'hérédité mobilière les deniers du prix que ces biens avaient coûté au défunt. Il fallait donc, dans ces coutumes,

(1) Ad Pand. ad tit. De inoff. test. (v, 2), nᵒ LVII.

décider contrairement à l'opinion de Voët ; mais, en thèse générale, cette opinion était la plus rationnelle.

Lorsque le père, dans les coutumes qui le permettaient, avait disposé au profit d'un étranger ou de l'un de ses enfants du bien qu'*ab intestat* l'aîné aurait pris hors part, ce bien ne devenait pas pour cela sujet à la légitime des puînés, parce que, comme nous l'avons déjà dit souvent, la légitime n'est qu'une portion de ce qu'aurait eu le légitimaire, si le défunt n'avait disposé ni entre-vifs ni par acte de dernière volonté. Or, les puînés n'auraient eu rien à prétendre *ab intestat* sur le bien soumis au préciput ; donc ce bien devait être considéré comme exempt de la contribution à la légitime.

C'était une question vivement controversée que celle de savoir si un aîné, institué légataire universel par son père, contribuait sur son préciput à la légitime de ses frères et sœurs, ou s'il n'était obligé de la leur fournir que sur les biens qu'ils auraient eu à prétendre, dans le cas où la succession se serait ouverte complétement *ab intestat?* Ce dernier parti avait été embrassé vers la fin du xviie siècle, dans un jugement arbitral, rendu entre M. de Seignelay, fils aîné et légataire universel du ministre Colbert, et ses frères : « Et il a été jugé, dit Lebrun, que M. de Seignelay, secrétaire d'État, légataire universel de M. son père, devait faire part avec préciput dans la légitime qu'il était obligé de fournir à ses frères, et que l'on ferait une déduction et distraction de son droit d'aînesse, après quoi la légitime serait payée sur le surplus des biens. » Lebrun partageait l'avis adopté dans cette sentence arbitrale. Voici les motifs qu'il donne à cet égard : « Le premier est que, quand les puînés poursuivent leur légitime contre leur aîné, qui fait part dans leur légitime, il ne leur appartient à Paris, que la moitié de ce qu'ils auraient eu *ab intestat*, suivant l'art. 298 de la coutume. Or, ils n'auraient eu que le tiers dans les fiefs, selon le nombre des enfants, les deux autres tiers et le principal manoir demeurant à l'aîné ; ainsi ils ne doivent avoir que la moitié de ce tiers dans les fiefs. Le second est que ce préciput ne doit

« pas même entrer dans la masse des biens sur laquelle on
« fixe la légitime ; et ainsi, il n'en peut point souffrir le re-
« tranchement, parce qu'il n'est pas donné au préjudice de la
« légitime ; car il n'y a que les donations qui sont faites au
« préjudice de la légitime qui souffrent le retranchement et qui
« entrent dans la masse des biens : or, on ne peut pas dire
« que jusqu'à concurrence du droit d'aînesse, le legs univer-
« sel fait à l'aîné soit fait en fraude de la légitime des puînés;
« ainsi, il n'y a que le surplus du legs qui doive entrer dans
« la masse des biens, et à plus forte raison qui puisse souffrir
« le retranchement de la légitime (1). » Bourjon (2) et le
président Espiard (3) combattent énergiquement cet avis de
Lebrun, auquel ils opposent six objections qui n'ont véritablement aucune valeur. Il faut s'en tenir à l'opinion de Lebrun ;
on ne conçoit même pas qu'il ait pu y avoir discussion à
cet égard, en présence de l'art. 298 de la coutume de Paris,
et de l'art. 274 de la coutume d'Orléans, qui déclaraient formellement : « que la légitime était la moitié de telle part et
« portion que chacun enfant eût eue en la succession si les
« père et mère ou autres ascendants n'eussent disposé. » La
question est simple : pour savoir ce que les puînés auraient eu
ab intestat, il faudra nécessairement tenir compte du droit
d'aînesse; donc il faudra nécessairement en tenir compte, pour
savoir quelle est la moitié de cette portion *ab intestat*, c'est-
à-dire quelle est leur légitime. Il est vrai que l'aîné, renonçant pour profiter du legs universel, n'est considéré ni comme
étranger, puisque la quotité disponible s'augmente par rapport à lui de sa part dans la légitime calculée en tenant
compte des avantages que la coutume lui accorde, ni comme
héritier, puisqu'il renonce tout en retenant une portion des
biens indisponibles ou de la succession; mais nous avons déjà

(1) Traité des success., liv. II, chap. III, sect. VI.
(2) Le droit commun de la France et de la cout. de Paris réduits en principes, tom. I, page 713, édition de 1747.
(3) Dans ses annot. sur Lebrun, Traité des success., liv. II, chap. II,
sect. 1.

montré que ces deux résultats contradictoires avaient toujours lieu, dans le cas ou l'un des légitimaires renonçait pour
s'en tenir à un don ou à un legs, qui lui avait été fait ; cela
n'a donc rien de contraire à l'esprit général de notre ancien
droit.

B. Nous venons de voir qu'en principe général, les avantages faits par la coutume à l'aîné n'étaient pas soumis à la
légitime des puînés. Cependant ce principe souffrait exception dans certains cas. En effet, s'il eût toujours été appliqué,
il eût pu arriver que les puînés n'eussent absolument rien à
prétendre, ou, en d'autres termes, que le préciput de l'aîné
absorbât toute l'hérédité. Devait-on, dans ce cas, mitiger la
rigueur des principes ? Qu'est-ce qui devait l'emporter, dans
ce conflit, de l'équité et des liens du sang militant en faveur
des puînés d'une part, ou de l'idée féodale de la conservation
du nom, militant d'autre part en faveur de l'aîné ? Pothier a
consacré à cette grave question un paragraphe entier de son
introduction au titre xv de la coutume d'Orléans. Voici en
quels termes il pose le principe général de la matière : « Le
« droit qu'a chaque enfant d'avoir une portion dans la succes-
« sion de ses père et mère étant un droit qu'il tient de la loi
« naturelle, il n'est pas douteux que ce droit doit l'emporter
« sur celui qu'a l'aîné dans les biens nobles de ces succes-
« sions, la loi qui accorde ce droit à l'aîné étant une loi pure-
« ment arbitraire. C'est pourquoi, lorsque le préciput de
« l'aîné ne laisse pas dans la succession de quoi fournir une
« légitime aux puînés, le préciput doit souffrir un retranche-
« ment pour les légitimes (1). »

La difficulté pouvait se présenter dans deux cas. D'abord
il pouvait se faire qu'il ne se trouvât dans la succession qu'un
seul manoir avec basse-cour et enclos d'un arpent, sans aucun autre bien. Ce manoir et ses dépendances étant attribués
à l'aîné à titre de préciput, les puînés n'eussent rien eu si
l'on n'eût pas ici fait exception aux principes ordinaires. Sur

(1) Introd. au tit. xv de la cout. d'Orléans, n° 85.

ce point, la coutume d'Orléans , dans son art. 96, contenait la disposition suivante : « Si ès-succession de père et « mère, ayeul ou ayeule, y a un seul fief, soit en la ville, ou « aux champs , consistant seulement en un manoir , ou bien « en un manoir avec basse court, et enclos d'un arpent, sans « autres appartenances, ne autres biens immeubles, audit « fils aisné appartiendra la moitié dudit manoir, basse court et « enclos , et l'autre moitié appartiendra aux autres enfans. « Et s'il n'y a que deux enfans, le fils aisné y prendra les deux « tiers, et l'autre enfant l'autre tiers. Et toutefois en chacun « desdits cas le fils aisné pourra bailler aux puisnez récom- « pense en argent, au dire de preud'hommes, de la portion à « eux appartenant audit fief, sans que pour ladite récom- « pense en soit deue aucun profit au sieur de fief : et lesquels « deniers qui seront baillez en récompense, sortiront nature « de propre au recompensé (1). » Par cette disposition, la coutume d'Orléans n'avait pas seulement eu en vue de fournir aux puînés une légitime. En effet, elle leur avait accordé la part entière qu'elle accordait aux puînés dans les biens no- bles, tandis que la légitime n'était que la moitié de cette portion. La raison de cette disposition était donc que le ma- noir principal n'était attribué à l'aîné qu'à titre de préciput , et qu'il ne pouvait y avoir lieu à ce préciput lorsque le manoir était le total de la masse immobilière. On le voit , cette dis- position de la coutume d'Orléans ne présentait aucune diffi- culté. Bien autre était la disposition de la coutume de Paris sur le même sujet. Cette coutume, dans son art. 17, portait : « Si ès-dites successions de père et mère, ayeul ou ayeule , « y a un seul fief consistant seulement en un manoir, basse « court et enclos d'un arpent, sans autre appartenance , ny « autres biens , audit fils aisné seul appartient ledit manoir, « bassecourt et enclos , comme dessus , sauf toutesfois aux « autres enfants leur droict de légitime, ou droict de douaire « coutumier ou préfix, à prendre sur ledit fief : et où il y au-

(1) Même disposition se rencontre dans la cout. de Melun, art. 92.

« rait autres biens qui ne fussent suffisans pour fournir
« lesdits droicts aux enfants, le supplément de ladite légi-
« time ou dudit douaire se prendra sur ledit fief. Et toutes-
« fois audit cas le fils aisné peut bailler aux puisnez récom-
« pense en argent au dire de preud'hommes, de la portion
« qu'ils pourraient prétendre sur ledit fief (1). » Ce texte
donnait naissance à trois questions. La première consiste à
savoir sur quel pied devait être réglée la légitime des puînés
lorsque la succession n'était absolument composée que
d'un seul manoir féodal. Trois solutions avaient été proposées sur ce point. Les jurisconsultes les plus favorables
aux puînés dépouillaient, dans ce cas, le manoir féodal de sa
qualité de fief, procédaient à un partage non noble et attribuaient à chacun des puînés, à titre de légitime, la moitié de
ce que ce partage leur donnait, c'est-à-dire la moitié de leur
part virile. Lebrun appliquait, par analogie, la disposition
de l'art. 96 de la coutume d'Orléans ; ce qui, comme nous
venons de le voir, consistait à dépouiller le manoir de sa
qualité de manoir principal en lui laissant sa qualité de fief,
à procéder, en conséquence, à un partage noble et à attribuer
aux puînés la totalité de ce que leur donnait un semblable
partage (2). Ce système est-il admissible ? Il suffit de compa-
rer les dispositions si différentes des deux coutumes pour se
convaincre de l'impossibilité dans laquelle on se trouvait de
leur faire produire le même résultat. Ricard distinguait : « Si
« le manoir était peu considérable, dit-il, et à peine suffisant
« pour la nourriture des enfants, je le voudrais partager éga-
« lement, parce qu'en ce cas, la division est de simples ali-
« ments qui ne reçoivent pas de prérogatives. Que si le
« manoir était de plus grande conséquence, voici la règle que
« je tiendrais : ne conservant pas sa qualité de préciput, je
« lui laisserais celle de fief, parce que l'équité travaillant en
« cette rencontre contre le droit commun, elle ne doit opérer

---

(1) Même disposition se retrouvait dans les coutumes de Bretagne (art. 547),
de Monfort (art. 13), et de Reims (art. 49).

(2) Traité des succ., liv. II, chap, II, sect. I.

« que dans la nécessité et par degré ; en conséquence de
« quoi même je considérerais encore l'aîné comme un dona-
« taire : aussi l'est-il de la coutume qui lui donne ce manoir
« en entier par droit de préciput et de prérogative, et sur ce
« fondement je réglerais la part des puînés par forme de lé-
« gitime , qui serait, suivant ce compte dans la coutume de
« Paris , le quart au total du manoir s'ils étaient plusieurs
« (ajoutons le sixième s'il n'y en avait qu'un); et de fait l'ar-
« ticle parle de légitime, qui ne peut être calculée que suivant
« cette fiction (1). » Cette opinion était sans contredit la plus
juridique des trois : aussi l'avait-elle emporté sur les deux
autres (2).

Mais comment fallait-il entendre ces termes de notre article 17 de la coutume de Paris : « Et ou il y aurait autres
« biens qui ne fussent suffisans pour fournir lesdits droicts
« aux enfants, le supplément de ladite légitime se prendra
« sur ledit fief? » Ricard pensait qu'il fallait entendre ce
texte comme si après les mots : *pour fournir lesdits droicts
aux enfants,* se trouvait ceci : « Eu égard à la portion qui leur
« revient dans le manoir même suivant l'opinion établie ci-
« devant. » Pothier partageait cet avis ; il l'applique en ces
termes à une espèce : « Il y a dans la succession un manoir
« de 15,000 livres , 1,500 livres d'autres biens féodaux ,
« 1,000 de biens ordinaires, et deux enfants. La légitime du
« puîné est , pour la moitié de sa part dans les biens ordi-
« naires, 250 livres ; plus , pour la moitié de son tiers dans
« les 1,500 livres de biens féodaux, 250 livres ; plus, pour la
« moitié de son tiers dans le manoir, 2,500 livres : ce qui
« fait en tout 3,000 livres. L'aîné, qui retiendra le manoir,
« sera donc obligé , pour fournir la légitime de son puîné, de
« lui abandonner le surplus des biens, qui monte à 2,500 li-
« vres, et de lui retourner encore, sur son manoir, 500 livres
« pour parachever la somme de 3,000 livres à laquelle monte

---

(1) Traité des donat. entre-vifs, iiie partie, chap. viii, sect. vi, n° 1035.
(2) Pothier, Introd. au tit. xv de la cout. d'Orléans, n° 87.

« sa légitime (1). » Cette interprétation aurait eu pour résultat de faire toujours entrer le préciput d'aînesse dans la
supputation de la légitime, ce qui était directement contraire
à la disposition de l'art. 298, suivant lequel la légitime est
une quotité de la portion *ab intestat*. Si l'art. 17 dérogeait à
ce principe en soumettant le manoir féodal à la légitime, ce
n'était qu'exceptionnellement pour le cas où il n'y aurait
pas eu d'autres biens dans la succession, et pour le cas où
les autres biens n'auraient pas été suffisants pour fournir des
aliments aux puînés. Or, les exceptions ne devant jamais
être étendues à d'autres cas qu'à ceux pour lesquels elles ont
été introduites, ou, pour nous servir des expressions de Lebrun, n'étant jamais permis de dire *una litura delendus para-
graphus*, nous pensons, avec ce célèbre jurisconsulte, « que
« cette dernière partie de l'art. 17 de la coutume de Paris
« se doit entendre d'autres biens qui soient de si peu de va-
« leur, qu'il soit toujours vrai de dire qu'il n'y a qu'un fief
« dans la succession, comme de quelques petits meubles (2). »
On devait interpréter de même l'art. 141 de la coutume de
Valenciennes, portant, au sujet du droit de maîneté, que « si
« les autres biens de père et mère respectivement n'étaient
« suffisans pour la légitime des autres enfants, icelle se
« prendra sur ladite maîneté. »

Notre art. 17 de la coutume de Paris donnait encore naissance à la question de savoir si le préciput et la portion avantageuse devaient fournir la légitime avant les biens dont le
défunt avait disposé à titre gratuit, ou si, au contraire, les
donataires devaient subir retranchement en première ligne.
Ricard (3) et Lebrun (4) résolvaient cette question par une
distinction fort simple : ou le défunt avait disposé en faveur
d'étrangers, ou il avait disposé au profit de quelques-uns de

(1) *Ubi supra*; *Sic* de Laurière sur l'art. 17 de la cout. de Paris.
(2) Traité des succ., liv. II, chap. II, sect. I.
(3) Traité des donat. entre-vifs, IIIe partie, chap. VIII, sect. VIII, nos 1029
et suiv.
(4) Traité des succ., liv. II, chap. III, sect. VIII.

ses enfants. Dans le premier cas, l'aîné ne pouvait soustraire
son préciput ou sa portion avantageuse au retranchement de
la légitime, parce qu'ainsi que nous l'avons déjà vu, il était
de règle de faire porter le retranchement sur les biens trouvés dans la succession *ab intestat*, avant que l'on pût inquiéter
aucunement les donataires entre-vifs. « Il est vrai, dit Ricard,
« que ce n'est pas directement, les puînés ne pouvant pas de
« plein droit s'attacher à l'avantage que la coutume fait à
« leur aîné ; mais, quoi qu'il en soit, ce retranchement se fait
« par un circuit que les puînés commencent contre les
« donataires ; les donataires ont leur recours contre l'aîné,
« et *brevi manu*, pour éviter dans l'exécution tous ces circuits,
« comme ils se font dans la raison de décider, on admet que
« les puînés prennent leur légitime sur la part de leur aîné,
« et ainsi il est vrai de dire que la légitime est plus forte que
« le droit d'aînesse (1). » Pour bien faire comprendre ce principe, citons, d'après Pothier, une espèce à laquelle il y ait
lieu de l'appliquer. « Un homme laisse deux enfants. Il a
« donné entre-vifs à un étranger la somme de 12,000 livres ;
« il lui reste pour 15,000 livres de biens, tout en fief, sans
« manoir, et il ne laisse aucune dette. La portion de son
« puîné, dans les 12,000 livres qu'il a données, aurait été de
« 6,000 livres, laquelle, jointe avec celle de 5,000 livres pour
« le tiers dans les biens qui restent, aurait fait celle de
« 11,000 livres : sa légitime est donc 5,500 livres. Il s'en
« faut de 500 livres qu'il n'en soit rempli par le tiers auquel
« il succède dans le bien qui reste. Au contraire, l'aîné est
« beaucoup plus que rempli de la sienne ; car sa portion, dans
« les 12,000 livres qui ont été données, est de 6,000 livres,
« laquelle, jointe avec 10,000 livres pour les deux tiers qui
« lui appartiennent dans les biens qui lui restent, fait la
« somme de 16,000 livres : sa légitime n'est donc que de
« 8,000 livres. Il en trouve 10,000 dans la succession ; par
« conséquent, il a 2,000 livres au-delà de sa légitime. Il est

(1) *Ubi supra*, n° 1032.

« certain que le puîné doit être rempli de ce qui lui manque
« de sa légitime : la question est de savoir par qui (1). » Puis
Pothier décide, d'après Ricard et Lebrun, que les 500 livres
qui manquent au puîné pour qu'il ait sa légitime complète
devront lui être fournies par l'aîné.

Dans le second cas, c'est-à-dire lorsque les donataires
étaient quelques-uns des enfants du défunt, le retranchement
devait porter d'abord sur les biens qui leur avaient été donnés avant que l'on pût attaquer les avantages faits par la coutume à l'aîné ; autrement les donations dont nous nous occupons auraient préjudicié au droit d'aînesse, et il en serait
résulté une espèce de translation de ce droit défendue par
les principes du droit coutumier. Quelques coutumes, en très
petit nombre, permettaient cette translation ; dans ces coutumes, il fallait tenir indistinctement que le retranchement
devait s'opérer d'abord sur les avantages faits à l'aîné par la
coutume, et subsidiairement seulement sur les biens donnés,
qu'on en eût disposé au profit d'étrangers ou au profit de
quelques-uns des enfants.

Nous avons vu que, malgré les avantages que la coutume
attribuait à l'aîné, celui-ci n'était cependant tenu des dettes
que pour sa part virile. Ce principe amenait le second cas de
conflit que nous avons annoncé entre le droit d'aînesse et la
légitime des puînés. En effet, il pouvait arriver que les portions des puînés se trouvassent épuisées par leur part contributoire dans les dettes de la succession alors que l'aîné conservait, après avoir payé la portion des dettes dont il était
tenu, un émolument considérable. Pothier est le seul de nos
anciens auteurs qui ait prévu cette difficulté. Les coutumes
ne contenaient aucune disposition à cet égard. Aussi Pothier
argumente-t-il seulement de l'esprit des coutumes *ex mente
consuetudinis*, lequel, suivant lui, admettait la prédominance
de la légitime des puînés *due de droit naturel* sur la loi *pure-*

(1) Introd. au tit. xv de la cout. d'Orléans, n° 89.

ment arbitraire qui accordait des avantages à l'aîné (1). Primitivement, en ce qui touche les coutumes muettes, on n'accordait jamais à la légitime des puînés la préférence sur le droit d'aînesse ; mais lors de la réformation des coutumes, on avait pris soin de prévoir, dans quelques-unes d'entre elles, le premier cas que nous avons déjà examiné. Et postérieurement à cette réformation, les dispositions de ces quelques coutumes sur ce point avaient été étendues à celles qui ne s'expliquaient pas à cet égard. Loysel en avait fait une règle de droit coutumier : « Quand le fief consisterait en un « hôtel, l'aîné le prendrait entier lui seul, la légitime des autres « sauve (2). » Si donc on étendait aux coutumes muettes une disposition de quelques-unes d'entre elles, disposition tendant à corriger une iniquité produite par le droit d'aînesse laissant les puînés sans aucune espèce de part dans la succession, pourquoi les mêmes motifs d'équité et d'esprit général du droit coutumier n'auraient ils pas dû faire admettre un remède semblable dans une espèce produisant le même résultat inique? Mais la difficulté était de fixer le *quantum* de la légitime due, dans ce second cas, aux puînés par l'aîné. En l'absence de toute disposition législative, Pothier se trouve nécessairement amené à faire la loi. Dans ce cas, il fixe la légitime des puînés à la moitié de la portion qu'ils auraient en supposant l'inexistence de la règle qui réduit leurs droits à néant (3).

II

De la fixation de la légitime de l'aîné.

Pour détermier quels étaient les droits d'un aîné réduit à sa légitime, nous distinguerons deux cas :

(1) V. le passage ci-dessus cité de Pothier, Introd. au tit. **xv** de la cout. d'Orléans, n° 85.
(2) Inst. cout., liv. **iv**, tit. **xiii**, art. 65.
(3) Introd. au tit. **xv** de la cout. d'Orléans, n° 88.

A. Les biens soumis au droit d'aînesse se trouvent dans la succession *ab intestat;*

B. Le défunt a disposé de ces biens.

A. Sur ce premier point, quatre opinions étaient en présence : la première n'accordait pas à l'aîné une légitime plus forte que celle de ses frères et sœurs ; la seconde lui donnait son droit d'aînesse en entier et une portion légitimaire dans les meubles et les rotures ; la troisième lui attribuait le préciput entier et la moitié tant de sa portion avantageuse que de la part égale qu'il aurait eue dans les autres biens, si le père n'eût pas disposé ; enfin la quatrième opinion, adoptée par la jurisprudence de nos parlements et fondée sur le texte de l'art. 298 de la coutume de Paris, fixait la légitime de l'aîné à la moitié de ce qu'il aurait recueilli *ab intestat*. René Chopin regarde cette décision comme incontestable, et la formule en ces termes : « Franci, qui patriis tenentur institutis, « legitimam metiuntur hereditariis portionibus, quæ con- « suetudine primogenitis, non quæ ex æquo deferuntur; et hoc « casu protogonus nobilis legitimæ nomine deducet dimidiam « natalitiæ suæ perceptionis, non autem partis natalitiæ cum « aliis exæquatæ (1). »

Il est bien entendu que, dans le cas d'un fils unique réduit à sa légitime, il ne pouvait être question de droit d'aînesse, et, qu'en conséquence, ce fils unique avait droit, à titre de légitime, à la moitié de l'hérédité paternelle ou maternelle.

B. Lorsque le père avait disposé des biens soumis au droit d'aînesse, et que, par conséquent, ils ne se trouvaient plus dans la succession *ab intestat*, il fallait distinguer si la disposition avait été faite au profit d'un étranger, ou en faveur d'un puîné.

Lorsque la disposition avait été faite au profit d'un étranger, la légitime de l'aîné se réglait absolument de même que

_____

(1) De civilibus Parisiorum moribus ac institutis, lib. II, tit. III, n° 12

19

dans le cas précédent ; il faut cependant remarquer que, dans
ce cas, l'aîné ne pouvait pas se pourvoir directement contre
les donataires des fiefs, parce qu'il était, comme tout autre,
tenu d'observer l'ordre de discussion établi par l'art. 34 de
l'ordonnance de 1731.

Lorsque la disposition des biens soumis au droit d'aînesse
était faite en faveur d'un enfant puîné, il fallait examiner si
la coutume dans laquelle la question se présentait était une
de celles qui défendaient la translation du droit d'aînesse aux
puînés, ou si elle était du petit nombre de celles qui la permettaient. Dans la première hypothèse, l'aîné devait avoir son droit
d'aînesse en entier et sa légitime sur les meubles et les rotures. Ainsi donc il était plus fortement protégé contre ses
frères et sœurs qu'à l'encontre des étrangers. Lebrun en
donne la raison en ces termes : « On demandera peut-être
« pourquoi il est plus permis de disposer au profit d'un étran-
« ger que d'un fils puîné, lorsqu'on dispose au préjudice de
« l'aîné ; et pourquoi l'aîné, en ce cas, n'obtient que la
« moitié de son droit d'aînesse contre l'étranger, et obtient
« le tout par l'action révocatoire contre son puîné ? La
« réponse est double : 1º la donation du fief faite à l'étran-
« ger n'est pas réputée faite spécialement en fraude du
« droit d'aînesse, comme celle par laquelle un père, gratifiant
« son puîné du fief de la maison, affecte de troubler l'ordre
« de la nature et de faire changer de place à tous ses enfants;
« 2º en ce cas, on défend le plus ce qui se pratiquerait plus
« souvent au préjudice du droit d'aînesse : or, il est bien plus
« ordinaire qu'un père donne à son puîné au préjudice de son
« aîné que non pas à un étranger. C'est ainsi qu'après
« qu'un père a marié son fils comme principal héritier, il
« peut bien donner à un étranger, mais non pas à un puîné,
« au moins au-delà de sa légitime ; et c'est l'espèce de l'arrêt
« du 27 mars 1599, rendu au profit de M. le duc d'Epernon
« contre madame de Montpensier. En tous ces cas, les puînés
« sont plus prohibés, parce qu'il est plus ordinaire de les

« préférer à l'aîné que des étrangers (1). » — A l'égard des coutumes qui permettaient au père de disposer au profit d'un puîné des biens soumis au droit d'aînesse, il était de toute évidence que, dans le cas d'une semblable disposition, l'aîné ne pouvait avoir sa légitime que telle qu'elle était réglée lorsque les biens se trouvaient dans la succession *ab intestat*, ou lorsque le défunt en avait disposé au profit d'un étranger. Ce principe n'était cependant admis qu'avec certains tempéraments qui différaient dans les diverses coutumes de cette catégorie (2).

SECTION III

Du douaire.

On entendait par douaire l'usufruit d'une certaine portion des immeubles du mari accordée à la femme survivante par la coutume ou les conventions matrimoniales. Quelques coutumes réservaient la nue-propriété de cette même portion d'immeubles aux enfants issus du mariage pour le cas où ils renonceraient à la succession de leur père (3). Il y avait donc deux espèces de douaire, celui de la femme et celui des enfants ; mais au fond ces deux douaires n'en faisaient qu'un, appartenant en usufruit à la femme et en nue-propriété aux enfants.

Primitivement le douaire n'existait pas à défaut de conventions ; c'est le roi Philippe-Auguste qui, au commencement du xiiie siècle, établit le douaire légal en ordonnant que la femme serait douée *de la moitié de ce que l'homme avait*

(1) Traité des success., liv. ii, chap. ii, sect. i; V. Guyot, Des fiefs, tom. v, pages 279 et suiv.
(2) V. Ricard sur l'art. 57 de la cout. d'Amiens.
(3) V. cout. de Paris, art. 249.

quand il l'épousa (1). Depuis, dans la plupart des coutumes, on reconnaissait un douaire conventionnel, et un douaire légal qui avait lieu à défaut de stipulations. Il était néanmoins généralement admis qu'il n'y avait pas de douaire quand la femme y avait expressément renoncé par le contrat de mariage (2).

« Ce n'est pas dans le droit romain, dit Pothier, qu'on
« doit chercher l'origine du douaire : il n'y a rien, dans ce
« droit, qui y ait rapport. Nous le trouvons plutôt dans les
« mœurs des anciens peuples de la Germanie, qui se sont
« établis dans nos provinces. Tacite, *De moribus Germanorum,*
« rapporte que, chez ces peuples, les femmes n'apportaient
« pas de dot aux maris, mais en recevaient : *Dotem non uxor*
« *marito, sed maritus uxori offert.* Cette dot, que la femme,
« au rapport de Tacite, recevait du mari, était vraisembla-
« blement la même chose que ce qu'est notre douaire, c'est-
« à-dire quelque portion que l'homme, en se mariant, assi-
« gnait dans ses biens à la femme qu'il épousait, pour que la
« femme en jouît, après la mort de son mari, en usufruit pour
« sa subsistance. Les femmes, chez la plupart de ces peu-
« ples, comme chez les Saliens, étant incapables de succé-
« der aux héritages de leurs parents, il était nécessaire que
« leurs maris pourvussent de leurs biens, après leur mort, à
« la subsistance de leurs veuves. — Il est fait mention du
« douaire dans les Capitulaires de nos rois. Il est dit au
« livre VII, chap. CLXXIX de la collection de *Benedictus Levita,*
« que l'homme, en se mariant, doit doter la femme qu'il
« épouse, c'est-à-dire lui assigner un douaire. *Per consilium*
« *et benedictionem sacerdotis, et consultu aliorum bonorum ho-*
« *minum eam sponsare et legitime dotare debet.* — De là cette
« ancienne formule, qui était usitée autrefois dans les célé-
« brations du mariage, comme nous l'apprenons de Philippe
« de Beaumanoir, qui rapporte que le prêtre fait dire à

(1) Philippe de Beaumanoir dans ses cout. de Beauvoisis, chap. du Douaire.
(2) Pothier, Traité du douaire, n° 3.

« l'homme, quand il épouse la femme : « Du douaire qui est
« devisé entre mes amis et les tiens, te doue (1). »

Sans nous appesantir plus longuement sur les origines
historiques du douaire, nous passons de suite à l'examen du
douaire des enfants, comme rentrant seul dans le cadre de
notre matière.

Un petit nombre de coutumes admettaient le *douaire* des
enfants, et encore toutes ne lui donnaient-elles pas la même
étendue. Certaines n'accordaient le douaire qu'aux enfants
dont le père était noble *de noblesse transmissible* dès le temps
du mariage (2); une autre, celle de Clermont (art, 160), s'at-
tachait à la qualité des biens et ne reconnaissait de douaire
aux enfants que dans les biens roturiers, en le leur refusant
dans les fiefs; quelques autres enfin admettaient des distinctions entre le douaire coutumier et le douaire conventionnel.
La coutume de Paris, seule, attribuait aux enfants le douaire
sans s'attacher à la qualité du père ou à celle des biens, ni au
titre du douaire, qu'il fût coutumier ou conventionnel. Cette
coutume sera seule l'objet de notre étude.

Nous adopterons pour cette matière la division de Pothier.
Dans un premier paragraphe, nous verrons ce qu'était le
douaire des enfants et en quoi il consistait ; dans le second,
nous examinerons quand il se contractait, quand il était ouvert et quelles étaient les actions qui en naissaient ; dans un
troisième, à quels enfants il était dû et sous quelles conditions ;
enfin, dans le quatrième, comment il se partageait et quels
enfants y avaient part.

§ 1.

Qu'était-ce que le douaire des enfants ? en quoi consistait-il ?

Pothier définissait le douaire des enfants de la manière
suivante : « Le douaire des enfants est un certain fonds soit

(1) Pothier, Traité du douaire, n° 4.
(2) Étampes, Châteauneuf, Chartres et Dunois.

« en héritage, soit en rentes, soit en argent, que la loi mu-
« nicipale ou la convention du contrat de mariage charge
« l'homme qui se marie de laisser, après sa mort, aux enfants
« qui naîtront du mariage, à la charge d'en laisser jouir la
« mère pendant sa vie (1). » Le douaire des enfants consistait
donc dans la propriété des mêmes choses dont la loi ou la
convention avait assigné l'usufruit à la femme à titre de
douaire.

Le douaire de la femme n'était pas considéré comme une
donation, il en était de même de celui des enfants, et ni l'un
ni l'autre n'étaient soumis à la formalité de l'insinuation. Il suivait de là que le douaire des enfants d'un premier lit n'était
pas soumis au retranchement pour la légitime des autres enfants. Néanmoins, ce principe n'était vrai que dans les coutumes où le douaire était déclaré propre aux enfants. Dans les
coutumes qui n'accordaient de douaire qu'à la veuve, si on
était convenu par le contrat de mariage que le douaire serait
propre aux enfants, on aurait regardé ce douaire comme une
donation faite à ces enfants, donation sujette comme toute
autre au retranchement pour la légitime des autres enfants,
mais non cependant sujette à la formalité de l'insinuation, les
donations faites par contrat de mariage en étant dispensées.
De même, dans les coutumes qui n'accordaient pas de douaire
aux enfants et qui étaient coutumes d'égalité parfaite, les
enfants douairiers devaient faire à tous leurs frères ou sœurs
germains ou consanguins rapport de leur douaire, puisque
ces coutumes obligeaient les enfants même renonçant à
opérer le rapport des donations qui leur avaient été faites.
De même, dans les coutumes d'Anjou et du Maine, lorsqu'on
avait stipulé un douaire propre aux enfants, le fils aîné, héritier de son père, pouvait faire réduire le douaire des puînés,
qui se portaient douairiers, à la portion dont il était permis
au père de disposer de ses biens envers eux.

Le douaire, comme la légitime, avait pour but de pourvoir

(1) Traité du douaire, n° 292.

à l'établissement des enfants et de leur assurer des aliments après le décès de leur père. Il existait cependant de nombreuses différences entre ces deux institutions :

1° La légitime était due par le père et la mère, le douaire par le père seulement ;

2° La légitime portait sur les biens que le père ou la mère laissaient lors de leur décès, en y réunissant ceux dont ils auraient disposé par donations entre-vifs ; le douaire portait sur tous les immeubles que le père avait lors de son mariage et sur tous ceux qui lui étaient advenus, pendant le mariage, de ses père, mère ou autres ascendants, sans qu'il pût y donner aucune atteinte ni par aliénation à titre gratuit, ni par aliénation à titre onéreux, ni par constitution d'hypothèque, ou autre droit réel. Le douaire préfix (1) portait sur les choses dont on était convenu et était protégé par les mêmes prohibitions de constitution d'hypothèque ou d'aliénation.

3° La légitime ne portait sur les biens laissés au décès que déduction faite de toutes les dettes du défunt ; le douaire n'était attaqué que par les dettes du père qui avaient été contractées avant le mariage.

4° On n'avait droit à la légitime qu'à la condition d'être héritier au moins sous bénéfice d'inventaire ; on ne pouvait, au contraire, prétendre au douaire que lorsqu'on renonçait à la succession paternelle.

5° Le père ne pouvait par contrat de mariage priver ses enfants de leur légitime et diminuer en rien leurs droits à cet égard ; on pouvait, au contraire, convenir par contrat de mariage que les enfants n'auraient pas de douaire, ou leur en accorder un qui fût moindre que le douaire coutumier. C'est ainsi que les enfants n'avaient pas de douaire, quand il avait été convenu que la femme n'en aurait pas. Bien plus, on pouvait laisser à la femme son douaire et convenir que les enfants n'en auraient pas la propriété. En sens inverse, dans les coutumes qui n'accordaient pas aux enfants la propriété

_____

(1) On appelait ainsi généralement le douaire conventionnel.

du douaire de la femme, on aurait pu convenir qu'ils l'auraient.

Dans les coutumes qui accordaient la propriété du douaire de la femme aux enfants, lorsque le contrat de mariage portait que la femme aurait le douaire *sans retour* ou l'aurait *en propriété*, cette convention n'excluait pas les enfants du douaire. La jurisprudence avait interprété cette clause favorablement et elle décidait que les parties n'avaient eu en vue que les cas dans lesquels il n'y aurait pas lieu au douaire des enfants, c'est-à-dire le cas où le mari ne laisserait pas d'enfants à son décès, et celui où les enfants accepteraient la succession paternelle (1).

La question de savoir quelles étaient les choses sujettes au douaire coutumier des enfants ne souffrait aucune difficulté. Sur ce point, le principe général était que toutes les choses qui étaient sujettes au douaire coutumier de la femme l'étaient aussi au douaire coutumier des enfants et pour la même portion. Ce principe général ne souffrait aucune exception. Voici la disposition de la coutume de Paris à cet égard, art. 248 et 249 :

Art. 248. « Douaire coustumier est de la moitié des héritages que le mary tient et possède au jour des espousailles, et bénédiction nuptiale. Et de la moitié des héritages, qui, depuis la consommation dudit mariage, et pendant iceluy, eschéent et adviennent en ligne directe audit mary. »

Art. 249. « Le douaire coustumier de la femme, est le propre héritage des enfans venans dudit mariage. En telle manière, que les père et mère desdits enfans, dès l'instant de leur mariage, ne le peuvent vendre, engager, ne hypothéquer au préjudice de leurs enfans. »

La question revenait donc à savoir quels biens étaient soumis au douaire de la femme. Nous avons à cet égard déjà donné le principe général; pour les détails, nous renvoyons à Pothier (2).

(1) Pothier, Traité du douaire, n° 297.
(2) *Ibid.*, n°° 21 à 97.

Il faut cependant remarquer que l'art. 248 de la coutume de Paris n'était applicable qu'au premier mariage ou au mariage subséquent au moment de la célébration duquel les biens du mari ne se trouvaient pas déjà engagés à titre de douaire. Si, au contraire, lors du second mariage, les biens du mari étaient engagés au douaire du premier, le douaire de ce nouveau mariage n'était que du quart sur les immeubles déjà engagés au douaire du premier et de la moitié sur les héritages qui n'y étaient pas engagés. Si nous supposons un troisième mariage, le douaire de ce troisième mariage ne sera que d'un huitième sur les héritages déjà engagés aux douaires des deux premiers, du quart sur les héritages seulement engagés au douaire du second, et de la moitié sur ceux qui ne seraient encore engagés à aucun douaire. On suivait la même marche pour les mariages subséquents. En un mot, on ne comprenait pas dans les biens que le mari avait lors d'un nouveau mariage, et dans lesquels la femme et les enfants devaient avoir moitié pour leur douaire coutumier, les portions de ces biens déjà affectées aux douaires des mariages précédents. Cette règle était rendue par le brocard coutumier : *Douaire sur douaire n'a lieu*, et était tirée de la disposition suivante de l'art. 253 de la coutume de Paris :
« Quand le père a esté marié plusieurs fois, le douaire coustumier des enfans du premier lit, est la moitié des immeubles qu'il avoit lors dudit premier mariage, et qui luy étaient advenus pendant iceluy mariage en ligne directe. Et le douaire coustumier des enfans du second lit, est le quart desdits immeubles, ensemble moitié tant de la portion des conquêsts appartenans au mary, faits pendant ledit premier mariage, que des acquêsts par luy faits depuis la dissolution dudit premier mariage, jusques au jour de la consommation du second, et la moitié des immeubles qui luy eschéent en ligne directe pendant ledit second mariage. Et ainsi conséquemment des autres mariages. »

La réduction du douaire du second mariage sur ceux des héritages du mari qui étaient déjà affectés au douaire du premier mariage avait lieu alors même que ces héritages avaient été libérés du douaire du premier mariage par le prédécès soit des enfants issus de ce premier mariage, soit parce que dans la succession de leur père ils avaient préféré la qualité d'héritiers à celle de douairiers. On allait même plus loin, on appliquait généralement la règle : *Douaire sur douaire n'a lieu*, quoiqu'il y eût eu dans le contrat du premier mariage clause d'exclusion de douaire (1). Lorsque le douaire du premier mariage était plus fort que le coutumier, la règle s'appliquait encore.

Le douaire des enfants, portant sur les mêmes biens que le douaire de leur mère, n'affectait ni les biens meubles de leur père, ni les immeubles ameublis par lui, ni les acquêts qu'il avait faits depuis qu'il était marié, ni les biens qui lui étaient échus depuis la même époque par succession collatérale qu'il avait recueillis ou dans la succession de l'un de ses enfants, ni les biens qu'il avait recueillis dans la succession de ses ascendants depuis la mort de sa femme.

Les dispositions des coutumes, concernant le douaire, étaient des statuts réels et exerçaient en conséquence leur empire sur les héritages et droits immobiliers situés ou censés situés sur leur territoire sans aucun égard au domicile de la personne à laquelle ils appartenaient. Les droits immobiliers, qu'une personne avait dans un héritage ou par rapport à un héritage, étaient censés avoir la même situation que l'héritage lui-même. Les rentes constituées dont le roi était débiteur étaient censées situées dans le lieu du bureau de paiement et les offices dans le lieu où ils s'exerçaient. En ce qui touche les rentes constituées dont étaient débiteurs de simples particuliers, on ne leur assignait aucune situation; elles étaient attachées à la personne du crédi-rentier et étaient en conséquence régies par la loi du lieu de son domicile. C'était donc par la loi du domicile que le père avait lors de son mariage que l'on décidait si les enfants qui en étaient

(1) *Sic* Pothier, Traité du douaire, n° 48 ; Ferrière sur l'art. 253 de la cout. de Paris ; *secus* Lemaître sur le même article.

nés devaient ou ne devaient pas avoir droit de douaire dans
les rentes qui lui appartenaient à cette époque. C'était par là
loi du domicile que le père avait lors de l'ouverture de la
succession de l'un de ses ascendants que l'on décidait la
question de savoir si les rentes qu'il avait recueillies dans
cette succession étaient ou n'étaient pas soumises au douaire
des enfants. Si la loi de ce domicile attribuait un douaire aux
enfants sur ces rentes, il y avait là un droit acquis pour les
enfants, droit auquel le père ne pouvait porter aucune atteinte par la translation postérieure de son domicile dans le
territoire d'une coutume qui n'eût pas accordé ce douaire.

Les héritages sujets au douaire coutumier des enfants
passaient aux enfants douairiers avec toutes les charges
réelles ou foncières, constituées antérieurement à l'époque où
ces héritages avaient été affectés à ce douaire. C'était là la
conséquence du principe que le père ne pouvait porter aucune atteinte au douaire ni par aliénation à titre gratuit, ni
par aliénation à titre onéreux, ni par constitution d'hypothèques ou autres droits réels. A l'égard des rentes constituées,
perpétuelles ou viagères, dont le père était débiteur lors de
son mariage, si les héritages et autres biens immeubles
étaient tous régis par la coutume de Paris ou par quelque
autre coutume semblable, reconnaissant un douaire de moitié
au profit des enfants, ce douaire était chargé de la moitié de
ces rentes ; mais leur mère douairière était tenue d'en acquitter les arrérages pendant toute la durée de son droit d'usufruit. S'il n'y avait qu'une partie des héritages et autres
biens immeubles que le père avait lors de son mariage, qui
fût régie par la coutume de Paris ou autre semblable, et que
le surplus fût régi par des coutumes n'accordant pas de
douaire aux enfants, il fallait faire une ventilation, et les enfants douairiers n'étaient chargés des rentes que pour la part
qu'ils avaient dans la totalité des biens immeubles de leur
père lors de son mariage. Quant aux dettes mobilières antérieures à la célébration du mariage, les enfants douairiers n'en
étaient pas tenus. De plus, le douaire n'était chargé d'au-

cune dette mobilière ou immobilière postérieure au mariage,
parce que le père, ayant par le mariage contracté l'obligation
de conserver le douaire dans son intégrité, n'avait pu par son
fait y donner aucune atteinte. S'il était échu au père pendant
le mariage quelque succession en ligne directe, dans les immeubles de laquelle ses enfants eussent une portion à prétendre à titre de douaire, ces enfants étaient tenus des dettes de
cette succession pour une portion correspondante à celle que
leur douaire dans les immeubles de cette succession formait
dans la masse de l'actif de cette succession, et cela sans distinguer les dettes mobilières des dettes immobilières (1).

Quant au douaire préfix ou conventionnel des enfants, il
portait en propriété, comme leur douaire coutumier, sur les
mêmes biens dont leur mère avait l'usufruit à titre de
douaire. C'est ce qui résulte de l'art. 255 de la coutume de
Paris, ainsi conçu : « Le douaire constitué par le mary, ses
« parens ou autres de par luy, est le propre héritage aux en-
« fans issus dudit mariage. Pour d'iceluy jouir après le trespas
« de père et mère incontinent que douaire a lieu. » Tous
nos anciens auteurs font remarquer sur ce texte que le mot
héritage n'y est pas pris dans le sens ordinaire d'immeuble
par nature, ni même dans le sens d'immeuble en général;
que ces termes : *est le propre héritage aux enfants*, ont la même
signification que dans l'art. 249 cité *supra*, et veulent par
conséquent dire que les biens compris dans ce douaire préfix
appartiennent en propriété aux enfants et doivent leur tenir
lieu de l'héritage (succession) de leur père dans le cas où ils
y renonceraient. En effet, le douaire conventionnel, à la différence du douaire coutumier, qui ne portait jamais que sur
des immeubles, pouvait porter sur toute espèce de biens,
même sur une somme d'argent. Lorsque le douaire conventionnel consistait en une somme d'argent, et que les enfants
avaient reçu cette somme à titre de douairiers, elle était

(1) Dans une matière tout autre, nous trouvons dans notre droit actuel une
règle semblable dans l'art. 1414, C. N.

dans leur succession un bien meuble et n'était pas considérée comme un propre. Telle était la disposition expresse de l'art. 259 de la coutume de Paris : « Douaire d'une somme de « deniers pour une fois payer venue aux enfans, est réputé « mobilier, et perd la nature de douaire : et y succèdent les « plus proches héritiers mobiliers. »

Par quelle coutume devait-on décider si le douaire préfix de la femme devait être propre aux enfants ? Cette question ne se présentait que lorsque les parties ne l'avaient pas résolue par contrat de mariage. Lorsque les parties avaient déclaré que le douaire serait réglé suivant telle coutume, ou bien même lorsque, sans parler du douaire, elles avaient déclaré qu'elles entendaient se marier suivant telle coutume, le douaire était dans ce cas conventionnel et réglé par la coutume indiquée. Cette clause résolvait du même coup la question qui nous occupe : en ce cas, en quelque lieu que se trouvât le domicile des parties ou la situation de leurs biens, les enfants avaient ou n'avaient pas droit au douaire, selon les dispositions de la coutume indiquée au contrat. Mais lorsque les parties ne s'étaient pas expliquées sur le douaire des enfants et n'avaient pas déclaré se soumettre à telle coutume, on devait décider la question de savoir si les enfants auraient droit au douaire préfix de leur mère, non par la disposition des coutumes de la situation des biens, mais, au contraire, par les dispositions de la coutume du lieu où les futurs époux avaient établi leur domicile immédiatement après la célébration du mariage, *in cujus domicilium et ipsa mulier per conditionem matrimonii erat reditura* (1). Bien plus, lorsque le contrat de mariage portait que la future épouse serait douée du douaire coutumier, et que les parties avaient établi leur domicile matrimonial dans une coutume où le douaire était propre aux enfants, on considérait ce douaire comme conventionnel et, par conséquent, comme propre aux enfants, même

_____

(1) L. 65, D., De judiciis (v, 1).

à l'égard des biens situés dans des coutumes où le douaire était personnel à la femme.

Lorsqu'un homme, domicilié sous la coutume de Paris ou quelque autre semblable, avait par son contrat de mariage donné à sa femme pour son douaire le choix de deux choses, il fallait, pour savoir sur quoi portait le douaire des enfants, attendre le choix de la femme. C'était là une conséquence du principe que le douaire des enfants porte en propriété sur les mêmes biens qu'affecte en usufruit celui de leur mère. De là naissait une question. Un Parisien avait par son contrat de mariage accordé à sa femme pour douaire 2,000 livres de rente, à moins qu'elle ne préférât le douaire coutumier. Après le décès du mari, la veuve avait choisi le douaire coutumier, et tous les héritages soumis à ce douaire étaient situés sous une coutume qui n'accordait pas de douaire aux enfants. Les enfants devaient-ils dans ce cas avoir un douaire ? Certains auteurs tenaient la négative. Les enfants, disaient-ils, ne peuvent avoir pour douaire la propriété de la rente de 2,000 livres, puisque cette rente n'est pas le douaire de la veuve, et qu'il est de l'essence du douaire des enfants qu'il soit la propriété des mêmes choses dont la femme a l'usufruit pour le sien. Ils ne peuvent pas non plus demander la propriété du douaire coutumier que la femme a choisi, puisque les héritages qui le composent sont régis par une coutume qui n'accorde pas de douaire aux enfants. « Je pense au con-
« traire, dit Pothier, que les enfants doivent avoir, en ce cas,
« pour douaire, la propriété de la portion des héritages dont
« la femme jouissait en usufruit. La raison est que ce Pari-
« sien, en constituant un douaire préfix d'une rente de cent
« pistoles, dont les enfants auraient eu la propriété si la
« femme l'eût choisi, a par là témoigné que son intention
« était que les enfants eussent un douaire. Il n'a pas inten-
« tion, en laissant à sa femme le choix du douaire coutumier,
« de changer par là la condition des enfants par rapport au
« douaire ; tout ce qu'il a voulu, en accordant ce choix à sa

« femme, est que le douaire qu'il lui donnait ne fût pas moin-
« dre que ce qu'elle aurait eu de la loi. Il a voulu, pour cet
« effet, que, si au temps de l'ouverture du douaire, le douaire
« coutumier excédait la rente de cent pistoles qu'il lui consti-
« tuait pour douaire, elle pût choisir le douaire coutumier. La
« femme qui choisit, en ce cas, le douaire coutumier, le tient
« plutôt de son mari, qui lui en a accordé le choix, que de la
« loi. Ce douaire qu'elle choisit n'est le douaire coutumier
« que quant à la substance, en ce qu'il est composé des mê-
« mes choses que celui que la coutume défère ; mais il n'a pas
« la qualité qu'a celui que la coutume défère, d'être person-
« nel à la femme et de ne pas passer aux enfants ; il est,
« quant à sa qualité, douaire conventionnel et propre aux en-
« fants (1). » L'opinion de Pothier sur ce point nous semble
préférable ; on ne pouvait pas raisonnablement supposer que
le mari avait eu l'intention de laisser sa femme maîtresse
d'accorder ou de refuser un douaire aux enfants.

Si un mari domicilié dans la coutume de Paris avait accordé
à sa femme purement et simplement un douaire conventionnel, et que les biens de ce mari soumis au douaire coutumier
fussent situés sous une coutume qui accordait à la femme le
choix entre le douaire préfix et le douaire coutumier et qui n'accordait pas de douaire aux enfants, dans ce cas, si la femme
avait choisi le douaire coutumier, les enfants n'y avaient aucun
droit, quoiqu'ils eussent eu droit sur le douaire préfix, si leur
mère l'avait choisi. Les raisons qui militaient dans l'espèce
précédente en faveur des enfants ne se présentaient plus dans
celle-ci, et Pothier lui-même était de cet avis. En effet, dans
cette seconde espèce, la femme ne tenait pas de son mari le
choix entre les deux douaires, elle le tenait de la loi ; de telle
sorte que le douaire coutumier qu'elle avait choisi devait conserver sa qualité et lui être personnel (2).

Dans les coutumes où le douaire, soit coutumier, soit con-

(1) Pothier, Traité du douaire, n° 323.
(2) *Ibid.*, n° 324.

ventionnel, était propre aux enfants, lorsque le douaire de la femme était alternatif et que la femme décédait avant son mari ou après lui, avant d'avoir fait son choix, ce choix passait aux enfants ; mais ils devaient s'entendre pour choisir en entier l'une ou l'autre des deux choses soumises au douaire (1). Lorsqu'ils ne pouvaient pas s'accorder, on ne déférait pas pour cela le choix à l'héritier débiteur de ce douaire alternatif. C'était avec raison ; car s'il y avait eu grande inégalité de valeur entre les deux choses dont les enfants avaient le choix, on eût eu à craindre que l'héritier ne s'entendît frauduleusement avec l'un des enfants au préjudice de l'autre en lui donnant, comme on dit vulgairement, *de la main à la main*, une somme d'argent pour qu'il choisît la chose la moins précieuse. S'il y avait plus de deux enfants, on faisait prévaloir l'avis du plus grand nombre ; et si les enfants étaient partagés d'avis, c'était le juge qui était appelé à prononcer le *quid utilius* ; mais, ordinairement, le juge renvoyait devant arbitres. Le juge était aussi appelé à décider le *quid utilius*, lorsque l'enfant qui avait pour son douaire le choix entre une somme d'argent et des immeubles était mort après l'ouverture du douaire sans avoir fait son choix, et avait laissé des héritiers, ayant par rapport à ce douaire des intérêts opposés. Donnons un exemple. Un enfant a laissé pour héritier son aïeul maternel, qui doit succéder à ses biens meubles, et, d'un autre côté, des héritiers aux propres paternels. L'intérêt de l'aïeul serait que l'on choisît les meubles, et celui des autres héritiers, les immeubles qui seraient des propres paternels.

§ 2.

Quand et comment se contractait l'obligation du douaire des enfants ? quand était-il ouvert ? quelles actions en naissaient ?

L'obligation du douaire coutumier, soit des enfants, soit

(1) Pothier, Traité du n° 325 ; *ibid.* des oblig., douaire, n° 247 ; L. 8, § 2, D., De legat. 1° (xxx).

de la femme, se contractait du jour du mariage. De ce jour, il n'était plus permis au mari d'aliéner les immeubles qui y étaient affectés, ni de constituer sur eux aucun droit réel. Néanmoins, cette prohibition ne s'appliquait qu'à la portion dont les enfants devaient avoir la propriété, et la femme l'usufruit à titre de douaire. Quant aux immeubles qui provenaient au mari durant le mariage de la succession de ses ascendants, ils n'étaient affectés au douaire tant de la femme que des enfants que du jour de l'ouverture desdites successions. A l'égard du douaire préfix ou conventionnel, l'obligation se contractait aussi du jour du mariage. Il est bon de remarquer que les aliénations ou constitutions de droit réel, consenties par le mari sur les biens qui étaient affectés au douaire, ne pouvaient être attaquées par les enfants que lors de l'ouverture de ce douaire, pourvu qu'ils fussent habiles à le recueillir et qu'ils eussent renoncé à la succession paternelle.

Le douaire des enfants n'était ouvert que par le décès de leur père. De ce principe découlaient plusieurs conséquences :

1° Les enfants qui mouraient du vivant de leur père ne transmettaient rien du douaire dans leur succession, tandis que les enfants qui mouraient après le décès de leur père transmettaient leur droit au douaire à leurs héritiers, alors même qu'ils ne s'étaient pas expliqués sur la question de savoir s'ils voulaient prendre la qualité d'héritiers ou celle de douairiers.

2° Le décret fait du vivant du père d'un héritage sujet au douaire par des créanciers postérieurs au mariage ne purgeait pas l'immeuble de l'obligation du douaire. Il en était autrement du décret fait par les mêmes créanciers après le décès du père, eût-il été fait pendant les délais accordés aux enfants pour délibérer sur la qualité qu'ils avaient à prendre. En effet, même pendant ces délais, ils auraient pu, pour la conservation de leurs droits et sans perdre le droit de délibérer, s'opposer au décret.

3° La prescription contre le droit de douaire des enfants

ne commençait à courir que du jour du décès de leur père (**1**).

4° Les enfants étaient, lorsqu'ils demandaient leur douaire, tenus d'établir le décès de leur père ; en cas d'absence de celui-ci, ils étaient admis à se faire envoyer en possession provisoire de ses biens comme héritiers présomptifs, mais ils ne pouvaient demander leur douaire faute de pouvoir faire la preuve qu'il leur incombait. Si toutefois ils justifiaient qu'il s'était écoulé cent ans depuis la naissance de leur père, on présumait dans ce cas la mort de celui-ci et par suite le douaire était ouvert. Nous lisons, en effet, dans Pothier : « Jusqu'à ce « qu'il se soit écoulé cent ans depuis la naissance de l'ab- « sent, il n'est ni présumé vivant, ni présumé mort ; et c'est « à ceux qui ont intérêt à ce qu'il soit vivant à prouver sa vie, « comme c'est à ceux qui ont intérêt à prouver qu'il soit mort « à prouver sa mort (2). »

La mort civile donnait-elle ouverture au douaire ? Dumoulin admettait la négative (3), qui fut longtemps l'opinion généralement reçue ; du temps de Pothier, on penchait plutôt pour l'affirmative (4).

L'art. 256 de la coutume de Paris disait : « Douaire, soit « coutumier ou préfix, saisit sans qu'il soit besoin de le de- « mander en jugement. Et courent les fruits et arrérages du « jour du décès du mari. » Cet article ne fait aucune distinction entre la femme et les enfants ; en conséquence, dès le jour de la mort de leur père, les enfants étaient saisis, c'est-à-dire tout à la fois propriétaires et possesseurs de la portion indivise qui leur appartenait pour leur douaire dans les héritages sujets à ce douaire sans qu'ils eussent besoin d'en demander délivrance ; et si leur mère était décédée avant son mari, ils avaient droit, du jour du décès de celui-ci, aux

(1) Cout. de Paris, art. 117.

(2) Pothier, Introd. au tit. XVII de la cout. d'Orléans, n° 7; *adde, ibid.*, n° 37, et Traité des success., chap. III, sect. I, § 1.

(3) Sur la règle De infirm. resign., n° 30.

(4) V. Pothier, Traité du douaire, n° 155.

fruits des héritages affectés au douaire, pour la portion qu'ils avaient dans ces héritages.

Lorsqu'un enfant se mettait après la mort de son père en possession d'un héritage sujet à son douaire sans déclarer si c'était en qualité d'héritier ou en celle de douairier, ce fait n'emportait pas de sa part acceptation de la succession paternelle. C'est ce qui résulte de l'art. 317 de la coutume de Paris, ainsi conçu : « Et neantmoins, si aucun prend et « apréhende les biens d'un défunt, ou partie d'iceux, quelle « qu'elle soit, *sans avoir autre qualité ou droit de prendre les-* « *dits biens ou partie*, il fait acte d'héritier et s'oblige en ce « faisant à payer les debtes du défunt. » Il faut cependant remarquer qu'il ne pouvait y avoir transmission légale de la possession des biens sujets au douaire que lorsqu'il s'agissait de biens possédés par le défunt au moment de son décès; par conséquent, les enfants n'avaient pas la saisine des biens affectés à leur douaire que leur père avait aliénés de son vivant; ils étaient obligés de les revendiquer entre les mains des tiers détenteurs, et n'en devenaient possesseurs que par le délaissement que ceux-ci étaient condamnés à leur en faire, à moins qu'ils n'eussent consenti à le faire amiablement. Lorsque le douaire préfix consistait dans une rente, les enfants en étaient également saisis du jour du décès de leur père, et les arrérages leur en étaient dus du jour du décès de leur mère, si elle avait survécu à son mari, ou du jour même du décès de leur père, si leur mère était prédécédée. Si le douaire préfix consistait en une somme d'argent, ils en étaient saisis d'après les mêmes principes ; mais les intérêts couraient-ils de plein droit à leur profit à partir des époques que nous venons de déterminer ? Dans le nouveau coutumier général (1), l'art. 256 de la coutume de Paris est suivi de la note suivante : « Au cas que le douaire en produise (des intérêts) ; car, s'il « est d'une somme de deniers une fois payés, les intérêts n'en « seront dus que du jour de la demande. Ainsi jugé par deux

(1) De Charles Bourdot de Richebourg, édition de 1724.

« arrêts des 11 avril 1598 et 22 juin 1605. » Au contraire, Pothier n'admet aucune distinction entre le douaire préfix consistant en une rente et celui qui consistait en une somme d'argent, et fait courir au profit des enfants les intérêts de la somme, d'après les mêmes principes que les arrérages de la rente (1).

Le douaire ne saisissait pas dans toutes les coutumes. Dans celles qui n'admettaient pas cette saisine, les enfants devaient, après avoir renoncé à la qualité d'héritiers pour prendre celle de douairiers, demander leur douaire contre les héritiers de leur père ou le curateur à la succession vacante, ou bien encore en ce qui touche les biens aliénés par le père de son vivant contre les tiers détenteurs de ces biens.

C'était une action *communi dividundo* qu'avaient les enfants douairiers contre les héritiers de leur père ou le curateur à sa succession vacante, afin qu'il fût procédé entre eux au partage des héritages sujets au douaire. La même action appartenait aux héritiers du père ou au curateur à sa succession vacante contre les enfants douairiers. Lorsque la femme avait survécu à son mari et à raison de l'usufruit qu'elle avait de la portion appartenant à ses enfants, elle devait intervenir au partage ou être mise en cause (2).

Quant aux biens sujets au douaire des enfants et aliénés par leur père de son vivant, l'action des enfants douairiers contre les tiers détenteurs était réelle. Elle n'existait que lorsque le père n'avait pas laissé dans sa succession une quantité suffisante des héritages sujets au douaire, pour remplir les enfants douairiers de la portion qui leur appartenait dans l'universalité de ces héritages. De même que les enfants légitimaires devaient attaquer les donataires de leur père successivement et en remontant de la donation la plus récente à la plus ancienne, jusqu'à ce que la légitime fût

---

(1) Traité du douaire, nº 334

(2) En ce qui touche les règles particulières à ce partage, et les indemnités qui pourraient être dues de part ou d'autre, V. Pothier, *Traité du douaire*, nºˢ 337 à 341, 80 à 82, 33, 178 et 185.

complète, de même les enfants douairiers devaient attaquer
d'abord les détenteurs des héritages qui avaient été aliénés
les derniers et remonter par ordre de date jusqu'aux détenteurs des héritages dont l'aliénation avait commencé à attaquer la portion qui formait leur douaire.

Lorsque le douaire conventionnel consistait dans une
somme d'argent ou dans une rente dont le père s'était constitué débiteur, la veuve et les enfants douairiers n'avaient
qu'une action personnelle; mais leur créance était garantie
par une hypothèque générale sur tous les biens présents et à
venir du débiteur. Lorsqu'il n'y avait pas eu de contrat de
mariage ou que, dans ce contrat, il n'avait pas été parlé du
douaire, cette hypothèque datait du jour de la célébration du
mariage. Lorsque, au contraire, les parties étaient convenues
par le contrat de mariage d'un douaire, fût-ce du douaire
coutumier, cette hypothèque datait du jour du contrat de
mariage. En principe, l'hypothèque du douaire et celle des
autres créances de la femme étaient du même jour; cependant la jurisprudence avait établi un ordre. A raison de la
grande faveur de la dot, on préférait à l'hypothèque du douaire
l'hypothèque de la femme, pour la restitution de ses deniers
dotaux et pour le remploi du prix de ses propres aliénés, lorsque l'aliénation avait été nécessaire; mais à l'hypothèque de
la femme pour le remploi du prix de ses propres aliénés
sans nécessité avec son consentement et à celle qu'elle avait
pour l'indemnité des dettes auxquelles elle s'était engagée
avec son mari, l'hypothèque du douaire était préférée. Ce
dernier point était admis sur ce fondement que la femme était,
aussi bien que son mari, chargée par l'art. 249 de la coutume
de Paris de veiller à la conservation du douaire de ses enfants, et que dès lors elle n'avait pu par son fait y donner
atteinte, soit en consentant à l'aliénation de ses propres, soit
en contractant volontairement des dettes pour son mari.
L'hypothèque du douaire était aussi préférée à l'hypothèque
de la femme pour le préciput stipulé en cas de renonciation
et pour tous autres avantages que lui aurait faits le mari. On

entendait par deniers dotaux tous ceux que la femme avait
stipulés propres et aussi ceux qu'elle avait fait entrer en communauté, en stipulant qu'elle pourrait en opérer la reprise en
cas de renonciation (1).

§ 3.

A quels enfants le douaire était-il dû, et sous quelles conditions?

Le douaire était dû aux enfants issus du mariage légitimes
ou légitimés, posthumes ou nés du vivant du père, et aux
petits-enfants issus d'un enfant né lui-même du mariage et
prédécédé (2). Lorsqu'un enfant unique avait survécu à son
père et renoncé à la succession et au douaire, les enfants de
cet enfant avaient droit à la succession de leur aïeul et non au
douaire ; car l'enfant à qui il était dû, y ayant renoncé, en
avait libéré la succession. Pour pouvoir prétendre au douaire,
il fallait être habile à succéder. Ainsi n'y avaient aucun droit
les enfants qui, lors de l'ouverture du douaire, avaient perdu
la capacité de succéder, soit par la profession religieuse, soit
par une condamnation à une peine capitale. Il en était de même
de ceux qui pour un juste motif avaient été exhérédés par
leur père (3).

Pour pouvoir prétendre au douaire, les enfants devaient
renoncer à la succession paternelle : telle était la disposition
des art. 250 et 251 de la coutume de Paris. Cette règle s'appliquait tant au douaire préfix qu'au douaire coutumier. Quelle
était la raison de cette incompatibilité entre la qualité d'héritier et celle de douairier? Dumoulin, en note sur l'art. 178 de
la coutume de Senlis, dont la disposition est semblable à celle
de la coutume de Paris, en donne brièvement la raison en

(1) V. arrêt du 30 août 1661, rapporté dans le *Journal des Audiences*, tom. II,
et actes de notoriété du Châtelet de Paris, du 14 avril 1676.
(2) Art. 249 et 255 de la cout. de Paris.
(3) V. *supra* notre sect. II, § IV, page 215.

disant : *Quia debet douarium conferre*, et il cite à l'appui en son latin barbare : *Arestum famosum vigilia natalis Domini* 1535. Mais cette raison donnée par notre grand jurisconsulte demande à être développée. Pothier le fait en ces termes : « Des enfants, venant à la succession de leur père, « ne peuvent avoir aucun avantage les uns sur les autres « dans les biens de leur père. A l'exception seulement de « celui que la loi fait à l'aîné pour son droit d'aînesse, tous « les autres avantages faits à quelqu'un des enfants, soit « qu'ils les tiennent de leur père par les donations qu'il leur « avait faites, soit qu'ils les tiennent du bénéfice de la loi, tel « qu'est le douaire, doivent être rapportés et conférés. Par « conséquent, un enfant, qui est héritier, serait inutilement « douairier vis-à-vis des autres enfants ses cohéritiers, soit « du même lit, soit d'un autre lit, parce qu'il serait tenu de « leur conférer ce qu'il aurait à titre de douaire (1). » Cette explication ne suffit pas ; en effet, elle cesse d'être vraie lorsqu'il n'y a qu'un seul enfant. Pour ce cas, on pourrait dire que cet enfant unique ne pouvait être héritier et douairier tout à la fois, parce que le douaire était une dette de la succession paternelle, et que dès lors cet enfant, en le supposant héritier, étant l'unique débiteur de toutes les dettes héréditaires, ne pouvait pas se devoir le douaire à lui-même.

Un enfant pouvait-il du moins être douairier et héritier sous bénéfice d'inventaire? Il fallait distinguer : dans ses rapports avec ses cohéritiers, il ne pouvait en aucune manière cumuler ces deux qualités, puisque *inter coheredes* la raison de l'incompatibilité des deux qualités d'héritier et de douairier était dans l'obligation du rapport à laquelle l'héritier bénéficiaire était tout aussi bien soumis qu'un héritier pur et simple (2). Au contraire, vis-à-vis des créanciers de la succession paternelle, on admettait généralement qu'un enfant

(1) Traité du douaire, n° 351.
(2) Arrêt de règlement du 22 février 1702, rapporté dans le *Journal des Audiences*, tome v.

pouvait être héritier sous bénéfice d'inventaire et douairier ; de telle sorte qu'il pouvait, en abandonnant aux créanciers les biens de la succession, prendre son douaire par préférence aux créanciers postérieurs au mariage du père. En effet, vis-à-vis des créanciers, la raison de l'incompatibilité entre les deux qualités d'héritier et de douairier provenait, comme nous venons de le dire, de ce que la réunion de ces deux titres n'eût été que la réunion des deux qualités de créancier et de débiteur. Or, l'acceptation bénéficiaire, ayant pour effet d'empêcher la confusion des deux patrimoines du défunt et de l'héritier, conservait à ce dernier contre la succession tous les droits de créance qu'il avait contre le défunt, et devait, par conséquent, lui conserver la créance du douaire comme toute autre. On opposait, il est vrai, à cette décision le texte formel des art. 250 et 251 de la coutume de Paris, et l'argument : *Ubi lex non distinguit, nec nos distinguere debemus*. « Je réponds, dit Pothier, qu'il est dit pareillement qu'aucun « ne peut être *héritier et donataire* (Blois, art. 158). Néan- « moins, tout le monde convient que cette maxime n'a d'ap- « plication que vis-à-vis des cohéritiers de l'enfant donataire « auxquels, lorsqu'il est héritier, il doit conférer et rapporter « tout ce qui lui a été donné ; mais que cette règle n'empêche « pas un enfant, qui n'a pas de cohéritier, d'être héritier par « bénéfice d'inventaire et donataire, sans que les créanciers « de la succession bénéficiaire puissent lui opposer cette « règle pour l'obliger au rapport des choses qui lui ont été « données entre-vifs. Pourquoi ne dirait-on pas pareillement « que la règle : *Nul ne peut être héritier et douairier*, n'a d'appli- « cation que vis-à-vis des cohéritiers du douairier, auxquels « l'enfant qui se porte héritier doit rapporter et conférer son « douaire (1) ? »

Ce n'était pas seulement avec la qualité d'héritier que la qualité de douairier était incompatible, elle l'était encore avec

(1) Traité du douaire, n° 352 ; *sic* Ricard , Traité des donat., III° partie, chap. VIII, sect. V, n°ˢ 983 et 984.

celle de donataire ; d'où le brocard coutumier : *Enfants ne peuvent avoir don et douaire*. L'art. 252 de la coutume de Paris contenait ce principe : « Celui qui veut avoir le douaire doit « rendre et restituer ce qu'il a eu et reçu en mariage, et au- « tres advantages de son père, ou moins prendre sur le « douaire. » En effet, le douaire étant une espèce de légitime ayant pour but de protéger les enfants contre la dissipation de leur père, les enfants douairiers devaient imputer sur leur douaire toutes les libéralités qui leur avaient été faites par leur père, de même que les enfants légitimaires les imputaient sur leur légitime. La clause par laquelle un père, en faisant une donation à l'un de ses enfants, l'aurait dispensé d'imputer sur son douaire les choses qu'il lui donnait, était nulle vis-à-vis des autres enfants héritiers et vis-à-vis des créanciers antérieurs à la donation ; à l'égard des créanciers postérieurs à la donation, elle était valable, parce que ces créanciers n'avaient pas dû compter sur des biens qui ne se trouvaient déjà plus dans le patrimoine de leur débiteur au moment où ils avaient contracté avec lui.

Dans la section que nous avons consacrée à la légitime, nous avons exposé quelles donations devaient être imputées sur la légitime ; les principes étaient les mêmes sur la question de savoir quelles donations devaient être imputées sur le douaire.

Il faut observer que l'art. 252 de la coutume de Paris donnait à l'enfant le choix entre le rapport en nature et le rapport en moins prenant. Ce choix n'existait cependant pas à l'égard des meubles qui ne pouvaient être rapportés qu'en moins prenant. Quoique les offices fussent des immeubles (1), ils suivaient en ce point les mêmes règles que les meubles. Lors-

---

(1) Cout. de Paris, art. 95 ; d'Orléans, art. 485 ; Pothier, Traité de la communauté, n° 91, et Traité du douaire, n° 377 ; Lecocq, Traité des différentes espèces de biens, tome II, art. 6, page 69 ; Demolombe, cours de Code Nap., tome IX, n° 438.

que le rapport se faisait en nature, on suivait dans notre matière les mêmes principes que pour le rapport fait par un enfant héritier et donataire (1). Lorsque, au contraire, le rapport se faisait en moins prenant, on suivait les mêmes règles que pour l'imputation en matière de légitime.

Lorsque le père était mort après sa femme, le douairier devait compte des fruits et des intérêts de ce qui lui avait été donné à partir du jour où les fruits des héritages sujets au douaire lui appartenaient, ou, lorsque le douaire consistait en une somme d'argent, à partir du jour où les intérêts de cette somme commençaient à courir à son profit. Lorsque le père était mort avant sa femme, la question soulevait plus de difficultés; la veuve, en ce cas, jouissait pendant toute sa vie du douaire tout entier, sans qu'on eût droit d'en rien retrancher en raison des donations faites à son enfant douairier, parce que, par ces donations, le mari n'avait pu donner aucune atteinte aux droits de sa femme. Dans ce cas, l'enfant douairier, qui ne devait jouir du douaire qu'après la mort de sa mère, devait-il néanmoins compte des fruits et intérêts des héritages ou des sommes qui lui avaient été données du jour où les fruits et les intérêts du douaire avaient commencé à courir au profit de sa mère? Sur ce point, deux opinions étaient en présence. On trouvera le développement de l'une et de l'autre dans Pothier, auquel nous renvoyons (2).

§ 4.

Comment se partageait le douaire, et quels enfants y avaient part?

Le douaire se partageait entre les enfants qui y avaient droit. On ne comptait pas ceux qui n'y avaient jamais eu de droit, c'est-à-dire ceux qui étaient prédécédés avant son ouverture et sans laisser aucun enfant qui les représentât; ceux

(1) V. cout. de Paris, 303-309.
(2) Traité du douaire, n° 365.

qui avaient fait profession de foi religieuse ou avaient été condamnés à une peine capitale ; et enfin ceux qui avaient été exhérédés par le père pour un juste motif. On comptait, au contraire, ceux qui, ayant droit au douaire, avaient perdu ce droit, c'est-à-dire l'enfant qui avait préféré la qualité d'héritier à celle de douairier (1), et celui qui avait renoncé tant à la succession qu'au douaire pour conserver le bénéfice des donations qui lui avaient été faites par son père. En effet, on ne pouvait considérer comme vacante la part d'aucun de ces deux enfants et elle ne devait pas accroître à leurs frères et sœurs douairiers, puisque l'un et l'autre étaient payés de leur part dans le douaire, l'un par les biens qu'il prenait dans la succession, l'autre par les biens qui lui avaient été donnés et qu'il conservait. Quant à l'enfant qui aurait renoncé tant à la succession qu'au douaire gratuitement sans avoir rien reçu de son père, dans l'opinion généralement admise il ne devait pas être compté, et sa part devait accroître aux autres, parce que les enfants étaient appelés au douaire : *Collective nullis adscriptis partibus*, et qu'il devait y avoir lieu dès lors au droit d'accroissement toutes les fois que le renonçant n'avait rien reçu qui lui tînt lieu de sa part dans le douaire. Mais si l'enfant, qui avait renoncé gratuitement au douaire, avait déclaré par une clause expresse de l'acte de renonciation qu'il renonçait à sa part dans le douaire en faveur de la succession de son père, il n'y avait pas dans ce cas lieu au droit d'accroissement, le renonçant ayant disposé de sa part au profit de la succession de son père, afin qu'il s'y trouvât de quoi acquitter les dettes de celui-ci et faire honneur à sa mémoire.

A l'égard du partage du douaire entre les enfants qui devaient y prendre part, nous devons seulement faire remarquer qu'il n'y avait jamais lieu à aucune prérogative en faveur de l'aîné dans les biens composant le douaire, fussent-ils féodaux. « Et se partit le douaire, soit préfix ou coutumier, entre

---

(1) Cout. de Valois, art. 110, et cout. de Senlis, art. 186.

« eux, sans droit d'aînesse ou prérogative, » dit l'art. 250 de la coutume de Paris. On en donnait pour raison que les enfants prenaient le douaire non *jure successionis*, mais *jure contractus*. Cette disposition de la coutume de Paris formait le droit commun du royaume et s'observait dans les coutumes qui ne s'en étaient pas expliquées. Quelques coutumes en petit nombre contenaient une décision contraire. Lorsque l'aîné se portait héritier et que les puînés préféraient la qualité de douairiers, l'aîné ne pouvait pas exercer son droit d'aînesse sur les biens féodaux compris dans le douaire. Il est vrai qu'il n'était pas permis au père de donner atteinte au droit d'aînesse par des donations de biens féodaux faites à ses puînés ; mais le douaire n'était pas une donation, c'était une créance, et, dès lors, le principe que nous venons de rappeler ne formait pas d'obstacle à la décision que nous avons donnée. Il en eût cependant été autrement dans les coutumes qui déclaraient le douaire personnel à la femme, lorsque, par une clause du contrat de mariage, on était convenu que les enfants auraient la propriété du douaire, parce qu'une pareille clause constituait au profit des puînés une véritable donation.

SECTION IV

Du tiers coutumier de Normandie.

Nous avons déjà eu l'occasion de remarquer que la coutume de Normandie avait, pour la protection de la famille du disposant, adopté des principes qui lui étaient propres. Dans cette coutume, la réserve coutumière s'opposait tout aussi bien aux donations entre-vifs qu'aux dispositions testamentaires. Lorsqu'il y avait des enfants, cette réserve était de toute leur portion héréditaire en ce qui touche les immeubles, et des deux tiers des meubles, le père et la mère restant libres de disposer à leur gré de l'autre tiers. Lorsqu'il n'y avait pas d'enfants, la réserve coutumière était des deux tiers de toute la succession tant mobilière qu'immobilière (1).

Cette réserve coutumière si étendue ne protégeait la famille que contre les dispositions à titre gratuit ; les enfants étaient, en outre, protégés contre la dissipation de leur père ou mère par l'institution à laquelle est consacrée cette section. Citons d'abord les textes de la coutume qui y avaient trait :

« Art. 367. La femme gagne son douaire au coucher, « et consiste le douaire en l'usufruit du tiers des choses im- « meubles, dont le mary est saisi lors de leurs espousailles, et « de ce qui lui est depuis escheu, constant le mariage en ligne « directe, encores que les dits biens fussent escheuz à ses « père, mère, ou autre ascendant par succession collatérale, « donation, acquêts, ou autrement. »

« Art. 399. La propriété du tiers de l'immeuble destiné « par la coustume pour le douaire de la femme, est acquis aux « enfans du jour des espousailles, et ce pour les contrats de « mariage qui se passeront par cy-après ; et neantmoins la « jouissance en demeure au mary sa vie durant, sans tou- « tesfois qu'il le puisse vendre, engager, ne hypothéquer « comme en pareil les enfans ne pourront vendre, hypothé- « quer, ou disposer dudit tiers avant la mort du père, et « qu'ils ayent tous renoncé à sa succession. »

« Art. 404. Pareillement, la propriété du tiers des biens « que la femme a lors du mariage, ou qui lui escherront « constant le mariage, ou lui appartiendront à droit de con- « quest, appartiendra à ses enfants, aux mêmes charges et « conditions que le tiers du mary. »

L'institution, dont le tiers coutumier se rapprochait le plus, était évidemment le douaire des enfants que nous ve- nons d'étudier. En signalant les différences principales qui

(1) V. le titre des Donations et des Testaments, art. 412-450. Quant au partage de la succession entre les enfants, il présentait dans cette coutume certaines singularités, principalement dans le cas où il y avait des enfants mâles et des filles. V. notre sect. II, § 3.

existaient entre ces deux institutions, nous ferons suffisamment ressórtir les principes qui leur étaient communs.

L'art. 404 nous fournit la première de ces différences. Le douaire des enfants n'existait que sur les biens de leur père, le tiers coutumier, au contraire, existait tant sur les biens du père que sur ceux de la mère.

Le douaire des enfants issus d'un premier mariage diminuait le douaire de la seconde ou troisième femme. En Normandie, au contraire, le tiers coutumier des enfants ne diminuait pas le douaire de la nouvelle épouse. C'est ce qui résulte de la disposition de l'art. 400 : « S'il y a enfans de « divers lits, tous ensemble n'auront qu'un tiers, demourant « à leur option de le prendre, au regard des biens que leur « père possédait, lors des premières, secondes ou autres « nopces, et sans que ledit tiers diminue le douaire de la « seconde, tierce ou autre femme, lesquelles auront plain « douaire sur le total bien que le mary avait lors de ses « espousailles. »

Ce droit d'option était fort important pour les enfants ; il n'avait lieu que lorsqu'il y avait eu des enfants de divers lits ayant coexisté. Supposons qu'un homme se fût marié en premières noces avec des biens considérables, qu'il en eût dissipé une grande partie et qu'il eût contracté beaucoup de dettes, qu'ayant eu des enfants de ce premier mariage, il se fût remarié, les enfants, tant du premier que du second lit, auraient eu grand intérêt à prendre leur tiers sur le patrimoine de leur père tel qu'il était au moment de son premier mariage, et non sur son patrimoine tel qu'il était au moment de son second mariage. Ce droit appartenait tant aux enfants du second lit qu'à ceux du premier, et leur aurait appartenu alors même que les enfants du premier lit n'auraient pas survécu à leur père, pourvu cependant qu'il y eût eu, à un moment quelconque, existence simultanée des enfants des deux lits. On admettait même qu'il suffisait qu'au moment du décès du dernier vivant des enfants, l'enfant du second lit fût simplement conçu, pour que ce droit d'option lui appartînt (1). Il résultait de là qu'en Normandie, il pouvait arriver que le tiers coutumier des enfants du second lit fût plus étendu que le douaire de leur mère. Ce principe est nettement établi par les art. 86 et 87 de l'arrêt de règlement du parlement de Rouen du 6 avril 1666, approuvé par le roi. Ces articles étaient ainsi conçus : « Art. 86. Les enfants « sortis des dernières nopces peuvent prendre leur tiers, eu « égard au temps des premières nopces, encore qu'il n'en « reste aucuns enfants, pourvu qu'ils soient nez avant la « mort des enfants des précédentes nopces. — Art. 87. La « seconde femme ne peut avoir douaire que sur les biens dont « elle a trouvé son mary saisi lors de leur mariage, ou qui lui « sont depuis eschus en ligne directe. » Au contraire, dans la coutume de Paris, le douaire des enfants portait nécessairement en propriété sur les mêmes biens qu'affectait en usufruit le douaire de leur mère.

Sous l'empire de cette dernière coutume, on pouvait stipuler un douaire préfix plus considérable que le douaire coutumier; il en était autrement en Normandie (art. 371), mais le douaire et, par suite, le tiers coutumier pouvaient être diminués par le contrat de mariage (art. 374).

Lorsque le mari durant le mariage avait libéré d'une hypothèque ou d'une rente foncière un immeuble affecté au douaire de sa femme et au tiers coutumier de ses enfants, la femme et les enfants n'étaient pas tenus d'y contribuer. Si, pour arriver à ce résultat, le mari avait aliéné un autre immeuble également soumis au douaire ou au tiers coutumier, la femme et les enfants n'avaient rien à prétendre sur cet immeuble (art. 396-397). Sous l'empire de la coutume de Paris, la femme et les enfants contribuaient à la libération des charges réelles ou foncières, de quelque manière que cette libération eût été opérée.

Sous l'empire de la coutume de Paris, les enfants pouvaient prendre des partis différents, de telle sorte que les

(1) Arrêt du 16 mars 1673, rapporté dans le *Journal du Palais*, tome I.

uns fussent héritiers et les autres douairiers. En Normandie, le texte précis des art. 399 et 401 de la coutume exigeait, pour que les enfants eussent droit au tiers coutumier, qu'ils eussent tous renoncé à la succession paternelle. Mais ces articles avaient été interprétés dans le sens le plus favorable aux enfants par l'arrêt de règlement du 6 avril 1666, dans lequel nous lisons : « Art. 89. Les enfants n'auront pas le « tiers entier, si tous n'ont renoncé; mais celui qui aura re- « noncé aura la part audit tiers qu'il aurait eu si tous avaient renoncé. » Cette interprétation fait disparaître toute diffé- rence entre les deux théories.

Aux termes de l'art. 250 de la coutume de Paris, le douaire, soit préfix, soit coutumier, se partageait entre les enfants sans aucune prérogative d'aînesse. En Normandie, au contraire, le tiers coutumier se partageait comme la succession elle- même ; l'aîné y exerçait son droit d'aînesse, et les filles n'y pouvaient prétendre que *mariage advenant* (art. 402).

Voici enfin deux principes qui étaient propres au tiers coutumier :

Les tiers détenteurs de biens affectés au tiers coutumier, en vertu d'aliénations qui y avaient donné atteinte, avaient le choix de restituer ces biens, ou d'en payer l'estimation en roture au denier 20 (5 0/0) et en fief noble au denier 25 (4 0/0), le tout jusqu'à concurrence seulement de ce qui était néces- saire pour parfaire le tiers coutumier.

Lorsque le débiteur d'une rente constituée, foncière ou sei- gneuriale, comprise dans les biens affectés au douaire de la femme et au tiers coutumier des enfants, avait durant le mariage effectué le rachat de cette rente, il ne pouvait en aucun cas être inquiété ni par la femme ni par les enfants ; mais récompense était due à ces derniers sur les autres biens affectés au douaire et au tiers coutumier (1).

(1) Art. 406 et 407 de la coutume; art. 76 de l'arrêt de règlement du 6 avril 1666; V. Basnage sur ces articles.

CHAPITRE II

Droit né de la révolution de 1789.

_____

SECTION PREMIÈRE

Droit intermédiaire.

La révolution de 1789, dont les conséquences sociales et politiques renouvelleront la face du monde, modifie profondément notre droit privé. Sécularisation de la législation civile, liberté de conscience, égalité de tous les citoyens devant la loi, protection de la liberté individuelle, inviolabilité de la propriété, abolition des derniers vestiges de la féodalité, suppression de toutes les institutions de droit privé ayant pour but la conservation des grandes fortunes dans les mêmes mains et la perpétuité de l'éclat du nom sur la tête de l'aîné; adoption, au contraire, des mesures nécessaires pour empêcher que par des conventions particulières, tendant à établir d'une manière permanente l'inégalité des fortunes, on ne compromît l'égalité devant la loi : tels sont les grands principes dont la France, au prix de bien des sacrifices, va doter le monde entier ! Un peuple sans moyens de défense, sans armes, sans officiers, sans argent, avec le saint enthousiasme des grandes et des nobles choses, défendra ces nouveaux principes contre l'Europe coalisée. Le drapeau qui les représentera deviendra plus glorieux qu'aucun drapeau ne le fut jamais. La France révolutionnaire donnera ses lois à l'Italie,

à la Hollande, à la Westphalie, à la Pologne, et aux jours
des revers et de la trahison, lorsque les rois seront parvenus
à conduire leurs armées sur son sol et dans sa capitale, elle
triomphera encore par ses institutions. Au contact de nos
populations, les soldats de l'étranger, pleins d'admiration
pour cette égalité qui forme la base de notre droit et de nos
mœurs, désireront pour leur pays des institutions pareilles
aux nôtres, et quand ils auront regagné le sol natal, ils y pro-
pageront les idées de 89.

Dans le demi-siècle qui vient de s'écouler, nous avons eu
bien des commotions politiques ; mais les principes fondamentaux de l'organisation sociale de 89 n'ont jamais été ébran-
lés. Vainement le gouvernement de la Restauration, pour
avoir vaincu par l'ennemi, croit pouvoir rétablir le droit d'aînesse, empiéter sur la sécularisation de la législation : il disparaît avec son impopularité d'origine et ses réminiscences
d'un passé d'iniquité désormais impossible. Enfin, aujourd'hui
encore, la constitution du 15 janvier 1852 déclare, dans son
art. 1er, « qu'elle reconnaît, confirme et garantit les grands
« principes proclamés en 1789. »

L'ancien droit français était en opposition directe avec les
principes nouveaux consacrés par la Révolution. On ne put
d'abord, au milieu du tumulte de cette grande époque, que
remplacer par de nouvelles dispositions celles qui étaient
complétement inconciliables avec l'ordre de choses qui venait
de s'établir. Les provinces n'existaient plus, une nouvelle division du territoire avait été adoptée ; et cependant on était
obligé de conserver provisoirement la distinction en pays de
droit écrit et pays de coutumes. En effet, des lois nouvelles,
applicables comme nos anciennes ordonnances à tout le territoire, avaient été portées, et, d'autre part, les matières qui
n'avaient pas été ainsi réglées étaient restées sous l'empire
de l'ancienne législation. Par là, le chaos produit dans notre
ancien droit par l'absence d'unité de législation et par la mul-
tiplicité des coutumes particulières se trouvait augmenté. Un
code civil applicable à toute la France était indispensable. Il

pouvait seul faire cesser un pareil état de choses et devait concourir à créer de plus en plus avec des provinces disséminées une seule France bien centralisée. L'Assemblée constituante en sentait déjà le besoin, lorsqu'elle insérait dans la constitution du 3-14 septembre 1791 un article qui ordonnait la confection d'un code de lois civiles communes à tout le royaume. Mais, sous le Consulat seulement, les principes de la Révolution furent assez incontestés dans tout ce qu'ils avaient de juste et de pratique, les discussions antérieures eurent assez élaboré les diverses matières de notre droit privé, pour que le Code civil réclamé si vivement et si impatiemment attendu pût enfin être rédigé.

Néanmoins, ainsi que nous l'avons déjà dit, le droit ancien n'avait subsisté jusque-là qu'en ce qu'il avait de conciliable avec l'esprit éminemment démocratique de la Révolution, et des lois nouvelles étaient venues combler les lacunes que cette situation avait fait naître dans la législation. Notre matière tout particulièrement était du nombre de celles où les principes anciens se trouvaient le plus fréquemment en désaccord avec les idées nouvelles. Aussi devint-elle pendant la période révolutionnaire l'objet d'un assez grand nombre de lois, dont l'étude doit servir de préface à l'examen de la législation actuelle.

Un premier décret en date du 8 avril 1791 abolit tous droits d'aînesse et de masculinité, et abroge les dispositions de certaines coutumes qui n'admettaient pas la représentation en ligne directe descendante. La faculté de disposer soit par donation entre-vifs, soit par testament, est dans le même mois l'objet d'une discussion qui n'aboutit pas. Pétion, Robespierre, Lanjuinais et Mirabeau, qui vient de mourir, mais dont le discours est lu par Talleyrand, adoptant les principes des coutumes d'égalité parfaite, ne veulent permettre aucune donation, aucun legs au profit d'un successible, et restreignent vis-à-vis des étrangers à de fort étroites limites la quotité disponible. D'autres orateurs, au contraire, proposent le système des coutumes de préciput. Parmi eux,

Saint-Martin demande qu'il soit permis au père de disposer du tiers de ses biens. Cazalès, ce brillant représentant d'un monde qui s'écroule, va plus loin, il propose d'appliquer au royaume tout entier le droit des Novelles. Tronchet, alors président de l'Assemblée, lit sur ces questions un travail fort étendu. Ses conclusions sont résumées dans les quatre principes suivants :

1º Le droit de disposer de ses biens entre-vifs vient du droit naturel ; il ne doit, en conséquence, avoir d'autres limites que la nécessité d'exécuter l'obligation de fournir des aliments à ses descendants, auxquels on devra conserver un droit de légitime. Néanmoins la loi devra prohiber toute substitution.

2º La faculté de tester vient, au contraire, de la loi civile, qui peut dès lors y apporter des limites, même en faveur de parents à l'égard desquels l'obligation alimentaire n'existerait pas. Ces limitations seront les mêmes pour tout le royaume et tous les citoyens.

3º Ces limites devront être graduées suivant les différents degrés de parenté des héritiers.

4º Cette réserve sera des trois quarts au profit des héritiers en ligne directe descendante ou ascendante, de la moitié au profit des frères, sœurs, neveux, nièces, oncles et tantes. Le propriétaire qui mourrait ne laissant que des parents d'un degré plus éloigné pourra disposer de tous ses biens.

Cette discussion, nous l'avons dit, n'eut aucun résultat ; mais le principe, faux selon nous, que le droit de tester émane de la loi civile, qui peut à son gré nous l'enlever, principe qu'adoptaient cependant la plupart des orateurs de la Constituante, reçoit sa consécration législative sous la Convention, qui va plus loin encore en interdisant par un décret du 7 mars 1793, aux citoyens ayant des enfants, et le droit de disposer de leurs biens par testament, et le droit d'en disposer entre-vifs.

La loi du 17 nivôse an II n'alla pas aussi loin ; mais elle restreignit cependant la faculté de disposer à titre gratuit

aux limites les plus étroites, afin d'empêcher la concentration des richesses dans les mains de quelques familles et
d'amener graduellement le nivellement des fortunes. Toute
distinction entre les propres et les acquêts disparut, et le
disponible fut réduit à un dixième des biens du défunt, lorsqu'il laisserait des enfants, et à un sixième, lorsqu'il n'y aurait que des ascendants et des collatéraux, quelque éloignés
qu'ils fussent. On le voit, dans le système de cette loi, l'indisponibilité du patrimoine était la règle et la disponibilité,
l'exception. En outre, cette loi admettait dans toute leur rigueur les principes des coutumes d'égalité parfaite. Le disponible si faible admis par elle ne pouvait être donné à aucun
des successibles, à tel point qu'un héritier donataire n'aurait
pu éviter le rapport même en renonçant. Avec le système
de la loi du 17 nivôse an II il n'y avait plus d'exhérédation,
pas même d'exhérédation officieuse. En outre, la loi du 12 brumaire an II avait précédemment accordé aux enfants naturels
les mêmes droits qu'aux enfants légitimes, tant dans la succession de leurs père et mère que dans la succession des parents de ceux-ci, de telle sorte qu'en vertu de la loi du 17 nivôse an II les enfants naturels jouissaient, tout aussi bien que
les enfants légitimes, de la réserve des neuf dixièmes dans
la succession de leurs ascendants et de la réserve des cinq
sixièmes dans les successions collatérales (1).

Non contente de combattre dans l'avenir, par tous les moyens
possibles, la concentration des richesses sur une seule tête
ou en quelques mains seulement, sur le rapport de pétitions
qui lui signalent qu'en prévision de la loi qu'elle va rendre,
grand nombre de personnes mues par une pensée d'orgueil
ou par une pensée de haine contre ceux de leurs enfants ou
de leurs collatéraux qui ont embrassé les principes de la Ré-

_____

(1) La loi du 17 nivôse an II contenait aussi quelques autres dispositions
qu'il serait intéressant d'étudier, mais nous pensons qu'il vaut mieux en renvoyer l'examen au moment où nous étudierons les dispositions corrélatives du
Code Napoléon. C'est ainsi, par exemple, que nous examinerons l'article 26
avec l'article 918 du Code Napoléon.

volution, ont fait et font des dispositions telles que les effets de la loi nouvelle ne pourront se produire que dans un avenir éloigné, la Convention annule toutes les donations entre-vifs ou testamentaires faites depuis le 14 juillet 1789, en ce qu'elles auraient de contraire aux dispositions de la loi du 17 nivôse an II. Cette rétroactivité n'est cependant pas absolue : elle est mitigée par une série de dispositions qui donnèrent lieu à de nombreuses difficultés, dispositions toutes transitoires et dénuées dès lors de tout intérêt même historique ; aussi croyons-nous ne pas devoir nous y arrêter.

Le système de la loi du 17 nivôse an II avait, comme théorie juridique, le mérite incontestable de la simplicité. Cette loi tranchait en effet toutes les difficultés relatives à la nature de la légitime qui pour elle se confondait avec la succession *ab intestat* dont elle formait une portion considérable défendue contre les excès de libéralité. L'égalité admise entre tous les enfants dans la succession *ab intestat* de leur père ou mère, l'abolition de l'exhérédation si contraire aux sentiments de la nature, même lorsqu'elle frappait des enfants ingrats, la suppression des anciennes distinctions entre les immeubles propres et les immeubles acquêts, étaient autant de principes résultant soit de cette loi, soit de lois antérieures dont on ne saurait trop louer l'introduction dans la législation, et qui se présentaient tout naturellement comme une conséquence forcée des principes proclamés par la Révolution. Mais la restriction si considérable de la faculté de disposer, l'extension du droit qui en résultait aux collatéraux les plus éloignés, l'admission des principes des coutumes d'égalité parfaite étaient au contraire fort controversables. Nous sommes fort partisan de l'admission d'une réserve au profit des collatéraux les plus proches, et c'est à tort, suivant nous, que les rédacteurs du Code Napoléon leur ont refusé ce droit. Nous nous réservons de discuter cette question en examinant la législation actuelle. Cependant notre avis sur ce point ne nous empêchera pas de reconnaître que les rédacteurs de la loi de nivôse an II avaient dépassé le but qu'ils se proposaient d'atteindre. S'agit-il des collatéraux les plus proches, la réserve que leur accordait la loi du 17 nivôse an II était beaucoup trop forte. L'esprit de famille ne demandait pas qu'on portât une atteinte si profonde au droit de propriété. S'agit-il au contraire de collatéraux éloignés de cousins que le défunt n'avait peut-être jamais vus, nous trouvons qu'aucun argument sérieux ne militait en leur faveur et qu'à leur égard on devait maintenir le principe de la libre disposition des biens. Ce qui avait surtout préoccupé le législateur de l'an II, c'était le but révolutionnaire : la division des fortunes à obtenir. Il voulait le plus grand nombre possible de propriétaires, le plus grand nombre par conséquent de personnes intéressées au maintien des principes nouveaux. Lorsque la succession était dévolue *ab intestat* à des collatéraux éloignés, le nombre des appelés était fort grand, car, dans ce but, la loi du 17 nivôse an II avait admis la représentation au profit de tous les collatéraux. Le résultat de cette disposition eût été perdu, son but n'eût pas été atteint si on eût permis au défunt d'enlever son patrimoine à ses collatéraux entre lesquels il se fractionnait pour l'attribuer à un légataire universel qui l'eût conservé tout entier. Mais c'était là trop sacrifier au désir d'arriver à ce nivellement des fortunes que la Convention considérait comme la condition indispensable de l'égalité sociale et politique qui doit régner entre les citoyens d'un état démocratique. C'était pousser les citoyens à se révolter contre la loi en cherchant à la tourner par des actes frauduleux et créer ainsi des procès innombrables. C'était aussi enlever un stimulant puissant de travail : celui en effet qui n'avait que des parents fort éloignés, obligé qu'il était de leur laisser les cinq sixièmes de sa fortune, se condamnait au repos avant l'heure et privait ainsi la société de richesses nouvelles, ne tenant pas à acquérir des biens dont il ne lui serait pas permis de disposer à son gré et pouvant d'ailleurs, avec les biens déjà acquis, et en les aliénant à charge de rente viagère, se procurer un revenu considérable.

A notre sens la Convention avait commis une autre erreur

législative en adoptant les principes des coutumes d'égalité parfaite. Pothier constate que ces coutumes étaient celles qui avaient le mieux conservé l'esprit de notre ancien droit coutumier, mais il fait remarquer en même temps que « ce « n'est point une chose contraire à l'équité naturelle que « lorsqu'un de nos héritiers présomptifs nous a été plus at- « taché que les autres, nous a rendu plus de services, nous « puissions lui témoigner l'affection que nous avons pour lui, « par quelque présent qu'il puisse prendre, malgré sa part « dans notre succession (1). » Ainsi Pothier, tout en recon- naissant que les coutumes d'égalité parfaite étaient les plus conformes aux principes de l'ancien droit coutumier, donnait la préférence, au point de vue législatif, au système du droit romain et des coutumes de préciput. On pourrait même faire sur les coutumes d'égalité parfaite une remar- que assez singulière : leur but qui au premier abord paraît démocratique était au contraire aristocratique. En effet, dans plusieurs d'entre elles, la défense d'avantager un héritier ne s'appliquait qu'aux roturiers et dans celles où elle s'ap- pliquait à tous, nobles et roturiers, le droit d'aînesse, à défaut de la disposition de l'homme, créait une grande iné- galité en ce qui touchait les biens nobles. Le but de ces cou- tumes était donc d'empêcher, d'une part, la concentration de trop grandes fortunes dans des mains roturières et, d'autre part, d'assurer cette concentration dans des mains nobles. Le législateur de l'an II fit de la loi roturière la loi commune et voulut arriver coûte que coûte au nivellement des héritages. L'abolition du droit d'aînesse, l'impossibilité d'exhéréder un de ses enfants, l'existence d'une quotité dis- ponible peu considérable ne suffisaient-elles pas? Défendre au père de famille de donner cette quotité disponible à un de ses enfants, c'était énerver en lui la puissance paternelle en lui enlevant le seul attribut qui survive à la majorité des en- fants. C'était créer entre les enfants une égalité tellement

(1) Traité des success., chap. IV, art. III, § II.

nécessaire qu'elle pouvait devenir la source d'inégalités fort regrettables. Supposons, d'une part, des enfants incapables de se créer une position par leur travail à cause d'une infirmité dont la nature les a affligés, des filles restées veuves avec de nombreux enfants; d'autre part, des enfants pleins d'avenir, arrivés déjà à la fortune par leurs propres forces. Dans ce cas ne serait-ce pas une faculté précieuse pour le père de famille que celle qui lui donnerait le moyen de venir un peu au secours des plus malheureux? Dans le système de la Convention, il peut donner un dixième, à qui? à des étrangers ; mais peut-il soulager ses enfants dans le malheur? non, la loi lui interdit cette faculté ; elle refuse cette dernière consolation à un vieillard prêt à descendre dans la tombe. Souvent, il est vrai, la quotité disponible sera donnée par le père à l'un de ses enfants sous l'empire d'autres considérations. Sa vanité le poussera peut-être à vouloir créer une maison, il voudra faire un aîné. Ce résultat sera sans doute regrettable quand il se produira. Mais que la loi prête confiance aux sentiments de la nature. En admettant un disponible peu considérable, en n'admettant l'exhérédation dans aucun cas, en prohibant les renonciations par contrat de mariage aux successions futures et les substitutions, la loi s'oppose suffisamment aux abus ; la possibilité d'un préciput, fût-il toujours employé dans ce but par le père de famille, ne suffira jamais à empêcher le morcellement graduel des fortunes.

La loi de l'an II rencontra non-seulement dans le Midi, mais presque dans toute la France, des résistances puisées dans les habitudes. Elle donna naissance à une foule de conventions frauduleuses et dès lors à un nombre illimité de procès. Sous le Consulat se présente à nous, comme transition entre la loi de l'an II et le Code Napoléon, la loi du 4 germinal an VIII. Cette loi, la meilleure à notre avis qui ait été faite sur cette matière, modifie la loi de nivôse dans le sens des critiques que nous venons de présenter. Elle étend le disponible tout en le laissant encore dans une mesure assez restreinte. Elle supprime la réserve des collatéraux éloignés, tout en le conservant pour les collatéraux les plus proches. Enfin, dans son art. 5, elle adopte les principes des coutumes de préciput. La quotité disponible est fixée ainsi qu'il suit : le quart lorsqu'il y a trois enfants ou moins de trois enfants ; le cinquième s'il y en a quatre ; le sixième s'il y en a cinq, et ainsi de suite ; en d'autres termes, à partir de trois enfants, le disponible est de la fraction du patrimoine ayant pour dénominateur le nombre des enfants plus un. S'il y a des ascendants, des frères ou sœurs, le disponible est de moitié ; des trois quarts si le défunt ne laisse que des collatéraux plus éloignés, mais ne dépassant pas le degré de cousins germains. Au-delà de ce degré les collatéraux n'ont droit à aucune réserve, et le patrimoine entier peut être épuisé en libéralités.

Remarquons en finissant que la loi du 4 germinal an VIII ne changea rien aux dispositions de la loi de nivôse sur la nature de la légitime ou réserve, qui resta toujours une portion de la succession *ab intestat*. La principale modification que la loi du 4 germinal an VIII fit subir à la loi de l'an II consista donc à permettre de gratifier l'un des successibles au préjudice des autres ; l'article qui introduit ce nouveau principe mérite d'être cité : « Les libéralités autorisées par la « présente loi pourront être faites au profit des enfants ou « autres successibles, sans qu'elles soient sujettes à rapport. » Ainsi si le successible, légataire ou donataire venait à la succession du donateur ou testateur, il cumulait sans qu'il fût besoin d'une dispense expresse de rapport la quotité disponible et sa part dans la réserve ; s'il renonçait, au contraire, il ne pouvait prétendre qu'à la quotité disponible. C'était, comme on le voit, aller un peu plus loin que les coutumes de préciput, puisque ces dernières, en ce qui touche au moins la ligne directe descendante, admettaient l'obligation du rapport des biens donnés entre-vifs, à moins qu'il n'y eût renonciation du donataire à la succession, ou dispense expresse émanée du donateur. Mais, d'autre part, la loi de germinal an VIII n'admettait pas, comme on le faisait sous l'empire des coutumes de Paris et d'Orléans, que l'enfant donataire ou légataire pût en renonçant retenir, outre la quotité disponible, sa part dans la légitime, ce qui, dans le droit coutumier, formait une anomalie que nous avons signalée (1).

Les principes et l'énoncé des diverses dispositions législatives qui, dans notre droit intermédiaire, ont particulièrement trait à notre matière, rapidement esquissés, nous abordons notre législation actuelle, le Code Napoléon.

SECTION II

Législation actuelle.

Nous avons suivi notre sujet à travers les âges, dans le droit romain et dans notre droit. Nous avons donc scrupuleusement examiné tous les matériaux dans lesquels les rédacteurs du Code Napoléon ont dû puiser leur théorie. Dans ce que nous avons écrit jusqu'ici, nous nous sommes livrés à des recherches qui ne sont pas de pure érudition. Les principes fondamentaux sont encore aujourd'hui dans cette matière l'objet de vives controverses. On verra quel secours les recherches historiques que nous avons présentées nous fourniront pour la discussion de ces questions, elles seules sont capables de jeter la lumière dans ce chaos ; mais le moment n'est pas encore venu de discuter.

Nous venons de voir quels étaient les principes nouveaux apportés par la révolution de 89 dans la matière qui nous occupe. Nous avons étudié à cet égard la loi du 17 nivôse an II, et la loi du 4 germinal an VIII. Nous retrouverons à peu de chose près, dans le Code Napoléon, les principes de cette dernière loi ; seulement la quotité de la réserve n'est

(1) 2e partie, chap. I, sect. II, § 6, page 236.

plus aussi considérable aujourd'hui, et, d'autre part, les collatéraux les plus proches, les frères et sœurs eux-mêmes, n'ont point de réserve, et celui qui n'a, au jour de son décès, ni descendants ni ascendants, aura pu valablement disposer de tous ses biens au préjudice de ses collatéraux (art. 916). Les réflexions que nous avons présentées sur la loi du 4 germinal an VIII nous dispensent de toute observation générale à faire pour le Code Napoléon, au point de vue législatif. Nous exposerons plus tard, en examinant ceux qui ont droit à une réserve, les motifs qui nous auraient fait voir dans la réserve des frères, sœurs, neveux, nièces et autres proches collatéraux une institution équitable et morale ; sur ce point, nous n'hésiterons pas à blâmer les rédacteurs du Code.

Nous avons vu que la loi du 17 nivôse an II avait adopté les principes des coutumes d'égalité parfaite, de telle sorte que la quotité disponible ne pouvait être donnée qu'à un étranger, jamais à un successible ; qu'il y avait, sous l'empire de cette loi, incompatibilité complète entre la qualité d'héritier même renonçant et celles de donataire ou de légataire, et que le rapport ne pouvait être évité, ni par une dispense expresse du disposant, ni par la renonciation de l'héritier gratifié. La loi du 4 germinal an VIII, au contraire, avait adopté les principes des coutumes de préciput et permettait d'attribuer la quotité disponible à l'un des héritiers, en l'avantageant par préciput et hors part ; elle allait même plus loin, elle admettait que l'héritier donataire, alors même qu'il acceptait la succession, n'était pas tenu au rapport de ce qu'il avait reçu du défunt par donation entre-vifs, tandis que, au moins en ce qui touche la ligne directe ascendante, les coutumes de préciput admettaient l'obligation du rapport, à moins qu'il n'y eût renonciation du successible donataire à la succession ou dispense émanée de l'auteur de la disposition (1). Les rédacteurs du Code, tout en admettant, dans l'art. 919, le principe que la quotité dis-

(1) Voir *supra*, page 240.

ponible pourrait être donnée par préciput et hors part à l'un des héritiers, n'ont pas admis cependant que l'intention de faire cesser l'égalité entre eux résultât du seul fait d'une libéralité faite à l'un d'eux, et ont en conséquence déclaré que toute donation devrait être rapportée, si l'héritier donataire acceptait la succession, à moins d'une dispense expresse de rapport émanée du défunt (art. 843). Sur ce point la décision du Code est préférable à celle de la loi du 4 germinal an VIII. L'égalité, en effet, est la règle équitable et morale du partage des successions, et il ne faut pas supposer facilement l'intention d'y faire brèche. Ne pourrait-il pas arriver, en effet, que le père de famille n'eût pas voulu faire au donataire d'autre avantage que celui d'une jouissance immédiate? Nous avons montré qu'il était bon de ne pas rendre la règle de l'égalité aveugle, et que le principe que la quotité disponible peut être attribuée à l'un des héritiers par préciput et hors part était moral et équitable; que cette faculté reconnue au père de famille était un moyen d'intelligente et véritable égalité, un moyen donné au père pour maintenir les enfants parvenus à leur majorité dans l'observation des devoirs de la famille. En l'absence de la possibilité d'une exhérédation, ce sera là tout ce qui survivra de la puissance paternelle après la majorité des enfants, ce sera la seule sanction de ce principe d'éternelle morale proclamé par l'art. 371 du Code Napoléon : « L'enfant à tout âge doit honneur et respect à « ses père et mère. » Les rédacteurs du Code ont donc eu raison de suivre sur ce point la théorie de la loi du 4 germinal an VIII, et ils ont eu également raison de ne pas admettre trop facilement chez le père ou la mère l'intention d'user de la faculté qu'on lui accordait.

Certains auteurs ont reproché aux rédacteurs du Code Napoléon d'avoir « relâché les liens de la puissance pater- « nelle, au point de compromettre les liens les plus sacrés « de l'humanité (1). » Ces auteurs regrettent, sans doute,

_____

(1) Zachariæ, Cours de droit civil français, t. I, § 16.

la possibilité d'une exhérédation de l'enfant qui l'aurait méritée par sa mauvaise conduite. Nous pensons, au contraire, qu'il suffit que le père puisse le réduire à sa réserve, souvent peu considérable, et que l'exhérédation complète, s'adressât-elle à un enfant qui l'aurait méritée, est contraire aux sentiments de la nature. Dans les cas très graves, d'ailleurs, une déclaration d'indignité remplacera .l'exhérédation (1). Ne vaut-il pas mieux qu'une peine si terrible soit prononcée par la loi elle-même, que par le père de famille ?

D'autres auteurs pensent que les rédacteurs du Code ont eu le tort d'énerver la puissance paternelle en ce qu'elle a de tutélaire. Notre ancienne jurisprudence permettait au père, lorsque le fils était prodigue, de le réduire à l'usufruit de sa portion héréditaire en disposant de la nue-propriété au profit des enfants de ce fils, ou bien encore elle lui permettait de laisser à ce fils sa portion héréditaire en le grevant de substitution au profit de ses enfants. Les dispositions de cette nature avaient reçu le nom d'exhérédations officieuses, et on donnait pour base à cette jurisprudence un texte célèbre du jurisconsulte Tryphoninus (2). L'exhérédation officieuse avait, comme nous l'avons vu, pour but de préserver un enfant prodigue contre le résultat possible de ses propres égarements, et de l'empêcher de se trouver un jour réduit, lui et ses enfants, à la dernière misère. Les rédacteurs du Code avaient pensé à ressusciter l'exhérédation officieuse sous le nom de disposition officieuse (le mot *exhérédation* les effrayait sans doute). Voici en quels termes l'un des .projets s'exprimait à cet égard dans des dispositions qui eussent pris place dans le titre de la puissance paternelle :

« Art. 17. Les père et mère pourront, par une disposition « officieuse, dans le cas de dissipation notoire, réduire les « enfants au simple usufruit de leur portion héréditaire, au

(1) V. art. 727 et suiv.
(2) L. 15, § 2, D., De curat. fur. (xxvii, 10).

« profit seulement des descendants nés et à naître de ces
« derniers.

« Art. 18. La disposition officieuse ne peut être faite que
« par acte testamentaire.

« La cause doit y être spécialement exprimée ; elle doit
« être juste, et encore subsistante à l'époque de la mort du
« père ou de la mère disposants.

« Art. 19. L'usufruit laissé à l'enfant pourra être saisi
« par les créanciers qui lui auront fourni des aliments depuis
« sa jouissance ; les autres créanciers, soit antérieurs, soit
« postérieurs à l'ouverture de cette jouissance, ne pourront
« saisir l'usufruit que dans le cas où il excéderait ce qui peut
« convenablement suffire à la subsistance de l'usufruitier (1). »

Ce projet fut ajourné, mais on y revint plus tard au titre
Des donations et des testaments. On prit alors une autre
voie pour atteindre le but qu'on se proposait. Après avoir
prohibé toute espèce de substitution dans l'art. 896, on autorisa exceptionnellement les père et mère à grever de substitution la quotité disponible au profit des enfants nés et
à naître de celui de leurs enfants dont la prodigalité ferait
naître des inquiétudes. Telle est la disposition de l'art. 1048 :
« Les biens dont les père et mère ont la faculté de disposer
« pourront être par eux donnés, en tout ou en partie, à un
« ou plusieurs de leurs enfants par actes entre-vifs ou testa-
« mentaires, avec la charge de rendre ces biens aux enfants
« nés ou à naître, au premier degré seulement, desdits dona-
« taires. » Ce nouveau moyen était préférable au premier; il
présente l'avantage de respecter la réserve des enfants et de
laisser aux créanciers, peut-être nombreux, d'un enfant prodigue le droit de se payer sur les biens compris dans cette
réserve. Il évite cette position anormale et choquante d'un
débiteur fort à son aise qui se moque de ses créanciers parce
qu'il a des biens insaisissables, ou du moins il l'évite en partie.
Il empêche que les biens ne passent entre les mains des petits-

(1) Locré, Législ. civ., t. VII, pag. 15, 27 et 42.

enfants, conservant la fortune qu'ils tiennent de leur grand père alors que les dettes de leur père n'ont point été payées. Enfin, si les rédacteurs du Code permettent ici exceptionnellement les substitutions, ce n'est pas comme autrefois pour perpétuer les grandes fortunes dans les mains de quelques-uns, c'est seulement pour permettre à l'aïeul ou à l'aïeule d'assurer à leurs petits-enfants, suivant l'expression énergique d'un professeur de la Faculté de Paris (1), la conservation d'un morceau de pain. M. Demolombe critique cependant cette disposition du Code : « Ce nouveau moyen, dit-il, est, « comme on le voit, tout différent de la *disposition officieuse*. « On peut dire, il est vrai, qu'il a l'avantage de respecter et « de garantir de toute atteinte la réserve des enfants, puis-« qu'il n'affecte que la quotité disponible; mais il soulève, « sous d'autres rapports, une objection très sérieuse; car « cette quotité disponible ne peut être assurée à l'un des « enfants qu'au préjudice des autres, et il arrive ainsi que la « dissipation et la prodigalité peuvent devenir des titres à la « libéralité des père et mère! De telle sorte que l'enfant « paresseux et débauché serait, à raison même de son incon-« duite, plus favorisé que l'enfant rangé et laborieux (2). »

Nous ferons remarquer que la critique de M. Demolombe va trop loin : il n'est pas absolument nécessaire, pour l'application de l'art. 1048, que le père ou la mère donne la quotité disponible tout entière par préciput et hors part à l'enfant prodigue, en le grevant de substitution au profit de ses enfants; ils peuvent conserver entre leurs descendants l'égalité la plus parfaite, et néanmoins, dans la portion héréditaire du prodigue, il y aura : 1° sa part dans la réserve; 2° sa part dans la quotité disponible, c'est-à-dire sa part dans les biens dont le père ou la mère eût pu disposer au préjudice de ce prodigue et de leurs autres enfants ; le père ou la mère pourront grever de substitution cette dernière portion. Tout ce

(1) M. Oudot.
(2) Cours de Code Napoléon, tome VI, n. 288.

qu'on peut objecter, c'est que si les enfants sont nombreux, cette substitution portera sur bien peu de chose et sera ainsi un remède peu efficace ; du reste, la loi ouvre un autre remède aux père et mère qui ont des enfants qui administrent mal leur fortune et dont la prodigalité est notoire, ils peuvent leur faire nommer un conseil judiciaire (art. 513 à 515).

Nous diviserons la matière de la manière suivante :

§ 1er. Notions générales sur la réserve.

§ 2. Des personnes qui peuvent avoir droit à une réserve.

§ 3. Du montant de la réserve.

§ 4. Du droit de succession, quant à la réserve.

§ 5. De la réduction des donations et des legs qui portent atteinte à la réserve. — Généralités.

§ 6. De la vérification du point de savoir si la quotité disponible a été ou non dépassée.

§ 7. De l'action en réduction.

§ 8. De la réserve des enfants naturels.

§ 9. Spécialité sur la réserve des ascendants dans le cas où le donataire aurait reçu des donations entre-vifs de ses ascendants.

§ 10. Quelle est l'époque dont la loi est à considérer pour régler la quotité disponible et la réserve ?

§ 11. Les lois sur la réserve et la quotité disponible sont-elles au nombre des statuts réels ou au nombre des statuts personnels ?

§ Ier.

Notions générales sur la réserve.

Dans le Code Napoléon, comme sous l'empire du droit intermédiaire, nous ne trouvons plus qu'une seule institution qui ait pour but de protéger la famille contre des libéralités excessives ; les rédacteurs du Code lui ont donné le nom de réserve dans diverses dispositions.

Il faut remarquer que la loi ne fixe pas directement la por-

22

tion de biens indisponible, la réserve; elle fixe la portion disponible, l'indisponibilité suit par voie de conséquence. Cette observation est importante, parce que le législateur, ne fixant que la quotité disponible, abandonne la réserve à son cours naturel; il la laisse où elle est en l'attribuant virtuellement plutôt que directement à ceux qui y ont droit, d'où il suit que la réserve n'appartient, d'après le Code Napoléon, qu'aux héritiers, à ceux qui se portent héritiers et non à ceux qui n'ont que la qualité de parents : aussi le nom de réserve est-il plus exact que le mot légitime pour désigner une portion de biens indisponible non attribuée, mais seulement réservée aux héritiers. La légitime des pays de coutume était ainsi nommée à cause de son origine romaine, et parce qu'elle se proposait d'atteindre le même but que la légitime des Romains : il fallait être héritier pour pouvoir la réclamer par voie d'action, tandis que la légitime du droit romain était *pars bonorum non hereditatis* (1). Le mot légitime, s'il eût été adopté, eût laissé des doutes sur la question de savoir si les rédacteurs du Code avaient emprunté l'institution ainsi nommée au droit romain ou aux pays de coutume. Le mot réserve est sans ambiguïté sur ce point et exprime mieux quelle est la nature du droit qu'il est destiné à nommer.

Nous pensons donc que la réserve du Code Napoléon n'est autre chose que « le droit héréditaire des parents en ligne di-« recte en tant qu'il est garanti jusqu'à concurrence d'une cer-« taine quotité de biens contre les libéralités de la personne « à la succession de laquelle ils sont appelés par la loi (2). » C'est, selon les expressions de M. Valette, « une succes-« sion *ab intestat* protégée, défendue contre des libéralités ex-« cessives (3). »

La rubrique du chap. 3 du titre *Des donations entre-vifs et des testaments,* qui forme le siége de la matière, est

---

(1) V. *supra*, IIᵉ partie, chap. 1ᵉʳ, sect. 2, § 2, pag. 186 et suiv.

(2) Zachariæ, § 679.

(3) A son cours, leçon du 19 juin 1854.

d'accord avec le système que nous adoptons. Les art. 913,
914 et 915 le consacrent nettement, et il trouve sa confirmation dans tous les textes où il est question de la réserve (1). Nous nous contenterons de citer textuellement
l'art. 1004 : « Lorsqu'au décès du testateur il y a *des héritiers*
« *auxquels une quotité de ses biens est réservée par la loi, ces héri-*
« *tiers sont saisis de plein droit, par sa mort*, de tous les biens de
« la succession ; et le légataire universel est tenu de leur demander la délivrance des biens compris dans le testament. »
Ainsi donc le réservataire en concours avec un légataire universel a la saisine, il l'a par l'effet du décès, il l'a et il ne peut
l'avoir qu'en qualité d'héritier. Supposons maintenant que la
quotité disponible ait été dépassée, que la réserve ait été
attaquée par les dispositions du défunt, quelle action servira de sanction au droit des réservataires ? est-ce une
action personnelle en délivrance ou en complément de la
réserve? Non , c'est une action réelle en réduction des
donations ou des legs qui excèdent la quotité disponible,
action qui a pour but de faire rentrer dans la succession
ab intestat des biens qui n'auraient pas dû en sortir, que la
loi veut y voir rester au profit des héritiers réservataires
acceptant la succession (art. 920, 928, 929, 930). Si le législateur eût admis que l'on pût avoir droit à la réserve
sans se porter héritier, ce système eût eu besoin d'être organisé dans ses détails et dans ses diverses applications. Si
une pareille idée fût entrée dans son esprit, le législateur eût
sans doute pris le soin de régler ces questions de détail.
Ainsi, si l'héritier réservataire conserve son droit à la réserve quoique renonçant à la succession, la saisine étant attachée à la qualité d'héritier (art. 724), il est évident que
l'art. 1004 ne recevra plus son application. Dans ce cas,
quelle sera donc la situation de ce renonçant, réservataire
non saisi par suite de sa renonciation, vis-à-vis des créanciers de la succession? Il faut avouer que ce point valait bien

---

(1) V. art. 917, 922 in fine, 929, 930, 1008, 1009, 1011, 1049.

la peine d'être réglé. De même, si le renonçant conserve son droit à la réserve, pourquoi l'indigne ne le conserverait-il pas ? Nous n'avons pas de texte sur ce point. Voilà donc ceux qui prétendent qu'il n'est pas nécessaire de se porter héritier pour réclamer la réserve obligés d'accorder ce droit à l'héritier écarté de la succession comme indigne. Ne vaut-il pas mieux dire que si la loi n'a pas réglé la situation du réservataire renonçant vis-à-vis des créanciers et des légataires, que si elle n'a pas pris soin d'enlever tout droit à la réserve au réservataire déclaré indigne, c'est que dans son système ces deux questions ne demandent pas de solution, puisque la réserve est pour elle une portion de la succession *ab intestat* défendue contre les excès de libéralité, non attribuée mais réservée collectivement à tous ceux qui viendront recueillir la succession *ab intestat,* ce qui exclut virtuellement le renonçant et l'indigne ?

La seule objection sérieuse que l'on puisse élever contre notre théorie résulte de l'historique des discussions préparatoires du Code Napoléon. Pour les rédacteurs du Code, la question se présenta d'une manière nette sous l'article du projet correspondant à l'art. 921. Le projet primitif était ainsi conçu : « Art. 22. Au décès du donateur, la réduction « des donations, soit entre-vifs, soit à cause de mort, ne « peut être demandée que par ceux des héritiers *venant à* « *succession* au profit desquels la loi a restreint la faculté de « disposer, et que *proportionnellement à la part qu'ils recueil-* « *lent dans la succession.* — Ainsi, les créanciers, les dona- « taires et les légataires ne peuvent demander cette réduc- « tion, etc. » Suivaient des dispositions assez longues qui se rapportaient principalement au cas où les réservataires étaient des frères, sœurs ou neveux ; car le projet établissait une réserve en faveur de certains héritiers collatéraux. On eut besoin de remanier cet article pour lui donner la concision dont il manquait.

La difficulté qui se présentait et à laquelle conduit nécessairement le système que nous défendons avait été, comme nous l'avons vu, l'objet de discussions sérieuses dans notre ancien droit. Si, pour prétendre droit à la réserve, il faut être nécessairement héritier, un inconvénient grave se présentera toutes les fois que le défunt, après avoir fait des donations, aura contracté des dettes considérables et ne laissera rien ou presque rien dans sa succession. Le réservataire, ne pouvant demander la réduction qu'en sa qualité d'héritier, se trouvera en conséquence soumis aux actions des créanciers héréditaires, qui pourront exiger de lui le paiement des dettes de la succession. Acceptât-il sous bénéfice d'inventaire, il sera tenu de comprendre, dans l'abandon qu'il fera aux créanciers héréditaires, les biens que l'action en réduction aura fait rentrer dans la succession, qu'il aura reçus *jure hereditario*, et qui seront dès lors compris dans l'émolument héréditaire jusqu'à concurrence duquel il est tenu vis-à-vis des créanciers héréditaires. C'est donc aux créanciers héréditaires, fussent-ils même postérieurs aux donations sur lesquelles porte la réduction, que cette réduction profitera ; de telle sorte qu'il pourrait arriver qu'ils profitassent du retour, dans la succession de leur débiteur, de biens qu'ils n'ont jamais dû considérer comme le gage de leurs créances. Mais les réservataires, n'ayant aucun intérêt à faire ainsi les affaires des créanciers, renonceront à la succession, et les donataires conserveront les biens dont ils ont été gratifiés, alors que peut-être les réservataires seront dans la misère. Nous avons vu que Dumoulin avait adopté ce système avec toutes les conséquences que nous venons de lui donner (1). Nous avons vu aussi que Ricard, au contraire, permettait au légitimaire d'accepter sous bénéfice d'inventaire, de faire opérer la réduction sur les donations entre-vifs et de contenter les créanciers héréditaires en leur faisant abandon des biens qui se trouvaient dans le patrimoine du défunt au moment de son décès (2).

(1) V. *supra*, page 192, et Revue de droit français et étranger, tome III, année 1846, art. de M. Ginoulhiac.

(2) V. les passages de Ricard, cités *supra*, pages 195, 196 et 197.

Nous avons vu aussi que Pothier, adoptant l'opinion de Ricard, faisait remarquer que, quoique le droit de faire réduire les donations entre-vifs fût pour le légitimaire attaché à la qualité d'héritier, le légitimaire ne pouvait être considéré comme le tenant du défunt, puisque ce dernier n'eût pu porter aucune atteinte aux donations qu'il avait faites, mais qu'au contraire on devait dire qu'il le tenait de la loi, qui avait bien pu, en le lui accordant, exiger que, pour en user, il acceptât la succession au moins sous bénéfice d'inventaire (1).

C'est cette même difficulté qu'avaient à résoudre les rédacteurs du Code. L'art. 22 du projet, remanié par la section de législation du conseil d'État, portait simplement : « Les créanciers, les donataires et légataires du défunt ne « pourront demander la réduction. » L'article ainsi rédigé avait pris le n° 25. Il était suffisant et sanctionnait d'une manière précise l'opinion de Ricard et de Pothier. Dans la séance du conseil d'État du 5 ventôse an XI, cet article fut l'objet d'une discussion vive et approfondie ; tout le monde, sauf le conseiller Maleville, admettait le principe qu'il fallait être héritier pour avoir droit à la réserve. La controverse ne porta que sur les conséquences que ce principe devait produire. Les uns, raisonnant strictement et ne se préoccupant pas de « cette injustice que tous ceux qui aiment l'équité voudraient bien surmonter, » suivant les expressions de Ricard (2), voulaient faire produire à ce principe les conséquences les plus rigoureuses, et décidaient qu'en raison de la qualité d'héritier, prise par le fait même de la demande en réduction, le réservataire était tenu de payer les dettes au moins jusqu'à concurrence de tout son émolument. Ils défendaient ainsi l'opinion de Dumoulin. Le premier consul, qui présidait la séance, partageait cet avis défendu par les conseillers Réal, Boulay, Emmery, Muraire et Berlier. Leurs contradicteurs con-

(1) V, le passage de Pothier, cité *supra*, page 198.
(2) V. *supra*, page 196.

testaient cette conséquence sans nier le principe : cela se conçoit sans peine ; pour contester la conséquence et admettre le principe, ils n'avaient qu'à reproduire les arguments fournis par Ricard et Pothier, dont ils défendaient l'opinion. C'est ainsi que Bigot-Préameneu soutient le projet en invoquant les motifs qui ont porté à exclure formellement les créanciers du droit de demander le rapport, et « qui doivent, dit-il, « décider à proscrire d'une manière non moins solennelle les « prétentions qu'ils pourraient avoir de demander la réduc- « tion. » Répondant au premier consul, Cambacérès et Treilhard disent qu'il faut conserver à l'action en réduction son but, et que dans le système adverse, elle profiterait aux créanciers et non aux réservataires, ce qui ne doit pas avoir lieu puisqu'il s'agit ici de créanciers demandant à se payer sur des biens qui n'ont jamais formé leur gage. Bigot-Préameneu appuie sur cette idée, et dit que « celui qui a donné entre- « vifs au-delà de sa portion disponible a contrevenu à la loi « relativement à ses héritiers, non relativement à ses créan- « ciers, qui, nonobstant toutes ces dispositions, ont pu con- « server leurs intérêts. Les créanciers antérieurs à la dona- « tion qui ne se sont pas mis en règle, ou les créanciers « postérieurs ne peuvent donc rien prétendre sur les biens « que la réduction rend aux enfants, et dès lors le donataire « ne peut repousser la demande sous le prétexte que les « créanciers seuls profiteraient de la réduction. »

Enfin Portalis se mêle à la discussion, il attaque l'opinion du premier consul, soutient la rédaction de la section, et nous trouvons néanmoins dans son discours le passage sui- vant : « Mais, dit-on, la légitime est une portion de l'héré- dité. *Ce principe est incontestable.* » Ainsi, Portalis, comme les orateurs précédents, nie la conséquence sans nier le prin- cipe. Maleville est le seul qui le conteste ; « Dans le cours « de la discussion, dit-il, on a mal à propos supposé que le « légitimaire agissait nécessairement comme héritier. Si « c'était en cette qualité, il serait obligé de maintenir la do- « nation, comme tous les autres contrats souscrits par le

« défunt, au lieu d'être reçu à la faire retrancher. » Ces paroles de Maleville ont fourni un argument à nos adversaires. Cet argument est sans portée, puisque les autres partisans de l'opinion de Maleville admettent le principe comme leurs adversaires, et qu'il serait dès lors inconséquent de prêter au conseil d'État une opinion qui n'était partagée que par l'un de ses membres. Que restera-t-il d'ailleurs de cet argument tiré des paroles de Maleville, lorsqu'on saura qu'à la suite de la discussion que nous venons d'analyser, le conseil d'État décida que « les créanciers de la succession peuvent « exercer leur action sur les biens que la réduction rend au « légitimaire? » C'était là, on le voit, admettre que, pour prétendre à la réserve, il faut être héritier, et faire produire à ce principe ses conséquences les plus rigoureuses. C'était abandonner Ricard et Pothier pour suivre l'opinion de Dumoulin.

En conséquence de la discussion dont nous venons de présenter l'historique, le projet présenté au Tribunat portait : « Art. 31. La réduction pourra être demandée par ceux au « profit desquels la loi fait la réserve, par leurs héritiers et « ayants-cause; elle ne pourra l'être par les donataires ou « légataires ni par les créanciers du défunt, sauf à ces créan- « ciers à exercer leur droit sur les biens recouvrés par l'effet « de cette réduction. » Le Tribunat demanda la suppression de la partie de cet article qui autorisait les créanciers du défunt à exercer leur droit sur les biens recouvrés par l'effet de la réduction des donations. Le Tribunat appuyait cette demande sur deux motifs : « 1₀ L'action en réduction, disait- « il, est un droit purement personnel; il est réclamé par « l'individu comme enfant, abstraction faite de la qualité « d'héritier qu'il peut prendre ou non ; s'il en était autrement, « il arriverait souvent que l'action en réduction serait illu- « soire; 2° d'ailleurs, il est indifférent pour les créanciers du « défunt postérieurs à la donation que l'enfant exerce son « droit de réduction ou non, puisque, s'il ne l'exerce pas, les « créanciers n'en ont pas moins leur recours sur les biens

« donnés. La réduction ne doit donc pas exister pour eux,
« mais uniquement pour l'enfant. »

Le conseiller Tronchet, qui avait déclaré, dans la séance
du 12 ventôse an XI, que les rédacteurs au nombre desquels
il était avaient considéré la réduction comme une, faveur
accordée *aux seuls héritiers*, appuya la proposition du Tribunat dans la séance du 24 germinal an XI, en écartant le
motif que le réservataire agissait en réduction, abstraction
faite de la qualité d'héritier. Il donna une tout autre base
à son argumentation, il se prévalut, comme l'avait déjà fait Bigot-Préameneu, de la disposition qui refuse aux créanciers de
la succession le droit de demander le rapport des biens donnés entre-vifs, et soutint que ce serait se mettre en contradiction avec cette disposition, que d'obliger le légitimaire à remettre aux créanciers la portion des biens que la réduction lui
aurait rendue. Il ajoutait : « Il n'y aurait plus de légitime as-
« surée, si elle pouvait être enlevée par un créancier posté-
« rieur sur la chose aliénée avant que sa créance existât. Il
« doit s'imputer de n'avoir pas connu la condition de son dé-
« biteur, et il avait des moyens de s'en instruire, puisque la
« donation était publique. Ainsi, la peine de son imprudence
« tomberait sur le légitimaire, auquel cependant la loi n'a
« accordé une réserve que pour le mettre à l'abri des dissi-
« pations de son père, ou plutôt le créancier deviendrait légi-
« timaire. » On le voit, Tronchet proposa d'en revenir au projet
primitif, d'adopter l'opinion du Tribunat, mais pour d'autres
motifs que ceux présentés par ce corps. En un mot, Tronchet
défendit les idées de Ricard et de Pothier. Sans autre discussion, la proposition du Tribunat fut adoptée dans les termes qui forment aujourd'hui l'art. 921 du Code Napoléon.

Si l'on veut se convaincre que cette idée, que la réserve est
indépendante de la qualité d'héritier, fut absolument étrangère à la détermination prise en définitive par le conseil
d'État, on n'a qu'à se reporter à l'exposé des motifs présenté
au Corps législatif par Bigot-Préameneu. Le principe énoncé
dans les observations du Tribunat n'y est aucunement repro-

duit. Loin de là, le principe contraire y est nettement proclamé; l'orateur, parlant de la nature et des effets de l'action en réduction, donne constamment la qualité *d'héritier* au réservataire, à celui qui exerce l'action en réduction. En un mot il présente et défend, comme Tronchet, et la majorité du conseil d'État dont il est l'organe, le système de Ricard et de Pothier. Pour lui comme pour Ricard, il ne résulte du principe que les créanciers n'auront aucun droit à prétendre sur les biens rentrés dans la succession par suite de l'exercice de l'action en réduction, nous ne dirons pas aucune négation, mais même aucune exception au principe qu'il faut nécessairement être héritier pour prétendre à la réserve. L'art. 921 ne déroge pas plus à ce principe que l'article 857, qui exclut l'action des créanciers sur les biens rapportés dans la succession par l'un des cohéritiers, ne déroge au principe qu'il faut être héritier pour demander le rapport.

Nous avons vu, il est vrai, Maleville déclarer qu'il n'est pas nécessaire d'être héritier pour prétendre à la réserve et exercer l'action en réduction ; mais après l'historique que nous venons de présenter, on restera convaincu qu'il ne faut attacher aux paroles de ce conseiller d'État aucune importance. A l'appui d'une proposition qui a prévalu, il a présenté un argument désavoué par la majorité de ceux qui ont été de son avis, et qui n'a en réalité aucunement servi de base à l'art. 921.

Ainsi donc, la définition de la réserve que nous avons empruntée à Zachariæ et à M. Valette est à l'abri de toute critique. Elle s'appuie solidement sur la jurisprudence ancienne des pays de coutume, sur les dispositions du Code Napoléon, dont l'art. 921 ne fait que reproduire le système anciennement professé par Ricard, et sur les discussions préparatoires bien étudiées (2).

---

(1) Cpr. Locré, Lég., t. XI, pages 182 à 196, nos 7 à 10; pages 310 à 312, no 19; pages 337 et 338, nos 6 et 7.

(2) *Sic*, Revue de droit français et étranger, t. I, année 1844, p. 109 et

Dans notre ancienne jurisprudence on admettait que s'il était vrai de dire que l'on ne pouvait prétendre à la légitime sans se porter héritier, on pouvait néanmoins par voie d'exception retenir, quoique renonçant, sur les biens qu'on aurait reçus par donation entre-vifs sa légitime, outre la quotité disponible. Nous aurons à examiner plus tard si le Code Napoléon a suivi sur ce point l'ancienne jurisprudence et admis que l'enfant qui renonce à la succession paternelle, pour s'en tenir au don qui lui a été fait entre-vifs, peut retenir sur ce don, outre la quotité disponible, sa part dans la réserve.

De ce que la réserve est une portion de la succession *ab intestat*, il résulte :

1° Qu'elle s'exerce sur la quotité de biens réservée, comme le droit de succession ordinaire sur l'hérédité tout entière. Les héritiers à réserve peuvent donc réclamer en nature la quotité de biens réservée en leur faveur, et ne sont pas tenus de se contenter de la valeur estimative de ces biens (1).

2° Que les héritiers à réserve sont saisis de plein droit des biens compris dans la portion réservée de l'hérédité, en sorte que les intérêts et les fruits des sommes ou des héritages qui la forment leur sont dus dès l'instant du décès (2).

De ce que la réserve a pour but de protéger le droit de succession de certains héritiers contre les libéralités excessives entre-vifs ou testamentaires de leur auteur, il résulte que ce dernier ne peut porter ni directement ni indirectement aucune atteinte à la réserve.

Nous examinerons plus tard ces divers principes dans leurs détails, et nous discuterons les questions controversées auxquelles ils donnent naissance.

Les développements que nous venons de donner sur la

suiv., art. de M. Lagrange; même Revue, t. III, année 1846, p. 443 et suiv., art. de M. Ginoulhiac.

(1) Les art. 924 et 930 renferment de légères exceptions à ce principe.

(2) V. cep. art. 928.

nature de la réserve nous montrent qu'elle s'éloigne profondément de la légitime du droit romain, qui était *pars bonorum non hereditatis*, pour se rapprocher des principes coutumiers. Néanmoins, la réserve du Code Napoléon diffère sous plusieurs rapports de la légitime des pays de coutume et de la réserve coutumière. Elle diffère de la légitime des pays coutumiers : 1° en ce qu'elle est accordée tant aux ascendants qu'aux descendants (1); 2° en ce qu'elle porte sur une quote part de l'hérédité attribuée collectivement à tous les héritiers à réserve, tandis que la légitime de chaque enfant était distincte de celle de ses frères et sœurs, et portait sur une quote part de biens qui lui était attribuée individuellement.

Enfin, dans une opinion que nous adopterons, on voit une troisième différence entre la réserve du Code Napoléon et l'ancienne légitime, différence qui consisterait en ce que la réserve du Code Napoléon ne peut s'exercer ni par voie d'action ni par voie de rétention que l'on ne soit héritier, tandis que la légitime pouvait être retenue par le renonçant outre la quotité disponible.

La réserve du Code Napoléon diffère de la réserve coutumière : 1° en ce qu'elle n'est accordée qu'aux héritiers en ligne directe, tandis que la réserve coutumière pouvait être réclamée par tous les héritiers aux propres ; 2° en ce qu'elle porte sur tous les biens indistinctement, tandis que la réserve coutumière ne portait que sur les propres de succession ; 3° en ce qu'elle donne aux héritiers réservataires le droit d'attaquer et de faire réduire, non-seulement les dispositions testamentaires, mais encore les donations entre-vifs, tandis que la réserve coutumière ne leur donnait que le droit de faire réduire les dispositions testamentaires. En ce point, la réserve du Code Napoléon se rapproche, au contraire, de la

(1) Quoique le droit commun des pays de coutume refusât une légitime aux ascendants, néanmoins elle leur était accordée exceptionnellement dans un assez grand nombre de coutumes. V. *supra* pag. 208 et suiv.

légitime. Inutile de dire qu'elle diffère de l'une et de l'autre de ces anciennes institutions par sa quotité.

§ 2.

Des personnes qui peuvent avoir droit à une réserve.

Les parents en ligne directe sont les seuls auxquels le Code Napoléon attribue une réserve. Le projet présenté au conseil d'État par sa section de législation, dans la séance du 30 nivôse an XI, accordait, en outre, aux frères et sœurs et à leurs descendants une réserve, qui ne limitait cependant que la faculté de disposer par testament. L'article du projet était ainsi conçu : « A défaut de descendants et d'ascen- « dants, s'il y a, au temps du décès, des frères ou sœurs, « ou des descendants d'eux, la loi leur réserve le quart de « ce qui leur reviendrait, s'il n'y avait pas de donation en- « tre-vifs ou testamentaire; sans néanmoins qu'à raison de « cette réserve, les donataires par actes entre-vifs, autres « que les successibles, puissent être, en tout ou en partie, « évincés des biens à eux donnés. » D'abord adoptée par le conseil d'Etat, mais seulement en faveur des frères et sœurs, et des neveux et nièces venant par représentation avec les frères et sœurs, cette réserve fut définitivement rejetée, sur les observations du Tribunat, dans la séance du 12 ventôse an XI.

Il nous semble qu'il eût été raisonnable et moral d'accorder aux frères, sœurs, neveux, nièces, oncles et tantes, une réserve semblable, sauf la quotité, à celle des descendants et ascendants. En effet, dans les biens d'un défunt il se trouve toujours une partie plus ou moins considérable qui lui vient du chef originaire de la famille, de l'auteur commun, et dont le défunt doit, en conséquence, puisqu'elle n'est pas le fruit immédiat de son travail, faire profiter ses plus proches collatéraux. Mais, dira-t-on, quelle est cette portion ? Elle peut être quelquefois fort considérable, d'autres fois presque nulle. L'intérêt de la libre circulation des biens ayant dû faire disparaître la distinction des propres et des acquêts, et, de plus, l'importance de la partie mobilière de la fortune des particuliers augmentant chaque jour en raison du développement du commerce et de l'industrie, comment distinguer dans les biens d'un frère défunt la partie prise à la source commune et qu'il aurait dû rendre à son cours naturel ? Cette objection ne doit pas nous arrêter : il eût été facile de résoudre la difficulté à l'aide d'un moyen dont les rédacteurs du Code Napoléon ont usé plus d'une fois : on eût pu, et c'est ce que proposait la section de législation, avoir recours à une présomption légale. Qu'on fasse, si l'on veut, la part la plus large à l'industrie humaine ; que l'on présume que la plus grande partie des biens du défunt proviendra le plus souvent de son travail ; que, en conséquence, la réserve des proches collatéraux soit peu étendue, qu'elle ne limite la faculté de disposer que dans une faible mesure, soit ; mais qu'on ne laisse pas à un homme riche ou aisé le droit de disposer de tous ses biens au profit d'étrangers, en présence de proches collatéraux qui, peut-être, se trouvent dans la misère. C'est là une disposition légale demandée par le véritable esprit de famille. Il serait moral et salutaire que la loi sanctionnât, dans une certaine mesure, le principe de fraternité entre les membres d'une même famille.

Toujours la morale fera un devoir au frère de ne point abandonner son frère indigent. Ce devoir n'existe-t-il plus pour le frère aisé par delà le tombeau ? Dira-t-on, avec Portalis et Muraire, que les enfants doivent pourvoir aux besoins de leur père, les pères aux besoins de leurs enfants, mais que la même obligation n'existe pas à l'égard des frères, qu'on chercherait vainement la base de cette obligation. A ceux qui nous tiendraient ce langage nous répondrions avec assurance : Vous reconnaissez vous-mêmes qu'il est de votre devoir de ne pas vous montrer ingrats envers ceux à qui vous devez la vie et le bienfait de l'éducation ;

eh bien ! reportez vos souvenirs en arrière, rappelez-vous votre vieux père à son lit de mort, entouré de toute sa famille, de tous ses enfants qu'il aimait également : quel était, à ce moment suprême, son plus cher désir, quelle était la plus chère espérance de sa sollicitude paternelle pour le bonheur de ses enfants ? N'était-ce pas que, après lui, l'unité de la famille ne fût pas brisée ; que ses enfants se prêtassent un mutuel secours ; que ceux d'entre eux que la fortune favoriserait vinssent en aide aux autres ? Manquer à ce devoir, ne pas obéir à cette dernière prière qui s'échappe du cœur de tout père de famille, n'est-ce pas, de la part d'un enfant, se montrer ingrat envers l'ascendant lui-même ?

Tronchet, s'occupant spécialement des neveux, présente contre le système qui leur accorderait une réserve les raisons suivantes : « L'oncle doit sans doute protéger ses neveux, « mais ce n'est que dans le cas où les neveux se rendent « dignes de son appui. Il est à craindre qu'ils n'oublient leurs « devoirs, si la loi leur assure irrévocablement une portion « des biens de leur oncle. Ils les rempliront, au contraire, « s'ils sont obligés d'acheter les bienfaits de l'oncle par leur « attachement et par leur respect. » Portalis présente le même argument : « Les liens de famille ! dit-il, ils se resser- « rent, ils se perpétuent par les égards réciproques de ceux « qu'ils unissent, par le doux commerce de bienfaits, et « par l'intérêt mutuel qu'ont tous les membres de la famille « de se ménager. L'intérêt, comme la crainte, est le com- « mencement de la sagesse. » Maleville répond victorieuse- ment : « A l'égard de ce qu'on a dit de l'efficacité de la liberté « indéfinie de disposer pour maintenir les liens de famille, « comme c'est surtout entre les pères et leurs enfants qu'il « est utile de resserrer ces liens, il en résulterait qu'il fau- « drait aussi établir, en ligne directe, cette faculté illimitée « de disposer ; ce dont il n'y a pas d'apparence que per- « sonne convienne. »

On pourrait ajouter que l'objection des conseillers Tron- chet et Portalis aurait eu une grande valeur contre une loi qui, comme celle du 17 nivôse an II, aurait rendu indisponible la presque totalité du patrimoine au profit des collatéraux; mais ne perdait-elle pas toute sa valeur alors qu'il ne s'agissait de frapper d'indisponibilité qu'un quart de ce patrimoine? Les autres trois quarts restent disponibles, et le désir de ne pas les voir passer en d'autres mains mettra suffisamment en jeu le mobile de l'intérêt, nécessaire, suivant nos adversaires, au maintien des liens de famille.

Donc, en résumé, refuser toute réserve aux proches collatéraux, c'est laisser sans sanction un devoir que la morale proclame hautement; c'est briser le faisceau de la famille aussitôt après la mort de son chef, et c'est aussi accorder une prime d'encouragement au célibat. Dans un temps où, dans tous les discours officiels, on s'est montré si préoccupé de défendre contre des attaques passionnées la propriété et la famille, il serait opportun qu'une loi nouvelle, que nous appelons de tous nos vœux, vînt combler la lacune qu'ont laissée dans leur œuvre les législateurs de 1803, en accordant une réserve modérée aux collatéraux les plus proches. Cette loi aurait, en outre, l'avantage de faire cesser des difficultés d'interprétation que nous ne tarderons pas à rencontrer, et auxquelles donne lieu l'absence de cette réserve dans la législation actuelle.

La loi n'accorde nominativement une réserve qu'aux descendants et ascendants légitimes. Il est de toute évidence que les enfants légitimés doivent, sous ce rapport, être entièrement assimilés aux enfants légitimes (art. 333).

Que l'enfant adoptif ait aussi un droit de réserve d'une quotité égale à celle de la réserve de l'enfant légitime, c'est ce qui ne peut, en présence de l'art. 350, faire l'objet d'un doute raisonnable. Mais sur quels biens peut s'exercer son droit? Peut-il faire opérer un retranchement non-seulement sur les dispositions testamentaires, mais encore sur les donations entre-vifs et les institutions contractuelles? Delvincourt, s'appuyant sur ces mots de l'art. 350 : « Il (l'adopté) aura sur la succession de l'adoptant... » restreint l'exercice de l'action en réduction de l'adopté aux dispositions testamentaires, enseignant que sa réserve ne porte que sur les biens qui se trouvent dans le patrimoine de l'adoptant au jour de son décès (1). Contraire à tous les principes de la matière, cette interprétation restrictive n'a trouvé de partisans ni dans la doctrine, ni dans la jurisprudence (2). Reste une dernière question. L'adopté peut-il attaquer et faire réduire les donations entre-vifs et institutions contractuelles faites par l'adoptant antérieurement à l'adoption, ou bien faut-il dire qu'il ne pourra intenter une action en réduction que contre les donataires postérieurs à son adoption? Pour restreindre aux biens donnés postérieurement à l'adoption l'exercice de l'action en réduction accordée à l'adopté, on se fonde, d'une part, sur le principe de l'irrévocabilité des donations entre-vifs (art. 894, 943 et suiv., 1083), et, d'autre part, sur ce que permettre d'intenter une action en réduction contre des donataires antérieurs à l'adoption, ce serait donner à cette adoption un effet rétroactif que la loi lui refuse, puisque, d'après l'art. 960, les donations entre-vifs ne sont pas révoquées par une adoption postérieure. A l'argument tiré du principe de l'irrévocabilité des donations entre-vifs nous répondrons : 1° que toute donation entre-vifs est faite sous la condition qu'elle ne préjudiciera pas aux droits de ceux qui se trouveront, de quelque manière que ce soit, héritiers à réserve du donateur (art. 922); 2° que l'adoption, contrat solennel, relatif à l'état des personnes, demande, il est vrai, le consentement de l'adoptant, mais sans en dépendre exclusivement; que ce contrat demande, au contraire, la réunion d'un assez grand nombre d'autres conditions, pour la plupart indépendantes de la volonté de l'adoptant, et que, dès lors, on ne blesse nullement le principe de l'irrévocabilité des donations entre-vifs en admettant que l'adopté

(1) T. I, p. 96, note 5.
(2) Cpr. Duranton, t. III, nᵒˢ 317 et 318 ; Merlin, Quest. de droit, vᵒ Adoption, § 5, nᵒ 1 ; Cass., 26 avril 1808 ; Trèves, 22 janvier 1813.

peut intenter son action en réduction même contre des donataires antérieurs à l'adoption. Quant à l'argument tiré de
l'art. 960, il suppose résolue négativement la question de
savoir si les donations entre-vifs sont révoquées par l'adoption, comme elles le sont par la survenance d'un enfant légitime. Cette solution négative régnait paisiblement et sans
controverse, lorsque, dans ces derniers temps, M. Marcadé,
dont la science regrette la perte prématurée, vint soutenir
l'opinion contraire, et fit naître des doutes sérieux sur ce
point. Il s'appuyait principalement sur l'argument dont nous
venons de nous servir en dernier lieu, lequel, en effet, prête
un puissant appui à son opinion (1). Mais, en supposant
même qu'il fût hors de toute controverse que l'adoption ne
révoque pas les donations entre-vifs faites antérieurement
par l'adoptant, il ne saurait en résulter aucun argument
contre notre système. En effet, autre chose est la révocation
qui opère de plein droit, actuellement, et au profit direct du
donateur lui-même bien plus que de son enfant, autre chose
la réduction des donations entre-vifs, qui n'opérera qu'éven-
tuellement, lors du décès du donateur et au profit direct de
l'enfant réservataire. Une donation entre-vifs faite par une
personne ayant déjà des enfants n'est pas révoquée par la
survenance de nouveaux enfants, et cependant ces derniers
peuvent, le cas échéant, demander la réduction de la donation faite antérieurement à leur naissance. Pourquoi, dès

(1) 5e édition, sur l'art. 960, no VIII. Dans les quatre premières éditions
M. Marcadé avait, comme la généralité des auteurs, soutenu la négative. En
admettant sa nouvelle solution, notre question s'élèverait toujours en ce qui
touche l'institution contractuelle ou même la donation entre-vifs, dont par
son contrat de mariage l'adoptant aurait gratifié son conjoint. L'adoption ne
peut avoir lieu qu'avec le consentement de ce conjoint (art. 344); c'est à lui
de voir s'il lui convient de consentir ou de se refuser à l'adoption. Nous pensons, en effet, avec MM. Duranton (t. III, no 320, note 1) et Demolombe
(t. VI, no 162), qu'il ne pourrait conjurer les effets de l'adoption par la réserve qu'il ferait des droits résultant de son contrat de mariage en consentant
à l'adoption. Ces réserves ne sauraient former une fin de non-recevoir contre
la demande en réduction intentée par l'adopté après le décès de l'adoptant.

lors, l'adopté n'aurait-il pas également le droit de demander la réduction des donations faites antérieurement à son adoption ? Finalement donc, l'adopté a droit à la même réserve que l'enfant légitime, et cette réserve porte et sur les biens existant dans le patrimoine de l'adoptant, au jour de son décès, et sur les biens dont il a disposé, soit par donation entre-vifs, soit par institution contractuelle, que la date de ces libéralités soit antérieure ou postérieure à l'adoption (1).

La réserve des descendants leur étant accordée par les art. 913 et 914, quel que soit leur degré, il faudra décider que les enfants de l'adopté ont droit à une réserve si l'on admet qu'ils sont appelés à la succession *ab intestat* de l'adoptant ; mais nous croyons qu'on ne saurait admettre une semblable proposition. En effet, l'adoption n'est qu'une institution du droit positif, une création arbitraire du législateur humain, dès lors, elle n'est que ce que les rédacteurs du Code l'ont voulu faire ; elle ne produit d'autres effets, elle n'établit d'autres rapports juridiques que ceux qui résultent des textes mêmes de la loi. Or, les textes du Code Napoléon sont loin de favoriser la théorie qui appelle les enfants de l'adopté à la succession de l'adoptant. L'art. 350, celui-là même qui appelle l'adopté à la succession de l'adoptant, est muet en ce qui concerne les descendants de l'adopté. Ce silence est d'autant plus décisif que l'art. 350 est, sous ce rapport, en parfaite harmonie avec l'art. 349, qui ne reconnaît l'existence de l'obligation alimentaire qu'entre l'adop-

---

(1) *Sic* Montpellier, 8 juin 1823 ; Cass., 29 juin 1825 ; Paris, 26 mars 1839 ; Merlin, Quest. de droit, vo Adoption, § 5, nos 2 et 3 ; Duranton, t. III, no 319, et t. VIII, no 581 ; Zachariæ, Aubry et Rau, § 560, note 15 ; Duvergier sur Toullier, t. II, no 1011, note 1 ; Valette sur Proudhon, t. II, p. 222 ; Marcadé, art. 350, no 11 ; Odilon Barrot, Encyclop. du droit, vo Adoption, nos 68-70 ; Ducauroy, Bonnier et Roustain, art. 350, no 521 ; Demolombe, t. VI, nos 157-162 ; Dalloz, Rec. alph., vo Adoption, nos 192-196. *Secus* Toullier, t. II, no 1011 ; Grenier, De l'adoption, nos 40 et 41 ; Favard, Rép., vo Adoption, sect. II, § 3, no 5 ; Chabot, Questions transitoires, vo Adoption, § 5 ; Riffé, De l'adoption, p. 82 ; Taulier, t. I, p. 452-454.

tant et l'adopté. Que l'on compare maintenant, d'une part, l'art. 349 avec les art. 205 et 207, et, d'autre part, l'art. 350 avec les art. 747 et 759 ? Quelle différence de rédaction ! Tandis que, de ces textes, les uns gardent le silence à l'égard des descendants de l'adopté, les autres, au contraire, s'expriment catégoriquement et sur l'existence de l'obligation alimentaire entre les aïeux et leurs petits-enfants, et sur la vocation des descendants du fils légitime, ou même naturel, à la succession de leur aïeul. Et pourtant, s'il était nécessaire de s'expliquer, c'était bien plutôt, sans doute, pour appeler les enfants de l'adopté à la succession de l'adoptant, et pour établir l'obligation alimentaire entre eux, que pour appeler les enfants ou descendants légitimes à la succession de leur aïeul, ou même les enfants d'un enfant naturel à la succession de l'auteur de leur père, et pour établir l'obligation alimentaire entre ascendants et descendants unis par les liens du sang.

Cette argumentation nous semble à l'abri de toute objection sérieuse, passons cependant en revue les arguments de l'opinion contraire. Elle invoque :

1° L'autorité du droit romain : « *Ex adoptivo natus adop- tivi locum obtinet in jure civili,* » nous dit le jurisconsulte Julien (1). L'autorité du droit romain est ici de peu de valeur : l'adoption y était régie par des principes entièrement différents de ceux du droit français et qui tenaient à l'organisation de la famille civile des Romains. Encore les enfants de l'adopté n'entraient-ils pas toujours tous dans la famille de l'adoptant (2).

2° L'art. 348 portant prohibition de mariage entre l'adoptant et les enfants de l'adopté. Les prohibitions portées par cet article sont plutôt fondées sur les dangers que présenterait pour les bonnes mœurs la possibilité d'un mariage entre personnes destinées à vivre sous le même toit, que sur une

(1) L. 27, D., De adopt. et emancip., etc. (I, 7).
(2) L. 40, pr., D., eod. tit.

véritable parenté ou alliance civile (1). Il serait donc illogique de conclure de l'existence de ces prohibitions à l'existence d'un droit de succession entre les personnes qu'elles concernent. Cela est d'autant plus vrai que ce raisonnement conduirait à admettre non-seulement que les enfants de l'adopté sont appelés à la succession de l'adoptant, mais encore que les enfants adoptifs d'un même individu sont appelés réciproquement à la succession les uns des autres, que l'adopté est appelé à la succession des enfants qui pourraient survenir à l'adoptant, ainsi qu'à celle du conjoint de l'adoptant, et réciproquement, et enfin que l'adoptant et le conjoint de l'adopté sont appelés à la succession l'un de l'autre, toutes propositions évidemment insoutenables.

3° L'art. 351 suivant lequel l'existence de descendants de l'adopté forme, comme celle de l'adopté lui-même, obstacle au droit de succession anomale établie en faveur de l'adoptant et de ses descendants. Qui ne voit que, pour les descendants de l'adopté, autre chose est recueillir dans la succession de leur père des biens qui lui étaient déjà acquis, ce qui n'établit aucune relation juridique entre eux et l'adoptant, autre chose est venir recueillir la succession de l'adoptant lui-même.

4° L'art. 352, aux termes duquel l'adoptant vient, comme héritier des enfants de l'adopté, recueillir dans leur succession les choses par lui données à leur père. Pour répondre victorieusement à cet argument il suffit de remarquer qu'il ne s'agit pas, dans l'art. 352, du droit de successibilité ordinaire et normale ; en effet, les enfants légitimes de l'adoptant recueillent aussi dans la succession de l'adopté les choses que l'adoptant lui a données ; or, nul n'oserait prétendre que l'adopté soit appelé à la succession des enfants légitimes de l'adoptant.

5° Enfin, les règles générales sur la représentation (art. 739

---

(1) V. les observations du Tribunat sur le titre de l'adoption et l'exposé des motifs, dans Locré, t. vi, p. 587, n° 7 ; p. 609 et 610, n° 14.

et suiv.). Nous répondrons que argumenter de ces règles, c'est faire un cercle vicieux ; en effet, on ne peut recueillir par représentation que les hérédités auxquelles on eût été appelé de son propre chef, en l'absence d'héritiers plus proches. Il n'y a pas de principe plus incontestable et plus élémentaire que celui-là. Il faudrait donc, pour pouvoir argumenter des règles de la représentation en faveur des enfants de l'adopté, avoir préalablement prouvé qu'ils sont appelés de leur chef à la succession de l'adoptant.

Merlin, distinguant entre les descendants de l'adopté, refuse à ceux qui sont nés antérieurement à l'adoption, et accorde à ceux dont la naissance est postérieure à cet acte juridique, le droit de succéder à l'adoptant (1). L'illustre magistrat invoque à l'appui de son opinion l'art. 347, et se fonde sur ce que les enfants nés après l'adoption prennent, comme leur père, le nom de l'adoptant, et deviennent ainsi, civilement parlant, les petits-fils de ce dernier ; tandis que les enfants nés avant l'adoption n'ajoutent pas à leur nom celui de l'adoptant auquel ils restent, par conséquent, étrangers. Cette opinion intermédiaire nous paraît également inadmissible, parce qu'il ne suffit pas de prendre le nom d'une personne pour devenir son parent. Est-ce que, par exemple, l'enfant naturel reconnu devient le parent du père de son père dont il portera néanmoins le nom ? Est-ce que l'adopté lui-même devient le parent du père de l'adoptant, dont il prend cependant le nom pour l'ajouter au sien ? Si les enfants qui surviennent à l'adopté, postérieurement à l'adoption, joignent au nom originaire de leur père le nom de l'adoptant, ce n'est point parce qu'ils deviennent les parents de ce dernier ; ils reçoivent en naissant le nom de leur père, tel qu'il se trouve alors, c'est-à-dire modifié par l'adoption, mais ce n'est que de lui seul qu'ils le reçoivent.

Rejetant toute distinction, nous concluons donc que les enfants de l'adopté, n'étant pas appelés à la succession de

(1) Quest. de droit, v° Adoption, § 7.

l'adoptant, n'ont, par suite, aucun droit de réserve à prétendre sur son hérédité (1).

L'enfant naturel doit-il être compté au nombre des réservataires ? L'art. 913 n'en parle pas. Ce silence explique la
vive controverse dont notre question fut l'objet dans les premiers temps de la publication du Code Napoléon. C'est ainsi
que Chabot a soutenu la négative avec beaucoup d'insistance,
dans la première édition de son *Commentaire sur la loi des successions* (2), et n'a reproduit cette opinion, dans les éditions
suivantes, qu'avec une sorte d'hésitation. Cette opinion a été
également adoptée par un arrêt de la cour de Rouen (3). L'affirmative règne aujourd'hui en souveraine ; elle réunit les suffrages des auteurs et l'autorité d'une jurisprudence constante.
Elle s'appuie solidement sur les raisons suivantes : 1° d'a-
près l'art. 757, les enfants naturels ont une portion du droit
qu'ils auraient dans la succession s'ils étaient enfants légitimes ; ils ont même, d'après l'art. 758, l'intégralité des droits
des enfants légitimes, lorsque leur père ne laisse pas de parents légitimes au degré successible : de là découle l'existence
d'une réserve en leur faveur, puisque, s'ils eussent été légitimes, une portion de l'hérédité paternelle aurait dû leur
arriver, nonobstant les dispositions contraires de leur auteur.
En un mot, la réserve des enfants naturels découle des
art. 757 et 758 aussi logiquement que celle de l'adopté découle de l'art. 350. 2° D'après l'art. 761, le père ou la mère

(1) *Sic* Delvincourt, t. I, p. 96, note 6 ; Grenier, De l'adoption, n° 37 ;
Favart, Rép., v° Adoption, sect. II, § 3, n° 9 ; Lassaulx, t. II, p. 252 ; Zachariæ, Aubry et Rau, § 560, note 6 ; Demolombe, t. VI, n°s 139-141. —
Secus Proudhon et Valette, t. II, p. 221 ; Cotelle, cours de droit civil appro-
fondi, t. I, p. 89-92 ; Toullier, t. II, n° 1015 ; Duranton, t. III, n°s 314
et 327 ; Baurittel, Die Lehre von der Adoption nach den principien des fran-
zosischen civilrechts, p. 82 ; Odilon Barrot, Encyclop. du droit, v° Adoption,
n° 74 ; Taulier, t. I, p. 450 ; Marcadé, t. II, art. 350, n° IV ; Champion-
nière et Rigaud, droits d'enregistrement, t. IV, n° 3375 ; Dalloz, Rec. alph.,
v° Adoption, n° 187 ; Cass., 2 décemb. 1822 ; Paris, 27 janv. 1824.

(2) Sur l'art. 756, n°s 17 et suiv.

(3) 31 juillet 1820.

peuvent écarter de la succession leur enfant naturel en lui donnant, de leur vivant, la moitié de ce qui lui est attribué par la loi, avec déclaration expresse que leur intention est de réduire cet enfant naturel donataire à la portion qu'ils lui ont assignée. Est-il possible, en présence de ce texte, d'admettre que le père ou la mère puissent dépouiller leur enfant naturel, par un legs universel, quand la loi prend soin d'indiquer ici qu'on pourra bien l'écarter de la succession, mais à la condition de lui donner au moins quelque chose, moitié de ce qu'il aurait eu *ab intestat* ? L'art. 761, pour le cas où l'ascendant n'aurait pas usé du moyen qu'il indique, réserve textuellement à l'enfant naturel le droit de réclamer lors du décès de cet ascendant. Ce droit de réclamation ne saurait être autre chose qu'un droit de réserve, et voilà, dès lors, la réserve de l'enfant naturel textuellement écrite dans la loi. 3° Enfin, si la loi avait voulu permettre que l'enfant naturel pût être entièrement dépouillé par les libéralités de son père ou de sa mère, elle aurait dû lui assigner, pour ce cas, des aliments, comme elle l'a fait pour les enfants adultérins ou incestueux (art. 762, 763, 764). Elle ne l'a pas fait parce qu'elle lui accorde une réserve.

L'enfant naturel a donc droit à une réserve. Mais le laconisme qu'on a, avec raison, reproché au Code Napoléon dans tout ce qui touche aux enfants naturels (1), laisse une foule de questions épineuses à étudier, questions dont la solution est, en l'absence de textes positifs, abandonnée à la doctrine qui doit les résoudre par la combinaison des principes généraux. C'est à raison du nombre, de l'importance et de la difficulté de ces questions, que nous avons pensé qu'il était convenable de consacrer un paragraphe spécial à la réserve des enfants naturels (2).

Les enfants adultérins ou incestueux n'ont pas droit à une réserve ; néanmoins, lorsque ni le père ni la mère de l'enfant

(1) Zachariæ, Aubry et Rau, t. I, § 16, note 2.
(2) V. *infra*, § 8.

adultérin ou incestueux ne lui ont ni fait apprendre un art mécanique ni assuré des aliments de leur vivant, cet enfant a non pas un droit de réserve, mais un droit de créance d'aliments *contre la succession* de ses père et mère (arg. art. 764, cpr. art. 756 et 757). La quotité de cette créance alimentaire est abandonnée à l'appréciation souveraine des tribunaux. Le législateur, tout en n'accordant pas de réserve aux enfants nés de l'inceste ou de l'adultère, ne pouvait cependant pas oublier que, suivant l'expression énergique de Paul : « *Necare « videtur et is qui alimonia denegat* (1). » De ce que ces enfants n'ont qu'une créance alimentaire contre la succession de leurs père et mère, il résulte que, après le décès des père et mère, ils ne pourront, dans aucun cas, réclamer les aliments qui leur sont dus contre les donataires entre-vifs.

Aux termes des art. 351 et 352, l'adoptant n'est appelé à recueillir dans la succession de l'adopté que les biens que celui-ci tenait de sa libéralité, et à la condition que ces biens se retrouvent en nature dans cette succession, ou y soient représentés par une créance du prix ou des actions en rescision ou en résolution. Cette condition nous montre que l'adopté aurait valablement pu disposer de ces biens au préjudice de l'adoptant qui n'a aucun droit de réserve à prétendre.

Le père et la mère d'un enfant naturel ont-ils un droit de réserve à prétendre dans la succession de leur enfant prédécédé sans postérité? Nous avons peine à comprendre que, sur cette question, l'affirmative ait été enseignée, et qu'elle ait été admise par des arrêts. Toute réserve est une exception au droit commun, une entrave au principe de la libre disposition des biens, une limitation du droit de propriété : dès lors l'existence d'une réserve ne doit jamais être admise sans un texte. Quel est donc le texte qui parle de la réserve des pères et mères naturels? Bien plus, quel est le texte sur lequel on puisse baser cette réserve par voie d'induction? « Mais, nous dit M. Merville, y avait-il un texte formel

(1) L. 4, D., De agnosc. vel al. lib. (xxv, 3).

« qui conférât aux enfants naturels le bénéfice d'une réserve ?
« Non, cependant on consent à leur reconnaître la qualité
« de réservataires. Pourquoi se montrer plus exigeant à
« l'égard du père et de la mère (1) ? » M. Merville se
trompe : on n'accorde pas aux enfants naturels une réserve
qui ne puisse s'appuyer sur aucun texte. Nous venons de
montrer que ce droit leur est textuellement accordé par
l'art. 761, et résulte, en outre, implicitement, des art. 757
et 758. Mais, à défaut de textes, a-t-on, du moins, produit
quelque argument sérieux? Aucun. On s'est fondé sur un
prétendu principe de réciprocité, et l'on a déclaré que les
père et mère naturels doivent avoir une réserve sur les biens
de leur enfant par cela seul que ce dernier en a une sur leurs
biens. Cet argument ne pourra jamais passer pour un argument de droit positif. L'adopté, en effet, a bien une réserve
dans la succession de l'adoptant qui n'en a pas dans la sienne.
On s'est fondé aussi sur la corrélation qui existe entre l'obligation alimentaire et la réserve ; mais cette corrélation est
imparfaite. Tous ceux qui ont un droit de réserve dans une
succession pouvaient, du vivant du *de cujus*, exiger de lui des
aliments, cela est vrai, mais la réciproque ne l'est pas. Ainsi
les alliés en ligne directe se doivent réciproquement des aliments (art. 206 et 207), et cependant ils n'ont aucun droit
de succession ni, par conséquent, de réserve les uns vis-à-vis
des autres. La vérité est qu'on ne présente, en faveur de la
réserve des père et mère naturels, aucun argument de droit
positif, mais seulement des arguments d'une grande force au
point de vue législatif. L'argument tiré de la réciprocité est
de ce nombre, et M. Merville en présente un de bien plus
puissant encore qu'on peut résumer ainsi : Le législateur qui,
appelant *ab intestat* les père et mère d'un enfant naturel à sa
succession, ne leur accorderait pas de réserve dans cette
succession, frapperait les père et mère, en s'en remettant
pour les frapper à l'ingratitude de leur enfant (1). Sans aucun

(1) Revue de droit français et étranger, t. v, année 1848, p. 43.

doute il ressort de là qu'il y a une fâcheuse lacune dans la loi ; mais ces arguments , quelque puissants qu'ils soient , ne peuvent donner à l'interprète le pouvoir de combler cette lacune (2).

Nous avons déjà vu que la réserve étant une portion de la succession *ab intestat*, elle s'exerce sur la quotité des biens réservés, comme le droit de succession ordinaire sur l'hérédité tout entière. Les personnes incapables de succéder doivent donc, quant à la réserve, tout aussi bien que relativement à la succession ordinaire, être considérées comme n'existant pas. Ce principe était applicable, avant la loi du 14 juillet 1819, aux enfants et ascendants qui n'auraient pas été français au moment de l'ouverture de la succession ; et, avant la loi du 31 mai 1854, aux enfants et ascendants qui avaient encouru la mort civile à cette même époque. Par application du même principe et des art. 135 et 136, les descendants ou ascendants sur l'existence desquels il y a incertitude, à raison de leur absence présumée ou déclarée, doivent, par rapport à la réserve, être considérés comme n'existant pas.

Les descendants et les ascendants ne peuvent prétendre droit à la réserve qu'autant qu'ils sont en ordre de succéder.

(1) Revue de droit français et étranger, t. v, année 1848, p. 45 et 46.

(2) *Sic* Nîmes, 11 juillet 1827 ; Douai, 5 décembre 1840 ; Delvincourt, t. ii, p. 66; Chabot, sur l'art. 765, n° 5; Dalloz, Jur. gén., v° Succession, p. 331, n° 4 ; Zachariæ, Aubry et Rau, § 680, note 4 ; Marcadé, art. 765, n° ii et art. 915, n° iii. — *Secus*, Bordeaux, 24 fév. 1834 et 20 mars 1837 ; Loiseau, traité des enfants naturels, p. 693, et appendice, p. 80 ; Grenier, Des donations, t. ii, n° 676 ; Delaporte, Pand. fr., n° 180 ; Poujol, Des successions, sur l'art. 765, n° 3; Vazeille, Des successions et donations, sur l'art. 765, n° 5 ; Rolland de Villargues, Rép. du notariat, v° Portion disponible, n° 46 ; Fouët de Conflans, Esprit de la jurisprudence sur les successions, sur l'art. 765, n° 2 ; Observations de Devilleneuve et Carrette, sur l'arrêt précité de Douai, Sirey, xli, 2, 125 ; Revue de droit français et étranger, t. v, année 1848, p. 41-46, art. de M. Merville. Enfin, cette opinion a pour elle les décisions les plus récentes de la jurisprudence : Paris, 14 mars 1845 ; Cass., 3 mars 1846.

Ce principe, en apparence si simple, a donné naissance à une grave difficulté qui vient de ce que, d'une part, l'art. 915 accorde une réserve aux ascendants même autres que le père et la mère, tandis que, d'autre part, l'art. 916 refuse toute réserve aux frères et sœurs qui cependant, aux termes de l'art. 750, excluent les ascendants du second degré. Si nous supposons que le défunt n'ait pas fait de libéralités, et qu'il laisse des ascendants du second degré, et des frères et sœurs, nulle difficulté : les ascendants ne seront pas appelés, ils seront exclus par les frères et sœurs (art. 750). Mais s'il y a un légataire universel, les frères et sœurs qui, *ab intestat,* auraient exclu les ascendants, seront eux-mêmes exclus, puisqu'ils n'ont pas de réserve, tandis que les ascendants en ont une. Ces derniers pourront-ils donc la demander au légataire universel? Mais le légataire universel dira aux ascendants : Vous n'êtes pas en ordre de succéder, car vous êtes exclus par les frères et sœurs. Si le défunt n'eût pas fait de libéralités, vous ne recueilleriez rien, puisque les frères et sœurs prendraient toute la succession. Quel tort vous a donc causé le legs universel fait à mon profit? La Cour de cassation, dans un arrêt de rejet du 11 mai 1840, a fait triompher les prétentions des ascendants. Voici quelle était l'espèce sur laquelle est intervenu cet arrêt. Il y avait un ascendant du second degré, une sœur et un légataire universel. La sœur ayant renoncé, l'ascendant s'était trouvé en face du légataire universel, saisi d'après l'art. 1006, et lui avait demandé sa réserve. L'ascendant s'était efforcé d'établir devant le tribunal de la Seine et devant la Cour royale de Paris qu'il avait droit à la réserve, même abstraction faite de la renonciation de la sœur. Le tribunal, la Cour royale et la Cour de cassation n'accueillirent pas cette idée, et les trois décisions rendues en faveur de l'ascendant sont fondées sur la renonciation de la sœur, et sur l'art. 785 qui déclare que « l'héritier qui renonce est censé n'avoir jamais été héritier. »

Cette solution, adoptée par la Cour de cassation, a été présentée pour la première fois par M. Duranton (1), et M. Marcadé déclare que « cette doctrine est d'une vérité éblouissante (2). » Il nous semble, au contraire, que ceux qui professent que la renonciation des frères et sœurs ne saurait donner ouverture, au profit des ascendants, à une réserve à laquelle ils n'avaient pas droit au moment même du décès, auront facilement raison de cette doctrine tant vantée. Et d'abord, diront-ils, que nous parlez-vous de la renonciation des frères et sœurs ? A quoi renonceraient-ils donc ? En présence d'un légataire universel ils n'ont rien à prétendre ; or, *quod quis, si velit habere non potest, repudiare non potest.* Bien plus, cette renonciation, si on la déclarait possible, serait nécessairement frauduleuse ; en effet, les frères et sœurs se feront payer par les ascendants pour renoncer, et partageront ainsi leur réserve. Si les ascendants refusent un pareil marché, ou s'ils ne veulent pas payer assez cher cette renonciation, les frères et sœurs se feront alors payer par le légataire universel pour ne pas renoncer. Ne serait-ce pas là, de la part du législateur, avoir introduit au profit des frères et sœurs un droit de réserve par voie détournée ? Si le législateur eût voulu leur accorder ce droit, il l'eût fait directement et catégoriquement (3).

Ecartons donc le système adopté par la Cour de cassation, mais voyons, en même temps, si on ne pourrait pas soutenir, comme on l'a plaidé devant le tribunal de la Seine et la Cour de Paris, que lorsqu'une personne, laissant au jour de son décès un frère et un ascendant du second degré, a institué un légataire universel, l'ascendant a droit à sa réserve sans s'occuper de la question de savoir si le frère renoncera ou ne renoncera pas. Pour notre compte nous pensons que c'est là la vraie décision. Nous décidons, en outre, que, dans ce cas, l'ascendant est saisi, et

(1) T. VIII, n° 311.

(2) Sur l'art. 915, no II.

(3) *Sic* Vazeille, Des successions et donations, sur l'art. 915, n° 3 ; Zachariæ, Aubry et Rau, § 680, note 10.

que le légataire universel doit lui demander la délivrance. Etablissons ces diverses propositions. Oui, dirons-nous avec les partisans du second système, la renonciation du frère n'a aucun sens, elle est sans objet, et elle doit, dès lors, être dénuée de tout effet juridique. Pourquoi cela ? Parce que l'institution d'un légataire universel a la puissance, aux termes de la loi, d'écarter complétement le frère de la succession. Il n'aura rien à prétendre, et n'aura même pas la saisine (art. 1006). Tirons la conclusion logique : le frère étant, dès le moment du décès, écarté complétement de la succession, ce n'est pas en présence du frère, mais bien en présence de l'ascendant, que se trouve le légataire universel, et il y a, dès lors, lieu à l'application des art. 915 et 1004. Vous craignez, dirons-nous aux partisans du second système, une renonciation achetée à beaux deniers comptants, l'introduction, par voie indirecte, et contrairement à la volonté du législateur, d'une réserve au profit des frères et sœurs : notre système pare à ces inconvénients tout aussi bien que le vôtre. Personne ne songera, dans notre système, à payer le frère soit pour qu'il renonce, soit pour qu'il ne renonce pas, puisque les droits respectifs de l'aïeul et du légataire universel sont fixés indépendamment de cette renonciation, puisque comme vous nous déclarons cette renonciation impossible et lui enlevons toute influence. Mais nous sommes plus logiques que vous ; nous ne commençons pas, comme vous le faites, par dire que le frère ne peut pas renoncer à la succession parce qu'il n'y est pas appelé, pour venir déclarer ensuite que sa présence suffit pour exclure l'aïeul et le priver de sa réserve, ce qui suppose que, au lieu d'être exclu de la succession, il y est appelé, c'est-à-dire tout l'opposé de votre point de départ. Les systèmes adverses violent tous les deux l'art. 916, ainsi conçu : « A défaut d'as- « cendants ou de descendants, les libéralités par actes entre- « vifs ou testamentaires pourront épuiser la totalité des « biens. » En effet, ils permettent la disposition de la totalité des biens alors que le défunt laisse des ascendants. Notre système, au contraire, respecte le prescrit de cet article. On peut encore présenter à l'appui de notre doctrine des arguments d'un ordre plus élevé. Si nous supposons l'aïeul dans le dénûment et le petit-fils survivant hors d'état de lui fournir des aliments, et si nous admettons que le petit-fils décédé a pu, en instituant un étranger son légataire universel, priver de tout droit à sa succession et son frère et son aïeul, nous livrons ainsi les derniers jours d'un vieillard à toutes les angoisses de la misère, alors qu'il n'a plus la force de se procurer des ressources par son travail. Aussi, que font nos adversaires ? Ils dénaturent l'obligation alimentaire, ils la déclarent transmissible, et donnent, en conséquence, à l'aïeul le droit de demander des aliments au légataire universel de son petit-fils. Ils sont donc réduits à assimiler l'ascendant légitime à un enfant adultérin ou incestueux en lui accordant, au lieu d'un droit de réserve dans la succession de son petit-fils, une simple créance alimentaire contre cette succession. Encore ne peuvent-ils lui accorder cette créance alimentaire qu'en violant tous les principes qui régissent ces sortes d'obligations. En effet, d'après les art. 205, 206 et 207, l'obligation alimentaire est uniquement imposée aux descendants, aux ascendants et aux alliés en ligne directe ; elle leur est imposée *jure sanguinis et naturæ ;* or, il n'y a plus, dans notre espèce, ni descendant ni ascendant, ni petit-fils ni aïeul, ni, par conséquent, entre l'aïeul et le légataire universel du petit-fils de devoir de piété et d'assistance ; de telle sorte que, d'une part, les art. 205, 206 et 207 résistent à toute action alimentaire en faveur de l'aïeul, et que, d'autre part, la suppression de la cause efficiente de l'obligation alimentaire y résiste avec non moins de force. On ne peut reconnaître l'existence de cette dette d'aliments du légataire universel du petit-fils envers l'aïeul qu'en violant les principes, puisque, aux termes de l'art. 207, cette obligation est réciproque et qu'on ne saurait, ici, admettre de réciprocité. Aussi M. Demolombe déclare-t-il que, théoriquement, la doctrine qui considère l'obligation alimentaire comme s'éteignant nécessairement par la mort du débiteur est, à ses yeux, la plus

juridique. « D'où vient donc, continue l'illustre professeur de
« Caen, qu'elle n'a pas eu de défenseur? Ne serait-ce point
« de ce que, dans les hypothèses où la question s'élève, la
« loi elle-même aurait eu le tort de ne point faire assez, ou
« plutôt de ne rien faire en faveur de certaines personnes
« très dignes pourtant de sa protection et de sa justice? Et
« n'aurait-on pas été entraîné, afin de réparer cette lacune,
« à étendre au-delà de ses limites, à dénaturer l'obligation
« alimentaire? La question qui nous occupe peut s'élever, en
« effet, surtout au profit des aïeul ou aïeule dépouillés par
« un petit-fils dont ils n'étaient pas héritiers à cause de la
« présence d'un frère du défunt (1). » Il faut prêter au législateur des décisions plus sages, il faut voir plus d'harmonie
dans les diverses dispositions du Code, il ne faut pas l'accuser
de n'avoir rien fait pour l'aïeul. Oui ! certainement il n'a rien
fait pour l'aïeul dans le système de ceux qui admettent que
cet aïeul ne peut prétendre droit à une réserve lorsqu'il est
en présence d'un légataire universel et que son petit-fils a
laissé des frères ou sœurs, et même dans le système qui su-
bordonne son droit de réserve à la renonciation des frères ou
sœurs ! Et alors arrive comme tempérament d'équité la
créance alimentaire! Alors voilà les partisans de ces deux
systèmes forcés, pour échapper au résultat montrueux auquel ils sont conduits logiquement, de violer les art. 205,
206 et 207, parce qu'ils ont violé les art. 915, 916 et 1004!
Nous, au contraire, nous prêtons au législateur un système harmonique : il préfère les frères et sœurs à l'aïeul,
parce que cette transmission de biens ne change en rien la
situation de ce dernier, qui pourra demander des aliments à
son petit-fils survivant tout aussi bien qu'à son petit-fils prédécédé, et qui pourra, bien entendu, lui en demander de plus
élevés à raison de l'accroissement de fortune qui vient de lui
arriver (art. 208). Mais si les biens sortent tous de la famille,
si les frères et sœurs sont complétement exclus par un léga-

(1) T. IV, no 40, p. 45.

taire universel, comme alors une créance alimentaire ne saurait exister en faveur de l'aïeul, sans violenter la nature même de ces sortes de créances, la réserve de l'aïeul reparaît. En d'autres termes, si la loi préfère le légataire universel aux frères et sœurs, elle préfère, jusqu'à concurrence d'une certaine quotité de biens, les aïeux au légataire universel. Et cela se comprend aisément puisque, lorsque les biens passent aux frères et sœurs, les aïeux n'ont pas besoin de la protection dont, au contraire, la loi doit les couvrir lorsque les biens passent dans des mains étrangères. Ce ne sont pas là, d'ailleurs, des idées nouvelles : cette question se présentait, autrefois, dans les coutumes de Bruxelles et de Louvain, et notre doctrine fut admise formellement par un arrêt du Conseil souverain de Brabant, du mois d'octobre 1653, rapporté dans le recueil de Stockmans, et elle est approuvée par Decius en son conseil 295 (1).

« La question de savoir, disent MM. Aubry et Rau, si les « ascendants peuvent avoir droit à une réserve lorsqu'ils ne « se trouvent pas, au moment même du décès du défunt, « appelés à sa succession, et qu'ils n'y arrivent que par suite « d'événements postérieurs, n'a pas, jusqu'à présent, été « envisagée d'une manière générale (2). » Cette observation est parfaitement juste, mais avant de répondre à la question posée par les savants professeurs de Strasbourg, nous ferons remarquer que c'est à tort qu'ils ont fait rentrer dans le cadre de cette question générale celle que nous venons de traiter, car les effets d'un legs universel se produisent à l'instant même du décès du testateur ; en sorte que, dans ce cas, ce n'est pas par suite d'événements postérieurs, mais bien au moment même du décès du défunt, que les ascendants sont appelés à sa succession. Dans quel cas se présentera

(1) *Sic* Delvincourt, t. II, p. 64, note 5 ; Coin-Delisle, Commentaire analytique sur le titre *Des donations et testaments,* art. 1006, n° 5 ; M. Valette, à son cours, leçon du 19 juin 1854.

(2) Sur Zachariæ, § 630, note 10.

24

donc la question posée par les annotateurs de Zachariæ ? Il faut, par exemple, supposer un ascendant du second degré et des frères ou sœurs en présence de légataires à titre universel ou à titre particulier. Si les frères et sœurs renoncent, on ne pourra pas dire, dans ce cas, que leur renonciation ne se comprend pas, puisqu'il peut se faire qu'ils renoncent ainsi à une légère portion de l'hérédité qu'ils auraient pu recueillir, et puisque, alors même que toute la succession se trouverait absorbée par les libéralités du défunt, ils étaient saisis (art. 1004), et avaient, dès lors, intérêt à renoncer pour se soustraire aux actions des créanciers héréditaires. On devra donc décider, dans ce cas, que, par suite de la renonciation des frères et des sœurs, ascendants sont en ordre de succéder, et ont, dès lors, un droit de réserve. Nous ne saurions souscrire à la théorie de Zachariæ et de ses annotateurs qui exigent, pour que les ascendants puissent avoir droit à une réserve, qu'ils se trouvent, au moment même du décès du défunt, appelés à sa succession. Le contraire résulte évidemment du principe posé par l'art. 785.

En résumé, lorsque les ascendants du second degré se trouvent en présence d'un légataire universel, ils ont droit à leur réserve malgré l'existence de frères et sœurs, sans qu'on ait à s'occuper de leur renonciation, puisque cette renonciation serait sans objet, et que l'esprit se refuse à en comprendre la possibilité. Si, au contraire, les ascendants étaient, au moment du décès, exclus de la succession par des descendants ou bien par des frères et sœurs se trouvant en présence de légataires à titre particulier ou à titre universel, la renonciation ou l'indignité des descendants ou des frères et sœurs ouvrirait, dans ce cas, leur droit à la réserve. Et quant au cas d'indignité, que MM. Aubry et Rau ne nous opposent pas que, dans ce cas, l'argument tiré de l'art. 785 ne s'applique pas, car ce n'est que « dans ses rapports avec les tiers que celui « qui a été exclu de la succession pour cause d'indignité « est à considérer comme ayant été légalement investi des « droits qu'il tenait de sa qualité d'héritier ou de successeur

« irrégulier, jusqu'au moment où son indignité a été décla-
« rée, » tandis que « l'héritier ou le successeur irrégulier
« dont l'indignité a été déclarée est à considérer, en ce qui
« concerne ses rapports avec les personnes qui doivent suc-
« céder au défunt, comme n'ayant jamais eu aucun droit à
« l'hérédité (1). »

§ 3.

Du montant de la réserve.

La réserve des enfants varie suivant leur nombre. Sur ce
point voici le système de la loi : en principe le père peut disposer d'une part d'enfant. S'il a un enfant, il peut disposer
de la moitié de son patrimoine, s'il en a deux, du tiers, s'il
en a trois, du quart ; de telle sorte que, dans ces divers cas,
le légataire universel aurait une part égale à celle de l'un des
enfants. Mais le fractionnement ne va pas plus loin, de telle
sorte que si le défunt a plus de trois enfants, le légataire
universel aura une part plus forte que celle de chaque enfant ; ainsi, si nous supposons quatre enfants, chacun de ces
enfants aura le quart des trois quarts, c'est-à-dire trois
seizièmes, tandis que le légataire universel aura un quart, c'est-
à-dire quatre seizièmes. Si nous supposons cinq enfants, ils
auront chacun le cinquième des trois quarts ou trois vingtièmes,
tandis que le légataire universel aura un quart ou cinq
vingtièmes. Plus le nombre des enfants augmentera, plus
cette disproportion sera considérable. La règle du Code donne
mathématiquement le résultat suivant, dès qu'on suppose plus
de trois enfants : soit a la part du légataire universel, b la
part de chaque enfant, m le nombre des enfants, on aura :

$$a : b : : m : 3.$$

Les rédacteurs du Code n'ont pas voulu que le disponible

(1) Zachariæ, § 594.

fût réduit à trop peu de chose. Il nous semble qu'ils se sont, en cela, trop préoccupés des droits du disposant, pas assez de ceux de ses enfants. Pour éviter que le disponible fût restreint à de trop étroites limites, on a rendu, lorsque le nombre des enfants est considérable, la réserve de chacun d'eux presque nulle. Il arrivera, il est vrai, fort rarement que le père dispose de toute la quotité disponible au profit d'étrangers et au préjudice de ses enfants, mais il arrivera souvent que, poussé par une prédilection particulière ou par un sentiment de vanité, le père voudra faire un aîné, et usant du pouvoir que lui accorde l'art. 919, donnera, par préciput et hors part, toute la quotité disponible à l'un de ses enfants. Nous avons nous-mêmes approuvé le principe contenu dans l'art. 919, et loué la loi du 4 germinal an VIII, et le Code Napoléon de l'avoir adopté. Mais le but n'est-il pas dépassé lorsque, par suite de la fixation du montant de la réserve combinée avec le principe qui nous occupe, il arrive qu'un père peut laisser une large aisance à l'un de ses enfants et presque rien aux autres? S'il n'y a qu'un, deux ou trois enfants, le préciputaire aura une part double, soit, mais qu'on augmente le nombre des enfants, et l'on verra cette disproportion dépasser toutes les bornes de l'équité; on verra le legs de la quotité disponible au profit de l'un des enfants équivaloir presque pour les autres à une exhérédation. Prenons un exemple : un père laisse 100,000 francs et dix enfants. L'enfant auquel toute la quotité disponible aura été léguée par préciput aura 32,500 francs, et chacun de ses frères et sœurs n'aura que 7,500 francs! Si nous ramenons à une règle mathématique le rapport existant entre la part de l'enfant préciputaire et celle de ses frères ou sœurs, dans le cas où les enfants sont plus de trois, nous aurons, en représentant par a la part de l'enfant préciputaire, par b la part de l'un de ses frères, et par m le nombre des enfants :

$$a : b :: m + 3 : 3.$$

Nous avons déjà vu que la loi du 4 germinal an VIII avait

admis sur le montant de la réserve des enfants un tout autre système. Sous l'empire de cette loi, lorsqu'il y avait trois enfants ou même moins de trois enfants, le disponible était du quart ; à partir de trois enfants, le disponible était de la fraction du patrimoine ayant pour dénominateur le nombre des enfants plus un. Les rédacteurs de cette loi avaient pensé avec raison que c'était accorder au père tout ce que la raison et le vœu de la nature pouvaient tolérer, que de lui permettre d'assimiler un étranger à ses propres enfants, et de donner à un enfant une double part de celle qui resterait à chacun des autres. Comme il est peu probable qu'un père dispose, sans de graves motifs, en faveur d'étrangers, on eût pu commencer l'échelle par la moitié, dans le cas où il n'y aurait qu'un enfant, et par le tiers, dans le cas où il y en aurait deux. Avec cet amendement, le système de la loi du 4 germinal an VIII conciliait dans une mesure équitable les droits de propriété et de puissance paternelle avec les devoirs qu'imposent les liens du sang. Aussi, Tronchet prêta-t-il à ce système ainsi amendé l'appui de son talent et l'autorité de son nom. La section de législation proposait un disponible invariable du quart. Maleville voulait qu'il fût de la moitié, et Portalis semblait même désirer qu'il fût plus considérable. Presque chaque conseiller d'Etat proposait son système. Celui qui fut adopté, et qu'avait proposé le consul Cambacérès, fut, pour ainsi dire, une transaction entre ces divers systèmes. Il est formulé dans les articles 913 et 914 que voici :

« Art. 913 : Les libéralités, soit par acte entre-vifs, soit « par testament, ne pourront excéder la moitié des biens du « disposant, s'il ne laisse à son décès qu'un enfant légitime ; « le tiers s'il laisse deux enfants ; le quart s'il en laisse trois « ou un plus grand nombre. »

« Art. 914 : Sont compris dans l'article précédent, sous « le nom d'*enfants*, les descendants, en quelque degré que « ce soit ; néanmoins ils ne sont comptés que pour l'enfant « qu'ils représentent dans la succession du disposant. »

Ce dernier article demande quelques explications. Il ne

présente aucune difficulté lorsqu'il s'agit de la représentation proprement dite telle qu'elle est réglée par les art. 739 et suivants. Ainsi, à la mort du *de cujus*, il existe cinq petits-enfants issus de deux fils prédécédés, deux de l'un et trois de l'autre. Ces petits-enfants formeront deux souches; chacune d'elles tient la place d'un enfant prédécédé. Il n'y a donc pas cinq enfants, mais seulement deux; la quotité disponible sera du tiers. Le prédécès des deux fils du *de cujus* n'a pas pu diminuer la quotité disponible, puisque la représentation a été admise afin que les petits-fils ne pussent ni gagner, ni perdre par suite du prédécès de leur père. De même, si un seul des fils était mort laissant plusieurs enfants qui viendraient alors, à la succession de leur grand-père, en concours avec leur oncle, la quotité disponible serait encore du tiers. La difficulté commence lorsque les petits-enfants viennent de leur chef à la succession de l'aïeul. Dans ce cas, la quotité disponible sera-t-elle fixée eu égard au nombre des petits-enfants, ou, au contraire, eu égard au nombre des enfants dont ils sont issus? Etablissons d'abord avec soin dans quels cas les petits-enfants viennent par représentation, dans quels cas ils viennent de leur chef. Aux termes de l'art. 740, la représentation a lieu dans deux cas seulement: 1° lorsque les descendants d'un enfant prédécédé se trouvent en concours avec des enfants au premier degré; 2° lorsque tous les enfants du défunt étant morts avant lui, les descendants *desdits enfants* se trouvent entre eux à des degrés égaux ou inégaux. Les petits-enfants viennent donc de leur chef, à la succession de l'aïeul : 1° lorsque tous les enfants du premier degré existent encore au moment du décès de l'aïeul et renoncent tous à sa succession, ou en sont tous exclus comme indignes, car on ne peut représenter les personnes vivantes (art. 744, 730, 787) (1); 2° lorsqu'ils sont issus d'un fils ou d'une fille unique

(1) Si nous supposions deux fils, l'un acceptant, l'autre renonçant ou indigne, les enfants de ce dernier n'étant pas appelés à la succession, puisqu'ils ne jouissent pas du bénéfice de la représentation, et que dès lors ils se trouvent exclus par leur oncle qui est d'un degré plus rapproché qu'eux du défunt,

prédécédée. Que décider dans ces deux cas? Comment, lorsqu'ils se présentent, doit-on fixer la quotité disponible? Au
moment du décès deux fils existent et renoncent à la succession de leur père, ou en sont exclus comme indignes ; ils ont,
l'un deux enfants, l'autre trois, venant tous à la succession
de leur chef; ou bien encore, le défunt avait un fils unique
qui est mort avant lui, laissant quatre enfants. Dans le premier cas, la quotité disponible sera-t-elle du tiers? Dans le
second cas, sera-t-elle de la moitié? Ou bien sera-t-elle du quart
dans les deux cas? L'auteur d'un traité de la portion disponible,
publié en 1805, et qui n'a examiné qu'un seul de ces deux cas,
décide que la réserve dans la succession d'un aïeul doit se calculer eu égard au nombre des petits-enfants laissés par un fils unique mort avant son père. Pour établir son système, il décompose
l'art. 914 en deux dispositions, l'une qui, par sa combinaison
avec l'article précédent, attribue le droit de réserve aux
descendants du second degré et des degrés ultérieurs, en les
comprenant sous le nom d'enfants, l'autre qui veut que ces
descendants ne soient comptés que pour l'enfant qu'ils représentent dans la succession de l'aïeul. Or, dit-il, les petits-
enfants issus d'un seul enfant prédécédé viennent à la succession de leur chef, sans avoir besoin de la représentation ;
donc la première partie de l'art. 914 leur est applicable,
tandis qu'il en est autrement de la seconde (1). Ce système

n'auraient droit à aucune réserve, d'après les principes exposés aux deux paragraphes précédents. Il en serait de même dans le cas où il existerait un fils
renonçant ou indigne et ayant des enfants qui ne peuvent le représenter, et
des enfants issus d'un fils prédécédé; ces derniers, jouissant du bénéfice de la représentation refusée aux premiers, les excluraient de la succession et auraient
seuls droit à la réserve, qui serait, quel que fût leur nombre, de la moitié ou des
deux tiers, selon que l'on compterait ou que l'on ne compterait pas leur oncle
renonçant ou indigne. Cette dernière question est controversée et sera discutée
plus loin.

(1) Levasseur, *De la portion disponible*, n° 39. — Il est évident que si cet
auteur eût prévu le cas de deux enfants renonçants ou indignes et ayant à eux
deux plus de deux enfants venant dans ce cas de leur chef à la succession de
l'aïeul, il eût également calculé la quotité disponible eu égard au nombre des

n'a pas fait fortune ; voilà cinquante ans qu'il s'est produit, et cependant on ne saurait citer en sa faveur, ni un auteur, ni un arrêt. C'est avec raison que cette doctrine a été ainsi rejetée ; en effet, le raisonnement qui lui sert de base manque de logique. L'art. 914 contient bien deux dispositions, mais elles sont intimement liées l'une à l'autre. Cet article nous dit d'abord que le mot *enfants*, dans l'article précédent, comprend les descendants de tout degré. Voici donc tous les descendants, qu'ils viennent ou non par représentation, appelés à la réserve par la première partie de l'article ; or, c'est de ces descendants, qu'ils viennent de leur chef ou par représentation, peu importe, que parle le second membre de phrase quand il dit qu'*ils ne seront comptés que pour l'enfant qu'ils représentent dans la succession du disposant*. Il suit de là qu'on ne pourrait admettre que c'est seulement en cas de représentation proprement dite que les petits-enfants ne sont comptés que pour l'enfant dont ils descendent, sans se trouver obligé d'admettre en même temps qu'ils n'ont aucun droit de réserve lorsqu'ils viennent de leur chef à la succession de l'aïeul. Il faut donc dire que, dans notre art. 914, le mot *représentent* ne fait aucune allusion à la représentation, qu'il y est pris dans le sens vulgaire de *remplacent*. Et cela n'a rien d'extraordinaire, puisque de l'aveu de tous, au titre même *Des successions*, ce mot est employé dans ce sens dans les articles 749 et 751. D'ailleurs, à quelles bizarres conséquences ne serait-on pas conduit dans le système Levasseur ? Par exemple, le *de cujus* n'a eu qu'un fils qui est prédécédé laissant trois enfants ; les petits-fils ne venant pas à proprement parler par représentation, la quotité disponible ne sera que du quart. Le *de cujus*, au contraire, a eu deux fils prédécédés, qui ont laissé chacun trois enfants ; ces six petits-fils forment deux groupes ; ils représentent deux enfants, la quotité disponible sera du tiers : il en résulterait donc que, dans

petits-enfants. Sa raison de décider si elle était bonne s'appliquerait également à ce cas.

ce second cas, la quotité disponible serait plus considérable que dans le premier, et que, en conséquence, trois petits-fils issus d'un seul fils prédécédé seraient plus largement protégés que six petits-fils issus de deux fils également prédécédés. Il résulterait encore de ce système qu'un père renoncerait pour augmenter la réserve au profit de ses enfants. Ainsi, le *de cujus* a un fils, la quotité disponible est de moitié ; mais ce fils a quatre enfants ; il renonce, ses enfants acceptent à sa place, la quotité disponible ne sera plus que du quart. De tels résultats, et le système qui y conduit, sont évidemment inadmissibles (1).

Si le montant de la réserve des descendants varie avec leur nombre, le montant de la réserve des ascendants est, au contraire, invariable. Elle est d'un quart pour chaque ligne, et elle y est recueillie par l'ascendant ou les ascendants les plus proches. Ainsi, soit un ascendant dans chaque ligne, la réserve est de moitié ; soit, au contraire, deux ou même trois ascendants dans une seule ligne, la réserve n'est que du quart. Voici quels sont, à cet égard, les termes de la loi, art. 915 : « Les « libéralités par actes entre-vifs ou par testament ne pour- « ront excéder la moitié des biens, si, à défaut d'enfants, le « défunt laisse un ou plusieurs ascendants dans chacune des « lignes paternelle et maternelle ; et les trois quarts, s'il ne « laisse d'ascendants que dans une ligne. »

Dans la plupart des cas, la règle écrite dans notre article conduira à ce résultat, que les ascendants auront pour réserve la moitié de leur portion *ab intestat*. Mais ce résultat est loin d'être vrai dans tous les cas ; il pourrait se faire qu'un ascendant eût une réserve moindre que la moitié de sa part *ab intestat*, il pourrait arriver aussi qu'il eût une réserve égale à la totalité de ce qu'il eût recueilli *ab intestat*. Le premier ré- sultat se présentera lorsqu'une succession sera déférée au

(1) *Sic* Delvincourt, t. II, p. 218 ; Toullier, t. V, n° 102 ; Grenier, Des donations, t. II, n° 558 ; Duranton, t. VIII, n° 290 ; Zachariæ, Aubry et Rau, § 681, texte et note 1 ; Marcadé, art. 913 et 914, n° 1 ; M. Valette, à son cours, leçon du 19 juin 1854.

père ou à la mère du défunt, en concours avec un oncle ou un cousin de la ligne opposée. Dans ce cas, en effet, l'ascendant recueille *ab intestat* la moitié des biens en pleine propriété, et un tiers de l'autre moitié, soit un sixième en usufruit (art. 753 et 754). Or, sa réserve n'égale pas la moitié de sa part *ab intestat*, puisqu'elle n'est que du quart, et que la moitié de sa portion *ab intestat* serait d'un quart, et d'un douzième en usufruit. Le second résultat se présentera lorsque les père et mère du *de cujus*, ou l'un d'eux seulement, viendront à sa succession avec des frères et sœurs, puisque dans ce cas l'article 751 leur accorde à chacun *ab intestat* un quart des biens du défunt, quotité que l'art. 915 leur assure en la frappant d'indisponibilité à leur profit. Certains auteurs n'admettent pas ces résultats, et accordent aux père et mère, dans le premier cas, une réserve d'un quart en propriété, plus un douzième en usufruit, et, dans le second cas, restreignent leur réserve à un huitième pour chacun, soit un quart pour les deux (1). Il suffit de lire l'art. 915 pour voir que c'est là substituer à la règle de la loi une règle tout autre qui serait celle-ci : les libéralités par actes entre-vifs ou par testament ne pourront, lorsque le défunt laissera des ascendants, excéder la totalité des biens déférés *ab intestat* aux collatéraux, et la moitié des biens déférés aux ascendants. Ce serait donc perdre son temps que de s'arrêter à discuter des théories proposées par des interprètes qui s'arrogent le droit de changer les dispositions de la loi (2).

L'art. 915 se termine par la phrase suivante : « Ils (les « ascendants) auront seuls droit à cette réserve, dans tous « les cas où un partage en concurrence avec des collatéraux « ne leur donnerait pas la quotité de biens à laquelle elle est « fixée. » Il résulte de cette disposition qui fut ajoutée sur les

---

(1) Levasseur, De la portion diponible, n°s 50 et 51 ; Delvincourt, t. II, p. 213 et 214.

(2) *Sic* Grenier, Des donations, t. II, n° 576 ; Toullier, t. V, n° 116, texte et note 2 ; Zachariæ, Aubry et Rau, § 681, texte et note 6 ; Marcadé, art. 915, n° 1 ; M. Valette, à son cours, leçon du 19 juin 1854.

observations du Tribunat, qu'il faut que la réserve des ascendants soit complétée avant que les collatéraux, qui étaient appelés avec eux à la succession *ab intestat*, aient rien à prétendre. Ainsi, il y a un grand-père paternel dans une ligne, des collatéraux dans l'autre ligne, *ab intestat* la succession se partagerait par moitié entre l'ascendant paternel, d'une part, et les collatéraux maternels, d'autre part (art. 753). La succession est de 100,000 francs, les libéralités montent à 75,000 francs. Il ne reste donc que 25,000 francs. Qu'en fera-t-on ? L'ascendant les prendra, les collatéraux n'auront rien ; en effet, la réserve de l'ascendant est du quart, les 25,000 francs forment juste ce quart, il les prendra donc. S'il restait 30,000 francs, l'ascendant prendrait 25,000 francs, les collatéraux 5,000 francs. S'il restait 50,000 francs, l'ascendant prendrait 25,000 francs et les collatéraux pareille somme. S'il restait 45,000 francs, l'ascendant prendrait 25,000 francs, les collatéraux 20,000 francs, etc. Reprenons l'une de ces espèces : nous supposons une succession de 100,000 francs dévolue à un ascendant paternel et à un collatéral maternel ; le défunt a disposé de 60,000 francs, il reste donc 40,000 fr. à partager entre le grand-père et le collatéral. Le grand-père, avons-nous dit, prendra 25,000 francs et le collatéral 15,000 francs. Vainement le collatéral dirait qu'il reste dans la succession 40,000 francs, que l'art. 753 lui donnant droit à la moitié, il doit avoir 20,000 francs, et que, si l'ascendant n'a que 20,000 francs au lieu de 25,000 francs, montant de sa réserve, il doit se procurer les 5,000 francs qui lui manquent en faisant réduire les dons ou legs. Cette prétention du collatéral, prétention que Levasseur trouve fondée (1), serait évidemment inadmissible. Elle ne peut se soutenir en présence de l'historique de la discussion. La phrase qui termine l'art. 915 fut ajoutée, avons-nous dit, sur les observations du Tribunat, et Bigot-Préameneu, rendant compte au conseil d'Etat de la demande du Tribunat, prit une espèce

(1) De la portion disponible, n° 52.

semblable à la nôtre, afin de bien faire saisir les résultats de la disposition additionnelle proposée. Quels sont ces résultats d'après Bigot-Préameneu? Précisément ceux auxquels nous sommes arrivé. Puis, sans aucune discussion, la disposition additionnelle fut adoptée. L'erreur dans laquelle est tombé Levasseur est d'autant plus extraordinaire que cet auteur présente l'historique de la discussion, et cite tout au long les paroles de Bigot-Préameneu. Ces paroles n'auraient pas été prononcées que la prétention du collatéral n'en devrait pas moins être repoussée, car comment accorder une action en réduction contre les donataires ou légataires alors que le défunt, loin d'avoir dépassé la quotité disponible, a, au contraire, laissé dans sa succession 15,000 francs de biens dont il aurait pu disposer? Et, puisque l'ascendant trouve dans la succession de quoi fournir sa réserve, il est clair que, s'il y avait réduction, elle se ferait, non pas à son profit, mais bien au profit du collatéral, héritier non réservataire.

On pourrait soulever la question de savoir si la disposition finale de l'art. 915 ne devrait pas s'appliquer *ab intestat*, et sans supposer aucune disposition à titre gratuit de la part du défunt dans les cas suivants : soit un *de cujus* qui laisse son père, sa mère, un enfant naturel et un frère. Il faudra évidemment accorder à l'enfant naturel la moitié de la succession (art. 757) ; mais que devra-t-on faire de l'autre moitié? Devra-t-on la partager d'après les principes ordinaires, en attribuant un quart au frère, un huitième au père et un huitième à la mère? Ou faudra-t-il appliquer la disposition finale de notre article et attribuer en entier au père et à la mère la moitié que ne prend pas l'enfant naturel? De même si dans la même espèce nous ne supposons que l'un des deux ascendants au premier degré, cet ascendant n'aura-t-il que le quart de la moitié, ou devra-t-il avoir le quart du tout? Nous croyons qu'il faut pour partager entre le père, la mère et le frère dans le premier cas, et entre le père ou la mère et le frère dans le second cas, la moitié que la présence de l'enfant naturel laisse libre, suivre les principes ordinaires des successions *ab intestat* (art. 751) (1). Cette question ne peut être traitée que lorsque nous auronsexposé les principes qui régissent la réserve des enfants naturels, principes auxquels nous avons annoncé que nous consacrerions un paragraphe spécial. Nous renvoyons donc à ce paragraphe la discussion de la question que nous venons de poser.

Quels enfants ou descendants, quels ascendants devrons-nous compter pour fixer la quotité disponible et, par suite, la réserve ? Quant aux ascendants, personne n'a soulevé de difficulté. Peu importe leur nombre dans l'une ou l'autre ligne ; on recherche seulement s'il y en a dans les deux lignes, et alors la quotité disponible est de la moitié, ou dans une seule, et alors elle est des trois quarts. La réserve est de la moitié dans le premier cas, du quart dans le second. C'est une quotité invariable ; dès l'instant qu'il y a un ascendant dans une ligne, il y a une réserve du quart ; dès l'instant qu'il y en a un dans chaque ligne, il y a une réserve de la moitié ; si donc tous les ascendants d'une ligne renoncent, il n'y aura pas de dévolution d'une ligne à l'autre, de manière que la réserve soit de la moitié au profit de la ligne dans laquelle il reste un ou plusieurs ascendants. En effet, *laisser des ascendants dans une ligne* (art. 915), c'est laisser des ascendants qui soient héritiers. Tout le monde est d'accord sur ce point.

Quant aux enfants ou descendants qu'on ne peut séparer en deux lignes distinctes, on a admis que, pour fixer la réserve, il fallait compter ceux qui renoncent ou sont déclarés indignes. Il serait cependant raisonnable d'adopter pour les enfants et descendants la décision admise pour les ascendants et de dire que, jusqu'à trois enfants, il ne faut compter, pour fixer la réserve, que les enfants qui prennent part à la succession. Ainsi, dans l'opinion générale voici comment se calculera la quotité disponible : il y a trois enfants, deux renoncent,

(1) *Sic* Zachariæ, t. IV, § 605, p. 213.

celui qui accepte aura une réserve des trois quarts (1). A l'appui de cette décision on invoque les termes de l'art. 913 (s'il ne *laisse* à son décès qu'un enfant légitime... s'il *laisse* deux enfants... s'il en *laisse* trois ou un plus grand nombre), qui semble ne s'occuper que du nombre des enfants existants au décès du *de cujus*, sans s'inquiéter de la question de savoir s'ils accepteront ou s'ils renonceront. Cet argument n'est pas très solide. Pourquoi supposer en effet que le mot *laisse* a dans l'art. 913 un sens qu'il n'a pas dans les articles suivants, et en général dans toute la matière des successions ? Quand l'art. 915 dit qu'une réserve est due aux ascendants *à défaut d'enfants*, il est évident et admis par tout le monde que ces mots signifient, non pas s'il n'existe pas d'enfants, mais bien s'il n'existe pas d'enfants venant à la succession. Quand le même article dit que la réserve sera de la moitié si le défunt *laisse* des ascendants dans les deux lignes, et du quart s'il n'en *laisse* que dans une, il est évident encore et admis encore par tout le monde que cette réserve s'évanouirait, quoiqu'il existât des ascendants soit dans les deux lignes, soit dans une seule, si ces ascendants renonçaient ou étaient déclarés indignes. Enfin quand l'art. 916 dit que les libéralités pourront épuiser la totalité des biens *à défaut* d'ascendants et de descendants, ne veut-il pas dire, de l'aveu de tout le monde, à défaut d'ascendants ou de descendants recueillant effectivement la suc-

(1) *Sic* Cass., 18 fév. 1818 ; Caen, 16 fév. 1826 et 25 juillet 1827 ; Amiens, 17 mars 1853 ; Bastia, 23 janv. 1855 ; Grenier, Des donations, nos 563 et suiv. ; Toullier, t. v, no 109 ; Duranton, t. viii, nos 298-300 ; Vazeille, Des donations, sur l'art. 913, no 2 ; Coin-Delisle, des donations et testaments, sur les art. 913 et 914, nos 6 et suiv. (Cpr. sur l'art. 1098, no 17), et limite du droit de rétention par l'enfant donataire renonçant, nos 165-178 ; Martin, Des successions, no 565 ; Zachariæ, Aubry et Rau, § 681, texte et note 4. — Favard, Rép., vo Portion disponible, sect. 1re, § 1, no 1, compte le renonçant et se refuse à compter l'indigne. — Delvincourt, t. ii, p. 216 et suiv. ne compte pas l'indigne et ne compte le renonçant que s'il renonce *aliquo accepto*. On le voit, Delvincourt reproduit complètement le système de notre ancienne jurisprudence. V. *Supra*, 11e partie, chap i, sect. ii, § 6, i.

cession ? C'est ainsi encore que nous trouvons le mot *laisser*
employé évidemment dans le sens *d'avoir pour héritiers*, au
titre *Des successions,* dans les art. 746, 748, 749, 757, 758
et 767. Le système que nous combattons s'est produit avec
éclat dans un arrêt de la Cour de cassation du 18 février 1818,
devenu célèbre sous le nom d'arrêt Laroque de Mons. Dans
cet arrêt, la Cour suprême pose en principe que, à la mort
d'une personne, sa succession se trouve divisée, *ipso jure,* en
deux parts, la quotité disponible d'un côté, et la réserve de
l'autre ; que ces deux parts sont fixées, *ab initio,* par le nombre des enfants laissés par le défunt ; que ces enfants étant
seuls appelés à recueillir la réserve, la part de ceux qui renonceront doit accroître aux autres, conformément à l'art. 786.
Mais, comme on l'a très bien fait remarquer, si le principe
posée par la Cour suprême était vrai, il faudrait aller plus
loin que ne vont nos adversaires, il faudrait dire que, même
dans le cas où tous les enfants renonceraient, la réserve fixée
ab initio, en considération de leur existence et de leur nombre au moment du décès, devrait rester la même, et passer,
invariable dans sa quotité, aux héritiers des ordres subséquents quels qu'ils fussent. Ainsi, supposons qu'un *de cujus*
ait laissé à son décès deux enfants, son père, sa mère, puis
enfin un oncle paternel et un oncle maternel ; puis, supposons
des renonciations successives et voyons nos adversaires à
l'œuvre. *Ab initio,* la réserve est des deux tiers, la quotité
disponible du tiers. L'un des enfants renonce ; c'est indifférent, disent nos adversaires, l'autre prendra seul les deux
tiers. Mais voici que le second enfant renonce à son tour, et
laisse passer la succession au père et à la mère. Oh! ceci
n'est plus indifférent, la réserve n'est plus que de la moitié.
Voici maintenant le père qui renonce pour faire place à l'oncle
paternel ; ceci n'est pas indifférent non plus, la réserve va
encore diminuer, elle ne sera plus que du quart. Voici enfin
la mère qui renonce à son tour pour faire place à l'oncle maternel ; oh! pour le coup! la réserve disparaît tout-à-fait, il
n'y en a plus du tout ! Nous le demandons, tout cela est-il bien

logique? Est-il raisonnable d'admettre un principe fondamental que l'on ne peut pas suivre dans toutes ses conséquences
nécessaires ? Si votre théorie était exacte, la réserve resterait toujours telle qu'elle a été fixée lors du décès ; malgré
toutes ces renonciations successives, elle serait toujours des
deux tiers et serait recueillie par les deux oncles. Vous argu-
mentez de l'art. 786, mais cet article ne se borne pas à dire
que la part du renonçant accroît à ses cohéritiers, il ajoute :
« S'il est seul, elle est dévolue au degré subséquent. » Si vous
admettez l'accroissement, pourquoi repoussez-vous la dévolution? Ce n'est pas l'art. 786 qui s'applique à notre cas, c'est
l'art. 785 dont l'art. 786 n'est lui-même qu'une conséquence.
Que dit, en effet, l'art. 785? Il pose en principe que « l'hé-
« ritier qui renonce est censé n'avoir jamais été héritier. »
L'art. 786 met ce principe en œuvre en ce qui touche la succession *ab intestat*, c'est-à-dire les biens dont le défunt n'a
pas disposé ; il en conclut avec justesse que, par l'effet de la
renonciation, les choses deviennent ce qu'elles auraient été
si le renonçant n'avait pas existé. Le *quantum* de la succession
ab intestat est invariable, de telle sorte qu'il n'y a dans ce cas
à régler qu'une question, celle de savoir ce que vont devenir
les biens vacants par suite d'une renonciation ; de là, nécessairement, le principe d'accroissement et le principe de dévolution. Mais quand il s'agit, au contraire, de la succession
réservée, il y a une question préalable à résoudre en appliquant
toujours le principe de l'art. 785. Cette question est précisément celle du *quantum* de cette succession réservée, *quantum*
qui n'est pas invariable. Or, en appliquant toujours le principe
de l'art. 785, nous serons logiquement conduit à dire que le
réservataire renonçant ne doit pas compter pour le calcul de
la réserve, et dès lors le principe de l'accroissement et celui
de la dévolution ne s'appliqueront, si le *quantum* de la réserve
a varié, qu'à sa nouvelle quotité, et n'auront plus de raison
d'être si elle a disparu. Notre système aura donc sur le vôtre
l'immense avantage de conduire logiquement à des conséquences toutes parfaitement en harmonie avec le principe général

qui lui sert de base. Reprenons l'espèce posée plus haut :
l'un des fils renonce, réglons la réserve comme s'il n'eût pas
existé lors du décès ; la réserve qui était primitivement des
deux tiers, n'est donc plus que de la moitié. L'autre fils renonce, la succession passe au père et à la mère, la réserve est
toujours de la moitié, et elle est dévolue à ces nouveaux héritiers ; c'est là, en effet, ce qui aurait eu lieu si aucun des deux
enfants n'eût existé au jour du décès de leur père. Nous pouvons arrêter là l'exposition des conséquences de notre système,
elles sont en tout semblables, pour la suite des événements,
à celles du vôtre, de telle sorte que nous ne différons qu'en
ce qui touche les résultats de la première des renonciations
supposées. Mais, nous le répétons dans notre système, toutes
ces conséquences se tiennent logiquement, elles forment, pour
ainsi dire, les anneaux d'une chaîne. Dans votre système, au
contraire, elles ne concordent pas avec votre principe fondamental, et hurlent de se trouver avec la première conséquence
que vous tirez de ce prétendu principe. Vous nous reprochez
de violer l'art. 786, le pouvez-vous ? Evidemment non, car
l'art. 786 n'est que la conséquence de l'art. 785 ; or, notre
solution est une conséquence rigoureuse de l'art. 785, donc
il est impossible qu'elle soit une violation de l'art. 786. Comment ! l'art. 785 contient un principe, à savoir que le renonçant est réputé n'avoir jamais été héritier, et l'art. 786 en
tire deux conséquences : 1° l'accroissement, 2° la dévolution.
Vous admettez l'une de ces conséquences, l'accroissement,
tandis que vous repoussez et la seconde conséquence, c'est-
à-dire la dévolution, et le principe lui-même ; et vous préten-
dez être logiques. Nous commençons, au contraire, par admettre le principe. Nous l'appliquons d'abord à la fixation
de la réserve, puis si la réserve a diminué, il est évident
que nous ne pouvons plus appliquer le principe d'accroissement ou celui de dévolution qu'à sa nouvelle quotité, et si
elle a entièrement disparu, sil est évident que nous ne pouvons
plus les appliquer du tout. Mais si la réserve reste la même, oh !
alors le principe d'accroissement et celui de dévolution s'ap-

pliqueront dans leur intégrité, conformément à l'art. 786. Prenons des exemples : supposons quatre enfants appelés à la succession de leur père : l'un d'eux renonce, la réserve, qui était primitivement des trois quarts, reste ainsi fixée, et la part du renonçant accroît à ses frères, voilà pour l'accroissement. Supposons maintenant un fils unique ayant des enfants et renonçant à la succession paternelle, ses enfants auront droit à la réserve à laquelle il eût eu lui-même droit, voilà pour la dévolution. Nous admettons donc, en matière de réserve, et le principe de l'accroissement et celui de la dévolution, mais seulement lorsqu'il doit en être ainsi par application de cette règle générale qui résulte de la combinaison des art. 785 et 786 : les choses deviendront, par suite de la renonciation, ce qu'elles auraient été, dès le décès, si le renonçant n'eût pas existé. Du reste, ce ne sont pas là tous nos arguments ; lisez l'art. 922 qui s'occupe de la formation de la masse, et vous y trouverez la condamnation de votre système. « On calcule, dit cet article *in fine*, sur tous ces « biens, après en avoir déduit les dettes, quelle est, eu « égard à la qualité des *héritiers* qu'il laisse, la quotité dont « il (le défunt) a pu disposer. » La quotité disponible doit donc être fixée, dans tous les cas, eu égard à la qualité des *héritiers*, donc le renonçant et l'indigne n'étant pas héritiers, et étant censés ne l'avoir jamais été, ne doivent jamais compter ; c'est écrit dans la loi en toutes lettres ! Enfin, notre solution n'est-elle pas une conséquence toute naturelle du système de la loi, tel que nous l'avons exposé jusqu'ici ? D'une part, en effet, la loi exige que l'on ait la qualité d'héritier pour recueillir la réserve ; d'autre part, elle établit une proportion entre la réserve et le nombre des héritiers réservataires. Comment supposer, dès lors, que la loi ait songé à augmenter la réserve pour des personnes qui n'en devraient pas profiter (1) ?

Au point de vue pratique, cette jurisprudence, qui veut

---

(1) *Sio* **Revue de** droit français et étranger, t. i, année 1844, p. 127 et

que la réserve soit ainsi fixée *ab initio* par le nombre des enfants existant au décès, présente de graves inconvénients ; c'est un système mal venu, qui n'est pas solide sur ses jambes, qui pratiquement ne marche qu'avec peine. Voyons, en effet, à quelles bizarres conséquences il conduit : un homme a deux enfants, et 60,000 francs de biens ; il donne à l'un de ses enfants 30,000 francs en avancement d'hoirie, puis il meurt, à sa mort, il laisse donc 30,000 francs ; l'enfant donataire renonce pour conserver le bénéfice de la donation (art. 845), et vient dire : Je renonce, mon frère vient seul à la succession ; la quotité disponible est de la moitié, donc je garde mes 30,000 francs. Dans le système de l'arrêt Laroque de Mons, l'enfant acceptant répondra : Nous sommes deux enfants, la quotité disponible est donc du tiers ; vous renoncez pour conserver le bénéfice de la donation, mais vous ne le conserverez que dans la limite de la quotité disponible ; vous devez donc subir une réduction de 10,000 francs, ce qui fera monter ma part à 40,000 francs. Voilà donc un enfant forcé de subir une réduction de 10,000 francs précisément parce qu'il est l'enfant du donateur ; car si, par hasard, il était établi qu'il n'a pas cette qualité, il garderait ses 30,000 francs. N'est-ce pas là un résultat inouï ?

Il arrive assez souvent dans la pratique qu'un enfant donataire en avancement d'hoirie renonce à la succession paternelle, par suite d'une combinaison frauduleuse qu'il a faite avec ses frères et sœurs pour faire tomber d'autres dispositions. Prenons un exemple : le *de cujus* avait deux enfants, et 30,000 francs de biens ; il a donné en avancement d'hoirie à l'un de ses enfants 10,000 francs, il laisse donc 20,000 fr. à son décès, sur lesquels il a légué 10,000 francs à des étrangers. Si l'enfant donataire en avancement d'hoirie accepte la succession paternelle, les 10,000 francs donnés en avance-

suiv., art. de M. Lagrange ; Duvergier sur Toullier, t. v, n° 109, note 2 ; Marcadé, art. 913 et 914, n° v ; M. Valette, à son cours, leçon du 21 juin 1854.

ment d'hoirie rentreront dans la succession par l'effet du rapport, et la quotité disponible étant des deux tiers, c'est-à-dire de 20,000 francs, les legs seront exécutés intégralement. Que feront alors les enfants du *de cujus*? Le donataire se dira : J'ai reçu 10,000 francs, et il en reste 20,000; si j'accepte, les légataires seront payés intégralement, si je renonce, au contraire, je garderai mes 10,000 francs qui forment la quotité disponible, je les garderai car ils m'ont été donnés entre-vifs, et parce que, aux termes des art. 923 et 925, la réduction porte sur les dispositions testamentaires avant que l'on puisse attaquer les dispositions entre-vifs; quant aux 20,000 francs restant, ils seront pris par mon frère puisqu'ils forment la réserve qui est des deux tiers malgré ma renonciation, d'après la jurisprudence constante de la Cour de cassation. Cet enfant renoncera donc, les légataires ne recevront rien; puis, en sous-main, suivant l'expression vulgaire, les enfants partageront le produit de leur fraude. On voit quel résultat obtient la combinaison frauduleuse des enfants dans le système de l'arrêt Laroque de Mons. Notre système évite-t-il cet inconvénient? Il faut avouer que, dans certains cas, nous sommes tout aussi impuissants à l'éviter que nos adversaires, et que dans d'autres cas, nous ne pouvons arriver qu'à en diminuer les effets. Ainsi, dans l'hypothèse où nous venons de nous placer, on dirait dans notre système : il n'y a véritablement qu'un enfant qui soit héritier, la quotité disponible est donc de la moitié, soit 15,000 francs. La réduction portant d'abord sur les légataires, ils seront réduits de 5,000 francs, et ne recevront, par conséquent, que la moitié de ce qui leur a été légué, tandis que l'enfant donataire renonçant gardera les 10,000 francs qui lui ont été donnés en avancement d'hoirie. Voilà donc un cas dans lequel nous arrivons à paralyser partiellement les effets d'une combinaison frauduleuse qui, dans le système de l'arrêt Laroque de Mons, atteint complétement son but. Mais, lorsqu'il y aura plus de trois enfants, dont l'un sera donataire en avancement d'hoirie, nous serons aussi impuissants contre cette fraude que les partisans du système adverse, ce qui tient à ce que, lorsqu'il y a plus de trois enfants, la quotité disponible devient invariable.

Nous avons été amené par le courant de la discussion à nous occuper ici d'un inconvénient qui, comme on le voit, se présente, quel que soit le système que l'on adopte, sur la question de savoir si l'enfant renonçant ou indigne doit être compté pour le calcul de la réserve. Nous serons obligé de revenir plus tard sur ce sujet qui demande d'assez longs développements. Encore un mot cependant sur ce point puisque nous avons été amenés à en parler : l'inconvénient signalé est considérable et plein de dangers. Le droit, pour le père de famille, de disposer de la quotité disponible est tout aussi sacré que le droit de réserve de ses enfants, et cependant il sera souvent anéanti par suite de combinaisons frauduleuses. Que le père se garde bien de donner quoi que ce soit en avancement d'hoirie à l'un de ses enfants ; il lui donnerait par là le droit de restreindre ou d'anéantir, au moyen d'une renonciation concertée avec ses cohéritiers, l'effet de dispositions ultérieures faites cependant dans les limites de la quotité de biens dont la loi accorde la libre disposition. Il arrivera donc, ou que les parents se décideront plus difficilement à doter leurs enfants d'une manière convenable, ou bien que, en le faisant, ils se priveront d'un des moyens les plus efficaces de les retenir dans le respect et dans la soumission. L'un et l'autre de ces résultats sont également contraires à l'intérêt public. Pour parer à cet inconvénient si grave, de nombreux arrêts ont imaginé le raisonnement suivant : par cela même que le père n'a disposé au profit de l'un de ses enfants qu'à titre d'avancement d'hoirie, il s'est réservé le droit, au cas de renonciation de l'enfant donataire, de disposer sur sa réserve d'une valeur égale à celle des biens donnés, de telle sorte qu'il doit être permis au renonçant de retenir *jusqu'à concurrence de la portion disponible* (art. 845) une somme qui n'excède pas cette portion, mais qui soit imputée d'abord sur sa part dans la réserve et subsidiairement seulement sur la quotité disponible, de manière à ce qu'il reste une fraction de quotité disponible dont le père ait pu valablement disposer par libéralités postérieures. « Par ce moyen, ainsi « que le disait Ricard, la part des enfants donataires est « absorbée en la personne du père qui est en leurs droits par « la considération de ce qu'il leur a donné (1). » D'un autre côté, un jurisconsulte extrêmement distingué, ne trouvant pas que la décision de la jurisprudence fût d'accord avec les principes fondamentaux de notre matière, a proposé de parer à l'inconvénient signalé d'une autre manière ; il veut que, contrairement à ce qui a lieu ordinairement, la réduction porte sur les donations faites en avancement d'hoirie aux enfants renonçants avant qu'elle puisse s'attaquer aux libéralités postérieures, fussent-elles même testamentaires. Voici comment il s'exprime à cet égard : « La disposi- « tion de l'article 923 ne peut pas nous arrêter ; car si on « semble s'écarter ici du texte de l'article, ce n'est que pour « mieux entrer dans son esprit. La règle, en effet, se résume « à dire que les dispositions dont l'ensemble dépasse le dis- « ponible, doivent être réduites, *par ordre de dates*, en com- « mençant par les dernières : c'est pour cela que les disposi- « tions testamentaires ayant la même date (la mort du « testateur) se réduisent toutes ensemble au marc le franc « (art. 926), et qu'étant nécessairement postérieures aux « dispositions entre-vifs (puisqu'elles ne datent que du dé- « cès), elles doivent être réduites en entier avant qu'on ne « touche à une seule donation. Or, l'avancement d'hoirie « n'attribuant d'abord les biens au bénéficiaire qu'à titre « d'héritier, non à titre de donataire, et ne se transformant « en donation que par la renonciation de cet héritier, c'est « donc l'instant de cette renonciation (jusqu'à laquelle les « biens ont été possédés comme *héritiers*) que la disposition « se trouve avoir pour date en tant que donation ; or, la re-

---

(1) Traité des donat. entre-vifs, IIIe partie, chap. VIII, sect. VII, n° 1064. V. aussi Lebrun, traité des success., liv. II, chap. III, sect. VIII.

« nonciation étant nécessairement postérieure au décès, c'est
« donc par les avancements d'hoirie que la réduction doit com-
« mencer pour se faire *par ordre de dates* (1). » Nous examinerons en son lieu cette grave question; nous verrons si nous
devons décider avec la jurisprudence que, en cas de renonciation d'un enfant donataire en avancement d'hoirie, la valeur des biens qui lui ont été donnés doit être imputée en premier lieu sur sa part dans la réserve et subsidiairement seulement sur la quotité disponible. Enfin si le remède proposé
par la jurisprudence nous semble devoir être rejeté, nous
examinerons si celui que propose à son tour M. Marcadé est
plus acceptable.

§ 4.

Du droit de succession quant à la réserve.

Nous avons établi, dans notre premier paragraphe, que la
réserve est le droit héréditaire des parents en ligne directe,
en tant qu'il est garanti, jusqu'à concurrence d'une certaine quotité de biens, contre les libéralités de la personne
à la succession de laquelle ils sont appelés par la loi. Nous
allons maintenant étudier ce principe dans ses conséquences
juridiques.

Puisque le droit de réserve est un droit de succession, il
est, par là même, évident que ce droit ne s'ouvre que par la
mort de la personne sur le patrimoine de laquelle il porte.

De la définition de la réserve, que nous avons admise et
solidement établie dans le paragraphe 1er, il résulte d'une
manière tout aussi évidente que ceux auxquels la loi attribue ce droit ne peuvent y prétendre qu'en qualité d'héritiers, et n'y ont, dès lors, aucun droit, lorsqu'ils ont renoncé à la succession, ou lorsqu'ils en ont été écartés pour

_____

(1) Marcadé, sur l'art. 919, n° iv.

cause d'indignité. Le réservataire renonçant ou indigne ne peut donc réclamer la part qu'il aurait eue dans la réserve, s'il avait accepté la succession ou s'il n'en avait pas été écarté comme indigne. On ne saurait lui accorder, à cet effet, ni une action en réduction contre les donataires ou légataires du défunt, ni une action en partage de la réserve contre les réservataires acceptants, ni enfin dans le cas où il aurait été seul appelé à la succession, une action en paiement de la réserve contre l'héritier du degré subséquent. Ce sont là des principes de la vérité desquels tout le monde tombe d'accord aujourd'hui (1).

Mais ici se présente une grave question que nous avons déjà annoncée. Dans notre ancien droit coutumier, l'enfant donataire renonçant, poursuivi en réduction par ses frères et sœurs, pouvait retenir, outre la quotité disponible, la portion qu'il aurait eue dans la légitime s'il s'était porté héritier (2). Doit-on, sous l'empire du Code Napoléon, décider de même ? Faudra-t-il dire, au contraire, que l'enfant donataire entre-vifs, qui renonce à la succession pour s'en tenir à son don, n'ayant plus la qualité d'héritier, ne peut, en la seule qualité de donataire, retenir le bénéfice de la donation qui lui a été faite que jusqu'à concurrence de la quotité disponible ? Cette dernière doctrine doit être suivie. Elle est en parfait accord avec les principes que nous venons de développer; si nous prenons ces principes pour prémisses, elle en découlera logiquement, elle en sera une conséquence rigoureuse. On nous oppose notre ancien droit, mais, ainsi que nous l'avons fait remarquer, le sentiment contraire adopté par nos anciens auteurs formait dans la théorie de la légitime une véritable anomalie qui ne s'expliquait que par cette considération que la légitime n'était pas d'origine coutumière, que les juriscon-

_(1) *Secus*, Chabot, Des successions, sur l'art. 845, nᵒˢ 8 et 9.

(2) *Sic*, Ricard, Traité des donat. entre-vifs, IIIᵉ partie, chap. VIII, sect. V, nᵒ 979; Lebrun, Traité des success., liv. II, chap. III, sect. I; Argou, Institut. au droit français, liv. II, chap. XIII; Pothier, Traité des donat., sect. III, art. V, § 1.

sultes des pays de coutume l'avaient empruntée au droit
romain, que, en se naturalisant dans les pays de droit coutumier, elle avait subi l'influence de ce droit, au point qu'elle
ne pouvait être réclamée par voie d'action que par ceux qui
acceptaient la succession, mais qu'elle avait toujours conservé
la trace de son origine en bien des points, ce qui formait
une théorie vrai mélange de principes romains et de principes
coutumiers. C'est ainsi qu'on avait emprunté au droit romain
le droit de rétention de la légitime accordé au légitimaire
donataire renonçant; en effet, Ricard, pour l'établir, s'appuie
sur la phrase suivante de la Novelle XCII : « Licet autem ei,
« qui largitatem meruit, abstinere ab hereditate : dummodo
« suppleat ex donatione, si opus sit, cæterorum portionem. »
Ce résultat se comprend, en effet, fort bien dans le système
du droit romain; il est, au contraire, illogique dans le
système coutumier. Que je puisse retenir ma part dans
la légitime, même en renonçant, dans un système où la
légitime n'est point une portion de l'hérédité, et où on peut
la demander sans être héritier, cela n'a rien que de
parfaitement rationnel, tandis que, dans un système où la
légitime est une portion de l'hérédité, il est absolument
illogique d'admettre que je puisse conserver, quoique je
renonce, une partie des biens indisponibles, c'est-à-dire
une portion de la succession. Aussi, si nous prenons une
institution purement coutumière, la réserve des quatre quints
des propres, nous trouverons qu'elle ne pouvait s'exercer, ni par voie d'action, ni par voie de rétention, que l'on
ne fût héritier (1). De ce que les rédacteurs du Code Napoléon ont admis le principe général que l'on ne peut prétendre
à la réserve sans avoir la qualité d'héritier, principe que dans
notre ancien droit on appliquait à la légitime, s'ensuit-il nécessairement qu'ils aient aussi admis la singulière exception
qui nous occupe? Évidemment, l'admission de cette exception
ne saurait passer pour une conséquence nécessaire de l'admis-

(1) Pothier, Traité des donat. entre-vifs, sect. III, art. VI, § 1.

sion du principe. Quand un principe est nettement formulé dans la loi, un argument historique ne saurait suffire pour faire admettre une exception à ce principe, et surtout une exception aussi considérable. Cependant cet argument historique est ce qu'il y a de plus pesant dans le bagage de nos adversaires. Examinons cet argument de plus près : il ne saurait, dans tous les cas, avoir de valeur que si le Code se taisait sur la question ; or, le Code n'est pas muet sur ce point. Voici en effet ce qu'il dit dans l'art. 845 : « L'héritier qui re- « nonce à la succession peut cependant retenir le don entre- « vifs, ou réclamer le legs à lui fait, *jusqu'à concurrence de la* « *portion disponible.* » En présence de cette disposition, l'esprit a vraiment peine à comprendre qu'on ait cherché à ressusciter, sous l'empire du Code, une idée textuellement proscrite par le législateur. Que l'on compare notre art. 845 avec l'art. 307 de la coutume de Paris, et l'on demeurera convaincu de la différence qui existe sur la manière de décider notre question entre le Code Napoléon et le droit coutumier. Voici quels étaient les termes de l'art. 307 de la coutume de Paris. « Néantmoins, où celuy, auquel on aurait « donné, se voudrait tenir à son don, faire le peut, en s'abs- « tenant de l'hérédité, la légitime réservée aux autres en- « fans. » D'après l'art. 298 de la même coutume, la légitime des enfants ne leur était pas attribuée collectivement pour être partagée entre ceux qui seraient héritiers ; elle leur était, au contraire, attribuée individuellement (1), de telle sorte que l'art. 307, décidant que l'enfant donataire pouvait, en renonçant, retenir les biens donnés, *la légitime réservée aux autres*, l'autorisait, par cela même, à retenir tout ce qui restait après le fournissement des légitimes des légitimaires acceptants, c'est-à-dire toute la quotité disponible, plus sa propre légitime. Au contraire, l'art. 845 du Code Napoléon nous dit que la retenue permise à l'enfant donataire renonçant ne peut excéder la quotité disponible, et d'autre

(1) V. le passage de Ricard, cité *supra*, p. 228 et 229.

part, d'après l'art. 913, la réserve est une masse de biens indisponible, qui doit rester dans la succession *ab intestat*, pour y être recueillie et partagée par ceux des enfants qui seront héritiers, et ce n'est qu'à ces enfants héritiers que cette réserve est attribuée collectivement et plutôt virtuellement que directement. Or, si l'un des enfants renonce, il est censé n'avoir jamais été héritier (art. 785); donc, il ne saurait, à aucun titre, prétendre droit à une part dans cette masse collective; sa part accroît aux autres (art. 786), et, puisqu'il est devenu un donataire étranger, il est soumis à une action en réduction, et ne peut retenir sur les biens qui lui ont été donnés que la quotité disponible. On nous dit qu'il y a deux quotités disponibles, celle des étrangers et héritiers collatéraux, et celle des héritiers réservataires, qui est plus forte que la première, parce qu'elle se compose de cette première quotité disponible ordinaire, et, en outre, de la part de réserve du donataire. Mais ce n'est pas là un argument; ce n'est qu'une affirmation. On chercherait vainement dans le Code Napoléon cette seconde quotité disponible; on ne pourrait l'y trouver qu'en remplaçant l'art. 913 par l'art. 298 de la coutume de Paris, et l'art. 845 par l'art. 307 de la même coutume. Nos adversaires ont perdu de vue cette transformation opérée par la loi du 17 nivôse an II, et maintenue par la loi du 4 germinal an VIII et par le Code Napoléon d'une légitime ne portant que sur une quote part de biens attribuée individuellement à chacun des légitimaires, en une réserve portant sur une quote part de l'hérédité attribuée collectivement à tous les héritiers à réserve; et c'est pour avoir perdu de vue cette transformation qu'ils sont tombés dans l'erreur. Pour défendre l'existence de cette seconde quotité disponible plus élevée que la première, on dit qu'il résulte de l'art. 845 que le législateur a entendu accorder une faveur spéciale à l'héritier réservataire qui renonce à la succession pour s'en tenir à la libéralité dont il a été gratifié, et que, en ne lui accordant par voie de rétention que la quotité disponible ordinaire, on lui refuse cette faveur spéciale que le législateur a voulu lui accorder. On ajoute que, pour savoir en quoi consiste cette faveur, il faut recourir à l'art. 919, aux termes duquel le réservataire est autorisé à cumuler la quotité disponible ordinaire avec sa part dans la réserve. A cela plusieurs réponses :

1° Personne, il est vrai, ne niera que l'art. 845 n'ait été conçu dans un esprit de faveur pour le réservataire renonçant, et l'argument que l'on a tiré de cette considération serait *peut-être* concluant si dans notre système la faculté accordée au réservataire renonçant, de retenir les biens qui lui ont été donnés jusqu'à concurrence de la quotité disponible, ne présentait pour lui aucun avantage. Mais il n'en est pas ainsi. En effet, supposons que ce réservataire renonçant soit donataire en avancement d'hoirie, la loi ne lui accorde-t-elle pas une faveur par cela même qu'elle l'autorise à retenir un don qui, ne lui ayant été fait qu'en avancement d'hoirie, *tanquam heredi futuro, hac contemplatione quod speratur heres* (1), semblait subordonné, quant à son maintien, à la condition tacite de l'acceptation de la succession du donateur par le donataire ? C'est là une faveur tellement considérable, qu'il peut arriver, même dans notre système, qu'elle ait pour effet de rompre l'égalité entre les enfants, alors que le père avait voulu la maintenir. Ce résultat, difficile à justifier, au point de vue de l'équité, et qui, soit dit en passant, ne se serait jamais présenté si le conseil d'Etat eût suivi l'avis de Tronchet, et eût fixé la quotité disponible à une part d'enfant ; ce résultat, disons-nous, se présentera toutes les fois qu'il y aura plus de quatre enfants (2). Ainsi donc, l'art. 845 présente, dans notre système, pour le réservataire renonçant

(1) Dumoulin, sur l'anc. coutume de Paris, art. 17, n° 1, et art. 159, *procemium*.

(2) Théoriquement ce résultat est d'accord avec toutes nos décisions. Le principe si fécond en conséquences que la renonciation d'un héritier équivaut à sa non-existence au jour du décès du *de cujus* (art. 785), principe dont bien des personnes n'ont pas aperçu la haute importance dans notre matière, conduit nécessairement à l'assimilation du renonçant à l'étranger ; donc, dans les

une faveur assez considérable pour servir de réponse à l'argument qu'on nous oppose, et il conduit à une violation assez manifeste, assez inique et assez grave de la volonté du père de famille, pour qu'on doive l'interpréter dans le sens le moins défavorable au maintien de l'égalité entre les enfants d'un même père, alors, surtout, que, par la nature de la donation qu'il avait faite à l'un de ses enfants, le père lui-même avait formellement manifesté l'intention de maintenir cette égalité. Ne serait-ce pas bien interpréter l'art. 845 que de dire qu'il a eu deux buts en vue : 1° accorder au réservataire renonçant la faveur spéciale de retenir des biens, quoiqu'ils lui eussent été donnés en avancement d'hoirie, et de les retenir jusqu'à concurrence de la quotité disponible, alors même que ce résultat devrait briser l'égalité entre lui et ses frères, contrairement à la volonté du père commun ; 2° abroger formellement la disposition de l'art. 307 de la coutume de Paris en ce qu'elle accordait à l'enfant donataire renonçant le droit de retenir, en outre, sa part dans la légitime ?

2° Dans le système que nous combattons, l'enfant donataire en avancement d'hoirie pourra, au moyen d'une renonciation faite uniquement dans ce but, se procurer tous les avantages que lui conférerait, en cas d'acceptation, une libéralité dispensée de rapport, et se créer ainsi un véritable préciput, contrairement à la volonté constante du père de famille. Prenons un exemple : un père de famille, ayant cinq enfants, à l'un desquels il a donné en avancement d'hoirie 40,000 francs, laisse à son décès 40,000 francs de biens. Qu'arrivera-t-il dans le système de nos adversaires ? Si l'enfant donataire en avancement d'hoirie a le sentiment de l'honnêteté, et veut respecter scrupuleusement les volontés paternelles, il acceptera la succession et rapportera à ses cohéritiers les 40,000 francs qu'il a reçus ; sur la somme totale dont se composera alors la succession paternelle, chaque enfant aura une part égale

cas où l'étranger peut avoir plus que chaque réservataire, le renonçant doit avoir plus aussi.

de 16,000 francs. Si, au contraire, l'enfant donataire en avancement d'hoirie est peu soucieux de respecter la volonté de l'auteur commun, et qu'il ne demande pas mieux que de dépouiller ses frères et sœurs, il le pourra facilement, il n'aura qu'à renoncer, ce qui lui donnera le droit de retenir sur les 40,000 francs qui lui ont été donnés entre-vifs : 1° la quotité disponible montant à 20,000 francs ; 2° sa part dans la réserve montant à 12,000 francs. Il retiendra donc ainsi sur la succession paternelle à laquelle il renonce 32,000 francs, tandis que chacun de ses frères et sœurs ne recueillera que 12,000 fr. N'est-ce pas là un résultat inouï ? n'est-on pas conduit à se demander s'il est plus étrange qu'immoral ou plus immoral qu'étrange ? Et on argumente de l'art. 919 pour soutenir un pareil système ! Mais cet article n'accorde au réservataire donataire ou légataire le droit de cumuler sa part dans la réserve avec la quotité disponible que « *pourvu que la disposition ait* « *été faite expressément à titre de préciput et hors part.* » N'est-il pas étrange que l'on aille chercher dans l'art. 919 le complément de l'art. 845, alors que ces deux articles s'appliquent textuellement à des hypothèses toutes différentes : l'un, l'art. 845, s'occupant d'une disposition faite au profit d'un réservataire qui renonce à la succession du donateur ; l'autre, l'art. 919, prévoyant une libéralité faite par préciput à un héritier à réserve qui accepte la succession ? Comment a-t-on pu se fonder sur la combinaison de ces deux articles pour soutenir le système adverse, quand c'est notre système, au contraire, qui résulte clairement de cette combinaison ? Pour pouvoir cumuler la quotité disponible et sa part dans la réserve, il faut, avons-nous vu, aux termes mêmes de l'art. 919, réunir en soi les deux qualités d'héritier et de donataire, ce qui ne peut exister qu'à la double condition que le don soit fait par préciput, et que le donataire accepte la succession. Or, il peut arriver qu'un enfant n'ait que la qualité de donataire, ou qu'il n'ait que la qualité d'héritier, ou bien encore qu'il réunisse les deux qualités. S'il renonce à la succession, que le don ait été fait par préciput, ou seulement en avancement d'hoirie, peu importe, il a perdu, par suite de sa renonciation, la qualité d'héritier (art. 785), et n'a, dès lors, que la qualité de donataire; d'où il suit qu'il ne peut retenir les biens donnés que jusqu'à concurrence de la quotité disponible (art. 845). Si, au contraire, il accepte la succession, il faudra distinguer si le don lui a été fait en avancement d'hoirie ou par préciput : dans le premier cas, sa qualité d'héritier absorbe celle de donataire, il rapporte tout ce qu'il a reçu, et la masse ainsi formée se partage également entre tous les enfants héritiers (art. 843). Dans le second cas, il sera tout à la fois héritier puisqu'il accepte, et donataire puisque le don lui a été fait par préciput, c'est-à-dire outre sa part dans la succession ; d'où il suit qu'il pourra cumuler la quotité disponible et sa part dans la réserve (art. 844 et 919). N'est-ce pas là bien clairement le système de la loi ?

3° Enfin, les art. 913 et 916 sont les seuls qui aient pour but de fixer le montant de la quotité disponible. C'est donc à ces deux articles qu'il faut se référer pour expliquer ces mots de l'art. 845 : « Jusqu'à concurrence de la portion disponible. » Or, ces deux articles, loin de nous parler de deux quotités disponibles, n'en reconnaissent qu'une seule dont ils fixent le montant d'une manière absolue, abstraction faite de la qualité des personnes au profit desquelles le défunt a disposé. Il est, dès lors, impossible d'admettre que la quotité disponible doive, lorsqu'il s'agit de libéralités faites à un réservataire, s'accroître de sa part dans la réserve.

Nous avons montré que le système de nos adversaires donne à l'enfant donataire en avancement d'hoirie le droit de se créer, par sa renonciation, un préciput, au mépris de la volonté constante du défunt, et au détriment de ses frères et sœurs. Mais, nous dira-t-on, ce résultat ne doit pas nous surprendre dans le Code Napoléon, ne le trouvons-nous pas dans notre droit coutumier ? Et on revient ainsi à l'argument historique que nous avons combattu plus haut. Eh bien ! maintenant que nous avons montré le résultat auquel conduit le système adverse, nous allons pouvoir montrer, plus clairement encore que nous ne l'avons fait jusqu'ici, que l'argument historique ne saurait ici être d'aucun poids. Le vieil esprit coutumier exigeait entre les enfants l'égalité la plus parfaite, et ne permettait pas au père de faire à l'un de ses enfants un avantage préciputaire. Certaines coutumes, mais en petit nombre, s'étaient complétement affranchies de ce joug, et étaient appelées coutumes de préciput ; d'autres, en plus grand nombre, plus soigneuses de la conservation des traditions historiques, et, par suite, plus conformes aux principes de l'ancien droit coutumier, avaient conservé intacte la vieille règle coutumière : « Nul ne peut advantager l'un de « ses héritiers par dessus les autres. » Ces dernières coutumes étaient appelées coutumes d'égalité parfaite. Dans certaines coutumes intermédiaires, au nombre desquelles nous trouvons les coutumes de Paris et d'Orléans, auxquelles les rédacteurs du Code se reportaient le plus ordinairement, on n'avait pas osé violer la règle directement, et, tout en maintenant entre les enfants héritiers l'égalité la plus parfaite, sans qu'il fût permis au père de famille de la faire cesser, on s'était servi d'une subtilité pour admettre l'enfant donataire à renoncer sans rapporter. On disait que la coutume ne défendait que les avantages préciputaires faits aux héritiers, que celui qui renonçait à la succession cessait, par là même, d'être héritier, et que dès lors il ne se trouvait plus compris dans la prohibition de la coutume (1). Dans un système semblable, où le père ne pouvait se permettre aucun don préciputaire, on conçoit que le résultat signalé ne présentait pas les inconvénients qu'il présenterait aujourd'hui ; il ne violait pas la volonté du père de famille, puisque le principe que l'enfant donataire en avancement d'hoirie pourrait, quoique renonçant, retenir la quotité disponible et sa part dans la légitime, n'avait été introduit que pour donner au père un moyen d'avantager un de ses enfants par préciput, et que le père ne faisait de donation en avancement d'hoirie que pré-

(1) Pothier, Traité des success., chap. IV, art. III, § II.

cisément pour arriver à ce but. Aujourd'hui, au contraire, il
n'est pas besoin de détour, le Code a admis catégoriquement
la possibilité du don par préciput et hors part, de telle sorte
que, si le père de famille n'a donné qu'en avancement d'hoirie, il est très certain que sa volonté sera violée si le principe d'égalité n'est pas respecté. Il est donc bien prouvé que
l'argument historique n'a ici aucune valeur, puisque le principe qu'on veut ressusciter formait dans notre ancien droit une
anomalie qui s'expliquait par des considérations qui ont cessé
d'être vraies, et par la nécessité où l'on était de tourner une
règle qui aujourd'hui n'existe plus. Encore faut-il remarquer
que Dumoulin, ce grand et illustre défenseur du principe
d'égalité, voulait que l'on distinguât entre la donation qui
n'était que réputée faite en avancement d'hoirie, et celle qui
aurait été faite expressément en avancement d'hoirie et à
charge de rapport, et décidait que, dans le premier cas, l'enfant donataire pourrait, nonobstant sa renonciation, retenir
sur les biens donnés sa part dans la légitime outre la quotité
disponible, tandis que, dans le second cas, il le déclarait tenu
de rapporter à la masse ce qu'il avait reçu, qu'il acceptât ou
qu'il renonçât (1). On le voit, les inconvénients du système
adverse n'avaient pas échappé à celui qu'on a surnommé l'o-
racle du droit français. Pourquoi donc venir aujourd'hui re-
créer ces inconvénients de gaîté de cœur, en admettant un
principe dont la raison d'être a disparu, un principe qui conduira bien plus souvent que dans l'ancien droit à la violation
de l'équité et de la volonté du père de famille, alors que tous
les textes du Code résistent énergiquement à cette exhuma-
tion ? Pourquoi, d'ailleurs, faire des frais immenses d'imagination pour venir au secours d'un héritier contre les effets
d'une renonciation qui n'émane que de sa volonté et qu'il ne
tenait qu'à lui de ne pas faire, renonciation qui lui procurera toujours une part égale à celle de ses frères, et qui quel-

(1) V. *supra*, p. 236 à 239.

quefois lui laissera, même dans notre système, une part plus forte ?

N'est-ce pas, en effet, pure imagination que cette seconde quotité disponible? On nous a dit que nous la trouverions dans les art. 845 et 919, nous l'y avons vainement cherchée. Certains de nos adversaires nous disent que nous la trouverons dans l'art. 921; voyons si cette assertion est vraie. C'est sur ces mots de l'art. 921 : " La réduction ne pourra être de- " mandée que par ceux au profit desquels la loi fait la ré- " serve, " que porte le nouvel argument que l'on nous oppose. On prétend que ces mots ont un sens partitif, et non un sens collectif. On ne s'en douterait vraiment pas en les lisant, car enfin, grammaticalement, pour que la phrase eût le sens partitif il faudrait qu'elle portât : La réduction ne pourra être demandée que par *chacun de ceux…* tandis que, telle qu'elle est, elle offre à l'esprit un sens collectif. Mais enfin, admettons que l'article soit rédigé dans un sens partitif et individuel, et voyons comment nos adversaires raisonnent en partant de cette prémisse. Puisque l'art. 921, disent-ils, est partitif et individuel, chacun des enfants acceptants ne peut demander au donataire que sa part individuelle de réserve; donc si le donataire est enfant lui-même, et que ses frères ne puissent demander que chacun sa part, le donataire conservera sa part de réserve, en sus de la quotité disponible. Vit-on jamais plus belle pétition de principe ! Nous vous concédons, quoique ce soit loin d'être vrai, mais enfin, nous vous concédons que l'art. 921 est partitif, mais entre qui, s'il vous plaît, opère-t-il partage ? Il le dit lui-même, entre " ceux au profit desquels la loi fait la réserve ; " or, pour savoir quels sont ceux au profit desquels la loi fait la réserve, il faut se reporter aux art. 913 et 915, aux termes desquels il n'y a que les successibles ayant accepté la succession qui aient droit à la réserve. L'art. 921 partage, soit ; mais c'est précisément entre les enfants, abstraction faite de l'enfant donataire renonçant, que s'opère ce partage. Cet argument est donc sans valeur aucune, puisqu'il consiste à faire subir une modification profonde à l'art. 913, à l'aide de l'art. 921, qui lui-même renvoie implicitement à l'art. 913. Nous le répétons, ce n'est là qu'un cercle vicieux.

N'a-t-on pas aussi voulu argumenter contre notre doctrine de l'art. 924 ! Voici les termes de cet article : « Si la dona- « tion entre-vifs réductible a été faite à l'un des successibles, « il pourra retenir, sur les biens donnés, la valeur de la por- « tion qui lui appartiendrait, comme héritier, dans les biens « non disponibles, s'ils sont de la même nature. » Dans un arrêt célèbre, la Cour de cassation a victorieusement répondu que : « La faculté pour le donataire renonçant de retenir la « portion disponible et une part de réserve ne résulte pas « de l'art. 924, qui, conformément au droit établi pour les « rapports à faire entre cohéritiers par les art. 858 et 859, « autorise le donataire successible à retenir sur les biens « donnés sa part dans les biens indisponibles; mais qui, bien « loin de l'y autoriser lorsqu'il cesse d'être héritier, ne lui « donne cette faculté que s'il y a dans la succession *des biens* « *de même nature*, ce qui signifie bien clairement : *s'il vient* « *à partage* avec ses cohéritiers. »

Disons donc hardiment que le réservataire qui renonce pour s'en tenir aux libéralités dont il a été gratifié, que ces libéralités lui aient été faites avec ou sans clause de préciput, ne pourra prétendre, par voie de rétention, aucun droit à la réserve, et sera comme un étranger réduit à la quotité disponible.

Il nous reste sur cette question à faire connaître l'état de la doctrine, et à raconter la douloureuse histoire des variations de la jurisprudence. Les premiers auteurs qui ont écrit sur le Code Napoléon se sont divisés sur cette question; c'est ainsi que Grenier (1), Malpel (2), Delvincourt (3)

---

(1) Rép. de Merlin, vº Réserve, sect. I, § 1, nº 16, et sect. II, § 1, nº 7, et 1ʳᵉ édit. du Traité des donations, t. II, nº 566.

(2) Supplément au Traité des success., p. 16, nº 270.

(3) T. II, p. 113 et 248.

et Proudhon (1), se déclarent partisans du cumul de la quotité disponible avec la part de réserve de l'enfant donataire renonçant, tandis que Levasseur (2), Favard (3) et Toullier (4), décident, comme nous venons de le faire, que le réservataire perd, par sa renonciation, tout droit à la réserve, et ne peut plus dès lors cumuler la quotité disponible avec sa part dans la réserve. La Cour de cassation donna raison à ces derniers dans un arrêt fortement motivé, rendu le 18 février 1818 sur le remarquable rapport de M. le conseiller Porriquet (5), arrêt devenu célèbre sous le nom d'arrêt Laroque de Mons. Cet arrêt ne fixa pas définitivement la jurisprudence, mais, en revanche, il fixa la doctrine. Depuis lors, tous ceux qui ont écrit sur notre matière ont adopté cette décision (6). Il n'en fut pas ainsi de la jurisprudence ; les

(1) Consultation, Sir., XVIII, 1, 98.
(2) De la portion disponible, n° 146.
(3) Rép., v° Renonciation, § 1, n° 14.
(4) T. V, n° 110.
(5) La commission Jacqueminot, à laquelle est dû l'art. 845 du Code Napoléon, a cité M. Porriquet au nombre des jurisconsultes qui avaient aidé les membres de cette commission dans ses travaux (V. Fenet, t. I, p. 330). Cette observation donne une grande importance au rapport de M. Porriquet.
(6) Grenier, 3e édit. du Traité des donations, t. II, n° 566 bis ; Duranton, t. VII, n°s 251 à 259 ; t. VIII, n°s 298 et 299 ; Belost-Jolimont, sur Chabot, obs. 2 sur l'art. 845 ; Dalloz, Jur. gén., v° Dispositions entre-vifs et testamentaires, t. V, p. 407, n° 3 ; p. 417, n° 47 ; Vazeille, Des successions, sur l'art. 845, n° 4 ; Poujol, Des successions, sur l'art. 845, n° 4 ; Devilleneuve, Obs. sur l'arrêt de la Cour de cass. du 17 mai 1843, Sir., XLIII, 1,689 à la note ; Pont, Revue de législation, t. XVIII, p. 435 et suiv. ; Lagrange, Revue de droit français et étranger, t. I, p. 109 et suiv. ; Zachariæ, Aubry et Rau, § 682, texte et note 2 ; Valette, art. inséré dans le journal le Droit du 17 décembre 1845, et Revue de droit français et étranger, t. I, p. 630 ; Duvergier sur Toullier, t. V, n° 110, et art. inséré dans la Gazette des Tribunaux du 19 novembre 1844 ; Marcadé, sur les art. 913 et 914, n° IV, et sur l'art. 919, n°s II, III et IV ; Ginoulhiac, Revue de droit français et étranger, t. III, p. 439 et suiv. ; Rodière, Revue de législat., t. II de l'année 1850, p. 360 et suiv. ; Coin-Delisle, Limite du droit de rétention par l'enfant donataire renonçant, monographie publiée en 1852. ; Floris Mimerel, Revue critique de législation et de jurisprudence, t. V, p. 530 et 531.

Cours royales se divisèrent, les unes admirent la doctrine de la Cour de cassation (1), les autres adoptèrent le système opposé (2). Puis tout-à-coup, le 17 mai 1843, par un de ces retours inattendus dont les exemples sont malheureusement trop fréquents, la Cour de cassation abandonna sa doctrine de 1818, et rendit une décision diamétralement opposée. Ce fut une surprise générale ; les arrêtistes avaient peine à croire à l'existence de l'arrêt qu'ils transcrivaient. « Plus « d'une fois, dit l'un d'eux, nous nous sommes demandé, en « posant le sommaire de cet arrêt, si c'était bien là ce que « la Cour de cassation avait entendu juger ; si elle avait « voulu renverser ainsi d'un mot, et presque sans discussion, « la jurisprudence qu'elle avait établie par l'un de ses plus « célèbres arrêts, l'arrêt Laroque de Mons (3). » Dans la doctrine ce fut un *tolle* général ; l'arrêt du 17 mai 1843 fut attaqué de toutes parts, et les jurisconsultes les plus émi- nents le traitèrent avec la plus grande sévérité. M. Valette déclare « que la doctrine de cet arrêt heurte de front une « foule de dispositions du Code... que tout devient dans la « loi obscur et contradictoire, et qu'il est, dès lors, impos- « sible à l'interprète le plus habile d'exposer sur la matière « de la réserve un système intelligible (4) ». M. Duvergier est plus vif encore dans ses expressions : « Il faut, dit-il, que « la Cour de cassation sache que *son arrêt a été cassé par l'o- « pinion publique* (5) ». Ailleurs il s'exprime plus vertement encore : « Cette dernière jurisprudence, dit-il, est évidem-

(1) Riom, 8 mai 1821 ; Toulouse, 27 juin 1821 ; Montpellier, 16 déc. 1822 ; Grenoble, 22 janv. 1827 ; Bastia, 21 juillet 1827 ; Riom, 14 mai 1829 ; Tou- louse, 11 juin 1829 ; Limoges, 14 décembre 1831 ; Grenoble, 20 juillet 1832 ; Poitiers, 7 août 1833.

(2) Toulouse, 7 août 1820 ; Paris, 31 juillet 1821 ; Toulouse, 17 août 1821 et 16 juillet 1829 ; Montpellier, 18 déc. 1835 ; Lyon, 2 mars 1836 ; Bor- deaux, 14 juillet 1837.

(3) Sir., xliii, 1,689, à la note.

(4) Revue de droit français et étranger, t. i, p. 630.

(5) *Gazette des Tribunaux* du 19 octobre 1844.

« ment contraire au texte et à l'esprit de la loi, et l'on est
« vraiment étonné quand on lit l'arrêt de la Cour de cassa-
« tion du 17 mai 1843. Il s'agissait pour la Cour de chan-
« ger sa jurisprudence antérieure : elle le fait presque sans
« donner de motifs, ou, ce qui est pis, en donnant des mo-
« tifs insignifiants, qui ne sont qu'une pétition de principe.
« Est-ce ainsi que cette grande institution remplit le but qui
« lui est assigné, de *fixer la jurisprudence et de préparer les*
« *améliorations de la législation ?* Chaque arrêt de la Cour à
« bon droit nommée suprême devrait être un chef-d'œuvre
« de doctrine et de logique (1). » Ce malheureux arrêt du
17 mai 1843 n'a pas, comme on pouvait s'y attendre, ramené
l'uniformité dans les décisions des Cours d'appel ; cependant,
quoiqu'elles soient encore divisées, il est bon de remarquer
que, sous l'influence des écrits des jurisconsultes les plus émi-
nents de notre temps, l'opinion que nous avons adoptée fait
chaque jour des prosélytes parmi ces cours. Ainsi, quoique
la Cour de cassation ait maintenu avec persistance sa jurisprudence de 1843 (2), le relevé des arrêts rendus sur cette
question par les Cours d'appel, depuis le mois de mai 1842,
nous donne douze arrêts dans le sens de l'arrêt Laroque de
Mons, et huit seulement dans le sens opposé (3). Enfin, il
paraîtrait que la Cour de cassation elle-même est dans l'in-

(1) Sur Toullier, t. v, nº 110.

(2) Par ses arrêts des 21 juillet 1846, 21 juin 1848 et 17 juillet 1854.

(3) Dans le sens de l'arrêt Laroque de Mons : Orléans, 5 décembre 1843 ;
Rouen, 10 mars 1844 ; Riom, 25 avril 1845 ; Grenoble, 4 août 1845 ; Caen,
4 août 1845 ; Dijon, 20 décembre 1845 ; Grenoble, 15 décembre 1849 ; Nancy,
17 juillet 1849 ; Amiens, 7 décembre 1852 ; Agen, 16 mars 1853 ; Amiens,
17 mars 1853 ; Bastia, 23 janvier 1855. — Dans le sens opposé : Lyon,
22 juin 1843 ; Montpellier, 14 mai 1844 ; Lyon, 13 juin 1844 ; Toulouse,
9 août 1845 ; Paris, 5 février 1846 ; Rouen, 22 juin 1849 ; Grenoble, 22 février 1852 ; Aix, 27 juin 1853. — Nous lisons à l'instant, dans la *Gazette des
Tribunaux* du 6 juillet 1855, un arrêt de la cour de Paris, du 14 juin 1855,
qui adopte les principes de l'arrêt Laroque de Mons. Cet arrêt confirmatif
d'un jugement du tribunal de Meaux, du 31 août 1854, est d'autant plus
remarquable que la cour de Paris avait toujours suivi le sentiment opposé.

tention de revenir à sa décision de 1818; c'est du moins ce que nous fait espérer notre excellent ami, M. Floris Mimerel :
« Ces derniers arrêts, dit-il, ont exercé une telle influence
« que la chambre civile de la Cour de cassation elle-même
« paraît aujourd'hui reconnaître la nécessité de faire appel à
« l'autorité des chambres réunies pour provoquer une révi-
« sion solennelle de sa jurisprudence. On ne saurait, en
« effet, interpréter autrement la disposition de son dernier
« arrêt du 17 juillet 1854, par laquelle, après avoir cassé
« l'arrêt de la Cour d'Amiens du 7 décembre 1852, elle a
« ordonné le renvoi de la cause devant la Cour de Nancy,
« bien qu'elle ne fût pas une des trois cours les plus voisines
« de celle dont la décision était mise à néant, et encore que
« la Cour de Douai ne se fût point jusqu'à ce jour engagée
« sur la question. La Cour de Nancy, il faut l'espérer, ne
« désertera pas les vrais principes au moment où elle est
« appelée peut-être à leur rendre, et d'une manière défini-
« tive, toute leur autorité. Elle ne trompera pas l'attente
« des jurisconsultes et, on peut le dire, de la Cour de cassa-
« tion elle-même, et ne manquera point de fournir aux cham-
« bres réunies l'occasion de mettre fin à cette lutte dont la
« persistance compromet des intérêts si considérables et
« trouble l'union de tant de familles (1). »

Il nous semble fort utile d'examiner quelles ont été les causes de la chute de la jurisprudence Laroque de Mons. On doit placer au premier rang de ces causes une erreur grave que contenait l'arrêt du 18 février 1818. Cet arrêt, on se le rappelle, établissait en principe que, pour déterminer dans la succession d'une personne la quotité disponible, il faut

L'arrêt a été rendu sur les conclusions conformes et remarquablement mo- tivées de M. l'avocat général Moreau.

(1) Revue critique de législation et de jurisprudence, t. v, p. 530 et 531.
— L'espoir manifesté par notre excellent ami sera déçu pour cette fois; on nous apprend, en effet, que M. le professeur Demante a annoncé à son cours que malheureusement les parties renvoyées devant la cour de Nancy ont en transigeant rendu l'examen des chambres réunies impossible.

compter les enfants existants au décès, bien que certains d'entre eux renoncent ou soient déclarés indignes, la part des renonçants et des indignes devant accroître à ceux qui acceptent. Nous avons combattu ce prétendu principe dans le paragraphe précédent; nous appuyant sur l'art. 785, nous avons démontré que la renonciation d'un enfant équivaut à sa non-existence au jour du décès du père ; que , dès lors, il ne doit pas être compté pour la fixation de la réserve, puisqu'il est impossible de dire que, s'il n'eût pas existé, les autres enfants auraient eu sa part ; que l'accroissement est absolument nécessaire toutes les fois qu'il s'agit d'une masse invariable de la succession, le tout dans la succession *ab intestat*, les trois quarts dans la succession réservée, s'il reste trois réservataires acceptants; que, si, au contraire, il s'agit d'une masse variable selon le nombre des héritiers, il faut régler la quotité de cette masse avant de s'occuper du droit d'accroissement ; que, dès lors, par application du principe de l'art. 785, principe qui produit l'accroissement dans la succession ordinaire, l'enfant renonçant ne doit pas être compté pour la fixation de la quotité disponible. L'arrêt Laroque de Mons contenait donc un principe vrai et un principe faux, et, ce qui est plus grave encore, ces deux principes étaient, sans que la Cour s'en fût aperçue, en contradiction manifeste. En effet, en décidant qu'un enfant donataire renonçant ne pouvait retenir sur les biens donnés que la quotité disponible, l'arrêt traitait cet enfant comme un étranger, et appliquait le principe que la renonciation d'un héritier équivaut à sa non-existence au jour du décès du *de cujus* ; en décidant, au contraire, que cet enfant devait être compté pour le calcul de la réserve, l'arrêt traitait cet enfant comme un héritier, et niait ainsi une des conséquences du principe qu'il venait d'appliquer. En termes plus brefs, l'arrêt déclarait l'enfant renonçant étranger à la succession, pour venir ensuite le compter comme héritier. Or, qu'est-il arrivé ? Dans un même arrêt, il y avait en présence une vérité et une erreur en état de flagrante contradiction, et dans la lutte l'erreur a vaincu la vérité. Si donc l'arrêt de 1818 eût posé carrément ce principe, que par sa renonciation un enfant devient complétement étranger à la succession paternelle et qu'il eût accepté toutes les conséquences logiques de ce principe, il est probable que cet arrêt eût définitivement fixé la jurisprudence sur ces graves questions.

Nous avons déjà signalé une combinaison frauduleuse, qui se présente assez souvent dans la pratique, dans le cas où une personne laisse plusieurs enfants dont l'un est donataire en avancement d'hoirie. Ce dernier, avons-nous dit, peut, en renonçant, frapper de nullité les libéralités que le père de famille aurait faites postérieurement soit à un étranger, soit à un autre de ses enfants avec clause de préciput, et cela quoique ces libéralités ne dépassent pas la quotité disponible. Pour parer aux graves inconvénients auxquels donne naissance la possibilité de cette fraude, inconvénients que nous avons déjà signalés, pour assurer la victoire à la volonté du père donateur sur celle du fils donataire, les auteurs et les arrêts ont cherché un moyen de faire plus équitablement que la loi, *sans cependant blesser les textes* (1). Ils ont cru trouver ce moyen dans la nature même de la donation en avancement d'hoirie, et, reproduisant une idée empruntée à nos anciens auteurs, ils ont dit que, par cela même que le père n'avait donné qu'en avancement d'hoirie, il s'était réservé le droit, au cas **de** renonciation de l'enfant donataire, de disposer, sur sa réserve, d'une valeur égale à celle des biens donnés, de telle sorte qu'ils ont permis au renonçant de retenir, *jusqu'à concurrence de la portion disponible* (art. 845), une somme qui n'excédât pas cette portion, mais qui fût composée en partie de réserve, en partie de portion disponible, de manière à ce qu'il restât une fraction de quotité disponible dont il fût permis au père de disposer par libéralités postérieures. Voilà qui est bien ingénieux, tellement ingénieux que cela nous semble dépasser les limites de l'interprétation propre-

---

(1) Cpr. Duranton, t. vii, nos 286 et 287.

ment dite ; c'est un vrai remède prétorien introduit dans un louable but d'équité. Mais il est trop directement contraire aux principes du Code Napoléon pour que nous puissions l'admettre ; il crée une seconde quotité disponible à côté de celle que la loi a établie ; il donne aux légataires le droit de forcer les enfants acceptants à imputer les biens reçus par l'enfant donataire renonçant d'abord sur la part de celui-ci dans la réserve, et subsidiairement sur la quotité disponible. Mais le renonçant n'ayant aucun droit à la réserve puisqu'il n'est pas héritier, comment ses frères pourraient-ils imputer ce qu'il a reçu sur sa part dans la réserve, c'est-à-dire sur ce qui n'a aucune existence juridique? Aussi, il arriva que ce remède prétorien accoutuma les esprits à l'idée d'une réserve du renonçant, et qu'en advint-il ? Qu'un beau jour, le 17 mai 1843, la Cour de cassation se laissa entraîner à décider que l'enfant donataire renonçant pourrait retenir sa part dans la réserve outre la quotité disponible. A Rome, les remèdes prétoriens s'arrêtaient lorsqu'ils avaient atteint le but d'équité qu'ils poursuivaient. Celui dont on s'est ici servi, et à la création duquel la doctrine et la jurisprudence avaient coopéré, ne s'est pas arrêté dans sa route ; créé dans un but d'équité qu'il a atteint, il a conduit en outre à un résultat inique ; admis pour faire respecter plus sûrement les volontés du père de famille, il a servi à les renverser. En effet, on avait voulu empêcher que, par sa renonciation, un enfant donataire entre-vifs ne vînt anéantir des libéralités postérieures faites par son père dans les limites de la quotité disponible, et l'on fut insensiblement conduit à admettre qu'il pourrait, par sa renonciation, se créer, contrairement à la volonté paternelle, une situation de tout point identique à celle qu'il aurait eue s'il eût accepté la succession et que le don lui eût été fait par préciput et hors part. La doctrine a eu le tort de se laisser entraîner par l'idée d'un but équitable à poursuivre ; elle a abandonné la défense des vrais principes, et prêté les mains à la construction d'un subterfuge tendant à violer sinon le texte, du moins l'esprit du Code. Les jurisconsultes devraient avoir toujours présentes à l'esprit ces paroles si remarquables, si pleines de bon sens et de vérité : « Combien qu'une injus- « tice manifeste mérite bien qu'on retranche quelque peu des « maximes générales, il faut néanmoins se servir de ce privi- « lége le moins que l'on peut, parce que ces passe-droit ont « coutume d'entraîner avec eux quantité d'inconvénients que « l'on n'avait pas prévus (1). » Si la doctrine eût maintenu fermement que, le renonçant étant censé n'avoir jamais été héritier (art. 785), et ne pouvant dès lors prétendre aucun droit à la réserve, il était impossible de le traiter autrement qu'un étranger, et d'imputer les libéralités qui lui avaient été faites sur autre chose que sur la quotité disponible, le remède prétorien que nous combattons ne se fût pas paisiblement établi dans la jurisprudence, et le très regrettable arrêt du 17 mai 1843, *cet inconvénient que l'on n'avait pas prévu*, n'eût pas été rendu. Ce que la doctrine a eu le tort de ne pas faire, de 1818 à 1843, il faut qu'elle le fasse aujourd'hui, il faut qu'elle repousse ce remède prétorien admis par la jurisprudence (2), il faut qu'elle reprenne en main la défense des principes.

M. Marcadé, pour éviter l'inconvénient signalé, propose de réduire la donation faite en avancement d'hoirie à un enfant renonçant avant de toucher aux autres dispositions émanées du père de famille, même avant de réduire les libéralités testamentaires. Le remède proposé par M. Marcadé arrive à des résultats bien différents de ceux auxquels conduit le système de la jurisprudence. Sa doctrine, on se le rappelle,

(1) Ricard, Traité des donations, IIIᵉ partie, chap. VIII, sect. V, nº 983.

(2) Dans le sens de ce subterfuge V. Grenoble, 22 janv. 1827 et 12 fév. 1827; Montpellier, 17 janv. 1828; Agen, 6 juin 1829; Toulouse, 16 juillet 1829; Cass., 11 août 1829 et 24 mars 1834; Aix, 13 fév. 1835; Limoges, 4 déc. 1835; Lyon, 2 mars 1836; Cass., 30 mai 1836; Duranton, t. VII, nᵒˢ 281 à 290; Coin-Delisle, Des donations et des testaments, sur l'art. 919, nº 11; Zachariæ, Aubry et Rau, § 682, texte, et § 684 *ter*, texte et note 12; Rodière, Revue de législation, t. II de l'année 1850, p 360 et suiv. — En sens contraire, V. Agen, 21 août 1826 et 20 juin 1827; Nîmes, 19 août 1831; Valette, art. inséré dans le journal *le Droit*, nº du 17 décembre 1845.

consiste à dire que les règles sur l'ordre suivant lequel doit s'opérer la réduction des libéralités excessives doivent être appliquées plutôt selon leur esprit que selon le texte même des articles qui les contiennent ; que cet esprit général est que ces dispositions excessives soient réduites *par ordre de dates* en commençant par les dernières ; que l'avancement d'hoirie n'attribuant d'abord les biens au donataire qu'à titre d'héritier, et ne se transformant en donation que par la renonciation de cet héritier, c'est l'instant de cette renonciation que l'avancement d'hoirie se trouve avoir pour date en tant que donation ; que, dès lors, la renonciation étant postérieure au décès, c'est par les avancements d'hoirie que la réduction doit commencer pour se faire *par ordre de dates.* Prenons un exemple pour montrer à quels résultats arrive M. Marcadé : un père qui a donné 20,000 francs en avancement d'hoirie à l'un de ses enfants, meurt et laisse, au jour de son décès, quatre enfants et 60,000 francs de biens ; il a légué 20,000 francs par préciput et hors part à l'un des trois enfants non donataires en avancement d'hoirie, ou bien encore il a légué ces 20,000 francs à un étranger. Les trois enfants, qui n'ont rien reçu du vivant du père, acceptent sa succession, l'enfant donataire en avancement d'hoirie y renonce. M. Marcadé dira : la quotité disponible n'est que de 20,000 francs, le père a disposé de 40,000 francs ; il y a donc lieu à réduction, et cette réduction doit porter sur l'enfant donataire en avancement d'hoirie, qui doit rendre les 20,000 francs qu'il a reçus, en sorte que la disposition faite par le défunt en faveur de l'enfant préciputaire ou du légataire étranger recevra son exécution, puisqu'elle ne dépasse pas la quotité disponible, et parce qu'elle est en réalité antérieure à la donation résultant de l'avancement d'hoirie. Quant à la réserve, elle appartiendra en entier aux trois enfants acceptants. La jurisprudence, au contraire, dirait : la quotité disponible est de 20,000 francs, la réserve de 60,000 francs ; l'enfant donataire en avancement d'hoirie et renonçant peut, aux termes de l'art. 845, retenir les biens qui lui ont été donnés *jusqu'à concurrence de la quotité disponible ;* mais il doit être considéré comme ayant reçu sa part dans la réserve, et il ne faut imputer sur la quotité disponible que le surplus de la valeur des biens donnés sur sa part dans la réserve ; or, sa part dans la réserve est de 15,000 francs, et ses frères doivent se contenter pour leur réserve des 45,000 francs restants : donc, par la donation en avancement d'hoirie, le père n'a pris que 5,000 francs sur les 20,000 francs formant la quotité disponible ; donc, la libéralité préciputaire faite à l'un des autres enfants, ou le legs fait à un étranger doit être exécuté, mais seulement jusqu'à concurrence de 15,000 francs. En résumé, dans le système de M. Marcadé, le renonçant ne conserve rien lorsque, par des libéralités postérieures, le père a disposé de toute la quotité disponible, ses frères se partagent la réserve, et les libéralités que le père a faites postérieurement au don en avancement d'hoirie, étant considérées comme antérieures à ce don, sont pleinement exécutées. Dans le système de la jurisprudence au contraire, le donataire en avancement d'hoirie renonçant ne peut être réduit qu'autant qu'il conserverait plus que la quotité disponible, de telle sorte que, dans l'espèce que nous avons choisie, il conservera tout ce qui lui a été donné, mais sa part dans la réserve, c'est-à-dire dans *les biens indisponibles,* au lieu d'accroître à ses frères, servira à exécuter les dispositions postérieures du père envers des étrangers ou envers l'enfant préciputaire considéré en tant que donataire ou légataire. Voilà donc la vraie quotité disponible établie par la loi étant épuisée, une portion des biens indisponibles qui, sous la baguette de la jurisprudence, se transforme en une nouvelle quotité disponible. Certains auteurs n'ont pas aperçu la liaison de la question qui nous occupe en ce moment avec celle qu'ont décidée en sens contraire les deux célèbres arrêts de 1818 et de 1843 (1) ; ils admettent d'une part que le renon-

(1) MM. Aubry et Rau, sur Zachariæ, appuient par deux fois (§ 682, note 2 et § 684 *ter,* note 12) sur la non-liaison de ces deux questions. C'est là, selon nous, une idée fausse que les savants professeurs de Strasbourg ont eu le tort d'adopter.

çant, donataire en avancement d'hoirie, ne peut retenir sur les biens donnés que la quotité disponible, et, d'autre part, ils admettent que, s'il y a des libéralités postérieures, les enfants acceptants seront tenus de souffrir l'exécution des libéralités du défunt en tant que réunies aux avancements d'hoirie elles n'attaqueraient pas leurs parts individuelles de réserve. Cependant, de deux choses l'une, ou la réserve est une masse de l'hérédité attribuée collectivement à tous les enfants héritiers, ou bien c'est une quotité de biens attribuée individuellement à chaque enfant : il faut choisir entre l'une ou l'autre de ces décisions. Que font nos auteurs? Si les enfants acceptants ne sont en présence que de la libéralité faite à leur frère renonçant, considérant la réserve comme une masse attribuée collectivement aux enfants acceptants, ils ne permettent au renonçant que la rétention du disponible. Si, au contraire, le père de famille a fait d'abord une donation en avancement d'hoirie à l'un de ses enfants, et postérieuremet d'autres libéralités, voici l'idée d'une réserve attribuée individuellement à chaque enfant qui reparaît, puisque toutes ces libéralités réunies seront exécutées jusqu'à concurrence de la quotité disponible, plus une part d'enfant dans la réserve. Lorsqu'il n'y a eu d'autre libéralité que celle faite par avancement d'hoirie au renonçant, les auteurs que nous combattons tancent vertement la jurisprudence de 1843, et lui reprochent l'introduction d'une seconde quotité disponible à côté de celle qui est reconnue par la loi ; mais eux-mêmes ne l'admettent-ils pas cette seconde quotité disponible lorsque, postérieurement à la donation en avancement d'hoirie, le père de famille a fait d'autres libéralités? Qu'ils avouent donc que la Cour suprême, en faisant un pas de plus sur le terrain de l'erreur et de l'illégalité, s'est montrée plus logique qu'eux.

Examinons enfin la doctrine de M. Marcadé. Il s'est préoccupé lui aussi des dangers qu'il y a à laisser à l'enfant donataire en avancement d'hoirie le pouvoir d'annihiler ou d'amoindrir par sa renonciation le droit que la loi accorde au père de disposer librement de ses biens jusqu'à concurrence de la quotité disponible. Le remède qu'il propose a sur celui de la jurisprudence l'avantage de ne pas violer le principe que la réserve est une masse de l'hérédité attribuée collectivement à tous les enfants héritiers ; il ne vient pas nous parler d'une part du renonçant dans la réserve, part sur laquelle on doive imputer en premier lieu les biens qui lui ont été donnés en avancement d'hoirie, et lorsque la quotité disponible établie par la loi est épuisée, il ne crée pas une seconde quotité disponible. M. Marcadé ne voit dans tout ceci qu'une question touchant l'ordre dans lequel la réduction des libéralités excessives doit être opérée ; et pour obvier à l'inconvénient dont il est préoccupé, il fait porter la réduction en premier lieu sur les donations faites en avancement d'hoirie. Mais, lui dit-on, vous violez ouvertement l'art. 923. Non, répond-il, loin de violer cet article, j'en fais une saine application, car ce qu'il veut c'est qu'on réduise les libéralités excessives par ordre de dates en commençant par les dernières et en remontant aux plus anciennes. Ma décision n'est-elle pas conforme à ce principe ? A quel moment la donation faite en avancement d'hoirie est-elle devenue une véritable donation ? A quel moment les biens ainsi donnés ont-ils cessé d'être entre les mains de l'enfant à titre de portion intégrante de l'hérédité paternelle ? A quel moment a-t-il commencé à les avoir en qualité de donataire étranger à la succession ? Au moment de sa renonciation, c'est-à-dire à une époque postérieure même aux libéralités testamentaires. La vraie date des donations en avancement d'hoirie est donc la date de la renonciation de ceux à qui elles ont été faites, d'où il suit qu'elles doivent être réduites avant toute autre libéralité. Ce système est aussi séduisant qu'ingénieux, néanmoins nous sommes obligés de le repousser. Ce n'est pas à tort qu'on lui reproche de violer l'art. 923, car non-seulement un héritier qui renonce se rend étranger à la succession par sa renonciation, mais encore, ainsi que le dit l'art. 785, « il est censé n'avoir jamais « été héritier. » Il suit de là que la donation qui lui a été faite doit être traitée de tout point comme une donation faite à un étranger, et, par suite, réduite à la date du jour où elle a été faite. On ne saurait décider le contraire sans violer les art. 785 et 923 (1).

Mais, nous dira-t-on, puisque vous reconnaissez l'existence des inconvénients graves que de toutes parts on s'est efforcé de prévenir, puisque vous repoussez le remède de la jurisprudence et celui de M. Marcadé, vous en avez donc un meilleur à présenter à votre tour? Non, nous n'en avons aucun à proposer, et nous croyons fermement qu'il n'y en a pas de possible. L'enfant donataire en avancement d'hoirie pourra donc par sa renonciation frapper de nullité en tout ou en partie les libéralités qu'aurait faites postérieurement, dans la mesure du disponible, l'ascendant qui l'a ainsi gratifié. Mais, dira-t-on, ce résultat est inacceptable. Il est mauvais, regrettable, d'accord ; mais il est acceptable comme tout ce qui est juridique. A moins de sortir du domaine de l'interprétation proprement dite, à moins de vouloir à toute force faire plus équitablement que la loi, il faut accepter ce résultat, puisqu'il est une déduction logique des principes. On peut, du reste, le défendre au point de vue de l'équité en disant que le donateur est censé, puisqu'il connaissait les dispositions de la loi, avoir, lors de la donation, permis à l'héritier donataire d'user de la faculté de renoncer en retenant les biens donnés, et en n'étant soumis à la réduction qu'à la date de la donation à lui faite. Du reste, nous ne voyons rien qui s'oppose à ce que le donateur qui voudrait éviter ce résultat, puisse le faire en stipulant que la donation sera résolue au cas de renonciation du donataire à la succession du donateur : *Unicuique liberalitati suæ modum imponere licet.* Ceci nous amène à faire remarquer que, dans son système, la jurisprudence se base sur une convention tacite qui serait intervenue entre le père donateur et le fils donataire en avancement d'hoirie. Elle suppose que, moyennant les biens qui lui sont donnés, le fils, pour le cas où il renoncerait à la succes-

(1) Sic M. Valette à son cours, leçon du 31 juin 1854.

sion de son père, donne à celui-ci le droit de disposer jusqu'à concurrence de la valeur de ces biens, de sa part dans la réserve. Comment comprendre que le fils abandonne au père sa part dans la réserve pour le cas où il renoncerait, c'est-à-dire pour le cas précisément où il n'aurait aucun droit à cette réserve? Ne serait-ce pas là, d'ailleurs, puisqu'il s'agit d'une portion des biens indisponibles, c'est-à-dire de la succession, une convention nulle, aux termes de l'art. 1130? C'est donc là une raison de plus de repousser un système qui a besoin de supposer une pareille convention.

§ 5.

De la réduction des donations et des legs qui portent atteinte à la réserve. — Généralités.

La portion de biens disponible ne peut se déterminer qu'à la mort du disposant. Alors seulement on saura : 1° quels héritiers il laisse ; 2° quelle est la valeur des biens qu'il laisse. La qualité et le nombre des héritiers fixeront le montant de la quotité disponible, nous diront si le défunt a pu disposer de toute sa fortune ou seulement de la moitié, du tiers, du quart. Le *quantum* de cette fortune nous apprendra quel est le *quantum* de la quotité disponible. Ainsi le défunt laisse un fils qui accepte sa succession : ceci nous montre qu'il n'a pu disposer que de la moitié de ses biens. Puis on reconnaît que l'ensemble des biens laissés par le défunt et des biens par lui donnés ou légués (1) est de 100,000 francs ; dès lors nous savons que la quotité disponible était de 50,000 francs. Si les libéralités entre-vifs ou testamentaires du défunt s'élèvent à 60,000 francs, il faudra les réduire de 10,000 francs. La question de savoir quelle est la quotité jusqu'à concurrence de la-

---

(1) En effet, nous ne tarderons pas à voir que pour calculer le *quantum* de la quotité disponible il faut supposer qu'il n'y a pas eu de libéralités (art. 922).

quelle le défunt a eu la libre disposition de ses biens est
réglée par les art. 913 et suivants, qui déterminent les droits
de ses héritiers (*droit déterminateur*) ; nous avons déjà étudié
les principes qui servent à résoudre cette première question.
La question de savoir quel sera le droit des héritiers réservataires dans le cas où la quotité disponible serait dépassée,
et, par conséquent, leur réserve attaquée, est réglée par les
art. 920 et suivants, qui servent de sanction aux art. 913 et
suivants (*droit sanctionnateur*). La question générale qui
nous reste à étudier est donc celle de savoir quels sont les
moyens par lesquels la loi sanctionne le droit de réserve accordé aux descendants et aux ascendants. A cet effet la loi leur
accorde une action tendant à faire déclarer inefficaces les libéralités du défunt en tant qu'elles auraient dépassé la quotité
disponible et attaqué la réserve, et à faire, en conséquence,
rentrer, jusqu'à concurrence du montant de la réserve, les
biens donnés dans la masse de l'hérédité *ab intestat*. Les rédacteurs du Code Napoléon ont donné à cette action le nom
d'action en réduction. Il peut cependant arriver que cette
action ait pour résultat d'entraîner la complète inefficacité de
certaines dispositions, ce qui pourrait faire passer pour
inexacte la qualification d'action en réduction ; mais il faut
remarquer que le législateur a bien moins envisagé cette action comme s'attaquant spécialement à telle ou telle disposition que comme dirigée contre l'ensemble des libéralités
faites par le défunt, dans le but de les ramener au taux de la
quotité disponible.

D'après ce que nous venons de dire, nous ne pouvons pas
examiner immédiatement quelle est la nature de l'action,
quels en sont les effets, contre qui, et dans quel ordre elle
doit être intentée. Il faut préalablement exposer les règles
suivant lesquelles on procède pour reconnaître si les libéralités faites par le défunt sont excessives et de combien elles
dépassent la quotité disponible. Ce sujet embrasse trois questions principales qui feront l'objet du paragraphe suivant :
1° quels biens doit-on faire entrer dans la composition de la

masse pour le calcul de la quotité disponible ? 2° quelles règles doit-on suivre pour en estimer la valeur ? 3° quelles libéralités entre-vifs ou testamentaires doit-on imputer sur la quotité disponible, c'est-à-dire soumettre à la réduction à la quotité disponible s'il y a lieu ? Nous ne traiterons de l'action en réduction dans un paragraphe spécial qu'après avoir examiné ces trois importantes questions.

§ 6.

De la vérification du point de savoir si la quotité disponible a été ou non dépassée.

L'art. 922 a pour but d'indiquer selon quelles règles on doit procéder à la formation de la masse, pour déterminer si la quotité disponible a été ou non dépassée. Cet article nous apprendra donc quels biens doivent être compris dans la masse sur laquelle se calcule la quotité disponible, d'après quelles règles on doit en évaluer la valeur et quelles sont les déductions que l'on doit faire subir à la masse ainsi formée. Citons d'abord les termes de cet article : « La réduction se « détermine en formant une masse de tous les biens existants « au décès du donateur ou testateur. On y réunit fictivement « ceux dont il a été disposé par donations entre-vifs, d'après « leur état à l'époque des donations et leur valeur au temps « du décès du donateur. On calcule sur tous ces biens, après « en avoir déduit les dettes, quelle est, eu égard à la qualité « des héritiers qu'il laisse, la quotité dont il a pu disposer ».

Nous avons d'abord à présenter une observation générale sur la manière de procéder que nous indique notre article. Il faut, d'après la lettre de sa disposition, réunir fictivement aux biens existants au moment du décès du défunt ceux dont il a disposé entre-vifs, et ce n'est qu'après avoir ainsi formé la masse totale que les dettes devront en être déduites. Or, si l'on procède ainsi, on n'arrivera à un résultat exact qu'au-

tant que le passif ne dépassera pas l'actif. Dans le cas contraire, la manière de procéder de la loi doit être modifiée ;
elle cesse d'être praticable. On doit la modifier en ce sens que,
au lieu de déduire les dettes de la masse totale, on doit les
déduire de la masse des biens existants au jour du décès, et,
si les dettes excédaient la valeur des biens laissés par le défunt, la réserve devrait se calculer exclusivement sur la
masse des biens donnés entre-vifs. En suivant à la lettre le
système de la loi sans lui faire subir la modification que nous
venons d'indiquer, on arriverait à des résultats vraiment inadmissibles. On arriverait à permettre aux donataires entre-
vifs du défunt de retenir sur les biens donnés une valeur qui
ne serait plus, eu égard à la réserve, dans le rapport que la
loi a établi. Ainsi, si nous supposons qu'une personne ayant
trois enfants ait disposé par acte entre-vifs de biens valant 20,000 francs, et qu'elle laisse à son décès 30,000 fr.
de biens et 40,000 francs de dettes, en suivant le procédé de
la loi, c'est-à-dire en déduisant les 40,000 francs de dettes
de la masse totale de 50,000 francs que forment les biens
existants au décès réunis aux biens donnés entre-vifs, il ne
restera que 10,000 francs, ce qui donnerait pour la réserve
des trois enfants 7,500 francs, de telle sorte que les donataires conserveraient 12,500 francs, c'est-à-dire cinq fois plus
que chaque enfant, quand, ainsi nous l'avons vu, le vœu de
la loi est que les donataires n'aient qu'une somme égale à
celle que reçoit chacun des enfants. Il faut, au contraire,
dire : Le défunt laisse plus de dettes que de biens, donc il ne
laisse rien, et dès lors la réserve des enfants doit être calculée sur la totalité des biens donnés entre-vifs, sans qu'il y
ait lieu de leur faire subir aucune déduction ; en conséquence,
la réserve des enfants sera de 15,000 francs, et les donataires ne retiendront que 5,000 francs, c'est-à-dire une
somme égale à celle que reçoit chaque enfant. Bien plus, le
mode de calcul indiqué par la loi pourrait conduire à l'anéantissement complet de la réserve, de telle sorte que, les biens
donnés entre-vifs restant entre les mains des donataires, les

héritiers réservataires n'eussent rien à prétendre. Soit une espèce : le défunt qui laisse trois enfants légitimes doit 200,000 francs, et les biens existants au jour du décès ne valent que 100,000 francs ; le défunt a donné entre-vifs des biens valant ensemble 100,000 francs. Si nous ne déduisons les dettes qu'après avoir réuni fictivement les biens donnés aux biens actuels, le restant étant nul dans notre espèce, nous arrivons à ce résultat que la réserve est nulle et que les donataires ne pourront être inquiétés. Il faut, au contraire, dire : Le défunt ne laisse rien puisqu'il laisse plus de dettes que de biens, restent donc 100,000 francs de biens donnés entre-vifs sur lesquels nous calculons la réserve qui est, ainsi, de 75,000 francs. L'inexactitude que présente la rédaction de notre article est donc palpable ; elle provient sans doute de ce que les rédacteurs du Code Napoléon ont raisonné *de eo quod plerumque fit*, et n'ont, par conséquent, eu en vue que le cas où l'actif du défunt dépasse son passif. C'est là un point incontestable, et qui n'est, en effet, contesté par personne (1).

Ainsi donc, pour former la masse dont la division doit donner les deux portions disponible et réservée, il faudra se garder de suivre à la lettre l'art. 922, et l'on devra procéder ainsi qu'il suit : 1° établir la valeur des biens dont le défunt était propriétaire au jour de son décès, ou qu'il possédait alors avec toutes les conditions requises pour conduire à la prescription (2) ; 2° en déduire le montant des dettes ; 3° enfin, estimer l'ensemble des biens donnés entre-vifs et l'ajouter à l'actif déjà trouvé.

Examinons en détail chacune de ces trois opérations. Il faut,

---

(1) *Sic* Metz, 13 juillet 1833 ; Levasseur, De la portion disponible, n° 73 ; Grenier, Des donations, t. ii, n° 612 ; Toullier, t. v, n° 144 ; Delvincourt, t. ii, p. 239 ; Duranton, t. viii, n° 343 ; Demante, Programme, t. ii, n° 286 ; Vazeille, Des donations et testaments, sur l'art. 922, n° 23 ; Coin-Delisle, Des donations et testaments, sur l'art. 922, n° 37 ; Zachariæ, Aubry et Rau, § 684, texte et note 2 ; Marcadé, sur l'art. 922, n° 1.

(2) V. *supra*, p. 256 et 257.

d'abord, comprendre dans la masse tous les biens que le défunt a laissés en mourant, aussi bien ceux dont il aurait disposé par testament que ceux qu'il laisse passer à ses héritiers.
On ne doit pas même en excepter les biens compris dans des
legs pieux (1). Quant aux biens compris dans des legs faits
par forme de restitution de vol ou d'usure, il faudra distinguer si le vol ou l'usure est prouvée ou non. Au premier cas,
les légataires devront être considérés comme de véritables
créanciers, et les biens qui leur auront été ainsi donnés à titre
de restitution ne devront pas être compris dans la masse
héréditaire. Au second cas, au contraire, cette prétendue
restitution de vol ou d'usure n'étant qu'un prétexte inventé
pour frauder les réservataires, les biens ainsi légués devront
être compris dans la masse, et les légataires subir la réduction, s'il y a lieu. En ce qui touche les biens compris dans des
legs rémunératoires, si les services sont prouvés et de nature
à fonder une action en justice, on ne devra comprendre ces
biens dans la masse héréditaire que pour ce qui excéderait la
valeur des services rendus ; dans le cas contraire, on devra
les y comprendre pour le tout (2).

La masse héréditaire se composera donc de tous les biens
laissés par le défunt, meubles ou immeubles, corporels ou in-
corporels. En conséquence, elle comprendra les créances.
Si l'héritier réservataire était débiteur du défunt, cette
créance ferait partie de la masse héréditaire quoique l'héritier eût accepté purement et simplement la succession, et
sans aucun égard à la confusion résultant de cette acceptation (art. 1300). La confusion, en effet, ne produit pas l'extinction de l'obligation, elle se borne à rendre impossible
l'exercice de l'action qui en résultait : *Potius eximit personam
ab obligatione quam obligationem tollit* (3).

(1) V. *supra*, p. 247 et 248.
(2) V. *supra*, p. 248 et 249.
(3) *Sic* Duranton, t. VIII, n° 333 ; Zachariæ, Aubry et Rau, texte et note 4 ;
Marcadé, sur l'art. 922, n° 11.

Lorsqu'il se trouve dans l'hérédité des créances contre des débiteurs insolvables ou d'une solvabilité douteuse, on ne peut, évidemment, faire entrer dans la masse héréditaire ces créances pour la totalité de leur valeur nominale : *Cujus debitor solvendo non est tantum habet in bonis quantum exigere potest* (1). Mais alors comment procédera-t-on? De même, comment devra-t-on procéder à l'égard des créances conditionnelles? A l'égard des créances évidemment mauvaises, il n'y a pas de difficulté; elles doivent être absolument rejetées. En ce qui touche celles qui sont douteuses ou conditionnelles, Gaius nous indique deux moyens de sortir d'embarras : ou bien l'on comprendra ces créances dans la masse au moyen d'une estimation à forfait dont les donataires et les légataires conviendront amiablement avec l'héritier, ou que le tribunal fixera *ex æquo et bono*, ou bien encore, on aura recours à des cautions fournies soit par l'héritier aux donataires et légataires, soit par ces derniers à l'héritier. Si l'héritier fournit la caution aux légataires ou donataires, la créance douteuse ou conditionnelle ne sera pas comprise du tout dans la masse héréditaire, et si l'héritier parvenait à recouvrer en totalité ou en partie le montant de cette créance, il serait obligé de tenir compte aux donataires ou légataires atteints par la réduction des sommes qu'il aurait ainsi touchées, et cela dans la proportion de la réserve à la quotité disponible. Si, au contraire, la caution est fournie à l'héritier par les donataires et légataires, la créance douteuse ou conditionnelle sera comprise pour le tout dans la masse héréditaire, et les donataires et légataires devront tenir compte à l'héritier, dans la proportion de la quotité disponible à la réserve, des sommes dont il ne serait pas payé par le débiteur (2). Il est cependant un cas où une mauvaise créance doit entrer de suite, purement et simplement, dans la masse héréditaire. Il en est ainsi lorsque le testateur, étant créancier d'une per-

(1) L. 63, § 1, D., ad legem Falcidiam (xxxv, 2).
(2) L. 73, § 1, D., ad legem Falcidiam (xxxv, 2).

sonne insolvable, lui lègue sa libération ou une somme supérieure ou égale à celle qui est due, en effet; le débiteur est alors solvable, puisqu'il se paie lui-même, ou puisqu'il paie par compensation : *Sed quum debitori liberatio relinquitur, ipse sibi solvendo videtur; et, quod ad se attinet, dives est* (1). Si le legs ne s'élevait pas à la totalité de la créance, on procéderait pour le surplus comme pour les créances mauvaises ou douteuses (2).

On doit estimer les biens laissés par le défunt au jour de son décès, suivant leur état à cette époque, et les comprendre dans la masse pour la valeur qu'ils représentaient alors : *Mortis tempore inspicitur* (3). Au moment même du décès, la réserve s'est immédiatement déterminée *en droit*, quoiqu'elle ne le soit pas encore *en fait*. Aussi ne faudra-t-il tenir aucun compte des changements qui seraient survenus dans la valeur des biens laissés par le défunt dans l'intervalle qui s'écoule entre le décès et le jour où se fait l'estimation. Il résulte de là que les augmentations survenues depuis le décès seront un profit pour l'héritier, tandis que les diminutions seront pour lui une perte dont il ne pourra pas se faire indemniser (4). Ainsi, si nous supposons un seul fils à une personne qui a laissé des biens valant 40,000 francs au jour de son décès, et qui a donné 60,000 francs entre-vifs, le fils pourra demander au donataire 10,000 francs pour parfaire sa réserve, et ce chiffre de 10,000 francs ne saurait être modifié par aucun événement ultérieur. Par suite de l'établissement d'un canal ou de tout autre événement, les biens du défunt ont-ils augmenté de valeur, valent-ils par exemple 60,000 francs au jour où se fait l'estimation, le fils n'en pourra pas moins demander 10,000 francs au donataire. Ces biens ont-ils, au contraire,

---

(1) L. 82, D., ad legem Falcidiam (**xxxv**, 2).

(2) Duranton, t. **viii**, n° 332.

(3) L. 6, C., De inoff. test. (**iii**, 28); Inst., lib. **ii**, tit. **xxii**, § 2; l. **73**, pr., D., ad legem Falcidiam (**xxxv**, 2).

(4) L. 30, pr., D., ad legem Falcidiam (**xxxv**, 2).

diminué de valeur, ne valent-ils plus que 30,000 francs, le fils ne pourra néanmoins demander que 10,000 francs.

Voilà donc la masse héréditaire active formée. Il faut maintenant en déduire les dettes, et, de même que l'on compte dans les biens les créances que le défunt avait contre son héritier, de même il faut compter dans les dettes les créances que cet héritier avait contre le défunt (1). Si le défunt était débiteur sous condition, on estimerait à forfait, selon les chances plus ou moins considérables de l'accomplissement de la condition, cette dette pour la déduire de la masse active, ou bien on aurait recours aux cautions dont nous avons parlé pour les créances conditionnelles (2). Il faut comprendre dans les dettes à déduire les frais funéraires (3), les dépenses que l'héritier a dû faire pour l'acceptation de la succession, les frais de scellés, d'inventaire, de partage, etc... (4). D'après ce que nous avons déjà dit, il est évident que si l'ensemble des dettes qui grèvent la succession dépassait la totalité de l'actif existant au décès, il faudrait considérer le défunt comme n'ayant rien laissé, et ne tenir aucun compte de l'excédant du passif sur l'actif, de telle sorte que la quotité disponible et la réserve se calculassent sur la masse totale des biens donnés entre-vifs, sans qu'on dût faire subir à cette masse aucune déduction.

Les biens laissés au décès ayant été évalués, et les dettes en ayant été déduites, il faut réunir fictivement à la masse

(1) *Sic* Duranton, t. VIII, n° 333 ; Zachariæ, Aubry et Rau, § 684, texte et note 4 ; Marcadé, sur l'art. 922, n° 111. — V. ll. 12, 39 et 87, § 2, D., ad legem Falcidiam (XXXV, 2) ; ll. 5, 6, pr.. 8 et 14, C., eod. tit. (VI, 50).

(2) L. 73, § 1, D., ad legem Falcidiam (XXXV, 2). — V. *supra* et remarquer que, puisqu'il s'agit de dettes au lieu de créances, il faut raisonner en sens inverse.

(3) Paul. Sent., lib. IV, tit. V, § 6 ; l. 8, § 9, D., De inoff. test. (V, 2) ; Cout. de Paris, art. 298 ; Toullier, t. V, n° 144 ; Grenier, Des donations, t. II, n° 612 ; Duranton, t. VIII, n° 344 ; Zachariæ, Aubry et Rau, § 684, texte et note 1 ; Marcadé, sur l'art. 922, n° 111.

(4) *Sic* Duranton, t. VIII, n° 344 ; Marcadé, sur l'art. 922, n° 111. — *Secus*, Zachariæ, Aubry et Rau, § 684, texte et note 1.

ainsi **formée tous** les biens dont le défunt a disposé par donations entre-vifs. On doit former la masse pour le calcul de la
quotité disponible de manière à ce qu'elle représente exactement le patrimoine du défunt tel qu'il eût été s'il n'eût disposé
d'aucun bien; tel est le vœu de la loi. Aussi doit-on comprendre
dre dans la masse tous les biens donnés entre-vifs, sans qu'il
y ait lieu de distinguer entre les biens donnés aux héritiers et les biens donnés à des étrangers. Pendant **plus**
de vingt ans, la Cour de cassation a décidé néanmoins, en se
fondant sur l'art. 857, que les donataires et légataires ne
pouvaient compter les biens rapportables par les héritiers à
réserve pour connaître le montant du patrimoine et fixer le
chiffre de la portion disponible et de la portion réservée.
Ce système violait l'art. 922 et partait d'une fausse interprétation de l'art. 857. Ce dernier article déclare, il est vrai,
que le rapport n'est dû que par le cohéritier à son cohéritier,
et que les donataires ou légataires n'y ont aucun droit; mais
autre chose est profiter du rapport, c'est-à-dire s'attribuer
tout ou partie des biens rapportés, autre chose faire entrer
ces biens en ligne de compte pour calculer le disponible auquel on a droit. D'ailleurs, l'art. 922 ordonne, sans aucune
distinction, de réunir fictivement dans tous les cas les biens
donnés aux biens extants, afin de pouvoir calculer le disponible sur le patrimoine tel qu'il se fût composé s'il n'y eût
pas eu de disposition entre-vifs. Ce système violait en outre
les art. 913 et 915 en établissant deux réserves : l'une portant sur l'ensemble du patrimoine calculé conformément à
l'art. 922, et applicable lorsque le défunt n'avait, de son vivant, rien donné à ses héritiers, l'autre calculée sur les
biens extants seulement et les biens donnés à des étrangers et applicable dans le cas contraire. Ainsi, soit un
père qui, après avoir donné à chacun de ses trois enfants
20,000 francs en avancement d'hoirie, laisse au jour de
son décès des biens valant 20,000 francs, la réserve serait, dans ce système, de 75,000 francs, c'est-à-dire des
trois quarts plus le quart du dernier quart, tandis qu'elle eût

été des trois quarts seulement si le père n'eût rien donné de son vivant à ses enfants; de telle sorte que le père diminuerait son disponible toutes les fois qu'il ferait un avancement d'hoirie, en supposant même que plus tard les enfants donataires acceptassent sa succession. Ce système avait été en fort peu de temps consacré par trois arrêts de la Cour de cassation (1). Le dernier de ces arrêts, qui cassait un arrêt de la Cour de Pau, renvoya l'affaire devant la Cour d'Agen, et celle-ci ayant jugé dans le sens de l'arrêt cassé, la Cour de cassation, toutes chambres réunies, sous la présidence du ministre de la justice, revint sur sa jurisprudence le 8 juillet 1826 (2). Ce ne fut que postérieurement à cet arrêt célèbre que la jurisprudence, après s'être montrée trop favorable aux héritiers à réserve, commença à se montrer, dans le cas de renonciation d'un enfant donataire en avancement d'hoirie, trop favorable aux donataires et légataires en établissant, ainsi que nous l'avons déjà expliqué, une seconde quotité disponible, lorsque le don en avancement d'hoirie avait épuisé ou entamé celle qui est établie par la loi.

Le principe, que les biens donnés entre-vifs à des héritiers doivent être, comme les biens donnés à des étrangers, réunis fictivement aux biens extants, reçoit cependant exception lorsqu'il s'agit de libéralités qui, échappant au rapport, doivent *a fortiori* n'être pas soumises à la réduction. Ainsi, ne devront pas être comprises dans la masse les libéralités indiquées par l'art. 852, lesquelles sont dispensées du rapport comme dépenses courantes et prises sur le revenu du père de famille, et qui, pour les mêmes motifs, doivent échapper à la réduction. On ne devra pas non plus faire entrer en ligne de compte les biens constitués en dot qui échapperaient au rapport aux termes de l'art. 1573 ainsi conçu : « Si le mari était déjà insolvable, et n'avait ni art, ni profes-

(1) 27 mars 1822, 12 février 1824 et 8 décembre 1824.

(2) Cette nouvelle jurisprudence a été maintenue par arrêts de la Cour suprême des 13 mai 1829, 19 août 1829, 8 janvier 1834 et 2 mai 1838.

« sion, lorsque le père a constitué une dot à sa fille, celle-ci
« ne sera tenue de rapporter à la succession du père que
« l'action qu'elle a contre celle de son mari, pour s'en faire
« rembourser. — Mais si le mari n'est devenu insolvable que
« depuis le mariage, ou s'il avait un métier ou une profession
« qui lui tenait lieu de bien, la perte de la dot tombe unique-
« ment sur la femme. » Nous n'examinerons pas si la disposition de cet article est spéciale au régime dotal ou si elle
ne s'applique qu'à la dot constituée par le père ; ou si, au
contraire, elle s'applique aussi à la dot constituée par tout
autre ascendant ; si enfin elle ne s'applique qu'aux dots consistant en meubles et sommes d'argent, ou si elle s'applique
également aux dots immobilières (1) : ces questions sont en
dehors de notre sujet ; mais ce que nous disons, c'est que
toutes les fois que l'on décidera que le rapport n'est pas dû
par la fille dotée, on devra décider aussi que cette fille ne
saurait être tenue de l'action en réduction, et, en conséquence, ne pas comprendre les biens constitués en dot dans
la masse formée pour le calcul du disponible. Prenons un
exemple : un père ayant quatre enfants marie sa fille sous le
régime dotal, et lui constitue en dot une somme de 40,000 fr.
qu'il compte immédiatement à son gendre déjà insolvable, et
n'ayant ni état, ni profession qui lui tienne lieu de biens (2).
Au moment du décès du père, il y a dans son hérédité plus
de dettes que de biens, et sa fille, vu l'insolvabilité de son
mari, n'a pu rien recouvrer sur les 40,000 francs qui ont
formé sa dot. Les trois autres enfants, ayant accepté sous bénéfice d'inventaire, ne pourront pas agir en réduction contre leur
sœur. Si cette dernière acceptait sous bénéfice d'inventaire
comme ses frères, elle ne serait pas tenue de rapporter les

(1) V. sur ces questions Duranton, t. VII, nᵒˢ 416 à 420 ; Zachariæ, Aubry et Rau, § 540, texte *in fine* et notes 48, 49 et 50, et les autorités qui y
sont citées.
(2) Pour éviter toute difficulté, nous avons construit notre espèce de manière
à ce qu'elle entraînât dispense de rapport même dans l'opinion de ceux qui in-
terprètent l'art. 1573 de la manière la plus restrictive.

40,000 francs qui ont formé sa dot. Ces 40,000 francs n'auraient donc dans aucun cas fait partie de l'hérédité paternelle; on ne peut donc prétendre faire porter sur une partie
de ces 40,000 francs la réserve des autres enfants, puisque
ce droit de réserve est un droit de succession. Les mêmes
raisons qui militent contre le rapport militent contre la réduction. En réalité, la fille n'a rien reçu qu'une action illusoire contre son mari. Elle n'est pas donataire; il serait tout
aussi inique de la soumettre à la réduction que de la soumettre au rapport. Il y a 40,000 francs de perdus par la faute du
père, par sa trop grande imprudence; c'est à tous ses enfants et
non à un seul à supporter les conséquences de cette faute.
Il est bien entendu que lorsque nous décidons que les biens
donnés entre-vifs aux héritiers ne doivent pas être compris
dans la masse, lorsqu'ils ne sont pas rapportables, parce qu'ils
doivent a *fortiori* échapper à la réduction, nous n'entendons
parler que de la dispense de rapport émanée de la loi, et non
de celle qui émanerait du disposant (art. 919).

Il peut même arriver qu'il faille comprendre dans la
masse sur laquelle se calcule la quotité disponible des
biens sortis du patrimoine du défunt pour entrer dans celui
de l'un de ses héritiers en ligne directe par suite d'un contrat
qui, intervenu entre le défunt et l'un de ses collatéraux ou un
étranger, serait regardé comme une aliénation à titre onéreux, et qui, lorsqu'il est intervenu entre le défunt et l'un de
ses héritiers présomptifs en ligne directe, est considéré, par
suite d'une présomption légale, comme contenant une aliénation à titre gratuit. L'art. 918 va nous en fournir un exemple : « La valeur en pleine propriété des biens aliénés, soit à
« charge de rente viagère, soit à fonds perdu ou avec réserve
« d'usufruit, à l'un des successibles en ligne directe, sera
« imputée sur la portion disponible; et l'excédant, s'il y en a,
« sera rapporté à la masse. » C'est dans l'art. 26 de la loi du
17 nivôse an II que se trouve l'origine de la disposition que
nous allons étudier. On se rappelle que, dans le système de
cette loi, tous les héritiers, même les collatéraux les plus

éloignés, étaient réservataires, et qu'il était défendu de créer la moindre inégalité entre les héritiers qui, même au cas de renonciation, étaient tenus au rapport de ce qu'ils avaient reçu entre-vifs. Pour sanctionner ce système et éviter qu'on ne gratifiât des successibles par des voies détournées, l'art. 26 de cette loi avait créé des cas de contrats à titre onéreux considérés par voie de présomption légale, comme des donations déguisées. Cette présomption légale avait dans la loi de nivôse plus d'étendue que dans le Code Napoléon, puisqu'elle s'appliquait à tous les héritiers présomptifs, tandis que, dans notre législation actuelle, elle ne s'applique qu'aux héritiers présomptifs en ligne directe. En outre, sous l'empire de la loi de nivôse, cette présomption légale entraînait la nullité complète du contrat, tandis que, sous l'empire du Code Napoléon, elle se borne à faire appliquer à ce contrat les règles relatives aux donations dispensées de rapport. Ce que la loi a craint surtout, c'est qu'on ne prît des voies détournées pour arriver à donner à l'un de ses héritiers un préciput plus considérable que celui qu'elle a permis de lui donner. Comme, après tout, il peut arriver que la présomption légale soit dans le faux, la loi ne présume que le contrat est à titre gratuit que dans la mesure nécessaire pour atteindre le but qu'elle poursuit. Cette présomption n'est pas introduite pour empêcher les dons préciputaires dans la mesure légale, aussi le contrat reste-t-il, sauf la preuve du contraire, un contrat à titre onéreux, lorsqu'il ne s'agit pas de protéger les réservataires contre un préciput trop considérable qui serait attribué à l'un d'entre eux (1). Il est rare, nous l'avons souvent dit, qu'un père dépouille ses enfants au profit d'étrangers ; mais il arrive trop souvent, surtout dans le midi de la France, qu'un père de famille veut fonder une maison et cherche à faire passer sa fortune presque entière entre les

(1) Ceci, soit dit en passant, prouve qu'on ne saurait tirer de l'art. 918 aucun argument en faveur de la doctrine de ceux qui soutiennent que les donations déguisées sont de plein droit dispensées du rapport.

mains de son fils aîné, afin de perpétuer ainsi sous son nom une influence locale due à la fortune. Aussi, non content du préciput dont la loi l'autorise à disposer même au profit de l'un de ses enfants, ce père cherche-t-il à frauder la loi; il donne directement à l'aîné par préciput et hors part tout ce qu'il peut lui donner, et cherche encore à augmenter par des voies détournées ce préciput souvent très considérable. Or, on a remarqué que pour dissimuler une libéralité on imagine très souvent de faire une vente avec charge de rente viagère ou avec réserve d'usufruit. Une pareille opération déguisera facilement la fraude. Dans le cas de la vente avec charge de rente viagère, la rente ne sera pas servie, et néanmoins le vendeur donnera périodiquement quittance des arrérages tout comme s'il les recevait. Cette fraude ne pourra pas être prouvée en supposant même que l'héritier présomptif qui a joué le rôle d'acheteur n'eût pas de fortune à l'époque où le contrat est intervenu. Comment prouver en effet qu'il n'a pas payé les arrérages de la rente? Ne pourra-t-il pas dire qu'il est parvenu à les payer par son industrie, son travail, son économie? Comment prouver le contraire? Il en serait bien autrement, cela est clair, si le *de cujus* avait vendu sa maison 100,000 francs à un successible notoirement insolvable. L'acte de vente porte quittance du prix, lui dirait-on, mais l'argent nécessaire pour payer ce prix, où l'avez-vous donc trouvé? Et la fraude serait facilement déjouée. Dans le cas d'une aliénation avec réserve d'usufruit, cette réserve de la jouissance compense la perte de l'objet donné, et cette observation s'applique même au cas où l'on transmet en apparence à titre onéreux, mais avec réserve d'usufruit. L'expérience a montré que c'est là un mode fréquemment employé pour déguiser des libéralités. Le vendeur arrive en définitive au même résultat que s'il avait légué à l'acheteur. Aussi la loi intervient-elle par voie de présomption légale. L'acte qui se présente comme une vente est annulé en tant que vente, et n'est maintenu que comme donation dispensée du rapport. Nous sommes donc ici dans un des cas où la loi, sur le fondement d'une présomption, annule un acte, et dès lors la preuve contraire n'est pas admissible (art. 1352). D'autre part, ceux au profit desquels cette présomption lé· gale est introduite ne sont pas en cela mis en dehors du droit commun et devraient être admis à prouver que cette aliénation en apparence à titre onéreux est réellement une aliénation à titre gratuit. Il y a une grande différence entre l'aliénation à fonds perdu ou avec réserve d'usufruit devenue un contrat à titre gratuit par voie de présomption légale, et une aliénation du même genre que l'on prouverait être une aliénation gratuite sans le secours de la présomption légale. La première étant dispensée du rapport sera imputée sur le disponible ; la seconde, au contraire, devra être considérée comme nulle, *ob defectum formæ* (1).

Voyons maintenant quelles sont les aliénations qui tombent sous l'application de l'art. 918. Le texte porte : « Soit à « charge de rente viagère, soit à fonds perdu, ou avec réserve « d'usufruit. » On entend par aliénations à fonds perdu des ventes faites moyennant des prestations annuelles qui doivent s'éteindre avec la vie du vendeur. On dit en pareil cas que le fonds est perdu, non parce que la propriété de la chose aliénée sort irrévocablement des mains de ce dernier, ce qui a lieu dans toute espèce d'aliénation non soumise à une condition résolutoire, mais bien parce que ses héritiers ne retrouveront pas dans l'hérédité de leur auteur l'équivalent de la chose aliénée. On suppose que les prestations périodiques qui forment l'équivalent de la chose aliénée seront consommées au fur et à mesure de leur échéance, ou, selon

(1) Il existe trois opinions sur les donations déguisées : un premier système les déclare non-seulement valables, mais encore dispensées du rapport ; dans ce système on n'aurait aucun intérêt à prouver, dans le cas qui nous occupe, que la présomption légale est dans le vrai. Dans un second système, on les déclare valables, mais soumises au rapport ; dans ce second système, ceux au profit desquels existe la présomption légale ont intérêt à prouver qu'elle est dans le vrai pour faire disparaître la dispense de rapport. Dans un troisième système, que nous adoptons, on déclare ces donations nulles *ob defectum formæ.*

l'expression vulgaire, le fonds sera mangé avec le revenu. Une aliénation à charge de rente viagère est donc une aliénation à fonds perdu, et il y a pléonasme dans le texte de l'article. Cette distinction entre l'aliénation à charge de rente viagère et l'aliénation à fonds perdu se trouvait déjà dans la loi de nivôse qui disait : « Toutes donations à charge de rentes via-gères ou ventes à fonds perdus. » On peut dire que l'art. 918 en se servant du mot *aliéné* s'est servi d'un terme général : il prévoit les deux cas de la loi de nivôse, donation à charge de rente viagère et vente à fonds perdu. Peut-il y avoir des aliénations à fonds perdu qui ne soient pas des aliénations à charge de rente viagère ? On cite le cas où l'on aurait échangé un immeuble contre un usufruit sur un autre immeuble. Il faut avouer cependant qu'on pourrait dire jusqu'à un certain point que les fruits de l'immeuble sur lequel porte le droit d'usufruit donné en échange sont des arrérages de rente, avec cette différence toutefois que la quotité des arrérages est fixée d'avance, tandis que celle des fruits est variable. C'est à tort que M. Duranton considère comme une aliénation à fonds perdu celle qui a lieu moyennant une constitution de rente perpétuelle (1). En effet, une rente perpétuelle produit des arrérages sans aucune altération de sa substance, et peu importe que le capital ne soit pas exigible, la rente sera toujours là dans le patrimoine de l'aliénateur, tenant la place de la chose aliénée ; c'est une valeur permanente qui existera toujours dans ce patrimoine tant que le débiteur ou ses héritiers n'auront pas usé du droit de la racheter en en payant le capital (art. 530) (2).

Quant à l'aliénation avec réserve d'usufruit, elle ne rentre pas dans la vente à fonds perdu, elle n'en est pas une espèce.

---

(1) T. VII, n° 334.

(2) *Sic* Cass., 12 nov. 1827 ; Toullier, t. v, n° 131, note ; Vazeille, Des donations, sur l'art. 918, n° 5 ; Coin-Delisle, Des donations et testaments, sur l'art. 918, n° 4 ; Zachariæ, Aubry et Rau, § 684 *ter*, note 3 ; Marcadé, sur l'art. 918, n° 111 ; M. Valette, à son cours, leçon du 23 juin 1854.

Sans doute cette vente peut être tout à la fois à fonds perdu et avec réserve d'usufruit, mais le contraire peut arriver. Quand je vous vends ma ferme en m'en réservant l'usufruit, la vente ne porte que sur la nue-propriété, et il est bien clair que cette vente de nue-propriété peut comme toute autre se faire à fonds perdu ou autrement. Si je vous vends cette nue-propriété moyennant 50,000 francs, ou si je vous la transmets moyennant constitution d'une rente perpétuelle, ou en échange de votre maison, il est clair que je n'aliène pas à fonds perdu. Que si, au contraire, je vous transmets cette nue-propriété moyennant constitution d'une rente viagère, ou en échange de l'usufruit de votre maison, il est évident que dans ce cas j'aliène à fonds perdu (1). Cette observation était importante sous l'empire de la loi de nivôse an II, qui n'établissait la présomption de gratuité que pour les aliénations à fonds perdu ; aujourd'hui elle n'a plus d'importance, puisque notre art. 918 établit cette présomption pour toutes les aliénations à fonds perdu, qu'elles soient ou non avec réserve d'usufruit, et pour toutes les aliénations faites avec réserve d'usufruit, qu'elles soient ou non à fonds perdu. Sur ce point le Code Napoléon a renchéri sur la sévérité de la loi de l'an II.

Nous croyons que l'aliénation à charge de rente viagère ne tombe pas sous le coup de notre article, lorsque la rente viagère doit être servie à une autre personne que l'aliénateur. Ici tout soupçon de fraude disparaît. Il n'est pas probable qu'un tiers se prête à donner des quittances simulées d'arrérages, et il serait bien extraordinaire que l'on soumît à la réduction comme donataire un héritier qui, en exécution du contrat que l'on voudrait qualifier de donation, va peut-être se trouver obligé de servir la rente après la mort du *de cujus*.

(1) *Sic* Cass., 23 brumaire an XII et 27 avril 1808 ; Merlin, Quest. de droit, vo Vente à fonds perdu ; Toullier, t. V, nº 131, note ; Grenier, Des donations, t. II, nº 639 ; Coin-Delisle, Des donations et testaments, sur l'art. 918, nº 6 ; Marcadé, sur l'art. 918, nº III ; M. Valette, à son cours, leçon du 23 juin 1854. — *Secus* Duranton, t. VII, nº 333.

D'ailleurs il est clair que l'attribution de l'usufruit de la chose vendue à un autre que le *de cujus* ne constituant pas une vente avec réserve d'usufruit, il n'y aurait pas lieu, dans ce cas, d'appliquer la présomption de l'art. 918 ; or, cet article met sur la même ligne l'aliénation à fonds perdu et celle qui est faite avec réserve d'usufruit ; donc la clause qui oblige l'acquéreur à servir la rente viagère à un tiers doit produire les mêmes effets que l'attribution à ce tiers de l'usufruit de la chose aliénée, c'est-à-dire empêcher l'application à ce cas de la présomption légale. En outre, notre sentiment est conforme à la signification habituelle de l'expression : *aliénation à fonds perdu ou à charge de rente viagère*, et nous sommes dans une matière *strictissimæ interpretationis* (1).

Dans les divers cas auxquels s'applique l'art. 918, la valeur de l'objet aliéné « sera imputée sur la portion disponible, et l'excédant, s'il y en a, sera *rapporté* à la masse. » Il ne s'agit pas ici de rapport à proprement parler, mais de réduction, de telle sorte que l'héritier avec lequel le défunt a traité ne pourrait éviter cette réduction en renonçant à la succession. Pourquoi notre article dit-il donc que l'excédant sera *rapporté?* C'est bien simple, le législateur raisonne *de eo quod plerumque fit ;* la loi suppose que le successible est devenu un successeur, ainsi qu'il arrive le plus souvent. Le mot *rapport* qualifie donc ici la réduction entre cohéritiers. Nous le répétons, dans les cas prévus par l'art. 918, il n'y a pas certitude que la libéralité existe : le contrat à titre onéreux est peut-être sérieux ; aussi la présomption légale ne s'applique-t-elle plus quand l'intérêt de la réserve n'est plus en question, et le rapport n'aura pas lieu pour le tout, mais seulement pour l'excédant sur la quotité disponible.

Les présomptions légales ne doivent pas être étendues en

(1) *Sic* Cass., 27 avril 1808 ; Grenier, Des donations, t. II, n° 639 ; Levasseur, De la portion disponible, n° 170 ; Coin-Delisle, Des donations et testaments, sur l'art. 918, n° 5 ; Marcadé, sur l'art. 918, n° 4. — *Secus* Cass., 7 août 1833 ; Vazeille, Des donations, sur l'art. 918, n° 6.

dehors des cas auxquels la loi les applique (art. 1350), et cela se comprend aisément puisqu'une présomption légale a pour effet de mettre ceux au profit desquels elle existe en dehors du droit commun (art. 1352 et 1315). C'est ce principe fondamental que nous allons suivre en recherchant quelles sont les personnes auxquelles s'applique la présomption légale de l'art. 918. Et d'abord, c'est seulement quand la prétendue vente est faite à un parent en ligne directe qu'elle est présumée n'être qu'une donation dispensée de rapport, il est vrai, mais réductible à la quotité disponible. Si donc elle avait été faite à un parent collatéral, les cohéritiers de celui-ci appartenant à la ligne directe ne pourraient pas invoquer la présomption de notre article. C'est ainsi que le père ou la mère du défunt, venant à sa succession avec un cousin d'une autre ligne, ne pourrait pas se prévaloir de cette présomption contre ce dernier. Ainsi voilà une présomption légale établie rigoureusement contre tous les héritiers en ligne directe, et à laquelle les simples héritiers collatéraux ne sont pas soumis : cela s'explique par cette considération que la fraude et le déguisement des donations sont bien plus à craindre et bien plus fréquentes au profit des héritiers en ligne directe qu'au profit des héritiers collatéraux.

Pour qu'il y ait lieu à l'application de notre article, il faut que le parent en ligne directe au profit duquel l'aliénation a été consentie soit, au jour du décès de l'aliénateur, appelé à sa succession, qu'il fût ou non héritier présomptif au jour de l'aliénation. L'article emploie le mot *successible :* ce mot n'a pas une signification bien précise, et il serait naturel de l'expliquer dans le sens d'héritier présomptif au jour de l'aliénation, puisque c'est là l'interprétation la moins rigoureuse ; mais ce mot ne peut avoir deux significations dans le même article, et nous montrerons bientôt que dans la seconde phrase il signifie héritier au jour du décès de l'aliénateur. Force nous est donc de lui donner ce sens dans la première phrase (1).

(1) *Sic* Poitiers, 23 mars 1839 ; Cass., 25 nov. 1839 ; Rouen, 31 juil. 1843 ;

S'il ne faut pas étendre la disposition de notre article, il faut du moins lui donner toute sa portée et décider,
d'après la signification évidente de ses termes, qu'il s'applique
à toutes les aliénations à fonds perdu ou avec réserve d'usufruit faites au profit d'une personne qui au jour de l'aliénation
était successible en ligne directe, sans distinction aucune
entre les descendants et les ascendants.

L'héritier qui subit l'imputation dont parle notre article ne
peut réclamer les sommes qu'il aurait réellement payées. Il y
aurait contradiction à lui accorder ce droit et à présumer la
fraude. La loi présume que l'aliénation est pour le tout une donation, et, sur le fondement de cette présomption, elle annule cette aliénation en tant que contrat à titre onéreux. Or,
permettre à l'acquéreur de prouver qu'il a réellement dé-
boursé telle somme, ce serait lui permettre de prouver que
dans une certaine limite l'acte n'était pas une donation,
preuve défendue par l'art. 1352. On s'est fondé pour combattre notre sentiment sur l'art. 26 de la loi du 17 nivôse
an II. Cette loi, il est vrai, ordonnait la restitution des arrérages, mais c'était seulement dans la dernière partie de
l'art. 26 relative à l'annulation rétroactive des aliénations
déjà consenties depuis le 14 juillet 1789, et pour empêcher
que cette rétroactivité ne fût par trop inique. Il suffit de lire
cet art. 26 de la loi de l'an II pour être convaincu que cette
défalcation des arrérages payés ne s'appliquait pas aux aliénations faites postérieurement à la promulgation de cette loi,
et dès lors il n'y a aucun argument à tirer de cet article en
faveur de la doctrine opposée. Le résultat que nous venons
d'admettre sera souvent bien dur pour l'héritier au profit duquel l'aliénation aura été consentie, et pourra le constituer

Poujol, Des donations et testaments, sur l'art. 918, n° 4; Vazeille, Des donations, sur l'art. 918, n° 3; Duvergier, sur Toullier, t. V, n° 132, à la
note; M. Valette, à son cours, leçon du 23 juin 1854. — *Secus* Grenier,
Rép. de Merlin, v° Réserve, sect. III, et Des donations, t. II, n° 642; Toullier, t. V, n°s 131 et 132; Coin-Delisle, Des donations et testaments, sur l'article 918, n° II.

en perte si la quotité disponible était déjà donnée en grande
partie ou totalement épuisée au moment de l'aliénation. Mais
cette considération ne doit pas nous arrêter, car cet héritier
souffre cette perte par sa faute : nous ne tarderons pas à
voir, en effet, que la loi lui indiquait elle-même un moyen facile d'échapper à l'application de l'art. 918; s'il n'a pas usé
de ce moyen il ne peut s'en prendre qu'à lui-même, *de se queri
debet* (1). La Cour de cassation, il est vrai, a jugé, le 25 novembre 1839, que, lorsque l'aliénation avait eu lieu moyennant
des prestations annuelles, plus une somme principale payable
soit à l'ascendant lui-même, soit à un tiers à l'acquit de l'ascendant, l'art. 918 était applicable, sauf le droit pour l'héritier de se faire tenir compte de la somme principale qu'il
justifierait avoir ainsi payée. Cet arrêt contient une décision
de tout point inattaquable et ne contrarie en rien la décision
que nous venons d'adopter; en effet, dans l'espèce de cet
arrêt, il n'y a pas pour le tout aliénation à fonds perdu, aussi
est-on d'accord avec les principes en appliquant l'art. 918
sans admettre la défalcation des arrérages payés, mais en
admettant la défalcation de la somme principale déboursée
par l'héritier. Il faut remarquer aussi que si l'héritier acquéreur ne peut pas réclamer les sommes qu'il a déboursées pour
le paiement des arrérages ou pour le paiement du prix, dans
le cas où l'aliénation aurait eu lieu avec réserve d'usufruit,
ses cohéritiers ne peuvent pas non plus, en demandant la réduction, lui réclamer le paiement de ce qui resterait à payer
d'après l'acte d'acquisition. Puisqu'ils traitent le contrat in-

---

(1) Sic Cass., 26 janv. 1836; Poitiers, 23 mars 1839; Rouen, 31 juillet 1843; Levasseur, De la portion disponible, n° 174; Delvincourt, t. II,
p. 225; Grenier, Des donations, t. II, n° 643; Toullier, t. V, n° 133; Dalloz, Jurispr. gén., v° Dispositions entre-vifs et testamentaires, t. V, p. 415,
n° 40; Poujol, Des donations, sur l'art. 918, n° 3; Vazeille, Des donations,
sur l'art. 918, n° 9; Coin-Delisle, Des donations et testaments, sur l'art. 918,
n° 11; Zachariæ, Aubry et Rau, § 684 *ter*, texte et note 7; Marcadé, sur
l'art. 918, n° v; M. Valette, à son cours, leçon du 23 juin 1854. — Secus
Duranton, t. VII, n° 337.

tervenu entre le défunt et leur cohéritier comme un contrat
à titre gratuit, ils ne peuvent pas évidemment demander en
même temps l'exécution de clauses supposant un contrat à
titre onéreux.

« Cette imputation et ce rapport, continue l'art. 918, ne
« pourront être demandés par ceux des autres successibles
« en ligne directe qui auraient consenti à ces aliénations, ni,
« dans aucun cas, par les successibles en ligne collatérale. »
L'héritier présomptif en ligne directe d'une personne peut
donc, afin d'éviter l'application de notre article à une aliénation faite à son profit à fonds perdu ou avec réserve d'usufruit,
faire intervenir au contrat ses cohéritiers présomptifs pour
qu'ils reconnaissent la sincérité de ce contrat et déclarent y
consentir. Les héritiers qui auront ainsi reconnu la sincérité de l'aliénation consentie par le *de cujus* au profit de
leur cohéritier seront tenus de la considérer comme faite à
titre onéreux. L'héritier présomptif qui a fait approuver l'a-
liénation à fonds perdu ou avec réserve d'usufruit par tous
ses cohéritiers présomptifs au jour de cette aliénation a-t-il
par là acquis pleine sécurité? Si postérieurement il lui sur-
vient de nouveaux cohéritiers, ces nouveaux cohéritiers
pourront-ils exiger l'imputation sur la quotité disponible des
biens compris dans l'aliénation, et demander la réduction si
la valeur de ces biens dépasse cette quotité? Si postérieurement à l'aliénation le cohéritier qui a approuvé cette aliénation était mort avant le *de cujus*, ou si, lui ayant survécu, il
avait renoncé à sa succession, la présomption de notre article pourrait-elle être invoquée par l'héritier en ligne directe
qui viendrait prendre sa place? En d'autres termes, doit-on,
dans la seconde partie de notre article, donner au mot *successibles* le sens d'*héritiers réels* au jour de l'ouverture de la
succession, ou celui d'*héritiers présomptifs* au jour de l'aliénation? Prenons des exemples : La vente à fonds perdu, ou
avec réserve d'usufruit, a été faite à l'un de deux enfants,
et le second de ces deux enfants a donné son assentiment à l'aliénation, ce second enfant est mort avant le

père commun, et l'héritier au profit duquel a eu lieu l'aliénation vient à la succession avec un troisième enfant né depuis cette aliénation ; ce troisième enfant pourra-t-il contester la sincérité de l'aliénation et invoquer l'art. 918? Ou bien encore l'aliénation faite au père a reçu l'assentiment de l'aïeul maternel, et le prédécès de cet aïeul ou sa renonciation à la succession fait arriver la qualité d'héritier à un bisaïeul de la même ligne, ce bisaïeul sera-t-il admis à argumenter de la présomption légale qui nous occupe ?

Pour soutenir la négative on a présenté les arguments suivants : 1° le mot *successibles* employé deux fois par l'art. 918 doit nécessairement y être pris chaque fois dans le même sens, surtout lorsqu'après avoir parlé d'abord de certains successibles, cet article nous parle plus bas *des autres successibles;* or, dans la première partie de l'article, ce mot signifie les héritiers présomptifs du jour de l'aliénation. 2° Notre article ne fut adopté par le conseil d'État, après une vive opposition des conseillers Maleville et Portalis, que parce que l'amendement, présenté par le conseiller Berlier, amendement qui forme précisément la seconde partie de l'article, tempérait la trop grande rigueur de la disposition principale, en offrant au vendeur et à l'héritier acquéreur un moyen d'assurer l'exécution d'un contrat sérieux par l'obtention du consentement des cohéritiers (1) ; or, ce moyen serait le plus souvent illusoire si l'article était entendu dans le sens que nous rejetons. 3° L'opinion adverse prête à la loi un luxe inouï de défiance Est-il raisonnable de supposer que tous ceux qui sont intéressés dans la question au moment de l'aliénation, s'entendront pour sacrifier les intérêts d'une personne qu'ils croient ne devoir jamais venir à la succession, ou qui même n'existe pas encore, se ligueront d'avance contre un compétiteur chimérique, se coaliseront contre le néant! Et c'est là cependant ce que, d'après l'opinion adverse, la loi érigerait en présomption légale! Ceux qui au moment de l'aliénation étaient inté-

(1) V. Fenet, t. xII, p. 331 et 332.

ressés, et seuls intéressés à empêcher la fraude que craint la loi, ayant donné leur consentement à cette aliénation, il est raisonnable d'admettre, et c'est ce que fait la loi, que leur approbation est une preuve suffisante de la sincérité de l'acte et de l'absence de fraude. 4° Enfin la doctrine opposée favoriserait dans certains cas la mauvaise foi. L'aliénation ayant eu lieu, par exemple, au profit de l'aïeul maternel avec l'assentiment du père, ce dernier renoncerait dans le seul but de donner lieu à l'application de notre article au profit de son père, aïeul paternel, dont il espérerait recueillir plus tard la succession (1).

Ce sont là sans doute des arguments d'une grande valeur et qui nous ont fait hésiter, mais finalement nous adopterons le sentiment contraire. Nous décidons que dès l'instant qu'un héritier n'a pas consenti aux aliénations dont il s'agit, qu'il fût ou non successible au moment où l'acte a été passé, il a le droit d'exiger l'application de notre article. Voici les motifs qui nous portent à suivre cette doctrine : les arguments tirés de l'historique de la discussion, lorsqu'ils ne sont pas complétement directs et catégoriques, et les arguments législatifs ne sont décisifs que lorsque le texte de la loi est ambigu ; ils ne peuvent prévaloir contre un texte dont le sens est clair et précis. Voyons donc si notre disposition laisse place à l'interprétation. Le mot *successibles,* dit-on, employé deux fois dans l'art. 918, doit nécessairement y être pris chaque fois dans le même sens. Cela est parfaitement vrai, aussi la question revient-elle à rechercher quel est dans notre article le sens de ce mot *successibles* dont la signification ordinaire est assez vague. Dans l'opinion adverse, on commence, en se fondant sur le caractère rigoureux de la disposition de notre article, par décider que dans la première partie le mot *successibles* doit être interprété dans un sens

(1) *Sic* Grenier, Rép. de Merlin, v° Réserve, sect. III, et Des donations, t. II, n° 642 ; Toullier, t. V, n° 132, note 1 ; Coin-Delisle, Des donations et testaments, sur l'art 918, n° 20 ; Marcadé, sur l'art. 918, n° VI.

restrictif et signifie dès lors héritiers présomptifs au jour
de l'aliénation; puis, comme ce mot ne peut avoir deux sens
dans le même article, on lui donne la même signification
dans la disposition finale. Mais la signification ordinaire de ce
mot n'étant pas bien précise, il nous semble que l'on doit
commencer par rechercher si rien dans l'article ne pourrait
indiquer dans quel sens il y a été employé; or, dans la seconde partie de l'article il est évidemment employé dans le
sens d'héritiers au jour de l'ouverture de la succession, puisque le texte refuse le droit de demander l'imputation et le
rapport dont il s'occupe aux successibles en ligne directe qui
auraient consenti aux aliénations faites à fonds perdu ou avec
réserve d'usufruit, et qu'il n'était utile de leur enlever ce droit
qu'en les supposant héritiers. Il suit de là que tant dans la
première que dans la seconde partie de notre article le mot
successibles signifie héritiers au jour de l'ouverture de la succession. La loi se place à ce moment, et fait peser sa présomption sur toutes les aliénations à fonds perdu ou avec
réserve d'usufruit faites au profit de l'un des héritiers, qu'il
fût ou non héritier présomptif au jour de l'aliénation, et donne
le droit d'exiger l'imputation des biens aliénés sur la quotité
disponible et, s'il y a lieu, la réduction à tout héritier qui n'a
pas consenti à cette aliénation, qu'il fût ou non héritier présomptif au jour de l'aliénation. La loi introduit ici une espèce
d'exception personnelle qui ne pourra être opposée par l'héritier acquéreur qu'à celui de ses cohéritiers qui aurait consenti à l'aliénation. Et ce qui prouve de plus en plus que
telle a été la pensée des rédacteurs du Code, c'est qu'ils
avaient sous les yeux l'art. 26 de la loi du 17 nivôse an II, qui
admettait nettement le système de nos adversaires : « Toutes
« donations à charge de rentes viagères ou ventes à fonds
« perdu, en ligne directe ou collatérale à l'un des héritiers
« présomptifs ou à ses descendants, sont interdites, *à moins*
« *que les parents du degré de l'acquéreur et de degrés plus pro-*
« *chains n'y interviennent et n'y consentent.* » Or, loin d'adopter sur le point qui nous occupe la rédaction de la loi de l'an II,

les rédacteurs du Code Napoléon se sont bornés à dire que le droit d'exiger l'imputation et le rapport cesserait pour ceux qui auraient consenti à l'aliénation. Il existe donc pour tous ceux qui n'y ont point consenti, qu'il ait été possible ou non de les faire intervenir au contrat; la conséquence est forcée. Le système opposé est sans nul doute plus rationnel, mais il n'est pas celui de la loi; nous devons donc le rejeter en faisant observer toutefois qu'on pourrait repousser ceux qui ne viendraient à la succession que par représentation (dans le sens propre du mot) de ceux qui ont approuvé l'acte et qui voudraient, malgré cette approbation, demander l'application de l'art. 918 (1).

Tout le monde admet sans difficulté que s'il y avait plusieurs successibles, et que quelques-uns seulement eussent donné leur consentement à l'aliénation, elle devrait être considérée comme aliénation à titre onéreux vis-à-vis de ceux qui auraient donné leur approbation et comme une donation dispensée du rapport vis-à-vis des autres.

M. Coin-Delisle fait remarquer fort judicieusement que le consentement à l'aliénation pourrait être donné par un acte séparé passé soit avant, soit après cette aliénation; en effet, la loi demande seulement que les successibles *aient consenti à ces aliénations*, et a par là laissé aux parties la plus grande latitude en ce qui touche la forme de cette approbation et l'époque où elle devrait être faite (2).

Quant à ces mots de l'article *in fine :* « Ni dans aucun cas, par les successibles en ligne collatérale, » ils n'ont aucun sens. En effet, les collatéraux n'ayant jamais droit à une réserve, il est bien évident qu'ils ne pourront demander ni l'imputation ni la réduction dans aucun cas, c'est-à-dire sans qu'il y ait à considérer s'ils ont ou non consenti à l'aliénation. Cette

(1) *Sic* Poujol, Des donations et testaments, sur l'art. 918, n° 4 ; Vazeille, Des donations, sur l'art. 918, n° 3 ; Duvergier, sur Toullier, t. v, n° 132, à la note ; M. Valette, à son cours, leçon du 23 juin 1854.

(2) Des donations et testaments, sur l'art. 918, n° 18.

idée était bien inutile à exprimer, aussi certains auteurs ont
été entraînés à donner aux mots qui nous occupent une
signification qui présentât une utilité. C'est ainsi que Toullier (1) et M. Poujol (2) appliquent ces mots aux aliénations
faites au profit d'héritiers collatéraux. C'est là une erreur
évidente, car l'article ne parle que de l'imputation et de la
réduction des aliénations faites à un successible en ligne
directe, et « cette imputation et cette réduction ne pourront,
« continue l'article, être demandées dans aucun cas par les
successibles en ligne collatérale. » L'idée de nos auteurs,
idée du reste parfaitement exacte, ainsi que nous l'avons déjà
fait remarquer, ne résulte donc pas de ces derniers mots de
l'article. Selon M. Duranton, ils signifieraient que les héritiers collatéraux ne peuvent jamais invoquer l'art. 918 pour
demander *le rapport proprement dit* des biens compris dans
une aliénation à fonds perdu ou avec réserve d'usufruit faite
au profit d'un ascendant ou d'un collatéral (3). Le savant
professeur rejette notre explication par ce motif « qu'inter-
« dire aux collatéraux le droit de demander une imputation
« sur le disponible et le rapport à la masse de l'excédant,
« serait un véritable non-sens , aucune réserve ne leur étant
« due. » Mais faire dire à l'article 918 *in fine* que les collatéraux ne peuvent pas demander le rapport proprement dit des
biens compris dans des aliénations à fonds perdu ou avec réserve d'usufruit faites au profit d'un ascendant ou d'un collatéral, n'est-ce pas refuser de faire dire à la loi un non-sens
pour le plaisir de lui en prêter un autre ? Comment, en effet,
les collatéraux pourraient-ils demander le rapport en se fondant sur l'art. 918 alors que les héritiers directs eux-mêmes
ne le peuvent pas, l'art. 918 se bornant à présumer que l'aliénation à fonds perdu ou avec réserve d'usufruit est une
donation dispensée du rapport, et ne leur permettant de ré-

(1) T. v, n° 134.
(2) Des donations et testaments, sur l'art. 918, n° 5.
(3) T. vii, n° 331, 4°.

clamer que lorsque leur réserve est entamée? De plus, le mot *rapport* a, tout le monde en convient, dans l'art. 918, le sens de réduction lorsqu'il est question des héritiers en ligne directe, et ne saurait dès lors avoir un autre sens lorsqu'il est question des collatéraux, d'autant plus que c'est ce rapport (signifiant réduction) dont la loi refuse le bénéfice textuellement et cumulativement aux successibles en ligne directe qui auraient consenti à l'aliénation, et aux successibles en ligne collatérale dans tous les cas. Nous rejetons donc l'explication de Toullier et celle de M. Duranton, et nous persistons à ne voir dans les derniers mots de notre article qu'une petite naïveté qu'il était fort inutile d'y insérer (1).

Remarquons en terminant que la présomption légale introduite par l'art. 918, qui, ainsi que nous l'avons déjà dit, n'est opposable qu'aux héritiers en ligne directe, n'est en sens inverse opposable que par eux. C'est ainsi que la fin de l'article vient de nous dire que les héritiers collatéraux ne pourraient jamais en argumenter; mais nous venons de voir que c'est là une naïveté; pour eux en effet le droit de demander une réduction à la quotité disponible ne signifie rien, puisqu'ils n'ont pas de réserve. Mais ce que la loi ne dit pas et ce qu'il eût été utile de dire, c'est que les donataires et légataires ne pourront eux aussi jamais argumenter de la présomption légale de l'art. 918, malgré l'intérêt considérable qu'ils auraient à pouvoir le faire, afin de faire opérer la réduction ordonnée par cet article, avant qu'on pût attaquer les libéralités dont ils ont été gratifiés antérieurement à l'aliénation à fonds perdu faite au profit d'un successible en ligne directe. En effet, nous avons déjà vu que les donataires et légataires peuvent obliger les réservataires à comprendre fictivement dans la masse sur laquelle se calcule le disponible les biens que le défunt leur a donnés de son vivant. Ils ne

(1) *Sic* Demante, Programme, t. II, n° 281, 7e alinéa; Coin-Delisle, Des donations et testaments, sur l'art. 918, n° 21; Marcadé, sur l'art. 918, n° VII; M. Valette, à son cours, leçon du 23 juin 1854.

pourraient pas néanmoins, ainsi que nous venons de le dire, forcer les réservataires à comprendre fictivement dans cette masse les biens faisant partie d'aliénations qui tomberaient sous l'application de l'art. 918. Prenons un exemple : un homme a donné à un étranger 20,000 francs, plus tard il a aliéné à fonds perdu, au profit de l'un de ses quatre enfants, un immeuble valant 20,000 francs, et il meurt laissant 40,000 francs, toutes dettes déduites. Les enfants acceptent la succession ; ils disent : Il y a 40,000 francs dans la succession, et notre père a de son vivant disposé de 20,000 francs; la masse pour le calcul du disponible se compose donc de 60,000 francs, de telle sorte que la quotité disponible n'étant que de 15,000 francs, le donataire doit subir une réduction de 5,000 francs. Le donataire ne pourrait pas répondre, en se fondant sur l'art. 918, que la masse doit se composer de 80,000 francs, parce qu'on doit y comprendre l'immeuble aliéné à fonds perdu au profit de l'un des enfants, que dès lors la quotité disponible est de 20,000 francs, la réserve de 60,000 francs, que la donation qui lui a été faite absorbe, mais ne dépasse pas la quotité disponible, et qu'étant la première en date, elle ne doit pas être réduite, que c'est aux enfants à compléter leur réserve en forçant leur frère à ajouter aux 40,000 francs de biens extants les 20,000 francs qui lui ont été donnés, ainsi que le présume l'art. 918. Il devrait subir la réduction parce qu'il ne peut argumenter de cet article qui n'a d'application que dans les rapports des héritiers en ligne directe les uns à l'égard des autres. Le législateur, en introduisant une présomption légale qui annule comme contrat à titre onéreux une opération peut-être sérieuse, n'a pas eu pour but de protéger les donataires et légataires, mais bien d'empêcher que l'un des héritiers réservataires ne reçût par voie détournée un préciput plus considérable que celui que permet la loi, et quoique l'art. 918 ne dise pas textuellement que les donataires et légataires ne pourront pas argumenter de la présomption légale qu'il introduit, l'esprit qui a présidé à sa rédaction confirme pleinement notre déci-

sion. Il est bien entendu que dans l'espèce que nous venons
de poser, les cohéritiers de l'enfant au profit duquel l'aliénation à fonds perdu a eu lieu pourraient suivre la marche indiquée par le donataire. Ce serait même leur intérêt, puisqu'ils augmenteraient ainsi la masse sur laquelle se calcule la
réserve, et, par conséquent, la réserve elle-même. S'ils ne le
font pas, c'est qu'ils reconnaissent la sincérité de l'opération
qui a eu lieu entre le défunt et leur frère. On ne peut évidemment leur refuser ce droit en présence du texte de l'art. 918.
Cet article introduit en leur faveur un droit auquel ils peuvent renoncer s'ils le jugent convenable. Cette disposition
légale, nous le répétons, n'a qu'un but, celui de les protéger
contre un préciput plus considérable que celui que permet la
loi ; ils sont donc les seuls qui puissent argumenter de cette
disposition.

On doit encore comprendre fictivement dans la masse pour
le calcul du disponible les avantages provenant ouvertement
de contrats à titre onéreux passés entre le défunt et l'un de ses
héritiers, à moins que la valeur n'en soit tellement minime
qu'elle exclue toute idée de libéralité. Cette règle ne s'applique qu'aux avantages résultant immédiatement des contrats
eux-mêmes. Les profits que l'héritier a retirés de contrats à
titre onéreux passés avec le défunt par suite de circonstances
postérieures à ces contrats ne sont ni rapportables ni réductibles, et ne doivent par conséquent pas être compris dans la
masse sur laquelle se calcule la quotité disponible (art. 853).
Les légataires et donataires pourront, aussi bien que les héritiers, demander la réunion fictive à la masse, pour le calcul
du disponible, des avantages que l'un des héritiers aurait retirés d'un contrat à titre onéreux passé avec le défunt et qui se
seraient produits concomitamment à ce contrat. Si l'avantage
résultant dans un contrat à titre onéreux conclu par le défunt
de la différence de valeur entre les deux équivalents avait eu
lieu au profit d'un étranger, cet avantage ne devrait pas être
compris fictivement dans la masse pour le calcul de la quotité
disponible. Le défunt a traité avec un étranger, dès lors

chacun est censé avoir de son mieux défendu ses intérêts, et le contrat doit être respecté, à moins qu'on ne se trouve dans l'un des cas exceptionnels où la rescision pour cause de lésion est admise (1). La différence qui existe entre les avantages indirects faits sans déguisement à des successibles, et ceux qui ont été conférés à des étrangers, tient à ce que les premiers sont à raison de la qualité même des parties présumés faits *animo donandi*, et par suite soumis au rapport et à la réduction, tandis qu'il n'existe pas à l'égard des seconds de présomption légale de cette nature. — L'art. 854 applique aux sociétés formées entre le défunt et un de ses successibles les principes de l'article 853, ainsi que le prouve le mot *pareillement* par lequel commence le second de ces articles. Ainsi, lorsque la société formée entre le *de cujus* et l'un de ses successibles ne présentait aucun avantage indirect au moment où elle a été faite, les avantages que le successible en aurait retirés par suite d'événements postérieurs à sa formation ne seront soumis ni au rapport ni à la réduction. Il n'y aura de rapportables et de réductibles que les avantages que présentait la société lors de sa formation (2). Mais, pour qu'il en soit ainsi, l'art. 854 exige que les conditions de l'association aient été réglées par un acte authentique. Ainsi, tous les profits que le successible aurait retirés d'une société qui n'aurait été constatée que par acte sous seing privé sont rapportables et réductibles comme avantages indirects. La condition d'authenticité requise par l'art. 854 ne saurait être suppléée ni par l'enregistrement de l'acte de société, ni par la publication et l'affiche de cet acte dans les formes déterminées par les articles 42 et 44 du Code de commerce (3). Néanmoins, si cette condition n'avait pas été remplie, l'héritier

(1) V. art. 1118, 887, 1674, 1854, 1305.

(2) *Sic* Duranton, t. VII, nos 327, 329 et 339.

(3) *Sic* Cass., 26 janv. 1842; Delvincourt, t. II, p. 218; Zachariæ, Aubry et Rau, § 631, texte et note 26. — *Secus* Duranton, t. VII, nos 340 et 341; Belost-Jolimont, sur Chabot, obs. 1 sur l'art. 854; Vazeille, Des successions, sur les art. 853 et 854, n° 3; Marcadé, sur les art. 853 et 854, n° II.

associé du défunt serait admis à établir que l'on a vraiment entendu faire sérieusement et de bonne foi un contrat de société ne présentant à son profit aucun avantage indirect.

Quant aux biens compris dans les libéralités faites à des étrangers, ils doivent entrer dans la masse formée pour le calcul de la quotité disponible sans qu'il y ait à s'occuper de la forme sous laquelle la libéralité s'est produite : donation ordinaire, don manuel, remise de dette, etc. Quant aux contrats à titre onéreux intervenus entre le défunt et des étrangers, ils sont toujours respectés, sauf la preuve du déguisement. Il y a néanmoins une exception en ce qui touche les sociétés universelles soit de tous biens présents, soit de gains. Cette exception du reste s'appliquerait aussi à la société universelle intervenue entre le défunt et l'un de ses héritiers. Voici quels sont à cet égard les termes de l'art. 1840 : « Nulle « société universelle ne peut avoir lieu qu'entre personnes « respectivement capables de se donner ou de recevoir l'une « de l'autre, et auxquelles il n'est point défendu de s'avanta- « ger au préjudice d'autres personnes. » Les derniers mots de cet article : *et auxquelles il n'est point défendu de s'avantager au préjudice d'autres personnes*, les seuls qui aient trait à notre matière, présentent quelque obscurité. Delvincourt en a inféré que les rédacteurs du Code Napoléon avaient eu la pensée de prohiber les sociétés universelles entre toutes personnes qui ne jouiraient pas l'une à l'égard de l'autre de la faculté illimitée de disposer à titre gratuit (1). Dans ce système, la société sera en suspens jusqu'au décès de l'un des associés ; ce n'est, en effet, qu'à ce moment qu'on saura s'il a ou s'il n'a pas des héritiers à réserve. En laisse-t-il, la société est nulle, et les biens entrés de son chef dans l'actif de cette société doivent être intégralement rendus à ses héritiers avec les bénéfices que la société en a retirés ; n'en laisse-t-il point, la société est valable, sauf, bien entendu, l'application de l'art. 854, si l'associé du défunt est appelé à sa succession et

_____

(1) T. III, p. 211.

l'accepte. Mais la disposition de l'art. 1840 ainsi entendue conduirait à une prohibition presque absolue des sociétés universelles ; bien peu de personnes en effet meurent sans descendants ni ascendants. Cette prohibition ne se justifierait par
aucun motif plausible, et ce n'est pas ainsi que l'art. 1840 a été
expliqué dans la discussion au conseil d'Etat (1). Le législateur a voulu empêcher que par la formation de sociétés universelles on ne parvînt à violer par voie détournée les dispositions légales touchant la quotité disponible. Pour que la loi
atteigne ce but, il n'est pas nécessaire de lui faire dire que
la société universelle contractée par des personnes dont l'une
meurt en laissant des héritiers à réserve sera frappée de nullité ; il suffit de décider que l'avantage résultant de cette société pour les autres associés sera réductible à la quotité
disponible (2).

Nous savons maintenant quels sont les biens qui sortis du
patrimoine du défunt de son vivant doivent être considérés
comme en étant sortis à titre gratuit, et doivent, par conséquent, être réunis à la masse des biens extants ; il nous reste
à cet égard une observation à présenter. Les choses données
entre-vifs par le défunt qui ont péri sans le fait ou la faute des
donataires ou tiers possesseurs n'entrent pas dans la composition de la masse sans qu'il y ait lieu de distinguer à cet égard
entre les meubles et les immeubles (art. 1302) (3), sauf, bien
entendu, l'application de la règle : *genus nunquam perit*. On
devra considérer comme donations de choses indéterminées
celles qui auront eu pour objet des denrées qui par leur nature sont destinées à être vendues ou promptement consommées. Au contraire, les sommes d'argent et les denrées dont
nous venons de parler qui auraient été données par le défunt
doivent, ainsi que les meubles considérés *in individuo* que le

---

(1) Cpr. Locré, Lég., t. xiv, p. 497, nos 11 et 12.

(2) *Sic* Duranton, t. xvii, n° 381 ; Zachariæ, Aubry et Rau, § 379, texte
et note 7.

(3) En matière de rapport, les art. 855 et 868 établissent au contraire une
différence à cet égard entre les meubles et les immeubles.

défunt aurait donnés, et qui se trouveraient actuellement entre les mains de tiers possesseurs de bonne foi (art. 2279), entrer dans la masse lors même que les donataires sont devenus insolvables, et que les donations dont il s'agit devraient, d'après leurs dates, subir la réduction.

Il nous reste à parler d'une dernière opération nécessaire pour la formation définitive de la masse qui doit nous donner les deux quotités disponible et réservée. En effet, pour arriver à connaître le *quantum* de cette masse il ne suffit pas, ainsi que nous l'avons déjà dit, de savoir quels biens entrent dans sa composition, il faut en outre procéder à leur évaluation. L'estimation des biens laissés par le défunt se fait, avons-nous dit, d'après leur état et leur valeur au moment de son décès. Celle des biens dont il avait disposé entre-vifs se fait également d'après leur valeur au temps de son décès, mais eu égard à leur état à l'époque des donations (art. 922). Ainsi l'on fait abstraction dans l'évaluation des biens donnés entre-vifs des améliorations et des dégradations provenant du fait des donataires ou des tiers possesseurs (2). Mais on prend en considération l'augmentation de valeur ou la dépréciation que ces biens peuvent avoir reçue ou subie par des circonstances purement fortuites. En un mot, on procède comme si les biens donnés n'étaient jamais sortis du patrimoine du défunt, parce que le principe général qui résulte de notre art. 922 est qu'on

---

(1) V. *supra* p. 262 et 263. — *Sic* Toullier, t. v, nº 137; Grenier, Des donations, t. ii, nº 632; Zachariæ, Aubry et Rau, § 684, texte et note 10. — *Secus* Levasseur, De la portion disponible, nº 113; Favard, Rép., vº Portion disponible, sect. ii, § 11; Delvincourt, t. ii, p. 244; Duranton, t. viii, nº 339.

(2) On devrait faire abstraction des dégradations commises par le donataire dans le cas même où il serait insolvable, et où la donation qui lui a été faite serait sujette à réduction. Pour les motifs sur lesquels s'appuie cette décision, V. *supra*, p. 262 et 263, et Zachariæ, Aubry et Rau, § 684, note 10, et § 684 *bis*, note 1; M. Duranton (t. viii, nº 339) enseigne, au contraire, qu'en pareil cas, les objets donnés n'entrent en ligne de compte que pour la valeur qu'ils avaient au moment du décès du donateur, sans égard à leur état au moment de la donation.

doit former la masse pour le calcul de la quotité disponible de manière à ce que cette masse représente exactement le patrimoine du défunt tel qu'il eût été s'il n'eût disposé d'aucun bien. Prenons des exemples pour bien faire comprendre la règle que nous venons de formuler : Le défunt a donné 10 hectares de terre labourable valant 20,000 francs, le donataire a fait des dépenses pour y faire planter des vignes, et, par suite de ces dépenses et de cette transformation, l'immeuble vaut aujourd'hui 50,000 francs. Si la transformation n'eût pas eu lieu, il en vaudrait 30,000. Pour quelle somme cet immeuble doit-il être compris dans le calcul ? Pour 30,000 francs. En sens inverse : le défunt a donné une maison valant 50,000 francs, le donataire a démoli cette maison et sur son emplacement il a fait un jardin potager ; au jour du décès ce jardin ne vaut que 20,000 francs. Si la maison existait encore elle ne vaudrait plus que 30,000 francs, car, par suite de circonstances fortuites, toutes les maisons voisines ont diminué de valeur. Pour quelle valeur l'immeuble devra-t-il être compris dans la masse ? Pour 30,000 francs.

Grenier (1) et M. Duranton (2) enseignent que le mode d'estimation prescrit par l'art. 922 pour les biens donnés entre-vifs ne concerne que les immeubles, et que les meubles doivent être estimés d'après leur valeur à l'époque des donations ainsi que l'art. 868 le prescrit en matière de rapport. Cette distinction entre les immeubles et les meubles doit être rejetée : 1° comme contraire au texte formel de l'art. 922 ; 2° parce que cette distinction proposée au conseil d'État y fut catégoriquement repoussée (3). Toutefois, le mode d'évaluation établi par l'art. 922 étant fondé sur ce motif que la masse doit être formée de manière à représenter le patrimoine du défunt tel qu'il eût été s'il n'eût disposé d'aucun

(1) Des donations, t. ii, n° 637.
(2) T. viii, n° 342.
(3) Sic Cass., 14 déc. 1830; Aix, 30 avril 1833; Toullier, t. v, n° 139; Zachariæ, Aubry et Rau, § 684 bis, texte et note 3 ; Marcadé, sur l'art. 922, n° iv. — V. Locré, Lég., t. xi, p. 199, n° 2.

bien, et que dès lors on doit procéder comme si les biens donnés n'avaient pas cessé d'être la propriété du donateur, ce mode d'évaluation ne doit pas être appliqué lorsqu'il s'agit de denrées qui par leur nature sont destinées à être vendues ou promptement consommées. On ne peut en pareil cas admettre la supposition que les objets donnés sont restés entre les mains du donateur, et comme ce n'est que d'après cette supposition que l'art. 922 veut que ces objets soient estimés d'après leur valeur à l'époque du décès, il est plus rationnel de les comprendre dans la masse pour leur valeur à l'époque des donations en se fondant sur ce que cette hypothèse spéciale n'a pas dû entrer dans les prévisions du législateur (1).

Les dispositions consistant en usufruit ou en rente viagère, étant d'une évaluation difficile à cause de l'incertitude sur la durée de l'existence de la personne sur la tête de laquelle ces droits sont constitués, ont toujours donné naissance à des difficultés sur la question de savoir si la quotité disponible était ou non dépassée. Nous avons vu que, sur ce point les coutumes étant muettes, on suivait dans notre ancien droit deux constitutions de Justinien, d'après lesquelles la légitime ne pouvait être attaquée par une disposition en usufruit et qui n'admettaient pas à cet égard une compensation tirée de ce que le légitimaire recevait en nue-propriété une quote part des biens du défunt plus considérable que la légitime (2). Lebrun soutenait un autre système (3) que le Code Napoléon lui a emprunté et a formulé dans l'art. 917 ainsi conçu :
« Si la disposition par acte entre-vifs ou par testament est
« d'un usufruit ou d'une rente viagère dont la valeur excède
« la quotité disponible, les héritiers au profit desquels la loi
« fait une réserve auront l'option, ou d'exécuter cette dispo-
« sition, ou de faire l'abandon de la propriété de la quotité

---

(1) *Sic* Zachariæ, Aubry et Rau, § 684 *bis*, texte et note 3 ; Marcadé, sur l'art. 922, n° IV.

(2) L. 32 et l. 36, § 1, C., De inoff. test. (III, 28).

(3) Traité des success., liv. II, chap. III, sect. IV et sect. IX.

« disponible. » Le projet primitif reproduisait au contraire le
système de l'ancienne jurisprudence, il disait, art. 17 : « La
« donation en usufruit ne peut excéder la quotité dont on peut
« disposer en propriété ; en telle sorte que le don d'un usu-
« fruit ou d'une pension est réductible au quart, à la moitié
« ou aux trois quarts du revenu total dans les cas ci-dessus
« exprimés (1). » Mais lors de la discussion au conseil d'État,
la section de législation trouva que ce système était trop sévère, qu'il gênait trop la liberté de disposer, et que, si, d'une
part, on ne pouvait pas permettre de réduire les réservataires
à une nue-propriété, on ne devait pas, d'autre part, autoriser
un héritier à réserve à faire réduire une libéralité par cela
seul qu'elle dépasserait un peu le revenu de la quotité disponible, alors que cet héritier trouverait dans la succession le
revenu presque tout entier de la portion réservée avec la totalité peut-être de la nue-propriété. En conséquence, la section,
dans le but de faire une part équitable de protection à la liberté de disposer et aux droits des réservataires, et aussi pour
éviter une estimation d'usufruit toujours incertaine et problé-
matique, proposa d'adopter la décision de Lebrun, et de dire
que les réservataires auraient le choix ou d'exécuter la disposition d'usufruit en entier, ou de préserver de toute atteinte
la jouissance de la portion réservée en abandonnant au donataire ou légataire la pleine propriété de la quotité disponible.
L'art. 917 fut le résultat définitif des observations de la
section, et le système qu'il contient offre de précieux avantages. Il évite les évaluations d'usufruit toujours dispendieuses
et nécessairement arbitraires, et il le fait sans que personne
ait à se plaindre. Les héritiers réservataires ne peuvent se
plaindre qu'autant que la quotité disponible est dépassée ; or,
la loi les laisse juges de cette question, et dès l'instant qu'ils
peuvent éviter l'exécution de la disposition en abandonnant la
propriété de la quotité disponible, leur droit est sauvegardé ;
le donataire, non plus, ne saurait se plaindre, puisqu'au cas

(1) Fenet, t. ii, p. 266.

où la disposition faite à son profit ne serait pas exécutée, il a la totalité de ce dont le donateur pouvait disposer. Les mots : *dont la valeur excède la quotité disponible,* que contient notre article, ont provoqué de la part de Levasseur une erreur qui ne tendrait à rien moins qu'à rendre inévitable l'estimation de l'usufruit ou de la rente viagère qui aurait été l'objet de la disposition. En effet, cet auteur enseigne que les dispositions d'usufruit pour lesquelles l'article accorde l'option entre l'exécution de la disposition ou l'abandon de la quotité disponible, sont uniquement celles qui ont pour objet un usufruit dont la valeur vénale obtenue au moyen d'une expertise dépasserait la valeur de la pleine propriété de la quotité disponible (1). Une phrase du rapport fait au Tribunat, au nom de la section de législation par le tribun Jaubert (de la Gironde), dans la séance du 9 floréal an XI, semblerait favorable à la doctrine de Levasseur : « Si donc, dit le tribun rapporteur, il s'agit « d'une disposition qui porte sur un usufruit ou une rente « viagère, les héritiers n'auraient pas le droit de la méconn-« naître par cela seul qu'ils opteraient de faire l'abandon de la « quotité disponible : un préalable nécessaire, c'est qu'il soit « constaté que la libéralité excède la quotité disponible. » Mais il résulte, des observations présentées au conseil d'État par Tronchet et Treilhard, que la disposition de notre article a, ainsi que nous l'avons déjà dit, un double but : 1° éviter l'estimation toujours incertaine d'un droit viager ; 2° empêcher que les réservataires ne soient réduits à une nue-propriété. Or, le système que nous examinons entend notre article de manière à ne lui laisser atteindre aucun des deux buts que le législateur s'est proposés. En effet, l'estimation que l'on veut éviter doit dans ce système avoir nécessairement lieu, et d'autre part, comme un usufruit ne vaut presque jamais plus que la moitié de la pleine propriété, il s'ensuit que le disposant pourrait presque toujours, lorsqu'il laisse un enfant ou à défaut d'enfant ses père et mère, donner l'usufruit de tous

(1) De la portion disponible, n° 85.

ses biens et laisser ses plus proches parents exposés aux ri-
gueurs de la misère jusqu'à la mort des usufruitiers. Il était
donc impossible d'imaginer une interprétation qui fût plus
diamétralement opposée à la pensée de la loi. Quant aux paroles prononcées par le tribun Jaubert, il suffit de lire le
compte-rendu de la discussion du conseil d'État pour rester
convaincu qu'il avait mal saisi la pensée des rédacteurs de
l'article, et qu'il n'y a dès lors aucun argument à tirer de ces
paroles. Cette doctrine de Levasseur, qui le premier, après la
promulgation du Code, a écrit sur notre matière, a été depuis
rejetée par tous les auteurs, et nous ne pouvons que les imi-
ter. Quel est donc le sens de ces mots, *dont la valeur excède la
quotité disponible?* Ils veulent dire que ce droit d'option qu'accorde notre article ne s'appliquera que pour les dispositions
dont l'objet excéderait la quotité disponible en revenu. C'est
un point que M. Marcadé met fort bien en lumière, mais il
nous semble que c'est à tort qu'il reproche à de savants auteurs
de ne l'avoir pas bien saisi(1). Ces auteurs n'ont eu d'autre tort
que celui de ne pas s'étendre longuement sur la signification
de termes qui en définitive ne contiennent qu'une naïveté. Il
est bien évident en effet que l'enfant unique d'un défunt qui
n'aurait fait d'autre disposition qu'un legs de l'usufruit du
quart ou même de la moitié de ses biens ne sera jamais assez
simple pour abandonner la pleine propriété de la moitié des
biens de son père, afin d'éviter l'exécution de la disposition ;
et si, dans tous les cas, l'envie lui en prenait, que M. Marcadé
se tranquillise, il n'y aura pas de discussion à cet égard, le légataire ne sera pas assez simple, lui, pour se fonder sur les
formes de notre article, afin de refuser un avantage plus considérable que celui auquel il a droit. Au nombre des auteurs
que reprend sur ce point M. Marcadé se trouve M. Duranton ;
or, le savant professeur a parfaitement signalé cette naïveté.
« Il peut sans doute, dit-il, se présenter des cas où la valeur
« du droit serait évidemment au-dessous de la valeur de la

(1) Sur l'art 917, n° 1.

« quotité disponible ; mais alors les héritiers ne seraient pas
« assez simples pour préférer de faire l'abandon en propriété de
« cette même quotité : tel serait le cas où l'usufruit donné
« portcrait seulement sur un bien dont la valeur en toute
« propriété n'excéderait pas la valeur du disponible. Tel serait
« aussi le cas où la rente viagère serait d'une somme annuelle
« telle que, si la rente était constituée en perpétuel, son ca-
« pital n'excéderait pas non plus ce disponible. Mais la loi
« n'avait point à s'occuper de cas où il ne pouvait se présen-
« ter aucune difficulté (1). » Nous pensons que, par ces derniers
mots : M. Duranton veut dire que la loi, n'ayant pas à s'occuper des cas où il ne peut se présenter aucune difficulté,
elle a formellement exclu ces cas de sa disposition par ces
mots, *dont la valeur excède la quotité disponible*. M. Duranton est donc parfaitement d'accord sur ce point avec M. Marcadé, et n'a pas commis l'erreur que celui-ci lui reproche. Si la
disposition a pour objet l'usufruit d'une portion plus considérable que la quotité disponible ou une rente viagère qui, si
elle était constituée en perpétuel, aurait un capital plus considérable que cette quotité, la loi laisse les réservataires
complétement libres dans leur option, et c'est à eux de voir
s'il est pour eux plus avantageux d'exécuter la disposition ou
d'abandonner la quotité disponible en toute propriété : sur ce
point tout le monde est d'accord.

Lorsque le défunt laisse plusieurs héritiers à réserve, l'option accordée par notre article appartient à chacun d'eux séparément et pour sa part : l'un d'eux pourra exécuter la
disposition en ce qui le concerne, tandis que l'autre préférera
faire abandon de sa part dans la quotité disponible. M. Duranton enseigne cependant, en argumentant par analogie des
art. 1670 et 1685, que le donataire ou le légataire pourrait
prétendre que, faute par les héritiers de s'accorder pour faire
abandon de la quotité disponible entière, la disposition doit

(1) T. VIII, n° 345.

être exécutée selon sa forme et teneur (1). L'art. 1670 s'occupe de l'action en réméré d'un immeuble vendu avec faculté
de rachat, et l'art. 1685, de l'action en rescision d'une vente
d'immeuble pour lésion de plus des sept douzièmes soufferte
par le vendeur ; l'un et l'autre décident qu'après la mort du
vendeur, ses héritiers doivent s'entendre pour exercer l'action
quant à l'immeuble entier, et que l'on n'admettrait pas l'un
ou plusieurs d'entre eux à l'exercer pour partie. L'argument
d'analogie que le savant professeur tire de ces articles est
sans force, *non est par ratio*. La décision des art. 1670 et 1685
est fondée sur ce que celui qui a consenti en achetant un
immeuble à voir son acquisition se résoudre ou être annulée
dans tel ou tel cas, n'a certainement pas entendu se trouver
contraint de ne conserver qu'une fraction de cet immeuble en
subissant les inconvénients de la copropriété et les embarras
du partage qui sera nécessaire pour la faire cesser. Y a-t-il
possibilité de voir quelque analogie entre cet acquéreur à titre
onéreux d'un immeuble, qui n'eût certainement pas consenti
au contrat s'il eût prévu cette résolution ou cette nullité partielle, et le donataire ou légataire qu'il s'agit simplement de
réduire à un usufruit ou à une pension moins considérable en
lui donnant d'autre part des biens dont il sera seul et unique
propriétaire ? Ainsi, d'une part, l'acheteur a un titre plus favorable que celui du donataire ou légataire, et d'autre part
l'inconvénient de la copropriété qu'il s'agit pour lui d'éviter
ne se présente pas pour ces derniers ; il n'y a donc aucune
analogie entre les deux cas. Aussi la décision de M. Duranton est-elle repoussée par la généralité des auteurs (2).

Le législateur a voulu, par la disposition de notre article,
éviter autant que possible l'évaluation des dispositions ayant

(1) T. viii, n° 346.
(2) *Sic* Grenier, Des Donations, t. ii, n° 638; Toullier, t. v, n° 143;
Proudhon, Usuf., n° 342; Vazeille, Des donat. et testaments, sur l'art. 917,
n° 7; Coin-Delisle, Des donat. et testaments, sur l'art. 917, n° 11; Zachariæ, Aubry et Rau, § 684 bis, note 4; Marcadé, sur l'art. 917, n° ii.

pour objet des droits viagers ; néanmoins cette évaluation sera quelquefois nécessaire, c'est ce que supposent les art. 1970 et 1973, qui nous parlent de la réduction des rentes viagères. Notre article en effet évite entre l'héritier et les légataires ou donataires la nécessité d'estimer ou de réduire les dispositions de droits viagers ; mais cette estimation et cette réduction pourront être nécessaires lorsqu'il s'agira de régler les droits des donataires ou légataires entre eux. Prenons des exemples. Premier exemple : un défunt, laissant un fils unique et 100,000 francs de biens toutes dettes déduites, n'a de son vivant fait aucune donation ; il laisse un testament par lequel il lègue à Primus une maison valant 30,000 francs, et à Secundus une rente viagère de 1,500 fr. qui, si elle était constituée en perpétuel, supposerait un capital de 30,000 francs, la jouissance de la réserve est attaquée. Le fils pourra, s'il le veut, exécuter ce testament selon sa forme et teneur, ou bien déclarer que les deux legs réunis excèdent la quotité disponible et faire abandon aux légataires de la totalité de cette quotité montant à 50,000 francs. Aux termes de l'art. 926, la réduction de tous les legs doit se faire proportionnellement et au marc le franc ; il suit de là que l'on ne peut pas dire que le légataire de la maison prendra la totalité de la quotité disponible, sauf à lui à payer les arrérages de la rente viagère léguée à *Secundus*, car si l'héritier réservataire n'a pas voulu exécuter le testament selon sa forme et teneur, c'est qu'il a jugé que la quotité disponible était dépassée, et, par conséquent, que la valeur vénale de la rente viagère était supérieure à 20,000 francs : donc, opérer, comme nous venons de le supposer, ce serait délivrer à Primus 50,000 francs à la charge de supporter une rente viagère d'une valeur vénale supérieure à la différence qui existe entre la valeur de la chose qui lui a été léguée et le montant de la quotité disponible. Il ne recevrait donc pas tout ce qui lui a été légué, il subirait la réduction, tandis que le légataire de la rente viagère y échapperait, ce qui est contraire au principe de l'art. 926. Force sera donc d'estimer la rente viagère, et il en sera ainsi de tout usufruit et de toute rente viagère légués par une personne qui aura fait d'autres dispositions testamentaires en pleine propriété, toutes les fois que l'héritier réservataire jugera qu'il lui est plus avantageux de faire abandon de la quotité disponible que d'exécuter ces diverses dispositions. Il faudra se livrer aussi à une évaluation de la valeur vénale de tous les droits viagers légués par une personne qui n'aurait fait que des dispositions testamentaires de cette nature, si l'héritier réservataire ne veut pas les exécuter, et préfère abandonner la pleine propriété de la quotité disponible. Dans l'un et l'autre de ces deux cas, cette évaluation pourra seule nous dire comment la quotité disponible devra être distribuée entre les divers légataires auxquels il en est fait abandon.

Autre exemple. Si le défunt avait fait successivement donation à deux personnes différentes de droits d'usufruit ou de rentes viagères, et que les héritiers réservataires, pour se dispenser d'exécuter l'une et l'autre donation, abandonnassent la pleine propriété de la quotité disponible aux deux donataires, sauf à ceux-ci à s'arranger entre eux, il faudrait, puisque le second donataire doit être réduit avant le premier, voir quelle est la valeur vénale de chacun des droits légués, afin que le second donataire ne prît sur la quotité disponible que ce qui resterait après que le premier aurait été intégralement payé (1).

Mais comment s'y prendre pour faire une pareille évaluation? L'art. 14, n° 11, et l'art. 15, n° 6 de la loi du 22 frimaire an VII évaluent l'usufruit à la moitié de la valeur en pleine propriété des biens sur lesquels il porte. Cette disposition financière n'a d'autre but que de fixer le *quantum* des droits de mutation dus au trésor par celui qui recueille la nue-propriété de certains biens et par celui qui recueille

(1) On peut voir dans M. Duranton (t. VIII, n°s 125 et 126), et dans M. Marcadé (sur l'art. 917, n° III) d'autres exemples de cas où l'évaluation et la réduction de droits viagers sont nécessaires.

l'usufruit de ces biens, *quantum* qu'on ne pouvait laisser dans l'incertitude. Il est évident que cette disposition n'a nullement force de loi en matière civile. Le mode d'évaluation qu'elle indique a le tort grave de ne tenir aucun compte de l'état de santé de l'usufruitier où de la personne sur la tête de laquelle la rente viagère a été constituée. Le Digeste nous offre deux procédés d'évaluation que nous rapporte le juris-consulte Æmilius Macer (1). Le premier de ces modes avait été proposé par Ulpien ; le second était plus généralement suivi. Ils étaient tous les deux basés sur l'âge de l'usufruitier ou du créancier de la rente viagère, mais ne tenaient aucun compte de l'état de sa santé. Aujourd'hui le Code ne contenant à ce sujet aucune règle, cette évaluation est laissée à l'appréciation souveraine des tribunaux, qui devront se décider d'après l'âge et l'état de santé de l'usufruitier ou de la personne sur la tête de laquelle la rente viagère est constituée (2).

Il faut remarquer que, d'après l'art. 588, les arrérages d'une rente viagère sont considérés comme des fruits et que dès lors il faut décider : 1° qu'un droit d'usufruit ou de rente viagère, qui aurait formé l'objet d'une donation entre-vifs, devra être estimé eu égard à l'âge et à l'état de santé de l'usufruitier ou du créancier de la rente viagère au jour de la mort du donateur et non au jour de la donation ; 2° qu'on ne doit, pour le calcul de la quotité disponible, avoir aucun égard à une semblable libéralité, lorsque le donataire est mort avant le donateur ; 3° enfin qu'on ne doit dans aucun cas tenir compte des fruits perçus par l'usufruitier ou des arrérages payés au donataire de la rente viagère pendant la vie du donateur (art. 856 et 928).

Le Code ne contient pas de règle sur le cas où le défunt aurait disposé de la nue-propriété d'une portion de son patrimoine plus considérable que la quotité disponible ; il faudrait

(1) L. 68, pr. D., ad legem Falcidiam (xxxv, 2).
(2) Il est un cas où cette évaluation sera assez facile. V. art. 619.

donc, dans cette situation, évaluer la valeur vénale des nues-propriétés léguées.

Nous avons parcouru les diverses opérations nécessaires pour la formation de la masse sur laquelle doivent se calculer les deux quotités disponible et réservée eu égard à la qualité des héritiers laissés par le défunt, et nous avons exposé les règles suivant lesquelles on doit procéder à ces opérations. Rappelons brièvement dans quel ordre elles ont lieu : 1° évaluation des biens laissés au décès ; 2° déduction des dettes ; 3° évaluation des biens donnés entre-vifs et réunion fictive de leur valeur à celle dont l'actif des biens existants excède le passif. La masse ayant été ainsi formée, on calcule sur le tout la quotité disponible et la réserve d'après le nombre et la qualité des héritiers réservataires. Ainsi, soit une masse totale de 120,000 francs, trouvée en suivant les règles que nous venons d'exposer, y a-t-il trois enfants ou davantage, la quotité disponible est d'un quart (30,000 francs), la réserve des trois quarts (90,000 francs). Y a-t-il deux enfants, la quotité disponible est du tiers (40,000 francs), la réserve des deux tiers (80,000 francs). Y a-t-il un enfant unique, ou, à défaut d'enfant, un ou plusieurs ascendants dans chacune des deux lignes paternelle et maternelle, la quotité disponible et la réserve sont chacune de la moitié (60,000 fr.). N'y a-t-il d'ascendant que dans une seule ligne, la quotité disponible est des trois quarts (90,000 francs), la réserve d'un quart (30,000 fr.). Le *quantum* de la quotité disponible et celui de la réserve étant ainsi fixés, il faut voir parmi les libéralités du défunt quelles sont celles qui doivent être imputées sur la quotité disponible et celles que l'on doit au contraire imputer sur la réserve.

D'après ce que nous avons déjà dit, on impute sur la quotité disponible : 1° tous les biens donnés ou légués à des étrangers ; 2° tous les biens donnés ou légués à des successibles renonçants, que ces libéralités leur aient été faites avec ou sans dispense de rapport ; 3° tous les biens donnés ou légués avec dispense de rapport à l'un des successibles acceptant la succession. On impute au contraire sur la réserve tous les biens donnés ou légués sans dispense de rapport à un héritier acceptant. Si la valeur des biens compris dans les libéralités imputables sur la quotité disponible dépasse cette quotité, il y a lieu au profit des héritiers réservataires à l'exercice de l'action en réduction dont nous avons déjà parlé, et à l'étude de laquelle le paragraphe suivant sera consacré.

§ 7.

De l'action en réduction.

Nous avons déjà dit que le droit de réserve étant un droit de succession, ce droit ne s'ouvrait que par la mort de la personne sur le patrimoine de laquelle il porte ; aussi l'action en réduction ne peut-elle être intentée qu'après le décès du disposant. Tel est le principe que prend soin de poser l'art. 920, celui-là même qui introduit en faveur des héritiers réservataires l'action en réduction des libéralités excessives. Cet article est ainsi conçu : « Les dispositions soit entre-vifs, « soit à cause de mort, qui excéderont la quotité disponible, « seront réductibles à cette quotité lors de l'ouverture de la « succession. »

Nous allons examiner successivement : 1° quelles sont les personnes auxquelles appartient l'action en réduction ; 2° quel est l'ordre dans lequel s'exerce l'action en réduction ; 3° de quelle manière s'opère la réduction, et quelles sont les personnes contre lesquelles l'action en réduction peut être intentée ; 4° enfin par quelles fins de non-recevoir on peut repousser cette action.

I

Quelles sont les personnes auxquelles appartient l'action en réduction.

C'est dans l'article 921 que les rédacteurs du Code Napoléon ont placé la réponse à cette question. Voici quels sont

les termes de cet article : « La réduction des dispositions
« entre-vifs ne pourra être demandée que par ceux au profit
« desquels la loi fait la réserve, par leurs héritiers ou ayant-
« cause : les donataires, les légataires, ni les créanciers du
« défunt ne pourront demander cette réduction, ni en profi-
« ter. » Nous avons déjà présenté l'historique des discussions
préparatoires de cet article (1). Nous avons vu que cet article
reproduit une théorie empruntée à Ricard et à Pothier, théorie que nous avons déjà exposée deux fois(2). Comme le lecteur doit se le rappeler, cette théorie consiste à dire que les
héritiers réservataires et leurs ayant-cause sont seuls admis à
demander la réduction des donation entre-vifs, de telle sorte
que si le défunt a laissé plus de dettes que de biens, et que
ses successibles en ligne directe aient accepté sa succession
sous bénéfice d'inventaire, ces héritiers bénéficiaires pourront contenter les créanciers de la succession en leur faisant
abandon de tous les biens qui se trouvaient dans le patrimoine
du défunt lors de son décès, sans que ces créanciers aient
rien à prétendre sur les biens que l'exercice de l'action en
réduction procurera aux réservataires. Le droit de réserve
étant attaché à la qualité d'héritier, l'action en réduction qui
sert de sanction à ce droit ne peut être intentée par les enfants ou ascendants du défunt qu'autant qu'ils acceptent la
succession au moins sous bénéfice d'inventaire. Mais ils ne
tiennent cependant pas cette action du défunt qui n'aurait pas
pu de son vivant porter la moindre atteinte aux donations
qu'il avait faites, et qui dès lors n'a pas pu leur transmettre un droit qu'il n'avait pas. C'est ce que Pothier fait
très bien remarquer : « On peut dire que ces choses retran-
« chées ne sont pas de la succession, puisque le donateur s'en
« était dessaisi de son vivant ; qu'encore bien que le droit qu'a
« l'héritier d'obtenir ce retranchement fût attaché à sa qua-
« lité d'héritier, néanmoins ce n'est pas un droit qu'il tienne

(1) § 1er, p. 340 à 346.
(2) *Ibid.*, et p. 195 à 198.

« du défunt et auquel il ait succédé au défunt, puisque le dé-
« funt ne l'a jamais eu; il ne le tient donc pas du défunt ni
« de la succession, mais de la loi. Ces choses retranchées ne
« font donc pas partie de la succession (1). » Cette observation importante concilie le principe que les créanciers n'ont
aucun droit à prétendre sur les biens rentrés dans la succession par suite de l'exercice de l'action en réduction avec le
principe fondamental qu'il faut nécessairement être héritier
pour prétendre à la réserve.

La réduction des donations entre-vifs ne peut, aux termes
de notre article, être demandée que par les héritiers réservataires et leurs ayant-cause. L'article ne parle pas des dispositions testamentaires; la règle ne serait-elle pas la même à
leur égard? Est-ce qu'elles pourraient être attaquées comme
réductibles à la quotité disponible, *comme portant atteinte à la
réserve* par des personnes auxquelles il n'est pas dû de *réserve*? Évidemment non. Pourquoi donc notre article, quand il
nous dit que le réservataire seul pourra demander la réduction,
ne parle-t-il que de la réduction des donations entre-vifs?
C'est parce qu'il y a pour les legs une cause de réduction plus
puissante que l'atteinte portée à la réserve, tandis que les
donations entre-vifs ne peuvent être réduites que pour cette
dernière cause. Les biens d'un défunt doivent servir à payer
ses créanciers et ses légataires, mais le défunt n'a pu par ses
dispositions testamentaires nuire aux droits de ses créanciers,
dont son patrimoine tout entier formait le gage, et dès lors
ses créanciers doivent être payés avant ses légataires, *nemo
liberalis nisi liberatus*. Il y a donc lieu de réduire les dispositions testamentaires au profit des créanciers avant qu'il soit
question de les réduire au profit des héritiers réservataires.

En accordant l'action en réduction aux héritiers réservataires, la loi l'accorde aussi à leurs héritiers ou *ayant-cause*. Ce
dernier mot comprend dans sa généralité les successeurs irréguliers du réservataire, ceux auxquels il aurait donné, légué

---

(1) Traité des donations entre-vifs, sect. III, art. VI, § III, *in fine*.

ou vendu l'utilité de son droit, et enfin ses créanciers. En effet, les créanciers ont pour gage général tous les biens de leur débiteur (art. 2092 et 2093) ; ils auront donc droit à sa réserve comme à tous les autres biens qui lui appartiennent, et pourront intenter en son nom l'action en réduction qui lui compète, afin de se faire payer sur les valeurs qu'elle produira. Ce droit est formellement écrit dans l'art. 1116 qui, déduisant la conséquence du principe posé dans l'art. 2093, déclare que les créanciers peuvent exercer toutes les actions appartenant à leur débiteur. Il suit de là que si l'héritier réservataire a accepté la succession purement et simplement, l'acceptation pure et simple ayant pour effet d'obliger l'héritier acceptant sur ses propres biens *ultra vires successionis* au paiement de toutes les dettes et charges de la succession, les créanciers du défunt, devenus ainsi les créanciers personnels de ce réservataire, pourront intenter l'action en réduction qui appartient à leur débiteur et se payer sur les biens qu'elle fera rentrer dans la succession. Il est vrai que notre art. 921 dit que les créanciers du défunt ne pourront demander la réduction ni en profiter, mais dans le cas qui nous occupe, ce n'est pas en qualité de créanciers du défunt que nous leur accordons ce droit, c'est en qualité de créanciers personnels de l'héritier réservataire, qualité par suite de laquelle ils se trouvent compris dans le terme d'ayant-cause du réservataire qu'emploie notre article lui-même lorsqu'il énumère ceux à qui il accorde l'exercice de l'action en réduction. Les créanciers du défunt ne restent tels que dans le cas d'acceptation bénéficiaire; dans le cas d'acceptation pure et simple, ils deviennent par suite de la confusion des deux patrimoines du défunt et de l'héritier créanciers personnels de ce dernier (1).

D'une part, l'action en réduction appartient non-seulement aux héritiers réservataires, mais encore aux ayant-cause de ces héritiers; d'autre part, la réserve est une portion de la

(1) V. Bugnet, sur Pothier, Traité des successions, chap. III, sect. III, § VI, t. VIII, p. 133, note 2.

succession *ab intestat* défendue par la loi contre les dispositions du défunt et conférée par elle aux héritiers réservataires : de la combinaison de ces deux principes il résulte que
l'entrée des biens composant la réserve dans le patrimoine
d'un héritier réservataire doit toujours être considérée
comme une acquisition *ex lege*, que le don ou le legs de la réserve ne saurait se comprendre, qu'on ne peut prétendre donner à ses héritiers *ab intestat* ce qu'on est dans la nécessité
légale de leur transmettre, que dès lors les biens composant
la réserve doivent entrer dans le patrimoine d'un héritier réservataire avec toutes les conséquences que la loi attache à
une semblable acquisition, et que l'on doit regarder comme
nulle toute disposition du défunt par laquelle il aurait voulu
régler les conséquences de cette entrée des biens réservés
dans le patrimoine de l'héritier. En un mot, l'acquisition
étant légale et n'ayant pas sa source dans la volonté de
l'homme, c'est à la loi à en régler les effets. C'est ainsi qu'aux
termes de l'art. 581 du Code de procédure, il n'est permis
au donateur ou testateur de déclarer insaisissables que les
sommes ou objets *disponibles*. Cette clause d'insaisissabilité
pourrait dans certains cas être favorable à l'héritier réservataire ; mais il n'en est pas moins vrai qu'en thèse générale
elle altérerait le droit de pleine et libre disposition qui doit
lui appartenir sur sa réserve. Mais alors même qu'il s'agirait
de conséquences légales défavorables aux réservataires, conséquences que le défunt aurait cherché à éviter par ses dispositions, ces conséquences devraient se produire. C'est
ainsi que, le prémourant de deux époux ayant légué tous ses
biens à ses enfants, sous la condition expresse que le survivant n'en aura pas l'usufruit, il faudra distinguer entre la
quotité disponible et la réserve ; à l'égard de la quotité disponible que le prémourant aurait pu léguer à un étranger, et
que ses enfants tiennent de sa libéralité, la clause prohibitive
de l'usufruit légal du survivant devra être exécutée, tandis
qu'en ce qui touche la réserve que les enfants tiennent de la
loi, le survivant aura, nonobstant la disposition prohibitive du

prémourant, l'usufruit légal des biens qui y seront compris, parce que la même loi, qui défère impérativement cette portion d'hérédité aux enfants, en accorde aussi l'usufruit au survivant (1). C'est ainsi que si un *de cujus* ne laissait que des biens meubles et qu'il eût fait un legs universel au profit de son héritier réservataire en ordonnant que les biens ainsi recueillis par cet héritier réservataire seraient exclus de la communauté existant entre lui et son conjoint, cette condition devrait être considérée comme nulle en ce qui touche la réserve (2). Ainsi encore, si une personne avait consenti un contrat de société universelle de tous biens présents et de tous gains, ses associés auraient le droit de demander de leur chef la nullité de la condition par laquelle un de ses ascendants ou de ses descendants aurait déclaré que l'usufruit de la réserve n'entrerait pas dans la société (art. 1837) (3). Toutefois, il est certain que le testateur qui fait à un héritier à réserve un legs dont la valeur excède la réserve peut lui imposer telle charge qu'il juge convenable, en déclarant que ce legs sera réduit à la réserve pour le cas où le légataire refuserait d'accomplir cette charge (4).

_____

(1) *Sic* Cass., 11 nov. 1828; Delvincourt, t. I, p. 93, note 6; Toullier, t. II, n° 1067; Duranton, t. III, n° 376; Zachariæ, Aubry et Rau, § 549 *bis*; Lassaulx, t. II, p. 210; Marcadé, art. 387, n° 2; Vazeille, Du mariage, t. II, n° 447; Taulier, t. I, p. 500; Proudhon, De l'état des personnes, t. II, p. 263, et Traité de l'usufruit, t. I, n° 152; Allemand, Du mariage, t. II, n° 1181; Demolombe, t. VI, n° 513. — *Secus* Valette, sur Proudhon, t. II, p. 264; Duvergier, sur Toullier, t. II, n° 1067, note *a*.

(2) *Sic* Delvincourt, t. III, p. 238; Zachariæ, Aubry et Rau, § 507, note 17; M. Valette, à son cours, nov. 1854. — *Secus* Toullier, t. XII, n° 114; Duranton, t. XIV, n° 135; Buguet, sur Pothier, Traité de la communauté, n° 176, p. 125, note 1. — Il est évident que la clause d'un contrat de mariage par laquelle on aurait exclu de la communauté les successions mobilières à échoir par la suite aux deux époux ou à l'un d'eux serait valable, même quant à la réserve.

(3) Demolombe, t. VI, n° 513.

(4) *Sic* Cass., 1er mars 1830 et 7 fév. 1831; Toullier, t. V, n° 734; Zachariæ, Aubry et Rau, § 679, note 4.

Il nous reste à expliquer ce que l'art. 921 a entendu dire lorsqu'il a pris soin de déclarer « que les donataires et léga- « taires du défunt ne pourront demander la réduction ni en « profiter. » On ne voit pas bien dans quel cas les donataires ou légataires du défunt contre lesquels l'action en réduction est introduite auraient un intérêt à demander cette réduction. Évidemment, la loi ayant établi un ordre de réduction, les donataires ou légataires ont parfaitement le droit d'empêcher que la réduction ne frappe sur eux quand elle doit frapper sur d'autres, et on ne saurait prétendre que notre article ait voulu dire que s'ils étaient poursuivis avant que leur tour fût venu, ils ne pourraient pas renvoyer l'héritier à attaquer ceux qui doivent subir réduction avant eux. Ce ne serait pas là demander la réduction, ce serait seulement demander à ne pas la subir, en se fondant sur ce que l'héritier a bien une action en réduction qu'il exercera s'il veut, mais que cette action en réduction lui est accordée contre d'autres que ceux qu'il poursuit actuellement. De même, si l'héritier, après avoir obtenu toute sa réserve par la réduction de certaines libérali- tés, voulait encore en faire réduire d'autres, il est bien évi- dent que les donataires poursuivis auraient, nonobstant les termes de notre art. 921, le droit de s'y opposer ; car ce ne serait pas là vouloir profiter de la réduction, c'est-à-dire vouloir s'approprier les biens provenus de cette réduction, ce serait tout simplement vouloir éviter la réduction quand on n'est pas tenu de la subir. On a voulu expliquer cette sin- gulière disposition de l'art. 921 en disant que les donataires ou légataires, sujets à réduction .et poursuivis par les héri- tiers à réserve, ne pourraient jamais les renvoyer à deman- der préalablement la réduction de libéralités qui ne seraient réductibles, d'après les règles ordinaires, qu'après celles qu'ils ont reçues et qui se trouveraient devoir être réduites, parce qu'à l'égard de ceux qui les ont reçues la portion dis- ponible était plus restreinte que celle du droit commun (art. 908, 1094, 1098) (1), et ne pourraient pas non plus les renvoyer à demander préalablement la nullité d'une donation faite par le défunt, soit pour cause d'incapacité du donateur, soit pour cause d'incapacité du donataire, soit pour défaut de forme, soit pour toute autre cause. Nous préférons regarder les mots qui nous occupent comme inutiles que d'admettre qu'ils aient un sens aussi déraisonnable. S'agit-il du droit de se défendre contre l'action en réduction des héritiers à réserve, en opposant que telle ou telle personne a reçu au-delà du disponible exceptionnel dont elle pouvait être gratifiée, nous répondrons qu'en se défendant de cette manière les donataires ou légataires, au profit desquels le défunt était autorisé à disposer de la quotité disponible ordinaire, ne demandent pas eux-mêmes la réduction des dispositions dont il s'agit, mais renvoient simplement l'héritier à la demander, s'il le veut, et qu'ils prétendent bien moins profiter d'une pareille réduction qu'ils ne cherchent à conserver ce dont le défunt a valablement disposé en leur faveur. S'agit-il au contraire du droit de renvoyer un héritier à réserve, à faire annuler ou réduire des dispositions faites par un incapable ou à un incapable, nous répondrons que ce droit n'a aucun rapport, aucune ressemblance avec la faculté de demander la réduction. Dans ce cas, les donataires ou légataires poursuivis par l'héritier à réserve se borneront à dire que la quotité disponible n'est pas dépassée, puisque telle libéralité étant nulle, soit pour le tout, soit jusqu'à concurrence d'une certaine valeur, les biens qui en ont formé l'objet se trouvent dans l'hérédité, ce qui fait que la réserve est complète. On ne saurait présenter aucune raison plausible d'enlever à ces donataires ou légataires le droit d'opposer ce moyen de défense. On s'est laissé entraîner à cette interprétation par la difficulté dans laquelle on était de donner un sens raisonnable à

(1) Toullier, t. v, n° 883; Grenier, Des donations, t. ii, n° 707.

des mots qui sont complétement inutiles, et qui se sont sans doute glissés par erreur dans l'art. 921. Ce qui nous porte surtout à croire que les rédacteurs du Code n'ont attaché aucun sens à ces mots, c'est qu'il n'en a été nullement question dans la discussion soit au conseil d'État, soit au Tribunat (1).

II

Dans quel ordre s'exerce l'action en réduction.

La réduction doit porter en premier lieu sur les dispositions testamentaires. Les donations entre-vifs n'y sont sujettes qu'autant que les biens laissés par le défunt, y compris ceux dont il a disposé par acte de dernière volonté, ne suffisent pas pour parfaire la réserve des héritiers (art. 923 et 925).

S'il y a lieu à réduction partielle des dispositions testamentaires, cette réduction s'opère au marc le franc, sans aucune distinction entre les legs universels, les legs à titre universel et les legs particuliers (art. 926). Tel n'était pas le système de notre ancien droit coutumier. Le retranchement pour la légitime des enfants portait d'abord sur les legs universels ou à titre universel, et c'était seulement lorsque le retranchement opéré sur ces legs ne suffisait pas qu'on le faisait porter sur les legs à titre particulier. Cette préférence, accordée aux légataires particuliers sur les légataires universels ou à titre universel, était fondée sur la volonté présumée du défunt, qui, disait-on, n'avait eu l'intention de gratifier les légataires universels ou à titre universel que déduction faite de toutes les charges héréditaires. L'art. 30 du projet du titre *Des donations entre-vifs et des testaments,* présenté par la section de législation, avait reproduit ce système. Il fut d'abord

___
(1) *Sic* Toulouse, 1ᵉʳ fév. 1827; Grenoble, 19 mai 1830; Duranton, t. VIII, nᵒˢ 320 et 327; Zachariæ, Aubry et Rau, § 685, texte et notes 2 et 3.

adopté par le conseil d'État, mais finalement il fut abandonné sans que les procès-verbaux des discussions qui ont eu lieu dans ce conseil fassent connaître les motifs de ce changement de système (1). Dans les pays de droit écrit, où il n'y avait pas de légataires universels, mais bien des héritiers testamentaires, non-seulement l'héritier testamentaire avait le droit de contraindre les légataires à subir seuls les réductions que pouvaient demander les enfants du défunt pour obtenir leur légitime (2), mais encore il avait le droit de les réduire lui-même pour son propre compte et alors même qu'il n'eût pas existé de légitimaires, toutes les fois que tous les legs réunis ne lui auraient pas laissé le quart de l'hérédité, qu'il devait nécessairement avoir en vertu de la loi Falcidie. Les rédacteurs du Code ont sans doute voulu prendre un sage milieu entre ces deux règles extrêmes. Aujourd'hui, si le légataire universel n'a plus de Falcidie, du moins n'est-il pas obligé de se laisser réduire avant les autres. On peut du reste défendre la décision du Code en faisant remarquer que la présomption légale admise par le droit coutumier n'était pas le plus souvent d'accord avec la vérité. Pourquoi ne pas supposer que celui que le défunt avait choisi comme légataire universel avait au moins autant de place dans ses affections que les légataires à titre particulier? Un homme a, par un testament, fait plusieurs legs particuliers dont l'ensemble s'élève à 60,000 francs, et il a institué un légataire universel. S'il était mort immédiatement après la confection du testament, le légataire universel aurait recueilli 100,000 francs, mais dans l'intervalle qui s'est écoulé entre la confection du testament et la mort du testateur, des revers de fortune ont diminué le patrimoine de ce testateur, et la réserve étant prélevée sur ce patrimoine, il ne reste que 60,000 francs; le légataire universel n'aura rien, les légataires à titre particu-

(1) V. Locré, Leg., t. xi, p. 180, art. 30; p. 200, n° 6; p. 275, art. 36; p. 312, n° 21.

(2) V. *supra*, p. 139.

lier seront payés intégralement. Ce résultat du système des coutumes est-il bien d'accord avec la volonté du défunt? Il est sans doute permis d'en douter, et le Code nous semble plus raisonnable dans sa décision. Il veut que, quelle que soit la nature des legs, tous soient réduits proportionnellement, de manière à ce que la proportion qui, d'après les dispositions du défunt, aurait existé entre ces divers légataires, soit conservée entre eux, nonobstant la réduction. Comment donc procédera-t-on pour obtenir ce résultat? Les legs universels et à titre universel devront être traités et considérés comme legs à titre particulier de la somme qu'ils auraient procuré s'il n'y avait pas eu réduction, et tous les legs ayant été ainsi ramenés à une même nature, ils seront tous réduits en proportion de leur valeur. Sans doute, il pourra encore arriver sous l'empire du Code qu'un légataire universel n'ait rien alors que les légataires particuliers recevront une partie de ce qui leur aura été légué; mais ce ne sera plus par l'effet de la réduction que ce résultat se produira : il n'aura plus lieu que dans les cas où le légataire universel n'aurait rien eu alors qu'il n'y aurait pas eu de réduction, c'est-à-dire lorsque la somme des legs particuliers égalera ou excédera non-seulement la quotité disponible, mais encore la totalité des biens existants. Ainsi, soit un défunt qui laisse 100,000 francs et trois enfants, et qui n'a fait aucune libéralité entre-vifs; il a institué légataire universel Pierre, et il a légué à Primus une maison valant 60,000 francs, à Secundus un champ valant 10,000 francs, et à Tertius une somme de 30,000 francs ; l'ensemble de ces legs égale la valeur totale de l'hérédité, et alors même qu'il n'y aurait pas à prélever la réserve des enfants, le légataire universel ne recevrait rien. Qu'arrivera-t-il donc ? Primus, Secundus et Tertius seront réduits des trois quarts ou, en d'autres termes, recevront chacun le quart de ce qui leur avait été légué, et, bien entendu, le légataire qui n'aurait rien reçu, alors même qu'il n'y aurait pas eu lieu à réduction, ne recevra rien. Prenons maintenant un exemple qui nous montre un légataire universel qui, s'il n'y avait pas eu de réduction, aurait retiré un bénéfice de son legs réduit au marc le franc avec les légataires particuliers. Pour cela faire, nous n'avons qu'à conserver la même espèce en supposant les legs particuliers moindres de moitié. Dans ce cas, le légataire universel, s'il n'y avait pas eu lieu à réduction, aurait recueilli 50,000 francs ; la réduction ayant lieu, il n'en recevra que le quart, soit 12,500 francs, et les légataires particuliers seront réduits dans la même proportion. Appliquons maintenant notre procédé au cas où il y aurait des légataires à titre universel, espèce dans laquelle le calcul est un peu plus compliqué. Soit un défunt laissant 100,000 francs de biens et trois enfants ; il a légué le quart de ses biens à Nicolas, une maison valant 30,000 francs à Primus, et une somme de 6,000 francs à Secundus. Ramenons ces divers legs à une même nature. En supposant l'absence d'héritiers à réserve, Nicolas aurait reçu le quart des biens, soit 25,000 fr., à la charge de supporter le quart des legs à titre particulier, soit 9,000 francs ; il aurait donc reçu 16,000 fr. qui, réunis aux 36,000 francs légués à Primus et à Se-Secundus, forment un total de 52,000 francs ; il faudra donc, puisque la quotité disponible est dépassée, puisqu'au lieu de 52,000 francs, les légataires ne peuvent prétendre recevoir que 25,000 fr., partager entre eux cette somme de 25,000 fr., de manière à ce qu'ils restent entre eux dans les rapports de 6, 16 et 30, ou, en d'autres termes, la part de Nicolas étant représentée par x, nous aurons :

$$x : 25,000 :: 16,000 : 52,000,$$

et ainsi des autres.

L'art. 1009 nous dit que le légataire universel en concours avec des héritiers réservataires *sera tenu d'acquitter tous les legs, sauf le cas de réduction, ainsi qu'il est expliqué aux art. 926 et 927.* Or, ainsi que nous venons de le dire, il y a, d'après l'art. 926, lieu à réduction toutes les fois que les dispositions testamentaires excèdent la quotité disponible ou la portion de cette quotité restant après avoir déduit la valeur des biens donnés entre-vifs, et la réduction doit être faite au marc le franc, *sans aucune distinction*, entre les legs universels et les legs particuliers. Le légataire universel étant celui qui se trouve appelé à recueillir l'universalité des biens laissés par le défunt (art. 1003), et le concours d'un héritier réservataire l'empêchant de prendre cette universalité, le concours d'un réservataire donnera lieu à une réduction nécessairement et dans tous les cas. Comment donc l'art. 1009 peut-il dire que ce légataire universel, en concours avec des réservataires et subissant nécessairement la réduction, sera tenu d'acquitter la totalité des legs, sauf seulement le cas de réduction? On pourrait répondre que cet art. 1009 présente une légère inexactitude de rédaction, et qu'au lieu des mots *sauf le cas de réduction*, il faut lire *sauf la réduction*. On éviterait ainsi toute difficulté en expliquant la mauvaise rédaction de l'art. 1009 par une inattention du législateur; mais ce serait là trancher le nœud de la difficulté plutôt que de le délier. On pourrait dire encore, en considérant les mots *sauf le cas de réduction* comme mis à dessein dans l'art. 1009, qu'il pourrait arriver en fait que le légataire universel ne subît pas la réduction, le réservataire étant bien libre de ne pas exercer son droit, et que le législateur a simplement voulu dire que le légataire universel ne pourrait faire subir aucune réduction aux autres légataires lorsque le réservataire ne demanderait pas la réduction; ce serait là prêter au législateur une naïveté; mais on sait, et nous en avons déjà vu plusieurs exemples, que les articles du Code contiennent souvent des mots inutiles. Cependant, lorsqu'il est possible d'expliquer raisonnablement la loi, il faut préférer cette interprétation à celles qui se réduisent à ne lui donner aucun sens. Or, nous pensons que l'antinomie des art. 926 et 1009 n'est qu'apparente, et qu'elle provient de ce que l'on raisonne toujours en vue de la définition trop restreinte que l'art. 1003 nous donne du legs universel. Si l'on en croit cet article, le legs universel est celui par lequel

le testateur attribue au légataire tous les biens qu'il laissera.
Il faut considérer en outre comme legs universel le legs de
toute la quotité disponible. C'est un point certain et admis
par tous les auteurs ; car, d'une part, la vocation à tout le
disponible contient une vocation éventuelle à la totalité de
l'hérédité, puisque toute l'hérédité peut devenir disponible
par le prédécès, la renonciation ou l'indignité des réservataires,
et d'autre part, celui auquel on a légué expressément
tous les biens ne peut jamais recueillir que la quotité disponible.
Cela résulte d'ailleurs du texte de l'art. 1010 ; en effet,
le legs de la quotité disponible ne pourrait être qu'un legs
universel ou un legs à titre universel ; il est de toute évidence
qu'il ne saurait être un legs particulier. Or, l'art. 1010
ne déclare legs à titre universel que le legs *d'une quote part
des biens dont la loi permet de disposer ;* donc, le legs de tout
ce dont la loi permet de disposer est bien un legs universel.
Il y aura, quant à la réduction, une grande différence entre
ces deux espèces de legs universels. Quand le testateur a dit :
« Je lègue tous mes biens à Primus, » la présence des héritiers
réservataires que laisse ce testateur enlève au légataire
universel une partie de l'hérédité, lui fait subir une
réduction de telle sorte qu'il peut, aux termes des art. 926 et
1009, faire subir aux légataires particuliers la réduction dans
la mesure dans laquelle il l'a subie lui-même. Mais quand le
testateur a dit : « Je lègue à Primus tous les biens dont la loi
me permet de disposer, » Primus ne peut faire subir aucune
réduction aux légataires particuliers, parce qu'il n'en subit
aucune ; en effet, la présence des héritiers réservataires du
défunt ne diminue pas ce qui lui a été légué, puisqu'elle lui
laisse toute la quotité disponible. Dans ce dernier cas, Primus
est cependant légataire universel tout comme dans le
premier cas. Il n'est donc pas étonnant que l'art. 1009 nous
dise que le légataire universel en concours avec un réservataire
ne sera dispensé d'acquitter intégralement tous les legs
que dans le cas de réduction. Cela veut dire que le légataire
universel *de tous les biens* ne sera tenu d'acquitter les legs

qu'en leur faisant subir une réduction semblable à celle qu'il supporte, tandis que le légataire universel de *tout le disponible* sera tenu de les acquitter sans réduction aucune. Tout cela est d'ailleurs très conforme à la volonté probable du testateur. En effet, quand il a légué tous ses biens, il n'a mis des legs particuliers à la charge du légataire universel qu'en considération de ce qu'il lui laissait la totalité de l'hérédité ; si ce légataire universel ne prend qu'une quote part de cette hérédité, il est équitable qu'il ne supporte qu'une quote part semblable dans des charges qui ne lui ont été imposées que pour le cas où il en recueillerait la totalité. Quand, au contraire, le testateur n'a légué que la quotité disponible , il a imposé au légataire universel des legs particuliers en considération de ce qu'il recueillerait cette quotité, et a manifesté l'intention que ces legs particuliers fussent acquittés intégralement, quelle que fût la portion recueillie par le légataire universel (1).

Dans la réduction des dispositions testamentaires, on ne doit avoir aucun égard aux dates respectives des testaments dans lesquels les divers legs sont contenus, parce que tous les testaments produisent leur effet en même temps à l'époque du décès du testateur (2).

L'art. 927 nous dit : « Néanmoins, dans tous les cas où « le testateur aura expressément déclaré qu'il entend que « tel legs soit acquitté de préférence aux autres, cette préférence aura lieu ; et le legs qui en sera l'objet ne sera réduit qu'autant que la valeur des autres ne remplirait pas « la réserve légale. » Le testateur est le maître de placer son disponible là où il veut, aussi la réduction simultanée de tous les legs au marc le franc n'aura pas lieu quand il aura exprimé une volonté contraire. Si un testateur avait fait plusieurs legs, et qu'il eût indiqué lui-même l'ordre de réduc-

---

(1) *Sic* Duranton, t. viii, no 364, et t. ix, nos 183 et 205 ; Marcadé, sur l'art. 926, no 3.

(2) Duranton, t. viii, no 349 ; Zachariæ, Aubry et Rau, § 685 *bis*.

tion, cet ordre devrait être suivi, soit qu'il les eût classés un à un, soit qu'il eût fait plusieurs catégories. S'il n'avait exprimé de préférence que pour un seul legs, cette préférence aurait lieu, et ce legs serait imputé sur le disponible avant tous les autres ; il ne subirait de réduction qu'autant qu'à lui seul il dépasserait le disponible. Si le testateur avait exprimé sa préférence pour plusieurs legs cumulativement, et que ces legs, à eux seuls, excédassent le disponible, on déclarerait les autres inutiles pour le tout, et les legs préférés seraient réduits proportionnellement. Cette préférence du testateur pour certains legs a besoin, pour être reconnue et exécutée, *d'être expressément déclarée*, la loi n'a pas voulu s'en rapporter sur ce point à l'arbitraire des inductions. Évidemment il ne sera pas nécessaire que le testateur se soit servi des termes mêmes de l'art. 927, qu'il ait dit : « J'entends que tel legs soit acquitté de préférence aux autres, » il suffira que sa volonté à cet égard soit clairement exprimée dans un acte de dernière volonté ; mais il faut se garder de dire, ainsi que certains auteurs ont osé le faire en présence des termes formels de l'art. 927, qu'il n'est pas nécessaire qu'il y ait une déclaration expresse à cet égard. Une pareille doctrine ouvre la porte à deux battants à l'arbitraire, et dès lors on ne sait plus où l'on s'arrêtera. Adieu la règle de la réduction simultanée des dispositions testamentaires, on y substitue la règle de la réduction dans l'ordre purement arbitraire des inductions, et la Cour suprême ne pourra jamais casser un arrêt pour violation de l'art. 926, l'arrêt attaqué aura toujours jugé une question de fait. Toullier prétend que l'on doit acquitter de préférence aux autres le legs qui est fait par forme de restitution (1) ; M. Vazeille réclame le même bénéfice pour les legs rémunératoires (2) ; d'autres réclameront pour les legs pieux ; d'autres encore pour les legs de corps certains ; d'autres enfin argumenteront des termes affectueux em-

(1) T. v, n° 160.
(2) Des donations et testaments, sur l'art. 927, n° 1.

ployés par le testateur et y verront une manifestation suffisante de préférence. Que de procès n'enfanterait pas ce système d'interprétation indéfinie, s'il était adopté ! Mais il ne
saurait l'être, la loi a voulu éviter tous ces procès ; elle est
positive : elle ordonne que la réduction de tous les legs se
fasse au marc le franc (art. 926), et elle ne permet d'exception à ce principe que lorsque le testateur a *expressément déclaré* qu'il voulait que la réduction s'opérât différemment
(art. 927) (1).

Lorsqu'il y a lieu de réduire les donations entre-vifs, la
réduction s'effectue en commençant par la dernière, et ainsi
de suite en remontant des plus récentes aux plus anciennes
(art. 923). Cet ordre de réduction est d'une équité incontestable ; il est évident, en effet, que le défunt n'a manqué aux
devoirs que lui imposaient les liens du sang qu'au moment où il
a fait celle des donations qui la première a attaqué la réserve.
En outre, si tous les donataires devaient contribuer à parfaire la réserve proportionnellement à ce qu'ils ont reçu, le
donateur qui aurait disposé de tous les biens disponibles
pourrait, en faisant une nouvelle donation, révoquer ainsi
pour partie les donations qu'il aurait faites antérieurement,
et le principe de l'irrévocabilité des donations entre-vifs serait ainsi violé.

Les institutions contractuelles doivent-elles, comme les
donations ordinaires, être réduites à leur date, ou bien faut-il
les considérer comme des legs et les réduire au marc le franc
avec les dispositions testamentaires ? L'institution contractuelle est une disposition qui ne peut être faite que par contrat de mariage au profit de l'un des futurs époux, et qui,
quoiqu'ayant pour objet tout ou partie des biens devant composer l'hérédité de l'instituant, est cependant irrévocable en
ce sens que ce dernier ne peut, si ce n'est pour sommes mo-

(1) *Sic* Levasseur, De la portion disponible, n° 104 ; Duranton, t. VIII,
n° 365 ; Coin-Delisle, Des donations et testaments, sur l'art. 927, n° 2 ;
Marcadé, su r l'art. 927, n° I

diques, y porter atteinte par d'ultérieures dispositions à titre gratuit (art. 1082 et 1083). Elle est révocable en ce sens que l'instituant reste le maître d'y porter atteinte en contractant des dettes ou en aliénant ses biens à titre onéreux, même à fonds perdu. Elle diffère du legs et de l'ancienne donation à cause de mort, en ce qu'elle est, à certains égards, irrévocable. Elle diffère de la donation entre-vifs en ce qu'elle ne porte que sur des biens à venir, et en ce qu'elle est subordonnée à la survie de la personne gratifiée. Malgré ces deux différences de l'institution contractuelle avec la donation entre-vifs, il faut, en ce qui touche l'ordre dans lequel doit s'opérer la réduction à la quotité disponible, assimiler ces deux genres de dispositions et réduire l'institution contractuelle à sa date. La raison en est que celui au profit duquel l'institution contractuelle a eu lieu est, ainsi que nous venons de le voir, saisi, dès le moment du contrat de mariage, d'un droit irrévocable en ce sens que la disposition faite à son profit ne peut recevoir aucune atteinte par l'effet de donations ultérieures. Il doit dès lors être préféré aux donataires postérieurs, et, à plus forte raison, aux légataires. Tout le monde est d'accord sur ce point (1).

Il s'est au contraire élevé une vive controverse sur la question de savoir si une donation, faite entre époux pendant le mariage, ne doit être réduite qu'après les legs et les donations qui lui sont postérieurs, ou si elle doit être assimilée aux legs et réduite avec eux au marc le franc. Pour notre compte, nous distinguerons. Si la donation entre époux a pour objet des biens présents, elle n'est réductible, comparativement à d'autres donations entre-vifs, que dans l'ordre de leurs dates respectives. Que si elle avait pour objet des biens à venir, elle serait réductible avant toutes autres donations entre-vifs, même postérieures en date, mais ne le serait qu'après les dispositions testamentaires. Établissons

___

(1) Sic, Grenier, Des donations, t. II, n° 608; Duranton, t. VIII, n° 356; Zachariæ, Aubry et Rau, § 685 bis, texte et note 5.

ces deux propositions. Les donations entre époux sont toujours révocables (art. 1096), et c'est ce principe qui a fait naître la controverse qui nous occupe. Évidemment, la révocabilité des donations entre époux est un trait de ressemblance entre ces donations et les dispositions testamentaires, mais il ne faut pas en conclure que les donations de cette nature doivent être d'une manière absolue assimilées aux legs. En effet, jusqu'au moment du décès du testateur, le légataire n'a aucun droit à l'objet légué ; l'époux donataire, au contraire, lorsque la donation a pour objet des biens présents , se trouve, par l'effet immédiat de cette donation, saisi du droit qu'elle lui confère, à tel point que l'on a jugé que les biens donnés ne sont plus, dès le moment de la donation, soumis à l'action des créanciers de l'époux donateur (1) ; et quoique ce droit de l'époux donataire soit révocable *ad nutum donatoris*, il n'en remonte pas moins, en l'absence de révocation, au jour du contrat ; en sorte que, dans ce cas, les aliénations des biens donnés consenties par cet époux donataire resteraient valables. M. Duranton décide que toute donation entre époux doit être assimilée aux legs et réduite avec eux au marc le franc. Il en donne pour raison que la donation entre époux étant révocable, son auteur, en faisant postérieurement des donations ordinaires, entendait sans doute « que les réserves se prissent d'abord sur les objets « dont il pouvait encore librement disposer. Il révoquait « ainsi implicitement le don fait au conjoint, pour tout ce « qui devenait nécessaire au fournissement des réserves, « et qu'il comprenait dans ses nouvelles donations (2). » Il nous semble impossible de considérer comme une révocation tacite le seul fait du donateur, d'avoir, par des donations postérieures, excédé la quotité disponible, lorsque ces donations ne portent pas sur les objets mêmes dont il avait précédemment disposé en faveur de son conjoint. Il n'est pas

(1) Cass., 10 avril 1838.
(2) T. viii, n° 357.

certain que le donateur ait voulu que la réserve se prît d'abord sur la donation qu'il avait la faculté de révoquer. Il a pu se croire plus riche qu'il ne l'était réellement (1), l'atteinte qu'il a portée à la réserve peut avoir été le résultat de revers de fortune survenus postérieurement à ses dernières dispositions. Voir dans ces dernières dispositions une révocation tacite de la donation faite en faveur de son conjoint, c'est donc s'exposer à méconnaître l'intention véritable du défunt, et on doit d'autant moins admettre une pareille conjecture qu'il est peu probable que le donateur ait voulu préférer des donataires étrangers à son conjoint. Cette révocation tacite sur laquelle se fonde M. Duranton, ne ressortant pas des faits d'une manière évidente, ne pourrait donc être admise que si elle était consacrée par une présomption légale qu'on ne trouve dans aucun texte. Mais en admettant, comme le fait M. Duranton, que toute donation postérieure à une donation entre époux révoque cette dernière jusqu'à concurrence de ce qui sera nécessaire pour parfaire la réserve, sans qu'il soit pour cela nécessaire que l'objet de la donation postérieure soit le même que celui de la donation entre époux, on devrait, pour être logique, admettre un autre résultat que celui que nous propose le savant professeur. Supposons un homme qui, après avoir donné pendant le mariage une maison valant 25,000 fr. à son conjoint, en a postérieurement donné une autre valant 35,000 fr. à un étranger ; il meurt laissant un enfant unique et 40,000 fr. de biens toutes dettes déduites ; il a légué à Jacques un immeuble valant 20,000 fr. Voyons comment procéderait M. Duranton. Il dirait : La quotité disponible n'est que de 50,000 fr. et les libéralités du défunt s'élèvent à 80,000 fr., la donation entre-vifs irrévocable doit être respectée et la réduction doit porter au marc le franc sur la donation entre époux et sur le legs fait à Jacques ; en conséquence, l'époux

---

(1) « Sæpe enim de facultatibus suis amplius quam in his est sperant homines (Inst., lib. I, t. VI, § 3). »

donataire ne conservera que 8,333 fr. 35 cent., et Jacques
ne recevra que 6,666 fr. 65 cent. Or, il nous semble que
pour être d'accord avec la raison de décision que donne le
savant professeur, il faudrait dire : Lorsque le défunt, qui avait
donné à son conjoint un immeuble valant 25,000 fr., a donné
postérieurement un immeuble valant 35,000 fr. à un étranger, il a par cela même révoqué la donation faite à son conjoint jusqu'à concurrence de 10,000 fr. ; d'où il suit qu'il l'a
par cela même laissé subsister pour 15,000 fr. ; donc Jacques
doit être réduit pour le tout, et le conjoint gardera ce qui lui
a été donné, moins les 10,000 fr. pour lesquels la donation
qui lui avait été faite a été révoquée. Bien plus, on pourrait
dire avec M. Marcadé : « Si les principes de M. Duranton
« étaient exacts, s'il était vrai que l'époux qui a d'abord
« épuisé son disponible par un don à son conjoint, et qui
« fait ensuite à une autre personne une donation de la même
« valeur que ce don, révoque par là le don de son conjoint,
« cette prétendue révocation ne résulterait pas seulement
« d'une donation irrévocable, elle résulterait tout aussi bien
« d'un legs fait postérieurement au don du conjoint; car le
« défunt aurait tout aussi bien manifesté, par un testament
« que par une donation entre-vifs, la prétendue volonté d'at-
« tribuer à un autre le disponible ou la part de disponible
« dont il avait d'abord fait don à son conjoint (1)! » Or, si
l'on admet que la donation entre époux est révoquée jusqu'à
concurrence de ce qui est nécessaire pour parfaire la réserve,
non-seulement par les donations entre-vifs faites postérieurement par le donateur, mais encore par les legs qu'il pourrait faire, on n'arrive pas pour cela à la décision de M. Duranton, on est conduit à ne réduire les legs qu'autant que la
révocation de la donation entre époux ne suffit pas à parfaire
la réserve. Ainsi, dans l'espèce prise plus haut, en donnant
postérieurement à un étranger un immeuble valant 35,000 fr.,
le mari a révoqué, jusqu'à concurrence de 10,000 fr., la do-

(1) Sur l'art. 923, n° 1.

nation qu'il avait précédemment faite en faveur de son conjoint; puis plus tard, en faisant un legs de 20,000 fr. à
Jacques, il l'a révoquée pour le surplus. Voilà donc cette
donation révoquée pour le tout, dès lors il faut que la femme
rende l'immeuble qu'elle a reçu. Il n'y a donc plus que deux
libéralités, la donation entre-vifs et le legs, et comme réunies
elles montent à 55,000 fr., le légataire devra être réduit de
5,000 fr. C'est donc à tort que M. Duranton a cru que sa
raison de décision conduisait à placer sur la même ligne les
donations entre époux et les legs ; elle conduit, au contraire, à
placer les donations entre époux dans une position bien plus
défavorable que les legs. Enfin, s'il y a, jusqu'à concurrence de
ce qui est nécessaire pour parfaire la réserve révocation tacite
d'un don entre époux par un legs postérieur, on ne voit pas
pourquoi un legs postérieur ne révoquerait pas jusqu'à cette
même concurrence une disposition testamentaire antérieure,
et dès lors voilà l'art. 926, qui veut que tous les legs soient réduits simultanément sans distinction entre ceux qui ont été
écrits en premier lieu et ceux qui ne l'ont été que plus tard,
effacé du Code. L'erreur de M. Duranton provient de ce qu'il
a confondu deux choses fort distinctes, la révocation et la réduction : confusion bien étrange de la part d'un professeur
aussi illustre. Il est donc établi que la donation entre époux
de biens présents n'est réductible comme les autres donations
entre-vifs qu'à sa date (1). — Mais si la donation entre
époux avait pour objet des biens à venir, elle serait réductible avant toutes autres donations entre-vifs, même postérieures en date, mais après les dispositions testamentaires. Si,
dans le cas d'une institution contractuelle, la réduction ne
peut atteindre les biens compris dans cette institution qu'a-
près épuisement des donations entre-vifs faites postérieure-

(1) *Sic* Levasseur, De la portion disponible, nº 115; Dalloz, Jur. gén.,
vº Dispositions entre-vifs et testamentaires, t. v, p. 454, nº 47; Coin-Delisle, Des donations et testaments, sur l'art. 923, nº 6; Zachariæ, Aubry et
Rau, § 685 *bis*, texte et note 6; Marcadé, sur l'art. 923, nº 1.

ment, cela tient uniquement, avons-nous dit, à ce que cette institution est irrévocable, en ce sens qu'elle ne peut recevoir aucune atteinte par l'effet de dispositions postérieures. Ce motif n'existe plus lorsqu'il s'agit d'une donation de biens à venir faite entre époux pendant le mariage, puisqu'une pareille donation est essentiellement révocable. D'autre part, le droit de l'époux donataire, ne portant que sur des biens à venir, ne peut, à cause de son objet, rétroagir jusqu'au jour du contrat, et ne prend date que du jour du décès, d'où il suit que l'époux donataire doit subir la réduction avant que l'on puisse attaquer les donations entre-vifs. Mais l'époux donataire est saisi de son droit en vertu de son titre et n'a pas de délivrance à demander (1); il doit donc être préféré aux légataires (2).

Si, dans une donation de biens présents faite par contrat de mariage, le donateur s'est réservé la faculté de disposer de quelques-uns des objets compris dans la donation (art. 946, 947 et 1086), en ce qui touche les objets ainsi réservés, cette donation est de tout point semblable à une donation entre époux de biens présents. Le droit du donataire sur ces objets est révocable *ad nutum donatoris*, mais il est saisi de ce droit dès le moment du contrat de mariage, en sorte que c'est au jour de ce contrat que ce droit remontera en l'absence de révocation. Si donc le donateur est mort sans avoir usé de la faculté qu'il s'était réservée, mais après avoir fait de nouvelles dispositions entre-vifs, les objets réservés ne seront sujets à réduction qu'après l'épuisement de ces dernières dispositions (3).

(1) *Sic* Toullier, t. v, n° 921; Grenier, t. ii, n° 453; Zachariæ, Aubry et Rau, § 744, texte et note 15; Paris, 29 août 1834; Cass., 5 avril 1836. Ce dernier arrêt a été rendu sur un remarquable réquisitoire du savant avocat général Nicod. V. ce réquisitoire dans Sir., xxxvii, 1, 35, et les considérants d'un arrêt du 12 avril 1843, Sir., xliii, 1, 273.

(2) *Sic* Zachariæ, Aubry et Rau, § 744, texte et note 17.

(3) *Sic* Zachariæ, Aubry et Rau, § 685 *bis*, texte et note 7. — *Secus* Duranton, t. viii, n° 358.

Si deux donations ont été faites et acceptées par un seul et même acte, la réduction, si elle vient atteindre ces donations, s'exercera sur l'une et l'autre dans la proportion de la valeur respective des objets donnés à chacun des donataires (art. 926) sans égard à l'ordre de l'écriture ; c'est, en effet, au même instant que ces donations ont reçu leur perfection par l'accomplissement des formalités requises (art. 931 et 932) (1). Si deux donations faites soit par un seul et même acte, soit par actes séparés, n'avaient été acceptées que postérieurement à leur confection, il ne faudrait pas, pour opérer la réduction, considérer la date des actes portant acceptation, mais bien celle des notifications faites au donateur ; en effet, lorsque l'offre et l'acceptation n'ont pas lieu dans un seul et même acte, la notification au donateur de l'acceptation du donataire est nécessaire pour la perfection du contrat de donation (art. 932). Si deux donations avaient été faites et acceptées, le même jour, par actes séparés, ou si deux notifications d'acceptation avaient été faites le même jour au donateur, on devrait, si la réduction venait atteindre ces donations, réduire l'une et l'autre au marc le franc, à moins que les deux actes ne mentionnassent expressément l'heure à laquelle ils ont été passés, ou les deux notifications l'heure à laquelle elles ont été remises, auquel cas la réduction porterait d'abord sur la donation qui aurait été faite ou notifiée la dernière (2). Si un seul de ces actes ou une seule notification portait la mention dont nous venons de parler, on ne pourrait accorder de préférence à l'un des donataires sur l'autre (3).

Nous savons déjà que les règles sur l'ordre dans lequel s'opère la réduction des donations entre-vifs doivent être

_____

(1) *Sic* Furgole, sur l'art. 34 de l'ordonnance de 1731 ; Duranton, t. VIII, n° 352 ; Zachariæ, Aubry et Rau, § 685 *bis*.

(2) *Sic* Duranton, t. VIII, n° 354 ; Zachariæ, Aubry et Rau, § 685 *bis;* Marcadé, sur l'art. 923, n° 1.

(3) *Sic* Duranton, t VIII, n° 353 ; Zachariæ, Aubry et Rau, § 685 *bis*, note 8.

appliquées, quels que soient les donataires qui en ont été gratifiés. A cet égard, nous avons, dans notre paragraphe quatrième, réfuté une erreur de M. Marcadé, consistant à dire que les dons faits en avancement d'hoirie à des réservataires renonçants doivent être réduits en premier lieu, même avant les dispositions testamentaires. Suivant nous, il n'y a aucune distinction à faire entre ces donations et celles qui ont été faites à des étrangers, elles doivent toutes être réduites à leur date.

III

De quelle manière s'opère la réduction, et quelles sont les personnes contre lesquelles l'action en réduction peut être intentée.

De ce que la réserve est une portion de la succession *ab intestat*, et de ce qu'il faut être héritier pour pouvoir y prétendre, il résulte nécessairement que les héritiers à réserve peuvent réclamer en nature la quotité de biens réservée en leur faveur et ne sont pas tenus de se contenter de la valeur estimative de ces biens. Le Code apporte néanmoins quelques légères exceptions à ce principe. Lorsque les objets donnés se trouvent entre les mains du donataire, la réduction s'opère en nature, soit que la donation porte sur des meubles, soit qu'elle porte sur des immeubles. Ainsi, en principe, le donataire soit d'immeubles, soit d'objets mobiliers, a la faculté et peut être contraint, lorsqu'il est atteint par la réduction, de restituer en nature tout ou partie des objets qui lui ont été donnés. Pour que la réduction s'opérât d'une autre manière, il faudrait que les réservataires et le donataire y consentissent tous; car les réservataires ne peuvent, d'une part, obliger le donataire à leur donner autre chose que tout ou partie des biens donnés, et, d'autre part, le donataire ne pourrait obliger les réservataires à recevoir autre chose. Les art. 924 et 866 font exception à ce principe pour le cas où le donataire d'un immeuble est lui-même au nombre des héri-

tiers réservataires en supposant, bien entendu, que la donation de cet immeuble lui a été faite avec dispense de rapport,
et qu'elle est atteinte par la réduction. Citons les termes de
ces deux articles :

« Art. 924. Si la donation entre-vifs réductible a été
« faite à l'un des successibles, il pourra, retenir, sur les
« biens donnés, la valeur de la portion qui lui appartiendrait,
« comme héritier, dans les biens non disponibles, s'ils sont
« de la même nature.

« Art. 866. Lorsque le don d'un immeuble fait à un suc-
« cessible avec dispense du rapport excède la portion dispo-
« nible, le rapport de l'excédant se fait en nature, si le retran-
« chement de cet excédant peut s'opérer commodément. —
« Dans le cas contraire, si l'excédant est de plus de moitié de
« la valeur de l'immeuble, le donataire doit rapporter l'im-
« meuble en totalité, sauf à prélever sur la masse la valeur
« de la portion disponible : si cette portion excède la moitié
« de la valeur de l'immeuble, le donataire peut retenir l'im-
« meuble en totalité, sauf à moins prendre, et à récom-
« penser ses cohéritiers en argent ou autrement. »

Ainsi, d'après l'art. 924, lorsque la donation entre-vifs
réductible a été faite avec dispense de rapport à l'un des héritiers, cet héritier est autorisé à conserver sur l'immeuble
qui lui a été donné sa part dans la réserve. Au contraire,
d'après l'art. 866, l'excédant de la valeur de l'immeuble donné
avec dispense de rapport sur la quotité disponible doit être
retranché en nature de cet immeuble, si ce retranchement
peut s'opérer commodément; si le retranchement en nature ne peut avoir lieu commodément, on doit suivre la règle :
major pars trahit ad se minorem. Si l'excédant sur la quotité
disponible est de plus de moitié de la valeur de l'immeuble,
cet immeuble doit rentrer pour le tout dans la masse partageable, sauf au donataire à prélever sur cette masse la valeur
de la portion disponible ; si, au contraire, la quotité disponible excède la moitié de la valeur de l'immeuble, le donataire
peut retenir l'immeuble en totalité, sauf à moins prendre ou à

récompenser ses cohéritiers en argent ou autrement. Dans l'art. 866, à moins que le retranchement ne puisse s'opérer commodément, et que la portion disponible ne soit plus forte que ce que la donation a pris sur la réserve, la loi ordonne le retranchement de ce qui excède la quotité disponible. Dans l'art. 924, elle autorise, au contraire, l'héritier préciputaire à conserver sur l'immeuble donné sa part dans la réserve, et n'ordonne le retranchement que du surplus. Or, de deux choses l'une : ou ces deux articles sont en manifeste contradiction, ou bien ils s'appliquent à des hypothèses différentes. L'antinomie apparente de ces deux textes a donné naissance à sept systèmes que nous allons examiner successivement.

Premier système. — Il s'agit, dans l'art. 924, d'un héritier renonçant donataire avec ou sans préciput, qui peut, lorsqu'il y a dans la succession des biens de la même nature que ceux qu'il a reçus, conserver les biens donnés jusqu'à concurrence du disponible et de sa part de réserve. L'art. 866 s'applique à une hypothèse tout autre ; il suppose un héritier donataire par préciput acceptant la succession (1).

Nous avons suffisamment établi dans notre quatrième paragraphe que l'enfant donataire entre-vifs et renonçant ne peut retenir sur les biens qui lui ont été donnés que la quotité disponible sans pouvoir prétendre aucune part dans la réserve par voie de rétention, que la donation qui lui a été faite ait eu lieu avec ou sans clause de préciput, pour qu'il nous soit permis de rejeter ce premier système sans autre examen. Il s'agit donc dans l'art. 924, tout comme dans l'art. 866, d'un réservataire acceptant la succession ; car, s'il était renonçant, il n'aurait droit qu'au disponible, et on ne lui permettrait pas de retenir une portion héréditaire en dehors de ce disponible. Il s'agit ensuite d'un don fait par préciput, puisque l'article suppose ce don réductible, et qu'il ne peut pas être question de réduire un don fait sans clause de préciput à un héritier acceptant, un

(1) Delvincourt, t. II, p. 248.

pareil don devant toujours être rapporté par l'héritier (art. 843). Il s'agit enfin d'une donation d'immeubles, car ce n'est qu'en matière immobilière que le retranchement en nature ou la dispense de ce retranchement peuvent avoir de l'importance. Voilà trois points que nous pouvons dès à présent admettre comme incontestables, mais cela ne fait pas cesser l'antinomie de nos deux articles, puisque, au contraire, cela tend à prouver qu'ils prévoient la même hypothèse. Passons donc à l'examen des autres systèmes qui ont été proposés pour concilier ces deux articles.

Deuxième système. — Le deuxième système n'en est pas un, il se borne à déclarer la difficulté insoluble. Du reste, Levasseur, qui est l'auteur de ce système, ou plutôt de ce déni d'interprétation, entend l'art. 924 comme nous venons de le faire ; il admet que cet article prévoit le cas d'une donation d'immeuble faite par préciput à un réservataire acceptant la succession, ce qui est précisément l'hypothèse qu'a en vue l'art. 866 : aussi déclare-t-il, comme nous venons de le dire, qu'il n'y a pas de conciliation possible entre ces deux articles : « Les art. 866 et 924, quoique placés, l'un sous le titre des « successions, l'autre sous le titre des donations et testa- « ments, sont relatifs tous les deux à l'héritier avantagé avec « dispense du rapport, contre lequel on veut exercer la réduc- « tion de sa donation excessive. Nous ne voyons pas de rai- « son pour préférer l'un à l'autre. C'est au législateur à pro- « noncer sur cette difficulté (1). »

De ce que nos deux articles prévoient tous les deux le cas d'un don préciputaire d'immeuble fait à un réservataire acceptant la succession, il ne résulte pas nécessairement qu'ils prévoient deux hypothèses complétement identiques. Les deux cas prévus peuvent avoir des points de ressemblance sans être tout-à-fait les mêmes. Nous devons donc rejeter ce deuxième système d'autant plus qu'il ne résout pas la difficulté que cependant il faut résoudre à tout prix.

(1) De la portion disponible, nos 162, 163 et 164.

Troisième système. — Ce troisième système enseigne que l'art. 924 prévoit le cas où l'immeuble donné peut être facilement partagé, et que l'art. 866 ne s'applique qu'au cas d'un immeuble difficilement partageable (1).

Il suffit de lire l'art. 866 pour voir que ce système est inadmissible. En effet, cet article prévoit les deux cas de partage commode et de partage incommode ; sa première partie est faite pour l'un et la seconde pour l'autre. D'autre part, l'art. 924 n'indique nullement la commodité du partage comme une condition de son application.

Quatrième système. — M. Duranton tranche la difficulté en combinant les deux articles pour les appliquer simultanément, il agit *duobus legis capitibus commixtis*. Ainsi, quand le partage de l'immeuble donné peut se faire commodément, le retranchement se fera en nature (art. 866, al. 1), mais il n'aura lieu que pour ce qui excède la quotité disponible réunie à la part de réserve du donataire (art. 924) ; que si le partage ne peut se faire commodément, il y aura toujours lieu d'attribuer l'immeuble entier soit à l'héritier, soit à la succession, d'après la règle : *major pars trahit ad se minorem* (art. 866, al. 2) ; mais pour pouvoir garder l'immeuble entier, l'héritier sera admis à compter le disponible et sa part de réserve (art. 924). M. Duranton n'applique son système qu'au cas où il y aurait dans la succession des biens de même nature que celui qui a été donné par préciput. Il en résulte que dans le cas contraire on devrait opérer le retranchement de l'excédant sur la quotité disponible. Mais qu'il faille retrancher l'excédant sur la quotité disponible, ou qu'il faille retrancher l'excédant sur la quotité disponible et la part de réserve du donataire cumulées, ce retranchement s'opérera toujours conformément à l'art. 866 (2).

---

(1) *Sic* Grenier, Des donations, t. II, n° 627 *in fine*, et Rép. de Merlin, v° Réserve, sect. III ; Toullier, t. V, n°s 154 et 155 ; Coin-Delisle, Des donations et testaments, sur l'art. 924, n° 2.

(2) T. VII, n° 402.

Rien n'est plus simple que ce système, mais les textes du Code s'opposent à son admission, et l'historique de la discussion s'y oppose d'une manière plus énergique encore. En effet, ni l'art. 866, ni l'art. 924, ni aucun autre article du Code ne permettent à l'héritier donataire par préciput de garder l'immeuble entier en cas de partage incommode, quand il n'a droit à plus de la moitié qu'au moyen du disponible et de sa réserve cumulés : l'art. 924 lui permet de retenir sur l'immeuble sa part dans la réserve, mais ne lui permet pas d'additionner cette part de réserve et le disponible pour arriver à garder l'immeuble entier, par application de la règle : *major pars trahit ad se minorem;* d'autre part, l'art. 866 lui permet bien de conserver l'immeuble entier par application de cette règle, mais seulement quand il a droit à plus de la moitié à l'aide du disponible seul. Passons maintenant à l'historique de la discussion. Dans le système de M. Duranton, l'art. 924, prévoyant le même cas que l'art. 866, aurait pour unique but d'expliquer comment doit s'appliquer cet article quand les biens à partager dans la succession sont de même nature que le bien donné par préciput, en le modifiant en ce sens que, pour ce cas seulement, on devrait appliquer la règle : *major pars trahit ad se minorem,* en tenant compte non-seulement de la quotité disponible, mais encore de la part de réserve de l'héritier préciputaire. Or, il n'était pas question dans l'article, tel qu'il avait été primitivement adopté par le conseil d'État, de la nature des biens ; ce fut plus tard, et sur les observations du Tribunat, que furent ajoutés les mots : *s'ils sont de la même nature.* Donc, la circonstance que les biens à partager dans la succession sont de même nature que le bien donné par préciput, circonstance qui est devenue une condition de l'application de l'art. 924, n'est pas le cas en vue duquel cet article a été fait, et comme il faudrait nécessairement admettre que c'est précisément pour ce cas qu'il a été fait pour pouvoir adopter le système de M. Duranton, nous sommes obligé de le rejeter.

Cinquième système. — M. Dalloz voit *une antinomie très*

réelle entre les art. 866 et 924, et pour sortir d'embarras, il cherche, comme M. Duranton, à combiner ces deux articles. Il commence par déclarer formellement qu'il ne tient aucun compte de la nature des différents biens, puis il distingue si le partage est commode ou difficile à effectuer : dans le premier cas, c'est l'art. 866 qui s'applique ; le retranchement devra toujours avoir lieu en nature et il sera de tout ce qui excède la quotité disponible ; dans le second cas, les deux articles s'appliquent simultanément, l'art. 866 en ce que, pour attribuer l'immeuble entier soit à la succession, soit à l'héritier, on doit suivre la règle : *major pars trahit ad se minorem,* et l'art. 924 en ce que, pour l'application de cette règle, on cumule la quotité disponible et la part de réserve de l'héritier préciputaire (1).

Ce système est l'arbitraire même, et on ne saurait l'admettre qu'en accordant le pouvoir législatif à M. Dalloz. Ce système permettant, lorsque le partage est incommode, le cumul de la quotité disponible et de la part de réserve de l'héritier préciputaire, pour savoir si l'immeuble peut être conservé en entier par cet héritier, on peut lui opposer les arguments de textes que nous venons d'opposer à M. Duranton. Il a en outre sur le système du savant professeur le désavantage de violer d'une manière flagrante l'art. 924, dans lequel il supprime les mots : *s'ils sont de même nature,* qui y ont cependant été mis bien à dessein, sur les observations du Tribunat (2).

Sixième système. — Dans ce sixième système on reconnaît que l'art. 924 ne saurait se combiner avec l'art. 866 auquel il apporte une dérogation ; chacun de ces deux articles doit s'appliquer à un cas différent ; on appliquera l'art. 924 lorsque les biens restés dans la succession seront de même na-

(1) Jur. gén., t. v, v⁰ Dispositions entre-vifs et testamentaires, ch. III, section III, art. 2, n⁰ 56.

(2) Fenet, t. XII, p. 448.

ture que le bien donné par préciput, et c'est l'art. 866 qui sera applicable dans le cas contraire (1).

Ce système serait parfaitement admissible si l'historique de la discussion ne nous avait pas appris que l'art. 924 avait d'abord été adopté sans qu'il contînt aucune condition de similitude de nature entre le bien donné et les biens restés dans la succession, ce qui prouve que ce n'est pas pour régler le cas où cette similitude existerait que l'article a été fait. Nous sommes donc encore obligé de rejeter ce sixième système.

Septième système. — Ce septième système a été proposé par M. Marcadé ; nous pensons que c'est à ce système d'une exactitude parfaite qu'on doit se rallier. Nous ne saurions mieux faire que d'en emprunter l'exposé à son auteur :
" Suivant nous, notre article 924 ne présente aucune contra-
" diction ni aucune dérogation à l'art. 866 ; il prévoit un
" cas tout différent, cas auquel cet art. 866 ne saurait s'ap-
" pliquer alors même que notre art. 924 serait effacé du
" Code.

" L'art. 866 n'a d'application possible que pour le cas où
" l'immeuble donné par préciput à un héritier n'est atteint
" que partiellement par la réduction ; il ne peut pas être in-
" voqué par un préciputaire auquel la réduction enlèverait
" l'immeuble entier. Supposons que le père de trois enfants,
" qui possède plus de 250,000 francs de fortune, ait fait
" à des étrangers des donations s'élevant ensemble à
" 40,000 francs ; qu'il fasse ensuite à l'aîné de ses enfants
" le don en préciput d'un immeuble valant 40,000 francs
" également, et qu'il meure après avoir éprouvé des pertes
" qui réduisent à 80,000 francs la valeur des biens qu'il
" laisse à son décès. La masse des biens extants au décès
" (80,000 francs) et des biens donnés (80,000 francs encore)

(1) *Sic* Demante, Programme, t. II, n° 288 ; Vazeille, Des donations et testaments, sur l'art. 924, n° 1 ; Bugnet, sur Pothier, t. I, p. 376.

« étant de 160,000 francs, le père n'a donc pu disposer va-
« lablement que de 40,000 francs ; et ce chiffre étant épuisé
« par les donations faites d'abord à des étrangers, le préci-
« put attribué à l'enfant sera nul pour le tout.

« On conçoit que cet enfant donataire peut avoir grand
« intérêt à conserver l'immeuble dont il est en possession,
« sauf à ne rien prendre dans les 80,000 francs, qui forme-
« ront des lots égaux pour ses deux frères. Cependant la
« rétention de l'immeuble ne lui serait pas permise par
« l'art. 866. Cet article, en effet, ne permet de garder, en
« cas de partage facile, que ce qui est *disponible ;* en cas
« de partage incommode, il ne permet de garder l'immeuble
« qu'autant que sa moitié est moindre que le disponible ; or
« ici, il n'y a plus de disponible. Ainsi, l'enfant serait néces-
« sairement dépossédé, quand même les 80,000 francs res-
« tants seraient des immeubles semblables au sien. Il se-
« rait, remarquons-le, dans une position pire que le simple
« donataire en avancement d'hoirie, auquel l'art. 859 per-
« met de ne pas rapporter en nature l'immeuble qu'il a reçu,
« quand il y a dans la succession d'autres immeubles pou-
« vant former des lots égaux pour ses cohéritiers. Il ne de-
« vait pas en être ainsi ; et il était tout naturel d'autoriser
« ce donataire à garder son préciput en paiement de sa part
« de réserve. C'est là ce que fait notre article ; seulement,
« cette faculté, qui avait été accordée d'abord absolument et
« pour toutes les hypothèses, a été réduite, sur l'observa-
« tion du Tribunat, au cas où les biens restés dans la succes-
« sion seraient de même nature que le bien donné. Cette res-
« triction était nécessaire, dit le Tribunat, pour établir une
« concordance entre cet article et les art. 844 et 859, qui
« veulent le rapport en nature, afin qu'un des héritiers n'ait
« pas tous les immeubles, tandis que les autres seraient ré-
« duits à des meubles ou à une somme d'argent.

« Ainsi, quand la réduction ne doit enlever au préciputaire
« qu'une fraction de l'immeuble, c'est le cas de l'art. 866, et
« le nôtre ne s'applique pas ; si cette réduction, au contraire,

« doit enlever l'immeuble entier au donataire, c'est le cas de
« notre article, et l'art. 866 n'a plus d'application pos-
« sible (1). »

Résumons rapidement et par quelques exemples les principes que M. Marcadé vient d'exposer : si la réduction doit enlever au donataire tout le bénéfice de la donation qui lui a été
faite, ce qui arrive quand le disponible avait été épuisé avant
que le donateur fît ce don préciputaire, le donataire a le droit
de retenir sur l'immeuble donné sa part de réserve si les biens
restés dans la succession sont de même nature que l'immeuble
donné ; s'ils ne sont pas de même nature, il restitue l'immeuble entier. Dans le cas où la similitude de nature dont nous
venons de parler existerait, il y aurait néanmoins lieu au retranchement en nature de l'excédant sur la part de réserve de
l'héritier donataire, et ce retranchement devrait toujours avoir
lieu, qu'il pût s'opérer commodément ou non, à moins toutefois
qu'il fût absolument impossible, auquel cas, si les cohéritiers
ne s'entendaient pas à l'amiable, les tribunaux seraient appelés
à décider le *quid utilius*. Voilà la part de l'art. 924, et sur ce
point M. Marcadé nous a fourni une espèce dans laquelle l'immeuble donné devra être soit restitué pour le tout, soit conservé pour le tout, selon que la condition de l'application de
notre article se rencontrera ou ne se rencontrera pas. En effet,
dans l'espèce choisie par M. Marcadé, la valeur de l'immeuble
donné est tout-à-fait égale à la part de réserve de l'héritier
donataire, en sorte que si les biens restés dans la succession
sont de même nature, l'immeuble sera conservé par le donataire, et tout sera dit. Si nous supposons, au contraire, une
différence de valeur entre cet immeuble et la part de réserve
de l'héritier donataire (en supposant toujours, bien entendu,
que les biens restés dans la succession sont de même nature
que l'immeuble donné), voici à quel résultat nous arriverons :
si l'immeuble donné valait moins que la part de réserve de
l'héritier donataire, cet héritier viendrait encore au partage

(1) Sur l'art. 924, n° 3.

pour ce qui manquerait à sa part ; s'il valait plus que cette part, il y aurait lieu de retrancher en nature, à moins que cela ne fût complétement impossible, une valeur égale à l'excédant. Passons au cas d'application de l'art. 866, c'est-à-dire au cas où la réduction ne doit enlever au préciputaire qu'une fraction de l'immeuble donné. Dans ce cas, le retranchement porte sur l'excédant de la quotité disponible, et doit toujours avoir lieu lorsqu'il peut s'opérer commodément. Ainsi, un homme qui laisse trois enfants et 80,000 francs de biens, toutes dettes déduites, a, de son vivant, donné à son fils aîné, par préciput et hors part, un immeuble valant 60,000 francs, la quotité disponible est de 35,000 francs ; si le retranchement des 25,000 francs d'excédant peut s'opérer commodément, il devra nécessairement avoir lieu, sauf au fils aîné à reprendre 35,000 francs dans le partage de la réserve. Lorsque le retranchement ne peut pas s'opérer commodément, on applique la règle : *major pars ad se trahit minorem*. Si, comme dans l'espèce que nous venons de prendre, la quotité disponible excède la moitié de la valeur de l'immeuble donné, le donataire peut retenir l'immeuble en totalité, sauf à moins prendre sur les autres biens. Ainsi, dans notre espèce, le donataire retiendrait l'immeuble et ne viendrait au partage des biens extants que pour 10,000 francs. Mais notre article dit : « Sauf à moins prendre, et à récompenser ses cohéritiers en argent ou autrement. » Cette récompense sera due lorsque la valeur de l'immeuble ainsi retenu dépassera la quotité disponible et la part de réserve du préciputaire cumulées, l'excédant sur la quotité disponible étant toujours moindre que cette quotité. Ainsi, dans notre espèce, si, au lieu de supposer trois enfants, nous en supposons dix, la part de réserve du préciputaire sera de 10,500 fr. qui, réunis à la quotité disponible, formeront un total de 45,500 fr. ; l'immeuble donné dépasse donc ces deux valeurs réunies. Néanmoins, comme l'héritier préciputaire aurait, à l'aide de la quotité disponible seule, droit à plus de la moitié de l'immeuble, il le conservera en entier, et sera tenu envers ses cohéritiers à une récompense de 14,500 fr. Dans le cas où l'excédant sur la quotité disponible est de plus de la moitié de la valeur de l'immeuble, le donataire restitue l'immeuble en totalité, sauf à prélever sur la masse la valeur de la portion disponible. Ainsi, dans notre espèce, si au jour de son décès le père n'avait laissé que 40,000 fr. de biens au lieu de 80,000, la quotité disponible n'étant plus que de 25,000 fr., et l'excédant de la valeur de l'immeuble sur cette quotité étant de 35,000 fr., l'immeuble devrait être restitué, et sur la masse partageable le préciputaire prélèverait la quotité disponible.

L'hypothèse où le retranchement en nature de l'excédant sur la quotité disponible ne peut pas s'opérer facilement donne naissance à une difficulté que la loi n'a pas prévue. Que devrait-on faire s'il y avait égalité complète entre la part disponible de l'immeuble et l'excédant sur cette part ? Il est évident que lorsque les textes manquent, il faut avoir recours à l'esprit de la loi pour l'interpréter ; or, quel est l'esprit de notre article ? S'il place l'immeuble entier du côté où s'en trouve la plus grande partie, c'est assurément parce que l'intérêt le plus considérable réside de ce côté. L'attribution de l'immeuble entier soit à la succession, soit à l'héritier, sauf indemnité de part ou d'autre, dépendrait donc alors des circonstances, et devrait être accordée à l'intérêt le plus grand ; les tribunaux devraient adopter la décision qui léserait le moins de personnes, de telle sorte que la faveur des hypothèques ou autres droits réels consentis sur l'immeuble par le préciputaire, que la rentrée de l'immeuble dans la masse ferait évanouir, fera souvent pencher la balance du côté de la conservation de l'immeuble par l'héritier (1).

Occupons-nous maintenant des effets de l'action en réduction à l'encontre des tiers qui auraient traité avec le donataire qui doit subir la réduction. Le droit de réserve est un droit de succession et, par conséquent, un droit réel sur la

(1) *Sic* Marcadé, sur l'art. 866, n° II.

quotité des biens qui en forme l'objet ; les déductions rigoureuses de ce principe devraient conduire à décider : 1° que
la réduction fait rentrer entre les mains des réservataires
les immeubles ou portions d'immeubles retranchés, francs
et quittes de tous droits réels, tels que droits de servitude ou
d'hypothèque consentis par le donataire ou nés de son chef
(art. 2125) (1) ; 2° que les réservataires peuvent revendiquer
les biens compris dans une donation qu'atteint la réduction
entre les mains des tiers détenteurs, sans être obligés de discuter préalablement le donataire qui les leur a transmis (2).
Ces conséquences rigoureuses avaient été admises sans aucun
tempérament dans notre ancien droit en ce qui touche la
légitime. Les rédacteurs du Code Napoléon, tout en admettant ces principes, ont voulu ne pas faire trop grande la part
de la rigueur du principe, et tout en protégeant efficacement
le droit des réservataires, ils ont voulu accorder à l'intérêt
des tiers et à la stabilité de la propriété tous les ménagements
compatibles avec la nécessité de maintenir dans les familles
l'exécution des devoirs qu'imposent les liens du sang ; de là
est né un tempérament d'équité qui forme, sous l'empire du
Code, une différence importante entre les tiers qui ont acquis
sur l'immeuble atteint par la réduction de simples droits d'u-
sufruit, de servitude ou d'hypothèque, et les tiers au profit
desquels il y aurait eu transfert complet de la propriété de
l'immeuble. Les hypothèques, servitudes ou autres droits réels
consentis par le donataire ou nés de son chef restent soumis
à la rigueur du principe : *soluto jure dantis, solvitur jus accipientis*, et s'évanouissent absolument et dans tous les cas
(art. 929) ; pour les aliénations au contraire, un tempérament
d'équité donne aux tiers acquéreurs le droit de renvoyer les
demandeurs en réduction à discuter préalablement le dona-

(1) Pothier, Traité des donations entre-vifs, sect. III, art. v, § vi.
(2) Lebrun, Traité des succ., liv. II, chap. III, sect. VIII; Pothier, Traité
des donat. entre-vifs, sect. III, art. v et VI; Introd. an tit. xv de la cout.
d'Orléans, nos 90 et 95.

taire dans ses biens (art. 930). Cette discussion doit porter sur tous les biens du donataire, sur ses meubles comme sur ses immeubles, et sur les immeubles qui se trouveraient éloignés du lieu de l'ouverture de la succession comme sur ceux qui se trouveraient situés dans le ressort de la même cour impériale. Les termes de l'art. 930 sont généraux, et il n'y a pas lieu de les restreindre par l'application des dispositions spéciales au bénéfice de discussion accordé à la caution (art. 2021) (1). Il suit de là qu'il faut décider aussi que les tiers détenteurs sont en tout état de cause admis à opposer l'exception résultant du défaut de discussion, et qu'ils ne sont pas tenus de faire l'avance des frais de la discussion qu'ils ont le droit de requérir. Cela résulte en outre de ce que cette discussion préalable est prescrite par l'art. 930, comme condition de la recevabilité de l'action des héritiers à réserve contre les tiers détenteurs (2). Il faut même étendre au-delà des termes précis de notre article le tempérament d'équité qu'il a introduit en faveur des tiers acquéreurs, et décider que ces tiers acquéreurs peuvent arrêter l'action dirigée contre eux en offrant de payer la valeur estimative des biens dont les héritiers à réserve poursuivent la revendication. En effet, la pensée de la loi est que la propriété des tiers acquéreurs ne doit pas être sacrifiée à l'intérêt, assez faible, que les réservataires peuvent avoir à obtenir les biens en nature plutôt que leur valeur. Par cela seul que l'immeuble donné a été aliéné, les héritiers réservataires n'ont plus droit qu'à de l'argent, puisque la loi ne leur permet d'agir contre les tiers acquéreurs qu'après discussion préalable des biens du donataire. Si la discussion de ces biens fournissait la valeur estimative du

(1) Sic Levasseur, De la portion disponible, n° 117 ; Toullier, t. v, n° 152 ; Duranton, t. viii, n° 374 ; Poujol, Des donat., sur l'art. 930, n° 2 ; Vazeille, Des donat. et testaments, sur l'art. 930, n° 4 ; Coin-Delisle, Des donat. et testaments, sur l'art. 930, n° 10 ; Zachariæ, Aubry et Rau, § 684 *ter*, note 4 ; Marcadé, sur les art. 929 et 930, n° 1. — *Secus* Grenier, Des donations, t. ii, n° 631.

(2) Zachariæ, Aubry et Rau, § 684 *ter*, note 4.

bien donné, leur action contre les tiers acquéreurs ne serait plus possible. Or, l'argent de l'un vaut l'argent de l'autre, et dès lors, peu importe que la somme qui manque pour compléter leur réserve leur soit fournie par le donataire lui-même ou par les tiers acquéreurs (1). L'action en revendication contre les tiers doit être exercée, suivant l'ordre des aliénations faites par le donataire, en commençant par la plus récente et sans aucune distinction entre les aliénations à titre onéreux et les aliénations à titre gratuit (art. 930). La même règle s'appliquerait entre les sous-acquéreurs.

Si le donataire qui a transmis l'immeuble donné à un tiers acquéreur était l'un des héritiers réservataires, donataire par préciput, il est évident que le tiers acquéreur jouirait des droits conférés à son auteur par les art. 924 et 866, mais en les combinant avec les droits qui lui compètent personnellement en qualité de tiers acquéreur, d'après notre article 930. Ainsi, la réduction atteint l'immeuble tout entier, et il n'y a pas de similitude de nature entre cet immeuble et les biens qui sont restés dans la succession ; les héritiers à réserve ne pourront pas revendiquer l'immeuble entier entre les mains du tiers acquéreur comme ils auraient pu le revendiquer entre les mains du préciputaire, parce que ce dernier pouvant, en ne prenant pas part au partage de la masse réservée, procurer à ses cohéritiers la valeur estimative de l'immeuble, toute action contre un tiers acquéreur est impossible (art. 930), à moins que la valeur de l'immeuble donné ne dépasse la part de l'héritier préciputaire dans la réserve, auquel cas l'action existerait contre le tiers-acquéreur après discussion préalable des biens du donataire ; encore ce tiers acquéreur pourrait-il contenter les cohéritiers de son auteur en leur payant la valeur estimative de l'excédant de l'immeuble sur la part de réserve de cet auteur. Si, au contraire, les biens restés dans la succession étaient de même nature que

____

(1) *Sic* Duranton, t. viii, nº 373 ; Zachariæ, Aubry et Rau, § 685 *ter*, texte et note 8 ; Marcadé, sur les art. 929 et 930, nº 1.

l'immeuble donné, le tiers acquéreur pourrait, comme son auteur aurait pu le faire, conserver l'immeuble jusqu'à concurrence de la valeur de la part de réserve de l'héritier donataire ; il pourra en outre s'opposer au retranchement de l'excédant sur cette part de réserve en en offrant la valeur estimative, et ne sera tenu de souffrir ce retranchement qu'après discussion des biens de l'héritier donataire. Supposons maintenant que la réduction n'atteigne l'immeuble donné que partiellement ; nous savons que d'après l'art. 866, l'excédant de la valeur de cet immeuble sur la quotité disponible doit en être retranché toutes les fois que ce retranchement peut en être opéré commodément. Évidemment, cela n'est vrai que lorsque l'immeuble ainsi donné est encore entre les mains de l'héritier donataire ; car, si nous supposons un tiers acquéreur, il pourra dire : Vous pouvez retrouver l'excédant sur la quotité disponible dans le patrimoine de mon auteur, puisqu'il n'est pour cela besoin que de ne pas l'admettre au partage des biens restés dans la succession, ou que de ne l'y admettre que pour la différence entre la valeur de l'immeuble d'une part et la quotité disponible cumulée avec sa part de réserve de l'autre ; dès lors il n'y a pas d'action possible contre moi (art. 930). Ce raisonnement serait bien fondé, à moins toutefois que la valeur de l'immeuble donné ne dépassât la quotité disponible et la part de l'héritier réservataire cumulées. Dans ce cas, le retranchement de l'excédant sur ces valeurs réunies pourrait être poursuivi contre le tiers acquéreur, après discussion préalable des biens de l'héritier donataire, et le tiers acquéreur aurait le droit de contenter en argent les cohéritiers de son auteur. Si le retranchement de l'excédant sur la quotité disponible ne pouvait se faire commodément, et que la portion disponible fût plus forte que ce qui l'excède, le tiers acquéreur aurait évidemment, comme son auteur, le droit de retenir l'immeuble entier, sauf aux cohéritiers de cet auteur à ne l'admettre au partage des biens restés dans la succession que pour la différence entre la quotité disponible et sa part de réserve cumulées d'une part, et la valeur de l'immeuble d'autre part; ou, si la valeur de l'immeuble dépassait la quotité disponible et la part de réserve de l'héritier donataire cumulées, à lui demander en argent la différence entre ces deux valeurs, sans jamais inquiéter le tiers acquéreur. Dans ce dernier cas, en effet, alors même que l'immeuble serait encore entre les mains du donataire par préciput, ses cohéritiers n'auraient aucun droit sur cet immeuble; dès lors ils ne peuvent en avoir aucun contre un tiers acquéreur. Si, au contraire, l'excédant sur la quotité disponible était de plus de la moitié de la valeur de l'immeuble, les raisons que nous avons déjà données dans les espèces précédentes conduiraient à décider que le tiers acquéreur ne peut, malgré les termes de l'art. 866, être obligé dans aucun cas de rendre l'immeuble en entier; il ne pourrait être obligé qu'à subir le retranchement de l'excédant de la valeur de l'immeuble sur la quotité disponible et la part de réserve de son auteur cumulées, et n'y serait obligé qu'après discussion préalable des biens de son auteur, et qu'autant qu'il n'offrirait pas de contenter les autres héritiers à réserve en argent. Mais si son auteur est insolvable et qu'il ne trouve pas l'argent nécessaire pour satisfaire les autres héritiers, sera-t-il obligé, puisque nous avons supposé le retranchement difficile à effectuer, de rendre l'immeuble entier? Nous ne le pensons pas; le retranchement peut être difficile sans être impossible; il pourrait l'offrir en nature, ou, s'il est complétement impossible, demander la licitation de l'immeuble. En effet, l'art. 866 ne règle que les rapports des cohéritiers entre eux et est complétement inapplicable à un tiers acquéreur, car un tiers acquéreur du chef d'un donataire héritier ne peut pas être moins bien traité que celui qui aurait acquis d'un donataire étranger; or, ce dernier, atteint par une réduction partielle, aurait le droit, si son auteur était insolvable, et s'il n'offrait pas de désintéresser les réservataires en argent, de demander le partage ou la licitation, et de se refuser à un abandon complet de l'immeuble.

Aucune des questions que nous venons d'examiner relativement aux tiers acquéreurs d'immeubles donnés ne peut se présenter à l'égard de tiers acquéreurs de meubles dont le défunt aurait fait donation. En effet, il est de principe que les meubles deviennent toujours la propriété irrévocable de quiconque en a reçu de bonne foi la possession (art. 2279).

Le donataire, tenu de restituer tout ou partie des objets compris dans sa donation, a droit d'exiger qu'on lui tienne compte de ses impenses utiles jusqu'à concurrence de la plus-value qui en est résultée et de ses impenses nécessaires en totalité, en exceptant de cette règle les impenses nécessaires qui sont considérées comme charges des fruits, et pour garantir l'exécution de cette obligation des réservataires envers lui, il jouit d'un droit de rétention (art. 867). D'un autre côté, il doit indemniser les héritiers à réserve de la diminution de valeur que les objets donnés peuvent avoir subie par suite de défaut d'entretien ou de dégradations par lui commises, ou bien même par suite de changements qu'il aurait faits de bonne foi. Si le donataire, tenu d'une indemnité pour cause de dégradation, était insolvable, les héritiers pourraient agir contre les donataires antérieurs pour obtenir le complément de leur réserve. De même, lorsque le donataire d'une somme d'argent, de denrées ou d'autres objets mobiliers, dont la donation se trouve être sujette à réduction, se trouve être insolvable, les héritiers sont autorisés à demander la réduction des donations précédentes jusqu'à concurrence de leur réserve, qui ne subit aucune diminution à raison de cette insolvabilité (1).

Les donataires entre-vifs de biens excédant la quotité

(1) On n'a jamais mis en doute que les héritiers à réserve ne pussent en pareil cas agir contre les donataires antérieurs. La controverse ne porte que sur le point de savoir si les sommes ou les objets dus par un donataire insolvable, dont la donation est sujette à réduction, doivent ou non être compris dans la masse à établir pour le calcul de la quotité disponible. Nous avons réfuté, *supra*, p. 262 et 263, l'opinion contraire à celle qui est émise au texte. La question est la même dans le cas d'insolvabilité du donataire tenu d'une indemnité pour cause de dégradation.

disponible ont toujours été vis-à-vis du défunt vrais propriétaires des biens donnés ; et dès lors, ils ont eu comme propriétaires droit aux fruits produits par ces biens jusqu'au jour
du décès. C'est à tort que M. Duranton enseigne que le
donataire garde les fruits échus jusqu'au décès comme simple *possesseur de bonne foi et comme ignorant s'il serait soumis
à la réduction* (1). Si le donataire eût acquis ces fruits comme
possesseur de bonne foi, il devrait continuer à les acquérir
après le décès jusqu'au jour de la demande, car le décès ne
suffirait pas pour faire cesser sa bonne foi. Il aurait pu l'i-
gnorer et surtout il aurait fort bien pu ignorer s'il y avait
lieu à réduction. C'est donc comme propriétaire qu'il a acquis
les fruits jusqu'au décès ; de ce jour, sa propriété s'est trouvée résolue et le Code accorde au réservataire toute la rigueur
de son droit en lui attribuant les fruits à partir du décès.
Mais pour conserver ce droit, il doit former sa demande dans
l'année ; sinon, il n'aurait droit aux fruits que du jour de la
demande (art. 928). L'inaction de l'héritier réservataire devait porter le donataire à penser qu'il n'y avait pas lieu à
réduction ; si donc la demande n'a pas été formée dans l'année, ce sera comme possesseur de bonne foi que le donataire
conservera les fruits perçus depuis le décès jusqu'au jour où
la demande est formée.

Les principes qui viennent d'être développés sur les obligations du donataire dont la donation est sujette à réduction, relativement aux indemnités dues pour dégradation et à
la restitution des fruits, s'appliquent également au tiers acquéreur (2). Notre proposition est, en ce qui touche la restitution des fruits, contestée par certains auteurs (3), qui se
mettent ainsi en contradiction avec eux-mêmes, puisqu'ils
reconnaissent que sous le rapport de l'indemnité des détério-

(1) T. viii, n° 375.
(2) *Sic* Zachariæ, Aubry et Rau, § 685 *ter*, texte et note 12.
(3) Grenier, Des donat., n° 633, et Répert. de Merlin, v° Réserve, sect. iii,
§ 1 ; Duranton, t. viii, n° 376 ; Poujol, Des donat., sur l'art. 928, n° 22 ;
Marcadé, sur les art. 929 et 930, n° 3.

rations par lui commises, le tiers acquéreur soumis à l'action en réduction ne doit pas être traité comme un possesseur de bonne foi dans le sens de l'art. 549, et ne peut pas, en conséquence, opposer la maxime : *qui rem quasi suam neglexit nulli querelæ subjectus est*, tandis qu'ils le traitent comme possesseur de bonne foi en ce qui touche les fruits. La vérité est que ce tiers détenteur est, comme le donataire dont il tient ses droits, un propriétaire dont le droit est résolu, et doit dès lors être traité comme le donataire lui-même. C'est là précisément ce que le législateur a entendu dire par ces mots de l'art. 930 : « L'action en réduction pourra être exer-
« cée contre les tiers détenteurs *de la même manière que con-*
« *tre les donataires eux-mêmes.* »

IV

Des fins de non-recevoir contre la demande en réduction.

L'action en réduction peut être repoussée victorieusement par certaines fins de non-recevoir : ainsi elle cesse par la renonciation des héritiers à réserve. Cette renonciation ne peut avoir lieu qu'après l'ouverture de la succession (art. 791) ; elle peut être soit expresse, soit tacite. Il y a renonciation tacite lorsque les héritiers à réserve ont approuvé la donation ou le legs qu'ils savaient porter atteinte à la réserve. Si néanmoins un réservataire avait renoncé en fraude de ses créanciers à l'action en réduction, ceux-ci seraient recevables à attaquer cette renonciation afin de pouvoir exercer l'action en réduction jusqu'à concurrence de ce qui leur serait dû (art. 1167 et 788).

L'action en réduction appartenant aux héritiers à réserve s'éteint à l'égard de toutes personnes par la prescription de trente ans, à compter du jour de l'ouverture de la succession (art. 2262). Lorsque les biens dont le défunt a disposé ont passé entre les mains de tiers acquéreurs dont la possession réunit les caractères requis pour la prescription de dix à vingt ans, l'action en réduction s'éteint en ce qui les concerne par l'accomplissement de cette prescription, qui ne commence à courir que du jour de l'ouverture de la succession (art. 2265 et 2266). La prescription de l'action en réduction est, bien entendu, soumise aux règles ordinaires sur l'interruption et la suspension en matière de prescription.

Lorsque les héritiers à réserve ont accepté purement et simplement la succession, doivent-ils être déclarés non recevables à demander la réduction des libéralités du défunt par cela seul qu'ils se seraient mis en possession sans faire inventaire ? Pour soutenir que cette fin de non-recevoir est bien fondée, on pourrait dire que les héritiers, en ne faisant pas d'inventaire, se sont mis par leur fait dans l'impossibilité de constater la valeur des biens existants au décès, et ont par là rendu impossibles les calculs nécessaires à la preuve du bien fondé de leur demande. Nous préférons ne pas admettre cette fin de non-recevoir. Les héritiers à réserve pourront même en ce cas intenter l'action en réduction ; à défaut d'inventaire on constatera, autant qu'il sera possible, les forces de la succession. Il est bien entendu que ce sera à eux qu'incombera la preuve de la consistance de l'hérédité et que les juges ne devront admettre que des preuves bien certaines. Ils se seront ainsi placés dans une situation moins bonne que s'ils avaient fait inventaire, mais ce serait prononcer contre eux une peine beaucoup trop forte que de leur enlever complétement l'action en réduction. Peut-être ignoraient-ils, lorsqu'ils se sont mis en possession de l'hérédité sans faire inventaire, que le défunt avait fait des donations. Telle était dans notre ancien droit l'opinion de Ricard (1) et de Pothier (2).

(1) Traité des donations entre-vifs, IIIe partie, chap. VIII, sect. V, nos 993 à 1001.

(2) Traité des donations entre-vifs, sect. III, art. V, § VII ; et Introd. au tit. XV de la cout d'Orléans, no 90.

§ 8.

De la réserve des enfants naturels.

Nous avons déjà dit que la question de savoir si l'enfant naturel a droit à une réserve fut, dans les premiers temps qui suivirent la promulgation du Code Napoléon, l'objet d'une vive controverse. Cette controverse est aujourd'hui éteinte, et nous avons déjà présenté les puissantes raisons qui, malgré le silence de l'art. 913 sur ce point, ont amené l'unanimité des auteurs à admettre l'existence de cette réserve, qui a en outre en sa faveur l'autorité d'une jurisprudence constante. Cette réserve, en effet, est, ainsi que nous l'avons vu, textuellement accordée aux enfants naturels par l'art. 761 et résulte, en outre, implicitement des art. 757 et 758 (1). L'adoption de l'existence de cette réserve crée pour l'interprète des difficultés sans nombre. Sans doute le Code Napoléon a accordé ce droit aux enfants naturels, mais il s'en est tenu là. Quelle est la quotité de cette réserve? Doit-elle être prise sur la quotité disponible? doit-elle être, au contraire, supportée par les héritiers réservataires en concours desquels se trouvent les enfants naturels? Doit-elle porter partie sur le disponible, partie sur l'indisponible? En supposant que l'on adopte cette dernière opinion, dans quelle mesure chacune des deux quotités doit-elle y contribuer? La solution de ces questions et de quelques autres encore est laissée, en l'absence de textes positifs, aux soins de la doctrine, qui doit les résoudre par la combinaison des principes généraux. Le nombre, l'importance et la difficulté de ces questions nous ont porté, ainsi que nous l'avons déjà annoncé, à leur consacrer un paragraphe spécial. Entrons en matière.

(1) V. *supra*, p. 359 et 360.

Et d'abord, dans le silence du Code sur ce point, quelle est la quotité de la réserve accordée par la loi à l'enfant naturel? Dans les premiers temps qui suivirent la promulgation du Code Napoléon, on présenta sur ce point des doctrines évidemment erronées ; elles n'étaient émises que pour les besoins d'une cause, et ne pouvaient être soutenues que sous les inspirations de l'intérêt d'un client. C'est ainsi que, dans une espèce soumise à la cour de Pau, l'enfant naturel prétendait que sa réserve était égale à sa part héréditaire, tandis que l'enfant légitime, qui était en même temps légataire universel du père commun, prétendait que le père pouvait faire par testament ce que l'art. 761 lui permet de faire par donation entre-vifs, et qu'ainsi la réserve de l'enfant naturel était de la moitié de sa part héréditaire. La cour, rejetant l'un et l'autre des deux systèmes plaidés devant elle, admit par arrêt du 24 mai 1806, maintenu en cassation par arrêt de la chambre civile du 26 juin 1809, un système qui, sauf des dissidences peu nombreuses, a depuis lors été admis par la généralité des auteurs et n'a pas trouvé de contradicteurs dans la jurisprudence. Ce système, que nous adoptons, consiste à fixer la quotité de la réserve de l'enfant naturel par la combinaison des art. 757 et 758 avec l'art. 913, ou, en d'autres termes, à procéder par rapport à la réserve comme procèdent les art. 757 et 758 par rapport à la portion *ab intestat*. La réserve de l'enfant naturel sera donc d'un tiers de la réserve qu'il aurait eue s'il eût été légitime, dans le cas où il viendrait en concurrence avec des enfants légitimes ; de la moitié de la réserve qu'il aurait eue s'il eût été légitime, s'il vient en concurrence avec des frères, sœurs ou descendants d'eux (1), ou encore avec des ascendants ; des trois quarts de

(1) L'art. 757 donne lieu à de nombreuses controverses. Puisque l'on fixe la quotité de la réserve de l'enfant naturel en procédant pour la réserve comme l'art. 757 procède pour la portion *ab intestat*, toutes ces controverses présentent, en matière de réserve, le même intérêt que pour la fixation de la portion *ab intestat* ; mais l'examen de ces questions, d'ailleurs fort connues, nous eût mené trop loin. Nous avons dû nous borner à donner la solution que nous

la réserve qu'il aurait eue s'il eût été légitime, dans le cas où il viendrait en concurrence avec des collatéraux non privilégiés. S'il n'y avait d'ascendants que dans une ligne, et qu'il n'y eût pas de frères ou sœurs, il aurait les cinq huitièmes de la réserve qu'il eût eue s'il eût été légitime (art. 757 et 913) (1). Enfin, si le père ne laissait absolument aucun parent légitime au degré successible, la réserve des enfants naturels serait égale à celle des enfants légitimes (art. 758 et 913). Il est facile de voir à l'aide du calcul à quels résultats conduit ce système. Pour plus de clarté, passons ces résultats en revue.

Supposons d'abord un seul enfant naturel en concours : 1° avec des enfants légitimes ; 2° avec des collatéraux privilégiés ou des ascendants dans les deux lignes ; 3° avec des ascendants dans une ligne et des collatéraux non privilégiés dans l'autre ; 4° avec des collatéraux non privilégiés dans les deux lignes. Quant au cas où *ab intestat* l'enfant naturel recueillerait toute la succession en l'absence de parents légitimes du défunt au degré successible, il ne présente aucune difficulté, puisque, dans ce cas, la réserve de l'enfant naturel est égale à celle d'un enfant légitime.

adoptons sur chacune d'elles. Ainsi, le passage du texte auquel se rapporte cette note montre au lecteur que nous pensons qu'en présence de neveux et nièces ou autres descendants de frères et sœurs, l'enfant naturel n'a droit qu'à la moitié, que ces descendants de frères ou sœurs viennent à la succession du défunt de leur chef ou par représentation. Sur ce point deux autres opinions sont soutenues. L'une accorde dans tous les cas les trois quarts à l'enfant naturel, l'autre, distinguant entre le cas où les descendants des frères ou sœurs viennent de leur chef et le cas où ils viennent par représentation, accorde à l'enfant naturel les trois quarts dans le premier cas, et la moitié seulement dans le second.

(1) Lorsque l'enfant naturel est en présence d'un ascendant dans une ligne et d'un collatéral non privilégié dans l'autre, il a, selon nous, droit aux cinq huitièmes de l'hérédité, qui doivent être pris, deux huitièmes sur la part afférente à la ligne dans laquelle se trouve l'ascendant, et trois huitièmes dans l'autre. Dans ce cas M. Duranton (t. VI, n° 287) n'accorde que la moitié à l'enfant naturel.

1º L'enfant naturel en concours avec un enfant légitime aurait eu, s'il eût été légitime, une réserve du tiers, il **aura** un neuvième ; en concours avec deux enfants légitimes, il aurait eu, s'il eût été légitime, une réserve du quart, il **aura** un douzième. Lorsqu'il y a plus de deux enfants légitimes, la quotité disponible est invariablement fixée au quart et la réserve aux trois quarts. Donc, les enfants se divisant ces trois quarts en parties égales ont, lorsqu'ils sont plus de trois, chacun le quart, le cinquième, le sixième, ainsi de suite, de ces trois quarts, ce qui leur donne trois seizièmes, trois vingtièmes, trois vingt-quatrièmes, etc. L'enfant naturel en concours avec trois, quatre, cinq ou un plus grand nombre d'enfants légitimes aura donc une réserve du tiers de ces quotités, c'est-à-dire un seizième lorsqu'il sera en concours avec trois enfants légitimes, un vingtième lorsqu'il sera en concours avec quatre enfants légitimes, un vingt-quatrième lorsqu'il sera en concours avec cinq enfants légitimes, et ainsi de suite. On arrive donc à cette règle mathématique que l'enfant naturel en concours avec plus de deux enfants légitimes a pour réserve un quart divisé par le nombre des enfants, lui compris.

Si l'enfant légitime venait à la succession en concours avec des petits-enfants issus d'enfants légitimes prédécédés, on devrait calculer ainsi que nous venons de le faire. Mais s'il venait en concours avec des petits-enfants issus d'enfants légitimes renonçants ou indignes, venant alors de leur chef et non par représentation de leur père ou de leur mère, l'enfant naturel devrait être considéré fictivement comme enfant légitime venant seul à la succession de son père, et sa réserve serait du tiers de la moitié, c'est-à-dire d'un sixième.

2º L'enfant naturel vient-il en concours avec des collatéraux privilégiés ou des ascendants dans les deux lignes, il a la moitié de la réserve qu'il aurait eue s'il eût été légitime, c'est-à-dire un quart.

3º L'enfant naturel rencontre-t-il des ascendants dans une ligne et des collatéraux non privilégiés dans l'autre, il doit avoir les cinq huitièmes de la réserve qu'il aurait eue s'il eût été légitime, c'est-à-dire les cinq seizièmes.

4° L'enfant naturel se trouve-t-il en présence de collatéraux non privilégiés dans les deux lignes, il doit avoir les trois quarts de la réserve qu'il aurait eue s'il eût été légitime, c'est-à-dire les trois huitièmes.

Le procédé que nous venons de suivre pour fixer la quotité de la réserve d'un seul enfant naturel doit aussi être suivi pour fixer la quotité de la réserve des enfants naturels lorsqu'ils sont plusieurs. Dans cette hypothèse, ils doivent tous être fictivement et simultanément considérés comme autant d'enfants naturels, ou, en d'autres termes, chacun d'eux doit avoir pour réserve le tiers, la moitié, les trois quarts, etc., de ce qu'il aurait eu pour réserve s'il eût été légitime et ses frères aussi. En effet, nous pensons que dans l'art. 757 la loi **a**, comme dans bien d'autres cas, employé le singulier pour le pluriel, et que, dès lors, les enfants naturels doivent avoir en masse, tant comme portion *ab intestat* que comme réserve, le tiers, la moitié, les trois quarts, etc., de ce qu'ils auraient eu à eux tous s'ils eussent été tous légitimes (1). Pour plus de clarté, prenons un exemple : soit deux enfants légitimes et trois enfans naturels; si les trois enfants naturels eussent été légitimes, la réserve eût été des trois quarts, ce qui aurait donné trois vingtièmes pour chaque enfant; puisqu'ils sont naturels, ils n'auront chacun qu'un vingtième; aucun d'eux ne sera admis à dire : Si j'eusse été légitime, j'aurais profité de ce que mes deux frères étaient naturels,

(1) Tout le monde sait que dans un système, connu sous le nom de *système de la répartition*, on admet chaque enfant naturel (du moins lorsque les enfants naturels sont en concours avec des enfants légitimes) à opérer pour fixer sa part héréditaire en se supposant légitime et en supposant toujours ses frères enfants naturels. Un avocat de Lyon, M. Gros, a soutenu ce système, que nous rejetons, dans un remarquable article de la *Revue de Droit français et étranger* (t. I, année 1844, p. 507 et suiv.). M. Gros substitue au calcul excessivement compliqué que nécessite son système une formule algébrique assez simple.

j'aurais donc eu une réserve de plus des trois vingtièmes, je dois donc avoir plus d'un vingtième comme réserve pour avoir ce que la loi m'accorde.

Il est bon de remarquer que la quotité de la réserve d'un enfant naturel doit être fixée eu égard à la qualité des parents légitimes laissés par le défunt et venant effectivement à sa succession ; il ne faudra donc tenir aucun compte des renonçants et des indignes. Nous avons, en effet, déjà réfuté en maintes circonstances ce prétendu principe qu'en matière de réserve les événements postérieurs au décès sont sans influence sur la fixation de sa quotité. Il faut remarquer encore qu'un legs universel a, aux termes de la loi, la puissance d'écarter complétement de la succession les parents légitimes qui n'ont pas droit à une réserve, à tel point que la loi leur enlève la saisine pour l'accorder au légataire universel (art. 1006), et que dès lors, lorsqu'un enfant naturel vient en concours avec un légataire universel qui exclut de la succession les collatéraux laissés par le défunt, sa réserve doit être égale à celle d'un enfant légitime. En effet, le droit de l'enfant naturel n'est réduit par la loi à une fraction de ce qu'il aurait eu s'il eût été légitime que dans l'intérêt des parents légitimes du défunt; lorsque l'intérêt de ces parents n'est plus en jeu et que l'enfant naturel se trouve en présence d'un étranger, il doit être traité comme un enfant légitime (1).

La quotité de la réserve de l'enfant naturel étant fixée, voyons sur quels biens il peut exercer ce droit de réserve. Peut-il faire opérer un retranchement non-seulement sur les dispositions testamentaires, mais encore sur les donations entre-vifs et les institutions contractuelles? Nous avons vu que Delvincourt, s'appuyant sur ces mots de l'art. 350 : « Il

---

(1) *Sic* Chabot, sur l'art. 756, n° 29 ; Dalloz, Rép., v° Succession, ch. IV, sect. 1. — *Secus* Nancy, 25 août 1831; Zachariæ, Aubry et Rau, § 686, note 5. M. Marcadé (sur l'art 916, n° 1) admet notre décision lorsque les parents légitimes non réservataires renoncent ou sont déclarés indignes, et la rejette dans le cas où ils sont exclus par un légataire universel.

(l'adopté) aura sur la succession de l'adoptant.... » restreint
l'exercice de l'action en réduction de l'adopté aux dispositions testamentaires, enseignant que sa réserve ne porte que
sur les biens qui se trouvent dans le patrimoine de l'adoptant au jour de son décès. Nous avons vu aussi que cette doctrine n'a pas trouvé de partisans. En ce qui touche la réserve
de l'enfant naturel, Delvincourt a reproduit les mêmes idées.
Il se fonde sur les termes des art. 756 et 757, qui accordent
à l'enfant naturel *un droit sur les biens de ses père et mère décédés,* pour enseigner que la réserve de l'enfant naturel ne
porte que sur les biens que les père et mère ont laissés à leur
décès, et qu'il ne peut en conséquence agir en réduction que
contre les légataires, et non contre des donataires entre-
vifs (1). Cette interprétation restrictive est évidemment contraire à tous les principes de la matière et inconciliable avec
l'idée même de réserve. Que serait, en effet, un droit de réserve, si celui à qui il appartient pouvait, au moyen de donations entre-vifs ou d'institutions contractuelles, être privé de
toute participation aux biens de celui sur le patrimoine duquel
porte son droit. D'ailleurs, nous savons que l'enfant naturel
ne peut être totalement exclu de la succession de son père ou
de sa mère qu'autant qu'il aurait reçu du vivant du père ou
de la mère par donation entre-vifs la moitié de ce qu'il aurait eu *ab intestat,* avec déclaration expresse que l'intention
de l'ascendant donateur est de le réduire à cette portion
(art. 761). Or, si l'on admettait la doctrine de Delvincourt,
l'enfant naturel pourrait être exclu totalement de la succession de ses père et mère, sans jamais avoir rien reçu d'eux.
C'est donc avec raison que cette doctrine a été rejetée par la
majorité des auteurs et par la jurisprudence (2).

(1) T. ii, p. 54; V. dans ce sens Lyon, 16 juillet 1828.
(2) *Sic* Douai, 14 août 1811; Amiens, 26 nov. 1811; Cass., 28 juin 1831;
Merlin, Quest. vº Réserve (droit de), § 1, nº 2; Favard, Rép., vº Succession,
sect. 4, § 1, nº 12; Levasseur, De la portion disponible, nº 65; Loiseau, Des
enfants naturels, p. 676 et suiv.; Malpel, Des successions, nº 160; Toullier,
t. iv, nº 263; Grenier, Des donat., t. ii, nº 662, Duranton, t. vi, nº 313;

Mais l'enfant naturel peut-il attaquer et faire réduire les donations entre-vifs et les institutions contractuelles faites par son père ou sa mère postérieurement à sa reconnaissance, ou bien faut-il dire qu'il ne pourra intenter une action en réduction que contre les donataires postérieurs à cette reconnaissance ? Nous avons déjà examiné une question semblable en ce qui touche l'adopté, et nous avons décidé que l'adopté pourrait faire réduire les donations entre-vifs et les institutions contractuelles faites par l'adoptant, que la date de ces libéralités fût antérieure ou postérieure à l'adoption. Nous déciderons de même que l'enfant naturel peut demander la réduction des donations entre-vifs et institutions contractuelles antérieures à sa reconnaissance. En effet, d'après les art. 757 et 758, la réserve de l'enfant naturel est une partie aliquote de celle de l'enfant légitime. L'enfant naturel a une fraction des droits de l'enfant légitime ; son droit est limité, mais il est le même ; or, l'enfant légitime pourrait faire réduire les libéralités excessives, quelle que soit l'époque à laquelle elles ont été faites ; il doit en être de même pour l'enfant naturel. D'ailleurs, la reconnaissance d'un enfant naturel est simplement déclarative, les effets de cette reconnaissance doivent dès lors remonter au jour même de la conception de l'enfant reconnu (1).

Nous savons maintenant quelle est la quotité de la réserve de l'enfant naturel et sur quels biens ce droit de réserve peut être exercé. Voyons s'il n'existe pas des cas exceptionnels

Vazeille, Des successions, sur l'art. 761, n° 1 ; Belost-Jolimont, sur Chabot, obs. 5, sur l'art. 756 ; Richefort, De la paternité, p. 283 ; Fouët de Conflans, Esprit de la jurisprudence sur les successions, sur l'art. 757, n° 4 ; Zachariæ, Aubry et Rau, § 686, texte et note 8 ; M. Valette, à son cours, leçon du 19 juin 1854.

(1) *Sic* Toulouse, 15 mars 1834 ; Cass., 16 juin 1847 ; Duranton, t. vi, n° 311, à la note, et n° 313 ; Belost-Jolimont, sur Chabot, obs. 5, sur l'article 756 ; Zachariæ, Aubry et Rau, § 686, texte et note 9 ; M. Valette, à son cours, leçon du 19 juin 1854. — *Secus* Grenier, Des donations, t. ii, n° 66 ; Toullier, t. iv, n° 263 ; Favard, Rép., v° Succession, sect. 4, § 1, n° 12.

dans lesquels l'enfant naturel soit privé de ce droit de réserve qu'il a en thèse générale.

Il est évident que la réserve étant une portion de la succession *ab intestat*, l'enfant naturel ne saurait y avoir droit dans les cas où il est exclu de la succession de son père ou de sa mère. A cet égard, Merlin a prétendu qu'il fallait distinguer entre les diverses manières dont la filiation naturelle a été prouvée, et que les effets de cette filiation devaient être plus ou moins étendus selon qu'elle aurait été prouvée par la reconnaissance du père ou de la mère, ou, au contraire, par une décision judiciaire sur une action en recherche de maternité ou de paternité. Il enseigne comme *un dogme incontestable..... au-dessus de toute espèce de doute..... clair comme le jour*, que l'enfant naturel dont la filiation n'a été constatée que par un jugement ne peut réclamer que des aliments et n'a aucun droit héréditaire (1). Voyons donc les motifs que l'illustre procureur général donne à l'appui d'une conviction si ferme. Il argumente d'abord de la place qu'occupe dans la section qui traite des preuves de la filiation naturelle l'art. **338**, qui annonce en ces termes que l'enfant naturel aura un droit à prétendre sur la succession de ses père et mère : « L'enfant « naturel reconnu ne pourra réclamer les droits d'enfant lé- « gitime. Les droits des enfants naturels seront réglés au titre « *Des succesieons.* » Si cet article eût concerné tous les enfants naturels, de quelque manière que leur filiation eût été établie, la logique voulait qu'on le plaçât après tous les articles qui déterminent ces différents modes de preuves, c'est-à-dire à la fin de la section. Or, l'art. 338 a été placé, au contraire, après les dispositions qui traitent de la reconnaissance volontaire et avant celles qui traitent de la recherche judiciaire de la filiation ; donc, on a entendu qu'il ne concernait effectivement que les enfants naturels dont la filiation serait prouvée par la reconnaissance volontaire du père ou de la

---

(1) Rép., t. **xvii**, v° Succession, sect. ii, § 2, art. 1, et Quest. de droit, t. iv, v° Maternité, p. 291.

mère. Aussi l'art. 756 nous dit-il : « La loi n'accorde aux
« enfants naturels de droit sur les biens de leurs père ou
« mère décédés *que lorsqu'ils ont été légalement reconnus.* » Or,
on ne peut pas dire que l'enfant dont la filiation a été établie
judiciairement malgré l'opposition du père ou de la mère a
été reconnu. Lorsque la loi parle de l'effet des jugements qui
suppléent à l'aveu personnel d'une partie, elle ne dit pas que
le fait est reconnu, elle se borne à dire qu'il est légalement
tenu pour reconnu. C'est ainsi que dans l'art. 1322, elle nous
dit : « L'acte sous seing privé, reconnu par celui auquel on
« l'oppose, ou légalement tenu pour reconnu, a, entre ceux
« qui l'ont souscrit et entre leurs héritiers et ayant-cause,
« la même foi que l'acte authentique. » Or, la loi n'emploie
pas dans l'art. 756 cette double formule : *reconnu ou légale-*
ment tenu pour reconnu; donc cet article n'accorde de droit
héréditaire qu'à l'enfant naturel qui a en sa faveur l'aveu libre
et personnel de son père ou de sa mère. Et cela s'explique très
bien, si l'on considère que la preuve purement judiciaire ne
présente pas les mêmes garanties, le même degré de certitude que la reconnaissance volontairement émanée du père
ou de la mère.

Malgré l'autorité si grande de Merlin, les arguments
qu'il produit ne nous ont pas convaincu de la vérité de sa
doctrine. Ainsi l'argument qu'il tire de la place qu'occupe
l'art. 338 ne nous touche pas ; pour qu'il eût quelque force il
faudrait que la distribution des articles du Code Napoléon
eût été faite avec une rigueur de logique et de méthode incontestable, ce qui est loin d'être vrai. Est-ce que d'ailleurs
l'enfant dont la filiation a été constatée judiciairement n'a
pas été *légalement reconnu* ? Est-ce que cette déclaration judiciaire n'est pas un moyen légal de constater, de *reconnaître*
la filiation? Dans l'art. 756, le législateur parle *de eo quod*
plerumque fit; la reconnaissance volontaire émanée du père
ou de la mère est, en effet, le mode de preuve le plus fréquent
de la filiation naturelle. Aussi, est-ce celui que les rédacteurs
du Code ont le plus souvent présent à la pensée. C'est ainsi

qu'au lieu d'intituler la section II du chapitre III du titre de la paternité et de la filiation : *Des preuves de la filiation naturelle*, ils lui ont donné une rubrique ainsi conçue : *De la reconnaissance des enfants naturels ;* or, c'est dans cette même section que la loi règle tout à la fois ce qui concerne l'aveu volontaire des père et mère et la recherche judiciaire dirigée contre eux par l'enfant; donc, elle comprend ces deux modes de preuve sous la dénomination commune de *reconnaissance.* Aussi les auteurs et les arrêts opposent-ils très souvent la reconnaissance volontaire à la reconnaissance forcée ; c'est aujourd'hui une terminologie admise. Rien ne prouve donc que les rédacteurs du Code aient entendu faire produire à la filiation naturelle des effets plus ou moins étendus selon la manière dont elle aurait été constatée. Que dire maintenant du dernier argument de Merlin ? Cet argument tend à mettre en suspicion la preuve de la filiation résultant d'une déclaration judiciaire. Mais, entre ceux qui ont été parties au procès, la chose jugée est aux yeux de la loi la vérité même, *res judicata pro veritate accipitur* (1) ; donc le jugement déclaratif d'une filiation naturelle doit entre les parties au procès prouver cette filiation d'une manière absolue. De deux choses l'une, ou cette filiation n'est pas prouvée, ou elle l'est. Si elle ne l'est pas, elle ne peut produire aucun effet, pas même l'obligation alimentaire ; si au contraire elle est prouvée, elle doit produire sans exception aucune tous ses effets juridiques. Merlin refuse dans ce cas à l'enfant naturel tout droit héréditaire, et pour être logique, il devrait refuser au père ou à la mère contre qui le jugement a été rendu les droits de puissance paternelle, d'autant plus que les art. 158 et 383, se servant des mêmes mots que l'art. 756, ne parlent que des enfants naturels *légalement reconnus.* Un système qui est logiquement obligé d'arriver à de telles conséquences est évidemment inadmissible. Il faut donc décider que tout enfant naturel, de quelque manière que sa filiation ait été constatée, est

(1) L. 207, D., De R. J. (L. 17); art. 1350, C. Nap.

appelé, en qualité de successeur irrégulier, à la succession de ses père et mère, et a, dès lors, sur leurs biens un droit de réserve (1).

Il est pourtant un cas dans lequel la reconnaissance ne produit pas toujours en faveur de l'enfant naturel au profit duquel elle a eu lieu le droit héréditaire et par suite le droit de réserve. Nous voulons parler de l'hypothèse prévue par l'art. 337 ainsi concu : « La reconnaissance faite pen- « dant le mariage, par l'un des époux, au profit d'un en- « fant naturel qu'il aurait eu, avant son mariage, d'un « autre que de son époux, ne pourra nuire ni à celui-ci, ni aux « enfants nés de ce mariage. — Néanmoins, elle produira « son effet après la dissolution de ce mariage, s'il n'en reste « pas d'enfants. » Ainsi, un mari ou une femme reconnais- sant l'enfant qu'il aurait eu avant le mariage d'un autre que de son conjoint, cet enfant sera privé de tout droit hérédi- taire et, par conséquent, de tout droit de réserve s'il se trouve en concours d'enfants légitimes issus de ce mariage, et loin d'exclure de la succession le conjoint de son auteur, il sera exclu par lui. S'il se trouve en présence de collatéraux ou d'ascendants qui excluent le conjoint, son droit héréditaire et son droit de réserve reparaîtront ; car, dans ce cas, le con- joint n'a absolument aucun intérêt à empêcher la reconnais- sance de produire tous ses effets. Remarquons cependant que dans ce dernier cas l'enfant naturel ne pourrait jamais opposer son droit de réserve au conjoint de son auteur, et ne pourrait par conséquent pas demander la réduction des libéralités que ce conjoint aurait reçues, soit par contrat de mariage, soit autrement.

L'art. 337 est-il applicable au cas où la filiation d'un en-

(1) *Sic* Paris, 27 juin 1812 ; Rouen, 17 mars 1813 ; Caen, 7 avril 1832 ; Delvincourt, t. 1, p. 90, note 4 ; Chabot, Des successions, t. 11, art. 756, n° 7 ; Duranton, t. 111, n° 255 ; Valette, sur Proudhon, t. 11, p. 161 ; De- mante, Programme, t. 1, n° 326 ; Marcadé, sur l'art. 342, n° 7 ; Demolombe, t. v, n° 539.

fant naturel que l'un des époux avait eu, avant son mariage, d'un autre que de son époux est déclarée par un jugement sur une action en recherche de maternité, ou même de paternité, intentée par cet enfant contre son auteur pendant le mariage ? Pour la négative, on présente les arguments suivants : 1° l'article 337 contient une disposition exceptionnelle qui ne doit pas être étendue au-delà de ses termes ; or, ses termes mêmes, loin de se prêter à l'application que l'on en voudrait faire à un jugement déclaratif de la filiation naturelle, s'opposent énergiquement à cette application. En effet, notre article dit : *La reconnaissance faite par l'un des époux* ; 2° le motif sur lequel est basée la disposition de l'art. 337 ne peut pas plus dans notre hypothèse être invoqué que le texte de cet article. Il n'y a pas en effet ce manque de foi qui pourrait exciter de la part de l'autre époux les reproches et les ressentiments que la loi a voulu éviter ; 3° on ne doit pas admettre que la loi ait voulu dépouiller l'enfant par suite d'un fait qui lui est étranger, le mariage de son père ou de sa mère, du droit de rechercher ses auteurs ; 4° enfin, le jugement qui statue sur une recherche de maternité n'est pas attributif, mais seulement déclaratif de la filiation qu'il ne fait que reconnaître et constater ; ces effets doivent donc remonter à l'époque même de la conception de l'enfant ; et dès lors, la preuve de sa filiation est réputée lui avoir été acquise dès avant la célébration du mariage de son auteur (1).

De tous ces arguments, il n'en est qu'un qui soit vraiment redoutable, c'est celui que l'on déduit du texte de l'art. 337. Examinons les autres. On prétend que, dans notre hypothèse, les motifs de l'art. 337 n'existent plus ; c'est une erreur, car il importe fort peu au conjoint que ce soit une

(1) *Sic* Rouen, 20 mai 1829 ; Toullier, t. ii. n° 958 ; Duranton, t. iii, n°ˢ 255, 256 ; Valette, sur Proudhon, t. ii, p. 146, note A, ii ; Zachariæ, Aubry et Rau, § 568 *quater*, texte et note 13 ; Ducauroy, Bonnier et Roustain, t. i, n° 492 ; Allemand, du mariage, t. ii, n° 852, 854 ; Taulier, t. i, p. 434.

reconnaissance volontaire ou un jugement qui vienne briser ses droits et ceux de ses enfants, et dès lors les troubles du ménage sont tout aussi à craindre dans un cas que dans l'autre. M. Demolombe met ce point en lumière d'une manière tout-à-fait saisissante : « Un homme est marié, et voilà « qu'une action en recherche de maternité est dirigée contre « sa femme par un individu qui prétend être né d'elle, avant « son mariage, d'un autre que de son mari ! Et lorsqu'a- « près un tel procès, plein d'éclat et de scandale, la femme « est déclarée mère de cet enfant, vous croyez que le mari, « tout meurtri de sa défaite, n'aura rien dans le cœur con- « tre sa femme ! et que ces deux époux vont, au sortir de « l'audience, rentrer parfaitement unis dans le domicile con- « jugal ! non certes ; et peut-être même alors n'obtiendrez- « vous pas la paix en paralysant, dans l'intérêt du mari et « de ses enfants, les effets de cette reconnaissance forcée. « Mais c'est bien le moins assurément que vous fassiez alors « pour lui ce que vous auriez fait à la suite d'une reconnais- « sance volontaire (1). » Mais, ajoute-t-on, le jugement est simplement *déclaratif* de la maternité ! Et la reconnaissance donc, est-ce qu'elle en est *attributive ?* Evidemment, non ; il n'y a, sous ce rapport, aucune différence entre les deux modes de preuve. Que ma filiation soit constatée par un ju- gement ou par une reconnaissance volontaire, dans l'un comme dans l'autre cas, je suis assurément le fils de ma mère depuis ma naissance. Il n'y a donc aucun argument à tirer de ce que le jugement est purement *déclaratif.* Mais on insiste et on dit : « La mère de l'enfant, ou même le père, dans le « cas où la recherche de la paternité est admise par excep- « tion, ne peut, en contractant mariage, enlever à l'enfant « le droit qui lui était acquis de faire constater son état pour « obtenir la jouissance complète des avantages qui y sont « attachés (2). » Ce nouvel argument n'a pas plus de force

(1) T. v, nº 466, p. 444.
(2) Valette, sur Proudhon, t. ii, p. 146, note A, ii.

que les précédents, parce que si la loi enlève, dans une certaine mesure, aux père et mère de l'enfant naturel le droit
(nous devrions dire la possibilité d'accomplir le devoir) de le
reconnaître, si elle leur enlève ce droit pour des motifs d'ordre public, les mêmes motifs d'ordre public auraient bien pu
la porter à enlever, dans la même mesure, à l'enfant le
droit de rechercher ses auteurs (1).

Il faut avouer que les arguments produits par la première opinion sont jusqu'ici parfaitement réfutés. Aussi,
convient-on que « peut-être aurait-il fallu, *pour être consé-*
« *quent*, restreindre dans les mêmes limites les effets du ju-
« gement qui, pendant le mariage, attribuerait à la femme
« une maternité naturelle (2). » Oui, certainement cette décision eût été la plus rationnelle, mais ce n'est pas celle de
la loi. Le texte de l'art. 337 est précis et formel à cet égard,
et contre cet argument de texte les partisans du second
système n'ont, suivant nous, qu'à se soumettre. Cet argument
est d'autant plus fort qu'il s'agit ici de priver l'enfant naturel,
lorsqu'il se trouvera en présence soit d'enfants légitimes, soit
du conjoint de son auteur, de tout droit héréditaire dans la
succession de ce dernier. Par sa nature même, une pareille
disposition devrait être interprétée strictement, à plus forte
raison doit-il en être ainsi lorsque les termes de la loi qui la
consacrent ont une forme restrictive. Après tout, la reconnaissance volontaire est un fait directement imputable à
l'époux, et il y a dès lors, dans ce cas, une considération pour
motiver la disposition de l'art. 337 qui ne se rencontre pas
dans l'autre. Nous admettons donc que la disposition de
l'art. 337 ne s'applique pas au cas où la filiation d'un enfant
naturel que l'un des époux avait eu, avant son mariage, d'un
autre que de son époux, est déclarée par un jugement sur une

(1) *Sic* Delvincourt, t. I, p. 90, note 11 ; Loiseau, Traité des enfants naturels, p. 437 ; Favard, Rép., v° Reconnaissance d'enfant naturel, sect. II, § 2,
n° 2 ; Marcadé, sur l'art. 337, n° VII ; Demolombe, t. V, n° 466.

(2) Ducauroy, Bonnier et Roustain, t. I, n° 492.

action en recherche de maternité, ou même de paternité, intentée par cet enfant contre son auteur pendant le mariage, et que dès lors l'enfant dont la filiation naturelle a été ainsi constatée jouit de la plénitude de son droit héréditaire et de son droit de réserve. En acceptant cette doctrine, nous n'entendons pas néanmoins accepter le secours de tous les arguments qui ont été produits pour la soutenir.

Dans le cas où un époux aurait, pendant le mariage, reconnu un enfant naturel qu'il aurait eu d'un autre que de son conjoint, cet enfant naturel aurait-il du moins, s'il se trouvait en présence soit d'enfants légitimes issus du mariage pendant lequel il a été reconnu, soit du conjoint de son auteur, une créance alimentaire contre la succession de celui qui l'a ainsi reconnu? Oui, a-t-on répondu, et l'art. 337 n'y fera point obstacle; car, si cet article assure la succession aux enfants du mariage ou à l'autre époux à l'exclusion de l'enfant naturel, il ne les affranchit pas de l'obligation d'en acquitter les charges (art. 724) (1). Mais cette solution suppose que l'obligation alimentaire *ex pietatis officio* passe aux héritiers du débiteur; or, nous avons déjà essayé de prouver que cette doctrine n'est pas exacte (2). D'autres ont déclaré que l'enfant naturel pourrait, dans ce cas, réclamer, à titre héréditaire, des aliments contre la succession de son auteur, parce que la loi n'a pas dû le traiter avec plus de rigueur que l'enfant adultérin ou incestueux, à qui elle accorde, à ce titre, une créance alimentaire sur la succession de son père ou de sa mère (3). Mais pourtant l'art. 337 déclare d'une manière absolue que, dans notre hypothèse, la reconnaissance ne pourra nuire ni aux enfants issus du ma-

(1) Paris, 12 juin 1809; Agen, 13 mars 1817; Delvincourt, t. I, p. 90, note 12; Duranton, t. III, n° 252; Chabot, sur l'art. 756, n° 42; Favard, Rép., v° Enfant naturel, Sect. I, n°1; Zachariæ, Aubry et Rau, § 568 *quater*, texte et note 10.

(2) *Supra*, p. 367 et 368.

(3) Ducauroy, Bonnier et Roustain, t. I, n° 489.

riage, ni au conjoint de celui dont elle émane ; or, le droit héréditaire, même réduit à de simples aliments, n'en serait pas moins un droit de succession nuisible à ceux que la loi a voulu garantir contre les effets de cette reconnaissance, et dès lors il faut refuser ce droit à l'enfant naturel. Cette décision accuse sans doute un défaut d'harmonie entre l'art. 337 et l'art. 762 ; elle est bien rigoureuse et bien dure sans doute, mais c'est la décision de la loi ! *Dura lex scripta tamen* (1) !

L'art. 761 ouvre au père ou à la mère un moyen de restreindre l'enfant naturel à la moitié de sa portion *ab intestat*, et, dans ce cas, après le décès de son père ou de sa mère, l'enfant naturel ne pourra rien réclamer à titre de réserve, cette moitié de la portion *ab intestat* fût-elle inférieure à la réserve. En effet, le droit de succession *ab intestat* de l'enfant naturel se trouvant éteint lorsque cet enfant a été réduit à la moitié de sa portion héréditaire, conformément à l'art. 761, il doit, à plus forte raison, en être de même de son droit de réserve. Ainsi donc, le père d'un enfant naturel a deux moyens de réduire la part héréditaire de cet enfant. Le premier consiste à faire, dans la mesure de la quotité disponible, des libéralités soit à des étrangers, soit à ses parents légitimes, et le second se trouve indiqué dans l'art. 761. A l'aide de ce second moyen, le père peut faire subir à l'enfant naturel une réduction plus considérable qu'il ne pourrait le faire par des dispositions en faveur d'autres personnes. En effet, la moitié de la portion *ab intestat* de l'enfant naturel est presque toujours inférieure à sa réserve. Ainsi, soit un enfant naturel en concours avec trois enfants légitimes, sa portion *ab intestat* est d'un douzième ; en sorte que la portion à laquelle il pourrait être réduit, aux termes de l'art. 761, serait d'un vingt-quatrième, tandis que sa réserve est, dans ce cas, d'un seizième. Quelquefois cependant, les deux voies conduiront au même résultat. Cela arrivera, par exemple, lorsqu'un en-

(1) *Sic* Demolombe, t. **v**, n° 473.

fant naturel sera en concours avec des ascendants ou des collatéraux ; dans ce cas, en effet, la réserve de l'enfant naturel est égale à la moitié de sa portion *ab intestat* (1).

Certains auteurs enseignent bien à tort que l'art. 761 permet au père de réduire l'enfant naturel, non pas seulement à la moitié de sa portion *ab intestat*, mais bien à la moitié de sa réserve. Il suffit d'énoncer cette proposition pour qu'il soit évident qu'elle est inconciliable avec l'idée de réserve , c'est-à-dire d'un droit qui par sa nature n'est pas susceptible de réduction au préjudice de celui auquel il apartient. Mais, dit-on, l'enfant naturel puise son droit à une réserve dans les articles 757 et 758, donc la modification que l'art. 761 apporte à ces articles auxquels il se réfère doit s'appliquer aussi bien à la réserve de l'enfant naturel qu'à ses droits successifs *ab intestat*. Mais, si les art. 757 et 758 fournissent un argument puissant en faveur de la réserve de l'enfant naturel, et donnent le moyen d'en déterminer la quotité, il n'en est pas moins vrai qu'ils n'ont eu directement pour but que de fixer les droits successifs *ab intestat* de l'enfant naturel, et que c'est à ces droits seuls que s'appliquent les expressions de l'art. 761 : *la moitié de ce qui leur est attribué par les articles précédents* (2).

L'acte par lequel le père peut ainsi réduire son enfant naturel à la moitié de sa portion *ab intestat* n'est évidemment pas un testament, puisque l'art. 761 exige que l'enfant *ait reçu du vivant de son père*. Il s'agit donc ici d'un acte par lequel

(1) Il faut remarquer que c'est dans l'intérêt de la famille légitime que le moyen de réduction indiqué par l'art. 761 a été introduit, et que dès lors, lorsque le père a usé de ce moyen, il ne produira pas d'effets si, au jour de son décès, il ne laisse pas de parents légitimes ; le conjoint et l'Etat ne pourraient en argumenter.

(2) *Sic* Duranton, t. vi, n° 301, à la note ; Belost-Jolimont, sur Chabot, Obs. 1, sur l'art. 761 ; Vazeille, Des successions, sur l'art. 761, n° 6 ;-Zachariæ, Aubry et Rau, § 686, texte et note 10 ; Marcadé, sur l'art. 761, n° 1.— *Secus*, Chabot, sur l'art 761, n° 1 ; Toullier, t. iv, n° 262 (M. Duvergier se sépare ici de Toullier) ; Grenier, Des donations, t. ii, n° 674.

le disposant se dépouille actuellement pour investir immédiatement le bénéficiaire. On ne peut pas dire, d'un autre côté, que ce n'est ni un testament ni une donation, mais un mode d'acquérir tout spécial, une disposition à titre gratuit *sui generis;* l'art. 893 s'opposerait trop vigoureusement à une pareille idée pour qu'elle pût être admise. Il résulte, au contraire, de cet article, que, puisque l'acte dont nous nous occupons n'est pas un testament, c'est nécessairement une donation entre-vifs. Or, toute donation entre-vifs ne devient parfaite que par l'acceptation du donataire (art. 932); donc l'enfant naturel a la faculté de refuser la donation qu'on veut lui faire en le réduisant à la moitié de sa portion *ab intestat*, s'il estime que l'avantage qu'il retirera d'une jouissance immédiate ne compense pas pour lui le préjudice qu'il éprouvera au décès du père par suite de la différence entre la portion à laquelle on veut le réduire et la quotité de sa réserve. Certains auteurs ont cependant enseigné que le consentement de l'enfant naturel n'est pas nécessaire, et quelques-uns d'entre eux ont été jusqu'à dire qu'à défaut d'acceptation de la part de cet enfant, les tribunaux peuvent, sur la demande du père, déclarer ses offres valables et ordonner que la donation sera tenue pour acceptée. La jurisprudence a admis cette doctrine et les tribunaux se sont ainsi arrogé le droit de suppléer au consentement du donataire, à son acceptation, que l'article 932 déclare nécessaire à la formation du contrat. Pour notre compte, nous ne saurions adhérer à une doctrine aussi étrange (1).

(1) *Sic* Chabot, sur l'art. 761, n°s 3 et 5; Malpel, Des successions, n° 163; Grenier, Des donations, t. II, n° 674; Delvincourt, t. II, p. 53 et 54; Vazeille, Des successions, sur l'art 761, n°s 7 et 8; Demante, Programme, t. II, n° 80; Dalloz, Jur. génér., v° Successions, p. 330, n° 32; Poujol, Des successions, sur l'art. 761, n° 9; Zachariæ, Aubry et Rau, § 605, texte et note 18; Marcadé, sur l'art. 761, n° 11. — *Secus*, Douai, 26 fév. 1834; Cass., 21 avril 1835; Toulouse, 29 avril 1845; Toullier, t. IV, n° 262 (M. Duvergier se sépare sur ce point de Toullier); Duranton, t. VI, n° 305; Belost-Jolimont, sur Chabot, Obs. 2 sur l'art. 761; Fouët de Conflans, Esprit

L'attribution d'une réserve aux enfants naturels ayant pour résultat nécessaire de diminuer la masse héréditaire, il nous reste à décider si cette réserve porte soit sur la quotité disponible, soit sur la quotité indisponible, soit sur l'une et sur l'autre en même temps, et dans le cas où nous adopterions cette dernière décision, dans quelle proportion elle porte sur l'une et sur l'autre de ces deux quotités. Il est un cas qui ne présente aucune difficulté : c'est lorsque un ou plusieurs enfants naturels viennent en concurrence avec trois enfants légitimes ou un plus grand nombre. Dans ce cas, en effet, la réserve de l'enfant ou des enfants naturels devra être prise pour le tout sur la réserve des enfants légitimes qu'elle diminuera d'autant. En effet, le père de famille doit pouvoir toujours disposer du quart, et ce disponible du quart, que n'attaquerait pas la présence d'un nombre illimité d'enfants légitimes, ne saurait être attaqué par la présence d'un ou plusieurs enfants naturels. Ainsi, soient, par exemple, trois enfants légitimes et deux enfants naturels ; si le père a institué un légataire universel, ce légataire universel aura droit au quart, et les trois autres quarts, formant la portion réservée de l'hérédité, devront être partagés entre les trois enfants légitimes et les deux enfants naturels, d'après les principes de l'art. 757, c'est-à-dire en ayant soin de ne donner aux enfants naturels que le tiers de ce qu'ils auraient eu s'ils eussent été légitimes (1).

Quant aux autres cas qui peuvent se présenter, la plupart des auteurs qui se sont occupés de la question les résolvent tous à l'aide d'un principe général qui supprime toute difficulté, mais qui a le malheur d'être souverainement faux. Ils

de la jurisprudence sur les successions, sur l'art. 761 2° ; Pont, *Revue de législation*, année 1846, t. I, p. 88 et suiv.

(1) *Sic* Chabot, sur l'art. 756, n° 26 ; Toullier, t. IV, n° 265 ; Grenier, Des donations, t. II, n° 670 ; Duranton, t. VI, n° 316 ; Zachariæ, Aubry et Rau, § 686, texte et note 15 ; Marcadé, sur l'art. 916, n° 1 ; M. Valette, à son cours, leçon du 19 juin 1854. — *Secus* Belost-Jolimont, sur Chabot Obs. 7 sur l'art. 756.

考

considèrent la réserve des. enfants naturels comme une charge héréditaire, de telle sorte que pour eux tout se réduit à cette formule générale que nous empruntons à M. Marcadé : « Fixer d'abord la réserve des enfants naturels (par la combinaison des art. 757 et 913) ; prélever le montant de cette « réserve sur la masse des biens (comme si c'était une dette, « une charge de la succession) ; puis calculer, sur le reste, la « réserve (des descendants ou ascendants légitimes) et la «.quotité disponible, d'après les règles ordinaires (1). » Une réflexion bien simple suffira pour démontrer l'inexactitude de cette assimilation de la réserve des enfants naturels à une dette héréditaire. L'existence des dettes héréditaires ne modifie jamais la proportion entre les parts des réservataires et la quotité disponible, et ne peut avoir d'autre résultat que de diminuer proportionnellement à leur quotité respective la portion réservée et la portion disponible. Au contraire, par la présence d'un ou plusieurs enfants naturels, le nombre de réservataires se trouve augmenté ; or, si l'on se trouve dans un cas où la quotité disponible doive rester invariable malgré cette augmentation du nombre des réservataires, il est évident que cette augmentation aura nécessairement pour effet de diminuer exclusivement les parts des réservataires, et de modifier, par conséquent, la proportion de ces parts à la quotité disponible, ce que ne sauraient faire les dettes héréditaires. Si l'assimilation que font nos auteurs de la réserve des enfants naturels à une charge héréditaire était exacte, il faudrait, lorsque des enfants naturels se trouvent en concours avec trois enfants légitimes ou un plus grand nombre, procéder d'après la formule que ces auteurs donnent pour tous les autres cas. En effet, supposons trois enfants légitimes et une succession de 36,000 francs grevée d'une dette

(2) Sur l'art. 916, n° 1. Cette formule est acceptée comme vraie par Chabot, sur l'art. 756, nos 23, 24, 25, 27 et 28 ; Toullier, t. IV, nos 265 et 266, Grenier, des Donations, t. II, n° 671 ; Duranton, t. VI, n° 315 ; Belost-Jolimont, sur Chabot, Obs. 6 et 7 sur l'art. 756.

de 4,000 francs, cette dette devra être prélevée sur le tout, et sera, par conséquent, supportée par la quotité disponible pour un quart, par la réserve pour les trois quarts. Dans l'espèce que nous venons de prendre, la réserve d'un enfant naturel serait précisément de 4,000 francs. Sur quoi nos auteurs prendront-ils cette réserve? Sur la réserve des enfants légitimes exclusivement, et la quotité disponible n'y contribuera pas. Ce résultat n'est-il pas en contradiction avec leur point de départ? Aussi l'un d'entre eux, M. Belost-Jolimont, fait, dans notre hypothèse, supporter aux donataires et légataires le quart de la réserve de l'enfant naturel (1). M. Belost-Jolimont est, en cela, plus conséquent que les autres partisans de l'assimilation de la réserve des enfants naturels à une charge héréditaire; mais l'absurdité du résultat auquel son point de départ le conduit logiquement est une preuve frappante de l'inexactitude de ce point de départ. Ce qui a induit nos adversaires en erreur, c'est que, lorsqu'il n'existe qu'un ou deux enfants légitimes, l'augmentation du nombre des réservataires résultant de la présence d'un ou plusieurs enfants naturels, vient diminuer dans la même proportion et la part de chacun d'eux dans la réserve et la quotité disponible. Ce résultat, vrai en lui-même, n'est pas une conséquence du principe faux de l'assimilation de la réserve des enfants naturels à une charge héréditaire, seulement cette assimilation conduit ici au même résultat pratique que les vrais principes, ce qui est l'effet du hasard. Cette hypothèse s'étant présentée la première à l'examen de nos adversaires, il en est résulté qu'ils se sont laissé entraîner à justifier leur solution vraie de tout point par un principe faux qu'ils ont eu le tort d'indiquer comme fournissant une formule générale de solution applicable aux différents cas qui peuvent se présenter. Le vrai principe de la matière est que la réserve de l'enfant naturel étant d'une nature analogue à celle de l'enfant légitime, à cette seule différence près qu'elle est moindre dans sa quo-

_____

(1) Sur Chabot, Obs. 7 sur l'art. 756.

34

tité; la présence de l'enfant naturel doit, sauf la question de quotité, produire les mêmes effets que la présence d'un enfant légitime de plus (1). De ce principe découle la solution que nous venons de donner pour le cas où un ou plusieurs enfants naturels se trouveraient en concours avec un ou deux enfants légitimes. En effet, l'esprit de l'art. 913, quand il n'y a pas trois enfants légitimes, est de permettre au père d'attribuer à la personne qu'il veut avantager autant qu'à l'un de ses enfants, de telle sorte que l'existence d'un second ou d'un troisième enfant légitime a pour effet de diminuer tout à la fois, et dans la même proportion, les parts des réservataires et la quotité disponible. Il faudra donc, de toute nécessité, lorsque, au lieu de la présence d'un nouvel enfant légitime, nous aurons un ou plusieurs enfants naturels, faire supporter la réserve de ces enfants naturels proportionnellement par les autres réservataires, et par les donataires ou légataires (2).

Voilà donc notre question résolue pour les divers cas de concours d'enfants légitimes et d'enfants naturels. Il reste cependant une observation à présenter sur ce point. Lorsque un ou plusieurs enfants naturels seront en concours avec des petits-enfants issus d'enfants légitimes renonçants ou indignes et venant dès lors de leur chef à la succession, la réserve des enfants naturels devra être prise en entier sur celle des petits-enfants parce que, dans ce cas, les petits-enfants dont il s'agit n'auraient eu droit à aucune réserve si les enfants naturels eussent été légitimes.

Passons maintenant aux cas où les enfants naturels se-

---

(1) Sic Zachariæ, Aubry et Rau, § 686, note 14.

(2) Il est évident que lorsqu'il y aura plusieurs enfants naturels en concours avec un ou deux enfants légitimes, on ne devra faire supporter par le disponible et l'indisponible, proportionnellement à leur quotité respective, la réserve des enfants naturels qu'en ayant soin de ne jamais réduire la quotité disponible au-dessous du quart. Du reste, si nous en croyons les calculs auxquels nous nous sommes personnellement livré avec le plus grand soin, ce procédé ne conduira jamais à une quotité disponible moindre que le quart, quelque grand que soit le nombre des enfants naturels.

raient en concours avec des ascendants. Les enfants naturels peuvent se trouver en concours : 1° avec des ascendants dans chaque ligne; 2° avec le père ou la mère et des frères et sœurs ou des descendants d'eux ; 3° avec un ascendant dans une ligne et un collatéral non privilégié dans l'autre. Passons successivement en revue ces différentes hypothèses.

1° Supposons d'abord un ascendant dans chaque ligne : dans ce cas, la réserve d'un enfant naturel sera, ainsi que nous le savons déjà, d'un quart, celle de deux enfants naturels de deux sixièmes ou d'un tiers, celle de trois enfants naturels ou un plus grand nombre des trois huitièmes. Cette réserve des enfants naturels portera exclusivement sur la réserve des ascendants, qui se trouveront ainsi réduits à un huitième chacun dans le premier cas, à un douzième chacun dans le second cas, et à un seizième chacun dans le troisième cas, tandis que le disponible sera toujours de la moitié. En effet, les ascendants n'ont droit à aucune réserve lorsqu'il existe des enfants légitimes ; donc, en cas d'existence d'enfants naturels, la réserve de ces ascendants doit disparaître partiellement jusqu'à concurrence de la réserve des enfants naturels, puisqu'elle disparaîtrait complétement si ces enfants naturels étaient légitimes, et puisque la réserve de ces enfants naturels est d'une nature analogue à celle des enfants légitimes et n'en diffère que par la quotité.

2° Si nous supposons actuellement des enfants naturels en concours avec le père ou la mère , et avec des frères et sœurs ou des descendants d'eux, la réserve de ces enfants naturels, réserve dont la quotité est la même que dans le cas précédent, portera pour moitié sur la réserve de l'ascendant, ce qui réduira cet ascendant à la même quotité que dans le cas précédent, et pour moitié sur le disponible. Mais ici , objectera-t-on, l'enfant naturel ne se conduit plus comme un enfant légitime, car l'enfant légitime exclurait complétemen l'ascendant. Pour répondre à cet argument, il suffit de remarquer que la réserve de l'enfant naturel porte sur la totalité de l'hérédité paternelle ou maternelle, tandis que la réserve de l'ascendant est, aux termes de l'art. 915, prise par lui dans sa ligne, l'hérédité étant fictivement divisée en deux lignes. Nous devons donc considérer la réserve de l'enfant naturel comme portant pour moitié sur la portion afférente à la ligne paternelle, et pour moitié sur la portion afférente à la ligne maternelle. Par conséquent, il prend nécessairement la moitié de sa réserve afférente à l'une des lignes sur l'ascendant, et l'autre moitié sur le disponible (1).

3° De même, si un enfant naturel vient à la succession en concurrence avec un ascendant et un collatéral non privilégié, il est clair, d'après ce que nous venons de dire, que sa réserve étant des cinq seizièmes, elle portera pour deux seizièmes sur la réserve de l'ascendant, et pour trois seizièmes sur le disponible.

Dans un remarquable article inséré dans la *Revue de droit français et étranger* (2), M. Gros, avocat distingué du barreau de Lyon, a développé un système à l'aide duquel il résout simultanément la question de savoir quelle est la quotité de la réserve des enfants naturels dans les diverses hypothèses que nous avons passées en revue, et la question de savoir si cette réserve doit se prendre exclusivement, soit sur la réserve des héritiers, soit sur la quotité disponible, ou si elle doit se prendre proportionnellement sur l'une et sur l'autre. Ce système s'éloigne également de celui que nous avons adopté et de ceux que nous avons combattus. M. Gros appelle son système le *système de la répartition*. Voyons d'abord ce qu'il entend par un système de répartition (3). Si on reconnaît par différentes dispositions de la loi que Primus,

(1) *Sic* Zachariæ, Aubry et Rau, § 686, texte et note 17.

(2) T. I, année 1844, p. 598 et suiv.

(3) Pour cet auteur, *système de répartition* est un terme générique. Nous savons, en effet, que c'est aussi par un système de répartition qu'il détermine la portion *ab intestat* des enfants naturels dans la succession de leur père ou mère. Il déclare, du reste, que l'on doit adopter le système de répartition pour la réserve des enfants naturels quand même on le rejetterait pour sa portion *ab intestat* (p. 601, n° 30).

Secundus et Tertius ont droit à une même succession, et que
la part de chacun étant exprimée par une fraction, la somme
de ces fractions excède l'unité, on doit réduire d'abord les
différentes fractions au même dénominateur, en supposant
que cela soit nécessaire, puis on additionne les numérateurs,
enfin on remplace le dénominateur commun par la somme des
numérateurs, tout en conservant les mêmes numérateurs.
Ainsi, par exemple, Primus a droit à cinq sixièmes, Secundus à un sixième, Tertius à un sixième, la somme des numérateurs est sept : Primus aura cinq septièmes, Secundus un
septième et Tertius aussi un septième. Si on supposait plus
de trois personnes, le calcul serait toujours le même. Ce
procédé est appellé *répartition* parce que « son effet, dit
« M. Gros, est de diminuer les parts proportionnellement
« à chacune d'elles, et, par conséquent, de conserver le rap-
« port qu'elles avaient entre elles (1). » Voyons maintenant
comment M. Gros applique son système à la matière qui nous
occupe ; choisissons d'abord l'hypothèse la plus simple : un
enfant légitime, un enfant naturel et un légataire universel.
« S'il n'y avait point, dit M. Gros, de légataire universel,
« par application de l'art. 757, on donnerait à l'enfant na-
« turel un sixième de la succession, et cinq sixièmes à l'en-
« fant légitime ; d'un autre côté, s'il n'y avait point d'enfant
« naturel, d'après l'art 913, la succession se diviserait éga-
» lement entre l'enfant légitime et le légataire universel.
« J'en conclus que lorsqu'il y a tout à la fois ces trois per-
« sonnes, on conservera les mêmes rapports en attribuant à
« l'enfant légitime une part quintuple de celle de l'enfant
« naturel, mais égale à ce que prend le légataire universel.
« L'enfant naturel prenant une partie désignée par un, celle
« de l'enfant légitime sera exprimée par cinq, et la quotité

(1) P. 509, nº 2. — Les Romains appliquaient ce procédé lorsqu'un testateur, en léguant des quotes-parts de son hérédité avait excédé l'unité. V.
ll. 47, § 1 et 81, D., *De hered. inst.* (xxviii, 5) ; et surtout l. 13, pr., D.,
De lib. et post. (xxviii, 2). Nous avons cité et expliqué ce dernier texte, *supra*,
p. 44 et 45.

« disponible que prend le légataire universel le sera aussi
« par cinq ; en somme , il faudra faire onze parties ; la
« succession se divisera en onzièmes (1). » Nous pensons
que cet exemple suffira pour bien faire saisir le mécanisme du
système de M. Gros, et nous passons immédiatement à la
discussion de ce système.

Le système de M. Gros est ingénieux, mais il nous
semble complétement arbitraire. Si la réserve des enfants naturels ne résultait que de l'art. 761, nous préfére-
rions encore chercher dans la loi un point d'appui, et
fixer la quotité de cette réserve en raisonnant par analogie de l'art. 757, que de bâtir un système sans appui aucun dans la loi. A plus forte raison devons-nous maintenir
le système que nous avons adopté, alors qu'il est certain
qu'en l'absence même de l'art. 761, la réserve des enfants
naturels résulterait des art. 757 et 758. M. Gros veut que la
réserve des enfants naturels soit avec la réserve des enfants
ou ascendants légitimes dans le même rapport que la portion
ab intestat de ces enfants naturels avec la portion *ab intestat*
des enfants ou ascendants légitimes. Nous ne voyons pas
bien quels sont les principes qui exigent la conservation de
ce rapport. Nous croyons qu'il est beaucoup plus rationnel
de conserver entre la réserve de l'enfant naturel et celle qu'il
aurait eue s'il eût été légitime , le rapport que la loi établit
entre sa portion héréditaire et celle qu'il aurait eue s'il eût
été légitime ; car enfin si, en présence d'un enfant légitime,
l'enfant naturel a *ab intestat* le tiers de ce qu'il aurait eu s'il
eût été légitime, pourquoi n'aurait-il comme réserve que le
onzième, c'est-à-dire moins du tiers de la réserve qu'il aurait eue s'il eût été légitime ? N'est-ce pas d'ailleurs une idée
bizarre que celle qui consiste à dire que la loi a accordé à
l'enfant naturel une réserve sans prévoir le concours de cet
enfant naturel avec des donataires et légataires d'une part,
et des héritiers réservataires de l'autre, de telle sorte qu'on

(1) P. 599, n° 27.

se trouve réduit à faire rentrer dans l'unité des fractions qui la dépassent? N'est-il pas plus simple de dire, comme nous l'avons fait, que la loi accorde aux enfants naturels une réserve d'une nature analogue à la réserve des enfants légitimes, avec cette seule différence que la quotité doit en être diminuée en suivant les principes de l'art. 757, et que dès lors les enfants naturels doivent par leur présence produire, sauf cette question de quotité, les mêmes effets que s'ils étaient légitimes?

M. Gros a, suivant nous, professé une autre erreur. Il suppose une succession dévolue au père, à la mère, à des frères et sœurs et à un ou plusieurs enfants naturels du *de cujus*, et il décide que, dans ce cas, les enfants naturels prennent la moitié de la succession (art. 757), et les père et mère l'autre moitié, parce qu'elle leur est réservée par préférence aux frères et sœurs par ces derniers mots de l'art. 915 : « Ils auront seuls droit à cette réserve dans tous les cas « où un partage en concurrence avec des collatéraux ne leur « donnerait pas la quotité de biens à laquelle elle est fixée. » Si, dans cette espèce, nous supprimons l'un des deux ascendants, M. Gros accorde, par les mêmes motifs, la moitié à l'enfant naturel, un quart à l'ascendant (père ou mère), et un quart aux frères et sœurs (1). Nous déciderons, au contraire, qu'après que les enfants naturels auront prélevé leur moitié, l'autre moitié devra être partagée entre les père et mère et les frères et sœurs, ou entre le père ou la mère et les frères et sœurs, d'après les règles ordinaires des successions *ab intestat*. Nous appuierons cette décision sur deux motifs : 1° Les derniers mots de l'art. 915, sur lesquels s'appuie l'opinion adverse n'ont d'autre but que de faire supporter exclusivement par les frères et sœurs les donations ou les legs qui porteraient atteinte à la réserve des père et mère dans la mesure nécessaire pour que cette réserve reste intacte.

(2) P. 522, 523 et 524, n° 19. Cpr. Blondeau, Traité de la séparation des patrimoines, p. 534.

Cette partie de l'art. 915 est donc sans application aucune aux cas où l'atteinte portée à cette réserve proviendrait de la loi elle-même. 2° Alors même que l'art. 915 devrait s'appliquer aux cas où l'atteinte portée à la réserve des père et mère proviendrait de la loi elle-même, notre décision devrait être maintenue. En effet, la présence d'un ou plusieurs enfants naturels ne diminue pas seulement la portion *ab intestat* des père et mère, elle diminue aussi leur réserve, et, à l'aide des calculs que nous avons présentés plus haut, on peut voir qu'en partageant, dans nos deux hypothèses, la moitié de la succession que la présence de l'enfant naturel laisse libre d'après les principes ordinaires des successions *ab intestat*, on accorde encore aux père et mère une part aliquote de la succession supérieure à leur réserve (1).

Il nous reste à remarquer que les descendants légitimes ou légitimés d'un enfant naturel sont, à défaut de ce dernier, admis à réclamer la portion à laquelle il aurait eu droit dans la succession de son père ou de sa mère (art. 759). Il suit de là que ces descendants auront sur la succession de leur aïeul un droit de réserve en tout identique à celui qu'aurait eu leur père ou leur mère. Ils seront ainsi appelés à la succession de leur aïeul, soit par représentation, soit de leur chef (2), d'après

(1) *Sic* Zachariæ, t. ɪv, § 605, p. 213.

(2) Chabot, sur l'art. 759, nᵒˢ 2 et 4 ; Dalloz, Jur. gén., vᵒ successions, p. 329, nᵒ 27 ; Poujol, Des successions, sur l'art. 759, nᵒ 1 ; et Vazeille, Des successions, sur l'art. 759, nᵒ 2, ont prétendu que les descendants légitimes de l'enfant naturel n'étaient appelés que par représentation de ce dernier à la succession de son père ou de sa mère, et ne pouvaient y prétendre de leur chef, lorsque l'enfant naturel avait renoncé à l'hérédité, ou lorsqu'il en avait été exclu pour cause d'indignité. Pour réfuter cette erreur, il suffit de remarquer avec M. Belost-Jolimont sur Chabot, (obs. 3 sur l'art. 759) et MM. Aubry et Rau (sur Zachariæ, § 605, note 16), que nul n'étant admis à recueillir par représentation une hérédité à laquelle il n'eût pas, en l'absence d'héritiers ou de successeurs plus proches, été appelé de son propre chef, il faut en conclure que si les descendants de l'enfant naturel peuvent, par représentation de ce dernier, succéder à son père, ils doivent également pouvoir lui succéder de leur chef.

les principes ordinaires, de telle sorte que, dans les cas où ils auraient besoin du bénéfice de la représentation et où ce bénéfice leur serait refusé à cause de l'existence de leur père ou mère renonçant ou indigne (art. 744, 730 et 787), ils n'auraient aucun droit héréditaire, et, par conséquent, aucun droit de réserve. Qu'ils viennent à la succession de leur aïeul de leur chef ou par représentation, ils n'auront jamais droit à une réserve plus étendue que celle qu'eût pu réclamer leur père ou leur mère (art. 914) (1).

Quant aux descendants naturels d'un enfant naturel, ils n'ont aucun droit de succession à exercer sur l'hérédité du père ou de la mère de leur père ou mère, et dès lors n'ont aucun droit de réserve à prétendre sur cette hérédité. On oppose, il est vrai, la généralité des termes de l'art. 759, mais la disposition de cet article, qui donne aux descendants de l'enfant naturel le droit de réclamer la totalité de la portion qu'il eût obtenue, ne peut évidemment s'appliquer aux descendants naturel, puisque, de l'aveu même de nos adversaires, ces descendants n'auraient droit qu'à une quote-part de la portion qui serait revenue à leur auteur. En outre, les descendants naturels d'un enfant légitime sont privés de tout droit de succession par rapport à l'hérédité de leur aïeul (art. 756), et il serait dès lors véritablement monstrueux que la loi eût accordé aux descendants naturels d'un enfant naturel des droits de succession qu'elle refuse aux descendants naturels d'un enfant légitime (2).

(1) V. *supra* l'explication de l'art. 914, p. 373 à 377.

(2) *Sic* Loiseau, Traité des enfants naturels, p. 643; Chabot, sur l'art 759, n° 1; Belost-Jolimont, sur Chabot, obs. 1 sur l'art. 759; Toullier, t. iv, n° 259; Malpel, Des successions, n° 296; Dalloz, Jur. gén., v° successions, p. 328, n° 26; Mackeldey, *Theorie der Erbfolgeordnung des C. N.*, p. 100; Poujol, Des successions, sur l'art. 759, n° 2; Zachariæ, Aubry et Rau, § 605, texte et note 15; Marcadé, sur l'art. 759, n° 1. — *Secus* Delvincourt, t. ii, p. 22; Favard, Rép., v° successions, sect. iv, § 1, n° 14. M. Duranton (t. vi, n° 296), sans se prononcer d'une manière bien formelle semble incliner vers l'opinion que nous avons repoussée.

§ 9.

Spécialités sur la réserve des ascendants dans le cas où le défunt aurait reçu des donations entre-vifs de l'un de ses ascendants.

L'art. 747 est ainsi conçu : « Les ascendants succèdent, à « l'exclusion de tous autres, aux choses par eux données à « leurs enfants ou descendants décédés sans postérité, « lorsque les objet donnés se retrouvent en nature dans la « succession. — Si les objets ont été aliénés, les ascendants « recueillent le prix qui peut en être dû. Ils succèdent aussi « à l'action en reprise que pouvait avoir le donataire. » Le droit que cet article introduit en faveur de l'ascendant dona- teur est connu sous les dénominations diverses de *droit de retour légal, droit de retour successoral, droit de réversion, suc- cession anomale.* La législation romaine et les coutumes avaient également admis le droit qui nous occupe, mais avec des dif- férences essentielles. Ainsi, dans les pays de droit écrit, les biens donnés rentraient au donateur libres de toutes charges créées par le donataire prédécédé, et comme par l'effet d'une résolution (1). Dans les pays de coutume, au contraire, ce droit s'exerçait à titre universel et par voie de succession, et soumettait l'ascendant au profit duquel il avait lieu à l'obli- gation de contribuer avec les autres héritiers aux dettes et charges de la succession dans une proportion déterminée par le rapport des biens qu'il reprenait à l'ensemble du patri- moine du défunt (2). Le Code Napoléon a conservé au droit de retour légal de l'ascendant donateur le caractère qu'il avait dans le droit coutumier, et c'est à titre de succession qu'il

(1) L. 6, pr., D., *De jure dot.* (XXIII, 3); L. 4, C., *Sol. matrim.* [v, 18]; L. 12, C., *De Bonis quæ liber.* [VI, 61].

(2) Coutume de Paris, art. 213 ; Ferrière, Dictionnaire de pratique. v° droit de retour ; Merlin, Rép., v° réversion, sect. I et II ; Grenier, Des donations, t. I, n°s 26 et 27 ; Duranton, t. VI, n°s 197 à 199.

s'exerce aujourd'hui, ainsi que le prouvent la place même qu'occupe l'art. 747 et le terme *succèdent* dont il se sert. Il résulte de là que l'ascendant donateur voit son droit s'évanouir lorsque le donataire a disposé lui-même des objets donnés, et que, lorsqu'il exerce ce droit, il est tenu de contribuer, au *prorata* de son émolument, à la délivrance des legs et à l'exécution des donations (art. 870) toutes les fois que la disposition faite par le défunt porte sur un objet qui n'est pas déterminé dans son individualité, car les legs d'objets individuellement déterminés sont à la charge *exclusive* des personnes appelées à recueillir l'espèce de biens dans laquelle rentraient les objets légués (1).

Nous venons de dire que le droit de retour de l'ascendant donateur s'évanouit lorsque le donataire a disposé des biens donnés. Ce droit semblerait dès lors ne pouvoir jamais se trouver en conflit avec le droit de disposition ; mais il peut être en lutte avec le droit de réserve des ascendants non donateurs et, par suite, avec le droit de disposition lui-même. De ce conflit naissent de si graves difficultés que M. Duranton a déclaré qu'il était impossible de les résoudre sans violer quelques principes (2). L'exemple suivant donnera une idée de ces difficultés. Une personne meurt laissant dans sa succession un immeuble valant 20,000 francs qui lui a été donné par son aïeul paternel qui lui survit. Le défunt, dont toute la fortune consistait dans cet immeuble et dans 20,000 francs provenant d'une autre source, à disposé de ses biens *personnels* (3). Son père, appelé à la succession ordinaire, se trouve en conflit avec l'ascendant donateur d'un côté et avec le donataire ou légataire de l'autre. En vertu de l'art. 747, l'aïeul reprendra les biens qu'il a donnés, et si le père venait en qualité d'héritier réservataire lui demander une partie de ces

(1) Zachariæ, Aubry et Rau, § 723, texte et notes 12 et 13.

(2) T. VI, n° 229.

(3) Nous appellerons *biens donnés* ceux qui proviennent de la donation de l'ascendant, et *biens personnels* tous ceux qui ont une autre origine.

biens, il lui répondrait en lui opposant les termes mêmes de cet article d'après lesquels *il succède, à l'exclusion de tous autres, aux choses par lui données à son descendant ;* et d'autre part, si le père voulait agir en réduction contre le légataire ou donataire, celui-ci lui répondrait, en se fondant sur l'art. 915, que la libéralité dont il a été gratifié ne dépasse pas la quotité disponible, et que dès lors il ne doit pas subir de réduction. Le père sera-t-il donc privé de sa réserve ? Cette difficulté n'est pas la seule. Si le père a droit à une réserve, sur quels biens se calculera-t-elle ? En fixera-t-on la quotité d'après le patrimoine entier du défunt ou en ne tenant compte que de ses biens personnels ? Enfin, si l'ascendant donateur est appelé tout à la fois à la succession anomale et à la succession ordinaire, les biens qu'il reprend comme donateur entreront-ils en ligne de compte pour parfaire sa réserve ? ou le droit de réserve s'exercera-t-il indépendamment du droit de retour ?

On a d'abord cru vaincre toutes les difficulté de notre matière en se bornant à résoudre ces questions, mais on n'a pas tardé à en voir surgir de nouvelles. Aussi les auteurs qui ont le plus récemment écrit sur notre sujet ont-ils présenté des systèmes généraux destinés selon eux à résoudre toutes les difficultés. Examinons-les successivement :

Premier système. — D'après ce système, il faut voir deux successions dans celle qui comprend des biens donnés et des biens personnels : la succession ordinaire et la succession anomale ou spéciale aux biens donnés. Il n'y a de réserve que sur la succession ordinaire, et cette réserve ne doit dès lors se calculer que sur les biens personnels. Quant à la succession anomale, l'ascendant la recueille comme donateur et n'a de droit sur elle qu'en cette qualité ; il n'a pas à ce titre de droit de réserve. Mais, d'autre part, cet ascendant, s'il est appelé en même temps à la succession ordinaire, n'est pas tenu d'imputer sur sa réserve les biens qu'il reprend comme donateur. Les droits qu'il exerce sur la succession anomale laissent entiers ceux qu'il a sur la succession ordinaire et

vice versa. Toutefois, l'ascendant peut renoncer à son droit
de donateur pour s'en tenir à celui de réservataire. Cette
renonciation fait évanouir la distinction des deux successions,
et on rentre dans les règles ordinaires (1).

Ce système contient une idée de tout point incontestable,
à savoir que l'ascendant qui, d'après l'art. 747, exerce son
droit à la succession anomale n'a droit à aucune réserve. En
effet, aucune loi n'attribue de réserve à l'ascendant en sa
qualité d'ascendant donateur. Il ne prend que les biens donnés qui se retrouvent en nature dans la succession, il ne peut
donc reprendre ce qui en a été légué, ou une portion de ce
qui en a été légué. Lors même qu'il reprend ses biens qui se
trouvent en nature, il paie une partie des dettes et des legs
autres que ceux qui ont pour objet des corps certains faisant
partie de la succession ordinaire ; donc il n'a pas de réserve.
Si cette première idée est parfaitement exacte, il n'en est pas
ainsi des autres. Calculer la réserve des ascendants sur la
succession ordinaire seulement, c'est-à-dire sur une partie
des biens laissés par le défunt, c'est violer ouvertement
l'art. 922. De plus, c'est violer aussi l'art. 915, car la quotité
disponible se trouvera ainsi plus forte que ne le veut cet
article, puisqu'elle se composera : 1° de la quotité disponible
calculée sur la succession ordinaire ; 2° de la totalité de la
succession anomale. Le palliatif de la renonciation de l'ascendant à la succession anomale ne remédierait pas toujours à
cet inconvénient. En effet, si nous supposons 20,000 francs
donnés par l'aïeul paternel survivant, et 20,000 francs de
biens personnels, et si nous supposons en outre que le défunt,
qui laisse son père et sa mère, a institué un légataire de toute
la quotité disponible, cette quotité disponible sera de la moitié de la succession ordinaire et de la totalité de la succession
anomale, ce qui donnerait dans notre espèce, à une personne
qui laisse des ascendants dans chaque ligne, le droit de dis-

(1) *Sic* Vazeille, Des successions, sur l'art. 747, n° 10 ; Marcadé, sur l'article 747, n° IX, X, et XI ; M. Valette, à son cours, leçon du 21 juin 1854.

poser des trois quarts de son patrimoine. Nous disons qu'il n'y a pas ici le palliatif de la renonciation à la succession anomale. En effet, l'ascendant donateur ne saurait renoncer à cette succession, puisqu'elle n'existe pas, les biens anomaux étant compris dans le legs de la quotité disponible. Prenons une autre espèce : le défunt a reçu de son aïeul un immeuble valant 90,000 francs ; il laisse son père, sa mère et 10,000 francs de biens personnels. Supposons qu'il ait légué le bien soumis à la succession anomale. Cette libéralité sera non réductible, et cependant elle est des neuf dixièmes du patrimoine entier; bien plus, le défunt aurait pu disposer encore de la moitié des 10,000 francs de biens personnels, et le palliatif de la renonciation à la succession anomale n'existera pas, puisque, en présence du legs qui a été fait par le défunt, la succession anomale n'existe pas. De tels résultats sont évidemment inadmissibles. Aussi, M. Valette, l'un des partisans de ce système, y apporte-t-il un tempérament : « Si l'ascendant donateur, dit-il, ne renonce pas à la « succession anomale, mais qu'il n'y ait pas de succession « anomale parce que les biens donnés ont été légués, la suc- « cession comprendra ces biens, et ils devront dès lors être « compris dans la masse pour le calcul de la réserve, confor- « mément à l'art. 922. On fait cependant cette objection : le « legs des biens donnés n'a fait aucun tort aux ascendants « appelés à la succession ordinaire, puisqu'ils n'auraient pas « recueilli les biens légués, la succession anomale ayant lieu. « On répond qu'il aurait pu se faire que la succession ano- « male n'eût pas lieu, que l'ascendant donateur ne l'exerçât « pas (1). » Mais ce ne sera pas toujours dans le sens d'une trop grande extension de la quotité disponible que le système que nous examinons violera l'art. 915, ce sera quelquefois en sens inverse. Ainsi, supposons, en conservant notre dernière espèce, qu'au lieu de léguer les biens donnés, le défunt

(1) Nous citons aussi textuellement que possible d'après les notes que nous avons personnellement prises au cours de notre célèbre professeur.

ait légué ses biens personnels. Il n'aura ainsi disposé que
d'un dixième de son patrimoine, et néanmoins le légataire
serait réduit de moitié. Il faut donc repousser le système que
nous venons d'examiner comme violant les art. 915 et 922.

Deuxième système. — Ce deuxième système nie qu'il y ait
ici à distinguer deux successions en ce qui touche le calcul de
la quotité disponible. Que l'ascendant donateur soit ou non
appelé à la succession ordinaire, qu'il y vienne seul ou en
concours avec d'autres ascendants, la quotité disponible devra toujours se calculer sur l'ensemble du patrimoine du défunt. Quant à la réserve, il faut distinguer : si le défunt a
disposé de tous les biens donnés, la réserve de tout ascendant donateur ou autre se calcule sur l'ensemble du patrimoine du défunt ; si, au contraire, les biens donnés se retrouvent totalement ou en partie dans la succession du donataire,
le donateur reprend comme tel ce qui s'y retrouve, et sa réserve, comme celle des autres ascendants, se calcule sur tout
le restant des biens. Mais les biens repris devant contribuer
aux charges de la succession, doivent contribuer au *prorata*
de leur valeur à payer la quotité disponible, sans distinguer
si les libéralités du défunt ont eu pour objet des choses *in genere* ou des corps certains (1).

Nous avons bien des reproches à faire à ce système. Et d'a-
bord, il viole l'art. 747 en n'accordant pas toujours à l'ascendant
donateur tous les biens donnés qui se retrouvent dans la succession du donataire. Ainsi le défunt a disposé de ses biens personnels qui étaient d'une valeur de 20,000 francs, et il laisse
dans sa succession un immeuble valant 20,000 francs, qui lui
a été donné par son aïeul paternel qui lui survit, ainsi que son
père et sa mère. La quotité disponible n'est pas dépassée, et
dès lors il n'y a pas lieu de réduire les libéralités du défunt.
La réserve des père et mère se calculant sur la masse des
biens du défunt, déduction faite des biens repris, sera, par
conséquent, de 10,000 francs, ce qui, soit dit en passant,

(1) Zachariæ, Aubry et Rau, § 687.

nous donne ce résultat bizarre d'une masse de 40,000 francs qui se décompose en une quotité disponible de 20,000 francs, une réserve de 10,000 francs, plus 10,000 francs qui ne sont ni disponibles, ni réservés. La quotité disponible est donc de 20,000 francs, et la réserve de 10,000 francs. Mais les biens donnés doivent contribuer, au *prorata* de leur valeur, à fournir la quotité disponible ; on prendra donc, contrairement aux dispositions de l'art. 747, 10,000 francs sur les biens donnés par le grand-père et qui se retrouvent en nature dans la succession du petit-fils, pour les reverser au père et à la mère réservataires, parce que les biens personnels ont fourni 10,000 francs au-delà de leur contribution. Certainement, la solution que nous venons d'exposer serait exacte, si les 20,000 francs de biens donnés et les 20,000 francs de biens personnels se retrouvant les uns et les autres dans la succession, le défunt avait légué à un tiers soit la quotité disponible, soit une somme de 20,000 francs. Dans ce cas, en effet, ce serait sainement appliquer les art. 747 et 870 combinés que faire contribuer proportionnellement les deux successions anomale et ordinaire au fournissement de la quotité disponible. Mais si nous supposons, au contraire, soit des donations, soit des legs ayant pour objet des corps certains faisant partie de la succession ordinaire, la contribution de la succession anomale à l'exécution de ces libéralités ne se comprendra plus, pas plus qu'on ne comprendrait l'ascendant donateur voulant exiger que les ascendants appelés à la succession ordinaire contribuassent à payer les dispositions portant sur les biens donnés. D'ailleurs, les auteurs eux-mêmes du système que nous combattons n'ont-ils pas dit : « Quant au paiement des legs parti- « culiers, il faut distinguer entre ceux qui ont pour objet des « sommes d'argent ou des choses déterminées seulement « quant à leur espèce, et ceux qui ont pour objet des choses « déterminées dans leur individualité. Les legs de la première « espèce sont à la charge de tous les légataires à titre uni- « versel indistinctement, dans la proportion de leurs legs à « l'hérédité entière. Au contraire, ceux de la seconde espèce

« sont à la charge exclusive des légataires appelés à recueil-
« lir, soit le mobilier, soit les immeubles seulement (1). » Il est
donc prouvé que, dans notre espèce, on a fait, à tort, contribuer l'ascendant donateur à des donations ou à des legs portant sur les biens personnels ; dès lors, pourquoi ne recueille-
t-il pas la totalité des biens donnés, puisqu'ils se retrouvent
en nature dans la succcession ? En résumé, nous repoussons
ce deuxième système : 1° parce qu'il viole l'art. 747 en ne
donnant pas à l'ascendant donateur tous les biens donnés
qu'il retrouve dans la succession du donataire ; 2° parce qu'il
viole les art. 915 et 922, en ne calculant pas dans tous les cas
la réserve sur tout le patrimoine du défunt ; 3° parce que,
dans certains cas, il calcule la quotité disponible sur une
masse et la réserve sur une autre, et viole ainsi le principe
d'après lequel tout ce qui n'est pas réservé est disponible ;
4° parce qu'il fait contribuer les biens donnés à la délivrance
des legs et à l'exécution des donations ayant pour objet des
corps certains pris parmi les biens personnels, tandis que ces
biens ne doivent contribuer qu'à l'exécution des legs ou des
donations à prendre sur l'ensemble du patrimoine, c'est-à-
dire à l'exécution des legs ou des donations de choses *in genere* ou d'une quote-part des biens du défunt.

Troisième système. — Ce système est formulé par son auteur de la manière suivante :

« 1° La quotité disponible et la réserve des ascendants,
« quels qu'ils soient, se calculent toujours sur tous les biens
« du défunt, sans distinction de leur origine ;

« 2° Les réservataires doivent demander leur réserve aux
« *dispositaires* d'abord, et, à leur défaut, peuvent s'adresser
« à l'ascendant donateur ;

« 3° L'action principale dirigée contre les dispositions ne
« pourra jamais les faire restreindre au-dessous de la quotité
« disponible ;

« 4° L'ascendant donateur, soumis à l'action subsidiaire,

(1) T. v, § 723, p. 429 et 430.

35

« s'affranchira de l'obligation qui pèse sur lui, en faisant ou
« parfaisant la réserve calculée d'après les biens personnels du
« défunt, ou en prouvant que les réservataires en sont rem-
« plis (1). »

Ce troisième système viole l'art. 747 en accordant aux réservataires, lorsque leur réserve n'est pas complète, une action contre l'ascendant donateur, qui sera ainsi tenu de leur
abandonner une partie des biens par lui donnés et qu'il retrouve dans la succession de son descendant. Il encourt,
comme le système précédent, le reproche de calculer, dans
certains cas, la quotité disponible sur une masse et la réserve
sur une autre. Enfin, il viole les art. 915 et 922, en ne calculant pas toujours la réserve sur tout le patrimoine du défunt. Il ne diffère du système·précédent qu'en ce qu'il ne base
pas l'action subsidiaire des ascendants réservataires contre
l'ascendant donateur sur l'idée de contribution proportionnelle
des deux successions au paiement de la quotité disponible,
quelles qu'aient été les libéralités faites par le défunt. Le système précédent violait quatre principes, celui-ci n'en viole, il
est vrai, que trois, mais c'est bien assez pour qu'on doive le
rejeter.

Quant à nous, nous formulerons notre système de la manière suivante :

1° L'ascendant donateur n'a en cette qualité aucun droit
de réserve ;

2° La réserve de tout ascendant appelé à la succession ordinaire, qu'il soit en même temps appelé à la succession
anomale ou qu'il n'y soit pas appelé, doit se calculer sur l'ensemble du patrimoine du défunt. Il en est de même de la quotité disponible ;

3° Tout donataire ou légataire ne peut être soumis à réduction qu'autant que les libéralités faites par le défunt dé-
passeraient la quotité disponible ;

(1) Sic Bézy, article inséré dans la Revue de droit français et étranger, t. IV,
année 1847, p. 486 et 487.

4° Les biens formant la partie de la succession dont le défunt n'a pu disposer sont dévolus d'après les principes des successions *ab intestat,* sans en excepter l'art. 747. En conséquence, s'il n'y a pas lieu à réduction, et que les biens qui se trouvent dans la succession soient tous des biens donnés, l'ascendant donateur y a seul droit, qu'il soit ou non appelé à la succession ordinaire. Néanmoins, l'art. 747 ne s'applique pas aux biens donnés dont le défunt aurait disposé à son tour et qui ne se retrouveraient en nature dans la succession que parce que l'exercice de l'action en réduction les y aurait fait rentrer ; dans ce cas, ces biens ne sont pas soumis à la succession anomale ;

5° La succession anomale et la succession ordinaire contribuent proportionnellement à leur valeur respective à payer la quotité disponible. Néanmoins, les legs de corps certains sont à la charge exclusive de celle de ces deux successions dont les corps certains légués font partie.

Comme l'a très bien fait remarquer M. Bezy : « Toutes les « difficultés de cette matière viennent du conflit de droits « divers, tous établis sur des textes précis : le droit de re- « tour fondé sur l'art. 747 ; le droit de réserve, fondé sur « l'art. 915, et le droit de disposition dans les limites tra- « cées par l'art. 922 (1). » Nous croyons que notre système conserve à chacun de ces droits la part que la loi lui a faite. En effet, il n'est que l'application littérale des art. 747, 915 et 922. Il conduira quelquefois à des résultats qui sembleront extraordinaires, mais, dans cette matière, quel est donc le système qui échappe à ce reproche ? Dans une pareille situation, n'est-il pas plus simple d'accepter les résultats découlant textuellement de la loi, quelque extraordinaires qu'ils puissent être, que d'abandonner les textes pour se lancer dans des systèmes bâtis à côté d'eux et qui conduisent le plus souvent à des résultats aussi extraordinaires que ceux qu'on a voulu éviter en s'éloignant de la loi ? Qu'on construise des

(1) P. 485.

espèces, qu'on leur applique notre système, et qu'on nous montre un article du Code violé par les décisions qui en découlent, nous l'abandonnons aussitôt. D'après le Code, le droit de libre disposition est, dans les limites de la quotité disponible, préférable au droit de succession anomale et au droit de succession réservée. En dehors de ces limites, il l'emporte sur le droit de succession anomale, mais il est vaincu par le droit de succession réservée; la succession anomale et la succession réservée étant en présence, c'est la première qui l'emporte; mais si la succession réservée a, par l'exercice de l'action en réduction, remporté la victoire sur le droit de disposition, cette victoire ne saurait profiter à la succession anomale, puisque l'exercice du droit de disposition l'a anéantie. N'est-ce pas là l'esprit évident du Code? Notre système ne suit-il pas, en tout point, la volonté du législateur? Nous savons bien qu'il conduira quelquefois à l'anéantissement de la réserve des ascendants non donateurs appelés à la succession ordinaire; ce résultat se produira lorsque, la quotité disponible n'ayant pas été dépassée, il ne se trouvera dans la succession que des biens donnés. Ainsi, par exemple, soit un défunt qui, ayant 20,000 francs de biens donnés et 20,000 francs de biens personnels, a légué tous les biens personnels et laisse pour héritiers son père, sa mère et son aïeul paternel donateur. La quotité disponible n'est pas dépassée, donc pas d'action en réduction contre le légataire; et, d'autre part, les biens qui se trouvent dans la succession appartenant à l'aïeul, en vertu de l'art. 747, les père et mère n'auront aucune réserve. Pour nous, ce résultat n'a rien que de conforme à la loi. Il faut remarquer, en effet, que la loi n'attribue pas directement les biens réservés aux héritiers à réserve, elle se borne à vouloir qu'ils restent dans la succession *ab intestat* pour y être recueillis d'après les règles ordinaires. Elle fait bien une exception dans l'art. 915, la dévolution de la réserve a lieu au profit des ascendants exclusivement et au préjudice des collatéraux qui ne pourront exiger le partage d'après les règles ordinaires qu'autant que ce partage laisserait la réserve entière entre les mains des ascendants. Mais cette exception aux règles posées au titre *des successions* ne s'applique qu'aux collatéraux et ne pourrait être opposée à l'ascendant donateur. Le droit de réserve du père et de la mère se trouve, dans notre espèce, en présence de deux droits qui lui sont préférables : 1° le droit de libre disposition, puisqu'il a été exercé dans les limites du disponible; 2° le droit de succession anomale de l'ascendant donateur; il doit donc succomber.

Ce que nous décidons touchant la contribution de la succession anomale et de la succession ordinaire à l'exécution des dispositions faites par le défunt a besoin d'un exemple pour être bien compris. Soit une personne dont le patrimoine se compose de 90,000 francs de biens donnés et de 10,000 francs de biens personnels. Elle meurt à la survivance de son père, de sa mère et de son aïeul paternel donateur. Cette personne a légué une somme de 90,000 francs à Jacques, l'ascendant donateur doit contribuer au paiement de ce legs pour les neuf dixièmes, soit 81,000 francs, et la succession ordinaire pour un dixième, soit 9,000 francs. Voilà donc l'ascendant donateur réduit à 9,000 francs, et le père et la mère réduits à 1000 francs à eux deux; mais la quotité disponible est dépassée, le légataire doit subir une réduction de 40,000 francs, réduction dont profiteront seuls le père et la mère. Le règlement définitif donnera donc 50,000 francs au légataire, 41,000 francs au père et à la mère réunis, et 9,000 francs à l'ascendant donateur. Si, au contraire, le défunt avait légué à Jacques les biens anomaux en nature, l'ascendant donateur supporterait seul le legs, et comme il y aurait lieu à une réduction de 40,000 francs ne devant profiter qu'au père et à la mère, l'ascendant donateur n'aurait rien, le père et la mère prendraient 50,000 francs et le légataire 50,000 francs.

§ 10.

Quelle est l'époque dont la loi est à considérer pour régler la quotité disponible et la réserve?

L'art. 2 du Code Napoléon est ainsi conçu . « La loi ne « dispose que pour l'avenir; elle n'a point d'effet rétroactif. »

Le principe que contient cet article demande quelques explications ; il ne doit pas être pris à la lettre. A une loi nouvelle nous devons opposer le moins de barrières possible ; nous devons lui faire régir et l'avenir et le passé , car le législateur la croit bonne, meilleure que ce qu'elle remplace, et nous devons faire en sorte que chacun profite du progrès qu'elle introduit dans la législation. Mais, d'autre part, les citoyens qui sous l'empire d'une loi font tous les actes juridiques que leur commande cette loi, à l'effet d'obtenir un droit, ne doivent-ils pas pouvoir compter sur la stabilité de ce droit, ne doivent-ils pas être assurés que jusqu'au jour où le rapport de droit qu'ils viennent de créer aura produit tous ses effets, la loi actuelle les réglera? Ces prétendues améliorations dont on menace les citoyens qui contractent entre eux sur la foi d'une loi existante ne seraient-elles pas une épée de Damoclès constamment suspendue sur leur tête, une perpétuelle menace de ruine? Ces prétendus progrès n'auraient-ils pas pour résultats immédiats d'enlever aux citoyens la confiance dans la stabilité de ce qui est et de tarir ainsi la source des transactions? De la combinaison de ces deux vérités résulte le vrai principe de la matière : la loi nouvelle a et doit avoir un effet rétroactif, sauf le respect des droits acquis. C'est en effet dans ces limites que le principe énoncé dans notre art. 2 a été unanimement entendu par les jurisconsultes de tous les siècles. La grande difficulté est donc, en cette matière, de bien distinguer les droits acquis que la loi nouvelle respecte des simples expectatives qu'elle anéantit. On

entend par droits acquis ceux qui sont entrés dans notre patrimoine, qui en font définitivement partie, et que ne peut
plus nous ôter celui de qui nous les tenons (1). On entend,
au contraire, par expectative, toute espérance de jouir d'un
droit lorsqu'il s'ouvrira résultant pour nous d'un fait déjà
passé ou d'un état actuel de choses, et dépendant néanmoins
dans sa réalisation de la volonté d'une personne étrangère.

Appliquons le principe que nous venons de développer à
notre matière spéciale, et voyons quelle sera, en cas de conflit
entre une loi ancienne et une loi nouvelle, celle qui devra régler la quotité de biens disponible en matière soit de testament, soit de donation.

Le point important consiste à ne pas perdre de vue que le
testament est un acte essentiellement révocable (art. 895),
tandis que la donation entre-vifs est, au contraire, essentiellement irrévocable (art. 894); donc le légataire n'a jusqu'à la
mort du testateur qu'une espérance précaire, qu'une simple
expectative qui peut être à chaque instant détruite par la volonté du testateur; donc la loi nouvelle s'appliquera, soit
qu'elle augmente, soit qu'elle restreigne la quotité disponible.
Il faut cependant remarquer que si la loi nouvelle augmente
la quotité disponible, il pourra s'élever des difficultés d'interprétation; il y aura lieu de rechercher si le testateur a voulu
disposer, non-seulement de la quotité disponible admise par
la loi en vigueur au moment de la confection du testament,
mais encore de la quotité disponible plus grande qu'une loi
postérieure pourrait admettre.

Mais, en matière de donations, faudra-t-il appliquer la loi
de l'époque du décès sur la quotité de biens disponible, ou, au
contraire, la loi de l'époque où a été faite la donation? Nous répondrons qu'il faut ici appliquer la loi ancienne lorsque la quotité disponible sera diminuée; en effet, la donation est, après
l'acceptation du donataire, immédiatement parfaite et irrévocable, elle transfère au donataire la propriété des objets don-

(1) V. Merlin, Répertoire de jurispr., t. v, v° effet rétroactif, sect III, § 1.

nés ; mais, dit-on, ce droit a été, dès cet instant, affecté d'une chance de réduction pour le cas où, lors du décès du donateur, et eu égard à la valeur de ses biens et à la qualité de ses héritiers (art. 922), cette donation excéderait la quotité disponible. Nous répondrons que cette chance de réduction, cette condition résolutoire était, dès cet instant même, définie, déterminée, et qu'en dehors de cette condition, le droit du donataire était incommutable et absolu. En effet, en supposant une donation faite sous l'empire d'une législation qui ne restreindrait nullement la liberté de disposer à titre gratuit, qui ne reconnaîtrait aucun héritier à réserve, oserait-on soutenir que les lois restrictives postérieures atteindraient cette donation? Eh bien ! notre hypothèse n'est-elle pas semblable?

Si, au contraire, la loi nouvelle a augmenté la quotité disponible, ou même si elle avait supprimé toute réserve, elle pourra être invoquée par le donataire antérieur, quoiqu'on ne pût pas lui opposer cette loi nouvelle si elle diminuait cette quotité. En effet, dès l'instant de la donation entre-vifs, le donataire est devenu propriétaire des biens donnés sous cette condition résolutoire qu'il serait soumis à la réduction si, à l'époque du décès, il se trouvait des héritiers ayant qualité pour le demander; or, si d'après la loi en vigueur à l'époque du décès, il n'y a pas d'héritiers à réserve, ou s'il n'y en a que pour une certaine quotité de biens, la condition résolutoire sous laquelle le donataire était propriétaire est défaillie en tout ou en partie. D'ailleurs, il ne s'agit pas ici que du donataire, de celui à qui profite l'augmentation de la quotité disponible, il s'agit aussi de ceux à qui profiterait le maintien de l'ancienne quotité. Pour avoir droit à la réserve, il faut être héritier ; le droit de réserve est une partie intégrante du droit de succession ; donc, à l'état de vocation future, il ne peut pas former un droit acquis, pas plus que le droit de succession, et l'on ne saurait appliquer la loi ancienne, sous laquelle la réserve était plus considérable, sans changer la simple expectative d'un héritier à réserve en un droit acquis du vivant même du *de cujus*. Or, si les héritiers présomptifs et réservataires en vertu de l'ancienne loi ne peuvent plus exercer aujourd'hui l'action en réduction, qui peut donc venir contester au donataire la propriété des biens qui lui ont été donnés? Il faudra donc appliquer ici la loi nouvelle. La Cour de Riom a cependant décidé le contraire par arrêt du 2 janvier 1819; mais il faut remarquer que, dans l'espèce de cet arrêt, il résultait des termes de la disposition et de toutes les circonstances du fait que la volonté du donateur avait été de ne dépasser en aucun cas la quotité disponible telle qu'elle était fixée par la loi en vigueur au moment où il disposait. On voit dès lors que le moyen d'attaque contre le donataire ne se trouvait plus véritablement dans la loi ancienne, mais bien dans la donation même, dans le titre même du donataire; cet arrêt ne nous est donc nullement opposable.

Nous appliquons aux donations de biens à venir faites par contrat de mariage et connues sous le nom d'institutions contractuelles les principes que nous avons appliqués à la donation entre-vifs. L'institution contractuelle, en effet, est irrévocable (art. 1083), quoiqu'elle ne soit faite que sous la condition suspensive de la survie du donataire au donateur avec substitution vulgaire tacite au profit des enfants et descendants à naître du mariage du donataire (art. 1082 et 1089).

On devra, au contraire, appliquer la loi nouvelle aux donations faites entre époux pendant le mariage, parce que ces donations sont essentiellement révocables (art. 1096).

§ 11.

Les lois sur la réserve et la quotité disponible sont-elles au nombre des statuts réels ou au nombre des statuts personnels?

Si les lois sur les successions sont des statuts réels, il doit en être de même des lois sur la réserve et la quotité disponible, puisqu'elles ont pour but de régler ce que deviendront les biens du défunt, s'ils seront attribués aux donataires et légataires ou aux héritiers à réserve et dans quelle proportion. D'ailleurs, la réserve est une partie de la succession *ab intestat* que la loi elle-même transmet impérativement à certains héritiers ; donc les lois sur la réserve doivent avoir le même caractère que les lois sur les successions. On objecte que le père, ne pouvant disposer que d'une certaine portion de ses biens, est incapable de disposer du reste, que dès lors la loi est personnelle. C'est là confondre une règle de disponibilité avec une règle de capacité ; le père est si peu incapable que, dans le cas de prédécès de ses enfants, les libéralités excessives qu'il aurait faites, même de leur vivant, seront maintenues ; donc le seul but que le législateur se propose dans les lois qui nous occupent, est de régler la transmission des biens. C'est donc la loi qui règle la succession qui réglera la quotité disponible et la réserve. Recherchons donc quelle est la loi qui doit régler les successions.

Une première opinion applique dans tous les cas et à toutes les successions, soit mobilières, soit immobilières, la loi du domicile du *de cujus*. « En principe rigoureux, dit-on, le pa-« trimoine semble devoir être régi par les lois qui règlent « l'état et la capacité de la personne à laquelle il appartient. « On ne conçoit pas, en effet, de patrimoine abstraction « faite de la personne qui le possède ; en d'autres termes, « les biens d'un individu ne forment ce tout idéal qu'on ap-« pelle patrimoine que par suite d'un rapport juridique établi « entre ces biens et cet individu : le patrimoine qui n'est pas « un objet extérieur se confond donc en quelque sorte avec « la personne qui en est propriétaire. Il résulte de là que la « succession (*patrimonium defuncti*) *ab intestat* ou testamen-« taire d'un étranger, devrait être régie par les lois du pays « de cet étranger (1). »

(1) Zachariæ, § 31. V. dans le même sens Fœlix, Droit international privé, t. 1, n° 42.

Si forte que paraisse au premier aspect cette argumentation, nous ne saurions en admettre la conclusion. S'il est
vrai que l'être idéal appelé patrimoine ne peut pas se conce-
voir abstraction faite de la personne, il n'en est pas moins
vrai qu'il s'agit ici finalement de la transmission des biens
eux-mêmes ; que c'est la dévolution, la transmission des
biens qui est l'objet dominant de la préoccupation de la loi;
que, dès lors, cette loi est un statut réel. Et non-seulement
cette loi est un statut réel, mais encore c'est une loi dictée
par des principes qui tiennent aux bases mêmes de l'organisation sociale ; elle est le résultat des principes politiques de
chaque État, selon qu'ils favorisent l'égalité ou l'inégalité des
partages, qu'ils admettent ou non une noblesse avec des pri-
viléges et des lois particulières sur les successions, qu'ils
tendent au morcellement ou à la concentration des fortunes.
Aussi, admettre chez nous la théorie de M. Zachariæ, ce serait, pour ainsi dire, faire brèche aux principes généraux
du Code Napoléon, qui se trouverait, par là, ne plus sau-
vegarder, dans le livre des successions, aussi bien qu'il le
fait, les principes que nous a légués notre grande révolution.
Certainement les lois sur les successions tiennent compte
des affections et de la volonté présumée du défunt, mais cependant dans une certaine mesure et avec plus d'une restriction. Ne brisent-elles pas cette volonté lorsqu'elle dépasse la
quotité disponible (art. 920), ou quand elle crée des substitutions (art. 896) ? Donc l'intérêt politique et suprême de l'É-
tat domine tout ce sujet. C'est une question de souveraineté ;
il n'y a pas que des personnes françaises, il y a aussi des
choses françaises. Qui oserait soutenir que la France est une
agglomération d'hommes formant la nation française indépendamment de son territoire ? Nous avons avec raison l'a-
mour du sol de la patrie ; il en est de même des autres nations européennes; il n'y a plus, dans notre siècle, de ces
peuples vagabonds qui ne tiennent à aucun sol, et ne se composent que de personnes. Il y a donc, nous appuyons sur cette
idée, des personnes françaises dont la loi française doit seule

régler l'état et la capacité, et des biens français dont la loi française doit seule régler la transmission, sous peine d'abandonner une partie importante de sa souveraineté.

Ces arguments nous semblent si forts, si décisifs, que nous n'hésitons pas à admettre la même décision en ce qui touche les successions purement mobilières, quoique l'art. 3 ne parle que des immeubles. La même question de souveraineté ne se présente-t-elle pas en effet? Quelle raison particulière aux meubles de décider le contraire? A quel titre les lois étrangères auraient-elles autorité en France, au point de décider du sort d'un bien qui se trouve sur notre territoire et sous la seule garantie de nos lois? On répond que les meubles n'ont pas d'assiette fixe, et les auteurs qui se fondent sur cette raison expriment souvent ce principe par cette formule : *mobilia sequuntur personam,* ou bien, *mobilia ossibus inhærent.* Mais c'est là une pure fiction dont on comprenait l'application autrefois de coutume à coutume, mais qu'on ne saurait appliquer entre deux Etats dépendant d'une souveraineté différente. Aussi, l'administration des domaines ne s'y trompe-t-elle pas, et demande-t-elle, par droit de déshérence, les meubles laissés en France par l'étranger décédé sans héritiers ni successeurs irréguliers. Tous nos adversaires lui accordent ce droit; s'ils voulaient être logiques, ils devraient appeler le trésor public du pays où le défunt avait son domicile ; ils n'osent cependant pas aller jusque là, et c'est ce qui les condamne. M. Demolombe le sent si bien, qu'il tâche d'expliquer cette difficulté en prétendant qu'ici l'État vient prendre ces biens par une sorte de droit d'occupation (1); nous nous contenterons de lui opposer l'art. 768 du Code Napoléon (2).

Merlin demandait que l'on appliquât ici la loi du domicile du défunt ; il considérait cette décision comme une courtoi-

(1) T. i, n° 96.

(2) V. dans notre sens, Rouen, 25 mai 1813; Riom, 7 avril 1835; Cass., 29 août 1837 ; Marcadé, sur l'art. 3, n°s v et vi.

sie de gouvernement à gouvernement, et il trouvait cette courtoisie habile et politique ; il la déclarait fondée sur les convenances mutuelles des peuples et sur leur commun intérêt (1). M. Demolombe, s'emparant de ces paroles de Merlin, en tire une opinion qui lui est toute personnelle ; il adopte en principe général le règlement de la succession mobilière par la loi du domicile du défunt ; mais il fait à cet égard quelques réserves que l'art. 3 lui semble autoriser et avoir eu pour but d'autoriser en s'abstenant sur ce point de toute décision absolue. Ainsi le savant professeur de Caen nous dit : « On comprend que cette maxime soit considérée comme « de droit des gens, comme un acte de courtoisie et de con « venances réciproques envers les nations qui la pratiquent « aussi envers nous, comme aujourd'hui la Prusse et l'Autri « che. Mais ces motifs n'existent pas à l'égard des nations « qui appliqueraient chez elles un principe contraire, comme « la Bavière, par exemple. Je m'expliquerais donc bien que, « dans ce dernier cas, on appliquât chez nous la loi fran « çaise (2). »

Ce système mixte doit tout aussi bien être rejeté que le système de Merlin. Il y aurait encore ici abandon du principe de souveraineté ; lorsque les rédacteurs du Code Napoléon ont voulu établir une règle de réciprocité dans le cas de l'art. 11, ils ont demandé, pour que la loi étrangère eût autorité en France, non pas une simple manifestation de la volonté du législateur étranger, mais encore l'intervention de la France par la voie des traités. En résumé, la question de savoir comment s'opérera la dévolution des biens d'un défunt, quelle que soit leur nature, devra, selon nous, être toujours réglée par la loi française.

(1) Rép., vᵒ lois, § 6, nᵒ 1.
(2) T. I, nᵒ 94.

TABLE DES MATIÈRES.

FIN

PARIS. — Imprim. LACOUR et Cᵉ, rue Soufflot, 18.

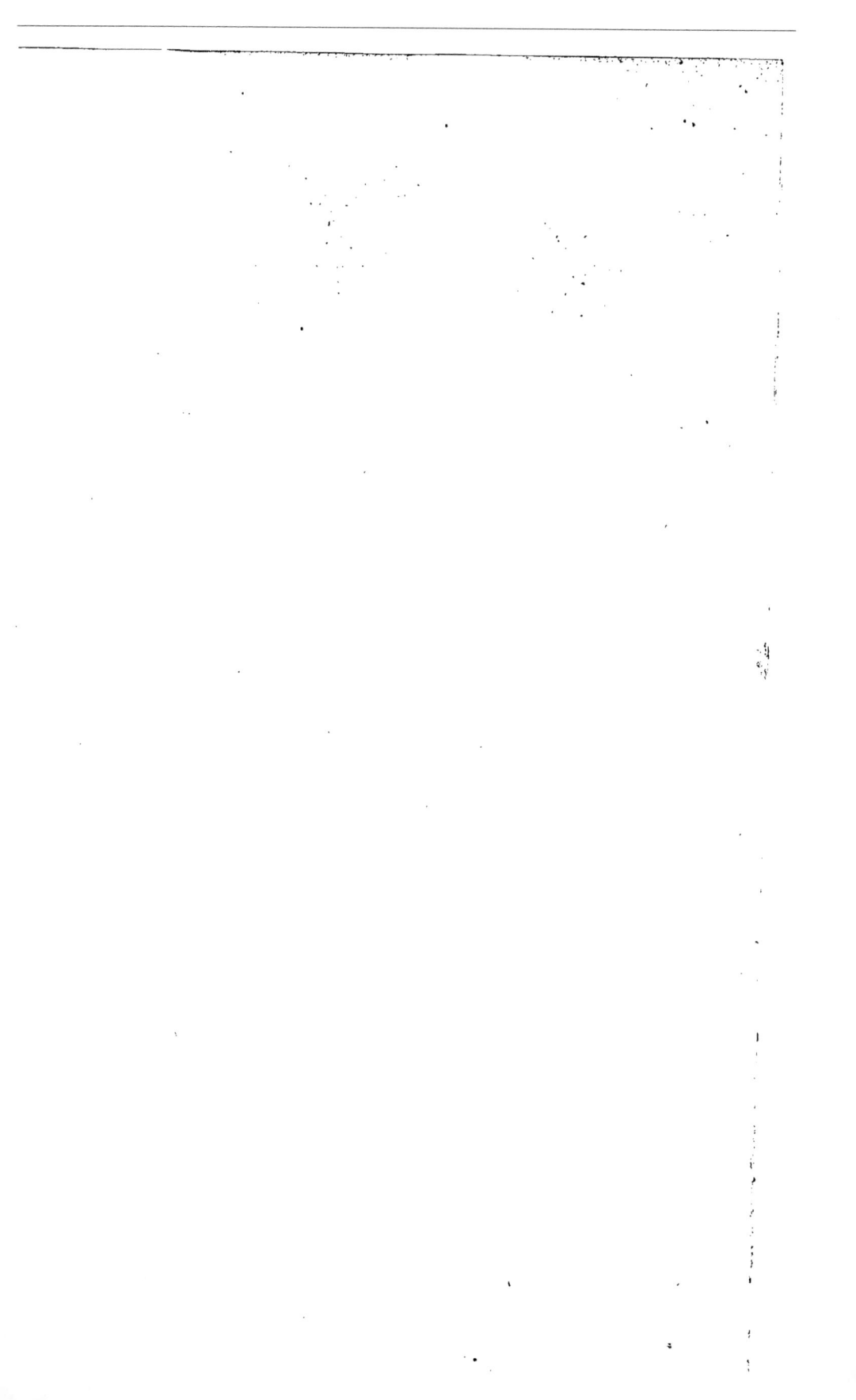